JN440989

제17판

상법총칙·상행위

李 哲 松 著

博 英 社

제17판 머리말

이번 개정판은 일 년 전에 집필해 달라는 출판사의 요청이 있었으나, 저자가 다른 논문의 집필에 몰두하느라 시기를 놓치고, 금년 새 학기를 맞아 출간하게 되었다. 덕분에 작년에 나온 꽤 많은 새 판례들을 반영하고, 여러 건의 묵은 참고문헌들을 새것으로 교체할 수 있어 오히려 다행이라는 생각이 든다.

근래 법학전문대학원생들은 수업 기간이 짧은 탓도 있겠지만, 상법 분야에서는 회사법을 중시하고 상법총칙과 상행위법은 가볍게 생각하는 경향이 있다고 한다. 매우 위험한 생각이다. 상법총칙과 상행위법은 좁은 의미에서의「상법」을 이루며, 우리 경제생활을 규율하는 중추적인 법률이다. 학문적인 체계성에서 볼 때, 상법총칙과 상행위법은 민법의 특칙으로 구성되므로 상법총칙과 상행위법에 관한 지식을 충분히 터득할 때 비로소 민법 지식도 완성된다. 오늘날 민간부문에서 이루어지는 거래가 대부분 상거래이고 보면 그 실용성 또한 높다. 매년 상법총칙과 상행위법의 법리를 가지고 다투는 소송이 늘어나는 것만 보아도 그 실무적인 중요성을 실감할 수 있다. 그러므로 상법총칙과 상행위법은 법학을 공부하는 사람들로서는 결코 소홀히 해서는 안 될 분야임을 거듭 강조하고자 한다.

수년 만의 개정이다 보니 많은 곳을 손보느라 꽤 많은 시간과 노력이 필요했는데, 예년과 같이 집필 과정에서 李雄暎 박사(가천대학교 법과대학 대우교수)의 도움을 크게 받았다. 李 박사가 이 책 전반에 걸쳐 내용과 표현의 오류, 모순된 서술을 바로잡아 주었고, 동료 학자들의 저술을 빠짐없이 검색하여 반영함으로써 이 책의 신뢰도와 효용성을 높여 주었다. 그리고 건국대학교 법학전문대학원을 졸업한 姜多律 양이 공부가 바쁜 중에도 지난 여름 틈을 내어 이 책에 인용된 국내 해설서의 신판에서 달라진 페이지를 반영해 주었고, 변호사 시험 후에는 이 책의 교정을 도와주어 저자에게 큰 힘이 되었다. 박영사에서는 수십 년째 金善敏 이사가 이 책의 편집을 맡아 주고 있는데, 매년 金 이사의 손을 빌려 이 책의 품격이 한결 높아지는 것을 확인하고 있다. 끝으로 최근 출판업의 불황 속에서도 굽힘 없이 학술서적의 출판을 이어 가는 박영사 安鍾萬 회장의 노고에 경의를 표한다.

2026년 2월

著 者 識

머 리 말

근래 商法教材가 세분되는 동시에 점차 방대해지는 경향을 볼 수 있다. 공부하는 사람의 입장에서는 짐이 무거워졌지만 商法學의 發展을 위해 기뻐할 일이 아닐 수 없다. 그런데 그 동안 새로 출간된 解說書가 주로 會社法과 어음·手票法에 큰 비중을 두고 있어 商法總則과 商行爲에 관해서도 좀더 상세한 참고서가 나왔으면 좋겠다는 생각을 갖고 있었다. 또 法科大學에서는 대개 商法總則과 商行爲를 한 學期에 다루고 있으므로 이 두 부분을 한 권에 담은 교재가 편리하리라는 생각도 해 보았다.

이런저런 궁리 끝에 몇 년의 준비기간을 거쳐 이 冊을 내게 되었다. 아직 著者의 공부가 부족한 탓에 선배 학자들의 業績을 넘어서지는 못했다. 다만 이 冊의 독자들이 주로 學生인 점을 고려해서 중요한 대목은 다소 장황한 감이 있더라도 이해하기 쉽도록 상세히 설명하려 노력했으며, 문제의 本質을 알리는 데에 力點을 두었다.

大學講義에 적절한 분량을 고려하다 보니, 그 동안 축적된 商法學者들의 훌륭한 論文들을 충분히 소개하지 못한 것이 아쉽다. 또 평소에 관심을 가지고 연구해 보고 싶었던 새로운 유형의 商去來를 제대로 다루지 못한 것도 불만스럽다. 최근의 비약적인 經濟發展에 따라 우리 社會에도 金融·通信·運送·用役·商品 등의 去來分野에 각종 새로운 유형의 商去來가 등장하여 商法學의 對象이 넓어지고 있다. 마땅히 이에 대한 法的 評價와 아울러 이를 수용할 立法論을 제시해야 할 것이나, 이 冊에서는 최근 利用度가 크게 높아지고 있는 리스와 팩터링만을 소개하였다. 현재로서는 著者의 能力이 미치지 못했던 탓으로 돌리고 차후 기회 있는 대로 보완해 나갈 것을 다짐한다.

끝으로 이 冊을 집필하도록 적극 권유하시고 지도해 주신 李泰魯 先生님께 감사드리고, 자신의 硏究에 바쁜 가운데서도 內容에 대해 조언해 주고 校正과 索引에 장시간을 할애해 준 法制處 玉武錫 硏究官에게 감사드리며, 이 冊의 製作·刊行에 힘써 주신 博英社 安鍾萬 社長, 李明載 常務의 노고에 감사드린다.

1989년 3월

著 者 識

차 례

제1편 서 론

제 1 장 상법의 의의

제 2 장 상법의 지위

제 3 장 상법의 이념

제 4 장 상법의 역사

제 5 장 상법의 법원

제 6 장　상법의 효력

제2편　총　　칙

제 1 장　서　　설

제 2 장 상 인

제 3 장 상업사용인

제 4 장 영 업 소

제 5 장 상 호

제 6 장　상 업 장 부

제7장 상업등기

제8장 영업양도

제3편 상 행 위

제1장 총 론

제 2 장 각 론

본문 주석 차례

주요참고문헌 및 법령약어표

I. 국 내 서

[강 · 임] 姜渭斗 · 林載鎬, 商法講義(上)(第三全訂), 螢雪出版社, 2009.
[김동훈] 김동훈, 상법개설, 한국외국어대학교 출판부, 2009.
[김성탁] 김성탁, 상법총론: 총칙 · 상행위, 법문사, 2021.
[김성태] 金星泰, 商法[總則 · 商行爲]講論(제2판), 法文社, 2002.
[김정호] 김정호, 상법총칙 · 상행위법(제6판), 法文社, 2023.
[김홍기] 김홍기, 상법강의(제9판), 박영사, 2025.
[김화진] 김화진, 상법강의(제3판), 박영사, 2016.
[법무부 해설] 법무부, 상법총칙 · 상행위편 해설(상법해설서 시리즈 Ⅰ-2010년 개정 내용)
[서완석] 서완석, 상법총칙 · 상행위법(제2판), 디자인사람들, 2024.
[서헌제] 徐憲濟, 사례중심체계 商法講義(上), 法文社, 2007.
[손주찬] 孫珠瓚, 商法(上)(第15補訂版), 博英社, 2004.
[손진화] 손진화, 상법강의(제8판), 신조사, 2017.
[송옥렬] 송옥렬, 상법강의(제15판), 弘文社, 2025.
[안강현] 안강현, 상법총칙 · 상행위법(제8판), 박영사, 2023.
[오성근] 오성근, 상법총칙 · 상행위법, 박영사, 2022.
[이(기) · 최] 이기수 · 최병규, 상법총칙 · 상행위법(제9판), 박영사, 2022.
[이종훈] 이종훈, 상법총칙 · 상행위법(제2판), 박영사, 2024.
[임중호] 林重鎬, 商法總則 · 商行爲法(개정판), 法文社, 2015.
[임홍근] 林泓根, 商法 — 總則 · 商行爲—, 法文社, 2001.
[장덕조] 장덕조, 상법강의(제6판), 法文社, 2025.
[전우현] 전우현, 상법총칙 · 상행위법(최신판), 동방문화사, 2019.
[정경영] 정경영, 상법학강의(개정판), 博英社, 2009.
[정동윤] 鄭東潤, 商法(上)(제6판), 法文社, 2012.
[정준우] 정준우, 상법총론(제3판), 정독, 2024.
[정찬형] 정찬형, 상법강의(상)(제27판), 박영사, 2025.

[최 · 김]	최기원 · 김동민, 상법학신론(상)(제20판), 박영사, 2014.
[최완진]	崔完鎭, 商法學講義 —理論 · 事例 · 判例—, 法文社, 2009.
[최준선]	최준선, 상법총칙 · 상행위법(제13판), 三英社, 2025.
[회사법강의]	李哲松, 會社法講義(第33版), 博英社, 2025.

[민법주해 Ⅰ, Ⅱ, …]	郭潤直(編輯代表), 民法注解, 博英社, 1992~2012.
[주석(총칙 · 상행위)]	이동원 · 권순일(편집대표), 주석 상법(상법총칙 · 상행위)(제5판), 韓國司法行政學會, 2023.

Ⅱ. 日 書

[石井]	石井照久, 商法總則(商法 Ⅰ), 勁草書房, 1972.
[江頭]	江頭憲治郎, 商取引法(第5版), 弘文堂, 2009.
[大隅]	大隅健一郎 외, 商法總則 · 商行爲(商法 Ⅲ 上, 增補版), 三省堂, 1985.
[鴻]	鴻 常夫, 商法總則(補正 第2版), 弘文堂, 1986.
[近藤]	近藤光男, 商法總則 · 商行爲(第5版補正版), 有斐閣, 2008.
[關]	關俊彦, 商法總論總則(第2版), 有斐閣, 2007.
[田中(總則)]	田中誠二, 商法總則詳論(全訂版), 勁草書房, 1976.
[田中(商行爲)]	田中誠二, 商行爲法(再全訂版), 千倉書房, 1983.
[西原]	西原寬一, 商法總則 · 商行爲法, 岩波書店, 1957.
[野律]	野律 務, 商法總則(第2部), 有斐閣, 1934.
[連井]	連井良憲 編, 商法總則 · 商行爲法(現代商法講義 Ⅰ), 青林書院新社, 1980.
[服部]	服部榮三, 商法總則(第3版), 青林書院新社, 1983.
[服部(概說)]	服部榮三, 商法總則 · 商行爲法 — 概說と基本判例, 文眞堂, 1987.
[平出]	平出慶道, 商行爲法, 青林書院新社, 1980.
[森本(總則)]	森本滋(編), 商法總則講義(第 3 版), 成文堂, 2008.
[森本(商行爲)]	森本滋(編), 商行爲法講義(第 3 版), 成文堂, 2009.
[日最高裁]	일본 최고재판소

Ⅲ. 獨　書

〈단행본〉

[Brox/Henssler] Brox/Henssler, Handelsrecht, 23. Aufl., Verlag C.H.Beck, 2020.

[Canaris] Canaris, Claus-Wilhelm, Handelsrecht, 24. Aufl., Verlag C.H.Beck, 2006.

[Fleischhauer/Preuß] Fleischhauer, Jens/Preuß, Nicola, Handelsregisterrecht, 3. völlig neubearbeitete Aufl. Erlich Schmidt Verlag, 2013.

[Kindler] Kindler, Peter, Grundkurs Handels- und Gesellschaftsrecht, 10. Aufl., Verlag C.H.Beck, 2024.

[Oetker] Oetker, Hartmut, Handelsrecht, 8. Aufl., Springer-Verlag, 2025.

[Roth] Roth, Günter H., Handels- und Gesellschaftsrecht, 11. Aufl., Verlag Vahlen, 2019.

[Roth/Weller] Roth/Weller, Handels- und Gesellschaftsrecht, 9., neu bearb. Aufl., Verlag Vahlen, 2016.

[Schmidt] Schmidt, Karsten, Handelsrecht, 6. Aufl., Carl Heymanns Verlag, 2014.

〈주석서〉

[Hopt] Hopt, Klaus, Handelsgesetzbuch: mit GmbH & Co., Handelsklauseln, Bank- und Börsenrecht, Transportrecht (ohne Seerecht), 44., neubearb. Aufl., Verlag C.H.Beck, 2025.

[EBJS] Ebenroth/Boujong/Joost/Strohn, Handelsgesetzbuch, 5. Aufl., Verlag C.H.Beck/Verlag Franz Vahlen, 2024.

[Ensthaler] Ensthaler, Jürgen (Hrsg.), Gemeinschaftskommentar zum Handelsgesetzbuch mit UN-Kaufrecht, 8., vollst. aktualisierte Aufl., Verlag Luchterhand, 2015.

[Großkomm. HGB] Staub, Herman (Begr.), Großkommentar zum Handelsgesetzbuch, 6., neu bearbeitete Aufl., Verlag De Gruyter Recht, 2021.

[Heidel/Schall] Heidel/Schall (Hrsg.), Handelsgesetzbuch : Handkommentar, 4. Aufl., Nomos, 2024.

[Heymann] Heymann, Ernst, Handelsgesetzbuch, 3. Aufl., Verlag Walter de Gruyter, 2019.

[HKommHGB] Glanegger/Kirnberger/Ruß/Selder/Stuhlfelner, Heidelberger Kommentar zum Handelsgesetzbuch, 7., neu bearb. Aufl., C.F.Müller

Verlag, 2007.

[Koller/Kindler/Roth/Morck] Koller/Kindler/Roth/Morck, Handelsgesetzbuch: Kommentar, 10. Aufl., Verlag C.H.Beck, 2023.

[MünchKommHGB] Schmidt, Karsten (Redak.), Münchener Kommentar zum Handelsgesetzbuch, Bd. 1. 6. Aufl. 2025; Bd. 2. 5 Aufl. 2022; Bd. 3. 4 Aufl. 2013; Bd. 4. 5 Aufl. 2024; Bd. 5. 6 Aufl. 2024; Bd. 6. 5 Aufl. 2025; Bd. 7. 5 Aufl. 2023, Verlag C.H.Beck/Verlag Franz Vahlen.

[Oetker.Komm] Oetker, Hartmut, Kommentar zum Handelsgesetzbuch (HGB), 8. Aufl., C.H.Beck, 2024.

[Röhricht/Graf. v. Westphalen/Hass] Röhricht/Graf. v. Westphalen/Hass (Hrsg.), Handelsgesetzbuch, 6. Aufl., Verlag Dr. Otto Schmidt, 2014.

[Schlegelberger] Schlegelberger, Franz (Hrsg.), Handelsgesetzbuch, 5., neubearb. Aufl., Verlag Franz Vahlen, 1973.

Ⅳ. 佛 書

[Ripert par Roblot] Roblot, René *Traité élémentaire de droit Commercial*, de Georges Ripert, Tome Ⅰ, Ⅱ Éition, Librairie Gééale de Droit et de Jurisprudence(Paris), 1983.

Ⅴ. 법 령

[가맹(령)] ······ 가맹사업거래의 공정화에 관한 법률(동 시행령)
[구민] ······ 구 민법
[구상] ······ 구 상법(1963년 이전 상법)
[독규(령)] ······ 독점규제 및 공정거래에 관한 법률(동 시행령)
[민] ······ 민법
[민소] ······ 민사소송법
[민집] ······ 민사집행법
[법조] ······ 법원조직법
[보험] ······ 보험업법
[부] ······ 상법부칙
[부경] ······ 부정경쟁방지 및 영업비밀보호에 관한 법률
[부등] ······ 부동산등기법

[비송] ······ 비송사건절차법
[상령] ······ 상법시행령
[상등(규)] ······ 상업등기법(동 규칙)
[수] ······ 수표법
[신탁] ······ 신탁법
[약규(령)] ······ 약관의 규제에 관한 법률(동 시행령)
[어] ······ 어음법
[외감] ······ 주식회사 등의 외부감사에 관한 법률
[은행] ······ 은행법
[자금] ······ 자본시장과 금융투자업에 관한 법률
[전거] ······ 전자문서 및 전자거래 기본법(전자거래법)
[전상(령)] ······ 전자상거래 등에서의 소비자보호에 관한 법률(전자상거래법)(동 시행령)
[헌] ······ 헌법
[형] ······ 형법
[회파] ······ 채무자 회생 및 파산에 관한 법률
[日民] ······ 일본 민법
[日商] ······ 일본 상법
[日會] ······ 일본 회사법
[AktG] ······ 독일 주식법(Aktiengesetz 1965)
[GmbHG] ······ 독일 유한회사법(Gesetz betreffend die Gesellschaften mit beschränkter Haftung 1892)
[HGB] ······ 독일 상법(Handelsgesetzbuch 1897)
[UCC] ······ 미국 통일상법전(Uniform Commercial Code)

* 상법조문의 경우 법명 없이 조문만 인용한다. 예: “57조 2항”
* 판결문 중에 꺾음괄호([ ]) 속에 기재한 것은 저자가 삽입한 말이다.

제 1 편

서　　론

●
■
▲

제1편 서 론

제 1 장 상법의 의의

Ⅰ. 형식적 의의의 상법

상법을 형식적인 뜻으로 파악하면 「상법」이라 이름 붙여진 제정법을 뜻한다. 우리나라에는 1962년 1월 20일 법률 제1000호로 공포되고 1963년 1월 1일부터 시행된 「상법」이라는 성문법이 있다. 「상법」은 제 1 편 총칙(1조~45조), 제 2 편 상행위(46조~168조의12), 제 3 편 회사(169조~637조의2), 제 4 편 보험(638조~739조), 제 5 편 해상(740조~895조), 제 6 편 항공운송(896조~935조)과 부칙으로 짜여져 있다.

상법은 「상인」과 「상행위」라는 2대 중심개념을 기초로 하여 상사관계를 규율하고 있는데, 특히 「제 1 편 總則」에서는 기업의 주체인 상인과 그와 관련된 인적 조직·물적 설비에 관한 제도를 중심으로 다루고, 「제 2 편 商行爲」에서는 상행위와 이를 목적으로 하는 각종 영업형태를 다루며, 「제 3 편 會社」에서는 상인의 일종인 회사의 조직과 활동에 관한 사항을, 「제 4 편 保險」에서는 상행위의 일종인 보험계약에 관한 사항을, 「제 5 편 海商」에서는 해상운송기업에 관한 사항을, 「제 6 편 항공운송」에서는 항공운송계약에서의 항공운송인의 책임에 관한 법리를 각각 다루고 있다.

현행 상법은 제정 이후 32회에 걸쳐 개정되었다.

Ⅱ. 실질적 의의의 상법

1. 실질적 상법개념의 필요성

형식적 의의의 상법은 「상법」이란 제정법을 뜻하지만, 이것만으로는 상법학의 연구대상과 상법의 자주성을 파악할 수 없다. 상법전은 때와 곳에 따라 그 내용이 다를 수 있고, 또 아예 상법이란 제정법을 갖지 않는 나라도 있기 때문이다.[1] 또 상법전을 가지고 있더라도 상법전이 다루는 범위가 각기 상이하다.[2] 그러므로 상법을 상법학이라는 학문의 연구대상으로서 이론적 · 체계적으로 파악하기 위해서는, 형식적 의의의 상법에 구애받지 않고, 실질적으로 「상법」이라는 이름으로 체계화할 수 있는 공통적 속성을 갖는 법규범을 찾아내어야 한다. 그러자면 우선 다른 법으로부터 상법을 분리하고 특징지을 수 있는 「상」의 개념을 파악해야 하고, 다음으로 상법이 규율대상으로 삼는 것이 무엇이냐를 찾아내야 한다.

이 작업을 거친 후에야 비로소 실질적 의의의 상법의 범위가 명확해지고, 따라서 주어진 어떤 법이 실질적 의의의 상법에 해당되느냐를 명확히 판단할 수 있게 된다. 그러나 「상」의 개념 및 상법의 「규율대상」은 특정의 실정법으로 정한 것이 아니고 학문적 연구로 밝혀야 하는 명제이므로 그 접근방법과 결론은 학자마다 다를 수 있다.

2. 「상」(商)의 개념과 범위

상법의 실질적 의의를 가장 단순하게 말하자면 「상」에 관한 법이라고 할 수 있다. 본래 「상」(commerce; Handel)이란 경제학상의 개념으로서 공급자와 수요자 간에 재화의 이전을 매개하는 행위이다. 경제가 유치단계에 있을 때에는 「상」이란 이와 같이 재화의 이전을 매개하는 정도에 머물렀고(고유한 의미의 상), 상법도 이를 규율대상으로 하였다. 예컨대 1212년의 이탈리아의 파르마(Parma)라는 도시의 상인조례에서는 동업조합의 재판관할을 위와 같은 고유한 의미의 「상」에 국한시켰고, 중세교회법에서도 「상」을 고유한 의미의 「상」과 같은 내용으로 정의하였다.

그러나 경제가 발달하면서 경제적 의미의 「상」과 직접 · 간접으로 관련을 맺

1) 예컨대 독일 · 프랑스 · 일본에는 우리와 같이 상법전이 있으나, 영국 · 미국에는 상법전이 없으며, 스위스의 경우 채무법(Obligationenrecht)에서 민법과 상법을 같이 다루고 있다.

2) 예컨대 독일, 우리나라, 일본은 같은 법계에 속하지만 독일 상법은 우리의 상법총칙과 상행위에 관한 것만 규정하고 회사법과 보험법은 별도의 법전으로 다루고 있는 반면, 우리와 일본에서는 상법전 속에서 회사법과 보험법도 다루어 오다가 일본은 2005년에 회사편을 상법전에서 분리하여 별도의 법전으로 만들었다.

으며 이를 보조하는 영업, 예컨대 중개업 · 대리상 · 위탁매매업 · 운송업 · 창고업 · 은행업 등이 독립된 영업으로 발전하고, 나아가 상법의 규율대상으로 흡수되었다. 그 예로 1807년의 프랑스 상법은 위탁매매업 · 대리상 · 운송업 · 은행업 · 보험업 등을 규율하는 규정을 두었으며, 경제적 의미의 「상」과는 전혀 관계가 없는 연극업도 상법의 규율대상으로 했다. 마침내 1897년 독일 신 상법과 1911년 스위스 채무법에서는 상행위의 내용을 무시하고 영업의 형식과 규모에 의해 상인과 상업을 정하고, 회사는 어떤 사업을 하든 모두 상법의 대상으로 삼기에 이르렀다.

오늘날 상법이 다루는 생활관계가 이와 같이 확대되었는데, 그 광범위하고 일응 이질적인 생활관계들을 공통적으로 묶어 상법의 규율하에 놓이게 하는 중심적인 개념이 무엇이냐는 의문이 제기된다. 이는 바로 상법의 대상이 무엇이냐라는 논제로 바꿔 논의할 수 있는 문제로서 오래 전부터 학설이 대립하여 왔다.

3. 상법의 대상론

상법의 대상론은, 크게 두 개의 흐름으로 나누어 볼 수 있다. 상법이 규율대상으로 삼는 법률사실 내지는 생활관계를 내용적으로 한정해서 파악하는 설(내용적 파악설)과 법률사실 내지는 생활관계의 성격에 착안해서 파악하는 설(성격적 파악설)이다.

(1) 내용적 파악설

1) 발생사적 관련설 라스티히(Lastig)의 주장으로, 경제적 의미에서의 「상」이라 할 수 있는 재화 이전의 매개와 관련되거나, 이로부터 전문화 또는 분화된 형태로 발전한 영업활동의 총체를 상법의 대상으로 파악하는 견해이다.[1] 이 설에 의하면 고유한 의미의 「상」, 즉 「경제적 의미의 상」을 출발점으로 해서 역사적으로 볼 때 이를 지원하기 위해서 생긴 대리상 · 위탁매매업 등과 같은 보조적 영업, 그리고 보험업, 운송업 등과 같이 경제적 의미의 상에서 분화 · 발전된

1) *Gustav Lastig*, Die gewerbetreibenden Eintragungspflicht zum Handelsregister und Beitragspflicht zur Handelskammer und Handwerkskammer, 1903, S. 35 ff.

영업활동도 모두 상법의 규율대상인「법률적 의미의 상」으로 파악해야 한다는 것이다.

이 견해에 대해서는 현재 상법이 규율하는 모든 영업활동이 재화 이전의 매개에서 분화되었다고 하는 증명이 뚜렷하지 않을 뿐 아니라, 경제적 의미의「상」과 이로부터 분화·발전된 타영업활동과의 동질성을 설명하는 바 없으므로 상법의 대상인 생활관계의 공통적 실체를 파악할 수 없다는 비판이 따른다.

2) 매개행위설 골트슈미트(Goldschmidt)의 설로서,「매개행위」를 상법의 대상이 되는 생활관계의 공통적 특질로 인정하고, 매개행위를 담당하는 모든 영업활동을 상법의 대상으로 삼는다.[1] 그리고 매개행위란 재화이전의 매개뿐 아니라 대리상·위탁매매업과 같은 매개행위를 위한 매개행위도 포함한다고 한다.

그러나 이 견해에 대해서는 연극·출판·인쇄·촬영 등과 같이 매개행위와 관련이 없는 영업부문이 상법의 대상이 되는 이유를 설명할 수 없다는 비판이 따른다.

3) 기업법설 뷔이란트(Wieland)의 설로서, 근대기업의 발전에 주목하여「기업」을 상법의 대상으로 보는 견해이다.[2] 즉 계획적인 의도하에 계속적으로 영리를 실현하는 독립된 경제적 단위인「기업」이라는 개념을 가지고 상법의 규율대상을 통일적으로 파악하려는 입장이다. 기업법설은 상법의 대상이 되는 생활관계를 내용면에서 통일적으로 파악하는 데 성공하였다는 평판을 듣고 있다. 그러나 상법을 기업에 관한 법으로 이해한다면 기업에 관한 잡다한 법을 전부 상법의 범위에 집어넣게 되어 상법의 성격을 모호하게 한다는 비판이 따른다.

4) 상인법설 독일의 통설은 상법을 상인법(Kaufmannsrecht)으로 이해한다(이(기)·최 16; 임홍근 4; 최·김 5).[3] 기업법설이 말하는「기업」은 법적 주체가 될 수 없고, 상법의 모든 규정이 상인의 법률관계에 대한 규율을 중심으로 구성되어 있는 점에 착안한 것이다. 그러나「상인」개념이 선험적으로 주어지거나, 상법상의 모든 개념에 앞서 일차적으로 정의될 수 있는 것은 아니며, 후술하는 바와 같이 부분적으로는

1) *Levin Goldschmidt*, Handbuch des Handelsrechts, 2. Aufl., 1874, S. 398 ff.

2) *Karl Wieland*, Handelsrecht, Bd. Ⅰ, 1921, S. 145 ff.

3) Baumbach/Hopt, Einl v §1 Rn. 1; Brox/Henssler, S. 1; Canaris, S. 2; Heymann, Einl. I Rn. 1; Koller/Kindler/Roth/Morck, Einleitung vor §1 Rn. 1; *K.Schmidt*, in MünchKommHGB, Vor §1 Rn. 1; Schmidt, S. 3; Großkomm. HGB, Einl. Rn. 19 ff.; Steinbeck, S. 25.

상행위를 토대로 하고 또한 「영업」이란 개념을 징표로 삼고 있으므로(46조) 상인법설 역시 완결적으로 상법의 대상을 확정짓고 있다고 볼 수는 없다.

(2) 성격적 파악설

1) 집단거래설 헤크(Heck)의 설로서, 상법의 대상이 되는 생활관계의 특징을 거래의 집단성으로 파악하고 집단거래에 관한 법이 상법이라고 보는 견해이다.[1)]

이 견해에 대해서는 집단거래는 다른 법이 적용되는 생활관계에서도 찾아볼 수 있으므로 집단거래라는 개념만으로 상법의 대상을 특징지울 수 없다는 비판이 따른다.

2) 상적 색채설 일본의 다나까 코따로라는 학자의 설로서, 상법적인 법률사실이 공통으로 지닌 집단성, 개성상실과 같은 기술적 성격을 「상적 색채」라 이름 붙이고, 일반사법의 법률사실 중에서 상적 색채를 띠는 것을 상법의 대상으로 파악하는 견해이다.[2)] 그리고 「상적 색채」란 전문화된 영리생활인 투기매매로부터 연역되는 특성으로서 집단성 및 개성상실을 주내용으로 한다고 설명한다.

「상적 색채」란 은유적인 표현으로 그 외연이 분명치 않아, 일반 법률사실로부터 상사법률관계를 차별화하는 특성으로 적절히 기능할 수 있느냐는 의문이 있다.

(3) 국내 학설의 현황

이상 상법의 대상을 설명하는 대표적인 학설들을 소개하였으나, 어느 것이든 완벽한 것은 못되므로 현재도 계속 다투어지고 있다. 국내에서는 기업법설이 가장 설득력이 있다고 여겨져 오래전부터 통설이 되었고, 약간의 학자들이 상인법설을 지지하고 있다(이(기)·최 16; 임홍근 4; 최·김 5).[3)] 후술하는 바와 같이 실질적 의의의 상법을 정의함에 있어 기업법설이 상법의 규범적 성격을 가장 분명하게 설명해 주므로 이 책에서도 기업법설을 취하기로 한다.

---

1) *Philipp Heck*, "Weshalb besteht ein von den bürgerlichen Rechte gesondertes Handelsprivatrecht?," Archiv für die civilistische Praxis, 1902, S. 455 ff.

2) 田中耕太郎, 「改正商法總則概論」, 1938, 43면.

3) 林重鎬, "Karl Wieland의 企業法論과 그 系譜," 「비교사법」 제59호(2012), 1275면 이하에서 뷔란트 이후 독일, 오스트리아, 일본에서의 기업법론의 전개 및 한국에서의 논의를 상세히 소개하고 있다.

Ⅲ. 상법의 정의

실질적 의의의 상법을 기업법설의 입장에서 정의하자면, 「기업에 관한 특별사법」이라고 할 수 있다. 이 정의에 들어 있는 개념요소를 상설하면 다음과 같다.

1) 상법은 기업에 관한 법이다　상법은 기업에 관한 법률관계, 즉 기업의 성립 · 변경 · 소멸, 기업의 인사 · 재무 · 결산 등을 포함한 운영과 관리, 기업의 대외거래 등의 법률관계를 규율하는 법이다. 여기서 「기업」이란 법률적 개념으로서, 자본적 계산방법하에 경영되며 법률상 독립체로 취급되는 계속적 · 영리적인 경제단위를 뜻한다.[1)]

2) 상법은 사법이다　상법은 기업에 관한 「사법」이다. 법체계를 권력복종의 불평등한 생활관계를 규율하는 공법과 비권력적인 평등한 생활관계를 규율하는 사법으로 2분할 때 상법은 私法에 속한다. 그러나 상법은 사법적 규율의 실효성을 확보하기 위하여 소송 · 벌칙 등과 같은 각종의 공법적 규정을 다수 포함하고 있다. 그래서 상법을 「기업에 관한 법규의 전체」라고 정의하는 학자도 상당수 있으며(서완석 12; 서헌제 9; 손주찬 6; 임중호 10; 임홍근 8; 정동윤 10; 최 · 김 5), 실정상법 중 공법적 법규는 제외하고 사법적 법규만을 떼어내어 상법이라고 하는 학자도 있다(김성태 20).

그러나 어떠한 법을 공법과 사법의 분류 속에 배열하는 뜻은 개별규정의 성격을 집합하기 위함이 아니고, 법규의 전체적인 성격으로 보아 공법과 사법의 원리 중 어느 것의 지배를 받느냐를 규명하기 위한 것이므로 공 · 사법의 2분을 긍정하는 한 상법은 사법으로 분류함이 타당하다(同旨: 정찬형 10).

3) 상법은 특별사법이다　민법이 개인의 일상 · 보통의 사적 생활관계를 규율하는 일반사법임에 대하여 상법은 기업을 중심으로 한 생활관계를 규율하는 특별사법이다. 상법에는 회사 · 상호 · 상업장부 · 상호계산 · 영업양도 등과 같이 민법에서 갖고 있지 아니한 제도에 관한 규정도 있고, 상사유치권 · 상사질권 · 상사이자 · 상사시효 등과 같이 민법에 있는 규정을 특수화시키거나 보충 · 수정한 규정도 있다. 「특별법은 일반법에 우선한다」는 원칙에 따라 상법에 규정되어 있는 사항에 관해서는 상법이 배타적으로 적용되고, 규정이 없는 사항에 대해서는 그 성격이 허용하는 범위에서 일반법인 민법이 적용된다.

---

1) 服部, 10면.

제 2 장 상법의 지위

이상 논한 상법의 실질적 의의를 통해서 독립된 법체계로서의 상법의 영역을 인식할 수 있으나, 상법과 인접한 법분야와의 관계를 정립해 놓음으로써 전체 법질서에서 상법이 차지하는 지위가 뚜렷해진다. 특히 상법과의 관계를 밝힐 필요가 있는 법분야는 민법 · 노동법 · 경제법 · 어음법 · 수표법이다.

Ⅰ. 민법과 상법

민법과의 관계에서는 상법의 자주성이 논의되는데, 이는 민법과 상법의 적용대상의 동질성을 이유로 두 법을 하나의 실정법으로 수용하자는민 · 상법통일론이 대두되고, 민법이 점차 상법적 규정을 잠식해 들어가는 이른바 민법의 商化 현상이 나타나기 때문이다.

1. 민 · 상법통일론

(1) 통일론의 제기

상법이 민법에서 독립하여 독자적인 지위를 가질 존재가치가 없다는 이유로 양자를 하나의 법체계로 통일시켜야 한다는 주장이 오래 전부터 제기되어 왔다. 이른바 민 · 상법통일론이다. 이 논의는 프랑스에서 1807년에 상법이 제정됨으로써 중세기에 상인계급법이었던 상법이 상사의 개념을 매개로 널리 일반인에게도 적용되게 된 데서 발단하였다.

상법상의 여러 제도가 능력 · 법률행위 · 소유 등과 같은 민법상의 일반원칙을 바탕으로 하고 있으므로 상법의 독자성이 의심스러운데다가, 일반인의 경제생활을 민법과 상법이라는 두 개의 법이 분할지배함으로 인해 불공평한 경우도 발생하기 때문이다. 예컨대 일반채권의 소멸시효는 10년(민 162조 1항)인 데 반해 상사채권의 시효는 5년(64조)이므로 민 · 상사의 한계가 모호한 경우에는 거래당사자가 예측하지 못한 불이익을 받을 수 있는 것이다. 그래서 1847년에 이탈리아의 몬타넬리(Montanelli)가 민 · 상법통일론을 주장한 이래, 1888년에 비반테(Vivante)가 같은 주장을 하였고, 그 외에도 소수의 학자들이 이를 추종하였다.

1911년의 스위스 채무법, 1929년의 중화민국 민법, 1942년의 이탈리아 민법 등은 이 통일론을 받아들인 입법례이다.

(2) 통일론의 근거와 비판

민 · 상법통일론이 제시하는 이론적 근거는 다음과 같으나 이에 대해서는 많은 비판이 가해지고 있다. 양자를 함께 소개한다.

1) 계급법적 연혁　　통일론에 의하면, 중세기에는 상법이 상인단체의 계급법으로 존재했으나, 오늘날에는 상법상의 제도들이 일반법화하여 모든 사람의 생활관계에 두루 적용되므로 일반법인 민법으로 통일시키는 것이 옳으며, 이를 계속 독립시키는 것은 상법을 계급법으로 보던 과거의 고정관념 때문이라고 한다.

그러나 같은 사람을 적용대상으로 한다고 하더라도 성질이 다른 법률관계가 존재한다면 그를 규율하는 법 역시 구분됨이 마땅하다. 민법은 일반인의 보통의 생활관계를, 상법은 기업생활관계를 규율대상으로 하여 각자 고유한 영역을 가지므로 양법을 병존시킬 이유가 충분하다. 그러므로 단순히 상법의 적용대상이 상인계급에서 일반인으로 확산되었다 해서 일반인에게 적용되는 모든 법률이 일원화될 수는 없다.

2) 이익보호의 불균형　　통일론에 의하면, 연혁적으로 상법은 편찬단계에서 대규모 상인의 영향 아래 그들의 이익을 보호하기 위해 만들어졌으므로 상법을 존치한다면 상인과 거래하는 일반인의 이익을 희생시킨다고 한다.

그러나 불공평한 내용으로 입법되었다면 공평한 방향으로 개정하여야 한다는 주장이 설득력 있는 것이지, 입법과정에 불합리한 영향력이 개재되었다 하여 상법의 자주성을 부인하는 것은 논리의 비약이다.

3) **개념구분의 불확정** 통일론에 의하면, 민법과 상법을 구분할 학리상의 정확한 기준이 없고 법률상의 「상」 및 「상인」의 개념이 불확정적이므로 법률생활의 안정을 저해한다고 주장한다.

그러나 이 주장은 상법 중 상행위 통칙에 있는 소수의 규정(위임 · 계약성립 시기 · 시효 · 법정이율 등)을 지목한 데 불과하고, 그나마도 입법기술상의 문제에 지나지 않아 쉽게 해결할 수 있으므로 민 · 상법통일론의 근거로는 빈약하다.

4) **학리발전의 저해** 통일론에 의하면 민 · 상법의 병존은 하나의 사법체계를 양분하여 개별적으로 연구하게 함으로써 사법이론의 통일적 발전을 저해한다고 주장한다.

그러나 민법과 상법은 그 규율하는 생활관계의 실체가 다른 만큼 양자를 단일한 틀에 집어넣어 획일적으로 연구해야 한다는 주장은 타당하지 않다. 또한 민법과 상법의 유기적 관련성은 학자의 연구태도와 방법에 따라 조화 있게 유지 · 발전시켜 나갈 수 있으므로 이 또한 통일론의 근거로는 적절하지 않다.

5) 이상 살펴본 바와 같이 민 · 상법통일론의 근거는 설득력이 약하여, 심지어 통일론을 주장했던 비반테마저 민법과 상법은 입법의 방법이 상이하다는 점을 지적하고 통일론을 포기한 바 있다. 그리하여 오늘날은 양법의 분리론이 지배적이다.

2. 민법의 商化와 상법의 自主性

(1) 의 의

「민법의 상화」라 함은 상법에서 형성된 법리나 법규가 민법에 의해 수용되는 현상을 말한다. 1894년 야콥 리이써(Jakob Riesser)의 저서[1)]에서 처음으로 지적되었다. 예컨대 법률행위의 방식의 자유라든지, 법률행위의 해석에 있어서 당사

1) 1894년에 나온 Jakob Riesser의 「독일제국민법전초안에 영향을 미친 상법의 이념」(Der Einfluß handelsrechtlicher Ideen auf den Entwurf eines bürgerlichen Gesetzbuchs für das Deutsche Reich)이라는 저서이다.

자의 의사와 거래관습을 참작하는 것이라든지, 손해배상에는 실손해 외에 이행이익 또는 신뢰이익을 포함시키는 것 등은 원래 상법에서 통용되던 원칙이었는데, 후에 민법의 일반원칙으로 수용된 것이다.

우리 민법에서도 상화현상을 발견할 수 있다. 예컨대 구민법하에서는 증권적 채권의 양도는 의사표시만으로 양도의 효력이 생기고, 증권의 배서·교부는 대항요건에 불과했으나(구민 469조, 86조 3항 참조), 현행민법에서는 어음·수표의 양도방식을 받아들여 배서·교부를 증권적 채권의 양도방식으로 삼았다(민 508조, 510조; 어 11조 1항; 수 14조 1항). 또 구민법에서는 채무이행의 장소로 채권자의 주소만을 규정하였으나, 현행 민법에서는 상법규정을 받아들여 영업상의 채무이행장소를 채권자의 영업소로 한 것(민 467조 2항 단; 구상 516조 1항)도 민법의 상화현상이다.

한편 「민법의 상화」라는 표현은 처음에는 민법에 담겨져 있던 제도가 후에 상법의 지배하에 들어가게 되는 현상을 지칭하는 뜻으로도 쓰인다. 그러나 이 의미에서의 민법의 상화는 원래 상법에서 다루어야 할 사항을 민법에서 규정했던 것을 바로잡는 과정에서 생기는 현상이므로 상법의 자주성과 관련해서는 논할 필요가 없다. 상법의 자주성과 관련해서 중요한 뜻을 갖는 것은 앞서 말한 의미에서의 민법의 상화이다.

(2) 민법의 상화의 원인

민법의 상화현상은 왜 생기는가? 원래 민법은 일반인의 보통의 생활관계를 규율하고, 상법은 기업생활관계를 규율한다는 점에서 구별된다 함은 기술한 바와 같다. 그러나 보통의 생활관계라 하더라도 대부분 경제생활관계이고, 경제생활은 이익추구를 보편적 동기로 하여 이루어지는데, 이는 기업생활(상법의 규율대상)의 저변에 깔린 영리성과 본질을 같이 하는 것이다. 그러므로 경제생활이 발전하면서 일반인의 보통생활은 점차 기업생활의 행동양식을 모방하게 된다. 라드브루흐(Radbruch)가 「근대법이 출발점으로 삼은 새로운 인간상은 오로지 영리추구와 계산에 의해 움직이는 충실한 상인을 토대로 형상화한 것」[1]이라고 표현한 것은, 바

1) "Dieser neue Typus des Menschen im Recht, ist nach dem Bilde des Kaufmanns gestaltet, der ganz Profitstreben und Berechnung ist…"(*Gustav Radbruch*, Der Mensch im Recht, J.C,B.Mohr, 1927, S. 7.).

꿔 말하면 현대인은 경제생활에서 알게 모르게 상인상을 지향하며 상인의 행동양식을 모방한다는 뜻으로도 풀이할 수 있다. 이러한 경향으로 인해 기업생활에 특유한 제도가 일반인의 보통생활의 보편적 규범으로 변화하는 현상이 나타나는데, 「민법의 상화」는 이러한 모방동기의 결과이다.

(3) 상법의 自主性의 전망

민법의 상화가 계속 진전되더라도 그에는 한계가 있다. 민법 중 가족법 부분은 결코 상화될 수 없는 부분이며, 재산법 부분에서도 민법상의 거래는 개별적·비조직적·일회적·소량적이므로 집단적·조직적·반복적·대량적 거래를 대상으로 하는 상법상의 제규범을 잠식하는 데에는 내재적인 한계가 뚜렷하다.

한편 상거래는 부단히 발전하여 새로운 규범에 대한 끝없는 수요를 가지므로 상법은 민법의 상화를 앞지르는 속도로 새로운 법질서를 창조해 나가며, 상거래가 발전하는 한 상법의 규범자원이 고갈되는 일은 있을 수 없다.[1] 이같이 상법에 의해 선도적으로 창출된 법질서는 민법에 수용될 때까지는 상거래에만 적용될 현실적 타당성을 갖는다. 그러므로 상법은 항상 독자적인 영역을 가지며, 결론적으로 민법의 상화현상도 상법의 자주성이 흔들리게 하는 요인은 되지 못한다.

Ⅱ. 상법과 노동법

상인은 단독의 노력으로 기업을 영위할 수도 있지만, 대부분 그에 종속하는 보조자를 둔다. 상인과 이 기업보조자의 법률관계는 두 개의 측면으로 나누어 볼 수 있다. 하나는 대외적으로 보조자가 상인의 영업활동을 대리하는 관계이고, 다른 하나는 상인과 보조자간에 대내적으로 맺어지는 고용관계이다. 전자의 관계는 상인의 대외적 행동의 한 측면이므로 상거래적 원리가 지배하고, 따라서 그것은 상법의 영역에 속한다. 이에 대해, 후자의 관계는 기본적으로는 민법상의 고용관

1) 상법의 자주성을 주장하는 독일·일본의 학자들은 상법을 빙하에 비유하여 본문에서와 같이 설명한다. 즉 빙하의 밑부분은 차츰 물에 녹지만, 윗부분에서는 계속 새로운 얼음덩어리가 집적되는 것과 같이 상법의 규정들은 민법의 상화에 의해 민법규정으로 포섭되지만 상법은 계속 새로운 규율대상을 찾아 영역의 크기를 유지한다는 것이다(服部, 47면).

계이기는 하나, 근로자에 대한 생존배려를 위주로 하는 사회복지정책적 이념이 지배하는 관계이기도 하므로 그러한 관점에서는 노동법의 영역에 속한다. 상법과 노동법은 규율대상이 이와 같이 다르고 지도이념도 상위하므로 본래 서로 교착될 법역이 아니다.

그러나 20세기에 들어 자본주의의 여러 가지 모순이 노정됨을 계기로 근로자의 복지를 위한 노동법이 비약적으로 발전하면서 상법에도 큰 영향을 주고 있다. 예컨대 프랑스의 1917년 노동자참가주식회사(La société anonyme à participation ouvrière)법이 인정한 노동주(action de travail)제도,[1] 독일이 1951년과 1976년의 공동결정법(Mitbestimmungsgesetz)에서 채택한 노동자의 경영참가제도 등은 상법상의 제도인 주식회사의 자본구성과 경영조직에 직접적인 영향을 주고 있다. 그래서 오늘날 노동법은 제한된 범위에서 상법학에서도 연구하여야 할 중요한 인접 법분야가 되었다.

Ⅲ. 상법과 경제법

1) 경제법의 개념과 영역 경제법은 자본주의 및 자유주의경제의 고도화에 따른 폐해를 공법적으로 시정하기 위하여 생겨난 법분야이므로 그 역사는 일천하다. 「경제법」(Wirtschaftsrecht)이라는 용어도 1918년 독일의 카안(Kahn)에 의하여 비로소 사용되었다.[2] 뿐만 아니라 그 개념을 정의하는 데 있어서도 아직 정설이 없는 형편이지만, 대체로 국가가 국가경제에 관한 특정 목적을 달성하기 위하여 사경제 부문에 대해 가하는 공권력적 규제에 관한 법이라고 정의할 수 있다.[3] 이 분야에 속하는 우리나라의 실정법으로서는 「독점규제 및 공정거래에 관한 법률」(1990. 1. 13, 법률 제4198호)이 대표적이나, 그 밖에도 많은 경제법이 있으며, 민간경제부문이 계속 팽창하고 아울러 국가경제적 차원에서 이에 대한 지도·감독·조정

1) 종업원의 근로를 출자로 보아 주식을 배정하는 제도이다.

2) *Richard Kahn*, Rechtsbegriffe der Kriegswirtschaft: Ein Versuch der Grundlegung des Kriegswirtschaftsrechts; 권오승, 「경제법」(제 6 판), 법문사, 2008, 3면.

3) 우리 헌법은 자유시장경제질서를 원칙으로 하나(헌 119조 1항), 이른바 사회적 시장경제주의에 입각하여 국가가 민간경제에 규제 및 조정을 할 수 있도록 하고 있다(헌 119조 2항).

의 필요성이 커짐에 따라 경제법은 계속 늘어나고 있는 추세이다.

2) 경제법과 상법의 독자성 경제법과 상법은 일면 서로 무관한 법원리에 입각해 있지만, 경제법도 직접·간접으로 기업을 대상으로 하고, 상법도 사회화하는 경향이 있으므로 양법이 서로간에 갖는 독자성은 점차 퇴색하고 궁극에는 통합될 것이라는 견해도 있다(최·김 13). 그러나 경제법은 국가경제의 총체적 발전을 위해 계약자유의 원칙과 같은 사법질서에 국가경제적 목적에서의 공법적 수정을 가하는 것을 내용으로 하고, 그 실현을 위해 벌칙 등 공권력적 제재를 수단으로 삼는다. 이에 대해 상법은 사경제의 개별주체간의 이해조정을 목적으로 하며, 그 실현수단도 사법적 효과에 의존한다. 또 상법의 사회화 경향을 인정하더라도 사회화된 개별규범의 목적은 여전히 사경제주체의 이해조정이고 그 실현수단은 역시 사법적 효과이다. 이와 같이 법의 목적과 실현수단이 이질적인 이상 양자의 융합이란 생각할 수 없으며, 합일된다면 그것은 경제법적 조문과 상법적 조문이 혼재함에 불과하다. 따라서 양법은 분리하여 존속할 수밖에 없으며, 또 그것이 타당하다(통설).

Ⅳ. 어음법 · 수표법

어음법은 환어음과 약속어음이라는 유가증권을 인정하고 그 발행과 유통에 필요한 규율을 하고 있으며, 수표법은 수표라는 유가증권을 다룬다. 그리고 전자어음의 발행 및 유통에 관한 법률은 약속어음을 전자적 형태로 발행·유통시킬 수 있도록 하고 있다. 어음·수표는 상인이 아닌 자도 이용할 수 있으며, 어음·수표법은 어음이나 수표라는 유가증권에 표창된 금전채권을 다루기 위한 것으로 상법과는 무관하고, 특히 어음·수표관계에 원용할 만한 상법의 원리도 찾기 어렵다. 그래서 어음·수표법은 상법과 법역을 전혀 달리하고 양자간의 관계를 연결시킬 요소가 없다.

그러나 어음·수표는 주로 상거래를 원인관계로 하여 그 지급수단으로 이용되므로 어음·수표에 관한 법률행위를 상행위로 보는 입법례도 있고,[1] 어음·수

1) 예: 일본 상법 501조(구 상법 같은 조).

표에 관한 법규정을 상법전의 일부로 다루는 입법례도 있다. 우리나라에서도 상거래와의 밀접성 때문에 전통적으로 어음·수표법도 상법학에서 다루어 왔으며, 대학강의에서도 상법학의 일부로 취급하고 있다.

제 3 장 상법의 이념

상법은 기업생활관계, 즉 기업조직과 그에 의한 거래를 규율대상으로 하므로 기업생활관계가 지니는 특성을 반영한 이념이 그 법규범의 내용을 지배하고 있다. 상법이 기업생활관계에 관해 추구하는 이념은 기업의 생성·존속과 강화를 지원하고 기업활동이 원활하게 이루어지도록 촉진하고, 상거래의 안전을 도모하는 것이라고 요약할 수 있으며, 이 기본이념은 상법상의 개별규정들을 통해 구체적으로 표현되고 있다.

기업생활관계는 기본적으로 일반 민사생활관계이고 민법의 적용대상이다. 그러므로 상법의 이념은 특히 일반 민사생활관계를 규율하는 민법의 이념에 대비하여 이념적 특칙으로 이해할 때에 유의의하다.

Ⅰ. 기업의 생성·존속·발전의 지원

기업은 소유자에게는 물론 사회 전체에 유익한 조직이므로 상법은 기업이 생겨나고 존속하며 발전하는 것을 지원한다. 이것이 상법의 존재이유이고, 가장 기본적인 이념이라 할 수 있다.

1. 기업의 생성촉진

기업은 그를 영위하는 상인의 이익을 위해서도 필요하지만, 사회가 필요로 하는 재화·용역을 공급하고 고용을 창출하는 등 사회적으로도 유익하고 절대적으로 필요한 존재이므로 기업의 생성은 마땅히 장려되어야 한다. 따라서 상법은 누구든지 기업을 영위할 수 있도록 상인자격에 특별한 제한을 두지 아니하며, 영업의 종류도 자유로이 선택할 수 있음을 보장한다. 나아가 회사는 가장 합리적인 기업형태인바, 일정한 요건만 구비하면 자유로이 회사를 성립할 수 있게 하며(172조), 특히 기업인들의 선호도가 가장 높은 주식회사의 경우에는 발기인제도(288조)와 주주의 유한책임제도(331조)를 두어 창업을 촉진하고 주식제도(329조)에 의해 자본의 조달을 용이하게 한다.

2. 기업의 유지

기업이 생겨나면 다수인과 이해관계를 맺고 그 활동을 통해 사회의 경제발전에 이바지한다. 또한 기업이 축적한 자산과 창출한 부가가치는 국부를 증진시킨다. 그러므로 기업이 소멸한다면 상인 자신에게 손실이 됨은 물론 주변의 이해관계인에게도 불이익하고, 나아가 국가경제에도 부정적인 영향을 준다. 여기에 기업이 원만하게 유지되어야 할 이유가 있으므로 상법에서는 생성된 기업이 원만히 존속·유지되도록 여러 가지 배려를 하고 있다.

예컨대 상인이 개인적인 사정으로 기업을 중단하더라도 그 동일성을 유지하며 존속할 수 있도록 영업양도를 제도화하였으며(41조), 회사와 같은 법인기업(171조 1항)을 창설할 수 있게 하는 것은 기업이 자연인상인의 유한성과 무관하게 항구적으로 존속할 수 있도록 배려한 것이다. 뿐만 아니라 일정한 경우 회사가 해산하게 될 상황에서도 회사를 계속할 수 있게 하며(229조), 기업이 경제적 여건의 변화에 탄력적으로 대응하며 생존할 수 있도록 합병(174조), 분할(530조의2) 등 각종의 조직개편의 수단을 허용하는 것도 기업유지의 이념에서 나온 것이다. 그리고 운송인이나 선박소유자 등의 손해배상책임을 제한한 것(136조, 137조, 746조)은 특히 위험이 수반되는 기업이 과중한 책임이행으로 도산하지 않도록 배려한 것이다.

3. 기업의 발전: 영리성의 보장

영리성은 기업을 창설하는 동기를 이루고 기업이 존속·발전할 수 있는 재산적 기초가 되므로 영리성이야말로 상법의 기본정신을 이루는 개념이라 할 수 있다. 그래서 상법은 상인의 보수청구권(61조) · 이자청구권(55조), 출자자에 대한 이익배당(462조) 등을 명문화하여 기업활동의 동기를 부여하고 있으며, 상호의 양도, 영업의 양도와 같이 기업의 조직적 자산의 환가를 통한 영리실현도 보장하고 있다(25조 1항, 41조 1항).

Ⅱ. 기업활동의 원활 보장

기업은 대량적 · 계속적 · 반복적으로 거래를 하므로 그 거래가 편리하고 신속하게 행해지고 그로 인한 법률관계가 신속 · 명확하게 종결되는 것이 중요하다. 특히 상행위 편에서 이 정신이 잘 표현되어 있으므로 자세한 설명은 상행위편으로 미룬다(313면 이하 참조).

Ⅲ. 거래안전의 보호

상거래는 대량적 · 계속적 · 반복적으로 행해지면서 동시에 신속하게 종결되므로 거래의 안전이 특히 강하게 요구된다. 더욱이 기업활동의 상대방이 非상인일 때에는 상거래의 특성에 익숙하지 못하므로 거래상대방의 보호가 절실하다. 다음과 같은 제도는 이 점을 반영하고 있다.

1. 공시제도

기업내용을 대외적으로 공시하는 것은 거래상대방으로 하여금 자신의 권리보호책을 강구할 수 있게 하고, 사업에 따라서는 그의 활동범위와 방향을 제시하는 뜻도 있으므로 일반적으로 상거래의 공정한 질서를 유지하기 위하여 필요하다. 더욱이 다수의 주주 · 채권자들이 출연한 자금으로 운영되는 주식회사의 경우에는 주주 · 채권자의 권리를 보호하기 위해 기업의 공시가 절대적으로 필요하다.

상법은 상업등기라는 기업의 일반적인 공시방법을 마련해 놓고(34조), 일정한 사항은 반드시 등기하게 하거나, 사법상의 불이익과 연계시켜 등기를 유도한다. 나아가 특히 이해관계인이 많은 주식회사의 경우에는 주주총회의 의사록, 주주명부, 재무제표 등을 비치·공시하게 함으로써 기업내용에 관한 다양한 정보를 제공하고 있다.

2. 외관주의

상거래는 주로 불특정 다수인 간에 행해지므로 당사자가 상대방에 대한 정확한 정보 없이 외부에 나타난 사실만을 믿고 거래하는 예가 흔하다. 그러므로 상법에는 외관을 신뢰하고 거래한 자를 보호하는 외관주의가 강하게 표현되어 있다. 표현지배인(14조)이나 표현대표이사제도(395조) 그리고 명의대여자의 책임(24조) 같은 것이 좋은 예이다. 그 밖에도 같은 정신에 입각한 다수의 제도가 있는데, 각각 관계되는 곳에서 설명한다.

3. 기업책임의 강화

일반적으로 기업은 그와 거래하는 고객에 비해 경제적 능력이나 거래수완이 우월하다고 할 수 있으므로 소비자보호라는 차원에서 기업의 책임을 강화할 필요가 있다. 그래서 상법은 기업 또는 기업관계자의 책임을 일반원칙에 비해 강화하고 있다. 예컨대 다수인이 상행위에 가담할 경우에 지는 연대책임(57조 1항), 상사보증인의 연대책임(57조 2항)은 상사채무의 이행을 확보하기 위한 것이고, 운송주선인·운송인·공중접객업자·창고업자·해상운송인의 책임을 가중하는 제도(115조, 135조, 138조, 148조, 152조, 160조, 788조)는 특수업종에 종사하는 상인의 책임을 가중한 예이며, 발기인·이사가 자본충실책임(321조, 428조)을 지고 엄격한 손해배상책임(322조, 399조, 401조)을 지도록 한 것은 기업관계자의 책임을 가중한 예이다.

제 4 장 상법의 역사

Ⅰ. 총 설

우리나라도 오래 전부터 고유한 상거래제도와 이에 관한 법령을 가지고 있었지만, 현행 상법은 서구의 상법을 계수한 것이므로 서구의 상법발달사가 바로 우리 상법의 역사라고 할 수 있다. 그러므로 먼저 서구에서 상법이 어떻게 발달되었는지를 살펴보고 서구의 상법이 우리나라에 계수된 경위를 설명한다.

Ⅱ. 고 대

좁은 범위의 종족으로 구성된 생활공동체가 수렵이나 농업을 위주로 폐쇄적인 경제를 운용해 나가던 자연경제시대에는 재화의 교환이 없었으므로 상법이 필요할 리 없었다. 상법이 생겨날 여지가 마련된 것은 다른 종족간에 물자의 교환이 이루어지면서부터라고 할 수 있다. 물자의 교환이 활발해지면서 교환이 이루어지는 장소의 평화를 유지하고 교환을 행하는 외지인들에 대한 특권을 보장하는 법이 성립하게 되었는데, 이렇게 성립한 고대의 시장법과 외인우대법을 상법의 시초로 보는 학자(위불렝: Huvelin)도 있다.

점차 시장에 참가하는 자의 범위가 확대되어 경제법칙에 따른 시장가격이 형성되고 화폐가 사용되면서부터 거래법이 생겨나기 시작하였다. 기원전 20세기경에 바빌로니아 지방에서는 이미 화폐가 사용되었다고 하며, 이 시기에 만들어진 함무라비(Hammurabi) 법전에는 매매 · 임치 · 운송 등에 관한 규정이 있었다고 한다. 이어 기원전 7세기에 지중해를 지배했던 그리스에서는 귀족이나 농민과 구별되는 사회적 신분으로서 영업자계급이 나타났다. 이들의 사회적 지위가 열등하여 포괄적인 상법은 생겨나지 못했으나, 환전 · 임대 · 임치 · 해상 등에 관한 개별적인 상관습이 발달하였다.

기원전 754년에 건국한 로마는 장기간의 영토확장기를 거쳐 제정시대에 들어서부터는 세계국가로 발전하고 그들의 상거래도 세계를 무대로 펼쳐졌다. 그러나 훌륭한 사법체계를 완성시킨 로마인들도 상법은 등한시하여 은행 · 해상 등의 부분적인 제도를 고안한 외에는 별도의 상사법전을 마련한 바 없다. 초기에 로마시민에게만 적용하던 엄격한 시민법(ius civile)을 탄력적인 만민법(ius gentium)으로 발전시켜 정복지의 외지인들에게까지 적용하였는데, 이 법이 상거래를 규율하기에 충분했기 때문이라고 한다. 또 로마시대에는 상거래시에 노예를 광범하게 활용하였던 탓에 보조상이나 상사회사에 대한 필요성을 느끼지 못하였으므로 자연 상거래에 관한 별도의 입법적 규율에 별로 흥미를 느끼지 못한 것도 중요한 이유이다.

Ⅲ. 중 세

서기 476년 서로마가 멸망한 이후에 다수의 게르만 국가들이 생겨났지만, 이 사회는 암흑시대로 불리듯이 모든 문화가 단절된 정체기에 있었다. 봉건제도하에서 장원을 중심으로 농업을 영위하던 사회였으므로 상거래가 활발할 리 없었고 따라서 상법이 생겨날 여지도 없었다.

그러던 중 9세기 이후에 북부 이탈리아를 중심으로 지중해 연안에 출현한 다수의 도시국가에서 상업이 활발하게 행해지고, 아울러 오늘날까지 전해지는 각종의 상사제도가 생겨났다. 도시의 상인들은 길드(Gilde)라는 상인단체를 만들어서 자신들의 특권을 확보하고 자신들이 가지고 있던 자치권과 재판관할권을 이용해서 자치규약을 만들며 상거래에 적합한 여러 제도를 개발하였다. 그리하여 이들은 상호 · 상표 · 중개인 · 위탁매매업 · 상업장부 · 상호계산 등의 제도를 만들어 오늘날에까지 전해 주고 있으며, 당시 행해지던 코멘다계약은 오늘날의 익명조합,

합명 · 합자회사로 발전하는 계기가 되었다.

Ⅳ. 근대 이후

중세말에 일어난 르네상스의 영향으로 과거의 봉건적인 경제체제와 신분제도는 붕괴되고 근대 시민사회가 성립되었다. 아울러 정치면에서는 중앙집권제가 확립되어 국가단위의 입법이 행해지게 되었다. 따라서 과거 상인사회의 자치법으로 존속하던 상법도 국가의 입법으로 정비되었다. 한편 17, 8세기부터는 자유주의경제 및 자본주의가 발전하면서 상법도 새로운 경제질서의 수요에 응하여 급속한 발전을 보게 되었다. 그리하여 자본주의에 바탕을 둔 오늘날의 상법의 근간이 이 시기에 완성되었다. 당시로부터 현대에 이르기까지 서구사회에서 행해졌던 주요 입법사업을 나라별로 보면 다음과 같다.

1) 프 랑 스　　루이(Louis) 14세는 상사조례(Ordonnance sur le commerce 1673)와 해사조례(Ordonnance sur la marine 1681)를 만들었는데, 이는 국가가 제정한 최초의 통일상법전이었다. 그러나 상사조례는 상인법이라고 할 정도로 계급법적 성격을 띤 것으로 일반인에게 보편적으로 적용되는 근대적인 의미의 상법은 아니었다. 프랑스혁명 후 1804년에 제정된 민법에 이어 1807년에 제정된 프랑스 상법전(Code de commerce)이 근대적인 상법의 효시라 할 만한 것이다. 동 법전은 상사조례와 해사조례를 토대로 만든 것이기는 하나, 종전의 계급법적인 상인법의 자세를 버리고 상행위를 중심으로 하여 일반인에게 널리 적용될 수 있는 내용으로 꾸며진 것이었다. 이 상법전은 그 후 다른 나라의 상사입법에 중대한 영향을 주었다.

그러나 1807년의 상법전에는 공법적 규정이 많았고 사법규정, 특히 오늘날 상법에서 절대적인 비중을 차지하는 주식회사에 관한 규정은 매우 빈약하였다. 그래서 상법은 그 후 수차에 걸쳐 개정되었으며, 회사에 관해서는 1867년 단행법으로 회사법이 제정되고, 1925년에는 유한회사법이 제정되었다. 그 후에도 중요한 회사법규가 수개의 단행법으로 제정되어 회사법의 법원이 산만해졌으므로 1966년 이를 모두 흡수하여 통일된 상사회사법을 제정하였으나, 2000년에 다시 회사법을 흡수하여 상법전(Code de commerce)으로 일원화하였다.

2) 독 일 독일의 프로이센에서는 1794년 프로이센 일반란트법(Allgemeines Landrecht für die preußischen Staaten: ALR)이 제정되어 상법을 포함한 통일국법의 구실을 하였지만, 독일 전체에 적용되는 통일상법전으로서는 1861년에 제정된 일반독일상법전(Allgemeines Deutsches Handelsgesetzbuch 1861: ADHGB)이 최초이다. 이 법은 프랑스 상법전을 모범으로 하면서도 그 내용은 사법적 규정으로 제한하여 순수한 상법의 모범이 되었으며, 상인법주의와 상행위법주의의 절충적 입장을 취하였다.

그 후 독일 민법전이 제정되면서 민법과의 균형을 위하여 1897년 독일제국상법전(신 상법)(Handelsgesetzbuch für das Deutsche Reich: HGB)을 제정하여 수차의 개정을 겪으며 현재에 이르고 있다. 그리고 초기에는 이 통일상법전에서 회사법도 함께 다루었으나, 1892년 유한회사법(GmbHG 1892)을 새로이 제정하고, 주식회사에 관한 규정은 분리하여 1937년 주식법(Aktiengesetz 1937)으로 독립시켰다가 1965년 현행 주식법(Aktiengesetz 1965)으로 개편하였다.

3) 영미법계 영국은 전통적으로 불문법국가이지만 상사법의 분야에서는 어음법(Bills of Exchange Act 1882), 상품판매법(Sale of Goods Act 1979), 상선법(Merchant Shipping Act 1958), 해상보험법(Marine Insurance Act 1906), 도산법(Insolvency Act 1976), 항공운송법(Carriage by Air Act 1962), 상사중재법(Arbitration Act 1950), 수표법(Cheques Act 1957), 할부구매법(Hire-Purchase Act 1964) 등 많은 성문법을 가지고 있다. 회사법으로는 1844년의 합작주식회사법(Joint Stock Companies Act 1844)을 출발로 해서 많은 단행법이 제정되고 통폐합되는 일이 되풀이되다가 1985년 회사법(Companies Act 1985)으로 통합되었으나, 2006년에 다시 새로운 회사법전(Companies Act 2006)을 제정하였다.

미국에서는 각 주마다 私法에 관한 입법권을 가지고 있으므로 주별로 성문의 상사법이 제정되어 있다. 이같이 주마다 상법이 상이하여 생기는 불편을 제거하고자 상법의 각 부문별로 통일법안이 제시되어 원하는 주가 이를 채택함으로써 상법의 내용이 통일되어가는 경향을 보이고 있다. 이 작업은 미국변호사협회(American Bar Association)가 전국통일주법협의회(National Conference of Commissioners on Uniform State Laws)를 설치하여 추진하여 왔는데, 1896년의 통일유가증권법

(Uniform Negotiable Instruments Law)을 시작으로 다수의 통일법안이 이 협의회에 의해 작성되었다.

그러다가 1952년에는 그간에 단편적으로 만들었던 통일법안들을 집대성하여 통일상법전(Uniform Commercial Code: UCC)을 완성하였다. 이 법안은 1954년 펜실베이니아주가 채택한 이래 지금은 모든 주가 채택하여 사실상 연방법의 구실을 하고 있다.[1)]

통일상법전은 제 1 편 총칙(General Provisions), 제 2 편 매매(Sales), 제2A편 리스(Leases), 제 3 편 유가증권(Negotiable Instruments), 제 4 편 은행예금거래(Bank Deposits and Collections), 제4A편 자금이체(Funds Transfers), 제 5 편 신용장(Letters of Credit), 제 6 편 대량양도와 대량매매(Bulk Transfers and Bulk Sales), 제 7 편 창고증권, 선하증권, 기타 권원증서(Warehouse Receipts, Bills of Lading and other Documents of Title), 제 8 편 투자증권(Investment Securities), 제 9 편 담보부거래(Secured Transaction: Sales of Accounts and Chattel Paper), 제10편 및 제11편 시행일, 폐지규정 및 경과규정으로 구성되어 있다.

회사법의 통일법안으로는 통일상법전과 별도로 모범사업회사법(Model Business Corporation Act: MBCA)이 있는데, 이에 관한 설명은 「회사법강의」로 미룬다.

한편 특수한 상거래에 관해서는 1887년의 주간통상법(Interstate Commerce Act), 1898년의 파산법(Bankruptcy Act, 1978년 전면개정), 1916년의 선하증권법(Bill of Lading Act), 1936년의 해상물건운송법(Carriage of Goods by Sea Act) 등의 연방법이 마련되어 있고, 독점금지법으로 1890년의 셔만 反트러스트법(Sherman Antitrust Act), 1914년의 클레이튼법(Clayton Act) 등의 연방법이 있다.

4) 일 본[2)] 일본의 이른바 에도(江戶)시대(1603~1868년)에는 상업이 번성하여 각종의 상관습법이 발달하였다. 그러나 1868년의 명치유신을 전후해 서구의 문물을 활발히 받아들이면서 서구의 성문법전을 본받아 근대화된 상법전을 만들었다. 그런데 민법은 프랑스인 브와소나드(Gustave E. Boissonade)로 하여금

1) 주에 따라 통일법전을 그대로 채택하거나 다소 수정하여 채택하였으며, 법전의 명칭도 주마다 상이하다. 예컨대, 뉴욕주: New York Uniform Commercial Code(UCC)와 New York General Business Law(GBL), 캘리포니아주: California Commercial Code, 뉴저지주: New Jersey Statutes - Title 12A: Commercial Transactions 등.

2) 服部, 104, 108면.

기초하게 하였으므로 프랑스민법을 모방하였고, 상법은 독일인 뢰슬러(Hermann Rösler)로 하여금 기초하게 하였으므로 독일법을 모방하였음은 흥미로운 일이다. 뢰슬러의 초안은 1884년에 원로원을 통과하고 1891년부터 시행되기에 이르렀는데, 이를 일본의 구 상법이라 한다. 그러나 일본의 관습법을 무시하였다는 등의 이유로 시행에 반대하는 주장이 강해 일부 규정만 시행하고 바로 새로운 상법의 제정작업에 착수하였다. 이번에는 일본인 학자들이 기초하였는데, 1897년에 법안이 완성되고 1899년에 의회를 통과하여 새 상법이 성립하였다. 이를 신 상법이라 부르며, 일본의 현행 상법이다. 일본인이 기초하였지만, 편제와 내용은 여전히 독일 구 상법전을 답습하였다. 이후 일본 상법은 수십차례에 걸쳐 개정되었는데, 제 2 차대전 이전의 개정은 후술하는 바와 같이 우리나라 상법의 개정으로 볼 수 있고, 제 2 차대전 이후의 개정도 우리나라 상법개정에 큰 영향을 주었다.

V. 우리나라 상법의 연혁

단군시대에 이미 교환경제가 이루어지고 금속화폐가 사용되었다는 학설도 있으므로 우리나라의 상업경제는 장구한 역사를 가지고 있다고 할 수 있다. 문헌에 나타나는 것만 해도 삼한시대에 벌써 시장이 있었다고 하며, 신라시대에는 「시전(市典)」이라는 시장의 감독기관을 두었고, 상업과 시장의 장려정책이 고려, 조선에까지 이어져 왔다. 조선시대에 서울의 시전(市廛), 지방의 보부상과 같은 상인계급의 세력이 컸음은 잘 알려진 바이고, 위탁매매 · 중개 · 주선 · 금융을 경영하던 객주(客主)라는 보조상도 발달하고, 어음 · 부기와 같은 매우 발달된 거래관리수단도 갖고 있었다. 이 밖에도 오래 전부터 갖가지 상거래제도가 생겨나고 아울러 이를 규율하는 법도 있었을 것이나, 조선말에 와서 서구의 제도로 대체되고 그 맥이 끊어졌다.

1894년 갑오경장 이후 정부는 광범한 입법사업을 벌여 서구의 제도를 받아들였다. 이 시기에 나온 상사관계법만 본다면, 사설철도조례(광무 9년: 1905), 농공은행조례(1906), 동양척식주식회사법(1908), 약속수형조례(1907),[1] 수형조례

1) 「수형(手形)」이란 일본어로 「어음」을 뜻하며, 구한말 및 일정시대에는 이 용어를 사용하였다.

(1907), 은행조례(1907) 등 다수가 있다. 그러나 1910년의 한일병합으로 인해 우리나라 정부의 입법사업은 일본인의 손으로 넘어갔다.

일본 정부는 1911년 「조선에 시행할 법령에 관한 법률」(日 法律 제30호)을 제정하여 우리나라의 법률은 조선총독부령(소위 「制令」)으로 정한다는 것과, 이 영에 의해 일본 법률 중 우리나라에 시행할 법률을 지정한다고 규정하였다. 이에 근거하여 1912년 3월 18일 「조선민사령」(제령 제 7 호)이 공포되었고, 동령에 의해 일본의 상법(동령 1조 8호) · 상법시행령(동령 1조 10호) · 상법시행조례(동령 1조 12호) 등이 우리나라에서 의용되기에 이르렀다. 이후 1933년 동령의 개정에 의해 일본의 手形法(어음법)(동령 8호의2)과 小切手法(수표법)(동령 8호의3)이, 1939년 개정에 의해 일본의 유한회사법(동령 8호의4)이 추가로 의용되었다. 의용상법은 일제통치기간 중에 우리의 상법으로 시행되었으며, 1945년 해방 후에도 미군정법령 제21호 제 1 조 및 제 2 조에 의해, 그리고 1948년 우리나라 정부수립 후에는 제헌헌법 제100조의 경과규정에 의해 계속 적용되었다.[1)]

정부는 수립 직후 일본 법령을 대신할 우리의 법령을 만들기 위하여 법전편찬위원회를 설치하였다. 이 위원회에서 상법전의 기초에 착수하여 1960년 11월 29일 정부안으로 확정되었으나, 그 후의 정치적 변혁으로 빛을 보지 못하다가 1962년 1월 19일 당시 군사정권하에서 국회기능을 대신하던 국가재건최고회의에서 어음법 · 수표법과 함께 통과되어 우리의 손으로 만든 상법이 1963년 1월 1일부터 시행되었다. 이 상법을 「신 상법」, 그 이전의 상법을 「구 상법」이라 부른다.[2)]

이렇게 만들어진 신 상법은 그 후 변화없이 20년 이상 우리 상거래를 규율하여 왔으나, 그간의 급속한 경제발전으로 인해 특히 회사제도 부분에서 법과 현실의 괴리가 컸으므로 상법개정의 필요성이 제기되었다. 그리하여 1984년 4월 10일 법률 제3724호로 주로 회사편을 대폭 개정하였다. 이어 1991년 5월 31일(법률 제4372호)에는 휴면회사의 계속을 허용하기 위해 부칙을 개정하였고(부 제24조 3항 신설), 1991년 12월 31일에는 법률 제4470호로 보험편과 해상편을 대폭 개정하였다. 그리고 1995년 12월 29일에는 법률 제5053호로 총칙 및 어음 · 수표법의 일부와 회사법을 큰 폭

1) 제헌헌법 제100조: "현행법령은 이 헌법에 저촉되지 아니하는 한 효력을 가진다."

2) 1963년 상법제정 이전의 상법을 지칭할 때에는 여전히 「구 상법」이라 부르지만, 「신 상법」이라는 용어는 구 상법과 대비하여 신 · 구를 특히 강조하는 경우 외에는 현재는 잘 쓰지 않고, 「현행 상법」 또는 단지 「상법」이라고 부른다.

으로 개정하였다. 1997년에는 주지하는 바와 같이 심각한 경제위기를 맞게 되었던바, 그 여파로 기업의 구조개편의 필요성이 제기되었고, 지배구조의 불합리성에 대한 반성도 일게 되었다. 그리하여 1998년, 1999년 그리고 2001년의 세 차례에 걸쳐 기업의 구조개편과 지배구조를 중심으로 한 큰 개정이 있었다. 최근에는 법무부의 주관하에 상법의 전면적인 개정을 위한 연구가 행해졌는데, 우선 2007년에 해상운송 관련 법체계를 국제무역 실무에 조화시키고 전자선하증권제도를 도입하며, 선박소유자의 책임을 국제기준에 맞게 조정하는 것을 내용으로 하는 대개정이 있었다(2007. 8. 3, 법률 제8581호). 그리고 같은 날짜에 상업등기법이 제정됨에 따라 상법의 관련규정이 아울러 개정되었다. 이어 2009년에는 두 차례에 걸쳐 상법개정이 있었다. 첫 번째의 개정은 2009년 1월에 이루어졌는데(2009. 1. 30, 법률 제9362호), 2009년 2월 4일부터 「자본시장과 금융투자업에 관한 법률」(이하 "자본시장법")이 종전의 증권거래법을 대체하여 시행됨에 따라 구 증권거래법에 두었던 상장회사에 관한 특례규정들 중 일부(주로 회사지배구조에 관한 규정들)를 상법에 옮기기 위한 것이었다. 다시 2009년 5월에 주로 주식회사 형태의 기업의 창업을 용이하게 하기 위한 목적에서 설립절차를 간소화하는 내용의 개정이 있었다(2009. 5. 28, 법률 제9746호).

2010년 5월 14일 상법중 「제 1 편 총칙」과 「제 2 편 상행위」에 대폭적인 개정이 이루어졌다(법률 제10281호). 1962년 상법제정 이후 수차 개정이 있었지만, 주로 회사편에 관한 것이고, 총칙과 상행위부분에서는 군데군데 약간의 수정이 있었을 뿐, 전체적인 입법적 검토가 이루어진 바는 없었다. 그리하여 입법 당시에 생긴 상당수의 오류가 50년간 방치되었는데, 이 때의 개정에서 대부분 바로잡고, 여타 제도의 합리성을 높이기 위한 개선도 이루어졌으므로 총칙과 상행위편으로서는 매우 의의가 큰 개정이다.

2011년 4월 14일 상법이 큰 폭으로 개정되었다(법률 제10600호). 다시 회사법이 중심이 되었는데, 개정 조문의 수도 많지만, 무액면주식 제도를 신설하는 등 변화의 폭이 아주 크다. 상행위편에서는 「합자조합」이라는 새로운 기업형태를 인정한 것이 주목할 만하다.[1)]

---

1) 임홍근 편저, 「한국상법전50년사」, 法文社(2013)에서 개화기 이후 근대 상법전의 계수를 비롯하여, 해방후 신 상법의 입법, 그리고 최근의 개정에 이르기까지 상법의 입법과정과 배경에 관해 소상히 다루고 있다.

2014년 5월에는 무기명주식제도를 폐지하기 위한 개정이 있었으며(2014. 5. 20. 법률 제12591호), 2015년 12월에 주로 기업조직개편에 관한 규정이 대폭 개정되었다(2015. 12. 1. 법률 제13523호).

2017년 민주당정부가 들어서면서, 이른바 「경제민주화」라는 슬로건하에 경제관련 제도에 관해 광범한 개혁이 추진되었는데, 회사법 분야에서도 대규모기업의 지배구조의 개선을 목표로 수십건의 법안이 제출되었으나, 2020년 12월말에 개정범위가 크게 축소되어 다중대표소송을 도입하고 상장회사의 감사위원회 위원의 선임방법 등 몇 개 항목에 걸쳐 개정이 있었다(2020. 12. 29. 법률 제17764호).

2025년 다시 민주당 정부가 들어서면서 주주의 이익보호를 강화한다는 선거공약의 이행으로 주주에 대한 이사의 충실의무를 명문화하고, 독립이사(사외이사)의 수를 늘리고, 상장회사의 경우 전자주주총회를 도입할 수 있게 하는 한편 일정 대규모회사는 의무적으로 도입하게 하였다(2025. 7. 22. 법률 제20991호). 이어서 같은 해 9월에 대규모 상장회사는 집중투표제를 정관에 의해서도 배제할 수 없게 하였으며, 주주총회에서 분리선임하는 감사위원의 수를 2인으로 늘렸다(2025. 9. 9. 법률 제21044호).

Ⅵ. 상법의 국제화 경향

오늘날 상거래는 국경을 넘어 세계를 무대로 행해지고 있다. 과거의 국제거래에서는 정부가 주체가 되어 행하는 상품의 교역이 큰 비중을 차지하였으나, 오늘날에는 민간상인이 주체가 되어 행하는 거래가 대부분이다. 그리고 거래의 종류도 과거에는 상품의 교역에 그쳤으나, 오늘날에는 기술이전 · 용역제공, 금융 · 보험 · 증권거래 등으로 점차 확대되고 있다. 교통 · 통신이 나날이 발달하고 있으므로 앞으로 국제거래가 더욱 활발해질 것은 자명한 일이고, 세계를 하나의 시장으로 하여 국가 간의 경제적 분업이 이루어지고 있다.

이러한 상황에서 나라마다 상법의 내용을 달리하는 것은 국제거래의 촉진 · 발전에 커다란 장애가 되고 있다. 그러므로 이러한 제도상의 차이를 제거하려는 노력이 행해지는 것은 당연한 일이다. 간단히는 2개 국가간의 조약 또는 다수 국가간의 다자조약에 의해 당사국간의 특정거래에 관한 통일적인 규범을 창출 · 적용하는 일이 널리 행해지고 있고, 보다 적극적으로는 상법의 국제적 통일을 추진하는 작업도 행해지고 있다. 예컨대 국제연합은 1966년 UN국제상거래법위원회(the United Nations Commission on International Trade Law: UNCITRAL)를 설치하여 상법의 통일을 위한 조약안을 계속 연구·발표하고 있는데, 현재 상법의 국제적 통일을 위한 작업으로서 가장 규모가 크고 활발하다(1980년에 제정된 「유엔국제물품매매협약」(UN Convention on Contracts for the International Sale of Goods: CISG)에는 우리나라도 가입하여 2005년 3월부터 발효되었다).

한편 일정한 지역을 단위로 같은 움직임을 볼 수 있다. 예컨대 EU에서는 유럽시장의 대통합을 목표로 상사법분야를 포함하여 거의 모든 법분야에 걸쳐 가맹국간의 법적 조화를 추진하고 있다. 이러한 국제동향은 상법학자들이 계속 주시하고 연구하여야 할 새로운 과제이다.

이상과 같은 인위적인 노력과는 다른 동기에 의해 자연적으로 상법이 통일되어가는 경향을 볼 수 있다. 원래 상거래라는 것이 고도의 영리성에 의해 행해지는 것이고, 영리성이란 합리성에 바탕을 둔 것이다. 그리고 각 나라마다 고유한 전통과 풍습이 있으나, 영리활동은 그 고유성에 의해 영향을 받는 바가 별로 없다. 그러므로 어느 나라에 어떤 우수한 제도가 있다면 빠른 속도로 다른 나라에 전파되어 별다른 저항 없이 계수되는 경향이 있다. 국가 간의 교통 통신이 날로 발달되고 정보의 교환이 활발해지면서 이와 같은 법의 이전·계수현상이 늘고 있는 것도 상법의 국제화·통일화에 크게 기여하고 있다.

제 5 장 상법의 법원

Ⅰ. 상법 제 1 조의 의의

상법 제 1 조는 「상사에 관하여 본법에 규정이 없으면 상관습법에 의하고 상관습법이 없으면 민법의 규정에 의한다」라고 규정하고 있다. 이 규정은 외견상 상법의 법원(法源)을 밝힌 것으로 보이나, 상법의 법원은 이에 국한되지 아니하므로 본조는 상법의 법원을 규정한 것이 아니라 상관습법의 법원성을 천명함과 아울러 상관습법의 적용순서를 밝힌 것이라고 설명하는 것이 일반적이다.

이 규정의 해석에 있어 본조의 적용범위가 될 「상사」란 어떤 뜻을 갖느냐는 점과 민법이 상법의 법원이냐는 점에 관해서 견해의 대립이 있다.

1. 「상사」의 의의

1) 형식설과 실질설　　본조에서 말하는 「상사」를 형식적으로 이해하는 견해는 상법에서 규정하고 있는 사항 또는 특별법에 의하여 상법전을 적용하기로 규정된 사항을 말한다고 해석한다(임홍근 37; 정동윤 24). 이는 상법전을 적용하는 데에는 상사의 한계가 명확해야 한다는 점을 이유로 한다. 형식설에 의하면 본조는 상법전에 규정되어 있는 사항에 한하여 상법전을 배타적으로 적용한다는 의미를 가진다.

이에 대해 「상사」를 실질적으로 이해하는 견해는, 「상사」란 기업생활과 관련된 모든 재산법적 법률관계로서 상법이 적용되어야 할 사항을 가리킨다고 설명한다(강 · 임 30; 서완석 32; 손진화 23; 오성근 24; 정준우 13; 정찬형 36; 주석(총칙 · 상행위) 25; 최 · 김 22; 최준선 84). 실질설에 의하면 상법전이 다루고 있지 아니한 사항도 성질상 상사로 보이면 본조의 적용대상이 된다.

2) 양설의 차이점 양설의 차이점을 구체적으로 설명하면 다음과 같다.

예컨대 상법에서는 상업사용인의 대리권에 관한 규정을 두고 있는데, 몇 개의 조문에서 지배인의 포괄적 대리권(11조) 등 특수한 사항만 규정하고 있을 뿐이고 대리에 관한 모든 사항을 규정하고 있지는 않다. 가령 민법 제124조에서 대리인의 자기계약을 금지하는 것과 같이 상업사용인의 자기계약을 금하는 규정이 없다. 지배인의 법률관계는 실질적으로 상사관계이고 상법에서도 명문으로 규정하고 있으므로 어느 설을 취하든 상법 제 1 조의 적용대상이다. 그러므로 지배인의 대리권의 범위에 관하여는 상법에 규정이 있으므로(11조) 당연히 상법이 배타적으로 적용되고, 지배인의 자기계약이 가능하냐는 점에 관해서는 상법에 규정이 없으므로 이에 관해 상관습법이 있다면 그 상관습법이 적용된다. 그리고 상관습법이 없다면 민법 제124조를 적용하는 것이다. 이와 같이 상법이 규정을 두고 있는 사항에 관해서는 어느 설을 취하든 법적용의 논리에 차이가 없다.

그러나 문제는 상법에서 전혀 다루지 아니하는 법률관계로서 그 성질을 상사관계로 보아야 할 경우이다. 실질설을 취한다면 이 경우 상법에 규정이 없으므로 상관습을 찾아보아야 하고, 상관습법이 없으면 민법 중 적용가능한 일반원칙을 찾아 적용하게 된다. 그러나 형식설을 취한다면 이 경우 상법 제 1 조를 적용할 수 없으므로 사법의 일반법으로서 민법 중 적용가능한 일반원칙을 적용하여야 한다. 그렇지만 만일 이에 관한 관습법이 형성되어 있다면 그것을 상관습법이라 부르든 달리 부르든 관계없이 이 관습법을 우선 적용해야 함은 물론이다. 그러고 보면 제 1 조의 「상사」를 실질적으로 이해하든 형식적으로 이해하든 실제적인 차이는 없다고 할 수 있다. 단지 이론상의 문제인데, 제 1 조는 상법이 규정하여야 할 사항을 규정하지 아니한 경우(입법의 흠결)에 그 적용법규를 찾아내기 위한 규정으로 보는 것이 자연스러우므로 실질설에 따라 이해하는 것이 논리적이라 생각된다.

2. 민법의 법원성

본조에서는 상사에 적용할 법의 하나로 민법을 들고 있는데, 이를 근거로 민법을 상법의 법원으로 볼 것이냐 라는 문제가 있다. 상법에서 명문으로 민법규정을 준용하는 경우가 있을 뿐 아니라 능력·기간·기한·시효·불법행위 등 상당수의 민법규정이 상사관계에 적용되므로 민법도 상법의 법원이라고 하는 설도 있으나(강·임 37; 임홍근 36), 통설은 민법이 상법과 법역을 달리하므로 상법의 법원이 될 수 없다고 한다.

상법은 특별사법이므로 상법의 법원이라고 하기 위해서는 특별사법으로서의 성격을 갖는 법이어야 할 것이나, 민법은 이같은 성격의 법규범이 아니므로 상법의 법원이라 할 수 없다. 물론 상사에 민법이 적용될 수 있지만, 그것만을 이유로 민법의 법원성을 인정할 수는 없다. 상사라 하여 그 법률관계가 전부 일반민사관계와 이질적인 것은 아니고, 그 중 일부는 일반민사관계인 것도 있다. 예컨대 상사채권의 시효에 관한 문제라면 그 기간은 상법적 규율(64조)을 요하지만 시효의 기산점, 시효완성의 효과 등은 일반 민사문제이다. 따라서 이 부분에 대해서는 민법이 적용되어야 할 것인바, 그것은 민법이 상법의 법원이라서가 아니고 그 부분의 법률관계가 민사관계이기 때문이다.

Ⅱ. 법원의 종류

1. 상사제정법

상사에 관해서는 상법 등 성문법이 다수 마련되어 있다. 상사거래는 다수인간에 빈번히, 그리고 대량적으로 이루어지고, 그 거래내용은 기술적인 성격이 짙기 때문에 명료하고 확실하게 처리될 것이 요구될 뿐만 아니라, 거래의 안전에 대한 요구도 일반 민사거래에 비해 강하다. 따라서 상법의 법원으로서는 성문법이 가장 중요하고 또 대부분의 상사문제가 성문법에 의해 해결되고 있다. 상사법이 갖는 성문화(成文化)의 필요성 때문에 불문법국가인 영미에서도 상사에 관해서만큼은 다수의 특별법을 가지고 있다.

상사거래는 민사거래에 비해 발전속도가 빠르므로 이를 규율하는 상사제정법 역시 빈번히 개정되고 빠르게 발전하고 있음에 주목해야 한다. 상사제정법으로 중요한 것은 다음과 같다.

(1) 상 법

1962년 1월 20일 법률 제1000호로 공포되고 1963년 1월 1일부터 시행된 법률로서 가장 중요한 상법의 법원이다. 전문 6개편 1,144개조 및 부칙으로 되어 있으며, 기술한 바와 같이 제정 이후 30차례에 걸쳐 부분적인 개정이 있었다. 본서의 내용은 이 상법전 중 「제 1 편 총칙」과 「제 2 편 상행위」의 해석을 중심으로 짜여져 있다.

(2) 상사특별법

상법전의 시행에 필요한 부속법령으로 상법시행법(부 11조, 1962. 12. 12, 법률 제1213호), 주식 · 사채 등의 전자등록에 관한 법률(2016. 3. 22, 법률 제14096호), 선박소유자 등의 책임제한절차에 관한 법률(1991. 12. 31, 법률 제4471호), 상업등기법(2007. 8. 3, 법률 제8582호) 등이 있다.

그 밖에 독립된 상사특별법령 또는 상법전에 대한 특별법적 규정을 일부 담고 있는 법이 다수 있는데, 그 중 어음법 · 수표법은 상거래와의 밀접한 관계로 대학에서는 상법강의의 일부로서 다루어지고 있다. 그 밖의 특별법을 유형별로 분류해 보면 다음과 같다.

1) 주식 · 채권 등 유가증권의 거래와 그에 관련되는 제도를 다루고 있는 법
자본시장과 금융투자업에 관한 법률, 주식회사 등의 외부감사에 관한 법률 등.

2) 기업(주식회사)의 갱생을 위한 절차법 채무자 회생 및 파산에 관한 법률.

3) 독점금지 및 상거래의 공정을 보장하기 위한 법 독점규제 및 공정거래에 관한 법률, 부정경쟁방지 및 영업비밀보호에 관한 법률 등.

4) 금융 · 보험업에 관한 법 은행법, 기타 특수은행 및 금융기관에 관한 수개의 단행법, 보험업법 등.

5) 특수업종의 사업에 관한 법 관광진흥법, 해운법, 여객자동차 운수사업법, 한국철도공사법, 물류정책기본법, 공중위생관리법 등.

(3) 상사조약과 국제법규

헌법에 의하여 체결·공포된 조약과 일반적으로 승인된 국제법규는 국내법과 같은 효력을 가지므로(헌 6조 1항), 그 중 상사에 관한 조약과 국제법규는 상법의 법원이 된다. 우리나라가 가입한 상사에 관한 조약으로는 앞서 소개한 유엔국제물품매매협약, 항공운송인의 책임제한을 주 내용으로 하는 바르샤바협약[1)]이 그 예이다. 그리고 상사국제법규로는 공동해손에 관한 York-Antwerp Rules, 국제상업회의소(International Chamber of Commerce: ICC)가 작성한 INCOTERMS (International Commercial Terms: 무역조건의 해석에 관한 국제규칙) 등이 있다.

2. 상관습법

(1) 의 의

상관습법이란 상거래에서 장기간 되풀이되어 온 결과, 거래계의 다수인에 의해 법규범으로서의 확신을 얻은 행위양식을 말한다. 이와 유사한 개념으로 「사실인 상관습」이 있는데, 다수설과 판례는 양자를 엄격히 구별한다([판례 1]; 대법원 1983. 6. 14. 선고 80다3231 판결). 이를 구별하는 견해는 사실인 상관습은 상거래에서 관행적으로 지켜지기는 하나 아직 법적 확신을 얻지 못한 것으로 보고 양자의 효력에 차이를 둔다.

상관습법은 민법학의 통설인 보충적 효력설에 의하면 성문법을 보충하는 효력을 가지고, 따라서 상관습법에 어긋난 판결을 한 경우에는 상고이유가 된다(민소 423조). 이에 반해 사실인 상관습은 당사자가 이에 따를 의사를 가진 경우에만 구속력을 갖는다(대법원 1959. 5. 28. 선고 4291민상1 판결). 강행법규에 어긋날 수 없음은 물론이다. 그러므로 사실인 상관습은 법규범적 효력이 없고 의사표시 해석의 자료가 될 뿐이다. 따라서 사실인 상관습의 유무와 그 내용에 대한 판단은 사실인정의 문제에 불과하여 이를 그르치더라도 상고이유가 되지 아니한다.

---

1) 정식 명칭은 「1929년 10월 12일 바르샤바에서 서명된 국제항공운송에 있어서의 일부 규칙의 통일에 관한 협약을 개정하기 위한 의정서」(1963. 8. 1 발효)이다. 우리나라는 1967년 7월 13일에 가입하였다.

그러나 어떤 행위양식이 거래계의 법적 확신을 얻었느냐는 판단이 어려우므로 상관습법과 사실인 상관습의 구별이 애매할 수밖에 없다. 그래서 일부 학설은 양자의 구별을 부인하기도 한다(손주찬 37; 정찬형 43).

(2) 상관습의 발전과 성문법에의 수용

상관습은 오랜 기간의 상거래경험을 통해 모든 사람에게 편리한 방향으로 형성되므로 그 내용이 대체로 합리적이다. 그래서 상관습은 어느 정도의 기간이 지나면 입법적 검토를 거쳐, 그대로 또는 다소 수정되어 성문법으로 흡수된다. 예컨대 구법시대에 백지어음이 통용되었는데, 후에 어음법에 수용되었으며(어 10조), 과거 기명주식에 백지배서를 하여 유통하던 관행이 있었는데 1984년 개정상법에서는 한 걸음 나아가 기명주식을 단순히 교부에 의하여 양도할 수 있게 하였다(336조 1항).

상관습은 법이 흠결된 부분에 관해 당사자의 이해를 조정해 주고 입법의 방향을 제시하고 촉진하는 기능을 하므로 상거래 및 상법의 발전에 유익하다. 그래서 상법전의 일부 규정에서는 아예 규범의 내용을 관습법에 위임하기도 한다. 예컨대 상법 제29조 제 2 항에서는 상업장부의 작성방법에 관하여 구체적인 규정을 두지 않고「일반적으로 공정 · 타당한 회계관행」에 의하도록 하고 있다. 또 상법 제459조 제 1 항에서는 자본준비금의 재원으로「자본거래에서 발생한 잉여금」을 규정하고 있는데, 이는 기업회계관행에서 자본준비금으로 다루는 것을 그대로 인정한다는 취지이다.

그러나 상관습의 역기능도 있다. 경제적 강자와 약자의 거래에서는 주로 경제적 강자들의 이익을 증대하기 위해 불건전한 상관습이 발전하기도 한다. 예컨대 현재 일부 사금융거래에서 수표의 금액과 발행일자를 백지로 한 채 발행하여 이를 금전소비대차의 담보로 제공하는 관행이 있다. 이러한 유의 유행은 대개 성문법을 회피하기 위한 것으로서 그 내용도 사회질서(민 103조)에 어긋나는 것이 대부분이므로 그 효력을 인정할 수 없음은 물론이고, 입법에 의하여 그 같은 관행을 차단하도록 하여야 한다.

3. 상사자치법

회사나 기타 단체가 그 조직과 구성원의 법률관계 및 대내외적 활동에 관하여 자주적으로 정한 규범을 자치법(autonomische Satzung)이라 한다. 회사의 정관이 대표적인 예이다. 자치법은 계약과 달리 개개인의 의사에 불구하고, 단체의 기관이나 구성원을 구속하므로 법규적 성질을 가지며, 따라서 상사단체의 자치법은 상법의 법원이 된다. 회사를 설립할 때 정관을 작성하는 것과 같이(179조, 269조, 289조, 543조) 법에서 단체로 하여금 자치법을 제정하게 하는 수가 있다. 이러한 경우에는 물론이고, 법에 의하지 아니하고 제정된 자치법이라도 법원성이 있다.[1)] 또한 법에서 자치법의 우선적용을 명문으로 정한 경우가 있지만(예: 416조), 이런 규정이 없더라도 자치법은 임의법규에 우선하여 적용된다. 그러나 자치법이라도 강행법규에 어긋난 경우에는 무효이다. 자치법이 법원성을 갖는 결과 자치법의 해석을 그르친 경우에는 상고이유가 된다.

4. 약　　관

(1) 의　　의

약관(보통거래약관; general conditions; allgemeine Geschäftsbedingungen)이란 그 명칭이나 형태 또는 범위를 불문하고 계약의 일방 당사자가 다수의 상대방과 계약을 체결하기 위하여 일정한 형식으로 미리 마련한 계약의 내용을 말한다(약규 2조 1호).[2)]

사업자는 약관을 이용함으로써 자기 영업에 관한 계약내용을 표준화·정형화시켜 반복되는 대량의 거래를 신속히 처리하고 거래의 부대비용을 줄일 수 있다. 고객의 입장에서도 약관에 의해 계약을 체결할 때에는 특별한 협상능력을 요

1) 이에 대해 법에 근거하지 아니한 자치법은 법원이 아니며, 이러한 자치법이 구속력을 갖는 이유는 계약의 성질을 갖기 때문이라는 설도 있다(안강현 28; 이종훈 11; 정동윤 30).

2) 거래실무에서는 약관이라는 용어보다 「… 계약서」라는 명칭을 자주 붙이는데(예: 아파트분양계약서), 어떤 명칭을 붙이든 본문에서와 같은 성격을 가진 문서는 약관에 해당된다. 따라서 계약의 안내서의 형식을 갖춘 문서도 내용에 따라 약관으로 보아야 할 경우도 있다(대법원 1997. 2. 25. 선고 96다24385 판결: 「입찰안내서」를 약관으로 본 예).

하지 않으므로 모든 고객이 평등한 조건의 급부를 제공받을 수 있다는 이점이 있다. 한편 거래에 관해 적용할 적절한 성문의 법규가 결여되어 있는 경우 약관은 구체적 타당성 있는 거래규범을 창출하는 기능도 한다.[1)]

이 같은 편의성 때문에 오늘날 운송 · 보험 · 금융 · 전기 · 가스의 공급 등 일반 대중을 상대로 재화 · 용역을 공급하는 계약은 거의 예외 없이 보통거래약관에 의해 체결되고 있다.

그러나 약관은 보통의 계약에서처럼 대립하는 이해가 절충되어 도달된 것도 아니고, 법률처럼 객관적 · 중립적인 입장에서 이해를 조정해 놓은 것도 아니다. 약관은 「사업자」가 작성한 것이니 만큼, 사업자와 고객간에 약관의 내용에 관해 정보의 비대칭현상이 생길 수밖에 없다. 그리고 약관을 사업자가 작성하는 이상 사업자의 이익을 우선적으로 반영한 것이 될 수밖에 없어 거래의 비용과 위험을 거래내용에 무지한 고객에게 전가시키는 경향이 있다.[2)] 특히 사업내용이 독과점일 때 이런 경향이 현저하다. 그러므로 약관은 당사자자치에만 맡겨 둘 수 없고 후술하는 바와 같은 법적 통제를 요한다.

약관의 일방성

이상 언급한 약관의 폐단은 약관이 사업자에 의해 일방적으로 작성된다는 데서 비롯된다. 그러므로 계약이 약관의 모습을 갖춰 체결되더라도, 그 중 사업자와 고객 사이에 교섭이 이루어져 계약의 내용으로 된 조항은 작성상의 일방성이 없으므로 약관이 아니고, 따라서 후술하는 약관의 규제에 관한 법률의 규율 대상이 아니다(대법원 2000. 12. 22. 선고 99다4634 판결; 동 2001. 11. 27. 선고 99다8353 판결).

어떠한 약관규정이 이같이 일방성을 결여하여 개별약정으로 인정되기 위해서는, 동 규정이 반드시 교섭에 의해 실제 변경될 필요는 없지만, 고객이 사업자와 대등한 지위에서 충분한 검토와 고려를 한 뒤 영향력을 행사하여 그 내용을 변경할 가능성은 있어야 한다. 이같이 약관조항이 당사자간의 합의에 의해 개별약정이 되었다는 사실은 이를 주장하는 사업자가 증명하여야 한다(대법원 2010. 9. 9. 선고 2009다105383 판결; 동 2014. 6. 12. 선고 2013다214864 판결).[3)]

---

1) 김교창, "보통거래약관의 기초적 연구,"「보통거래약관의 연구」(서울통합변호사회), 1983, 23~25면.

2) 이은영,「약관규제론」, 박영사, 1984, 20면.

3) 교보생명보험주식회사("교보")로부터 고객이 부동산담보대출을 받음에 있어 약관에 기재된 바에 따라 담보설정에 소요되는 각종 비용을 고객이 부담하게 되었는데, 고객은 이 규정이 약관규제법 제 6 조 제 1 항 및 제 2 항 제 1 호의 신의칙에 반하여 무효임을 주장하였다. 교보는 이 비용부담관련 조항이 약관에 있기는 하나 등록세, 교육세, 법무사 수수료 등 항목별로 열거되어 있고, 이 중 고객이 선택하게 되어 있으므로 이는 약관이 아니라 개별약정에 해당하여 약관규제법의 적용을 받

(2) 약관의 성립

약관은 보통 사업자가 작성하지만, 사업자단체가 표준약관을 작성하고 사업자들이 이를 채택하는 경우도 있다(약규 19조의3). 한편 소비자보호의 차원에서 사업자의 영업을 감독하는 관청이 약관을 심사하여 인가 또는 허가를 하는 경우가 있다. 예컨대 보험약관은 금융위원회의 허가를 받아야 하고(보험 4조 1항, 5조 3호), 전기판매사업자의 전기의 기본공급약관은 산업통상자원부장관의 인가를 받아야 하는 것과 같다(전기사업법16조 1항). 인·허가를 받아야 할 약관을 사업자가 인·허가를 받지 아니하고 사용한 경우 그 계약의 효력은 어떻게 되는가? 사법적 거래에 행정청의 처분을 요건으로 하는 경우 그 처분이 거래 자체에 어떠한 효력을 갖느냐는 문제이다. 행정법학의 통설에 의하면 행정처분을 허가와 인가로 나누고, 허가를 요하는 행위를 허가없이 한 경우에는 행위의 사법적 효과에는 영향이 없으나, 인가는 이른바 보충적 행정처분으로서 법률행위의 효력요건을 이루므로 인가없이 한 행위는 무효라고 한다.[1)2)] 이에 대응하는 사법학의 이론으로서, 법률행위를 제한하는 행정법규를 단속규정과 효력규정으로 분류하고, 단속규정은 허가와 마찬가지로 법률행위에 대한 행정단속을 목적으로 하는 규정이므로 이에 위반하더라도 법률행위의 효력에는 영향이 없고, 효력규정은 관련 법률행위의 내용 자체의 실현을 억제하고자 하는 것이므로 사법적 효력을 갖는다고 설명한다. 약관에 대한 감독관청의 인·허가는 소비자보호를 위한 행정적 감독을 목적으로 한 것이므로 인·허가를 받지 아니한 약관도 사법적 효력에는 영향이 없다고 보아야 한다.[3)]

지 않는다고 항변하였다. 이에 대해 법원은 위 본문에서와 같이 충분한 고려, 검토, 흥정 등을 거쳐 고객의 이익을 조정할 수 있는 기회가 있었다는 점을 교보가 증명하여야 한다고 판시하였다.

1) 金東熙, 「行政法 Ⅰ」, 박영사, 2016, 293, 299면; 박균성, 「행정법강의」(제22판), 박영사, 2025, 243, 248면; 장교식, 「행정법총론」(제2판), 피앤씨미디어, 2025, 168, 173면.

2) 여기서 말하는 허가와 인가는 강학상의 용어로서, 허가는 일반적인 상대적 금지를 해제하여 적법하게 일정한 행위 또는 행위를 할 수 있도록 하는 행정행위를 말하고, 인가란 사인의 법률행위를 보충하여 그 법률적 효과를 완성시켜 주는 행정행위를 말한다(前註). 그러나 실제 법령에서는 이러한 용례를 지키지 않고, 허가, 인가, 승인 등의 용어를 혼용하고 있으므로 약관의 「인가」라고 규정되어 있다고 해서 반드시 보충적 행정행위로서의 인가를 의미한다고 볼 수는 없다.

3) 이은영, 전게서, 27면.

(3) 약관의 본질

약관의 특성은 고객이 약관의 내용을 모르고 있더라도 약관에 정해진 내용으로 계약을 한 것으로 인정되고 그에 따라 계약관계가 규율되어야 할 경우가 많다는 데 있다. 이 점에서 보면 보통거래약관은 마치 법령과 비슷한 기능을 하므로 그 법적 성질이 무엇이냐, 나아가서 법원(法源)으로 볼 것이냐가 다투어진다. 그 성질을 어떻게 이해하느냐에 따라 약관의 구속력이 달라진다. 크게는 약관을 법규범으로 보는 견해(법규범설)와 계약으로 보는 견해(계약설)로 나누어진다.

법규범설에 의하면 약관은 당사자의 의사에 불구하고 구속력을 가지나, 계약설에 의하면 약관이 당사자간의 합의에 의해 계약의 내용이 되었을 경우에 한해 구속력을 갖는다. 과거로부터 다수설과 판례는 계약설을 취해 왔는데(김성태 126; 김정호 27; 김홍기 10; 서완석 36; 서헌제 30; 손주찬 42; 송옥렬 11; 오성근 33; 이(기)·최 87; 임홍근 198; 정경영 21; 정동윤 33; 정준우 19; 정찬형 46; 최준선 73)([판례 1] 참조), 「약관의 규제에 관한 법률」(이하 '약관규제법'이라 한다)이 계약설에 입각하고 있으므로 현재는 약관의 본질론이 별 의의를 갖지 못한다.[1)]

(4) 약관의 채택과 배제

계약설하에서는 고객이 약관의 내용을 알았느냐 몰랐느냐에 따라 계약의 효력이 좌우되는 문제가 있으므로 이로 인한 불안정을 제거하기 위하여 당사자가 특히 약관을 거부하는 명시의 의사를 표하지 않는 한 약관에 의해 계약을 체결할 의사가 있었던 것으로 추정해야 한다는 설(의사추정설: 서완석 37; 손주찬 44; 안강현 32; 정동윤 33), 당사자에게 약관에 의해 계약을 체결한다는 객관적 의사가 있는 것으로 보아야 한다는 설(객관적 의사설:임홍근 198) 등 계약설을 수정한 견해가 주장되기도 한다.

그러나 약관규제법은 이 문제를 명문으로 해결하고 있다. 약관에 의해 계약을 체결할 때에는 사업자가 약관을 명시하고 설명해야 하고, 이를 게을리 할 경우에는 약관을 계약의 내용으로 주장할 수 없으므로(약규 3조) 고객이 약관의 존재를 알지 못하고 계약을 체결하는 예는 이론상 있을 수 없다. 그리고 사업자와 고객이 약관과 다른 내용을 합의할 수 있으며, 이 경우 합의사항은 당해 약관에 우선한다

1) 약관규제법이 기본적으로는 계약설의 입장에 있지만, 일부의 조문은 절충설을 취했다고 보는 견해도 있다(李銀榮, 「債權各論」(제 5 판), 박영사, 2007, 52면). 절충설을 취한 조문의 예로 제 3 조 제 3 항, 제 5 조를 들고 있다.

(개별약정의 우선)(약규 4조).[1] 약관 전체를 배제하는 합의도 있을 수 있고, 약관의 일부 조항만 배제 또는 변경하는 합의도 있을 수 있다.[2]

판례 1 대법원 1989. 3. 28. 선고 88다4645 판결

「보통보험약관이 계약당사자에 대하여 구속력을 갖는 것은 그 자체가 법규범 또는 법규범적 성질을 가진 약관이기 때문이 아니라, 보험계약당사자 사이에서 계약내용에 포함시키기로 합의하였기 때문이라고 볼 것인바, 일반적으로 당사자 사이에서 보통보험약관을 계약내용에 포함시킨 보험계약서가 작성된 경우에는 계약자가 그 보험약관의 내용을 알지 못하는 경우에도 그 약관의 구속력을 배제할 수 없는 것이 원칙이나, 다만 당사자 사이에서 명시적으로 약관의 내용과 달리 약정한 경우에는 위 약관의 구속력은 배제된다고 보아야 한다는 것이 당원의 판례이다(대법원 1985. 11. 26. 선고 84다카2543 판결 참조).

… 소론 자동차종합보험보통약관은 이른바 일반거래약관의 일종으로서 계약당사자가 이를 계약의 내용으로 하기로 하는 명시적 또는 묵시적 합의가 있는 경우에만 적용되는 것인데, 피고회사[동양화재해상보험(주)]를 대리한 보험대리점 내지 보험외판원이 원고에게 피고회사 보험보통약관과 다른 내용으로 보험계약을 설명하고 이에 따라 계약이 체결되었으므로 그 때 설명된 내용이 보험계약의 내용이 되고 그와 배치되는 보통약관의 적용은 배제된다 …」

* 同旨: 대법원 2017. 9. 26. 선고 2015다245145 판결.

(5) 약관에 의한 계약체결

1) 약관의 작성원칙 사업자는 고객이 약관의 내용을 쉽게 알 수 있도록 한글로 작성하고, 표준화·체계화된 용어를 사용하며, 약관의 중요한 내용을 부호, 색채, 굵고 큰 문자 등으로 명확하게 표시하여 약관을 작성하여야 한다(약규 3조 1항). 약관의 「중요한 내용」이란 약관의 설명의무가 적용되는 「중요한 내용」(약규 3조 3항)과 같은 뜻이다(후술).

2) 약관의 명시 계약설에 의하면, 약관에 의해 계약이 체결되기 위해서

---

1) 대법원 2010. 2. 25. 선고 2007다85980 판결: 회원제로 운영하는 골프장의 운영자와 회원의 법률관계를 규율하는 약관의 성질을 갖는 회칙에서 회원권의 양도를 금지하였으나, 운영자와 특정 회원 간의 회원권판매계약에서 양도 가능함을 정하였다면, 이 약정이 회칙에 우선하여 적용되므로 양도가 가능하다고 판시한 예.

2) 동일한 약관 내의 대다수의 조항들이 교섭되고 변경되었다면 변경되지 아니한 나머지 소수의 조항들에 대해서도 교섭이 이루어진 것으로 추정할 수 있다는 판례가 있다(대법원 2000. 12. 22. 선고 99다4634 판결).

는 당사자가 약관을 계약의 내용으로 채택하는 데 합의해야 한다. 그리하여 약관규제법에서는 「사업자는 계약을 체결할 때에는 고객에게 약관의 내용을 계약의 종류에 따라 일반적으로 예상되는 방법으로 분명하게 밝히고, 고객이 요구할 경우 그 약관의 사본을 고객에게 내주어 고객이 약관의 내용을 알 수 있게 하여야 한다」라고 규정하고 있다(약규 3조 2항 본).

약관을 채택하려는 의사는 반드시 명시적으로 표시되어야 하는 것은 아니다. 예컨대 금융기관이 예금을 한 고객에게 약관이 기재되어 있는 통장을 교부하였다면 은행과 고객간에 약관을 계약내용으로 하기로 하는 묵시적인 합의가 있다고 보아야 한다([판례 2]). 약관을 계약내용으로 하려는 명시 또는 묵시의 합의가 있는 한, 당사자(주로 고객)가 약관의 내용을 알지 못하더라도 약관은 계약의 내용으로서 구속력을 가진다([판례 1, 2] 참조).

여객운송업, 전기·가스 및 수도사업, 우편업, 공중전화 서비스 제공 통신업과 같이 특히 신속을 요하는 거래에 관해서는 명시의무(약규 3조 2항 본)가 면제된다(약규 3조 2항 단). 그러나 이 예외에 속하는 거래라도 사업자는 약관을 영업소에 비치하여, 고객이 볼 수 있도록 하여야 한다(약규령 2조).

판례 2 대법원 1992. 7. 28. 선고 91다5624 판결

「…피고 은행이 원고의 대리인인 소외 최순녀와의 사이에 이 사건 신탁계약을 체결함에 있어 신탁금의 원본에 결손이 생기는 경우에는 신탁종료시에 보족하여 주되, 그 보족이율이 재무부령에 의하여 변경될 때에는 그에 따르기로 한다는 내용의 약관이 기재되어 있는 적립식목적금전신탁증서를 위 최순녀에게 교부하였다면 원고와 위 한국신탁은행과의 사이에는 위 약관을 계약내용으로 하기로 하는 합의가 있었다고 봄이 상당하므로 설사 위 최순녀가 그 내용을 알지 못하였다고 하더라도 그 구속력을 배제할 수는 없다.」

3) 약관의 설명 사업자는 약관에 정하여져 있는 중요한 내용을 고객이 이해할 수 있도록 설명해야 한다(약규 3조 3항 본). 다만 계약의 성질상 설명이 현저하게 곤란한 경우에는 그렇지 않다(약규 3조 3항 단).

약관에 정하여져 있는 「중요한 내용」이란 「고객의 이해관계에 중대한 영향을 미치는 사항으로서 사회통념상 그 사항의 知·不知가 계약의 체결 여부 또는 대가를 결정하거나 계약체결 후 어떤 행동을 취할 지에 관하여 직접적인 영향을 미칠

수 있는 사항을 말한다」(대법원 2007. 8. 23. 선고 2005다59475 판결; 동 2025. 3. 13. 선고 2023다250746 판결). 하지만 약관 중에서 무엇이 중요한 내용에 해당하느냐는 것은 일률적으로 말할 수 없고, 구체적인 사건에서 개별적인 사정을 고려하여 판단하여야 한다.[1)]

약관의 내용에 중요한 변동이 있는 경우에도 그 변동된 내용을 설명해야 하며, 이를 게을리할 경우 변동된 내용을 주장할 수 없다([판례 3] 참조).

약관의 설명은 고객 본인에게 하는 것이 원칙이나, 고객의 대리인이 약관에 의한 거래를 대리할 경우에는 그 대리인에게 약관을 설명하면 족하고 본인에게 할 필요는 없다(대법원 2001. 7. 27. 선고 2001다23973 판결).

판례 3 대법원 1992. 3. 10. 선고 91다31883 판결

「보험자 및 보험계약의 체결 또는 모집에 종사하는 자는 보험계약의 체결에 있어서 보험계약자 또는 피보험자에게 보험약관에 기재되어 있는 보험상품의 내용, 보험료율의 체계 및 보험청약서상 기재사항의 변동사항 등 보험계약의 중요한 내용에 대하여 구체적이고 상세한 명시, 설명의무를 지고 있다고 할 것이어서 보험자가 이러한 보험약관의 명시, 설명의무에 위반하여 보험계약을 체결한 때에는 그 약관의 내용을 보험계약의 내용으로 주장할 수 없다고 할 것이므로 보험계약자나 그 대리인이 그 약관에 규정된 고지의무를 위반하였다 하더라도 이를 이유로 보험계약을 해지할 수는 없다고 하여야 할 것이다. …원고 회사 [신동아화재해상(주)] 영업소 직원인 소외 신영란이 이 사건 보험계약을 체결함에 있어, 이 사건 보험계약자인 피고의 대리인인 소외 김인배에게 새로이 바뀐 자동차보험 상품내용 및 요율체계라든가 보험청약서상 기재사항의 변동사항, 특히 주운전자의 개념 및 그 중요성에 대하여 구체적이고 상세한 설명을 해 주지 아니한 채, 피고와 사이의 그 동안의 계약관계에 기초하여 스스로 보험청약서 등을 작성한 사실 … 이와 같이 원고측에서 위 김인배에게 신설된 주운전자제도에 관한 구체적이고 상세한 설명을 해 주지 않아 위 김인배가 위 보험계약체결시 주운전자와 그 운전면허번호를 사실과 다르게 잘못 고지하게 되었다면 위 고지의무위반을 이유로 한 원고의 이 사건 보험계약해지는 부적법한 것[이다.]」

---

1) 대법원 2008. 12. 16.자 2007마1328 결정: 경주에 거주하는 자가 변호사가 제공하는 서식에 의해 동 변호사에게 사건을 위임하는 계약을 체결하였는데, 동 서식에는 대구지방법원을 전속관할법원으로 하는 관할합의조항이 있었던바, 위임인의 주거지, 합의조항문구의 크기, 위치 등 제반사정으로 보아 중요한 내용이 아니라고 판단한 예.

전자상거래에서의 약관의 명시·설명 방법

약관규제법 제3조 제2항·제3항의 약관의 명시의무와 설명의무는 거래의 양상에 따라 준수되는 모습 역시 다양할 수밖에 없다. 근래 왕성해진 전자상거래에서는 거래가 디지털식으로 이루어지는 만큼 약관의 명시·설명 역시 그 실정에 맞추어 이행되어야 한다. 거래가 체결되는 과정에서 약관의 내용이 현시되고 그에 동의해야 다음 단계의 창으로 옮겨지도록 화면이 구성되어 있는 경우에는 약관을 명시·설명한 것으로 보아야 할 것이다(서울중앙지법 2009. 11. 26. 선고 2009가합46106 판결; 서울남부지법 2010. 5. 7. 선고 2009가합6166 판결). 이와 달리 소비자가 인터넷상으로 어렵게 검색을 해야만 약관을 찾을 수 있게 만들었다면 약관규제법상의 명시·설명을 다한 것으로 볼 수 없다.

4) 명시·설명의무의 적용범위 약관의 명시·설명의무는 고객이 알지 못하는 가운데 계약의 중요한 사항이 약관에 편입됨으로써 고객이 불측의 손해를 입는 것을 방지하고자 하는 취지에서 인정되는 것이므로, 약관의 내용을 고객이 이미 충분히 알고 있는 경우(대법원 2005. 8. 25. 선고 2004다18903 판결), 거래상 일반적이고 공통된 것이어서 별도의 설명 없이도 고객이 충분히 예상할 수 있었던 사항인 경우,[1] 법령에 의하여 정하여진 것을 되풀이하거나 부연하는 정도에 불과한 내용인 경우에는 사업자에게 명시·설명의무가 있다고 할 수 없다([판례 4]). 이같이 사업자가 약관의 내용을 설명할 필요가 없는 특별한 사정이 있었다는 점은 사업자가 증명하여야 한다(대법원 2010. 9. 9. 선고2009다105383 판결).

판례 4 대법원 2019. 5. 30. 선고 2016다276177 판결

「… 약관에 정하여진 사항이라고 하더라도 거래상 일반적이고 공통된 것이어서 고객이 별도의 설명 없이도 충분히 예상할 수 있었던 사항이거나 이미 법령에 의하여 정하여진 것을 되풀이하거나 부연하는 정도에 불과한 사항이라면, 그러한 사항에 대하여서까지 사업자에게 설명의무가 있다고 할 수는 없다. …

사업자의 설명의무를 면제하는 사유로서 '거래상 일반적이고 공통된 것'이라는 요건은 해당 약관 조항이 그 거래계에서 일반적으로 통용되고 있는지의 측면에서, '고객이 별도의 설명 없이도 충분히 예상할 수 있는 사항'인지 여부는 소송당사자인 특정 고객에 따라 개별적으로 예측가능성이 있었는지의 측면에서 각 판단되어야 한다.

… '이미 법령에 의하여 정하여진 것을 되풀이하거나 부연하는 정도에 불과한지'

1) 대법원 2003. 5. 30. 선고 2003다15556 판결: "계약자 또는 피보험자가 손해의 통지 또는 보험금청구에 관한 서류에 고의로 사실과 다른 것을 기재하였거나 그 서류 또는 증거를 위조하거나 변조한 경우"를 보험금청구권의 상실사유로 정한 보험약관이 설명의무의 대상이 아니라고 판단한 예.

는 약관과 법령의 규정 내용, 법령의 형식 및 목적과 취지, 해당 약관이 고객에게 미치는 영향 등 여러 가지 사정을 종합적으로 고려하여 판단하여야 한다. … '법령'은 일반적인 의미에서의 법령, 즉 법률과 그 밖의 법규명령으로서의 대통령령, 총리령, 부령 등을 의미하고, 이와 달리 상급행정기관이 하급행정기관에 대하여 업무처리나 법령의 해석·적용에 관한 기준을 정하여 발하는 이른바 행정규칙은 일반적으로 행정조직 내부에서만 효력을 가질 뿐 대외적인 구속력을 갖는 것이 아니므로 이에 해당하지 않는다. 다만 행정규칙이라 하더라도, 법령의 규정이 특정 행정기관에게 법령 내용의 구체적 사항을 정할 수 있는 권한을 부여함으로써 그 법령 내용을 보충하는 기능을 가지고, 그 내용이 해당 법령의 위임한계를 벗어나지 않아 그 법령과 결합하여 대외적 구속력이 있는 법규명령으로서의 효력을 가지는 등의 특별한 사정이 인정된다면, 달리 볼 수 있다.

그러나 대외적 구속력이 인정되지 않는 행정규칙으로서의 고시는, 약관이 포함된 계약의 일방 당사자인 고객에게 당연히 그 법률효과가 미친다고 할 수 없을 뿐만 아니라 고객이 별도의 설명 없이 그 내용을 예상할 수 있었다고 보기도 어려우므로, 약관 조항에서 고시의 내용을 되풀이하거나 부연하고 있다는 이유만으로 사업자의 설명의무가 면제된다고 할 수 없다.」

[참고판례] 대법원 2025. 3. 13. 선고 2023다250746 판결: 암진단비와 암치료비를 보장하는 보험계약의 특별약관에 갑상선암과 이로 인해 전이되는 암을 보험사고에서 제외하는 조항을 두었는데, 이를 보험사가 설명하지 않았으므로 그 효력이 다투어진 사건이다. 법원은 1) 이 제외조항은 약관규제법 제 3 조 제 3 항 본문이 말하는 「중요한 내용」에 해당한다고 보았고, 2) 이 약관조항이 한국표준질병·사인분류 등에 제시된 암의 진단 및 분류에 관한 보편적인 의학적 기준에 따른 것으로서, 금융감독원이 마련한 보험약관 개선방안을 기초로 국내의 다수 보험회사들이 활용하는 보험약관에 포함되어 널리 보험계약이 체결되었기는 하더라도, 보험계약자가 그에 관한 별도의 설명 없이도 충분히 예상할 수 있었다고 보기 어렵다고 판단하고 보험사의 명시·설명의무 위반을 인정하였다.

5) 명시·설명의무 위반의 효력 앞서 본 바와 같이 명시·설명은 이른바 약관의 편입통제 요건으로서 사업자가 명시해서 설명하지 않은 약관은 계약의 내용으로 주장할 수 없다(약규 3조 4항). 당연히 고객은 동 약관이 계약의 내용이 아님을 주장할 수 있다. 반대로 고객이 약관을 계약의 내용으로 주장하는 것은 무방하며, 이 경우 사업자는 신의칙상 반대의 주장(즉 약관이 계약의 내용이 아니라는 주장)을 할 수 없다고 본다. 명시·설명의무의 이행여부에 관해서는 사업자가 명시·설명한 사실을 증명해야 할 것이다.

사업자가 명시 · 설명의무에 위반하였으므로 약관이 계약의 내용이 될 수 없다는 점은 고객과 사업자의 관계에 국한해 주장할 수 있음이 원칙이나, 약관의 유효를 전제로 권리를 주장하는 제 3 자에 대해서도 명시 · 설명의무위반의 효과를 주장할 수 있다고 보아야 한다([판례 5]).

판례 5 대법원 2010. 5. 27. 선고 2007다8044 판결

「… 사업자가 약관의 일부 조항에 대하여 명시 · 설명의무를 위반한 경우 당해 약관 조항은 계약의 내용이 되지 못하여 사업자뿐만 아니라 계약당사자가 아닌 제 3 자에 대하여도 그 위반의 효과를 주장할 수 있는 것이[다.]」

註) 이 판시사항에 관해 주의할 점이 있다. 우선 사실관계를 소개한다. 상가소유자인 X가 A, B 등에게 점포를 분양했는데, 약관(분양계약서)에 수분양자는 분양계약에 명시된 사업만 할 수 있도록 규정되어 있었다. A는 태권도장용으로 B는 보습학원용으로 분양받았음에도, B가 분양 후 태권도장을 열자, A가 약관의 경업금지조항을 근거로 B의 폐업을 청구하였다. 이에 B는 A에 대해, X가 약관의 명시 · 설명의무를 게을리하였으므로 약관의 경업금지조항이 무효임을 항변하였고, A는 X의 명시 · 설명의무위반의 효력이 자신(제 3 자)에게 미칠 수 없음을 주장하였던바, 법원이 위와 같이 판시한 것이다.

이 쟁점에 앞서 법원은 이 사건에서의 경업금지약정은 사업자와 개개의 수분양자 사이에서만이 아니라 수분양자 상호간에도 합의한 것으로 보아야 한다고 판시하였다. 즉 태권도장의 경업금지에 관해서는 A와 B도 합의당사자라는 것이다. 그러나 이는 원칙론을 제시한 것이고, 이에 이어 판결은 이 사건에서의 약관은 성질상 명시 · 설명이 불필요하다고 판단하였으므로 결과적으로는 A가 승소하였다.

위에 인용한 판시사항은 이러한 논리를 전제로 한 제한된 상황에서 적용될 수 있는 법리이고, 약관의 명시 · 설명의무위반이 일반적으로 제 3 자에게 효력이 있다고 이해해서는 안 된다.

6) 보험계약의 특칙 사업자가 약관의 교부 · 설명의무에 위반한 경우의 일반적인 효력은 위와 같이 약관규제법에서 규정하고 있지만, 상법은 보험계약에 관해 특칙을 두고 있다. 즉 보험자는 보험계약을 체결할 때에 보험계약자에게 보험약관을 교부하고 그 중요한 내용을 설명하여야 하며(638조의3 1항), 이에 위반한 경우에는 보험계약자는 보험계약이 성립한 날로부터 3개월 이내에 계약을 취소할 수 있다(638조의3 2항).

(6) 약관의 무효

1) 일반원칙(신의칙) 약관은 사적 자치의 영역에 속하는 것이지만 신의성실의 원칙을 지켜 공정하게 작성되어야 하며, 이에 어긋난 약관 조항은 무효이

다(약규 6조 1항). 여기서 신의성실의 원칙이란 약관거래의 고객들이 약관의 구체적 조항 내용을 검토하거나 확인할 충분한 기회가 없이 계약을 체결하게 되는 현실에 비추어 약관작성자는 계약상대방의 공정한 이익과 합리적인 기대에 반하지 않고 형평에 맞게끔 약관조항을 작성해야 한다는 행위원칙을 가리킨다(대법원 1991. 12. 24. 선고 90다카23899 전원합의체 판결; 동 2010. 10. 28. 선고 2008다83196 판결). 이러한 신의성실의 원칙에 반하여 공정을 잃은 약관조항이라는 이유로 무효라고 보기 위해서는, 그 약관조항이 고객에게 다소 불이익하다는 점만으로는 부족하고, 약관 작성자가 거래상의 지위를 남용하여 계약 상대방의 정당한 이익과 합리적인 기대에 반하여 형평에 어긋나는 약관 조항을 작성·사용함으로써 건전한 거래질서를 훼손하는 등 고객에게 부당하게 불이익을 주었다는 점이 인정되어야 한다(대법원 2014. 6. 12. 선고 2013다214864 판결; 동 2017. 4. 13. 선고 2016다274904 판결; 동 2024. 12. 12. 선고 2024다232721 판결).

다음과 같은 약관조항은 불공정한 것으로 추정되어 사업자의 반증이 없는 한 무효가 된다(약규 6조 2항).

① 고객에게 부당하게 불리한 조항: 약관조항의 무효 사유에 해당할 정도로 「고객에게 부당하게 불리한 조항」인지 여부는 그 약관조항에 의하여 고객에게 생길 수 있는 불이익의 내용과 불이익 발생의 개연성, 당사자들 사이의 거래과정에 미치는 영향, 관계 법령의 규정 등 모든 사정을 종합하여 판단하여야 한다(대법원 2014. 6. 12. 선고 2013다214864 판결).[1)]

---

1) 대법원 2003. 1. 10. 선고 2001두1604 판결: 1) 어느 판매대리점약관에 공급자가 시장상황을 고려하여 필요한 경우 판매대리점의 판매지역 내에 판매대리인을 추가로 선정할 수 있다고 한 규정이 있었던바, 공급자가 소속 대리점에게 사실상 인정되는 판매지역권을 부당하게 침해하는 것은 허용되지 않는다고 할 것인데, 이 약관 조항은 상호 협의 없이 사업자가 일방적으로 판매대리점의 판매지역 내에 자기의 판매대리인을 추가로 선정할 수 있도록 하고 있으므로, 이는 결국 고객인 판매대리점의 판매지역을 사업자가 일방적으로 축소 조정할 수 있도록 허용함으로써 판매대리점의 판매지역권을 부당하게 침해하는 것으로, 약관규제법 제 6 조 제 2 항 제 1 호 소정의 '고객에게 부당하게 불리한 조항'으로서 불공정한 약관으로 추정되고, 2) 같은 약관에 공급자와 판매대리점 중 어느 일방의 당사자가 대리점계약을 해지하고자 할 경우에는 상대방에게 그 뜻을 계약해지 예정일로부터 2개월 전에 서면으로 예고하여야 한다고 한 규정이 있었던바, 이 규정은 형식적으로는 당사자 쌍방에게 동등하게 해지권을 유보한 것처럼 보이나, 판매대리점은 투하자본 때문에 계약을 임의로 해지하기가 어려운 반면, 사업자인 원고는 필요에 따라 2개월의 유예기간만 두면 언제든지 계약의 해지가 가능하므로, 실질적으로는 사업자인 원고의 이익을 위하여 기능하는 조항이라고 할 수 있어 역시 고객에 대하여 부당하게 불리한 조항으로서 불공정한 약관으로 추정된다고 판시한 예.

대법원 2022. 5. 12. 선고 2020다278873 판결: 통신사업자 (주)에스케이브로드밴드가 지역별로 통신 서비스의 가입 등 영업업무 등을 대리점에 위탁하는 업무위탁계약을 체결하였다. 이 대리점에 지급하는 보수를 처음에는 정액으로 지급되는 영업활동비와 실적에 따른 환산점수를 기준으로

② 고객이 계약의 거래형태 등 관련된 모든 사정에 비추어 예상하기 어려운 조항[1]

③ 계약의 목적을 달성할 수 없을 정도로 계약에 따르는 본질적 권리를 제한하는 조항

기타 다음과 같이 구체적인 불공정사유가 있으면 약관 전체 또는 해당조항이 무효가 된다.

고객의 범위

약관규제법 제 6 조 제 2 항 제 1 호 등에서 말하는 「고객」이란 약관으로 체결되는 계약의 일방 당사자로서 사업자로부터 약관을 계약내용으로 할 것을 제안받은 자를 말하고, 약관에 의해 체결된 제 3 자를 위한 계약에서의 수익자는 동 약관에 약관규제법을 적용함에 있어서의 「고객」이 될 수 없다(대법원 2011. 4. 28. 선고 2010다106337 판결). 예컨대 주택건설사업자와 대한주택보증(주) 사이에 전자가 파산 등의 사유로 분양계약을 이행하지 못할 경우 후자가 당해 주택의 이행 또는 수분양자가 납부한 계약금 및 중도금의 환급에 대하여 이행책임을 부담하기로 약정하는 주택분양보증계약의 당사자는 주택건설사업자와 대한주택보증(주)이고, 수분양자들은 수익자에 불과할 뿐이므로 이 보증계약의 약관이 약관규제법 제 6 조 제 2 항 제 1 호에 위반하는지 여부를 논함에 있어 「고객」에 해당하지 않는다. 이 약관에 있어서의 고객은 보증계약의 직접당사자인 주택건설사업자이다(동 판지).

2) 불공정한 면책조항 약관 중에는 사업자의 책임을 부당히 축소하는 예가 많다. 이는 대체로 사회질서에 반하거나(민 103조), 불공정한 행위가 될 것이나(민 104조), 약관규제법은 그 유형을 다음과 같이 구체화시켜 무효로 한다(약규 7조).

① 사업자, 이행보조자 또는 피용자의 고의 또는 중대한 과실로 인한 법률상

이에 비례하여 지급되는 실적비례비로 구성하였으나, 얼마 후 정액보수인 영업활동비를 없애고 실적급만 지급하도록 하는 내용의 추가계약서를 작성하여 대리점들을 상대로 설명회를 가진 후 각 대리점 대표들의 서면동의를 받았다. 법원은 이 추가 계약 중 정액보수인 영업활동비를 폐지한 부분을 신의칙에 반하는 약관으로 판단하였다.

1) 대법원 2005. 2. 18. 선고 2003두3734 판결: 대규모 쇼핑몰인 밀리오레의 각지역 점포에 관한 임대분양계약서에 임대인이 상가건물의 관리 · 운영에 필요한 상가관리운영규칙을 특별한 기준이나 절차 없이 일방적으로 제정 또는 개정할 수 있도록 하는 규정이 있었던바, 임차인들로서는 자신들이 지켜야 할 의무의 내용과 그 불이행에 대한 제재의 내용을 미리 예상할 수 없으므로 이 약관조항은 약관규제법 제 6 조 제 2 항 제 1 호의 '고객에게 부당하게 불리한 조항' 또는 같은 항 제 2 호의 '고객이 계약의 거래형태 등 제반 사정에 비추어 예상하기 어려운 조항'에 해당한다고 판시한 예.

의 책임을 배제하는 조항

② 상당한 이유없이 사업자의 손해배상범위를 제한하거나 사업자가 부담하여야 할 위험을 고객에게 떠넘기는 조항[1)]

③ 상당한 이유없이 사업자의 담보책임을 배제 또는 제한하거나 그 담보책임에 따르는 고객의 권리행사의 요건을 가중하는 조항

④ 계약목적물에 관하여 견본이 제시되거나 품질 · 성능 등에 관한 표시가 있는 경우 상당한 이유 없이 그 보장된 내용에 대한 책임을 배제 · 제한하는 조항

3) 부당한 손해배상액의 예정 고객에게 부당하게 과중한 지연 손해금 등의 손해배상 의무를 부담시키는 약관 조항은 무효이다(약규 8조).[2)]

---

1) 대법원 2005. 3. 17. 선고 2003다2802 판결: 자동차종합보험계약약관에 피보험자의 피용자로서 산업재해배상보험법에 의한 재해보상을 받을 수 있는 사람에 대해서는 보상하지 아니한다라는 면책규정과 함께 「산업재해배상보험법에 의한 보상범위를 넘어서는 손해가 발생한 경우에도 보상하지 아니한다」는 규정을 두었던바, 후자의 규정은 자동차보험의 피보험자인 사업주의 피해근로자에 대한 자동차손해배상보험법 또는 민법에 의한 손해배상책임이 남아 있음에도 불구하고 보험자의 면책을 인정함으로써 피보험자에게 실질적인 손해배상책임을 부담하게 하므로 이는 약관규제법 제 6 조 제 1 항, 제 2 항 제 1 호 및 제 7 조 제 2 호에 위반한다고 판시한 예.

前註판례(2003두3734 판결): 약관에서 채무자위험부담주의를 취하는 민법 제537조의 규정과는 달리 채권자(고객)위험부담주의를 채택한 것을 사적 자치의 한계를 벗어난 것으로서 상당한 이유없이 사업자가 부담해야 할 위험을 고객에게 이전시킨 약관규정이라고 본 예.

대법원 2007. 8. 23. 선고 2005다59475 · 59482 · 59499 판결: 주택공급계약에서 수분양자가 대금납부를 지체할 경우 지체대금 전액에 대해 연 19%의 지체상금을 지급하도록 규정하면서, 사업자가 주택공급을 지연하는 경우에는 수분양자가 납부한 금액 중 계약금을 제외한 잔액에 대해서만 민사법정이자보다 저렴한 연 3%의 이율을 적용한 지체상금을 지급하도록 한 것은 상당한 이유 없이 사업자의 손해배상범위를 제한하고 신의성실에 반하여 공정을 잃은 조항으로서, 약관규제법 제 7 조 제 2 호, 제 6 조 제 1 항, 제 2 항 제 1 호에 의하여 무효라고 판시한 예.

2) 대법원 1996. 9. 10. 선고 96다19758 판결: 한국토지공사가 토지를 분양함에 있어 약관에 매수인으로 하여금 공급가액의 약 10%에 해당하는 분양신청예약금을 납부하게 하고 추첨을 하여 당첨된 자가 계약을 체결하지 않을 경우 이 예약금을 동 공사에 귀속시킨다는 약관규정을 두었던바, 이 규정은 고객인 당첨자에 대하여 부당하게 과중한 손해배상의무를 부담시키는 것으로서 약관규제법 제 8 조에 해당한다고 판단한 예.

대법원 2009. 8. 20. 선고 2009다20475 · 20482 판결: 임차인의 월차임 연체에 대하여 월 5%(연 60%)의 연체료를 부담시키는 계약조항 및 임차인의 월차임 연체 등을 이유로 임대인이 계약을 해지하는 경우 임차인에게 임대차 보증금의 10%를 위약금으로 지급하도록 하는 계약조항이, 임차인에게 부당하게 불리한 조항으로서 공정을 잃은 것으로 추정되어 신의성실의 원칙에 반하거나 부당하게 과중한 지연손해금 등의 손해배상의무를 부담시키는 약관조항으로서 약관의 규제에 관한 법률 제 6 조, 제 8 조에 의하여 무효라고 판단한 예.

4) 해제 · 해지권의 부당안배 사업자의 계약해제 · 해지권은 확장하고 고객의 해제 · 해지권을 제한하는 불평등한 예가 많은데, 특히 다음과 같은 해제 · 해지의 약정은 무효이다(약규 9조).

① 법률에 따른 고객의 해제권 또는 해지권을 배제하거나 그 행사를 제한하는 조항

② 사업자에게 법률에서 규정하고 있지 아니하는 해제권 또는 해지권을 부여하여 고객에게 부당하게 불이익을 줄 우려가 있는 조항[1]

③ 법률에 따른 사업자의 해제권 또는 해지권의 행사 요건을 완화하여 고객에게 부당하게 불이익을 줄 우려가 있는 조항

④ 계약의 해제 또는 해지로 인한 원상회복의무를 상당한 이유없이 고객에게 과중하게 부담시키거나 원상회복청구권을 부당하게 포기하도록 하는 조항[2]

⑤ 계약의 해제 또는 해지로 인한 사업자의 원상회복의무나 손해배상의무를 부당하게 경감하는 조항[3]

⑥ 계속적인 채권관계의 발생을 목적으로 하는 계약에서 그 존속기간을 부당하게 단기 또는 장기로 하거나 묵시적인 기간의 연장 또는 갱신이 가능하

1) 대법원 2002. 5. 10. 선고 2000다70156 판결: 보증보험회사가 상품판매대금이행보증계약에 관해 사용한 약관에 피보험자가 변경되었을 때에는 보험자의 승인을 받지 않으면 보험계약이 효력을 상실한다는 규정을 두었던바, 보증보험이 담보하는 채권이 양도되면 당사자 사이에 다른 약정이 없는 한 보험금청구권도 그에 수반하여 채권양수인에게 함께 이전된다고 보아야 한다는 전제하에, 이 규정은 실질적으로는 피보험자의 변경을 이유로 하여 보험자에게 아무런 제한 없는 해지권을 부여한 것이나 다름없어 약관규제법 제 9 조 제 2 호에 해당한다고 판시한 예.

대법원 2014. 12. 11. 선고 2014다39909 판결: 계약의 해제로 사업자가 이미 받은 금전을 반환함에 있어, 민법 제548조 제 2 항에 따른 이자의 반환의무를 배제하는 약관조항은 고객에게 부당하게 불리하여 공정을 잃은 것으로 추정되어 무효라고 판시한 예.

2) 대법원 1999. 3. 26. 선고 98다33260 판결: 한국토지공사가 토지를 분양하면서 분양약관에 토지분양계약이 해제되었을 때 귀책사유의 유무를 불문하고 수분양자가 지급한 매매대금의 10%에 상당하는 계약보증금이 분양자인 한국토지공사에게 귀속되도록 하는 규정을 두었던바, 이 규정은 귀책사유의 소재와 유무를 불문하고 계약이 해제되는 모든 경우 및 그 밖의 사유로 계약 목적 달성이 불가능한 모든 경우에 매수인의 계약보증금에 대한 원상회복청구권을 사실상 포기하도록 되어 있어 약관규제법 제 9 조 제 4 호에 해당한다고 판시한 예.

3) 대법원 2013. 10. 24. 선고 2010다22415 판결: 상가를 분양하면서 상가소유자가 수분양자로부터 분양대금의 14%에 달하는 상가개발비라는 명목의 금원을 수령하면서 분양계약이 해제 · 해지되어 상가개발비약정이 종료될 경우 상가개발비를 어떤 경우에도 반환하지 않는다는 취지의 조항을 분양계약서에 둔 사안에서, 동 조항이 약관규제법 제 9 조 제 5 항에 위반하여 무효라고 판시한 예.

도록 정하여 고객에게 부당하게 불이익을 줄 우려가 있는 조항[1)]

5) 급부의 부당결정 사업자가 이행해야 할 급부의 내용 또는 이행방법을 다음과 같이 사업자가 일방적으로 결정할 수 있게 하는 조항은 고객의 지위를 불안하게 하므로 무효이다(약규 10조).

① 상당한 이유없이 급부의 내용을 사업자가 일방적으로 결정하거나 변경할 수 있도록 권한을 부여하는 조항[2)]

② 상당한 이유없이 사업자가 이행하여야 할 급부를 일방적으로 중지할 수 있게 하거나 제 3 자에게 대행할 수 있게 하는 조항

6) 고객의 권익제한 법률의 규정에 의해 당연히 고객이 가질 수 있는 권익을 부당히 제한하는 조항도 무효이다(약규 11조).

① 법률에 따른 고객의 항변권, 상계권 등의 권리를 상당한 이유없이 배제하거나 제한하는 조항[3)]

---

1) 대법원 1998. 1. 23. 선고 96다19413 판결: 대리점계약에 있어 대리점사업자의 연대보증인에 대해 보증기간 만료일에 계약 갱신의 통보가 없을 때에는 1년간씩 계속 연장된 것으로 한다는 취지의 약관규정을 두었던바, 이는 계속적인 채권관계의 발생을 목적으로 하는 계약에서 묵시의 기간 연장 또는 갱신이 가능하도록 규정하여 고객인 연대보증인에게 부당하게 불이익을 줄 우려가 있는 규정으로서 약관규제법 제 9 조 제 6 호에 해당한다고 판시한 예.

2) 대법원 2005. 2. 18. 선고 2003두3734 판결: 상가 점포에 관한 임대분양계약서에 '상가운영위원회와의 협의를 거쳐 상가활성화 정도에 따라 매년 임대료를 인상할 수 있다'는 취지의 규정이 있었던바, 이 규정상의 '상가운영위원회와 협의를 거쳐'라는 것은 상가운영위원회와 임대료 인상에 관한 의견을 교환하는 것을 의미하는 것이지 그 인상내용에 관한 구체적인 합의가 이루어져야 할 것까지를 의미한다고 볼 수 없으므로 이 약관조항은 상당한 이유 없이 상가활성화를 빌미로 사업자인 임대인이 고객인 모든 임차인의 임대료를 일률적으로 인상할 수 있는 권한을 부여하는 조항으로 해석될 수 있으므로 약관규제법 제10조 제 1 호에 해당한다고 판시한 예.

3) 前註판례(2003두3734 판결): 상가 점포에 관한 임대분양계약서에 민법 제621조 제 1 항(당사자 간에 반대약정이 없으면 임차인은 임대인에 대하여 그 임대차등기절차에 협력할 것을 청구할 수 있다)을 배제하는 조항이 있었는데, 이 사건 분양계약에서 임차권의 양도 및 계약기간의 연장이 허용되고, 분양대금에 임대차보증금 및 5년간 매월 일정금액씩 소멸하는 장기임대료가 포함되는 등 일반적인 임대차계약과 다른 사정이 있기는 하지만, 이러한 사정만으로는 계약당사자들 사이의 개별약정이 아닌 약관에 의하여 민법 제621조에 의한 임차인의 임대차등기청구권을 배제할 만한 상당한 이유가 된다고 할 수 없어 약관규제법 제11조 제 1 호에 해당한다고 판시한 예.

대법원 2009. 12. 10. 선고 2009다61803 · 61810 판결: 수산업협동조합중앙회(이하 "수협")가 수산업자들에게 자금을 대여하는데, 이를 담보하기 위하여 흔히 수산업자가 창고에 임치중인 수산물을 양도담보로 확보한다. 그리고 이 때 창고업자로부터 양도담보실행에 필요한 협력을 얻기 위해 확약서를 제출받는데, 이는 수협이 작성하는 약관이다. 그리고 담보물의 가액에 임박하는 대출을 할 때에는 창고업자가 유치권(상법 58조)을 포기하는 내용을 확약서에 포함시키고 있는데, 이 점을 약관규제법 제11조 제 1 호에 위반하여 무효라고 판단한 예.

② 고객에게 주어진 기한의 이익을 상당한 이유없이 박탈하는 조항[1)]

③ 고객이 제 3 자와 계약을 체결하는 것을 부당하게 제한하는 조항

④ 사업자가 업무상 알게 된 고객의 비밀을 정당한 이유없이 누설하는 것을 허용하는 조항

7) 고객의 의사표시의 부당의제 다음과 같이 고객에게 불리한 의사표시를 의제하거나 고객의 의사표시를 제한하는가 하면, 사업자의 의사표시에 대해서는 유리한 기한 · 도달의제 등을 설치하는 약관조항은 무효이다(약규 12조).

① 일정한 작위 또는 부작위가 있을 경우 고객의 의사표시가 표명되거나 표명되지 아니한 것으로 보는 조항(예: 신용카드이용 회원이 이용기간 만료 2월 전에 갱신하지 않는다는 통지를 하지 않으면 갱신에 동의한 것으로 의제한다). 다만, 고객에게 상당한 기한 내에 의사표시를 하지 아니하면 의사표시가 표명되거나 표명되지 아니한 것으로 본다는 뜻을 명확하게 따로 고지한 경우이거나 부득이한 사유로 그러한 고지를 할 수 없는 경우에는 그러하지 아니하다.

② 고객의 의사표시의 형식이나 요건에 대하여 부당하게 엄격한 제한을 두는 조항(예: 계약의 해제는 내용증명의 등기우편으로 발송하지 않으면 효력이 없다)

③ 고객의 이익에 중대한 영향을 미치는 사업자의 의사표시가 상당한 이유없이 고객에게 도달된 것으로 보는 조항[2)]

---

1) 대전지법 2000. 6. 9. 선고 99나8610 판결: 우리사주조합이 조합원에게 대출을 함에 있어 약관에 대출금 회수에 위험이 있다고 조합이 인정하는 경우에는 기한의 이익을 상실하고 대출금을 즉시 상환한다는 규정을 두었던바, 기한의 이익상실은 계약의 해지와 같이 중도에 법률관계를 종료시키는 중대한 법률요건이므로 그 사유는 객관적으로 계약의 존속이 어려울 정도로 채무자에게 중대한 의무불이행이 있어야만 인정된다는 전제하에, 이 규정은 조합의 일방적인 판단에 따라 대출계약의 기한의 이익을 상실시킬 수 있도록 포괄적으로 규정하고 있어 대출을 받으려는 조합원들에게 부당하게 불이익을 줄 우려가 있으므로 약관규제법 제11조 제 2 호의 규정에 해당한다고 판시한 예.

2) 대법원 2000. 10. 10. 선고 99다35379 판결: 보험약관에 보험계약자 또는 피보험자의 주소가 변경된 경우 보험자에게 통보를 이행하지 않으면 보험자가 종전 주소지를 보험자가 한 의사표시의 수령장소로 본다는 규정을 두었던바, 이 규정이 보험자가 보험계약자 또는 피보험자의 변경된 주소나 소재를 알았거나 혹은 보통일반인의 주의만 하였더라면 그 변경된 주소 등 소재를 알 수 있었음에도 불구하고 이를 게을리 한 과실이 있어 알지 못한 경우에도 보험계약자 또는 피보험자가 주소변경을 통보하지 않으면 보험증권에 기재된 종전 주소를 보험자의 의사표시를 수령할 장소로 하여 보험계약의 해지나 보험료의 납입최고를 할 수 있다고 해석하게 되는 경우에는 고객의 이익에 중대한 영향을 미치는 사업자의 의사표시가 상당한 이유 없이 고객에게 도달된 것으로 보는 조항에 해당하는 것으로서 약관규제법 제12조 제 3 호에 해당한다고 판시한 예(즉 이 약관규정은 보험자가 과실 없이 보험계약자 또는 피보험자의 변경된 주소 등 소재를 알지 못하는 경우에 한하여 적용된

④ 고객의 이익에 중대한 영향을 미치는 사업자의 의사표시 기한을 부당하게 길게 정하거나 불확정하게 정하는 조항

8) 대리인의 책임가중 고객의 대리인에 의하여 계약이 체결된 경우 고객이 그 의무를 이행하지 아니하는 경우에는 대리인에게 그 의무의 전부 또는 일부를 이행할 책임을 지우는 내용의 약관조항은 무효이다(약규 13조).[1] 약관규제법 제13조에서 말하는 「대리인」이란 본인을 위하여 계약체결을 대리하는 민법상 및 상법상의 대리인을 뜻한다(대법원 1999. 3. 9. 선고 98두17494 판결). 대리인은 자신의 대리행위로 인해 아무런 권리를 취득하지 못함에도 불구하고 본인의 채무불이행에 관해 대리인의 책임을 묻는 약관은 대리의 법리를 벗어날 뿐 아니라, 대리인으로서는 예상하기 어렵고 또한 부당하므로 무효로 하는 것이다.

9) 소제기의 금지 고객에게 부당하게 불리한 소송제기 금지조항 또는 재판관할의 합의조항이나 상당한 이유없이 고객에게 증명책임을 부담시키는 약관조항은 무효이다(약규 14조).[2] 부제소합의나 증명책임을 전환하는 합의는 일응 일방당사자에게 불리하다는 추정을 할 수 있지만, 관할합의는 그 자체로서는 특히 어느 일방을 불리하게 한다는 판단을 하기 어려우므로 그 효력을 부정하기 위해서는 보다 엄격한 요건을 요한다. 판례에 의하면, 관할합의조항을 무효라고 보기 위해서는 그 약관조항이 고객에게 다소 불이익하다는 점만으로는 부족하고, 사업자가 그 거래상의 지위를 남용하여 이러한 약관조항을 작성·사용함으로써 건전한 거래질서를 훼손하는 등 고객에게 부당하게 불이익을 주었다는 점이 인정되어야 한다. 그리고 부당한 불이익을 주는지 여부는, 그 약관조항에 의하여 고객에게 생

다는 뜻).

1) 서울지법 남부지원 1995. 9. 28. 선고 95가합1218 판결: 축산물을 취급하는 국내법인(A)이 소고기 구매를 입찰에 붙였는데, 입찰안내서에 "규격상이품이 발생한 경우 공급자 및 국내대리점은 송장 금액 및 해당 부대비용을 변제한 후 규격상이품을 반송하거나 또는 규격상이품에 대한 클레임을 보상하여야 한다"라는 조항이 들어 있었고, 이에 미국육류회사의 국내대리점(B)이 낙찰받아 수입을 하였으나, 상품에 하자가 있어 국내법인(A)이 동 대리점(B)에 손해배상책임을 물은 사건에서, 이 약관 규정이 약관규제법 제12조에 해당하여 무효라고 판시한 예.

2) 대법원 1998. 6. 29.자 98마863 결정: 아파트분양사업자인 건설회사가 분양계약에 사용한 약관에 분양계약에 관한 분쟁에 관해서는 자신의 주소지의 관할법원인 서울민사지방법원을 관할법원으로 한다는 규정을 두었던바, 원거리에 사는 경제적 약자인 고객에게는 제소 및 응소에 큰 불편을 초래할 우려가 있으므로 약관규제법 제14조 소정의 '고객에 대하여 부당하게 불리한 재판관할의 합의조항'에 해당하여 무효라고 판시한 예.

길 수 있는 불이익의 내용과 불이익 발생의 개연성, 당사자들 사이의 거래과정에 미치는 영향, 관계 법령의 규정 등 제반 사정을 종합하여 판단하여야 한다(대법원 2008. 12. 16.자 2007마1328 결정).[1)]

10) 일부무효의 특칙 사업자가 약관의 명시 및 설명의무를 이행하지 아니하여 약관을 계약의 내용으로 할 수 없는 경우(약규 3조 4항) 및 약관조항이 이상 열거한 무효사유에 해당하는 경우라도 계약은 나머지 부분만으로 유효하게 존속한다(약규 16조 본). 일부무효는 전부무효임을 원칙으로 하는 민법 제137조에 대한 특칙을 인정한 것이다.

그러나 유효한 나머지 부분만으로 계약의 목적을 달성할 수 없는 경우 또는 계약의 존속이 일부 당사자에게 부당히 불리한 경우에는 계약 전부를 무효로 한다(약규 16조 단).

(7) 약관의 해석

약관은 신의성실의 원칙에 따라 공정하게 해석되어야 하며, 고객에 따라 다르게 해석되어서는 아니되며 약관의 뜻이 명백하지 아니한 경우에는 고객에게 유리하게 해석되어야 한다(약규 5조).

1) 신의칙과 수정해석 기술한 신의성실의 원칙은 약관작성의 원칙일 뿐 아니라 해석의 원칙이기도 하다. 특히 약관에 의한 계약의 내용이 고객의 법률상의 지위에 중대한 영향을 미치는 경우에는 신의칙에 따라 엄격히 해석하여야 한다(대법원 2001. 3. 23. 선고 2000다71555 판결). 약관조항이 신의칙에 어긋날 경우, 법원은 그 조항의 무효를

---

1) 변호사가 제공하는 서식에 의해 동 변호사에게 사건을 위임하는 계약을 체결하였는데, 동 서식에는 대구지방법원을 전속관할법원으로 하는 관할합의조항이 있었던바, 법원은 본문에서와 같은 일반론을 제시한 후, 「재항고인[위임인]이 상대방의 변호사 사무실에 직접 찾아가서 이 사건 위임계약을 체결한 점, 이 사건 위임계약의 성격상 변호사 사무실 소재지는 상대방이 재항고인의 형사피의사건 변론준비를 위한 업무를 수행한다는 장소로서 그 계약이행지에 포함될 수 있는 점, 대구지방법원은 상대방의 영업소 소재지 관할법원으로서, 이 사건 위임계약의 체결 당시 재항고인 주소지의 인근 대도시 관할법원에 해당하는 점, 전속적 관할합의의 경우 법률이 규정한 전속관할과 달리 임의관할의 성격을 가지기 때문에, 법원은 공익상의 필요에 의하여 사건을 다른 관할법원에 이송할 수 있는 점 등 이 사건에 나타난 제반 사정을 앞에서 본 법리에 비추어 살펴보면, 대구지방법원에 관하여 전속적 합의관할을 하는 내용의 이 사건 관할합의조항이 건전한 거래질서를 훼손하는 것으로서 재항고인에게 부당하게 불이익을 주는 약관조항에 해당한다고 보기는 어렵다」라고 판시하였다.

선언할 수 있을 뿐 아니라 신의칙에 부합하도록 수정해석을 할 수도 있다. 예컨대 자동차책임보험약관상의 「자동차 운전자가 무면허운전을 하였을 때 생기는 사고로 인한 손해에 대해 보험금을 지급하지 아니한다」는 면책조항을 적용함에 있어, 대법원은 동 조항은 무면허운전이 보험계약자(또는 피보험자)의 지배 또는 관리가능한 상황에서 이루어진 경우를 뜻하고, 관리지배가 불가능한 상황에서 이루어진 무면허운전은 적용대상이 아니라고 해석하였다(대법원 1991. 12. 24. 선고 90다카23899 전원합의체 판결).[1)]

2) **공정한 해석** 공정한 해석이란 약관을 작성한 사업자와 고객간의 이해를 객관적이고 평등하게 고려한 해석을 말한다. 그러나 약관의 해석에서 평등하게 고려해야 할 당사자의 이해관계는 개별적 · 구체적 거래에서의 이해관계가 아니라 약관에 의해 일반화되는 이해관계이다. 그러므로 다음에 말하는 통일해석이 필요하다.

3) **통일해석** 약관은 동종의 거래관계자들에게 공통적으로 적용되는 계약내용이다. 그러므로 약관의 해석은 일반 법률행위의 해석과 달리 개개의 계약당사자가 기도한 목적이나 의사를 기준으로 하지 않고, 평균적인 고객의 이해가능성을 기준으로 삼아 보험단체 전체의 이해관계를 고려하여 객관적 · 획일적으로 해석하여야 한다(대법원 2007. 2. 22. 선고 2006다72093; 동 2020. 10. 15. 선고 2020다234538 판결; 동 2025. 4. 3. 선고 2023다245058 판결).[2)] 다만 약관과 더불어 개별약정이 있을 경우에는 개별약정의 해석에 있어 구체적인 당사자의 이해가 고려될 수 있다.

그러나 법원이 약관에 대하여 행하는 구체적 내용통제는 개별 계약관계에서 당사자의 권리 · 의무를 확정하기 위한 선결문제로서 약관조항의 효력 유무를 심사하는 것이므로, 약관의 설명의무의 대상이 되는 중요한 내용이 무엇인지, 약관의 내용이 일방에 부당하게 불리한지 등 구체적인 약관규정의 효력의 유무를 판

---

1) 자동차보험가입자가 트럭에 열쇠를 꽂아 놓은 채 자신이 경영하는 공장 앞길에 주차해 놓은 중에 동 공장의 전(前) 종업원이 운전면허 없이 무단으로 트럭을 운전하다 타인을 치었으므로 보험가입자가 보험회사에 보험금을 청구한 사건인데, 법원은 본문에서와 같은 수정해석을 통해 보험금지급을 명하였다.

2) 본문에서와 같이 통일해석이 요구되는 결과, 보험약관이 비록 보험자가 다수의 보험계약자와 계약을 체결하기 위하여 일방적으로 마련한 것이라고 하더라도, 그 보험약관의 내용 등이 보험계약자의 정당한 이익과 합리적인 기대에 반할 뿐 아니라 사적자치의 한계를 벗어나는 등 무효라고 볼 만한 사정이 없다면, 법원이 이를 함부로 배척하거나 보험약관 내용을 그 목적과 취지 등과 달리 개별 사건마다 임의로 해석하여서는 안 된다(대법원 2023. 10. 12. 선고 2020다232709 · 232716 판결).

단함에 있어서는 개별사안별로 당사자들의 구체적인 사정을 고려해야 한다([판례 6]).

판례 6 대법원 2008. 12. 16.자 2007마1328 결정

「… 법원은 약관에 대한 단계적 통제과정, 즉 약관이 사업자와 고객 사이에 체결한 계약에 편입되었는지의 여부를 심사하는 편입통제와 편입된 약관의 객관적 의미를 확정하는 해석통제 및 이러한 약관의 내용이 고객에게 부당하게 불이익을 주는 불공정한 것인지를 살펴보는 불공정성통제의 과정에서, 개별사안에 따른 당사자들의 구체적인 사정을 고려해야 한다.」

4) 불명료조항의 해석 명확하게 해석되지 않는 계약조항은 그 적용을 제한하거나 또는 작성자에게 불명료의 위험을 부담시키는 「작성자불리의 원칙」이 로마법 이래의 계약해석 원칙이다.[1)]

약관은 작성자인 사업자에 의하여 일방적으로 유리하게 작성되고 고객에게는 그 약관내용에 관한 교섭이나 검토의 기회가 제대로 주어지지 않는 것이 일반적인 실정이다. 이러한 형성의 과정에 비추어 약관의 해석에 있어서는 고객보호의 측면에서 작성자불리의 원칙이 더욱 강하게 요청된다. 그리하여 약관규제법은 "약관의 뜻이 명백하지 아니한 경우에는 고객에게 유리하게 해석되어야 한다"라고 규정함으로써(약규 5조 2항) 작성자불리의 원칙을 선언하고 있다. 그러므로 앞서 열거한 여러 원칙에 따른 해석을 거친 후에도 약관 조항이 다의적으로 해석되고 그 각각의 해석에 합리성이 있는 경우와 같이 해당 약관의 뜻이 명백하지 아니하거나 의심스러운 경우에는 고객에게 유리하게, 약관작성자에게 불리하게 해석하여야 한다(대법원 2016. 10. 27. 선고 2013다90891 판결; 동 2017. 12. 13. 선고 2015다33441 판결).[2)]

1) 李銀榮, 「債權各論」(제 5 판), 박영사, 2007, 61면.

2) 대법원 2005. 4. 15. 선고 2004다65138 · 65145 판결: 보험사고의 유형을 정하고 있는 「운행중의 교통승용구에 탑승하고 있을 때 …」라는 약관규정의 「탑승」의 개념을 작성자불리의 원칙에 따라 승차와 하차를 포함하는 것으로 판단한 예.

대법원 1998. 10. 23. 선고 98다20752 판결: 신용보증약관에 기재된 "채무자가 제 3 자를 위하여 부담한 보증채무 및 어음상의 채무 등"이라는 문구를 「채무자가 제 3 자를 위하여 부담한 보증채무와 채무자가 부담하는 어음상의 채무로 읽을 것인지」, 아니면 「채무자가 제 3 자를 위하여 부담한 보증채무와 채무자가 제 3 자를 위하여 부담한 어음상의 채무」로 읽을 것인지가 문제된 사안에서 이 문구를 약관의 뜻이 명백하지 않은 경우로 보고 고객에게 유리한 후자로 해석한 예.

대법원 2010. 12. 9. 선고 2009다60305 판결: 암보험계약에서 피보험자에게 생긴 암이 상피내암에 해당하면 보험금지급에 있어 피보험자에게 불리한데, 상피내암이라는 용어의 해석이 다의적이므로 작성자에게 불리하게 상피내암의 범위를 제한적으로 해석한 예.

약관조항의 의미가 명확하게 일의적으로 표현되어 있어 다의적인 해석의 여지가 없는 때에는 작성자불리의 원칙이 적용될 여지가 없음은 물론이다.[1] 다만 그 내용이 불공정하거나 불합리한 경우에는 강행법규나 사회질서 또는 신의성실의 원칙에 위반됨을 이유로 그 효력의 전부 또는 일부를 부인해야 한다. 이는 약관의 직접적 내용통제로서 기술한 약관의 수정해석에 해당한다(대법원 1991. 12. 24. 선고 90다카23899 전원합의체 판결).

엄격해석

계약의 내용이 당사자 일방이 작성한 약관의 내용으로서 상대방의 법률상의 지위에 중대한 영향을 미치게 되는 경우에는 약관규제법 제 6 조 제 1 항, 제 7 조 제 2 호의 규정 취지에 비추어 더욱 엄격하게 해석하여야 한다는 것이 판례의 입장이다(대법원 2011. 4. 28. 선고 2010다106337 판결). 그리하여 약관에 약관작성자의 면책사유로 열거된 사항들은 예시적인 것이 아니라 한정적인 것으로 해석해야 하며(대법원 2006. 9. 8. 선고 2006다24131 판결), 고객이 신용보증사고의 통지를 지연함으로써 채권보전에 장애를 초래한 경우에는 보증채무가 면책된다는 보증약관은, 통지의 지연으로 인해 보험자의 채권보전조치에 실질적인 장애를 초래한 경우에 한하여 면책된다는 취지로 해석해야 한다고 판시하였다(대법원 2001. 3. 23. 선고 2000다71555 판결).

예문해석

「예문해석」이란 약관의 어느 조항이 약관을 부동문자로 작성하는 과정에서 편입된 한 예문에 불과하고 당사자의 의사에는 부합하지 아니하므로 동 약관에 의해 체결된 계약의 내용이 될 수 없다는 식으로 판단함으로써 문제가 있는 약관조항을 배척하는 해석방법이다. 어느 약관조항이 어느 계약에서 불공정하다 하여 다른 계약에서도 항상 불공정한 것은 아니므로 일반적으로 불공정하다고 선언하는 것을 기피하면서 문제된 약관에서만 동 조항을 배제하는 방법으로 고안된 해석방법이다.

---

1) 대법원 2024. 10. 31. 선고 2023다240916 판결: 어느 상해보험약관에 "보험회사는 국민건강보험법에 의하여 피보험자가 부담하는 비용 전액(국민건강보험법에서 정한 요양급여 중 본인부담분과 비급여 부분을 말합니다)…을 보상하여 드립니다."라고 정하고 있었다. 보험사고 후 피보험자가 치료를 받고 의료기관으로부터 "지인할인"이라는 명목으로 의료비를 일부 할인받았던바, 이 할인된 금액이 위 약관에 의한 보상대상이냐가 다투어진 사건이다. 법원은 약관 조항 문언의 내용과 의미, 국민건강보험법에 따른 비급여 진료비용의 의미와 성격, 이 사건 특약이 담보하는 보험목적의 성질과 손해보험제도의 원칙 등을 고려하면, 이 사건 약관 조항은 피보험자가 의료기관과의 구체적인 계약에 따라 실제로 부담하는 비급여 진료비용을 담보하고, 피보험자가 의료기관으로부터 할인받은 부분은 보상대상이 아니라고 (일의적으로) 해석되므로 「약관의 뜻이 명확하지 않아 고객에게 유리하게 해석하여야 하는 경우」에 해당하지 않는다고 판시하였다.

동지: 대법원 2024. 1. 25. 선고 2023다283913 판결.

예컨대 은행의 근저당권설정계약서에 "피담보채무의 범위는 기존의 채무만이 아니라 장래에 발생할 모든 채무를 포함하는 것"이라는 취지의 조항이 있더라도, 당해 근저당설정에 관련된 제반사정을 살펴볼 때 당사자의 의사는 특정한 채무만을 피담보채무에 포함시키려는 취지라고 해석하는 것이 합리적일 때에는 당해 조항을 예문으로 보아 효력을 부정하는 것이다(대법원 1997. 9. 26. 선고 97다22768 판결).[1)]

(8) 약관의 행정적 규제

약관의 작성과 사용은 기본적으로 사적 자치에 속하는 문제이나, 작성과정의 특성과 소비자보호의 요청으로 인해 기술한 바와 같이 법원의 해석에 의해 통제가 가해지며, 때로는 당해 사업의 주무관청이 인가권을 가지고 통제를 가한다. 그 밖에 약관규제법에 의해 공정거래위원회가 약관 일반에 대하여 다음과 같은 감독권을 행사한다.

1) 약관의 심사청구 약관조항과 관련하여 법률상의 이익이 있는 자, 소비자기본법에 의하여 등록된 소비자단체, 한국소비자원 및 사업자단체는 약관이 약관규제법에 위반한 여부에 관한 심사를 공정거래위원회에 청구할 수 있다(약규 19조).

2) 시정조치 공정거래위원회는 사업자가 불공정한 약관조항을 계약의 내용으로 한 경우에는 사업자에게 당해 약관조항의 삭제·수정 등 시정에 필요한 조치를 권고할 수 있으며(약규 17조의2 1항), 시장지배적 사업자가 불공정한 약관을 사용한 경우 등 일정한 경우에는 약관조항의 삭제·수정, 시정명령을 받은 사실의 공표, 그 밖에 약관을 시정하기 위하여 필요한 조치를 명령할 수 있다(약규 17조의2 2항). 그리고 이러한 권고 또는 명령을 하는 경우에 필요한 때에는 당해 사업자와 동종 사업을 영위하는 다른 사업자에게 같은 내용의 불공정약관조항을 사용하지 말 것을 권고할 수 있다(약규 17조의2 3항).

약관은 계약의 일부로 편입되는 것이고, 계약의 내용은 계약당사자가 정하는 것이므로, 공정거래위원회는 불공정한 약관 조항에 대하여 소극적으로 그 불공정성을 제거하는 방향으로 삭제 또는 수정할 것을 명할 수 있을 뿐, 그 약관 조항을 특정한 내용으로 수정할 것을 명하는 등으로 적극적으로 계약당사자의 계약내용에 개입할 수는 없다(대법원 2003. 1. 10. 선고 2001두1604 판결).[2)]

---

1) 예문해석의 개념과 예에 관한 설명은 李銀榮, 전게서(債權各論), 63면 참조.

2) 공정거래위원회가 구 대우자동차의 대리점 설치 약관의 내용이 불공정하다 하여 시정명령을 내렸

3) **표준약관의 심사 · 권고** 사업자 및 사업자단체는 불공정한 내용의 약관이 통용되는 것을 방지하기 위하여 일정한 거래 분야에서 표준이 될 약관의 제정 · 개정안을 마련하여 그 내용이 이 법에 위반되는지 여부에 관하여 공정거래위원회에 심사를 청구할 수 있다(약규 19조의3 1항). 또한 「소비자기본법」 제29조에 따라 등록된 소비자단체 또는 같은 법 제33조에 따라 설립된 한국소비자원("소비자단체등")은 소비자의 피해가 자주 일어나는 거래 분야에서 표준이 될 약관을 제정 또는 개정할 것을 공정거래위원회에 요청할 수 있다(동조 2항).

(가) **약관의 심사 및 표준약관의 작성** 소비자단체등의 요청이 있거나 일정한 거래 분야에서 여러 고객에게 피해가 발생하거나 발생할 우려가 있는 경우에 관련 상황을 조사하여 약관이 없거나 불공정약관조항이 있는 경우에는 사업자 및 사업자단체에 대하여 표준이 될 약관의 제정 · 개정안을 마련하여 심사청구할 것을 권고할 수 있다(동조 3항). 이때 불공정성의 유무를 심사함에 있어서는 문제되는 조항만을 따로 떼어 보아서는 안 되고, 전체 약관내용을 종합적으로 고찰한 후에 판단해야 하고, 그 약관이 사용되는 거래분야의 통상적인 거래관행, 거래대상인 상품이나 용역의 특성 등을 함께 고려하여 판단해야 한다(대법원 2010. 10. 14. 선고 2008두23184 판결).

사업자 및 사업자단체가 공정거래위원회의 권고를 받고 4월 이내에 필요한 조치를 하지 아니할 경우에는 공정거래위원회는 관계 부처와의 협의를 거쳐 표준이 될 약관을 제정 또는 개정할 수 있다(동조 4항).

(나) **표준약관의 사용권장** 공정거래위원회는 심사하거나 제정 · 개정한 표준약관을 공시하고 사업자 및 사업자단체에 표준약관을 사용할 것을 권장할 수 있다(동조 5항). 표준약관의 사용권장은 사용 자체를 강제하는 것은 아니지만, 공정거래위원회로부터 표준약관의 사용을 권장받은 사업자 및 사업자단체가 표준약관과 다른 약관을 사용하는 경우에는 표준약관과 다르게 정한 주요 내용을 고객이 알기 쉽게 표시하여야 하고(동조 6항), 그 불이행에 대해서는 과태료를 과한다(약규 34조 2항 2호). 이같이 사용권장은 사업자나 사업자단체의 권리 · 의무에 직접 영향을 미치는 행정처분이므로 항고소송의 대상이 된다(전게 판례).

(다) **표준약관의 표지사용제한** 공정거래위원회는 표준약관의 사용을 활

던바, 대우자동차가 동 시정명령의 내용이 특정되지 않아 위법하다고 불복한 데 대해, 법원이 공정거래위원회는 단지 시정을 명할 뿐이고 내용에 개입할 수 없다는 취지로 판시한 예이다.

성화하기 위하여 표준약관 표지(標識)를 정할 수 있고, 사업자 및 사업자단체는 표준약관을 사용하는 경우 표준약관 표지를 사용할 수 있다(약규 19조의3 7항). 표준약관 표지는 아래와 같은 문양으로 만들고 사업자가 사용하는 약관의 첫 면 우측 상단에 표시하는 방법으로 사용한다(표준약관표지의 사용에 관한 고시: 2016. 10. 31. 공정거래위원회고시 제2016-14호). 표준약관 표지는 표준약관에 대한 소비자의 신뢰를 유도하므로 사업자 및 사업자단체가 표준약관과 다른 내용을 약관으로 사용하면서 표준약관 표지를 사용해서는 안 된다. 이에 위반하여 표지를 사용하는 경우 표준약관의 내용보다 고객에게 더 불리한 약관의 내용은 무효로 한다(약규 19조의3 8항 · 9항).

[표준약관 표지]

표준약관이 새로 제정된 경우	표준약관이 개정된 경우
공정거래위원회 표준약관(제OOOOO호) (. . . 제정)	공정거래위원회 표준약관(제OOOOO호) (. . . 개정)

(9) 약관규제법의 적용제한

1) 국제적으로 통용되는 약관 약관규제법은 국제적으로 통용되는 약관이나 그 밖에 특별한 사정이 있는 약관으로서 대통령령으로 정하는 경우에는 제 7 조부터 제14조까지의 규정을 적용하는 것을 조항별 · 업종별로 제한할 수 있다고 규정하고 있다(약규 15조). 이에 의해 국제적으로 통용되는 운송업, 국제적으로 통용되는 금융업 및 보험업, 무역보험법에 의한 무역보험의 약관에 대해서는 위 규정이 적용되지 아니한다(약규령 3조). 단지 국제적인 운송업, 금융업이라 해서 제 7 조부터 제14조까지의 적용이 배제되는 것은 아니고, 이 업종에 해당하는 사업자의 약관 자체가 국제적으로 통용될 경우에 한해 적용이 배제된다고 보아야 한다(대법원 1994. 12. 9. 선고 93다43873 판결).

약관규제법 제15조는 제 7 조 내지 제14조의 적용을 제한하고 있으므로 약관의 규정이 제 7 조 내지 제14조 중 어느 것에 해당하더라도 무효가 아니지만, 그 약관규정이 동시에 제 6 조에 해당할 때에는 무효로 볼 여지가 있다. 그러나 약관이 구체적으로 무효가 되는 경우들을 규정한 제 7 조 내지 제14조의 규정이 적용되지 않는다면 약관이 일반적으로 무효가 되는 경우를 포괄적으로 규정하고 있는 제 6 조의 규정 역시 적용이 없다고 보아야 한다는 것이 판례의 입장이다(대법원 1999. 12. 10. 선고 98다9038 판결; 동 2002. 5. 24. 선고 2000다52202 판결 참조).

2) **다른 법령과의 관계** 약관규제법은 약관이 상법 제 3 편, 근로기준법 또는 그 밖에 대통령령이 정하는 비영리사업의 분야에 속하는 계약에 관한 것일 경우에는 적용하지 않는다(약규 30조 1항). 특정한 거래 분야의 약관에 대하여는 다른 법률에 특별한 규정이 있는 경우를 제외하고는 약관규제법에 따른다(약규 30조 2항).[1)]

5. 판 례

법원의 판결은 개별적·구체적 사건에 대한 법적 판단이므로 일반규범으로서의 성격은 갖고 있지 않다. 그러나 한번 판결이 행해지면 그 후 유사한 사건에 대하여는 선결례가 되어 이를 답습하게 되고, 이러한 일이 되풀이되다 보면 일반인의 인식 속에 어느 정도 추상적인 법규범이 형성되기에 이른다. 이를 흔히 판례법(case law)이라 한다. 영미에서는 전통적으로 선결례구속의 원칙(doctrine of stare decisis)이 확립되어 있어 판례에 일반적 구속력이 있고 따라서 판례는 중요한 법원(法源)이다. 그러나 우리나라와 같은 성문법국가에서는 판례에 일반적 구속력을 인정하지 아니하므로 판례는 법원이 아니다(법원성을 인정하는 설: 김정호 27; 임홍근 35).

그러나 법원은 거래의 안전과 법의 안정을 위해 선결례를 존중하는 경향이 있으며, 특히 최종심인 대법원에서는 종전의 법령해석과 다른 해석을 할 때, 즉 판례를 변경하고자 할 때에는 전원합의체의 재판을 거치는 등 신중을 기하고 있다(법조 7조 1항 3호). 그리고 당해 사건에 관한 상급심의 판단은 하급심을 구속하므로(법조 8조) 하급심은 자연히 대법원의 판례를 따르기 마련이다. 때문에 판례, 특히 대법원의 판례는 사실상 전국 법원의 법령해석을 구속하며, 아울러 일반인들에게도 사실상

1) 대법원 1998. 11. 27. 선고 98다32564 판결: 상법 제638조의3 제 2 항은 약관의 규제에 관한 법률 제 3 조 제 3 항의 적용을 배제하는 특별규정이 아니라고 한 예.

의 행위규범으로 작용한다.

6. 조 리

조리(條理)란 사람들이 일반적으로 합리적이라 생각하며 공동생활에서 지켜져야 한다고 생각하는 원칙을 말한다. 따라서 조리는 인위적으로 만들어진 것이 아니고 자연법적인 규범이라 할 수 있다.

조리는 실정법과 두 가지 측면에서 연결된다. 첫째, 조리는 실정법 제정시에 입각해야 할 가치기준이 되고 따라서 실정법의 타당근거가 된다. 즉 조리에 어긋난 내용의 실정법은 타당성이 없는 것이다. 둘째, 조리는 실정법 및 계약의 해석에 있어서의 가치기준이 되며, 나아가 법의 흠결시에 재판의 준거가 된다. 법의 해석 · 적용에 관련해서는 특히 두 번째가 중요한데, 민법 제 1 조는 이 뜻을 「민사에 관하여 법률에 규정이 없으면 관습법에 의하고 관습법이 없으면 조리에 의한다」고 표현하고 있다. 민법학에서는 이 규정을 발단으로 하여 조리의 법원성이 다투어지고 있는데, 상법의 해석 적용에 있어서도 조리는 궁극적으로 의존할 기본원리이므로 역시 그 법원성이 논의되고 있다. 민법 제 1 조와 「법관은 헌법과 법률에 의하여 그 양심에 따라 독립하여 심판한다」는 헌법 제103조를 근거로 조리의 법원성을 인정하는 견해가 있다(김성탁 23; 김정호 28; 손주찬 49; 이종훈 12). 그러나 조리는 법관이 재판을 함에 있어서 법이 흠결된 부분에 관해 보충적 입법을 할 때에 근거해야 할 규범이라 할 수 있고, 법의 존재근거 또는 존재양식은 아닌 까닭에 이를 법원으로 볼 수는 없다(강 · 임 30; 김성태 137; 김홍기 10; 서완석 41; 오성근 35; 이(기) · 최 104; 임홍근 35; 정동윤 36; 정준우 34; 정찬형 54; 채이식 26; 최 · 김 37; 최준선 84).

Ⅲ. 법적용의 순서

1. 상법과 기타 성문법

상법 제 1 조는 제정법 우선주의에 입각하여 상법전을 상사에 관하여 적용할 제 1 순위의 법원(法源)으로 정하였다. 그리고 기술한 바와 같이 상법 외에 많은 상사특별법이 존재하며, 법률과 대등한 효력을 갖는 상사에 관한 조약과 국제법규가 있다. 상법과 상사특별법 중에서는 특별법우선의 원칙에 따라 상사특별법이 상법에 우선하여 적용된다. 그리고 조약과 국제법규는 그것이 다루는 법률관계의 특수성에 비추어 상법의 특별법이라 할 수 있으므로 국내의 특별법과 같은 순위로 적용된다(후술).

2. 자치법 · 관습법과 성문법

상법에 규정된 바는 없으나 자치법도 법원임은 기술한 바와 같다. 그리고 자치법은 개별적인 단체의 법률관계에 관하여 당사자들이 직접 합의한 것이므로 관습법에 우선하여 적용되고 성문법에도 우선한다는 것이 통설이다. 그러나 자치법이 상사성문법 중 강행법규에 우선할 수는 없으므로 자치법의 적용순위는 상사성문법 중 강행법규의 뒤에, 그리고 임의법규의 앞에 놓이게 된다. 한편 상법 제 1 조는 상관습법을 상법의 후순위에 놓고 있으나, 상법 중 임의법규와 다른 관습법이 성립할 수 있다고 보아야 하며(민 1조 참조), 또 개개의 임의규정을 해석함에 있어 그와 다른 상관습이 있으면 그에 따라야 하는 것으로 해석하는 것이 일반적이다.[1)]

끝으로 상법 제 1 조는 상관습법도 없을 때에는 민법을 적용한다고 하였으므로 자치법과 상관습법은 항상 민법에 우선하여 적용되는 것처럼 해석될 수 있다. 그러나 민법의 강행법규에 어긋나는 자치법이나 상관습을 유효하게 볼 수는 없다. 예컨대 미성년자에게 무제한의 행위능력을 인정하거나 불법행위가 성립하더라도 손해배상책임을 배제하는 자치법이나 관습법의 성립을 허용할 수는 없다. 그러므로 자치법과 관습법은 민법의 강행규정보다는 후순위로, 그리고 임의규정보다는 선순위로 적용된다.

---

1) 예컨대 중개인의 급여수령권에 관한 제94조와 같이 명문의 규정으로 관습을 우선시키는 경우도 있으나, 중개인의 보수는 당사자 쌍방이 균분하여 부담한다는 제100조 제 2 항의 적용에 관해 명문의 규정은 없지만, 통설은 이와 다른 관습이 있으면 그에 따른다고 해석한다.

3. 법적용순위의 체계

이상 설명한 바를 정리해 보면 법적용의 순위는, (i) 조약·국제법규·상사특별법, (ii) 상법 중 강행법규, (iii) 민법 중 강행법규, (iv) 자치법, (v) 관습법, (vi) 상법 중 임의법규, (vii) 민법 중 임의법규의 순이 된다.

법적용의 순위에 관한 다른 학자의 설명을 보면, 위와 달리 자치법(또는 상사자치법)을 가장 앞선 순위로 놓는 것이 일반적이다(강·임 33; 서헌제 34; 정동윤 37; 정찬형 56; 최·김 38; 최준선 88).[1] 그리고 그 중에는 자치법 대신에 "자치법(약관)"을 가장 앞선 순위에 놓은 예도 있다(서헌제 34).[2] "자치법(약관)"이라 표기한 것은 「약관을 포함한 자치법」이라는 의미로 읽혀지는데, 이 점은 잘못된 표기이다. 과거 약관의 성격을 어떻게 볼 것이냐에 관해 계약으로 보는 설과 법규범으로 보는 설이 있었고 후자의 설 중에 약관을 자치법의 일종으로 보는 설이 있었으나, 현행 약관규제법은 명백히 계약설을 취하고 있으므로 약관은 자치법이 아니고 따라서 법적용순위의 문제에 편입될 여지가 없다(40면 참조).

자치법에서 약관을 제외하더라도 자치법을 제 1 의 순위로 놓는 것은 적절하지 않다. 적용법률의 전부를 임의규정만으로 상정한다면 타당하지만, 강행법규와 임의법규 모두를 포괄하여 순서를 논하자면 자치법은 강행법규와 임의법규의 중간에 위치해야 옳다(同旨: 김성탁 24; 서완석 42; 오성근 36; 정준우 35).

그리고 흔히 조약·국제법규와 상사특별법을 같은 순위로 하여 설명하는데, 우리가 당사자인 조약과 일반적으로 승인된 국제법규는 국내법과 같은 효력을 가지므로(헌 6조 1항) 상사에 관한 조약과 국제법규는 상사특별법과 같은 순위의 효력을 갖는다는 뜻에서 이론적으로는 옳은 설명이다. 그러나 현실적인 문제로서, 조약이나 국제법규에서 다루고 있는 사항에 관해 우리나라가 이와 충돌하는 국내법을 제정할 수는 없으니, 실제로는 조약·국제법규는 같은 사항에 관한 국내의 상사특별법에 대해 다시 특별법의 지위를 가지고 이에 우선한다고 보아야 한다.

---

1) 주석(총칙·상행위), 36면.
2) 前註.

제 6 장 상법의 효력

상법의 적용은 여타 법률의 적용과 마찬가지로 시간·장소·사람에 대한 제약을 받으며, 그 입법대상인 사항에 대한 제약도 받는다.

1. 시간에 관한 효력

1) 어떠한 법이 폐기되고 이를 대체하여 新法이 만들어질 경우 그 때부터 신법이 현행법으로서 적용됨은 물론이다. 그런데 구법시대에 발생한 생활관계가 신법하에서 문제될 경우, 행위 당시의 현행법인 구법의 추급적용을 인정할 것인지, 아니면 법을 적용하는 시점의 현행법인 신법을 소급적용할 것인지가 문제된다. 이는 이른바 시제법(時際法), 즉 경과규정인 시행법 또는 부칙으로 정할 문제이다. 일반적으로 사람은 행위 당시의 법이 적용될 것을 예상하고 생활관계를 이루어나가므로 당사자들에게 예측가능성을 부여해 주기 위해서는 행위 당시의 법, 즉 구법을 적용하는 것이 옳다고 볼 수도 있다. 또 법률관계의 성격에 따라서는 신법의 소급적용이 엄하게 금지되는 경우도 있다. 형벌불소급의 원칙(헌 13조 1항; 형 1조 1항) 같은 것이 좋은 예이다.

그러나 상법의 영역에서는 대체로 신법이 보다 합리적이고 진보적이며, 구법관계에 신법을 적용하더라도 당사자에게 이익이 되고 형평에 부합하는 경우가 많다. 그래서 현행 상법의 효력관계에 관해 상법시행법 제 2 조 제 1 항 본문은 「상법은 특별한 규정이 없으면 상법시행 전에 생긴 사항에도 적용한다」고 규정함으로써 상법의 소급적용을 허용한 바 있다. 이 규정은 현행 상법의 시행시기인 1963년 1월 1일 이전에 생긴 사항에 현행 상법을 적용한다는 뜻이고, 상법이 개정되거나 신 상법이 제정될 때 항상 그러하다는 일반원칙을 천명한 것은 아니다.

그리고 현행상법의 시행 후 60여년이 지난 지금 구법시대의 법률관계가 해결되지 않고 남아 있는 것은 별로 없을 것이므로 지금은 상법시행법 제 2 조 제 1 항 본문의 의의가 크게 감소되었다고 할 수 있다.

그러나 상법 제정 이후 연이은 개정법에서는 대체로 부칙에 "특별한 정함이 있는 사항을 제외하고는 이 법 시행 전에 생긴 사항에도 이 법을 적용한다"라는 취지의 규정을 둔 것을 보면,[1] 상법의 영역에서는 입법에 의해 신법의 소급적용이 일반적으로 가능함을 알 수 있다.

구법에 연계된 권리의 보호범위

신법이 제정되면 신법이 적용되어야 함은 물론이지만, 구법과 관련하여 보호받던 다른 규정에 의한 권리에 미치는 영향과 관련하여 신법의 적용범위가 문제될 수 있다. 상법 제22조는 "타인이 등기한 상호는 동일한 특별시·광역시·시·군에서 동종영업의 상호로 등기하지 못한다"고 규정하고 있고, 이 등기의 절차에 관해서는 상업등기법이 관장한다. 상법 제22조에 근거하여 등기할 수 없는 상호의 범위를 과거 상업등기법의 전신인 비송사건절차법에서는 동일한 특별시·광역시·시 또는 군 내에서 동일한 영업을 위하여「타인이 등기한 것과 확연히 구별되지 않는 상호」로 규정하였고(동법 164조), 비송사건절차법을 승계한 상업등기법에서도 처음에는 같은 규정을 유지하다가(동법 30조), 2009년 개정에 의해 확연히 구별되지 않는 것 대신「동일한 상호」에 한해서 등기할 수 없도록 하였다(동조). 그러므로 개정상업등기법이 시행된 후에는 확연히 구별되지 않더라도 동일하지 않은 상호는 등기가 가능할 것이지만, 그 전에 등기된 상호들은 구 비송사건절차법 및 구 상업등기법에 의해 확연히 구별되지 않는 상호는 등기될 수 없다는 원칙을 전제로 자신의 상호를 등기하였으므로 자신의 상호와 확연히 구별되지 않는 상호들에 대해서는 개정상업등기법이 적용되어서는 안 된다는 주장도 제기될 수 있고, 실제 사건에서 이같이 주장된 예가 있다. 이 사건에서 대법원은 개정상업등기법의 시행에 관한 공익상의 요구와 개정전의 등기상호권자의 신뢰보호의 필요성의 비교교량의 문제로 다루어 개정전의 등기상호에도 개정상업등기법이 적용된다고 판시하였다(대법원 2011. 12. 27. 선고 2010다20754 판결). 즉 개정전에 등기된 상호와 확연히 구별되지 않더라도 동일한 상호가 아니라면 등기할 수 있다는 것이다.

2) 신법에 의해 구법이 폐지됨이 없이, 동일한 사항에 관해 적용할 상이한 내용의 법률이 2개 이상 존재할 수 있다. 이 경우에는「신법은 구법을 변경한다」

1) 예컨대 1984년 개정상법 부칙 제 2 조, 1991년 개정상법 부칙 제 2 조, 1995년 개정상법 부칙 제 2 조, 2011년 개정상법 부칙 ③ 등.

(lex posterior derogat legi priori)는 것이 일반원칙이다. 그러나 신법이 일반법이고 구법이 특별법일 때에는 「일반법인 신법은 특별법인 구법을 변경하지 아니한다」(lex posterior generalis non derogat legi speciali priori)는 원칙이 적용되어 여전히 특별법인 구법이 우선하여 적용된다. 상법시행법 제 3 조도 이 원칙을 받아들여 「상사에 관한 특별한 법령은 상법시행 후에도 그 효력이 있다」고 규정하고 있다.

2. 장소에 관한 효력

상법은 우리나라의 국법이므로 대한민국의 전영토에 적용됨이 원칙이다. 그러나 국제적으로 이루어지는 상거래에 대해서는 어느 나라의 상법을 적용할 것인지 문제될 수 있다. 이러한 경우에는 국제사법(1962. 1. 15 제정, 법률 제966호)에 의해 준거법이 결정되므로 상법적용의 장소적 범위가 제약 또는 확장된다.

3. 사람에 대한 효력

상법은 대한민국 국민 전원에 대해 적용됨이 원칙이지만, 대한민국 국민과 외국인 사이에 이루어진 상거래에 대해서는 역시 국제사법이 준거법을 정하게 된다.

이와는 별도로 상법의 규정 중에는 특수한 상인에게는 적용되지 않는 것이 있다. 즉 소상인에 대해서는 지배인, 상호, 상업장부와 상업등기에 관한 규정이 적용되지 않는다(9조). 그러나 소상인도 상인이므로 영업활동에 관한 상법규정은 당연히 적용된다.

4. 사항에 관한 효력

상법은 상사에 관해 적용된다. 그런데 상법상으로는 상인과 무관하게 이루어지는 절대적 상행위란 것이 있을 수 없기 때문에 결국은 상인을 중심으로 한 법률관계에 상법이 적용되는 것이다.

상사관계를 형성하는 상행위에는 당사자 중 일방에 대해서만 상행위가 되는 것, 즉 일방적 상행위도 있고, 쌍방에 대해 상행위가 되는 것, 즉 쌍방적 상행위도 있다. 바꿔 말하면 일방적 상행위란 당사자 중 일방만이 상인으로서 임하는 거래이고, 쌍방적 상행위란 당사자 쌍방이 상인으로서 임하는 거래이다. 쌍방적 상행위에 상법이 적용되는 것은 물론이다. 그리고 일방적 상행위라도 그 행위는 상인에 의해 주도되어 쌍방적 상행위와 마찬가지로 기업법적 특질을 지니므로 쌍방에 대해 상법을 적용한다(3조). 일방 당사자가 수인이고 그 중 일부만 상인인 경우에 관해서는 상법에 명문의 규정이 없으나, 이 경우에도 전원에 대해 상법이 적용된다고 보아야 한다.[1]·[2] 그러나 상법은 기업법적 특질이 지나치게 강하여 비상인에게 적용하는 것이 무리라고 여겨지는 규정들은 쌍방적 상행위에 대해서만 적용하고 있다(예: 67조, 71조 등의 상사매매규정).

1) 대법원 2014. 4. 10. 선고 2013다68207 판결: A 회사와 비상인 B가 공동으로 비상인 D로부터 금전을 차용할 때 비상인 C가 A와 B의 채무를 연대보증하였는데, 이 금전차용은 A 회사에 보조적 상행위가 되므로 A, B, C 전원에 상법을 적용해야 된다는 점을 전제로 C의 연대보증채무에 상사시효를 적용한 예.

2) 일본 상법은 이 경우에도 전원에 대하여 상법을 적용한다고 규정하고 있다(日商 3조 2항).

제 2 편

총 칙

제 1 장 서 설

Ⅰ. 상법총칙의 의의

상법 제 1 조부터 제45조까지가 「제 1 편 총칙」으로 편성되어 있다. 그 중 「제 1 장 통칙」은 상법의 법원과 효력문제로서 이 책의 제 1 편에서 다룬 바 있다. 제 2 장부터 제 7 장까지는 주로 기업의 조직에 관한 사항을 다루는 규정들인데, 이 책에서는 제 2 편에서 다룬다.

앞서 상법은 기업생활에 관한 법이라고 정의하였다. 기업생활에 관한 법률관계에는 기업주체의 조직이라는 부문과 기업주체의 영리적 활동, 즉 영업거래라는 부문이 있다. 상법총칙은 기업활동의 원활·확실한 수행을 보장하기 위하여 기업의 조직적 측면에서의 대내 및 대외적 법률관계를 합리적으로 규율하는 법이라 할 수 있다. 이에 대해 상행위법은 기업이 영리목적을 달성하기 위하여 수행하는 대외적 거래관계를 규율함으로써 상인과 제 3 자간의 이해관계를 합리적으로 조정하는 법이라 할 수 있다.

Ⅱ. 상법총칙의 체계와 특색

제 1 편 총칙은 7개장 44개조로 구성되어 있다.

「제 1 장 통칙(1조~3조)」에서 법원과 효력을 다루고 있음은 기술한 바와 같다.

「제 2 장 상인(4조~9조)」에서는 상인의 정의를 통해 상인을 인식하는 방법을 규정하는 한편, 제한능력자가 상거래를 하는 방법을 규정하고 있다. 상인의 영업활동에 대해서는 상법이 적용되므로 어떤 거래의 당사자가 상인이냐, 아니냐라는 문제는 적용할 법역(즉 민법이냐, 상법이냐)을 결정하는 의미를 갖는다.

「제 3 장 상업사용인(10조~17조)」에서는 상인의 대외적인 행위를 대리하는 자를 상업사용인이라 부르며, 그 종류별로 대외적으로 의제되는 권한을 규정하고 있다.

「제 4 장 상호(18조~28조)」에서는 상인이 영업에서 자신을 나타내는 명칭으로서 상호를 선정할 수 있게 하는 동시에, 상인이 선정한 상호는 영업과 일체가 되어 재산적 가치를 지님을 감안하여 상호를 유지, 사용하는 것을 법적인 권리로 보호하기 위한 규정을 두고 있다. 한편 상호를 통해 영업에 관한 타인의 신뢰를 유도하므로 타인의 신뢰를 보호하기 위한 규정을 두고, 어느 상호를 선정하면 다른 상인의 상호선정권을 제한하는 의미가 있으므로 상호권의 남용을 방지하기 위한 규정도 두고 있다.

「제 5 장 상업장부(29조~33조)」에서는 상인이 자신의 영업에서 생성되는 회계정보를 관리하는 방법을 규정하고 있다.

「제 6 장 상업등기(34조~40조)」에서는 상인의 영업조직에 관한 공시방법의 하나로서 상업등기에 관해 규정하고 있다. 상인에 관해 특히 제 3 자가 지득해야 하거나 이해를 가질 수 있는 사항이 있는데, 상법은 이들 중 거래의 안전과 제 3 자의 보호를 위해 특히 중요한 것은 국가가 관리하는 장부로 공시하게 하는 제도, 즉 등기제도를 두고 있다. 상법총칙의 상업등기에 관한 장에서는 등기해야 할 사항을 등기하지 않은 경우와 부실하게 등기한 경우에 제 3 자와의 이해를 어떻게 조정하느냐가 중심과제이다.

「제 7 장 영업양도(41조~45조)」에서는 영업활동에서 생성된 무형의 가치를 포함한 포괄적인 영업재산의 개념을 인정하여 이를 이전할 경우에 양도인과 양수인 그리고 종전의 거래자들에게 생기는 이해를 조정하는 문제를 중심으로 다룬다.

이상 열거한 사항들은 영업자 즉 상인 자신의 이해에 국한하지 않고 거래상대방 나아가서는 사회 전체에 대해 법적인 이해를 야기하므로 이 사항들에 관해서는 제 3 자의 신뢰를 보호하는 것이 중요하다. 때문에 상법총칙에서는 규율대상을 「법적 획일성」에 입각하여 다루고 있고, 따라서 상법총칙에 담겨진 규정들은 대부분 강행규정이다. 후술하는 상행위편은 상거래를 규율대상으로 하여 거래당사자의 자치를 존중하므로 대부분 임의규정으로 구성되어 있는 것과 대비된다.

제 2 장 상 인

Ⅰ. 총 설

앞서 실질적 의의의 상법을 기업에 관한 특별사법이라고 정의하였지만, 기업이란 영업을 수행하기 위해 인적·물적 설비를 유기적으로 결합시킨 사회적 실체이고, 실제 기업생활에 상법을 적용함으로써 발생하는 법률관계는 법상 권리의무의 귀속점인 상인을 중심으로 전개된다. 예컨대 상법 제100조는 중개인의 보수청구권을 규정하고 있는데, 이 규정은 중개업이라는 기업의 생활관계를 법적으로 규율하기 위한 것이지만, 이 규정에 의해 보수청구권을 취득하는 것은 중개업을 하는 상인인 것이다.

다시 말해, 상인은 기업의 조직과 활동의 주체로서 기업조직 및 기업의 대외적 활동에서 생기는 법률관계의 당사자가 되는 것이다. 그러므로 상인이란 어떤 사람이냐(상인의 개념)를 정하는 것은 바로 개개의 상법규정의 적용대상을 정하는 의미가 있다.

한편 상법은 그 적용대상을 파악함에 있어 「상인」이라는 개념 이외에 「상행위」라는 개념을 아울러 사용하고 있다. 상법 제 3 조는 거래당사자의 쌍방에 대해 상행위가 되는 행위에 있어서는 물론, 일방에만 상행위가 되는 행위(상인과 비상인의 거래)에 있어서도 당사자 전원에 대해 상법을 적용한다고 규정하고 있다. 그러므로 상법의 적용대상을 파악하기 위해서는 상인이라는 개념과 상행위라는 개념, 그리고 양자의 관계를 이해하여야 한다.

Ⅱ. 상인의 개념

1. 상인개념의 입법주의

상인의 개념을 상인의 특성이나 그가 행하는 행위의 형식에 따라 정할 것이냐, 아니면 상인이 하는 행위의 실질에 따라 정할 것이냐는 방법론적인 차이에 따라 형식주의와 실질주의 그리고 절충주의로 나뉜다. 그리고 상행위의 개념을 정함에 있어 행위자의 성분(상인성)을 기초로 정할 것이냐 행위의 객관적 성질을 기초로 정할 것이냐는 차이로 인해 주관주의(상인법주의)와 객관주의(상행위법주의)로 나뉜다.

그런데 상인과 상행위는 상법의 적용대상을 정함에 있어 2대 지주를 이루는 개념으로서 양자는 상호의존적인 관계에 있으므로 이들을 별도로 논할 수가 없다. 다시 말하면, 상인의 상행위로 인해 생겨나는 법률관계(상사)를 상법이 규율하는 것인데, 여기서 어떤 사람이 상인이냐, 어떤 행위가 상행위이냐는 의문에 답하는 방법으로서, 상행위를 하는 사람을 상인이라고 하는 방법이 있을 수 있고, 상인이 하는 행위를 상행위라고 하는 방법이 있을 수 있는 것이다. 그래서 상인개념의 정립을 위한 입법주의를 형식주의와 실질주의로 나누어 설명하는 학자도 있지만, 형식주의와 실질주의 대신 주관주의와 객관주의로 분류하는 학자도 있고(임홍근49; 정동윤 50) 아예 양자를 구분하지 않고 「형식주의＝주관주의(상인법주의)」, 「실질주의＝객관주의(상행위법주의)」로 개념을 동일하게 사용하는 학자도 있다(강 · 임 37; 서완석 48; 안강현 47~48; 오성근 43; 이(기) · 최 116; 정준우 37~38; 정찬형 60; 최 · 김 41).

1) 형식주의(주관주의) 상인이 하는 행위의 내용에 의존하지 않고 상인의 형식적 자격 또는 행위형식의 특성을 기준으로 하여 상인개념을 정하는 방법이다. 이 주의에 의하면 먼저 상인개념이 결정되고, 「그가 하는 행위가 상행위이다」라는 식으로 상행위의 개념이 도출된다. 스위스 채무법은 상업, 제조업 기타 상인적 방법으로 영업을 하는 자는 자신의 상호를 등기함으로써 상인이 되도록 하며(동법 934조), 독일 상법은 행위의 종류나 범위에 비추어 상인적 방법으로 영업을 하는 자를 상인(당연상인; Istkaufmann)이라 하며(동법 1조 1항 · 2항), 이에 해당하지 아니한 자도 상호를 등기함으로써 상인이 될 수 있다(임의상인; Kannkaufmann)고 규정하는데

(동법 2조), 이는 형식주의에 입각한 것으로 이해된다.[1)]

형식주의는 원래 중세 도시국가시대에 신분법적 사고에서 상인단체(길드; Gilde)에 가입한 자만을 상인으로 보고 그들에 대해서만 상사법을 적용했던 데에서 유래한다.

형식주의에 의해 상인개념을 정한다고 하더라도 그 개념은 상행위와 전혀 연결 없이 상인의 행위형식의 특성만에 의해 완결적으로 정할 수 있는 것은 아니다. 왜냐하면 상인의 행위형식의 특성이란 것은 상인이 전형적으로 행하는 행위가 있고, 그 행위를 하는 방식이 정형화됨으로 인해 경험적으로 발견되는 것이기 때문이다. 그리고 형식주의가 갖는 보다 실제적인 문제점은, 상인이 아닌 자가 상법을 적용함이 타당한 영리행위를 할 때에 이를 상법에 의해 규율할 수 없다는 것이다.

2) 실질주의(객관주의) 상인이 하는 행위의 실질이 일반 민사행위와 다른 점을 전제로 하여 먼저 그러한 행위를 상행위라 정하고 그 상행위를 하는 자를 상인으로 보는 방법이다. 따라서 실질주의에 의하면 형식주의와는 반대의 과정을 밟아, 상행위의 개념이 먼저 결정되고 그로부터 상인의 개념이 도출된다. 프랑스, 스페인 등이 이 방법을 취하고 있다.[2)] 이 주의는 1807년 프랑스 상법이 중세의 계급법적 상법관을 탈피하며 상법을 일반시민법으로 만들고자, 상인중심에서 상행위중심으로 바꿨던 데에서 비롯된다.

이 주의에 의하면 자연 상행위를 제한적으로 열거하게 되므로 경제가 발전함에 따라 생겨나는 새로운 기업활동을 수용할 수 없고, 따라서 그러한 활동을 하는 기업주체를 상인으로 인정할 수 없게 되어 상법을 적용함이 마땅한 거래를 상법의 적용대상에서 제외시키는 단점이 있다.

3) 절충주의 순수한 형식주의와 실질주의에 위와 같은 문제점이 있음에 주목하여, 실질주의에 따라 상행위를 하는 자도 상인으로 하고 아울러 형식주

1) 1998년 상법개정 전에는 우리처럼 상행위를 열거하고 이를 행하는 자를 상인이라 하고, 이에 해당하지 않더라도 상호를 등기함으로써 상인이 될 수 있다고 규정하였으나, 이 규정으로는 새로이 생겨나는 각종의 현대적인 산업을 상법의 대상으로 수용할 수 없으므로 본문과 같이 개정하였다고 한다(Brox/Henssler, S. 20).

2) 프랑스 상법은 상행위를 18가지(18개호)에 걸쳐 열거하고(C.com. Art.L.110-1, 110-2), 이러한 상행위를 수행하고 또 이를 상시의 직업으로 영위하는 자를 상인이라고 정의하고 있다(Art. L. 121-1: "Sont commerçants ceux qui exercent des actes de commerce et en font leur profession habituelle").

의에 따라 일정한 형식에 의해 행위하는 자도 상인으로 하는 방법이다. 일본 상법(日商 4조, 501조, 502조)이 이에 속한다(후술).

2. 상법의 입법주의

(1) 관련규정

우리 상법이 어떤 입법주의에 입각하여 상인개념을 정한 것으로 이해할 것이냐에 관해서는 학설이 심하게 대립한다. 이해의 편의를 위해 먼저 관련규정을 살펴보기로 한다.

상법은 상인 또는 상행위의 정의와 관련하여 4개의 조문을 두고 있다. 우선 상인을 당연상인과 의제상인으로 분류하고, 당연상인은 제 4 조에서 「자기명의로 상행위를 하는 자」로 정의하는 한편, 의제상인에 관해서는 제 5 조에서 「① 점포 기타 유사한 설비에 의하여 상인적 방법으로 영업을 하는 자는 상행위를 하지 아니하더라도 상인으로 본다. ② 회사는 상행위를 하지 아니하더라도 전항과 같다(즉 상인으로 본다는 뜻)」라고 규정하고 있다.

한편 상법 제46조는 「동산, 부동산, 유가증권 기타 재산의 매매」 등 22가지의 행위를 나열하고, 이 행위 중 어느 것을 「영업으로 할 때」 상행위(기본적 상행위)가 된다고 규정하고 있다.

위 규정들의 해석에 있어, 제 4 조에서 당연상인이 하는 「상행위」란 바로 제46조에서 말하는 「기본적 상행위」를 가리킨다는 점에 관해서는 견해의 대립이 전혀 없다. 그리고 제46조의 각 호에서 나열하는 행위들은 그 자체로서 기본적 상행위가 되는 것이 아니고 이를 「영업」으로 할 때에만 「기본적 상행위」가 된다는 점도 규정상 명백하다.

그러면 제 5 조의 의제상인이 영업으로 하는 행위, 즉 기본적 상행위가 아닌 영업행위라는 것이 존재하게 되는데, 상법은 이를 준상행위라 하여 역시 상법의 적용대상으로 삼고 있다(66조). 각 상인이 수행하는 상행위의 종류는 아래 표와 같다.

주　체	영　업
당연상인	기본적 상행위(부동산의 매매 등)
의제상인	
회사	기본적 상행위 또는 준상행위
설비상인	준상행위

(2) 학　설

위와 같은 상법의 입법방식을 절충주의로 보는 설과 형식주의로 보는 설이 대립한다.

1) 절충주의설　위에 열거한 규정들을 관련지어 보면 일응 당연상인(4조)은 제46조의 상행위개념을 토대로 하고 있고, 의제상인(5조)은 상행위와 무관하게 정해지는 듯하다. 그래서 통설은 상법이 당연상인에 대해서는 실질주의를 취하고 의제상인에 대해서는 형식주의를 취한 절충적 입법방식으로 이해한다(강 · 임 39; 김성태 173; 서헌제 43; 손주찬 65; 손진화 44; 오성근 45; 이(기) · 최 117; 장덕조 17; 전우현 42; 정찬형 60; 최 · 김 42; 최준선 98). 그런데 이 설을 취하는 학자들은 제 5 조 제 1 항이 의제상인의 범위를 넓게 잡고 있어 당연상인도 대부분 이에 포함되므로 상법의 입법방식은 형식주의에 가까운 절충주의라고 설명한다.

2) 형식주의설　소수설은 의제상인이 형식주의에 입각해 있다는 점에 대해서는 절충주의설과 의견을 같이하지만, 당연상인이 실질주의에 따른 개념이라는 데 대해서는 반론을 제기한다. 즉 제46조 각 호의 행위는 「영업으로」 할 때에만 상행위가 되는 것이므로 영업의 주체인 상인과의 관련 없이는 상행위 개념이 성립되지 않는다는 것이다. 따라서 상법의 상인개념은 오로지 형식주의에 입각해 있다고 설명한다(임홍근 53).

(3) 상인개념의 구조와 입법주의

상인개념에 대한 상법의 입장을 밝히기 위해서는 관련규정의 음미를 통해 전체적인 구조를 유기적으로 파악해야 한다. 상법은 상인을 당연상인과 의제상인으로 구분하고 의제상인은 다시 제 5 조 제 1 항의 상인과 제 2 항의 상인으로 구분한다. 제 5 조 제 2 항의 상인은 바로 회사이고, 제 1 항의 상인은 보통 「설비상인」이라 부른다. 이들 상인의 종류별로 입법주의의 특색을 검토해 본다.

1) 회　사　회사는 회사라는 사실 자체만으로 상인이 되므로 이는 형

식주의적 입법임이 명백하며, 의문의 여지가 없다.

2) 설비상인 설비상인도 일견 그의 행위형식에 의하여 상인성이 주어지고, 상행위 개념에 의존하는 바 없으므로 형식주의에 입각해 상인성이 주어지는 듯이 보인다. 그러나 세밀히 분석해 보면 설비상인의 개념은 그 행위형식에 의해 자족적으로 정의되는 것이 아님을 알 수 있다. 즉 설비상인의 요건의 하나인 「점포 기타 유사한 설비에 의하여」는 또 다른 요건인 「상인적 방법」의 예시로 해석되고, 「상인적 방법」이란 「당연상인이 영업을 하는 방법과 같은 방법」 또는 「당연상인이 기업을 경영함에 있어 보통 필요로 하는 설비」 등으로 해석되고 있다(서완석 52; 서헌제 48; 오성근 48; 이(기) · 최 122; 임홍근 59; 정동윤 52; 정준우 42; 정찬형 75; 주석(총칙 · 상행위) 90; 최 · 김 53; 최준선 104). 그러므로 설비상인의 개념은 당연상인의 개념을 토대로 하여 정해짐을 알 수 있다. 그렇다면 설비상인은 당연상인의 입법주의와 관련지음이 없이 규정형식으로만 판단하여 형식주의에 의한 것이라고 단정할 수는 없다.

3) 당연상인 제 4 조와 제46조를 연결해서 읽으면, 「자기명의로 제46조 각 호의 행위를 영업으로 하는 자를 (당연)상인이라 한다」로 된다. 형식주의설은 여기서 「영업」이란 것은 그 주체인 상인과 결부시키지 않으면 안 된다는 이유에서 형식주의에 입각한 것으로 본다 함은 기술한 바와 같다. 그러한 관점에서 본다면 상행위란 「상인이 행하는 제46조 각 호의 행위」를 뜻하는 것이 된다. 상인은 예외 없이 「영업」을 하고, 「영업」을 하는 자로서 상인 아닌 자가 있을 수 없다는 점을 생각하면 형식주의설에 일응 수긍이 간다. 그러나 「영업」은 대외적 거래의 기업적 특성을 설명한 것이지 거래의 주체인 상인의 개성을 가리키는 말은 아니다.

당연상인의 개념이 어느 주의에 입각하고 있느냐는 의문은 당연상인 및 상행위의 인식의 출발점이 어디에 있느냐를 가지고 풀어야 한다. 예컨대 갑이 부동산을 매매하는 경우 그 때 갑이 당연상인이냐 아니냐 혹은 이 매매가 상행위냐 아니냐(즉 상법의 적용 여부)가 문제된다고 하자. 이 때 갑이 당연상인인가의 여부는 갑이 한 행위, 즉 부동산매매에서부터 출발하지 않으면 안 된다. 그의 행위는 부동산매매(46조 1호)이므로 당연상인의 일차적 요건은 구비한 것이다. 다음은 그 매매를 영업으로 하느냐를 살펴보아야 하며, 영업으로 한다면 부동산매매는 기본적 상행위가 되고, 따라서 갑이 당연상인이 되는 것이다. 반대로 갑을 출발점으로 해서는 갑이 한 부동산매매가 기본적 상행위라는 것을 밝힐 길이 없다([그림 1] 참조).

그림 1 상인개념의 흐름도

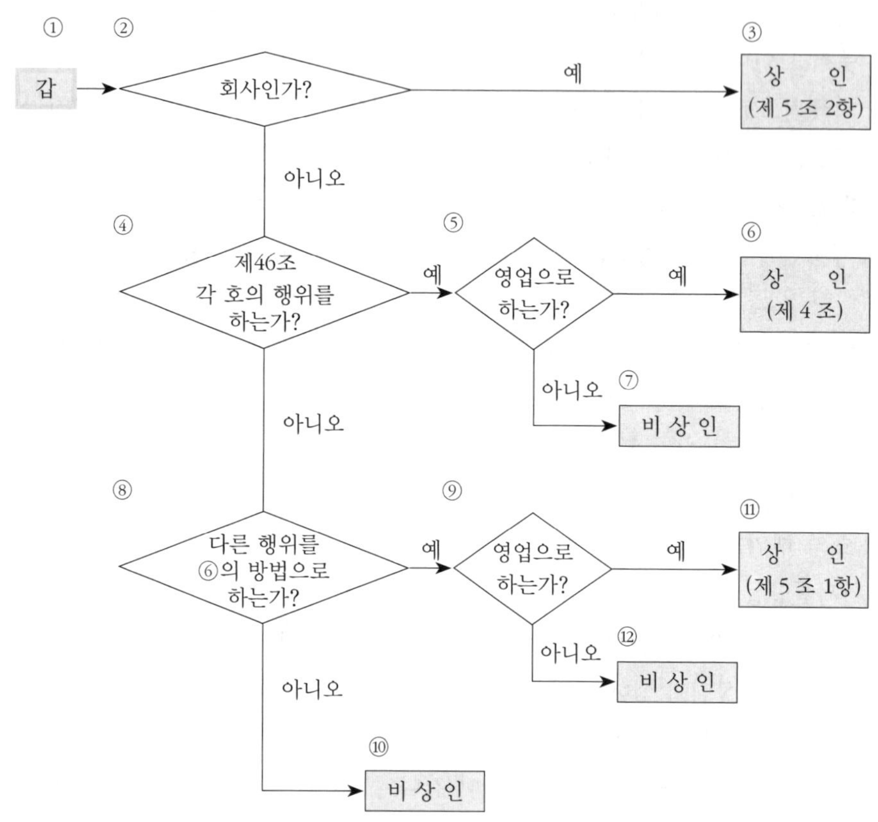

그러므로 당연상인의 개념은 실질주의에 입각한 것이라고 보아야 하며, 나아가서 설비상인 역시 근본적으로는 실질주의적 접근방법으로 도달할 수 있는 개념이라 하겠다.[1)]

1) 정동윤, 45면에서는, 「우리 상법은 절대적 상행위를 인정하지 않는 점에서 분명히 주관주의에 속하지만, 그 실질을 뚫어보면 객관주의의 요소가 깊숙이 침투해 있음을 부정할 수 없다」고 한다.

Ⅲ. 당연상인

당연상인이란 자기명의로 상행위를 하는 자이다(4조). 여기서 상행위란 기술한 바와 같이 상법 제46조에서 정하는 기본적 상행위를 가리킨다. 그리고 기본적 상행위란 영업으로 하는 제46조 제 1 호 내지 제22호의 행위이다. 그러므로 이를 관련지어 당연상인을 다시 정의한다면 「자기명의로 제46조 제 1 호 내지 제22호의 어느 행위를 영업으로 하는 자」가 된다. 이하 상설한다.

1. 기본적 상행위(제46조 각 호의 행위)

상법 제46조는 영업으로 할 경우 기본적 상행위가 될 수 있는 행위를 다음과 같이 22가지 유형으로 나누어 규정하고 있다. 이러한 행위들은 기본적 상행위, 나아가서 상인의 기초가 되는 행위들이므로 제46조의 열거는 제한적 열거로 보아야 한다. 그리고 이 행위들은 채권행위를 뜻한다. 물권행위는 이행행위로서 그 자체는 영리성의 유무와 무관하기 때문이다. 각 행위에 관한 구체적인 설명은 상행위편으로 미룬다(321면 이하 참조).

① 동산 · 부동산 · 유가증권 기타의 재산의 매매
② 동산 · 부동산 · 유가증권 기타의 재산의 임대차
③ 제조 · 가공 또는 수선에 관한 행위
④ 전기 · 전파 · 가스 또는 물의 공급에 관한 행위
⑤ 작업 또는 노무의 도급의 인수
⑥ 출판 · 인쇄 또는 촬영에 관한 행위
⑦ 광고 · 통신 또는 정보에 관한 행위
⑧ 受信 · 與信 · 換 기타의 금융거래
⑨ 공중이 이용하는 시설에 의한 거래
⑩ 상행위의 대리의 인수
⑪ 중개에 관한 행위
⑫ 위탁매매 기타의 주선에 관한 행위
⑬ 운송의 인수

⑭ 임치의 인수
⑮ 신탁의 인수
⑯ 상호부금 기타 이와 유사한 행위
⑰ 보험
⑱ 광물 또는 토석의 채취에 관한 행위
⑲ 기계 · 시설 그 밖의 재산의 금융리스에 관한 행위
⑳ 상호 · 상표 등의 사용허락에 의한 영업에 관한 행위
㉑ 영업상 채권의 매입 · 회수 등에 관한 행위
㉒ 신용카드 · 전자화폐 등을 이용한 지급결제 업무의 인수

이상의 행위들은 「영업으로」 할 경우에 한해 상행위가 된다. 그러나 우리 상법에서는 인정하지 않지만, 특별법에서 영업성과 관계없이 상행위로 의제되는 「절대적 상행위」라는 개념을 둔 예가 있다(333면 참조).

2. 영 업 성

영업이란 자본적 계산방법하에서 이윤의 획득을 목적으로 동종의 행위를 계속적 · 반복적으로 행하는 것을 말한다.[1)]

(1) 자본적 계산방법

자본적 계산방법이란 일정한 금액을 투자하여 특정의 사업을 수행하면서 그 사업으로 인한 수입과 비용을 독립적으로 인식하고 이를 기초로 투자의 기간손익을 판단하는 것을 말한다. 따라서 그 사업에 관한 수지는 상인의 가계와 분리해서 계산되어야 한다.

(2) 이윤의 획득(영리성)

상인이 상행위를 하는 궁극적인 목적은 이윤의 획득이다. 따라서 영리성은 상인 및 그에 의한 상행위의 가장 뚜렷한 징표이다. 상인의 영리성이란 상인의 주

---

1) 服部, 174면.

관적 목적으로 존재하면서 객관적으로 인식될 수 있으면 족하고, 현실로 이익이 발생했느냐는 것은 문제되지 아니한다.[1] 또 영리성은 기업활동의 전체에 걸쳐 존재하면 족하고 개개의 거래마다 영리성이 표출되어야 하는 것은 아니다(따라서 재고품을 원가 이하로 판매하더라도 역시 영업이다).

영리성은 상인이 상행위를 하는 목적으로 존재하면 족하고 그 이익을 어떻게 처분하느냐는 것은 고려할 필요가 없다.[2] 예컨대 공익사업을 위한 기금을 마련하기 위하여 상행위를 하더라도 영업임에는 틀림없다.

그러나 현실로 이익이 발생하고 또 같은 행위를 반복하더라도 그것이 주관적 및 객관적으로 인식되는 비영리적 목적을 수행하는 데 부수하는 결과에 불과하다면 영리성을 인정할 수 없다([판례 7] 참조).

판례 7 대법원 1994. 4. 29. 선고 93다54842 판결

「1. 이 사건 대여행위가 이루어진 때에 시행되던 대한광업진흥공사법(1986. 5. 12. 법률 제3834호로 전문 개정되기 전의 것)에 의하면, 원고 공사는 민영광산의 합리적이며 획기적인 개발 및 해외광물자원의 확보를 위하여 설립된 법인으로서 기술지도와 조성업무 및 광업개발을 담당함으로써 국민경제발전을 도모함을 목적으로 하고(위 법 1조), 그 자본금의 전액을 정부가 출자하며(위 법 4조 1항), 위 목적을 달성하기 위하여 광업자금의 융자를 그 사업의 하나로 하고 있고(위 법 20조 1항 3호) … 융자된 광업자금의 상환금은 위 법에 의한 광업융자 이외의 목적에 사용할 수 없다(위 법 24조)고 규정하고 있다.

2. 어느 행위가 상법 제46조 소정의 기본적 상행위에 해당하기 위하여는 영업으로 동조 각 호 소정의 행위를 하는 경우이어야 하고, 여기서 영업으로 한다고 함은 영리를 목적으로 동종의 행위를 계속 반복적으로 하는 것을 의미한다고 할 것인바, 위 대한광업진흥공사법의 제반규정에 비추어 볼 때, 원고 공사가 광업자금을 광산업자에게 융자하여 주고 소정의 금리에 따른 이자 및 연체이자를 지급받는다고 하더라도, 이와 같은 대금행위는 위 법 제 1 조 소정의 목적, 즉 민영광산의 육성 및 합리적인 개발을 지원하기 위하여 하는 사업이지 이를 가리켜 '영리를 목적'으로 하는 행위라고 보기는 어렵다고 할 것이다.」

(3) 계속성 · 반복성

같은 행위를 상당기간 되풀이하는 것은 외부에서 영업성을 인식하는 가장

1) Baumbach/Hopt §1 Rn. 15; Oetker.Komm §1 Rn. 28; Roth, S. 47.
2) Oetker.Komm §1 Rn. 28.

중요한 근거이다. 그러므로 이익을 바라고 하더라도 1회적인 투기행위는 영업이라 할 수 없다. 그러나 계속성·반복성은 상인의 점포시설·홍보활동 등 외부적 표상을 통해 객관적으로 인식되는 것으로 족하고 실제 계속되고 반복되었느냐는 것은 문제되지 아니한다(예컨대 가구점을 차렸으나 몇 달이 지나도록 책상 한 개밖에 팔지 못하고 문을 닫았다고 하더라도 영업이라 보는 데에 지장이 없다).

계속성·반복성은 외부적으로 그같이 인식되는 것이 중요하므로 그 활동이 어느 정도 고정된 시설을 통해 공개적으로 행해져야 한다. 그러므로 점포 또는 사무실, 상호, 간판 등의 시설을 갖춰야 한다. 그렇지 않고 행상을 한다거나 외부에 나타난 고정시설이 없이 그때그때 연결되는 사람과 부동산이나 주식의 매매를 한다면 이를 영업이라 할 수 없다.

3. 자기명의

1) 「자기명의」란 상거래로 인해 생긴 권리의무가 법적으로 귀속되는 주체가 됨을 뜻한다. 따라서 누가 상인이냐를 판단함에 있어 누가 실제로 기업활동을 하는지는 중요하지 않다. 예컨대 주식회사의 대외적 거래는 대표이사가 수행하지만 상인이 되는 것은 대표이사가 아니라 회사이다. 또 상인이 자신은 영업에 일체 관여하지 않고 지배인으로 하여금 모든 업무를 처리하게 하여도 상인성에 영향이 있는 것은 아니다.

이같이 자기명의로 상행위를 하는 이상 타인의 계산으로 하더라도 상인이 되는 데에는 지장이 없다('명의'와 '계산'에 관해 상세는 500면 참조).

2) 간혹 행정관청에 신고한 영업자(예: 부가가치세법상의 사업자 등록)와 상거래에서의 주체가 다를 수가 있지만, 누구의 「명의」이냐를 판단하는 데에 중요한 것은 사법적인 권리의무의 귀속점이므로 후자가 상인이 된다.

상인이 제3자의 명의를 빌려 거래를 하는 명의대여의 경우(24조 후술), 실제의 거래주체가 상인이 되는 것이나, 명의를 대여한 제3자도 거래주체로서의 표현적 지위 때문에 거래상의 책임을 지는 수가 있다.

4. 예 외

자기명의로 영업성 있는 거래를 하더라도 「오로지 임금을 받을 목적으로 물건을 제조하거나 노무에 종사하는 자의 행위」는 상행위로 보지 아니하며(46조 단), 따라서 이러한 행위를 하더라도 상인이 되는 것은 아니다. 이러한 자는 후술하는 소상인(9조)도 아니다.

여기서 임금을 받는다는 것은 특정인에게 고용되어 보수를 받는다는 뜻이 아니라 제조 또는 노무의 양에 따라 영세한 보수를 받음을 뜻한다. 이러한 행위를 하는 자도 그 나름대로 영리성을 가지고 계속적 · 반복적으로 제조 또는 노무를 하지만, 지나친 영세성으로 인해 기업성을 인정할 수 없어 상인의 범위에서 제외시킨 것이다. 어떠한 자가 이에 해당하느냐는 것은 시설이나 거래의 규모로 판단해야 할 것이다. 예컨대 집에다가 재봉틀 서너 대와 3, 4인의 공원을 두고 봉제공장에서 바느질을 도급받아서 바느질한 옷 한 벌당 얼마씩 받는다거나, 서너 대의 PC를 갖추고 남이 맡기는 대로 타자를 쳐주고 1페이지당 얼마씩 받는 것은 이에 해당한다.

Ⅳ. 의제상인

기술한 바와 같이 상법은 다음 2가지 경우 기본적 상행위(46조)를 하지 아니하더라도 상인으로 본다.

1. 설비상인

점포 기타 유사한 설비에 의하여 상인적 방법으로 영업을 하는 자는 상행위를 하지 아니하더라도 상인으로 본다(5조 1항).

(1) 설비상인의 행위

상법 제 5 조 제 1 항에서 「상행위」라 함은 상법 제 4 조가 말하는 상행위와 마찬가지로 상법 제46조 각 호의 상행위를 말한다. 즉 설비상인이란 제46조 이외의 행위를 영업으로 하는 자이다. 원래 제46조 각 호의 행위를 기본적 상행위로 한 것은 이 행위들은 경험적으로 상인들이 주업으로 삼아 왔던 것들이므로 법상 상인의 영업으로 보기에 적합하기 때문이다. 그러나 이 밖에도 기업활동의 대상으로 할만한 것들이 다수 있고, 경제가 발전함에 따라 새로운 유형의 영업행위가 생겨나는데, 이러한 행위들을 기업화할 경우 역시 상법에 의해 규율하는 것이 공평하다. 그리하여 상법은 설비상인의 개념을 도입하여 제46조 각 호 이외의 영업행위들을 상법의 적용대상으로 포섭한 것이다.

설비상인의 업종이 될 만한 사업으로는 경영자문업, 결혼상담업, 연예인의 송출업, 흥행업 등 헤아릴 수 없이 많다. 특히 금융·서비스업 부문에서 새로운 사업이 계속 개발되고 있다.

전문직업인의 상인성

의사·변호사와 같은 전문직업인들을 상인으로 볼 것이냐에 관해 견해의 대립이 있다. 이들의 사업활동도 사업장을 갖추고 사업의 명칭을 사용하며 계속적·반복적으로 수익을 창출하는 활동을 하므로 대체로 의제상인의 요건을 충족하지만, 영리성을 그 사업의 기본적인 특성으로 인정하기 어려워 상인으로 인정하지 않는 것이 통설·판례이다.[1] 이와 달리 이러한 자유업도 기업의사를 객관적으로 인정할 수 있는 한 상인으로 보아야 한다는 견해도 있다(김성태 164; 서헌제 54). 판례에 나타난 몇 건의 사례를 소개한다.

1) 변호사의 상인성을 부정한 예(대법원 2007. 7. 26. 자 2006마334 결정): 변호사가 자신의 법률사무소의 명칭을 상호로 등기하려 하였으나, 등기소가 이를 각하한 데 대해 불복한 사건이다. 법원은 변호사의 공익적 지위로 보아 상인으로 볼 수 없다고 하며, 상호등기도 불가하다고 판시하였다.

결정요지: 「변호사의 자격과 등록을 엄격히 제한하고 품위유지의무등 각종 의무를 부과하며 광고에 제한을 가하는 등 변호사의 영리활동을 엄격히 제한하고 그 직무에 관해 고도의 공공성과 윤리성을 강조하는 변호사법의 여러 규정에 비추어보면 … 상인의 영업활동과는 본질적인 차이가 있[어] … 변호사는 의제상인에 해당되지 않는다.」[2]

---

1) 독일에서도 상인으로 보지 않는 것이 일반적이다(Hopt, §1 Rn. 19 ff.; Brox/Henssler, S. 17; Canaris, S. 21; Heymann, §1 Rn. 18 ff.; HKommHGB, §1 Rn. 39; MünchKommHGB, §1 Rn. 32 ff.; Großkomm. HGB, §1 Rn. 27 ff.).

2) 참고로 판례는 변호사 업무의 공공성과 윤리성을 이유로 형사사건에서의 성공보수약정을 사회질서

2) 법무법인이 상인이 아니라고 한 예(대법원 2023. 7. 27. 선고 2023다227418 판결): 변호사가 상인이 아니라면 변호사 업무를 수행하기 위해 조직한 법무법인도 상인이 아니라고 해야 논리적인데, 판례는 변호사 업무의 공익성에 더하여, 변호사법이 법무법인에 관하여 상법 중 합명회사에 관한 규정을 준용하도록 하고 있을 뿐(변호사법 58조)[1] 이를 상법상 회사로 인정하고 있지 않다는 이유로 법무법인이 상법 제 5 조 제 2 항에서 정하는 의제상인에 해당한다고 볼 수도 없다고 하며 변호사가 소속 법무법인에 대하여 갖는 급여채권은 상사채권에 해당하지 않는다고 판시하였다.[2]

3) 법무사의 상인성을 부정한 예(대법원 2008. 6. 26. 자 2007마996 결정): 위 대법원 2006마334 결정에서와 같은 논리를 제시하며 법무사도 상인이 아니라고 보았다.

4) 세무사가 상인이 아니라고 한 예(대법원 2022. 8. 25. 선고 2021다311111 판결): 세무신고를 대리한 세무사의 보수청구권에 적용할 시효에 관한 사건으로, 법원은 세무사의 직무는 고도의 공공성과 윤리성으로 인해 상인의 영업활동과는 차이가 있음을 이유로 세무사의 상인성을 부정하고, 동 채권에는 민사시효가 적용된다고 판단하였다.[3]

(2) 영 업 성

설비상인은 제46조 각 호 이외의 행위를 영업으로 하여야 한다. 이같이 의제상인이 영업으로 하는 행위를 준상행위라 한다. 영업성의 뜻은 당연상인에 관해 설명한 바와 같다.

(3) 상인적 방법

제 5 조 제 1 항에서 말하는 「점포 기타 유사한 설비에 의하여」 영업을 한다고 함은 「상인적 방법으로」[4]의 예시로 보아야 한다. 그리고 「상인적 방법으로」

(민 103조)에 반하는 무효행위로 다루고 있다(대법원 2015. 7. 23. 선고 2015다200111 판결(전)).

1) 법무법인(유한)에 대해서는 상법 중 유한회사에 관한 규정을 준용한다(변호사법 58조의17).

2) 법무법인은 상인은 아니지만, 법무법인의 명칭은 상호에 준하는 것으로 보아 상호의 등기와 보호에 관한 상법 제22조, 제23조 및 상업등기법 제30조가 준용[유추적용: 저자註]된다고 본 하급심판례가 있다(서울고법 2008. 7. 2. 선고 2007나118684 판결). 그 이유로서는 법무법인의 명칭은 사업상 자기를 표시하기 위하여 사용하는 칭호로서 상인의 상호와 거의 동일한 기능을 수행하고 있으며, 이 규정들을 준용하지 않을 경우 先登記한 법무법인의 명칭과 동일한 명칭으로 법무법인 설립등기를 하는 것을 막을 근거가 없다는 점을 제시한다.

3) 이 사건은 원래 「변호사, 변리사, 공증인, 계리사 및 사법서사의 직무에 관한 채권」에 단기시효(3년)를 적용하는 민법 제163조 제 5 호가 세무사에게도 유추적용될 수 있느냐가 다투어진 사건인데, 원심에서는 세무사의 비상인성을 이유로 유추적용을 긍정하였으나(수원지방법원 2021. 11. 26. 선고 2020나70311 판결), 상고심에서는 동 규정의 법적 안정성을 이유로 유추적용을 부정하였다.

4) 독일 상법에서도 상인의 개념을 설명하면서 「상인적 방법으로」(in kaufmännischer Weise)라는 용

영업을 한다고 함은 기술한 바와 같이 「당연상인이 영업을 하는 것과 같은 방법」으로 영업을 하는 것을 뜻한다. 즉 점포나 사무실과 같은 영업활동을 위한 고정적인 장소를 갖고, 상업사용인을 두고 상업장부를 작성하며, 대외적인 홍보활동을 하는 등 사회통념상 상인의 경영방법이라 생각되는 방법을 좇아 영업을 하는 것을 말한다.

「상인적 방법으로 영업」을 한다 함은 당연상인 및 회사가 아닌 자가 어떠한 행위를 하였을 때 그의 상인성을 판단하는 가장 중요한 표지이다. 그러므로 가령 계를 생업으로 삼아 계원을 모집하는 계주라 하더라도 위의 상인적 방법으로 하지 않는 한 상인이 될 수 없다(대법원 1993. 9. 10. 선고 93다21705 판결).

2. 회 사

회사는 상행위를 하지 아니하더라도 상인으로 본다(5조 2항). 여기서의 상행위도 기본적 상행위를 이른다. 회사는 상행위 기타 영리를 목적으로 하여 설립한 법인이므로(169조) 그 중에는 기본적 상행위를 영업으로 하는 회사와 기본적 상행위 이외의 행위를 영업으로 하는 회사가 있다. 본조는 상행위 이외의 행위를 영업으로 하는 회사를 상인에 포함시켜 그의 거래에 상법을 적용하기 위해 둔 규정이다. 회사는 가장 합리적인 기업조직으로서, 상인으로서의 성격을 농후하게 지녔음을 고려한 것이다.

이 규정이 특히 의미 있는 것은 설비상인과의 관계에서이다. 회사가 기본적 상행위를 하지 않더라도 점포 기타 유사한 설비에 의하여 상인적 방법으로 영업을 하면 제 5 조 제 1 항에 의하여 상인으로 본다. 그러므로 제 5 조 제 2 항이 「회사는 상행위를 하지 않더라도 상인으로 본다」고 함은 설비상인의 요건을 구비하지 못한 회사도 상인으로 본다는 데에 그 뜻이 있다.

통설은 본조가 민사회사(민 39조)를 상인으로 보기 위한 규정이라고 설명한다(김성태 166; 김정호 52; 서헌제 48; 손주찬 78; 오성근 49; 임홍근 60; 정동윤 53; 정찬형 76; 최 · 김 54). 그러나 상사회사(상법상의 회사)는 상행위 기타 영리를 목적으로 설립한 법인이므로(169조) 상사회사 중 상행위 이외의 영리를 목적으로 하는 회사에도 본조가 적용되어야 한다. 게다가 민법 제39조의 민사회사란 영

어를 쓰고 있다(동법 1조 2항).

리를 목적으로 하는 사단으로서 상사회사의 설립조건을 좇아 설립한 법인인데, 한편 상사회사는 상행위뿐 아니라 상행위 이외의 행위도 목적으로 할 수 있으므로 민사회사라는 개념을 인정할 실익이 없다. 결국 본조는 상사회사 중 상행위 이외의 행위를 영업으로 하는 회사를 상인으로 보기 위해 둔 규정이라 할 수 있다(同旨: 서완석 53).

민사회사의 입법오류

민법 제39조는 불필요한 조문인데, 이 규정이 왜 생겼는가? 일본의 민법 및 상법의 연혁을 보면 이 규정의 존재의의를 알 수 있다.

1911년 개정전의 일본 상법에서는 회사를 「상행위를 영위하는 것을 업으로 하는 사단」이라고 정의하였기 때문에 당시의 상법하에서는 상행위 이외의 방법으로 영리를 추구하는 회사는 설립할 수 없었다(당시 日商 52조). 그러므로 상행위 이외의 영업을 수행하는 회사를 인정하고 이에 상법을 적용하기 위해서는 민법 제39조와 같은 조문이 필요하였다.

그러나 1911년에 개정된 일본 상법에는 제52조 제 2 항이 신설되었는데, 그 내용은 「영리를 목적으로 하는 사단으로서 본편(회사편)의 규정에 의해 설립하는 것은 상행위를 하는 것을 업으로 하지 않더라도 회사로 간주한다」라는 것이다. 이 규정이 신설됨으로 해서 일본 상법 자체 내에 상행위 이외의 영리를 목적으로 하는 회사를 설립할 근거가 마련되었으므로 민법 제39조(日民 35조)와 같은 규정은 불필요하게 되었다.[1]

우리 상법 제169조는 이 일본 상법 제52조의 제 1 항과 제 2 항을 합하여 회사를 「상행위 기타 영리를 목적으로 설립한 사단」(2011년 개정 전)이라고 정의하였으므로 민법 제39조는 불필요한 조문이 되었다. 그러나 우리 민법을 제정할 시점(1958년)에 이미 구 상법(일본 상법) 제52조 제 2 항에 의해 상행위 이외의 영업을 하는 회사를 상법상의 회사로 수용하고 있었던 바이므로 민법제정시에 제39조를 없애야 했음에도 불구하고 이를 존치하였던 것이다.

Ⅴ. 소 상 인

1. 소상인의 범위

소상인(Minderkaufmann)이란 영업규모가 영세하여 상법 중 일부 규정의 적용

1) 上柳克郎 외, 「新版 注釋會社法」(1), 有斐閣, 31면.

이 배제되는 상인을 말한다(9조). 이에 대해 상법규정이 전부 적용되는 일반상인은 완전상인(Vollkaufmann)이라 부른다. 소상인은 당연상인에만 있을 수 있다는 견해도 있으나(임홍근 61), 상법은 규모만을 기준으로 정하고 있으며, 후술하는 소상인제도의 입법취지는 의제상인에 대해서도 타당하므로 이같은 제한을 두어 해석할 것은 아니다.

영업규모의 영세성은 사회의 경제규모에 따라 기준이 달라질 문제이므로 대통령령으로 정하게 되어 있는데, 현재는 「자본금액이 1천만원에 미치지 못하는 상인으로서 회사가 아닌 자」로 정해져 있다(상령 2조). 회사는 규모에 관계없이 기업성이 뚜렷한데다가, 소상인에게는 적용하지 않는 상호나 상업등기에 관한 규정은 아무리 영세한 회사라도 반드시 적용되어야 하므로 회사를 소상인에서 제외시킨 것이다. 「자본금액」이 1천만원 미만이라 하나, 이같이 영세한 개인상인의 경우에는 자본의 개념이 뚜렷하지 아니하므로 영업재산의 총액을 가리키는 것으로 이해해야 한다(통설).

2. 입법취지

상법 중 지배인·상호·상업장부·상업등기에 관한 규정은 소상인에 대하여 적용하지 아니한다(9조). 지배인·상호·상업장부·상업등기 등의 규정은 기업조직을 대외적으로 완비하기 위한 제도로서 상인이 그 관리를 위해 상당한 시간과 비용, 때로는 위험(예: 표현지배인의 행위에 대한 책임)을 부담해야 하는 것들이다. 이러한 비용부담은 소상인의 영업규모에 비해 지나친 비경제이다. 한편 위 제도들을 소상인에게 적용하면 다른 상인 기타 일반인에 대해서도 부담을 준다. 예컨대 상호권의 보호에 관한 규정을 소상인에게 적용한다면 이로 인해 다른 상인들의 상호선정에 제약을 준다. 이러한 이유에서 소상인에 대해 위 제도의 적용을 배제한 것이나, 그에 관한 모든 규정이 다 적용되지 않는다고 해석할 수는 없다. 난을 바꾸어 설명한다.

3. 특칙의 적용

(1) 지 배 인

소상인에 대해서는 지배인에 관한 규정을 적용하지 않으므로 소상인이 지배인을 선임하더라도 그는 상법상의 지배인이 아니다. 따라서 등기할 필요가 없음은 물론이고, 표현지배인에 관한 규정(14조)도 적용되지 아니한다. 물론 소상인도 상업사용인을 두어 자신의 영업을 대리하게 할 수 있으며, 그에게 지배인과 같이 포괄적 대리권을 부여할 수도 있으나, 그 대리권은 소상인의 수권에 의하여 생기는 것이지 법상의 지위(11조 1항 참조)는 아니다.

이미 지배인을 둔 완전상인이 영업규모가 줄어 소상인이 된 때에는 그 지배인은 더 이상 상법상의 지배인이 아니므로 상인은 지배인의 종임등기(13조)를 하여야 한다.

(2) 상 호

소상인도 상호를 선정하여 사용할 수는 있으나 그 상호사용은 상법상의 상호사용권(22조, 23조, 27조 참조)으로서 보호받지 못한다.

그러나 소상인에 대해서도 타인의 상호를 보호하기 위한 규정과 일반인의 신뢰를 보호하기 위한 규정은 적용되어야 한다. 이 규정들은 소상인제도의 입법취지와는 무관하기 때문이다. 그러므로 소상인은 상호를 쓰더라도 회사를 표시하는 문자를 사용하지 못하며(20조) 타인의 영업으로 오인할 수 있는 상호를 사용할 수 없다(23조). 또 소상인이 타인에게 명의를 대여한 때에는 거래상대방에게 명의대여자로서 책임을 져야 하며(24조), 반대로 타인이 소상인에게 명의를 대여한 때에도 그 타인은 명의대여자로서 책임을 진다. 제42조의 상호를 속용하는 영업양수인의 책임에 관한 규정도 상호사용권의 유무를 전제로 한 제도가 아니라, 일종의 표현책임을 규정한 것이므로 소상인에게도 적용된다. 제43조의 상호를 속용하는 양수인에 대한 변제의 효력에 관한 규정 또한 같다.

(3) 상업장부

소상인은 상업장부를 작성할 의무가 없으며, 따라서 상업장부의 보존의무

(33조), 소송에서의 제출의무도 없다(32조 참조). 그러나 원래 상업장부의 작성 및 보존의무는 위반한다 해도 제재가 따르지 않는 불완전의무이므로 소상인에 대해 적용하지 않는다고 해서 별 실익이 있는 것은 아니다.

(4) 상업등기

소상인에 대해서는 상업등기에 관한 규정도 적용하지 아니한다. 상법상의 등기제도 중 회사에 관한 것은 원래 소상인과 무관하고, 상호 · 지배인에 관한 등기는 지배인과 상호에 관한 규정 자체가 소상인에게 적용되지 아니하므로 그에 관한 등기제도도 따라서 소상인에게 적용될 여지가 없다. 그러므로 상업등기가 소상인에게 적용되지 않는다는 규정이 의의를 갖는 것은 미성년자의 영업에 관한 등기와 법정대리인의 대리영업에 관한 등기에 대해서이다. 이에 의해 미성년자가 법정대리인의 허락을 얻어 「소상인으로서」 영업을 할 때라도 등기할 필요가 없으며(6조 참조), 소상인인 제한능력자를 위하여 법정대리인이 영업을 하더라도 등기를 할 필요가 없다(8조 1항 참조).

Ⅵ. 상인자격의 득실

상인으로 존속하는 동안은 그의 행위에 대하여 상법이 적용되므로 언제 상인이 되고 언제 상인자격을 상실하느냐는 것은 상법적용의 시간적 범위를 정하는 또 하나의 중요한 문제이다.

1. 자연인의 상인자격

(1) 취 득

자연인은 상법 제 4 조 또는 제 5 조 제 1 항의 요건을 구비함으로써 상인이 된다. 상인이 되는 데에는 특별한 절차를 요하지 않으므로 상인인지 여부는 단지 사실관계를 가지고 판단한다. 따라서 영업을 개시함으로써 상인이 된다. 간혹 영업의 종류에 따라 행정규제의 목적에서 주무관청의 허가를 받도록 하는 경우가 있으나, 허가의 유무는 상인자격의 취득과는 무관하다.

영업의 개시를 위한 준비행위(예: 점포의 임차, 영업용재산의 구입 등)도 행위의 성질로 보아 거래상대방이 객관적으로 영업의사를 인식할 수 있으면 상인의 행위로 보아야 할 것이므로 이 경우에는 개업의 준비에 착수하였을 때 상인자격을 취득하는 것으로 보아야 한다(통설)([판례 8]).[1]

무엇을 개업준비행위로 보느냐는 점에 관해 견해의 대립이 있다. 개업의 의사가 대외적으로 표출되어야 개업준비행위로 볼 수 있다는 설(개업의사표출설), 개업을 주관적으로 실행하는 행위가 있으면 개업준비행위로 보아야 한다는 설(주관적 실현설), 개업의사를 객관적으로 인식할 수 있을 때 개업준비행위로 보아야 한다는 설(객관적 인식가능설)이 있으며, 일본에서는 개업의사가 본인, 상대방, 일반인에게 단계적으로 알려지는 시기를 나누어 효력을 달리 인정하는 설(단계설)도 주장되고 있다. 통설·판례는 객관적 인식가능설에 입각한 것으로 볼 수 있다.

판례 8 대법원 1999. 1. 29. 선고 98다1584 판결

「… 영업의 목적인 기본적 상행위를 개시하기 전에 영업을 위한 준비행위를 하는 자는 영업으로 상행위를 할 의사를 실현하는 것이므로 그 준비행위를 한 때 상인자격을 취득함과 아울러 이 개업준비 행위는 영업을 위한 행위로서 그의 최초의 보조적 상행위가 되는 것이고, 이와 같은 개업준비 행위는 반드시 상호등기·개업광고·간판부착 등에 의하여 영업의사를 일반적 대외적으로 표시할 필요는 없으나, 점포구입·영업양수·상업사용인의 고용 등 그 준비행위의 성질로 보아 영업의사를 상대방이 객관적으로 인식할 수 있으면 당해 준비행위는 보조적 상행위로서 여기에 상행위에 관한 상법의 규정이 적용된다 할 것이다.

… 원고는 부동산임대업을 개시할 목적으로 그 준비행위의 일환으로 당시 부동산임대업을 하고 있던 상인인 피고로부터 이 사건 건물을 매수한 사실을 알 수 있으므로, 원고의 위 매수행위는 보조적 상행위로서의 개업준비행위에 해당하고, 따라서 원고는 위 개업준비행위에 착수하였을 때 상인자격을 취득하였다 할 것이다.」

註) 위 판례의 사안을 보면, 부동산임대업을 하려는 자가 임대용건물을 매수하였는데, 매수 후 건물에 하자가 있음이 발견되었다. 매수인이 상인이라면 매도인의 담보책임을 묻기 위해서는 상법 제69조의 요건에 따라 검사통지의무를 이행해야 하고, 상인이 아니라면 이러한 의무없이 민법 제580조에 따라 책임을 물을 수 있다. 법원은 위와 같이 매수인이 상인이라고 보고 상법 제69조를 적용하였다.

---

1) EBJS, §1 Rn. 40; HKommHGB, §1 Rn. 46; MünchKommHGB, §1 Rn. 7.

(2) 상 실

상인이 사망하거나, 영업을 폐지 또는 양도할 때에는 상인자격을 상실한다.[1)] 영업을 폐지한 후 영업 중의 거래에 관한 잔무를 처리하는 범위에서는 상인자격을 유지하지만 영업재산을 매각하는 행위는 상인자격에서 하는 것이 아니다.

상인이 영업 중 피성년후견인(민 10조)이 되더라도 그의 상행위는 금지되는 것이 아니라 취소할 수 있는 행위가 됨에 불과하므로 동 심판을 받더라도 상인자격을 잃는 것은 아니다. 피한정후견(민 13조)의 선고 역시 성인자격에 영향을 주는 바 없다.

상인이 파산선고를 받으면 파산관재인이 상인의 재산을 관리하고 영업은 종료되므로 상인자격을 상실한다. 그러나 파산선고 이전에 발생한 법률관계에 대해서는 파산 후에도 상법이 적용된다. 파산을 하더라도 파산관재인이 파산자를 대리하므로 파산자는 계속 상인자격을 보유한다는 견해도 있다(오성근 53; 이(기) · 최 128; 이종훈 29; 손진화 56; 최 · 김 59). 그러나 파산관재인의 직무는 파산사무에 불과하고 영업을 대리하는 것이 아니므로 파산으로 상인자격은 상실되는 것으로 보아야 한다.

2. 법인의 상인자격

회사는 명문의 규정에 의해 상인으로 인정되지만(5조 2항) 그 밖의 법인의 경우에는 설립목적과 관련하여 상인성이 문제된다.

(1) 회 사

1) 취 득 회사는 설립등기에 의해 법인격을 취득하므로(172조) 설립등기를 함으로써 상인자격도 아울러 취득한다. 즉 회사의 경우에는 원칙적으로 법인격의 취득시기와 상인자격의 취득시기가 일치한다.

회사설립에 착수하여 등기에 이르기까지 존속하는 회사의 전단계 조직을 「설립중의 회사」라고 한다. 설립중의 회사는 법인격이 없으나 제한된 범위에서 권리능력이 있으므로 설립중의 회사의 행위라는 것이 존재한다. 이러한 행위의

1) 상인이 사망하면 그 영업은 상속인에게 상속되므로 상속인이 상인자격을 승계취득한다는 견해도 있으나(이종훈 28; 정동윤 55; 정찬형 81), 상인성이란 특정인의 법적 속성을 말하는 것이므로 상속인이 영업을 승계하면 새로이 상인자격을 취득하는 것으로 보아야 한다.

효과는 모두 성립 후의 회사가 승계하므로 설립중의 회사도 상인으로 보는 것이 타당하다(반대: 정찬형 82; 최 · 김 61).

2) 상 실 회사는 법인격의 소멸과 함께 상인자격도 상실한다. 그러나 회사가 해산을 하더라도 청산의 목적범위 내에서 존속하므로(245조, 269조, 287조의 45, 542조 1항, 613조) 청산을 종결할 때까지는 법인격이 있고 상인자격도 유지된다. 회사가 합병으로 인해 해산할 때에는 소멸회사가 상인자격으로 가지고 있던 영업을 포함한 모든 권리 · 의무가 존속회사 혹은 신설회사에 이전된다(235조, 269조, 287조의 41, 530조 2항, 603조).

회사가 파산을 한 때에는 자연인의 경우와 같이 상인자격을 상실한다.

(2) 비영리법인

학술, 종교, 자선, 기예, 사교 기타 영리 아닌 사업을 목적으로 하는 사단 또는 재단(민 32조)도 기본적 상행위를 하거나 설비상인의 요건을 갖춘 때에는 상인이 된다. 이러한 법인의 목적은 특정한 공익사업에 한정되므로 상인이 될 수 없다는 설도 있으나, 비영리법인도 수익사업은 할 수 있으므로 수익사업에 관한 한 상인으로 다루는 것이 당연하다.

(3) 공 법 인

공법인 중에서 그 설립목적이 법률에 의해 비영리적인 행위로 제한되어 있는 법인은 영업을 할 수 없으므로 상인이 될 수 없다.[1] 그러나 공법인 중에는 수익사업을 할 수 있는 법인도 있고, 행위의 본질이 영업성을 띤 것이 있는데, 이러한 법인은 그 사업 부문에 관한 한 상인으로 보아야 한다(예: 한국마사회가 시행하는 경마의 개최, 한국방송공사의 상업방송과 수익사업 등)(한국마사회법 3조; 방송법 54조 1항 11호). 그러므로 상법 제 2 조에서도 공법인의 상행위에 대하여는 법령에 다른 규정이 없는 경우에 한하여 상법을 적용한다고 규정한다. 「법령에 다른

---

1) 대법원 2001. 1. 5. 선고 2000다50817 판결: 수산업협동조합법에 의한 수산업협동조합을 상인이 아니라고 하였다. 그리고 대법원 2000. 2. 11. 선고 99다53292 판결에서 농업협동조합이 농민들로부터 채집한 농산물을 중개인에게 판매한 대금의 채권이 상법의 시효에 걸리느냐는 점이 쟁점이 되었는데, 법원은 「… 농업협동조합법에 의하여 설립된 조합이 영위하는 사업의 목적은 조합원을 위하여 차별 없는 최대의 봉사를 함에 있을 뿐 영리를 목적으로 하는 것이 아니므로(동법 5조), 동 조합이 그 사업의 일환으로 조합원이 생산하는 물자의 판매사업을 한다 하여도 동 조합을 상인이라 할 수는 없고, 따라서 그 물자의 판매대금 채권은 3년의 단기소멸시효가 적용되는 민법 제163조 제 6 호 소정의 '상인이 판매한 상품의 대가'에 해당하지 아니한다」고 판시하였다.

규정이 없는 경우에 한하여」 상법을 적용한다고 함은 보통 공법인의 존립의 근거가 되는 특별법에서 동 공법인에 관한 사항을 망라적으로 규율하므로 이 법으로 해결되지 않는 영업적 법률관계에 한하여 상법을 적용한다는 뜻으로 풀이된다. 또한 해당 법률뿐만 아니라 관련 명령에 의해서도 공법인의 영업에 관한 사항을 규율할 수 있는 근거를 제시하는 뜻도 있다.[1)]

공법인의 개념

상법 제 2 조는 구 상법 제 2 조를 승계한 조문인데, 구 상법하에서는 국가 · 지방자치단체 · 공사 등 공법에 의해 설립되고 규율되는 단체를 망라하는 개념으로 이해되었다.[2)] 현재는 상법 제 2 조 이외에는 「공법인」이라는 용어를 사용한 법령의 예를 보기 어렵다. 행정법학에서 강학상 국가 · 지방자치단체 외에 공공조합 · 공공영조물 등의 기타공공단체를 뜻하는 말로 「공법상 법인」이라는 용어를 사용하는데,[3)] 상법 제 2 조의 공법인은 이와 같은 개념으로 볼 수 있다.

한국토지주택공사의 상인성

한국토지주택공사(통칭 "LH공사")의 전신 한국토지공사가 택지개발사업을 위해 「공익사업을 위한 토지 등의 취득 및 보상에 관한 법률」("토지보상법")에 근거하여 협의취득한 토지에 하자가 있어 매도인에게 하자담보책임을 물은 데 대해 매도인이 상사시효의 완성을 주장하였다. 이에 대해 법원은 동 공사의 공익적 성격을 이유로 상인으로 볼 수 없고, 따라서 토지매입행위는 상행위가 아니므로 상사시효를 적용할 수 없다고 판시하였다(대법원 2020. 5. 28. 선고 2017다265389 판결). 이 사건에서의 협의취득은 동 공사가 행정주체로서 수행하는 공법행위이므로 상행위가 아님은 분명하나, 동 공사의 사업목적이 공익적이라서 상인이 아니라고 함은 수긍하기 어렵다. 후술하는 바와 같이 국가도 행위의 성질에 따라 상인이 될 수 있기 때문이다. 동 공사의 사업 중에는 상행위로 보아야 할 것도 있으므로 동 공사가 수행하는 사업별로 상인성 여부를 논해야 할 것이다.

3. 국가의 상인자격

국가 · 지방자치단체는 공법인에 포함되므로 개념적으로 상법 제 2 조에 의해

1) 田中(總則), 158면.
2) 田中(總則), 156면; 服部, 226면.
3) 홍정선, 「신행정법특강」(제23판), 박영사, 2024, 51면; 홍준형, 「행정법총론」(제 4 판), 한울아카데미, 2001, 110면.

당연히 상인이 될 수 있지만, 실제로도 이들의 사업 중에 상행위로 보아야 할 것이 있다. 예컨대 우정사업, 과거의 국영철도운송사업, 서울시의 주차장운영사업 등과 같다. 이 사업들은 국가 또는 지방자치단체가 공권력의 주체가 아니라 국고의 주체로서 수행하는 것이고 영리를 수반하므로 이 사업에 관한 한 국가 또는 지방자치단체를 상인으로 보아야 한다.[1] 철도사업이 민영화되기 전에 철도여객이 철도 또는 열차의 관리부주의로 상해를 입은 사건에서 판례는 국가를 상법상의 여객운송인으로 보아 상법 제148조의 손해배상책임을 인정하였다(대법원 1977. 9. 28. 선고 77다982 판결; 동 1980. 1. 15. 선고 79다1966 판결; 동 1982. 7. 13. 선고 82다카278 판결).

기업형태로 운영하는 정부사업의 예산과 회계를 규율하기 위하여 정부기업예산법이 마련되어 있다. 동법에서는 「기본순자산」이라는 개념을 사용하며, 이익 또는 손실의 발생을 예정하고 있는데(동법 10조, 21조(이익 및 손실의 처분)), 이는 기업형태로 이루어지는 정부사업에 관한 한 국가가 상인성을 가지고 있음을 전제로 한 것이다.

Ⅶ. 영업능력(상행위능력)

회사에는 제한능력이란 상태가 있을 수 없으므로 상인자격이 있는 한 영업능력도 있다. 이에 반해 자연인은 권리능력이 있는 한 상인이 될 수 있으나, 실제 상행위를 할 능력이 있느냐는 것은 개인별로 판단할 문제이다. 영업능력이라 해서 일반 법률행위능력과 달리 정해지는 것은 아니므로 영업에 관한 제한능력자의 범위도 민법상의 제한능력자의 범위와 일치하고 그에 대한 법적 취급도 같다. 그러나 상법은 상거래의 특성을 고려하여 제한능력자의 상행위에 관해 3개의 특칙을 두고 있다. 이하 일반원칙과 어울러 설명한다.

---

1) 일본에서도 국가의 상인성을 인정하는 데 異論이 없다(服部, 249면). 독일에서도 국가나 공법인도 상인이 될 수 있다는 것이 통설, 판례이다(BGHZ 20, 239(Urteil vom 14.01.1956): 지방자치단체가 수행한 버스운송사업에 관해 동 자치단체를 상인으로 본 예. BGHZ 6, 330(Urteil vom 15.07.1952): 지방자치단체가 수행한 전력사업에 관해 동 지방자치단체를 상인으로 본 예).

1. 일반원칙의 적용범위

민법의 제한능력제도는 법률행위 일반에 적용되는 제도이므로 원칙적으로는 상행위에도 적용되지만, 상행위의 특성상 수정해서 적용해야 할 경우가 있다. 이하 민법상의 제도를 기준으로 설명한다.

(1) 상행위의 제한

의사무능력자가 한 상행위는 무효이고, 미성년자가 단독으로 상행위를 한 경우에는 본인 또는 법정대리인이 취소할 수 있다(민 5조 2항).

피한정후견인은 원칙적으로는 법률행위를 단독으로 할 수 있으므로 상행위도 단독으로 할 수 있다(민 13조 1항). 그러나 가정법원이 피한정후견인에 대해 한정후견인의 동의를 받아야 하는 행위의 범위를 정할 수 있으므로(동조항) 상행위를 동의의 대상으로 정할 수 있음은 물론이다. 이 때에는 상행위의 성격상 개별적인 행위를 동의의 대상으로 해서는 안 되고 영업 일반을 동의대상으로 정해야 한다.

피성년후견인은 일반적으로 법률행위능력이 없으므로 단독으로 한 상행위는 취소할 수 있다(민 10조 1항). 가정법원은 피성년후견인이 단독으로 하더라도 취소할 수 없는 행위의 범위를 정할 수 있고(민 10조 2항), 일상생활에 필요하고 대가가 과도하지 않은 법률행위는 법원의 정함과 관계없이 취소할 수 없지만(민 10조 4항), 상행위는 피성년후견인에게 매우 큰 위험을 야기하는 행위이므로 민법 제10조 제 2 항과 제 4 항은 피성년후견인의 상행위에는 적용되지 않는다고 보아야 한다.

(2) 법정대리인의 대리에 의한 경우

법정대리인은 제한능력자를 대리하여 상행위를 할 수 있다. 후견인이 법정대리인이 되어 영업을 대리할 경우에는 후견감독인이 있으면 그의 동의를 받아야 한다(민 950조 1항 1호). 법정대리인이 영업을 대리하는 경우에 관해서는 상법에 후술하는 특칙이 있다(8조).

(3) 영업의 허락을 받은 경우

미성년자가 법정대리인으로부터 허락을 얻은 특정한 영업에 한하여는 능력자와 동일한 행위능력이 있다(민 8조 1항). 이 경우 법정대리인은 영업의 허락을 철회 또는 제한할 수 있으나, 선의의 제 3 자에게 대항하지 못한다(민 8조 2항). 후견인이 법정대리인으로서 영업을 허락할 때에는 후견감독인이 있으면 그의 동의를 받아야 한다(민 950조 1항 1호).

앞서 말한 바와 같이 피한정후견인은 원칙적으로 법률행위를 단독으로 할 수 있으므로 2013년 개정 전 민법하의 한정치산자와 달리 법정대리인의 허락없이도 영업을 할 수 있다. 다만, 기술한 바와 같이 가정법원은 피한정후견인이 상행위를 할 때에는 한정후견인의 동의를 받도록 정할 수 있다(민 13조 1항).

(4) 법정대리인의 동의를 얻은 경우

미성년자는 일반적으로 법정대리인의 동의를 얻어 유효하게 법률행위를 할 수 있으나(민 5조 1항 본) 이는 상행위에는 적용할 수 없다. 상법에는 절대적 상행위가 없으므로 상행위를 한다고 함은 동시에 상인이 되는 것을 의미한다. 그리고 상인은 기술한 바와 같이 영업을 하는 자이다(4조, 5조 1항). 그러므로 영업을 허락하지 않은 상태에서 개별적인 상행위만을 동의한다는 것은 생각할 수 없는 일이다. 즉 미성년자가 법정대리인의 동의를 얻어 유효하게 상행위를 할 수 있는 경우란 없다. 같은 이유에서 민법 제 5 조 제 1 항 단서(권리만을 얻거나 의무만을 면하는 행위는 미성년자가 단독으로 할 수 있음)도 상행위에는 적용되지 않는다.

가정법원이 피한정후견인에 대해 한정후견인의 동의를 받아야 하는 행위로서 상행위를 정한 경우 이는 포괄적인 영업을 동의대상으로 삼는 것을 의미한다고 함은 기술한 바와 같다. 그러므로 법정대리인이 피한정후견인의 상행위를 동의한다면 이는 미성년자의 영업의 허락과 같이 피한정후견인의 영업을 허락하는 의미를 갖는다.

(5) 처분이 허락된 재산의 처분행위

법정대리인이 범위를 정하여 처분을 허락한 재산은 미성년자가 임의로 처분할 수 있다(민 6조). 그러면 미성년자가 처분이 허락된 재산을 가지고 영업을 할 수 있는가? 민법 제 6 조에서 말하는 재산의 처분이라 함은 금전의 소비, 일정한 재산의 취득, 매각과 같은 물권적 행위를 의미하는 것이고, 포괄적인 처분은 허락할 수 없다는 것이 민법학의 통설이다. 미성년자가 처분이 허락된 재산으로 영업을 한다면 재산의 물권적 처분을 할 뿐만 아니라 채무도 부담하게 되어 결국은 허락된 범위를 초과하는 재산의 처분을 야기한다. 따라서 민법학의 통설과 맥을 같이 하여, 미성년자는 처분이 허락된 재산을 가지고 영업을 할 수는 없다고 해석해야 한다. 처분이 허락된 재산으로 영업을 한 경우 미성년자 또는 그 법정대리인은 개별적인 영업행위를 취소할 수 있다.

(6) 타인의 상행위의 대리

제한능력자라도 타인의 법률행위는 대리할 수 있으므로(민 117조) 제한능력자가 다른 상인의 상행위를 대리하는 것도 역시 가능하다.

2. 특　칙

(1) 관련 규정

상법은 제한능력자의 영업에 관해 몇 개의 특칙을 두고 있다. 미성년자가 법정대리인의 허락을 얻어 영업을 하는 경우(6조), 미성년자가 법정대리인의 허가를 얻어 회사의 무한책임사원이 되는 경우(7조), 법정대리인이 제한능력자를 대리하여 영업을 하는 경우(8조) 각각 등기하도록 하는 것이 그 내용이다.

(2) 미성년자의 허락된 영업

미성년자는 법정대리인의 허락을 얻어 영업을 할 수 있다(민 8조 1항). 그리고 그러한 사실은 등기하여야 한다(6조). 미성년자가 영업의 허락을 받았는지 여부는 거래상대방에게 매우 중대한 이해관계가 걸린 사항이므로 이를 공시하게 한 것이다.[1] 영업을 허락할 때뿐 아니라 허락을 철회할 경우(민 8조 2항)에도 등기하여야 한다.

미성년자가 법정대리인의 허락을 받아 영업을 하면서 이를 등기하지 아니한 경우에는 어떤 효과가 생기는가? 상법 제37조 제 1 항을 적용한다면 미성년자측

1) 미성년자에 관한 등기제도는 활발하게 이용되고 있지 않다. 2025년 11월 19일 현재 미성년자의 영업에 관한 등기(6조)는 305건, 법정대리인의 영업에 관한 등기(8조)는 11건에 불과하다(대법원 종합민원과-12659(2025. 11. 27)).

이 선의의 제 3 자에 대하여 법정대리인의 허락이 있었음을 대항하지 못한다고 해석해야 할 것이고, 그 결과 미성년자의 상행위는 취소할 수 있는 행위가 될 것이나, 이같은 결과는 미성년자에게는 불리함이 없는 반면 거래상대방에게는 그의 지위를 불안하게 하는 모순을 야기하므로 상법 제37조 제 1 항의 취지에 반한다. 그러므로 영업의 허락이 있었다는 등기는 상법 제37조의 적용대상이 아니라고 보아야 한다. 다만 법정대리인이 영업의 허락을 철회할 경우, 이 사실을 등기하지 않으면 선의의 제 3 자에게 대항하지 못한다는 해석은 제37조의 취지에서 유도할 수 있는 풀이이다.

(3) 법정대리인에 의한 영업의 대리

법정대리인이 미성년자, 피한정후견인 또는 피성년후견인을 위하여 영업을 하는 때에는 등기를 하여야 한다(8조 1항). 법정대리인의 대리영업을 등기하게 한 것은 대리권의 소재와 범위를 공시하여 거래의 안전을 기하기 위함이다. 그러나 피한정후견인은 영업에 관한 능력을 제한받지 않으므로 법정대리인이 영업을 대리하더라도 이는 일반 능력자를 위해 영업을 대리하는 것과 같아 특히 등기를 강제할 이유가 없다. 따라서 제 8 조 제 1 항은 피한정후견인의 법정대리에 관한 한 무의미한 규정이다.

등기를 하지 아니하고 법정대리인이 영업을 대리한 경우에는 어떤 효과가 생기는가? 미성년자의 영업허락을 등기하지 않은 것과 같은 성격의 문제이다. 상법 제37조 제 1 항의 규정을 적용하면, 미성년자나 그 법정대리인 또는 피성년후견인이 대리행위의 유효를 주장하지 못한다는 해석에 이르지만, 거래상대방은 대부분 거래의 유효를 원할 것이라는 점을 생각하면 무의미한 효과이다. 이 역시 상법 제37조의 적용대상은 아니라고 해석한다.

법정대리인의 대리권에 대한 제한은 선의의 제 3 자에게 대항하지 못한다(8조 2항). 대리권의 제한을 등기하더라도 같다고 보아야 한다.[1] 본인의 이익에 상반되는 행위에 대하여는 법정대리인의 대리권이 제한되는 수가 있다(민 921조, 949조, 949조의3). 법정대리인이 대리하는 영업행위가 자신 또는 동일한 이해를 가진 제 3 자를 상대로

1) 상업등기법에서는 대리권 제한의 한 유형인 공동지배인 선임을 등기사항으로서 규정하고 있다(상등 50조 1항).

하는 경우에는 본인의 이익과 상반되므로 법원에 특별대리인의 선임을 청구해야 하는 등 제한을 받는다.

(4) 미성년자가 무한책임사원이 되는 경우

미성년자가 법정대리인의 허락을 얻어 회사의 무한책임사원이 된 때에는 그 사원자격으로 인한 행위에 관해서는 능력자로 본다(7조).

회사의 무한책임사원이란 합명회사의 사원 및 합자회사의 무한책임사원을 가리킨다. 미성년자가 회사의 사원이 될 때에는 당연히 법정대리인의 동의를 얻어야 한다. 그런데 합명회사 및 합자회사의 무한책임사원은 회사의 업무를 집행하며(200조), 회사를 대표한다(207조). 이러한 행위는 사원의 지위를 취득하는 것과는 별개의 행위이므로 사원이 될 때 법정대리인의 동의를 얻었더라도 업무집행 및 대표행위를 할 때에는 다시 행위별로 일일이 법정대리인의 동의를 얻어야 할 것이다. 그러나 그같이 한다면 회사의 경영이 정체되고, 단체법상의 행위가 제 3 자(법정대리인)의 의사에 의해 좌우된다는 문제점이 있다. 그러므로 무한책임사원이 되는 것을 허락한 때에는 무한책임사원의 지위에 수반되는 모든 행위에 대해서도 허락한 것으로 보고, 미성년자가 단독으로 회사업무에 관한 행위를 할 수 있게 한 것이다. 이 특칙은 미성년자가 일정한 기업활동을 할 수 있도록 포괄적인 권능을 부여하기 위한 것으로서, 앞서 영업의 허락과 그 취지를 같이하는 것이라 할 수 있다.

미성년자가 법정대리인의 허락을 얻어 사원이 된 후, 탈퇴하거나 지분을 양도하는 것도 단독으로 할 수 있는가? 거래의 안전을 위해 긍정하는 견해도 있으나(손진화 58; 안강현 73; 이종훈 32; 전우현 52; 최준선 130), 탈퇴나 지분의 양도는 제 7 조에서 말하는 「사원자격으로 인한 행위」가 아닐 뿐 아니라 재산의 처분행위이므로 별도로 법정대리인의 동의를 얻어야 한다(同旨: 서완석 60; 오성근 59; 정준우 51).[1)]

---

1) 회사는 상인이지만 회사의 사원은 상인이 아닐 뿐 아니라, 사원의 지위를 취득하기 위한 행위도 상행위가 아니므로 상법 제 7 조는 상법에서 규정할 사항이 아니라고 보는 견해도 있을 수 있다. 그러나 사원의 지위취득 및 사원으로서의 행위는 어차피 단체적인 법률관계로서 상법 중 회사편의 규정이 적용된다. 따라서 상법 제 7 조는 상법의 적용대상이 되는 행위에 관한 사항을 다룬 것으로서 역시 상법이 규정할 사항이다.

Ⅷ. 영업의 제한

1. 총 설

헌법 제15조에서 「모든 국민은 직업선택의 자유를 가진다」고 규정하고 있듯이 누구든 상인으로서 어떠한 영업이라도 할 수 있는 자유를 가진다. 그러나 국민의 자유는 사회의 공동생활이 유지될 수 있는 범위에서 주어질 수 있는 것이므로 무제한적일 수는 없다. 그래서 헌법에서도 국가안전보장·질서유지 또는 공공복리를 위하여 필요한 경우에는 법률로써 국민의 자유를 제한할 수 있게 하였다(헌37조 2항). 이에 따라 영업의 자유도 사법상 또는 공법상의 여러 가지 이유에 의해 제한을 받는다. 한편 개인간의 합의에 의해 서로의 이익을 조정하는 방법으로 영업의 자유를 제한할 수도 있다. 그러나 이러한 제한에 위반한 경우의 효과는 획일적으로 결정될 수 있는 것이 아니고, 제한의 목적이나 제한근거의 성격 등을 고려하여 개별적으로 정할 문제이다.

2. 사법상의 제한

1) **법률상의 제한** 사인간의 사법적 이익의 조정을 위해 법률로 영업의 자유를 제한하는 경우가 있다. 상법에서 제한하는 예를 보면, 상업사용인의 경업으로 인해 영업주의 이익이 희생되는 것을 막기 위하여 상업사용인의 경업을 제한하고(17조), 영업양수인의 보호를 위해 영업양도인의 경업을 제한하며(41조 1항), 본인의 보호를 위해 대리상의 경업을 제한한다(89조). 그리고 회사의 이익을 보호하기 위해 무한책임사원, 이사 등의 경업을 제한한다(198조, 269조, 287조의10, 397조, 567조). 이러한 제한은 어느 일방의 경쟁적 영업으로 인해 타방의 영업기회가 부당히 침해당하는 것을 방지하기 위한 것이다.

이와는 다른 차원에서, 회사가 그 설립목적(179조 1호, 269조, 287조의3 1호, 289조 1항 1호, 543조 2항 1호) 이외의 영업을 할 수 있느냐가 출자자의 보호와 관련하여 문제되는데, 상세한 점은 「회사법강의」로 미룬다.

이상의 제한 중 회사가 목적범위 외의 행위를 할 수 있느냐는 것은 권리능력의 문제이므로 그 제한을 긍정 또는 부정하는 데 따라 행위의 효력이 좌우된다. 그러나 그 밖의 제한은 이를 위반하더라도 행위의 효력에는 영향이 없고 위반자에게 손해배상책임이 발생하며 상대방에게 개입권이 생기는 경우가 있다(17조, 198조, 269조, 287조의10 2항, 397조, 567조).

2) 제한의 합의　당사자들이 서로 간의 이익을 조정하는 방법으로 그 일방이 특정한 영업을 할 수 없도록 합의할 수가 있다. 예컨대 첨단 기술제품을 제조하는 회사에서 핵심적인 제조비법을 취급하던 종업원이 퇴직할 때 그 기술이 누출되는 것을 막기 위해 당해 종업원이 일정기간 같은 영업을 하지 않기로 약속하는 것과 같다. 이러한 합의는 개인의 자유를 불합리하게 제한하거나(예컨대 위 예의 종업원이 평생 독립해서 영업하지 않기로 약속하는 것), 선량한 풍속 기타 사회질서(민 103조)에 반하지 않는 한 유효하다. 그러나 이에 위반하여 영업을 하더라도 개개의 영업행위의 효력에는 영향이 없다. 다만 상대방은 영업의 폐지를 청구하거나 또는 이와 더불어 손해배상을 청구할 수 있을 뿐이다.

3. 공법상의 제한

공공적 목적을 위해 회사의 영업 또는 일정한 행위를 제한하는 경우가 있는데, 이러한 제한은 대개 벌칙을 두어 그 실효성을 확보하고 있다.

1) 공익을 위해 절대적으로 금지하는 행위　예컨대 음란문서 · 도화 기타 물건의 판매 · 제조 등(형 243조, 244조), 마약취급자 아닌 자의 마약매매(마약류 관리에 관한 법률 4조) 등 여러 가지가 있다. 이러한 행위는 금지되므로 이를 영업으로 할 수 없음은 물론이다.

2) 공익을 위해 인 · 허가를 요하는 행위 또는 영업　예컨대 예금자를 보호하고 통화금융관리를 적정하게 하기 위하여 은행업은 금융위원회의 인가를 받게 한다든지(은행 8조), 증권투자자를 보호하고 자본시장의 질서를 유지하기 위하여 금융투자업은 금융위원회의 인가를 받게 한다든지(자금 12조 1항), 국민건강의 보호를 위해 제약업 · 식품영업은 종류별로 주무관청의 허가를 받게 하는 등(약사법 31조; 식품위생법 37조) 그 수는 대단히 많다. 이러한 제한규정은 대체로 행정단속적인 법규이므로 인 · 허가를 받지 아니하고 해당 행위를 하더라도 그 행위의 사법적 효력에는 영향이 없다. 그래서 이러한 제한에 위반하여 영업을 하더라도 역시 상인이라고 설명하는 견해가

많으나(김성태 180; 손주찬 91; 손진화 62; 안강현 74; 오성근 60; 임홍근 72; 정찬형 88; 최·김 67), 위반행위가 사법적으로 유효하다는 것과 상인이 된다는 것은 별개의 문제이다. 공법상의 제한을 위반하여 인·허가를 받지 않고 영업을 할 경우 그 영업은 공연하지 못하고 은밀하게 행해질 것인바(예컨대 관계기관의 단속을 피해 약을 제조해서 판매하는 자를 생각해 보라), 이런 행위를 하는 자를 상인으로 보기는 어렵다.

3) 신분에 의한 제한 공무원(국가공무원법 64조), 공증인(공증인법 6조), 변호사(변호사법 38조 2항) 등 일정한 직업을 가진 자는 그 신분의 공익성 때문에 영업을 할 수 없는 경우가 있다. 이에 위반하여 영업을 하더라도 상인이 아니다(반대: 김성태 181; 손주찬 91; 이(기)·최 133; 임홍근 72; 정동윤 110; 정찬형 88; 최·김 67).

제 3 장 상업사용인

Ⅰ. 총　　설

상인의 영업규모가 확대되면 영업을 보조할 자가 필요해진다. 상인을 보조하는 자로는 상인과 독립된 지위에서 보수를 받고 보조하는 자가 있고, 특정 상인에 종속하여 계속적으로 그 지시 · 감독에 따라 보조하는 자가 있다. 전자의 보조자는 대리상(87조), 중개인(93조), 위탁매매인(101조), 운송주선인(114조)과 같이 타인의 상거래에 조력함을 주된 영업내용으로 하는 독립된 상인으로서 상행위 편에서 그 거래관계를 규율하고 있다. 그리고 후자의 보조자, 즉 특정 상인에 고용된 보조자에 관한 법률관계에는 두 가지 측면이 있다. 하나는 상인과 피용자간의 고용관계의 측면이고, 다른 하나는 피용자가 상인을 보조하는 업무의 일환으로 상인을 대리하여 제 3 자와 거래하였을 때 생기는 대리권의 유무, 범위 및 대리행위의 효력 등이 문제되는 대리관계이다.

상인과 피용자의 고용관계는 사법적 측면에서는 민법의 고용에 관한 규정(민 655조 이하)에서 다룰 문제이고, 사회복지정책적 측면에서는 노동법에서 다룰 문제이므로 상법에서는 관심을 두지 아니한다. 다만 피용자가 업무상 갖는 지위를 남용하여 사익을 도모할 가능성이 있음을 고려하여 이로부터 상인을 보호할 목적으로 사용인에게 경업금지라고 하는 특수한 의무(17조)를 과할 뿐이다.

피용자의 대리에 관한 법률 관계는 기본적으로는 민법의 대리제도에 의해 규율되지만, 상거래의 대리에 있어서는 상거래의 안전을 위해 부분적으로 민사대리와는 다른 법원리를 필요로 하는 부분이 있다. 그래서 상법은 제10조 이하에서 상업사용인에 관한 규정을 두어 영업거래에 관한 피용자의 대리관계를 다루고 있다. 여기서 규정한 사항은 민법의 대리관계에 대한 특칙으로서의 효력을 가지므로 그 범위 내에서는 민법의 대리에 관한 규정의 적용이 배제된다.

Ⅱ. 상업사용인의 개념

상업사용인이란 특정한 상인에 종속되어 그 상인의 영업에 관한 대외적 거래를 대리하는 자이다.

1. 대내적 관계

상법상의 상업사용인이 되기 위하여는 내부적 요건으로서 특정인(상업사용인)이 특정 상인(영업주)에게 계속적으로 종속되어야 한다.

1) 종 속 성 상업사용인은 「특정 상인에 종속하여」 그 대외적 거래를 대리하는 자이다. 「특정 상인」이란 1인의 상인을 뜻하는 것이 아니므로 한 사람이 2인 이상의 상인의 상업사용인을 겸할 수도 있다(다만 이 경우 경업금지의무(17조)의 위반이 문제될 수 있다). 「종속」한다 함은 상인과 상명하복의 관계에 있음을 뜻하며, 상업사용인의 활동은 독립된 영업이 될 수 없음을 의미한다. 중개인이나 위탁매매인도 상인의 대외적 거래를 보조하기는 하지만, 불특정한 상인의 요청에 따라 보조한다는 점, 독립된 상인이라는 점에서 상업사용인과 본질적으로 다르다. 대리상은 특정 상인을 위하여 그의 영업활동을 보조하므로 상업사용인과 흡사하지만, 대리상은 상인에 종속되지 아니하고 그 자체가 독립된 상인이므로 역시 상업사용인과는 다르다.

2) 고용의 요부 상업사용인의 「종속성」의 전제로서 상인과 상업사용인 간에 고용계약이 체결되어 있어야 하느냐는 의문이 있다. 일반적으로는 상인과 상업사용인이 되고자 하는 자 사이에 고용계약이 맺어지고 이를 기초로 해서 상업사용인으로서의 근무관계가 생겨난다. 그러나 고용관계가 없이도 특정인이 상인의 영업활동을 보조하는 일은 흔히 볼 수 있다. 예컨대 상인의 가족이나 친지 등이 계속적 또는 일시적으로 점포의 판매업무를 대신해 주는 경우와 같다. 이같이 고용계약 없이 상인을 보조하는 자도 상업사용인으로 보고 상업사용인에 관한

상법규정을 적용할 것이냐는 문제가 있다. 상법의 상업사용인에 관한 규정은 일차적으로는 상업사용인의 대리행위를 통해 상인과 거래한 제 3 자를 보호할 목적에서 상업사용인의 대리행위에 대한 책임을 상인에게 귀속시키기 위해 둔 것이다. 그렇다면 고용관계가 있다 혹은 없다는 것은 상인과 상업사용인의 내부관계에 불과한데, 이를 가지고 거래상대방의 지위를 달리할 것은 아니다. 따라서 고용관계의 유무에 불구하고, 상인의 영업활동에 관해 대리할 권한을 갖는 자는 모두 상업사용인으로 보아야 한다(통설).

3) **사용인의 범위**　　법정대리인이 제한능력자를 대리하여 영업을 하는 경우, 법정대리인은 제한능력자 본인에 대하여 종속관계에서가 아니라 후견적인 지위에서 영업거래에 관한 능력을 보충해 주는 자이므로 상업사용인이 아니다. 따라서 법정대리인에 대하여는 상법상의 상업사용인에 관한 규정이 적용되지 아니하고, 민법상의 법정대리의 일반원칙 및 법정대리인의 영업대리에 관한 상법 제 8 조가 적용된다.

인적회사의 업무집행사원이나 물적회사의 이사는 상인인 법인의 기관으로서 그 조직의 일부이지 법인에 종속된 자가 아닐 뿐 아니라, 이들이 법인의 영업거래를 수행할 때에는 대리가 아니라 대표의 법리가 적용되므로 상업사용인이 아니다. 그러나 이사라 하더라도 지배인, 부분적 포괄대리권을 가진 상업사용인 등의 지위를 겸하여 회사의 영업거래를 대리하는 경우에는 상업사용인에 관한 제규정이 적용된다(대법원 1968. 7. 23. 선고 68다442 판결; 동 1996. 8. 23. 선고 95다39472 판결).

자연인에 한하여 상업사용인이 될 수 있고 법인은 상업사용인이 될 수 없다(통설).

2. 대외적 관계

상업사용인이 되기 위하여는 상인의 「대외적인 영업거래를 대리」하여야 한다.

1) 상업사용인은 상인의 영업거래를 대리하는 자이므로, 상인의 가사 기타 비영업상의 거래를 보조하거나 대리하는 자는 상업사용인이 아니다.

2) 기업활동은 생산 · 재고관리 · 인사 등 기업 내부의 경영관리부문과 판매 · 구입 등 대외거래부문으로 나누어 볼 수 있다. 상업사용인이라는 용어의 어의에

충실한다면 상인의 기업활동을 보조하는 자는 모두 상업사용인으로 보아야 할 것이다. 그러나 기업의 내부관리에 종사하는 자는 기업 내부에서 상인과 근무관계만 가질 뿐이고, 상법적 규율이 필요한 외부적 상사거래에는 영향을 주는 바 없다. 그래서 상법은 이러한 사용인에 대해서는 관심을 두지 아니하고, 상업사용인이란 개념을 상인의 대외적 영업거래를 보조하는 자를 가리키는 뜻으로 쓴다. 따라서 기업 내부에서 단순한 노무에 종사하는 자(예: 생산직 근로자 · 연구원 · 운전기사 · 청소원 · 경비원)나 내부관리업무에 종사하는 자(예: 비서 · 회계실무자 · 인사부장 · 공장장 등)는 상법상의 상업사용인이 아니다(통설). 사용인이 영업소 내에서 갖는 지위의 고하는 문제되지 아니한다(대법원 1987. 6. 23. 선고 86다카1418 판결). 또 대외활동에 종사하더라도 그 활동이 정보수집(예: 기자)이나 고객관리(예: 애프터서비스)와 같이 영업활동이 아닌 경우에는 역시 상업사용인이 아니다. 그러나 이러한 사용인들이라도 영업활동을 겸하는 경우(예: 택시운전기사, 신문배달원)에는 상업사용인이다.

3) 상업사용인은 상인의 영업거래를 대리하는 자이므로 상인으로부터 대리권을 수여받아야 한다. 상업사용인은 이 대리권을 가지고 상인의 영업부문에 관한 법률행위를 대리하는 것이다. 따라서 상인의 영업활동을 보조하더라도 광고 · 선전이나 수금과 같이 거래행위 이외의 활동 또는 거래에 부수하는 업무를 보조하는 자는 상업사용인이 아니다.

상업사용인에는 수권의 내용에 따라 다양한 형태가 있을 것이나, 상법은 특히 법적 규율의 필요성이 크다고 인정되는 전형적인 상업사용인으로서 지배인, 부분적 포괄대리권을 가진 사용인, 물건판매점포의 사용인의 3가지를 대상으로 하여, 주로 대리권의 유무와 범위를 규율하고 있다.

3. 대리권의 공통적 특성

상업사용인의 대리권은 기본적으로는 민법상의 대리권과 원리를 같이 하나, 종류별로 제10조 이하의 특칙이 적용되는 외에 다음과 같은 공통적인 특색을 갖고 있다.

1) 포 괄 성 민사대리인의 대리권은 통상 특정한 행위 또는 일정범위의 행위로 한정되지만, 상업사용인의 대리권은 사용인의 종류별로 정도의 차이는 있으나 법상 포괄적으로 주어짐이 특징이다. 즉 지배인은 「영업전부」에 관해, 부분

적 포괄대리권을 가진 사용인은「수권된 영업부분」에 관해, 그리고 물건판매점포의 사용인은「물건판매」에 관해 각각 포괄적인 대리권이 있는 것으로 인정된다.

2) 계 속 성　　민사대리인의 대리권은 보통 일회적으로 주어지나, 상업사용인의 대리권은 영업이 지속되는 한, 그리고 종임사유가 생기지 않는 한 존속된다.

3) 정 형 성　　민사대리는 일회적임이 보통이므로 대리권의 유무, 대리권의 범위가 행위별로 판단되어야 한다. 그러나 상업사용인의 경우에는 그 사용인의 기업 내에서의 지위에 관한 영업주의 수권에 의해 대리권의 유무, 그리고 범위가 정형적으로 주어진다.

4) 특칙적용　　상업사용인의 대리권은 상사대리 일반에 관한 특칙(48조~50조)의 적용을 받으므로 대리의 방식에 있어 비현명주의가 적용되고, 본인이 사망하더라도 대리권이 소멸하지 아니한다(333면 이하 참조).

4. 무권대리에 관한 본인의 책임

상업사용인이 상법상 대리권이 인정되는 범위에서 영업주를 대리하여 제3자와 거래한 경우 영업주가 거래에 관한 이행책임을 지게 됨은 물론이다. 그러나 상업사용인이 자기의 권한범위 외의 행위를 한 경우 또는 상업사용인이 아닌 자가 대리행위를 한 경우에도 상대방이 영업주의 책임을 물을 수 있는 법리가 있다. 본인의 책임논리는 통상 다음과 같은 순서로 전개된다([판례 9] 참조).

1) 표현지배인　　상업사용인 중 지배인에 대해서만 인정되는 제도이다. 지배인 아닌 자가 지배인으로서의 외관을 구비하여 거래한 경우에는 진정한 지배인의 대리행위와 마찬가지로 영업주가 거래의 이행책임을 진다(14조).

2) 표현대리　　상업사용인이 권한을 넘는 행위를 하거나 상업사용인 아닌 자가 대리행위를 한 경우, 또 지배인으로서 대리하였으나 표현지배인의 요건을 충족하지 못한 경우에도 그 사용인의 행위가 민법상의 표현대리(민 125조, 126조, 129조)의 요건을 충족하는 수가 있다. 이러한 경우 거래상대방은 표현대리를 주장함으로써 영업주의 거래책임을 물을 수 있다.

3) 불법행위　　사용인의 대리행위가 표현대리에 해당하지 않을 경우에도

상대방은 영업주에게 책임을 물을 수 있는 기회가 있다. 즉, 사용인의 무권대리행위는 대부분 상대방에 대한 불법행위(민 750조)가 된다. 그리고 그 행위가 외형상 영업주의 영업에 관한 것이고, 사용인의 선임·감독에 관한 영업주의 부주의가 개재되어 있다면 영업주는 민법 제756조에 의한 사용자배상책임을 져야 하는 것이다.

사용인의 무권대리가 위에 말한 표현지배인 또는 표현대리의 요건을 충족하면서 동시에 사용자배상책임의 요건을 충족할 수도 있다. 그러나 이러한 경우 상대방은 굳이 사용자배상책임을 물을 실익이 없다. 증명책임의 배분과 효과면에서 거래책임을 묻는 것이 불법행위책임을 묻는 것보다 일반적으로 유리하기 때문이다.

판례 9 대법원 1990. 1. 23. 선고 88다카3250 판결

「… 일반적으로 주식회사의 경리부장은 경리자금의 수입과 지출, 은행거래, 경리장부의 작성 및 관리 등 경리사무 일체에 관하여 그 권한을 위임받은 것으로 봄이 타당하나, 그 지위나 직책, 회사에 미치는 영향, 특히 회사의 자금차용을 위하여 이사회의 결의를 요하는 등의 사정에 비추어 보면 특별한 사정이 없는 한 독자적인 자금차용은 회사로부터 위임되어 있지 않다고 보아야 할 것이므로 경리부장에게 자금차용에 관한 상법 제15조의 부분적 포괄대리권이 있다고 할 수 없다.

… 또한 위 염용한[피고회사의 경리부장]의 이 사건 차금행위가 피고회사와의 관계에 있어서 권한을 넘은 표현대리에 해당하는가에 대하여 보면 원고[구 한국상업은행]가 피고회사에 대하여 표현대리책임을 묻기 위하여는 원고가 거래상대방으로서 선의, 무과실이어야 할 것인데 위 이원우[원고은행의 당좌계 대리]가 대부담당 사무계통을 통하여 피고회사의 적법한 자금요청이 있었는가를 확인하는 등 원고은행 소정의 대출절차를 밟았더라면 위 염용한에게 대리권이 있는지의 여부를 알 수 있었다 할 것이므로 비록 위 이원우가 염용한에게 피고회사의 자금차용에 관한 대리권이 있었다고 믿었다 하더라도 거기에는 위와 같은 주의를 다하지 아니한 과실이 있었다고 할 것이어서 결국 원고는 피고에게 표현대리책임도 물을 수 없다 할 것이다.

… 그러나 앞에서 본 바와 같이 위 이원우는 위 염용한이 피고회사의 자금차용에 관한 대리권이 있었던 것으로 믿고 이 사건 자기앞수표 발행 등을 하였던 것으로 보아야 할 것이고 위 염용한은 피고회사의 경리부장으로서의 은행거래, 유가증권의 할인 등에 의한 회사자금조달 등의 사무를 집행하는 자이므로 이 사건 차금행위는 외형상 그의 사무집행에 관하여 이루어진 것이라 할 것이므로 피고회사는 위 염용한의 사용자로서 그로 인하여 원고가 입은 손해를 배상할 의무가 있다 할 것이다.」

Ⅲ. 지 배 인

1. 지배인과 지배권의 의의

「지배인」(Prokurist)이란 영업주(상인)에 갈음하여 영업에 관한 재판상 또는 재판외의 모든 행위를 할 수 있는 권한을 가진 상업사용인이다(11조 1항).[1] 그리고 지배인의 이러한 포괄적 대리권을 강학상 「支配權」(Prokura)이라 한다.

1) 권한의 정형성 지배인은 상업사용인으로서 상인에 의해 선임되지만, 그 권한은 법규정(11조 1항)에 의하여 정형적으로 주어진다.[2] 이 점 대리권의 내용이 수권행위에 의해 주어지는 민법상의 임의대리와 다르고, 권한의 측면에서만 본다면 법정대리와 흡사하다. 그러나 지배인인지 여부는 역시 영업주의 수권행위의 내용에 의해 결정되어야 할 것이다. 이 두 가지 특성을 반영하여 지배인을 정의하자면 「영업주에 의해 법상 포괄적 대리권이 부여되는 상업사용인의 지위를 부여받은 자」라고 할 수 있다.

2) 명　칭 지배인인지 여부는 그 권한의 실질에 의해 판단되므로 지배인이란 명칭은 그 요건이 아니다. 실제 거래계에서는 지배인이란 명칭보다는 영업부장 · 지점장 · 영업소장 등과 같이 기업 내에서의 계선상의 직위를 아울러 표시하는 명칭을 선호한다.

3) 권한의 포괄성 지배인은 그 권한이 영업 전부에 미친다는 점에서 권한이 가장 큰 상업사용인이며, 영업의 일부분에 한정하여 대리권을 갖는 「부분적 포괄대리권을 가진 사용인」, 그리고 점포에서 물건판매의 대리권만 의제되는 「물건판매점포의 사용인」과 구별된다.

4) 지배인과 대표이사 지배인과 주식회사의 대표이사는 권한의 포괄성이란 점에서 흡사하고(11조 1항, 389조 3항 → 209조 1항), 주식회사에서는 양자 모두 이사회에서 선임

---

1) 지배인을 본문에서와 같이 정의하면, 지배인은 포괄적인 대리권의 유무라고 하는 실질에 의해 결정되어지고 따라서 지배인의 선임시에 대리권을 일부 제한하면 지배인이 아닌 것으로 된다는 문제점을 지적하며 지배인을 「본점 또는 지점의 영업책임자인 상업사용인」이라고 정의하는 견해도 있다(大隅健一郎, "支配人と表見支配人," 「商法の基本問題」(田中誠二先生還暦紀念論文集), 1952, 51면 이하; 服部, 280면). 그러나 이와 같이 정의한다면 지배인과 「부분적 포괄대리권을 가진 사용인(15조)」의 구분이 애매해진다는 문제점이 있다.

2) Canaris, S. 221.

된다는 점에서 같다(389조, 393조 1항). 그러나 지배인은 개인법상의 수권행위에 의해 선임되고 그 권한 역시 개인법상의 대리권임에 대해 대표이사는 단체법상의 조직구성 방식에 의해 선정되고 그 권한 역시 단체법상의 대표권이라는 점, 지배인의 권한은 영업거래에 한정되지만 대표이사의 권한은 영업거래뿐 아니라 회사의 내부조직상의 권한(예: 재무제표의 작성·제출(447조~449조의2) 등) 및 영업과 관계없는 회사의 대외적 행위(예: 신주발행)에 관해서도 대표권을 가진다는 점 등에서 다르다. 또 대표이사는 영업주인 회사를 대표하여 (이사회의 결의로) 지배인을 선임·해임 및 감독하는 관계에 있다.

5) 지점과 지배인 기업이 그 영업범위를 지역적으로 확장하고자 지점·영업소·출장소 등의 명칭으로 별개의 영업장을 개설하고 아울러 지점장·영업소장 등의 명칭으로 그 영업장의 책임자를 두는 일이 많다. 이 경우 그 책임자를 지배인으로 볼 것이냐는 것은 그 영업장의 업무내용을 가지고 판단해야 한다. 판례는 이 같은 경우 지점이 일정한 범위 내에서 독립된 영업적 중심을 형성하고 본점으로부터 독립하여 영업을 계속할 수 있는 조직을 갖추고 있을 경우에 한해 그 지점의 장을 지배인으로 볼 수 있다고 한다(대법원 1967. 9. 26. 선고 67다1333 판결).

2. 지배인제도의 기능

지배인제도는 중세 시장거래에서 각 상인이 파견하는 대리인을 시장의 고객 등 관계자들에게 알리고자 대리인등기부에 등기하게 한 데서 비롯된다.[1] 그 후 이를 근대적인 지배인제도로 확립한 것은 1862년의 독일 구 상법이며, 현재 독일·우리나라·일본 등 독일법계의 국가에서만 지배인제도를 갖고 있고, 영미나 프랑스에는 이 제도가 없다.

오늘날 지배인제도는 그 유래와 관계없이 2가지 측면에서 존재의의를 갖는다. 첫째, 상인은 지배인을 선임함으로써 영업에 관한 자기의 분신(Alter ego des Kaufmanns)[2]을 만들어 기업활동의 범위를 확대시켜 나갈 수 있다. 둘째, 지배인의 권한이 법상 정형화되어 있어, 지배인을 통해 상인과 거래하는 상대방은 대리권의 유무와 범위를 일일이 확인할 필요 없이 계약을 체결할 수 있으므로 상거래

1) *Karl Wieland*, Handelsrecht, Bd. Ⅰ, 1921 S. 356.
2) *Heinrich Thöl*, Das Handelsrecht, 6. Aufl., 1879, Band Ⅰ, S. 190.

에서 절실히 요구되는 거래의 신속과 안전을 기할 수 있다.[1] 요컨대 지배인제도는 기업활동의 확장을 지원하고 아울러 외관주의에 의해 제 3 자를 보호하는 것을 그 이념으로 한다고 말할 수 있다.

3. 선임과 종임

(1) 선 임

1) 선임권자 지배인은 영업주인 상인이 선임한다(10조). 상인은 지배인을 직접 선임할 수 있고 대리인을 통해 선임할 수도 있다.[2] 그러나 지배인은 영업주의 특별한 수권이 없이는 다른 지배인을 선임하지 못한다(11조 2항의 반대해석).

미성년자가 법정대리인의 허락을 얻어 영업을 할 경우(6조) 영업에 관하여는 능력자와 동일하게 보므로(민 8조 1항) 미성년자는 법정대리인의 동의 없이 단독으로 지배인을 선임할 수 있다.

2) 선임제한 상인은 누구든지 본점 또는 지점에 지배인을 둘 수 있으나, 소상인에 대하여는 지배인에 관한 규정을 적용하지 아니한다(9조). 그 구체적인 의미는 소상인 부분에서 설명하였다(91면 참조).

지배인은 영업을 전제로 두는 것이므로 영업능력이 없는 청산회사나 파산회사에서는 지배인을 둘 수 없다(통설).[3]

3) 선임행위의 성질 지배인의 선임행위는 그 기초적 내부관계인 고용과는 구별하여야 한다. 상인이 현재 자기의 사용인이 아닌 자를 지배인으로 임용할 경우에는 사용인으로서 고용하는 행위와 지배인으로 선임하는 행위가 합체되어 이루어지지만, 현재 사용인인 자를 지배인으로 임용한다면 지배인의 선임행위만 하는 것이다. 후자의 경우는 물론이지만, 전자의 경우에도 외관상 합체되어 있을

1) MünchKommHGB, §48 Rn. 1 ff.; Oetker.Komm, §48 Rn. 1.

2) 법정대리인만이 지배인을 선임할 수 있다는 견해도 있으나(김성탁 134; 정동윤 60), 지배인의 선임행위를 일반 법률행위와 차별할 이유는 없다. 영업주는 자신의 임의대리인에게 지배인의 선임권을 수여하여 지배인을 선임하게 할 수도 있다(송옥렬 28; 오성근 67; 장덕조 28; 정찬형 92; 주석(총칙 · 상행위) 132).

3) 물론 청산회사에도 청산사무를 포괄적으로 다루는 대리인을 둘 수 있을 것이나, 이는 상법상의 지배인은 아니고, 따라서 지배인에 관한 상법규정은 적용되지 않는다(同旨: 정준우 61; 주석(총칙 · 상행위) 132).

뿐, 고용과 지배인선임은 이질적인 행위이므로 구별해야 한다.[1)]

지배인의 선임행위를 기초적 내부관계와 구별할 때, 선임행위의 성질을 무엇으로 보아야 하는가? 이를 「위임계약적 요소가 있는 임용계약」(강·임 57; 정동윤 61) 또는 「대리권수여계약」(서헌제 61; 손주찬 96; 손진화 67; 이종훈 37; 최·김 73)이라 설명하기도 한다.[2)] 이같이 계약으로 본다면 지배인선임을 위해서는 영업주의 의사표시 외에 지배인의 의사표시도 요구된다. 그러므로 지배인의 의사표시의 흠결, 하자, 무능력 등의 사유가 있을 때에는 지배인으로서의 지위취득의 효력 자체가 문제되고, 나아가서 지배인이 한 대리행위의 하자로 연결되므로 거래상대방에게 불측의 손해를 줄 수 있다. 지배인의 선임은 지배인에게 대외적인 자격과 권한을 줄 뿐이고 의무나 책임을 부담시키는 것이 아니므로, 지배인의 승낙을 요하게 할 이유가 없다. 그러므로 지배인선임행위는 지배인의 수령을 요하는 영업주의 단독행위라고 보는 것이 타당하다(同旨: 서완석 65; 안강현 82; 오성근 68; 정준우 60).[3)4)]

4) 선임절차 지배인의 선임은 영업주의 의사표시로 족하며, 특별한 방식을 요하지 아니한다. 상인이 회사라면 대표기관의 의사표시로 선임한다. 다만, 회사에서의 지배인선임에는 단체법상의 특별한 절차가 요구될 수 있다. 합명회사와 유한책임회사에서는 정관에 다른 정함이 없는 한, 총사원의 과반수의 결의(203조, 287조의18 → 203조), 합자회사에서는 무한책임사원의 과반수의 결의(274조), 주식회사에서는 이사회의 결의(393조 1항), 유한회사에서는 이사 과반수의 결의 또는 사원총회의 결의(564조 1항·2항)가 있어야 지배인을 선임할 수 있다. 이 절차에 위반한 경우에는 지배인선임은 무효가 되나, 그 지배인이 대외적으로 한 행위는 표현지배인의 행위(14조)로 보아야 할 경우가 많을 것이다.

회사의 지배인 선임을 위해 필요한 이상의 의사결정절차를 위반한 경우(예: 이사회결의 없이 대표이사가 지배인을 선임한 경우)에도 선임행위 자체의 효력에는 영향이 없다는 것이 통설이지만(손주찬 96; 오성근 69; 임홍근 80; 정동윤 60; 정찬형 92; 최·김 72; 최준선 138), 타당성은 의문이다. 단체법상의 의사결정절차는 매우 중요한 법률요건이므로 이를 결한 경우 당연히 지배인선임행위는 무효라고 해야 한다. 그럼

1) 鴻, 151면; 服部, 281면.

2) 服部, 281면.

3) 독일의 통설이다(EBJS, §48 Rn. 23 f.; Großkomm. HGB, §48 Rn. 54; Haag/Löffler, §48 Rn. 8; Heidel/Schall, §48 Rn. 18 ff.; Heymann, §48 Rn. 2; Koller/Kindler/Roth/Morck, §48 Rn. 8; MünchKommHGB, §48 Rn. 42 f.; Oetker.Komm, §48 Rn. 31 ff.).

4) 민법학에서는 대리권의 수권행위를 단독행위로 보고 있음을 유의할 것.

에도 불구하고 유효라고 보아야 할 이유를 생각해 본다면, 하자 있는 절차에 의해 선임된 지배인이 대외적인 영업행위를 한 경우 거래 상대방을 보호할 필요가 있다는 점, 그리고 거래의 안전을 위해 선임행위의 상대방(지배인)을 보호할 필요가 있다는 점을 제시할 수 있다. 전자의 필요성, 즉 지배인의 대리행위의 상대방의 보호는 표현지배인제도에 의해 해결되므로 선임행위의 유효로 연결시킬 필요는 없다. 후자의 경우도 필요성을 인정하기 어렵다. 지배인은 영업주의 재산에 관한 포괄적인 처분권을 갖는 지위이므로 고도의 신뢰를 요한다는 점을 감안하면 지배인의 보호보다는 영업주의 보호를 우선시켜야 하고, 또 지배인이라는 지위 자체는 재산법적 권리를 내포하는 것이 아니므로 지배인의 보호라는 것도 불필요한 고려이다. 요컨대 단체법적 절차를 위반한 지배인의 선임행위는 무효로 다루어야 한다(同旨: 서완석 66; 이종훈 37; 정준우 61).

(2) 지배인의 자격

지배인은 직접 의사표시를 하고 상대방의 의사표시를 수령해야 하므로 자연인이어야 한다(통설). 지배인은 대리행위를 할 뿐 스스로 의무를 부담하는 자가 아니므로 제한능력자라도 무방하지만, 스스로 법률행위를 해야 하므로 의사능력은 있어야 한다.

회사의 무한책임사원이나 이사는 자기 회사의 지배인을 겸할 수도 있으나, 감사는 그 직무의 성격상 지배인 기타 상업사용인을 겸하지 못한다(411조). 어느 상인의 상업사용인, 무한책임사원 또는 이사가 다른 상인의 지배인을 겸할 경우에는 지배인의 입장에서 경업금지의 제한을 받는다(17조 1항).

(3) 지배인의 수

지배인의 수에는 제한이 없으므로 기업 전체에 1인 또는 수인 혹은 각 본·지점별로 1인 또는 수인의 지배인을 선임할 수 있다. 하나의 점포에 수인의 지배인을 둔 경우 후술하는 공동지배인이 아닌 한 각자 대리권을 행사한다.

(4) 종　　임

지배인의 대리권은 대리권의 소멸에 관한 일반원칙에 따라 소멸한다. 지배인의 사망, 성년후견의 개시 또는 파산(민 127조 2호)에 의해 소멸하며, 지배인선임의 원인된 법률관계인 고용계약의 종료에 의해서도 소멸한다(민 128조 본). 주의할 것은 상사대리의 특칙이 적용되어 민법에서와 달리 본인(영업주)의 사망이 지배권의 소멸사유가 되지 않는다는 점이다(50조; 민 127조 1호 참조).

기술한 바와 같이 지배인선임은 영업주의 단독행위이므로 고용은 계속된 채 영업주가 일방적으로 지배인선임행위만을 철회, 즉 해임할 수 있다(민 128조 단). 회사의 지배인을 해임할 때에는 선임시와 같은 절차를 거쳐야 한다.

지배인은 영업주의 영업을 대리하는 자이므로 영업의 계속을 전제로 한다. 따라서 영업을 폐지하거나 회사가 해산 또는 파산한 때에는 종임한다. 또 지배인은 특정의 본점 · 지점과 같은 영업소를 중심으로 권한을 가지므로(예: 은행의 지점장) 지배인이 소속된 영업소가 폐쇄된 때에도 종임하는 것으로 보아야 한다. 영업이 양도될 경우에도 지배인이 종임한다는 견해가 있으나(김성탁 136; 정동윤 61; 최 · 김74; 최준선 139), 양수인은 양도인이 한 선임행위를 언제든지 (심지어는 양수와 동시에) 일방적으로 철회하고 해임할 수 있으므로 지배인이 종임되지 않는다고 하여 양수인이 부당하게 구속받는 일은 없다. 따라서 영업이 양도되더라도 지배인은 종임되지 않는다고 보며, 이렇게 해석하는 것이 영업의 지속을 가능하게 하므로 기업유지의 이념에도 부합한다(통설).

(5) 지배인의 등기

지배인의 선임 또는 대리권의 소멸은 지배인을 둔 본점 또는 지점의 소재지에서 등기하여야 한다(13조).[1] 지배인등기에는 지배인을 둘 장소를 아울러 등기해야 하며, 동일 영업주가 수개의 상호로 수개의 영업을 할 때에는 지배인이 대리할 영업과 그 상호도 등기하여야 한다(상등 50조 1항). 그러나 등기 여부는 지배인의 실체적 법률관계에 아무런 영향이 없다. 즉 등기는 지배인의 선임 및 종임의 효력요건이 아닐 뿐더러 대항요건도 아니다. 그러나 등기하지 아니하면 지배인의 선임 또는 대리권의 소멸을 가지고 「선의의」 제 3 자에게 대항하지 못한다(37조 1항).

지배인 등기의 효력

상법 제37조 제 1 항(등기할 사항을 등기하지 아니하면 선의의 제 3 자에게 대항하지 못한다)을 의식하여 지배인등기는 대항요건이라고 설명하는 견해가 있다(강 · 임 57; 김성태 197; 손진화 68; 이(기) · 최 158; 전우현 58; 정경영 44; 정찬형 93; 최 · 김 74; 최준선 139). 지배인선임에 관해 대항력을 거론한다면 선임된 지배인과 영업주 간에 있어서의 대항력과 영업

1) 2025년 11월 19일 현재 18,647건의 법인 지배인등기와 1,686건의 개인상인 지배인등기가 이루어져 있다(대법원 종합민원과-12659(2025. 11. 27)).

주 또는 지배인과 제 3 자 간의 대항력으로 구분해 볼 수 있다. 영업주와 지배인 간에는 선임행위로 효력이 발생하고 등기의 유무가 지배인의 지위에 영향을 줄 리 없다. 문제는 제 3 자에 대한 대항력이다. 일반적으로 대항요건이라고 하면 상대방의 선의·악의를 불문하고 법률효과를 주장하기 위한 요건을 의미하므로(확정일자에 의한 채권양도의 통지·승낙, 구 민법상의 부동산물권변동의 등기의 대항력과 같다) 지배인선임의 대항요건이라 말한다면 이는 상대방의 선의·악의를 불문하고 지배인 선임행위의 효력을 주장할 수 있는 요건을 의미한다. 상법 제37조는 외관주의에 의해 선의의 제 3 자를 보호하기 위한 제도로서, 지배인등기를 하지 않은 경우 선의의 제 3 자에게 지배인이라는 사실을 주장할 수 없을 뿐이고 지배인 선임의 효력을 주장할 수 없는 것은 아니므로 지배인선임등기를 대항요건으로 볼 것은 아니다(同旨: 정준우 62).

4. 지배인의 대리권(지배권)

(1) 특　색

지배인은 영업주에 갈음하여 영업에 관한 재판상 또는 재판외의 모든 행위를 할 수 있다(11조 1항). 기술한 바와 같이 지배인의 선임은 임의대리와 같으나, 그 대리권은 법으로 정형화되어 있어 법정대리와 흡사하다(정형성). 그래서 영업주가 대리권을 제한하더라도 선의의 제 3 자에게 대항하지 못한다(11조 3항). 또 지배인의 대리권은 영업에 관해 포괄적으로 주어져 있으므로 그 대리권을 행사함에 있어 영업주의 개별적인 수권을 요하지 않는다(포괄성).

지배권의 정형성과 포괄성은 상사거래에 있어서는 당사자의 개성이나 그의 의사보다는 거래의 합리성과 영리성이 더욱 존중된다는 점에 기인한다. 즉 거래가 합리적으로 이루어지고 이익이 실현되는 한, 굳이 영업거래시마다 본인의 의사를 물을 필요가 없다. 그리하여 지배권이 적절히 행사되는 한, 상인은 지배인을 분신으로 삼아 무한히 영업을 확장할 수 있고, 거래상대방은 지배인의 권한을 신뢰하여 신속하고 안전하게 거래할 수 있다.

(2) 대리권의 범위

1) 영업소별 범위　　상인은 지배인을 선임하여 본점 또는 지점에서 영업을 하게 할 수 있으므로(10조), 지배인의 대리권은 본점 또는 각 지점별로 단위화되

어 있다고 할 수 있다. 즉 영업주는 본점 또는 지점별로 지배인을 따로 두어 각 영업소의 영업을 관장하게 할 수 있다. 이 경우 각 지배인의 대리권은 각 영업소별로 한정된다. 그렇지 않고 1인의 지배인으로 하여금 본·지점의 영업 전부를 관장하게 하거나, 본점과 각 지점에 각기 지배인을 두고 별도로 본·지점의 영업 전부를 통할하는 지배인(이른바 총지배인)을 또 둘 수도 있다. 이 경우 특정 점포의 영업에 관하여 그 점포의 지배인과 총지배인은 각자 대리권을 행사한다.

2) **영업에 관한 행위** 지배인은 영업에 관한 모든 행위를 할 수 있다(11조 1항). 이는 적극적으로 지배인의 대리권의 범위를 넓혀 주는 의미도 있으나, 소극적으로 대리권을「영업에 관한」범위 내로 제한하는 의미도 있다. 그러므로 지배인의 대리권의 범위를 정함에 있어서는「영업에 관한」행위를 어떻게 이해하느냐가 중요한 뜻을 갖는다.

「영업에 관한 행위」란 영업의 목적이 되는 행위뿐 아니라 영업을 위하여 직접·간접으로 필요한 모든 행위를 뜻한다.[1] 영업주가 일상적으로 하는 영업부류에 속하는 거래는 지배권의 본령에 속하는 것이고, 점원 기타 지배인 아닌 상업사용인의 선임과 해임은 영업을 위하여 필요한 행위로서 법이 명문으로 예시하는 바이다(11조 2항). 또 영업상 필요한 자금의 차입이나 대여, 어음·수표의 발행도 지배인의 권한에 속한다.

특정의 행위가 영업에 관한 것인지 여부는 행위의 객관적 성질에 따라 정할 문제이고, 지배인의 주관적 의도는 고려할 필요가 없다([판례 10] 참조). 그러므로 지배인이 자신의 이익을 위하여 거래를 하였더라도 행위의 성질상 영업주의 영업범위에 속하는 것이라면 지배인이 영업주를 위하여 대리행위를 한 것으로 보아야 한다(대법원 1968. 3. 5. 선고 67다2297 판결). 그러나 거래의 상대방이 지배인이나 제 3 자의 이익을 위한 것임을 알았다면 영업주는 신의칙 내지는 권리남용금지의 원칙에 의해 이 사실을 가지고 상대방에게 대항할 수 있다고 해석된다([판례 10] 참조). 또한 거래의 내용으로 보아 지배인 자신을 위한 행위가 분명한 경우에는 특별한 수권이 없는 한 대리권을 부정해야 한다([판례 10, 11] 참조).

1) MünchKommHGB, §49 Rn. 3.

판례 10 대법원 1987. 3. 24. 선고 86다카2073 판결

「… 원고가 1985. 2. 5, 피고[구 국민은행]의 반포남지점 지점장실에서 그 지점장 이한규의 입회 아래 백오현에게 원고 소유의 원심판시 부동산을 대금 150,000,000원에 매도하는 내용의 계약을 체결하는 한편, 위 이한규는 피고를 대리하여 그 자리에서 백오현과 사이에 위 부동산을 담보로 제공받고 금 150,000,000원을 대출하여 주기로 약정하면서, 위 이한규는 원고 및 백오현과 사이에 백오현에게 대출하기로 한 위 금원을 백오현이 원고에게 지급할 위 부동산매매 대금으로 그 달 20일까지 원고에게 직접 지급하되, 그 구체적인 지급방법으로 원고가 그 자리에서 위 지점에 개설한 원고명의의 보통예금계좌에 위 금원을 입금시켜 주기로 약정한 사실…

지배인의 어떤 행위가 영업주의 영업에 관한 것인가의 여부는 지배인의 행위당시의 주관적 의사와는 관계없이 그 행위의 객관적 성질에 따라 추상적으로 판단되어야 할 것인바, 피고는 … 자금의 대출을 그 업무의 하나로 하고 있고, 위 반포남지점의 지점장인 이한규는 피고의 지배인으로서 위 지점의 영업에 관한 포괄적인 대리권을 가진다 할 것이므로 위 인정과 같이 이한규가 원고 및 백오현과의 합의에 따라 백오현에게 대출하기로 한 금원을 원고에게 직접 지급하기로 약정한 것은 피고의 업무의 하나인 "자금의 대출"에 부수되는 행위로서 피고의 업무 내지 이한규가 위 지점장으로서 가지는 대리권의 범위에 속한다 할 것이고, 따라서 이한규가 한 위 약정은 그 객관적, 추상적 성질에 비추어 피고의 영업에 관한 것이라고 할 것이다.

다만 지배인의 어떤 행위가 그 객관적 성질에 비추어 영업주의 영업에 관한 행위로 판단되는 경우에도 지배인이 자기 또는 제 3 자의 이익을 위하여 또는 그 대리권에 관한 제한에 위반하여 한 행위에 대하여는 그 상대방이 악의인 경우에 한하여 영업주는 그러한 사유를 들어 상대방에게 대항할 수 있다…」

＊同旨: 대법원 1998. 8. 21. 선고 97다6704 판결.

판례 11 대법원 1984. 7. 10. 선고 84다카424 · 425 판결

「… 상업사용인이 권한 없이 상인의 영업과 관계 없는 일에 관하여 상인의 행위를 대행한 경우에 특별한 수권이 있다고 믿을 만한 사정이 없는 한 상업사용인이라는 이유만으로 그 대리권이 있는 것으로 믿을 만한 정당한 이유가 있다고 보기 어려울 것이다.

기록에 의하면 피고회사의 상업사용인인 위 권영식은 원고로부터 자신이 매수한 부동산 대금의 지급을 위하여 자기명의의 위 각 어음을 원고에게 발행하고, 그 어음금의 지급을 담보하는 뜻으로 여기에 피고 명의의 배서를 대행하였음이 인정되는바, 위와 같이 피고회사가 그 상업사용인인 위 권영식 개인의 토지매매대금 채무의 변제를 담보하는 일은 피고회사의 영업범위 내에 속하는 일이라고 볼 수 없으므로 위 배

서에 관한 특별수권이 있었다고 믿을 만한 사정이 없는 한 위 권영식이 피고 회사의 점촌지점장으로서 피고회사 명의로 영업행위를 하고 있다는 사실만으로 동인에게 위와 같은 피고의 배서를 대행할 권한이 있는 것으로 믿을 만한 정당한 이유가 있다고 보기 어렵다.」

이상의 기준을 택한다 하더라도 구체적인 문제에서 「영업에 관한 행위」 여부가 반드시 명백한 것은 아니다. 결국은 영업의 내용 · 규모 · 상거래의 실정 등을 종합하여 사회통념에 따라 판단할 문제이다. 예컨대 여관업의 경우 영업의 성격상, 특별한 수권이 없는 한 그 상업사용인에게 영업주를 대리하여 어음행위를 할 권한이 있다고 보기는 어렵다(대법원 1960. 12. 8. 자 4293민상22 결정).

3) 대리권의 한계 대리권은 영업에 관해서만 미치므로 지배인은 영업주의 가족법상의 행위를 대리할 수 없음은 물론이고 재산법상의 거래행위이더라도 영업주의 가사에 관한 행위 등 영업 이외의 행위를 대리할 수 없다. 또 지배인은 이미 시작된 영업의 존속을 전제로 그에 관한 행위를 대리할 수 있을 뿐이므로 새로운 점포의 개설, 영업의 폐지 또는 양도는 그의 권한이 아니다. 상호의 선정 · 변경 · 폐지도 영업에 관한 행위라 할 수 없다.

신주발행이나 사채발행은 자금조달의 방법이므로 영업에 관한 행위라고 볼 수도 있겠으나, 단체법상의 권한과 절차에 의해 이루어질 사항이므로 역시 지배인이 대리할 사항이 아니다.

또 영업에 관한 행위이더라도 성질상 일신전속적인 행위(예: 서명 · 선서 등)에는 지배인의 대리가 허용되지 아니한다.

4) 재판상 또는 재판외의 행위 지배인은 그의 대리권이 미치는 범위에서는 재판상 또는 재판외의 모든 행위를 할 수 있다.

「재판상의 행위」란 소송행위를 뜻하며, 「재판상의 행위를 할 수 있다」 함은 지배인이 영업주를 대리하여 소의 제기 · 응소 · 변론 등을 할 수 있다는 뜻이다. 이에 대해 「재판외의 행위」라 함은 소송 외에서 이루어지는 사법상의 적법행위를 말한다.

일상적인 영업을 수행함에는 재판외의 행위에 관한 대리권만으로 족할 것임에도 불구하고 재판상의 행위에 관한 대리권까지 부여한 취지는 통상 신속한 해결이 요구되는 상거래의 특성을 감안하여 지배인으로 하여금 영업주의 수권을 기다리지 않고 신속히 권리구제수단을 취할 수 있게 하고 아울러 상대방의 소제기에 신속히 방어할 수 있게 하기 위함이다.

이 제도에 의해 지배인은 별도의 수권 없이, 또 변호사가 아니라도(민소 87조) 영업주를 대리하여 소제기·응소를 하고 공격방어방법의 제출 등 각종 소송행위를 할 수 있다. 그리고 지배인은 법률에 의하여 재판상의 행위를 할 수 있는 대리인(법률상 소송대리인)이므로 일반적으로 소송대리인이 특별수권을 받아야 할 수 있는 반소의 제기, 화해, 청구의 포기·인낙, 상소의 제기, 취하, 소송대리인의 선임 등을 별도의 수권 없이도 할 수 있다(민소 92조, 90조, 91조).

(3) 대리권의 양도가능성

지배인은 영업주와 지배인 간의 고도의 신뢰관계에 기해 선임되므로 일신전속적인 지위로 보아야 한다. 따라서 지배인은 자신의 권한의 전부 또는 일부를 타인에게 양도할 수 없다.

(4) 대리권의 제한

지배인의 대리권에 대한 제한은 선의의 제 3 자에게 대항하지 못한다(11조 3항).

1) 지배인의 권한은 방대하므로 그 권한이 남용되거나 영업주의 의사에 반하여 행사될 경우 영업주의 손실도 또한 크다. 그래서 거래계에서는 지배인을 선임할 때, 지배인의 독주를 견제할 목적에서 지배인의 대리권을 제한하는 수가 많다. 일정한 종류의 거래, 특정의 상대방, 일정범위의 금액에 한하여 대리권을 준다든지, 일정한 행위를 대리함에는 사전에 영업주의 동의를 얻게 하는 것과 같다.

그러나 영업주가 지배인을 선임하고 자유롭게 그 권한을 제한한다면 지배인의 권한을 정형화시킴으로써 거래의 안전과 신속을 보장하려는 법의 취지에 어긋나므로 그 제한을 가지고 선의의 제 3 자에게 대항하지 못하게 한 것이다.

지배권의 불가제한성

지배인의 대리권제한의 효력에 관한 상법 제11조 제 3 항은 일본 상법을 거쳐 독일 상법의 조문에서 따온 것이다. 독일 상법(Handelsgesetzbuch:HGB) 제50조 제 1 항은 "(지배인의) 지배권의 제한은 제 3 자에게 효력이 없다"[1]라고 규정하는데, 이는

1) §50 (1) Eine Beschränkung des Umfanges der Prokura ist Dritten gegenüber unwirksam.

상거래의 안전과 신속을 위한 배려에서 지배권의 「불가제한성」(Unbeschränkbarkeit der Vertretungsmacht)을 규정한 것으로 설명한다. 이 규정은 제 3 자의 선의도 요구하지 않는데, 그 때문에 일어나는 문제는 해석론에 의해 지배권의 남용의 문제로 해결한다. 즉 지배인이나 대표사원이 지위를 남용하여 행위한 경우 악의의 상대방은 거래의 유효를 주장할 수 없다고 해석함으로써 우리 법제와 유사한 결론을 얻는 것이다.[1)]

2) 「선의」란 거래상대방이 지배인의 대리권이 제한되어 있음을 알지 못하는 것이다. 무과실을 요하는 규정이 없으므로 과실로 인하여 알지 못한 자도 보호받는다(통설). 그러나 중과실이 있는 경우에는 악의와 마찬가지로 보아 보호받지 못한다고 해야 한다(대법원 1997. 8. 26. 선고 96다36753 판결). 상대방의 악의 또는 중과실은 지배인의 영업주가 증명해야 한다(동 판례).

3) 선의의 「제 3 자」란 통상 지배인과 거래한 상대방이 될 것이나, 상대방으로부터 권리를 전득한 자도 포함될 수 있다. 예컨대 영업주로부터 어음을 발행하지 않도록 지시받은 지배인이 이를 어기고 어음을 발행한 경우 수취인으로부터 배서 · 양도받은 소지인은 이 규정에 의해 보호받아야 할 제 3 자이다(동 판례).

4) 선의의 제 3 자에 「대항하지 못한다」는 말은 지배인의 대리행위가 제한을 위반했음을 이유로 영업주가 그 효력을 부정하지 못함을 뜻한다. 즉 권한 내의 대리행위와 마찬가지로 영업주가 책임을 져야 한다. 반대로 제 3 자가 악의인 경우에는 지배인의 대리행위는 무권대리이므로(민 130조) 영업주가 책임지지 아니한다.

5) 지배인의 월권이 있을 경우 영업주는 제 3 자에 대해 대항할 수 있느냐에 관계없이 지배인에 대하여 고용관계에 기초한 채무불이행책임 또는 불법행위책임을 물을 수 있다. 흔히 지배인의 월권은 지배인의 해임사유가 된다고 설명하나, 지배인은 영업주가 언제든지 해임할 수 있으므로 실익이 없는 설명이다.

(5) 대리권의 남용

지배인의 행위가 영업에 관한 것인지, 나아가 영업주 본인을 위한 것인지 여부는 행위의 객관적 성질에 따라 정할 문제이고 지배인의 주관적 의도는 고려할 필요가 없다고 함은 기술한 바와 같다. 그러므로 지배인이 영업주가 아니라 자기 또는 제 3 자의 이익을 위해 거래를 하였더라도 행위의 객관적 성질이 영업행위이

1) Canaris, S. 294.

면 본인에 대해 효력이 있다. 그러나 영업주를 위한 것이 아님을 거래의 상대방이 알았다면 영업주는 상대방에 대해 거래의 무효를 주장할 수 있다([판례 10, 12]).

지배인이 이같이 대리권을 남용한 경우 어떤 법리에 의해 대리행위의 효력을 부정할 것이냐는 의문이 제기되는데, 우리 판례는 일관되게 민법 제107조 제1항 단서를 유추적용해야 한다는 입장을 취하고 있다([판례 12]).[1] 즉 지배인의 행위가 배임적 대리행위임을 거래상대방이 알았을 경우에는 물론 과실로 알지 못한 경우에도 영업주는 거래의 무효를 주장할 수 있는 것이다.

판례 12 대법원 1999. 3. 9. 선고 97다7721 · 7738 판결

「… 지배인의 행위가 영업에 관한 것으로서 대리권한 범위 내의 행위라 하더라도 영업주 본인의 이익이나 의사에 반하여 자기 또는 제3자의 이익을 도모할 목적으로 그 권한을 행사한 경우에 그 상대방이 지배인의 진의를 알았거나 알 수 있었을 때에는 민법 제107조 제1항 단서의 유추해석상 그 지배인의 행위에 대하여 영업주 본인은 아무런 책임을 지지 않는다고 보아야 할 것이고, 그 상대방이 지배인의 표시의사가 진의 아님을 알았거나 알 수 있었는가의 여부는 표의자인 지배인과 상대방 사이에 있었던 의사표시 형성 과정과 그 내용 및 그로 인하여 나타나는 효과 등을 객관적인 사정에 따라 합리적으로 판단하여야 할 것이다.」

* 同旨: 대법원 1987. 7. 7. 선고 86다카1004 판결; 동 1998. 2. 27. 선고 97다24382 판결 등.

비진의표시설의 유래

대리권의 남용의 효과를 비진의표시설로 설명하는 판례이론은 주식회사의 대표이사에 의한 대표권의 남용에 관한 판례이론(비진의표시설. 대법원 1988. 8. 9. 선고 86다카1858 판결외 다수)과 맥을 같이 하는 것이다. 이 두 가지의 판례이론은 대리권의 남용과 대표권의 남용에 대해 모두 비진의표시에 관한 규정을 유추적용해 온 일본판례의 영향을 받은 것이다.[2] 그러나 비진의표시설에 대해서는 일본에서도 비판이 많다. 대표적인 비판은 다음과 같다.

원래 대리의사 및 대표의사란 「본인을 위해 한다」라는 의사를 뜻하며, 이 의사에는 「본인의 이익을 위해 한다」라는 의사까지 요구하는 것은 아니다. 대리권 내지 대표권의 남용에 있어서의 대리 및 대표의사에는 자신이나 제3자의 이익을 도모한다는 배임적 의사가 있더라도 본인에게 대리(대표)행위의 효과를 귀속시키려는 의사는 존재한다. 이에 반해 비진의표시란 의사표시로서의 효과를 발생시키려는 의도가 결

1) 일본의 통설 · 판례이다(近藤, 84면; 服部, 282면 註 2; 日最高裁 1979. 5. 1, 判例時報 931호 112면).
2) 日最高裁 1963. 9. 5 判決, 民集 17卷 8號 909면; 동 1976. 11. 26 判決, 「判例時報」 839號 111면.

여되어 있는 표시행위로서, 대리나 대표행위를 비진의표시로 한다면 이는 본인에게 효과를 귀속시킬 의사가 없이 행한 표시행위를 뜻하므로 대리권(대표권)의 남용과는 본질을 달리한다.[1)]

대리권의 남용에 관한 위 판례([판례 12])는 민법 제107조 제 1 항 단서의 유추적용을 당연한 전제로 삼았으나, 그 근거에 관한 설명이 없는데, 위에 소개한 바와 같은 이론적인 난점을 보인다.

5. 공동지배인

(1) 의 의

동일한 상인에게 수인의 지배인이 있을 경우 각자가 대리권을 행사할 수 있음이 원칙이다. 그러나 상인은 수인의 지배인에게 공동으로 대리권을 행사하게 할 수 있다(12조 1항). 이 경우의 지배인을 공동지배인(Gesamtprokuristen)이라 한다. 예컨대 하나의 영업소에서 A와 B를 지배인으로 선임하여 A, B가 공동으로만 지배권을 행사하게 하는 것이다. 공동지배인제도는 지배인의 권한을 양적으로 축소시키는 것이 아니고, 다만 대리권의 행사방법에 제약을 가하는 것이므로, 상법 제11조 제 3 항의 지배권의 제한과는 성격을 달리한다.

원래 지배인제도는 포괄적인 대리권을 가진 자를 통해 상인의 영업을 수행·확장하게 하는 한편, 거래상대방에게 정형화된 대리권을 제시함으로써 거래의 안전과 신속을 도모해 주기 위한 것이다. 이러한 취지에 충실한다면 지배권은 법정된 대로 강행시키는 것이 바람직하다. 지배권에 대한 제한을 선의의 제 3 자에게 대항하지 못하게 한 것(11조 3항)도 그런 뜻에서이다.

그러나 지배인의 권한이 극히 포괄적인 데 비추어 영업주가 이를 견제할 수단이 없다면 기업의 운명을 지배인의 손에 맡겨 놓는 셈이 되어 영업주의 위험부담이 지나치게 크다. 또 지배인이 항상 영업상의 전권에 상응하는 능력을 갖추고 있으리라는 보장도 없다. 물론 지배권을 제한할 수도 있으나, 이는 악의의 제 3 자에게만 대항할 수 있는데, 악의에 관한 증명이 용이하지 않아 영업주로서는 적절한 견제수단이 되지 못한다. 이에 법은 영업주가 지배인의 경솔·불성실·독주를

1) 鈴木淸貴, "代理權の濫用と職務の濫用," 椿壽夫 · 伊藤進, 「代理の硏究」, 日本評論社, 2011, 363면.

견제하는 한편 그 능력을 보충하게 하는 수단으로 공동지배인제도를 두고 있으며, 이와 거래하는 상대방에게 예측가능성을 부여하기 위하여 이 사실을 등기에 의해 공시하도록 한다(13조 후).

(2) 요 건

1) 수인의 지배인 공동지배인으로 하기 위하여는 2인 이상의 지배인이 있어야 한다. 2인 이상의 지배인을 공동지배인으로 하는 형태에는 여러 가지가 있다. (i) 수인의 지배인 전원이 공동으로서 대리권을 행사하게 하는 방법(예컨대 지배인 A, B, C 전원이 공동으로만 대리하게 한다), (ii) 3인 이상의 지배인 중 2인 이상이 공동으로 대리하게 하는 방법(예컨대 A, B, C 3인의 지배인 중 2인 이상이 한 조가 되어 공동으로 대리하게 한다), (iii) 3인 이상의 지배인 중 특정의 지배인과 나머지 지배인 중 1인이 공동으로 대리하게 하는 방법(예컨대 A, B, C의 지배인들 중 A와 B, A와 C의 조로 대리하게 한다.) (iv) 3인 이상의 지배인 중 일부는 단독지배인으로, 일부는 공동지배인으로 하는 방법(예컨대 A는 단독으로 대리하고 B와 C는 공동으로 대리하게 한다) 등이 있다.

2) 영업주의 의사표시 수인의 지배인이 선임된 경우 별다른 사정이 없는 한 각자 지배권을 갖는 것이 원칙이다(민 119조 본). 그러므로 수인의 지배인을 공동지배인으로 하려면 이에 관한 영업주의 의사표시가 있어야 한다. 지배인을 처음 선임할 때부터 공동지배인으로 할 수도 있지만, 원래 각자 지배권을 갖는 수인의 지배인을 새로이 공동지배인으로 묶을 수도 있다.

3) 등 기 공동지배인으로 하거나 그 사항을 변경한 때에는 그 지배인을 둔 본점 또는 지점소재지에서 등기하여야 한다(13조 전, 상등 50조 1항 5호). 공동지배인으로 함에 있어 등기는 그 요건이 아니나, 등기를 하지 아니하면 선의의 제 3 자에게 대항하지 못한다(37조 1항).

(3) 적용범위

재판상의 행위에 관해서는 소송대리인의 개별대리의 원칙(민소 93조)을 근거로 공동대리를 부정하는 견해가 있으나(손주찬 103), 개별대리의 원칙을 선언한 민사소송법 제93조 제 1 항은 임의대리를 적용대상으로 한 것이므로 법정의 대리권이 주어지는 지배인에 대해 당연히 적용된다고 보기는 어렵다. 공동지배인제도는 지배인이 각자 재판상 및 재판외의 모든 행위를 할 수 있다는 상법 제11조 제 1 항의 원칙에 대한 예외로서 설정된 제도인데, 유독 재판상의 행위만 예외의 대상에서 제외시킬 이유가 없다. 재판상의 행위도 공동으로 해야 한다고 본다(同旨: 김성태 208; 정동윤 64; 손진화 76; 오성근 77; 이종훈 43; 정경영 49; 정준우 67; 정찬형 98; 최·김 78; 최준선 145).[1] 공동지배인 중 일부가 종임되어 지배인이 1인으로 되더라도 그가 단독으로 지배권을 갖는 것은 아니다. 영업주가 단독의 지배권을 부여해 주거나, 새로이 공동지배인을 충원할 때까지 지배권의 행사가 정지된다.

(4) 효 과

1) 능동대리

(가) **대리권의 행사방법** 공동지배인은 공동으로만 영업주를 위하여 제 3 자에게 의사표시를 할 수 있다. 「공동으로」 해야 한다 함은 상대방에 대하여 수인의 지배인의 의사가 합체되어 하나의 완성된 대리의사로 표시되어야 함을 뜻한다. 따라서 반드시 수인이 동시에 대리행위를 해야 하는 것은 아니고, 각 지배인이 순차로 의사를 표시하더라도 무방하다. 어음행위와 같은 요식행위에서는 공동지배인 전원이 기명날인(또는 서명)을 해야 하며, 최후의 기명날인(또는 서명)이 행해진 때에 어음행위가 완성된다.

(나) **위임가능성** 공동지배인 중 일부가 다른 일부에게 자신의 권한을 위임할 수 있는가(예컨대 공동지배인 A, B 중 A가 B에게 단독으로 대리하게 하는 것)? 자신의 권한을 포괄적으로 위임하는 것은 복임권을 행사하는 것과 다름 없으므로 허용될 수 없으나, 개별 거래행위나 특정 종류의 행위에 관한 위임에 관해서는 견해가 대립한다. 긍정설은 특정한 행위 또는 특정 종류의 행위에 관한 위임은 대리권을 남용할 위험이 적고, 기업활동의 원활을 기할 필요가 있다는 이유에서 위임이 가능하다고 주장한다(강·임 62; 김성탁 141~142; 김홍기 36; 서완석 70; 서헌제 66; 손진화 75; 안강현 91; 오성근 78; 이(기)·최 163; 이종훈 44; 임홍근 85; 장덕조 31; 정경영 48; 정동윤 67~68; 정준우 59; 정찬형 98; 최·김 78; 최준선 145). 이에 대해 부정설은 (ⅰ) 공동지배인제도는 영업주의 보호를 위해 지배권의 정형성의 부득이한 예외로 인정되는 것인데, 다시 영업주나 지배인들의 편의를 위해 예외의 예외를 설정한다면 지배인제도의 객관적 운영을 어렵게 하며, (ⅱ) 지배인 간의 내부적 위임에 의해 대리행위의 대외적 효력을 좌우하게 함은 공동지배인제도에 대한 예측가능성을 흐리게 하므로, 공동지배인 간의 위임은 불가하다고 해석한다(김성태 208; 김정호 71; 손주찬 103). 부정설도 설득력이 있으나, 이를 엄격히 적용한다면 모든 행위에 관해 공동

1) 이시윤, 「新民事訴訟法」(제17판), 박영사, 2024, 184~185면.

지배인 전원의 물리적 참가를 요하므로 상거래의 신속요청에 반한다. 그러므로 공동지배인 간의 위임관계를 대리행위시에 현명한다면 개별거래에 관한 위임이 가능하다고 본다.

㈐ **위반의 효과** 등기된 공동지배인이 단독으로 대리한 경우 그 대리행위는 무권대리가 되어 무효이다(민 130조). 영업주의 입장에서는 상대방이 선의라 하더라도 무효를 주장할 수 있다는 점이 공동대리제도를 이용할 실익이라고 할 수 있다.

공동지배인이 단독으로 한 행위라도 영업주가 이를 추인할 수 있으며, 추인하면 대리행위를 한 때로 소급하여 영업주에게 효력이 생긴다(민 133조).

2) **수동대리** 공동지배인이라도 수동대리에 있어서는 각자가 대리권을 갖는다. 즉 거래상대방이 영업주에게 하는 의사표시는 공동지배인 중 1인에게 하면 유효하다(12조 2항). 수동대리는 각자가 대리권을 갖더라도 능동대리와 달리 권한남용의 우려가 적은 한편, 공동지배인 중 일부의 의사표시를 수령할 수 없는 사유가 생겼을 경우 거래상대방을 보호할 필요가 있기 때문이다.

공동지배인 중 1인이 의사표시를 수령한 경우 의사의 흠결 · 사기 · 강박 또는 어떤 사정의 지 · 부지, 과실의 유무 등은 이를 수령한 지배인을 표준으로 판단한다(민 116조 1항).

6. 표현지배인

(1) 의 의

표현지배인(表見支配人)이란 지배인이 아님에도 불구하고 지배인으로 오인될 만한 명칭을 사용함으로 인해 지배인과 동일한 권한이 있는 것으로 의제되는 사용인을 말한다(14조 1항).

상법이 지배인의 권한을 영업에 관한 포괄적 대리권으로 정형화시켜 놓은 취지는 지배인과 거래하는 상대방으로 하여금 대리권의 존부 및 그 범위를 일일이 확인할 필요 없이 계약을 체결할 수 있게 함으로써, 상거래에서 절실히 요구되는 거래의 안전과 신속을 기하려는 것이다. 그러므로 지배인제도가 이 취지대로 활용되기 위해서는, 영업주가 사용인에 대하여 대외적으로 지배인이라고 인식되기에 적합한 명칭을 부여하는 한편, 법상의 지배인의 권한에 상응하는 권한을 부여해야 할 것이다.

그러나 거래의 실정을 보면 왕왕 그렇지 못한 예도 있다. 영업주가 편의상 사용인에게 지배인이라는 명칭 또는 지배인으로 오인할 만한 명칭을 부여하면서 그에 상응하는 권한을 부여하지 않는 경우가 있다(요식업, 외판업에서 그 예를 흔히 볼 수 있다). 이러한 사용인이 자신에게 주어진 명칭을 남용하여 진정한 지배인이어야 할 수 있는 대리행위를 하고 상대방이 그 표현적 명칭을 신뢰하여 거래하였을 경우, 이러한 사용인을 표현지배인이라 하는데, 이 경우 거래상대방을 어떻게 보호하느냐는 문제가 생겨난다.

표현지배인의 대리행위는 원래 대리권 없는 자의 행위이므로 무권대리가 되어 무효라고 해야 할 것이다(민 130조). 그러나 외관에 대해 정당한 믿음을 가지고 거래한 자를 보호해야 하는 한편, 사실과 다른 외관을 작출한 자에게 책임을 귀속시킴이 공평하므로, 상법은 외관주의 내지는 금반언의 법리에 따라 표현지배인의 대리행위에 관해 영업주에게 책임을 지운다(14조).

표현지배인의 대리행위는 대부분 민법상의 표현대리(민 125조, 126조)에 해당할 것이므로 상법에 표현지배인에 관한 규정이 없다 하더라고 상대방은 민법규정에 의해 보호받을 수 있다(표현지배인의 행위는 민법 제125조나 제126조에 해당하는 경우가 많을 것이다). 그럼에도 불구하고 상법에 별도로 표현지배인에 관한 규정을 둔 것은 상거래에서 빈번하게 생겨나는 명칭의 남용을 표현지배인으로 정형화시켜 놓음으로써 그에 관한 분쟁을 간명하게 해결하기 위함이다.[1]

(2) 상법의 규정

상법은 제14조 제 1 항에서 「본점 또는 지점의 본부장, 지점장, 그 밖에 지배인으로 인정될 만한 명칭을 사용하는 자는 본점 또는 지점의 지배인과 동일한 권한이 있는 것으로 본다. 다만, 재판상 행위에 관하여는 그러하지 아니하다」라고 규정하고, 동조 제 2 항에서는 「제 1 항은 상대방이 악의인 경우에는 적용하지 아

1) 민법상 표현대리의 책임을 물을 경우 거래상대방은 본인이 대리권을 수여함을 표시한 사실을 증명해야 하나(민 125조), 표현지배인에 해당할 경우 상대방은 표현적인 명칭을 사용한 사실만 증명하면 족한 것이다.

니한다」라고 규정하고 있다. 이 규정이 뜻하는 바를 풀어 말하면, (i) 본점 또는 지점에서 지배인으로서의 표현적 명칭을 사용하는 사용인이, (ii) 지배인의 권한에 속하는 재판외의 대리행위를 하고, (iii) 상대방이 선의일 경우에는, 진정한 지배인의 대리행위에서와 마찬가지로 본인이 거래상의 책임을 진다는 것이다.

(3) 적용요건

1) 표현적 명칭의 사용

(가) 표현적 명칭의 의의 사용인이 본점 또는 지점에서 지배인으로 오인될 만한 명칭, 즉 표현적 명칭을 사용해야 한다. 법문에서는 「본점 또는 지점의 본부장, 지점장, 그 밖에 지배인으로 인정될 만한 명칭」이라고 표현하고 있다(14조 1항 본).[1] 표현지배인제도는 외관주의에 입각한 제도이므로 표현적 명칭의 사용은 표현지배인의 가장 중요한 요건이다.

법문에서 「본부장, 지점장」이라 한 것은 표현적 명칭의 예시이고, 실제 거래계에서는 이 밖에도 지배인·지점장·지사장·영업부장·영업소장·출장소장 등 다양한 명칭이 사용되고 있어 표현적 명칭을 정형화시키기는 어렵다. 다만 거래통념상 특정 영업소의 영업을 책임지는 자라는 믿음을 줄 수 있는 명칭이면 일단 지배인으로 오인할 만한 명칭이라 할 수 있다. 이와 달리 「지점차장」 혹은 「지점장대리」와 같이 명칭 자체에서 상위직 사용인의 존재를 인식할 수 있는 명칭은 당해 영업소의 영업을 책임지는 지위를 나타내는 명칭이라 할 수 없으므로 표현지배인의 명칭으로 볼 수 없다([판례 13, 17] 참조).

판례 13 대법원 1993. 12. 10. 선고 93다36974 판결

「지점차장이라는 명칭은 그 명칭 자체로서 상위직의 사용인의 존재를 추측할 수 있게 하는 것이므로 상법 제14조 제1항 소정의 영업주임 기타 이에 유사한 명칭을 가진 사용인을 표시하는 것이라고 할 수 없고, 따라서 표현지배인이 아니라 할 것이다. … 소외 양재천이 피고회사 전주지점의 촉탁사원으로 입사하여 보험모집과 수금업무에 종사하였으나, 피고회사로부터 차장으로 호칭되고 스스로도 피고회사 전주지점 차장이라 새긴 명함을 사용하여 오던 중 피고회사가 돈을 차용하는 것처럼 원고를 기망하여 원고로부터 그 판시와 같이 8회에 걸쳐 돈을 차용한 사실 … 위 양재천이

---

1) 2010년 5월 14일 개정 전의 법문에서는 「영업주임 기타 유사한 명칭」이라고 표현하였다.

피고회사 전주지점 차장이라는 명칭을 사용한 점만으로는 위 금전차용행위를 피고회사의 표현지배인으로서 한 행위로 볼 수 없다.」

(나) **영업주의 허락** 표현지배인제도는 영업주에게 사실과 다른 외관을 작출한 데 대한 책임을 묻는 제도이므로 표현지배인의 표현적 명칭사용에 대해 영업주에게 귀책사유가 있어야 한다. 즉 영업주가 그러한 명칭사용을 허락하였어야 한다. 영업주가 허락한 바 없는데, 사용인이 자의적으로 표현적 명칭을 사용하며 거래하였다면, 영업주가 사용자배상책임(민 756조)을 질 수 있음은 별론으로 하고 상법 제14조는 적용되지 아니한다.

영업주의 허락은 명시적일 필요는 없고, 명칭사용을 묵인한 경우에도「허락」한 것으로 보아야 한다(통설).

영업주가 법인일 경우에는 무엇을 가지고 영업주의 허락으로 볼 것이냐는 의문이 있는데, 이사회의 결의로 명칭사용을 승인하거나 대표이사가 허락한 경우에는 영업주의 허락이 있다고 보아야 할 것이다.

(다) **명칭사용방법** 표현적 명칭은 거래상대방의 오인의 원인이 되어야 하므로 대외적으로 표시되어야 한다. 표현지배인이 거래상대방에게 자신의 명칭을 적극적으로 표시하는 것이 전형적인 예이고, 잠재적 고객에 대한 안내서, 견적서와 같은 인쇄물에 명칭을 표시한다든지, 은행과 같이 창구영업을 하는 곳에서 고객이 볼 수 있는 장소에 표현적 명칭이 기재된 명패를 사용하는 것도 제14조가 말하는 명칭사용으로 보아야 한다.

(라) **상업사용인 여부** 표현적 명칭을 사용한 자가 지배인이 아니어야 함은 당연하지만, 최소한 부분적 포괄대리권을 가진 사용인(15조) 또는 물건판매점포의 사용인(16조)으로서 일정범위의 대리권을 가진 상업사용인이어야 하느냐는 의문이 있다. 표현지배인제도의 취지가 외관을 신뢰한 자를 보호하자는 것이므로 지배인으로서의 표현적 지위를 갖춘 것으로 족하고 상업사용인이어야 할 필요는 없다고 본다. 이 점은 거래상대방의 신뢰형성에 하등 영향을 주는 바 없기 때문이다.

2) **본점 또는 지점으로서의 실질** 상법 제14조 제 1 항은 표현지배인의 요건으로서「본점 또는 지점의 본부장, 지점장, 그 밖에 지배인으로 인정될 만한

명칭」을 규정하는데, 동 조항에서 말하는 「본점 또는 지점」이 영업소로서의 실체를 갖추어야 하느냐는 점에 관해 견해가 대립한다.

㈎ **실 질 설** 지배인이란 본점 또는 지점의 영업에 관해 포괄적 대리권을 가진 자이므로(10조, 11조 1항), 표현지배인을 표현적 명칭 때문에 지배인으로 오인한다고 하는 사실은 그 표현지배인이 속해 있는 「본점 또는 지점의 영업에 관해」 포괄적 대리권을 갖고 있는 것으로 오인함을 뜻한다. 그렇다면 상법 제14조 제 1 항의 적용은 표현지배인이 소속된 본점 또는 지점만큼은 적법한 지배인의 대리행위가 존재할 수 있을 정도로 영업소로서의 실질을 갖추고 있음을 전제로 한다고 보아야 할 것이고, 이것이 통설 · 판례의 입장이다([판례 14] 참조).

판례 14 대법원 1978. 12. 13. 선고 78다1567 판결

「… 표현지배인으로서 본조[상법 14조 1항]를 적용하려면 당해 사용인의 근무장소가 상법상의 영업소인 "본점 또는 지점"의 실체를 가지고 어느 정도 독립적으로 영업활동을 할 수 있는 것임을 요한다 할 것이다.

…피고회사 부산영업소의 업무내용은 본점 또는 지점의 지휘감독 아래 보험의 모집, 보험료의 집금과 송금, 보험계약의 보전 및 유지관리, 보험모집인의 인사관리 및 교육, 출장소의 관리감독 기타 본 · 지점으로부터 위임받은 사항으로 되어 있음이 또한 뚜렷하므로 이에 의하면 위 부산영업소는 피고회사의 기본적 업무를 독립하여 처리할 수는 없고 다만 본 · 지점의 지휘 · 감독 아래 기계적으로 제한된 보조적 사무만을 처리하는 것으로밖에 볼 수 없으니 이는 상법상의 영업소인 본점 · 지점에 준하는 영업장소라고 볼 수 없어 부산영업소장 권영진을 위 법조에서 말하는 표현지배인이라고 볼 수 없다.」

* 同旨: 대법원 1983. 10. 25. 선고 83다107 판결; 동 1998. 8. 21. 선고 97다6704 판결; 동 1998. 10. 13. 선고 97다43819 판결.

[사실관계] 판례 [14]의 사실관계는 다음과 같다.

범한해상화재보험 주식회사의 부산영업소장은 동사의 지배인도 아니고 본사로부터 어음행위를 수권받은 바도 없는데, 수취인난에 「범한해상화재보험 주식회사 부산영업소」라고 기재된 약속어음을 교부받아 다시 「범한해상화재보험 주식회사 부산영업소장 권영진」이란 이름으로 배서하였던바, 어음소지인이 범한화재해상보험 주식회사에 대해 상법 제14조를 근거로 배서인의 담보책임을 물어 온 사건이다.

한편 위 同旨 판례 중 97다6704 판결은 어느 제약회사가 부산에 同회사의 「부산분실」이라는 영업조직을 두고 부산 일원의 약국에 동 회사가 제조한 약품을 판매하

고 그 대금을 수금하며 거래처에서 수금한 약속어음 등을 할인하여 피고 회사에 입금시키는 등의 업무를 담당시켰는데, 그 「분실장」이라는 사용인이 권한 없이 회사의 이름으로 어음에 배서하여 할인하였으므로 어음소지인이 회사에 상환청구책임을 물은 데 대한 것이다. 이 사건에서 대법원은 역시 실질설을 취하면서, 「부산 분실」은 지점으로서의 실체를 갖추고 있다고 보았다.

㈏ **외 관 설** 일부 학설은, 실질설을 취할 경우 거래상대방에게 영업소의 실질에 관한 조사를 해야 하는 부담을 주어 부당하고, 상법 제14조가 외관보호를 위한 규정이니만큼 그 취지에 일관되게 외관보호의 대상을 표현적 명칭에 국한시킬 것이 아니라 본·지점에도 적용하여야 한다는 이유에서, 본·지점으로서의 외관을 갖추고 있으면 그 실질에 관계없이 상법 제14조를 적용해야 한다고 주장한다(최준선 147).

표현지배인의 성립 여부

	영업소의 실질 유 영업소의 형식 유	공히 무	영업소의 실질 무 영업소의 형식 유
실 질 설	○	×	×
외 관 설	○	×	○

㈐ **사 견** 표현지배인이 소속된 본·지점이 영업소로서의 실질을 갖추고 있거나 명실공히 영업소로서의 실질을 갖추고 있지 못할 때에는 어느 설에 의하든 상법 제14조의 적용 여부에 차이가 없다(예컨대 신문보급소장과 신문에 게재할 광고를 계약한 경우 또는 건설공사현장의 감독과 건설도급계약을 체결한 경우에는 어느 설에 의하더라도 상법 제14조를 적용하지 않는다). 양설의 차이가 생기는 한계점은 표현지배인이 근무하는 장소가 외관상으로는 본점 또는 지점 등의 명칭을 사용하고 있어서 독립된 영업소로 보이지만 사실은 영업소로서의 실질을 갖추지 못한 경우이다. 이 경우에 실질설을 취한다면 표현적 명칭을 사용한 사용인이 거래하는 등 다른 요건을 구비하더라도 상법 제14조를 적용할 수 없을 것이고, 외관설을 취한다면 동조를 적용할 수 있다. 그러나 이 경우에 사용인의 행위가 일반 표현대리의 요건을 충족한다면(민 125조, 126조) 영업주에게 표현대리의 책임을 물을 수 있어 어느 설을 취하든 실질적으로 차이가 없다. 그렇다면 양설의 궁극적인 차이점은 표현적 명칭을 사용한 자의 근무장소가 영업소로서의 실질을 갖추지 못하고, 동시에 동 사용인의 대리

행위가 표현대리의 요건도 충족하지 못한 경우에 생겨난다. 이 경우 외관설을 취한다면 민법상의 표현대리의 요건도 충족하지 못한 경우에까지 영업주에게 책임을 귀속시키는 불합리가 생겨난다. 그러므로 상법 제14조는 영업소가 실체를 구비한 경우에 한해 적용되어야 한다.

3) **권한 밖의 대리행위** 표현지배인이 자신의 권한 밖의 대리행위를 하되, 그 대리행위는 통상 지배인의 권한 내의 행위로 인정되는 행위이어야 한다(대법원 1989. 8. 8. 선고 88다카23742 판결; 동 1998. 8. 21. 선고 97다6704 판결). 지배인의 선임이나 영업의 양도·폐지와 같이 진정한 지배인도 할 수 없는 행위는 처음부터 상법 제14조의 적용대상이 되지 아니한다.

재판상의 행위는 법이 명문으로 제외시켜 놓고 있다(14조 단). 표현지배인제도는 외관을 신뢰하여 이루어진 거래를 보호하자는 것인데, 재판상의 행위는 거래가 아닌데다가 외관주의보다는 실체적 진실이 더 중요하기 때문이다.

4) **상대방의 선의** 표현지배인제도는 외관을 신뢰한 자를 보호하기 위한 제도이므로 상대방이 선의이어야 한다(14조 2항).

㈎ **선의의 대상** 「선의」라 함은 표현적 명칭을 사용한 사용인을 지배인으로 믿었음을 뜻한다.[1] 상대방이 악의인 경우, 즉 지배인이 아님을 알고 표현지배인과 거래한 경우에는 무권대리가 되어 무효이다. 상대방의 악의는 영업주가 증명하여야 한다.[2]

선의·악의의 대상을 이와 달리 이해하여, 표현적 명칭을 사용한 사용인이 문제된 거래에 관해 대리권이 있느냐에 관해 상대방의 선의·악의를 따지는 견해가 있다(최·김 82).[3] 이에 의하면 거래상대방이 표현적 명칭의 사용자가 지배인이 아님을 알았다 하더라도 당해 거래에 관해 대리권을 가지고 있다고 믿었다면 상법 제14조 제1항의 적용대상이 된다. 그러나 이는 본조의 취지를 벗어나는 해석이다. 본조는 표현적 명칭 때문에 상대방에게 포괄적 권한이 있다고 믿은 자를 보호하려는 것이다. 그런데 위 경우에는 처음부터 지배인이 아닌 것을 알았으므로 표현적 명칭으로 인한 오인이 없어 제14조가 예상한 적용대상이 아닐 뿐 아니라, 지배인이 아님을 알고 거래한 자에 대해 지배인과 거래한 것과 같은 효력을 인정

1) 近藤, 89면.
2) 日最高裁 1957. 11. 22, 裁判集民事 28호 807면.
3) 大隅, 163면.

해 준다는 것은 상대방의 예측보다 과대한 효과이다. 지배인이 아닌 줄 알았으나 당해 거래에 관해 대리권이 있는 것으로 믿었다는 것은 개별적인 대리권에 관한 오인으로서, 일반 표현대리의 성립 여부가 문제될 사안이다.

(나) **과실의 요부** 선의에 무과실을 요하느냐가 문제되는데, 법문상 무과실을 요건으로 하지 않으므로 경과실이 있는 자도 보호받는다고 해야 할 것이다. 그러나 중과실이 있는 경우에는 영업주의 외관작출과 상쇄되는 허물이 있다 할 것이므로 악의의 경우와 같이 다루어야 한다(통설).

선의 혹은 악의 여부는 거래 당시를 기준으로 해서 판단해야 한다(통설). 따라서 거래시에 선의였다면 후에 지배인이 아님을 알게 되더라도 제14조 제 1 항을 적용함에 아무런 영향이 없다.

(4) 효 과

이상의 요건을 충족한 표현지배인의 대외적 행위는 진정한 지배인의 행위와 같은 효력을 지닌다. 법문에서 「… 지배인과 동일한 권한이 있는 것으로 본다」라고 표현한 것은 표현지배인이 일상적으로 지배인과 대등한 권한을 갖는 뜻이 아니라, 그가 한 특정의 행위에 대해 지배인의 행위와 같은 효력을 준다는 뜻이다. 그래서 표현지배인이 한 대리행위는 무권대리(민 130조)가 되지 아니하고 영업주가 이에 대해 책임을 진다. 상대방이 영업주에게 거래의 이행책임을 추궁하는 한, 표현지배인에 대하여 무권대리인의 책임(민 135조)을 물을 수 없을 뿐 아니라 불법행위책임을 물을 수도 없다.

Ⅳ. 부분적 포괄대리권을 가진 사용인

1. 의 의

「부분적 포괄대리권을 가진 사용인」(Handlungsbevollmächtigte)이라 함은 영업주로부터 영업의 특정한 종류 또는 특정한 사항에 관한 위임을 받아 그에 관한 재판외의 모든 행위를 할 수 있는 권한을 가진 상업사용인이다(15조 1항).

상인의 영업활동을 포괄적으로 대리하게 하는 지배인제도가 마련되어 있지만, 기업에서는 흔히 특정의 사용인에게 영업의 일부로 범위를 정하여 대외적인 거래를 맡기기도 한다. 예컨대 건설회사에서 「자금부장」이라는 직책을 두어 금융기관을 상대로 한 자금조달업무를 전담시키고, 백화점에서 「구매과장」이라는 직책을 두어 상품의 구매업무를 전담시키는 것과 같다. 지배인을 둘 때에는 상인은 기업활동 전부를 타인의 전권에 의탁해야 하는 위험부담을 감수해야 하지만, 이러한 부분적인 업무집행권을 가진 자를 둠으로써 타인의 행위로 인해 생기는 위험부담을 영업의 부문별로 제한할 수 있다. 한편 이러한 사용인과 거래하는 상대방은 그 사용인에게 위임된 사항에 관해서는 포괄적인 대리권이 있다고 신뢰함이 보통이다. 따라서 그 신뢰에 부합하도록 법상 포괄적인 대리권을 부여함으로써 상대방이 일일이 대리권을 확인할 필요 없이 신속·안전하게 거래하도록 하는 것이 이 제도의 취지이다. 이 점 지배인제도와 취지를 같이하나, 양자는 권한의 범위가 다르다. 그리하여 부분적 포괄대리권을 가진 사용인의 행위에 대하여는 그 행위가 권한 외의 행위라면 영업주가 선의의 제 3 자에게도 대항할 수 있으며, 부분적 포괄대리권을 가진 사용인의 선임과 종임은 등기사항이 아니라는 점 등의 차이가 있다.

2. 선임과 종임

부분적 포괄대리권을 가진 사용인은 영업주가 선임하는 외에 지배인도 이를 선임할 수 있다(11조 2항). 부분적 포괄대리권을 가진 사용인제도는 소상인에게도 적용된다.

부분적 포괄대리권을 가진 사용인의 선임행위는 지배인에 관해 설명한 바와 같이 「영업의 특정한 종류 또는 특정한 사항에 관한 위임」으로 나타나는데, 이는 단독행위로서 고용 등 원인된 법률관계와 분리하여 이해해야 한다. 법문에서는 「위임」이라 표현하고 있으나, 민법 제680조 이하에서 정하는 위임계약을 뜻하는 것이 아니라 「영업의 특정한 종류 또는 특정한 사항에 관한 수권」을 의미하는 것으로 읽어야 한다. 그리고 그 선임행위는 묵시적으로도 이루어질 수 있다.

부분적 포괄대리권을 가진 사용인은 영업주의 피용자인 경우가 대부분이지만 회사의 이사가 회사의 일상적인 업무를 분장하여 대리하는 경우(예: 판매 담당이사), 그 이사도 부분적 포괄대리권을 가진 사용인의 지위를 겸하는 것으로 보아야 한다(대법원 1968. 7. 23. 선고 68다442 판결; 동 1996. 8. 23. 선고 95다39472 판결).

부분적 포괄대리권을 가진 사용인의 종임사유도 대체로 지배인과 같으나, 부분적 포괄대리권을 가진 사용인이 담당하던 업무가 폐쇄 또는 종결된 경우에도 종임한다. 예컨대 어느 금융기관의 지점에서 향후 채권판매업무를 중단하기로 했다면 그 담당사용인도 종임한다(고용이 종료된다는 뜻이 아님).

부분적 포괄대리권을 가진 사용인의 선임과 종임은 지배인과 달리 등기사항이 아니다. 따라서 부실등기의 효력(39조), 등기 전후의 제 3 자에 대한 대항력(37조) 등의 문제는 생기지 아니한다.

위임의 내용

「영업의 특정한 종류 또는 특정한 사항에 관한 위임」이란 법률행위를 할 수 있는 권한을 수여함을 의미한다. 구 대한주택공사(LH 공사의 전신)가 충남 아산의 아파트 공사 현장에 둔 현장사무소장 갑이 하도급업체가 구입하는 시멘트의 대금지급을 보증하는 행위를 하였다. 후에 하도급업체가 시멘트대금을 지급하지 못하자 시멘트공급자가 갑은 대한주택공사의 부분적 포괄대리권을 가진 상업사용인에 해당한다는 주장을 하며 동 공사에 시멘트대금을 청구하였다. 이에 대법원은 상법 제15조의 사용인이 되기 위하여는 사용인의 업무내용에 영업주를 대리하여 법률행위를 하는 것이 포함되어 있어야 하는데, 갑의 업무내용에는 법률행위를 하는 것이 포함되어 있지 않아 상법 제15조의 사용인이 될 수 없다고 판시하였다(대법원 2002. 1. 25. 선고 99다25969 판결).

3. 권 한

부분적 포괄대리권을 가진 사용인은 그가 수권받은 영업의 특정한 종류 또는 특정한 사항에 관한 재판외의 모든 행위를 할 수 있다(15조 1항).

1) 대리권의 범위 영업주 또는 지배인이 부분적 포괄대리권을 가진 사용인에게 수권한「영업의 특정한 종류 또는 특정한 사항」은 부분적 포괄대리권을 가진 사용인의 대리권의 범위를 정하는 기준이 된다.「영업의 특정한 종류」라 함은 상인이 수행하는 영업의 종류별 일부를 말한다. 예컨대 건설회사가 특정사용인에게 아파트의 분양업무만을 전담시키는 것과 같다. 이에 대해「영업의 특정한

사항」이란 보조적 상행위를 뜻하는 것으로 풀이된다. 예컨대 건설회사에서 특정 사용인에게 자금조달을 전담시킨다든지 건설 자재의 운송계약을 전담시키는 경우와 같다.

2) **대리권의 포괄성** 영업의 특정한 종류 또는 특정한 사항을 수권받은 사용인은 그에 관해 「재판외의 모든 행위」를 할 수 있다. 개개의 행위에 관해 별도의 수권이 없더라도 수권받은 영업의 특정한 종류 또는 사항에 관해 「포괄적인 대리권」을 갖는다는 점에서 지배인과 같고 일반 대리인의 지위와 다르다. 예컨대 의류제조업체에서 원자재의 구매업무를 맡은 사용인이라면 공급자를 선정하고 원자재구매계약을 체결하는 것은 물론, 대금지급 기타 이행에 관한 합의, 담보의 제공, 운송에 관한 사항 등에 관해서도 대리권을 갖는다. 또 건물의 분양계약을 수권받은 사용인이라면 분양계약 자체뿐만이 아니라 분양계약의 취소, 해제 그리고 이에 이은 재분양과 같은 후속적인 행위에 관해서도 대리권을 갖는 것으로 보아야 한다([판례 15] 참조).

판례 15 대법원 1994. 10. 28. 선고 94다22118 판결

「… 피고는 … 그를 대신하여 위 공사현장사무실에서 현장소장 겸 관리부장인 소외 최재훈, 관리과장인 소외 김근수 등으로 하여금 그 책임하에 모든 분양 관련 업무를 처리하도록 지시함으로써, 그들이 이에 따라 그 후로 모두 80여건에 달하는 위 오피스텔 건물에 관한 분양계약의 체결 및 그 대금수령 등 일체의 분양업무를 처리하게 되고, 그 후 피고가 위 건물의 건축공사를 무려 1년여가 넘도록 중단한 채로 계속 방치하는 과정에서 원고들을 포함한 일부 분양계약자들이 이를 이유로 위 최재훈 등을 상대로 분양계약의 해제를 요구하는 등으로 이의를 제기하게 되자, 이에 대처하여 적절한 분쟁해결방법을 강구하는 모든 업무도 역시 위 최재훈 등이 시종 이를 전담처리하여 온 것임이 분명하다.

이와 같이 위 최재훈, 김근수 등이 위 오피스텔 건물의 분양사업을 영위하는 피고의 위임을 받아 관리부장 또는 관리과장의 직책에 기하여 실제로 위 오피스텔 건물에 관한 분양계약의 체결 및 대금수령, 그리고 그 이행책임을 둘러싼 계약상대방의 이의제기에 따른 분쟁관계의 해결 등 일체의 분양 관련 업무를 처리하여 온 자들이고, 특히 그 업무의 수행이 단지 일회적으로 그치게 되는 것이 아니라, 당해 오피스텔 건물의 분양이 완료될 때까지 계속적으로 반복되는 상행위인 성질에 비추어 볼 때, 위 최재훈 등은 상법 제15조 소정의 영업의 특정된 사항에 대한 위임을 받은 사용인으로서 그 업무에 관한 부분적 포괄대리권을 가진 상업사용인으로 봄이 타당하고, 그 업무의

범위 속에는 위 오피스텔 건물에 관한 분양계약의 체결은 물론이고, 기존 분양계약자들과의 분양계약을 합의해제하거나 해제권 유보에 관한 약정을 체결하고, 나아가 그에 따른 재분양계약을 체결하는 일체의 분양거래행위도 당연히 포함되는 것이라고 봄이 상당할 것이다. 이러한 건물의 일반분양업무는 통상 개별적인 분양계약의 체결에 그치지 않고, 사정에 따라 그 일부 분양의 취소 내지 해제와 이에 따른 보완적인 재분양계약의 체결 등의 거래행위가 순차적 계속적으로 수행되는 것이므로, 일반거래상대방의 보호를 위하여는 이러한 모든 행위가 일률적으로 그 업무범위 내에 속한다고 보아야지, 그 중에서 분양계약의 취소, 해제만을 따로 떼어 그 업무는 본인이 이를 직접 수행하든지 분양업무를 맡은 사용인에게 별도의 특별수권을 하여야 한다고 새겨서는 안 될 것이다 …」

영업주가 특정 사용인에게 일정부문의 업무에 관해 포괄적인 대리권을 수여하되, 내부적으로 상위직의 사전 결재를 받도록 하는 예가 많은데, 이같은 내부적 통제가 따른다 하더라도 부분적 포괄대리권을 가진 사용인으로 보는 데에는 지장이 없다.[1]

3) 대리권의 한계 부분적 포괄대리권을 가진 사용인은 위와 같이 수권받은 영업의 특정 종류 또는 특정 사항에 「관한」 행위에 국한하여 대리권을 가지므로 그 밖의 행위를 하면 무권대리가 된다. 다만 수권받지 않은 행위를 하더라도 그 행위에 관해 표현대리가 성립할 수 있으며 그 경우에는 영업주가 책임을 진다(대법원 1999. 7. 27. 선고 99다12932 판결).

어떠한 행위가 수권받은 영업의 특정한 종류 또는 사항에 「관한」 것이냐에 대한 판단은 영업주와 거래상대방에 대해 중대한 이해가 걸린 문제이다. 영업의 특정한 종류 또는 사항에 「관한」 행위는 수권받은 사무의 처리를 위해 필요한 행위를 뜻한다. 어떠한 행위가 이에 속하는가는 당해 영업의 규모와 성격, 거래행위의 형태 및 계속·반복 여부, 사용인의 직책명, 전체적인 업무분장 등 여러 사정을 고려해서 거래통념에 따라 객관적으로 판단하여야 한다(대법원 2009. 5. 28. 선고 2007다20440 · 20457 판결).[2]

1) 대법원 1989. 8. 8. 선고 88다카23742 판결: 「… 피고회사의 영업 5부장인 김종훈과 농수산과 과장대리인 안재호가 이 사건 입고보관증 발행당시 거래선 선정 및 계약체결, 담보설정, 어물구매, 어물판매, 어물재고의 관리 등의 업무에 종사하고 있었다면 비록 상무, 사장 등의 결재를 받아 위 업무를 시행하였다 하더라도 상법 제15조 소정의 "영업의 특정한 종류 또는 특정한 사항에 대한 위임을 받은 사용인"으로서 위 업무에 관한 부분적 포괄대리권을 가진 사용인이라 할 것이[다]」(대법원 1974. 6. 11. 선고 74다492 판결 참조).

2) 判旨: 주임, 계장 및 팀장이라는 이름으로 고정 거래처에 통신기기를 판매해 온 영업직원이 거래처

예컨대 여관의 사용인은 여관업의 실태로 보아 어음을 발행할 권한은 없다고 보아야 하며(121면 참조), 은행 내부의 재무제표작성을 전담하는 계리부장대리가 타인의 채무를 보증한 것은 그의 직무에 관한 것으로 볼 수 없다(대법원 1971. 5. 24. 선고 71다656 판결). 어음의 발행, 채무의 보증 등은 이에 관한 특별한 수권이 없는 한 일반적으로 부분적 포괄대리권을 가진 사용인의 권한 밖이라고 보아야 하며, 그 밖에도 자금의 차입, 부동산 기타 고정자산의 처분도 마찬가지로 이해해야 한다([판례 16] 참조).[1)]

그러나 회사의 영업부장이 한 회사제품의 공급계약(대법원 1968. 3. 5. 선고 67다2297 판결), 회사의 사업과장이 한 물품구매행위(대법원 1974. 6. 11. 선고 74다492 판결) 등은 그 권한 내의 행위로 보아야 한다.

한편 수권받은 업무와 관련되는 것이라 하더라도 실정법규에서 명문으로 금하고 있는 행위에 관하여는 대리권을 인정할 수 없다(예: 금융투자업자의 손실부담계약, [판례 17] 참조).

4) 소송행위 부분적 포괄대리권을 가진 사용인의 대리권은 지배인의 경우와 달리 재판상의 행위에는 미치지 아니한다. 소송행위는 그 중요성으로 보아 부분적인 대리권만 갖는 사용인에게 수행시키는 것이 부적절할 뿐만 아니라, 다양한 행위로 이루어지는 소송행위의 성질상 부분적 포괄대리권의 범위를 특정하기 어렵기 때문이다. 그러나 영업주로부터 별도의 수권이 있으면 민사소송법의 제약하에 소송행위를 할 수 있음은 물론이다(예: 민소 87조, 88조).

판례 16 대법원 1990. 1. 23. 선고 88다카3250 판결

「… 일반적으로 주식회사의 경리부장은 경상자금의 수입과 지출, 은행거래, 경리장부의 작성 및 관리 등 경리사무 일체에 관하여 그 권한을 위임 받은 것으로 봄이 타당하고 그 지위나 직책, 회사에 미치는 영향, 특히 회사의 자금차입을 위하여 이사회의 결의를 요하는 등의 사정에 비추어 보면 특별한 사정이 없는 한 독자적인 자금차용은 피고회사로부터 위임되어 있지 않다고 보아야 할 것[이다.]」

* 同旨: 대법원 1999. 5. 28. 선고 98다34515 판결.

에 대금을 선급하여 주면 일부 물품을 무상으로 공급해 주기로 제의하고 거래처의 승낙을 받아 실행한 사안에서, 무상공급을 약속한 부분이 부분적 포괄대리권을 가진 사용인의 대리행위로 볼 수 있느냐가 문제되었는데, 법원은 동 사용인의 권한에는 물품의 판매, 대금의 수수, 감액, 지급연기 등의 권한이 포함된다고 볼 수 있으므로 무상공급도 권한범위 내라고 판단하였다.

1) [참고] §54 Abs. 2 HGB: 부분적 포괄대리권을 가진 사용인이 부동산의 처분이나 담보 설정, 어음상의 채무 부담, 금전 차용, 소송수행을 하기 위하여는 특별한 수권을 요한다.

판례 17 대법원 1994. 1. 28. 선고 93다49703 판결

「일반적으로 증권회사의 지점장대리는 그 명칭 자체로부터 상위직의 사용인의 존재를 추측할 수 있게 하는 것이므로, 상법 제14조 소정의 영업주임 기타 이에 유사한 명칭을 가진 사용인이라고 할 수는 없고, 단지 같은 법 제15조 소정의 영업의 특정한 종류 또는 특정한 사항에 대한 위임을 받은 사용인으로서 그 업무에 관한 부분적 포괄대리권을 가진 사용인으로 봄이 타당한바, 그 지위나 직책, 특히 증권거래법 제52조 제 1 호에 의하면, 증권회사 또는 그 임직원이 고객에 대하여 유가증권의 매매거래에서 발생하는 손실의 전부 또는 일부를 부담할 것을 약속하고 그 매매거래를 권유하는 행위를 금지하고 있는 점 등의 사정에 비추어 볼 때, 특별한 사정이 없는 한 증권회사 지점장대리와 고객과의 사이에서 증권회사의 채무부담행위에 해당하는 이 사건과 같은 손실부담약정을 체결하는 것은 위 대리권의 범위에 속한다고 볼 수는 없다.」

註) 위 판례는 구 증권회사(현 '금융투자업자'에 해당)의 지점장대리라는 직함을 가진 자가 고객과 손실부담약정을 한 것에 대해 이를 권한 외의 행위로 본 것이다. 「손실부담약정」이란 고객이 증권투자를 하여 손실을 입으면 이를 증권회사가 보상해 주기로 하는 합의를 말한다. 흔히 증권회사의 직원이 고객을 유치하기 위하여 고객과 이러한 약정을 하는데 자본시장법에서는 이를 금하고 있다(자금 55조).

4. 대리권의 제한

부분적 포괄대리권을 가진 사용인의 대리권은 법률에 의해 의제되는 것이므로 이에 대한 제 3 자의 신뢰를 보호해야 한다. 때문에 영업주나 지배인이 부분적 포괄대리권에 대해 제한을 두더라도 이로써 선의의 제 3 자에게 대항하지 못한다(15조 2항). 「선의」, 「제 3 자」의 뜻과 범위는 지배인에 관해서 설명한 바와 같다.

5. 대리권의 남용

부분적 포괄대리권을 가진 사용인이 자기 또는 제 3 자의 이익을 위하여 영업주를 대리한 경우 어떠한 효력이 있는가? 지배인이 권한을 남용한 경우와 본질이 같은 문제이다. 기술한 바와 같이 영업에 관한 것인지 본인을 위한 것인지는 행위의 객관적 성질에 따라 판단할 문제이므로 사용인의 주관적인 목적은 고려할 필요가 없다. 그러나 사용인의 배임적 의사 즉 자기 또는 제 3 자의 이익을 위해 대리한다는 사실을 상대방이 알거나 알 수 있었을 때에는 지배인의 월권과 마찬가

지로 민법 제107조 제 1 항 단서를 유추적용하여 대리행위가 무효라고 함이 판례의 입장이다(대법원 2008. 7. 10. 선고 2006다43767 판결).

6. 표현적 부분포괄대리권을 가진 사용인

기업에서는 흔히 부장·과장·대리 등의 직제를 사용하는데, 그러한 자리에 임용된 자 중에는 명칭만으로는 어떤 대리권을 가졌는지 불분명한 자도 있고, 때로는 전혀 대리권을 갖지 아니한 자도 있다. 이러한 자가 영업주를 대리하여 제 3 자와 거래한 경우, 부분적 포괄대리권을 가진 사용인에 관해서는 표현지배인 제도와 같은 규정이 없으므로 제 3 자가 예측하지 못한 손해를 볼 수 있다. 물론 민법상 표현대리의 요건을 갖춘 경우에는 민법규정에 의해 구제받을 수 있다. 그러나 통상「부장」·「과장」등의 명칭을 사용했다고 하여 민법 제125조가 규정하는「제 3 자에 대하여 타인에게 대리권을 수여함을 표시한」경우로 보기는 어려우므로 항상 민법상의 표현대리가 성립하는 것은 아니다. 이같이 부분적 포괄대리권을 가진 사용인으로서의 표현적 상태에 있는 사용인의 행위에 대해 민법상의 표현대리규정을 적용하기 어려운 점을 감안하여, 이 경우에는 상법 제14조(표현지배인)를 유추적용하자는 견해가 있다(강·임 70; 손주찬 108; 안강현 100; 임홍근 91; 전우현 74; 정동윤 72; 정찬형 105).[1)]

그러나 표현제도는 사실에 근거하지 않은 외형적 법률관계를 거래의 안전을 위하여 진실한 법률관계로 의제하는 제도로서, 필히 당사자 일방의 희생을 수반하므로 명문의 근거없이 인정할 수 있는 제도가 아니다. 또 표현제도는 당사자 일방이 외관의 창출에 유책일 것을 전제로 하는데, 민법 제125조에도 해당하지 않는 경우라면 통념상 영업주가 표현제도를 적용해야 될 정도로 유책하다고 보기는 어렵다. 사용인이 부분적 포괄대리권이 있는 듯 꾸미고 제 3 자와 거래하였다면 대부분의 경우 불법행위가 될 것인바(민 750조), 그렇다면 영업주에게 사용자배상책임(민 756조)을 묻도록 할 것이고, 표현지배인에 관한 규정(14조)의 유추적용은 타당하지 않다(同旨: 김성탁 149; 김성태 219; 김홍기 43; 서완석 75; 손진화 82; 송옥렬 41; 오성근 90; 이종훈 53; 장덕조 38; 정경영 56; 정준우 77; 최·김 87; 최준선 153). 판례도 표현적 부분적 포괄대리권을 가진 사용인의 대리행위와 관련하여 거래상대방은 영업주에 대해 표현대리의 책임(민 125조, 126조) 혹은 사용자배상책임(민 756조)을 물을 수 있을 뿐이고, 상법

1) 服部, 316면; 田中(總則), 394면.

제14조는 유추적용될 수 없다는 입장을 취한다([판례 18] 참조).

판례 18 대법원 2007. 8. 23. 선고 2007다23425 판결

「… 부분적 포괄대리권을 가진 사용인의 경우에는 상법은 그러한 사용인으로 오인될 만한 유사한 명칭에 대한 거래 상대방의 신뢰를 보호하는 취지의 규정을 따로 두지 않고 있는바, 그 대리권에 관하여 지배인과 같은 정도의 획일성, 정형성이 인정되지 않는 부분적 포괄대리권을 가진 사용인들에 대해서까지 그 표현적 명칭의 사용에 대한 거래 상대방의 신뢰를 무조건적으로 보호한다는 것은 오히려 영업주의 책임을 지나치게 확대하는 것이 될 우려가 있으며, 부분적 포괄대리권을 가진 사용인에 해당하지 않는 사용인이 그러한 사용인과 유사한 명칭을 사용하여 법률행위를 한 경우 그 거래 상대방은 민법 제125조의 표현대리나 민법 제756조의 사용자책임 등의 규정에 의하여 보호될 수 있다고 할 것이므로, 부분적 포괄대리권을 가진 사용인의 경우에도 표현지배인에 관한 상법 제14조의 규정이 유추적용되어야 한다고 할 수는 없다.

이와 달리 부분적 포괄대리권을 가진 사용인의 경우에도 표현지배인에 관한 상법 제14조의 규정이 유추적용되어야 한다는 전제하에, 소외 1이 '피고 강남지사 영업팀장'이라는 명칭을 사용하였으므로 상법 제14조에 의하여 소외 1을 부분적 포괄대리권을 가진 사용인과 동일한 권한이 있는 자로 보아야 한다는 원고의 주장은, 그 전제가 그릇된 이상 나아가 살필 필요 없이 받아들일 수 없다.」

V. 물건판매점포의 사용인

1. 의 의

물건을 판매하는 점포의 사용인은 그 판매에 관한 모든 권한이 있는 것으로 본다(16조 1항). 이 규정을 지배인 및 부분적 포괄대리권을 가진 사용인에 관한 규정들(11조 1항, 15조 1항)과 비교해 보면 중요한 차이점을 발견할 수 있다. 지배인과 부분적 포괄대리권을 가진 사용인에 관한 규정들은 영업주가 영업에 관해 일정한 수권을 한 사용인에 대해 법상의 대리권을 부여하는 것임에 대해, 물건판매점포의 사용인에 관한 규정은 영업주의 수권 여부에 관계없이 동 사용인의 대리권을 의제하는 것이다. 즉 영업주와의 실체적 법률관계와 무관하게 「물건판매점포의 사용인」이라는 외관 자체에 법적 효력을 부여한 것이다. 예컨대 고객이 물건판매점포에 근무

하는 사용인으로부터 물건을 구입한 경우에는 그 사용인에게 판매권한이 없더라도 이 규정에 의해 거래가 유효하게 성립하는 것이다.

물건판매점포의 사용인에 대하여 이와 같은 강력한 외관주의를 적용하는 이유는 특히 점포를 중심으로 이루어지는 상거래의 경우 신속과 안전에 대한 요구가 더욱 강하기 때문이다. 물건판매점포에서의 거래는 보통 소량·소규모의 소매거래로서 불특정 다수인이 고객으로 참여하여 신속하고 빈번하게 이루어짐을 특징으로 한다. 이러한 거래에서 일일이 사용인의 판매대리권의 유무를 확인한다는 것은 거래의 실정상 기대하기 어려운 일이다. 한편 점포에서 자리를 지키는 사용인은 동산의 점유에 비견할 수 있는 권리자로서의 외관을 지닌다고 할 수 있으므로, 상법은 이러한 자의 대리권을 의제함으로써 점포를 방문하는 고객의 이익을 보호하는 한편, 영업주에 대해서는 점포에 둔 사용인으로 인한 위험부담에 관해 예측가능성을 부여해 주고 있다.[1)]

2. 적용요건

본조는「물건을 판매하는 점포의 사용인」에 대해서만 적용된다.

1) 거래의 성질　　본조는「물건판매」점포에서 이루어지는 거래의 특성을 고려한 규정이다. 즉 물건판매계약에서는 보통 상품의 질·수량 등이 중요한 요소이고 당사자의 개성은 거의 무시되며, 물건을 구입하는 고객의 입장에서는 판매자의 지위나 권한을 염두에 두지 않는 것이 통례인 점을 감안한 것이다. 입법취지가 그러하므로 예컨대 건축공사의 발주라든지 인쇄물의 제작 주문과 같이 물건판매가 아니고 용역의 공급을 내용으로 하는 거래는 당사자의 개성이 중시되므로 본조가 적용되지 아니한다.

2) 장소적 요건　　본조는 물건을 판매하는「점포」의 사용인에 대해서만 적용된다. 앞서 본 바와 같이 사용인이 점포에 자리하고 있다는 사실이 신뢰의 대상이 되는 외관을 구성하기 때문이다. 그러므로 외판원과 같이 점포의 바깥에서 고객을 찾아 거래를 하는 자에 대해서는 본조가 적용되지 아니한다([판례 19] 참조).

1) MünchkommHGB, §56 Rn. 1.

판례 19 대법원 1976. 7. 13. 선고 76다860 판결

「… 원고와 이 사건 물품매매거래를 하였던 소외 이영철은 물건을 판매하는 점포의 사용인이 아니라 피고회사 대구지점의 외무사원이었으며, 이 사건 거래물품은 점포 내에 있었던 것도 아니었고 또 거래행위도 점포 밖에서 이루어졌다는 것이다. 이러한 사실관계라면 여기에 위 상법 제16조가 적용되어 소외 이영철이가 피고회사를 대리하여 이 사건 물품을 판매하거나 또는 원심이 인정한 바와 같은 선금을 받을 권한이 있었다고 할 수는 없다.」

물건을 판매하는 「점포」라 함은 상인이 물건을 진열하거나 혹은 상품소개서 등을 비치하고 불특정 다수의 방문고객에게 물건을 판매하는 장소를 말한다.

위 판례에서는 물건이 점포 내에 있어야 하는 듯한 인상을 주나, 사용인이 점포 내에 근무한다는 사실이 외관형성에 중요하고, 물건은 점포 내에 있지 않아도 무방하다(예컨대 고객이 가전제품 대리점에 와서 그 곳에 비치하지 않은 특정 모델의 냉장고를 주문하고, 다음날 배달해 주는 경우를 생각하라)(통설).

본조는 점포 내에서 이루어진 판매에만 적용되는 것은 아니다. 일단 사용인이 점포에서 근무하는 사실이 신뢰의 기초가 되고 이를 토대로 점포 외에서 거래가 이루어진 경우에도 적용된다(예컨대 고객이 사용인에게 특정상품을 자기 영업소로 가지고 오라고 하여 상담을 벌인 경우).

3) 사용인의 범위 법문에서는 「사용인」이라고 표현하고 있으나, 영업주로부터 일정한 범위의 대리권을 수여받은 상업사용인만을 뜻하는 것이 아니고, 널리 점포에서의 근무에 종사함으로써 상품을 판매할 권한이 있다고 보여지는 자를 다 포함하는 뜻이다. 따라서 점포 내에서 단순히 육체노동(예: 상품의 분류 · 배달 등)에 종사하는 자에게도 본조가 적용될 수 있다.

4) 상대방의 선의 본조는 거래상대방이 악의일 때에는 적용되지 아니한다(16조 2항, 14조 2항). 즉 사용인에게 물건을 판매할 권한이 없음을 알면서 그로부터 물건을 구입한 경우에는 그 판매는 무권대리가 되어 영업주가 책임을 지지 아니한다.

3. 의제대리권의 범위

1) 물건판매점포의 사용인은 그 물건의 판매에 관한 모든 권한이 있는 것으로 보므로(16조 1항), 통상 물건의 판매에 수반되는 처분행위와 채무부담행위를 할 수 있다. 판매대금의 수령은 당연히 할 수 있다. 그리고 물건대금의 할인, 판매물품의

교환도 물건의 판매에 관한 권한이라 할 수 있으며, 상관행으로 볼 수 있는 한 외상판매도 그 권한 내로 의제할 수 있다(강·임 72; 김성탁 151; 서완석 77; 안강현 102; 정경영 58; 정준우 79; 정찬형 107; 주석(총칙·상행위) 230; 최·김 89; 최준선 156).

그 점포의 물건판매에 관한 행위이어야 하므로 그 점포가 취급하지 아니하는 물품의 판매(예컨대 의류소매점에서 원단을 매매하는 것)에 대해서는 대리권이 의제되지 아니한다(정준우 79; 주석(총칙·상행위) 231; 최준선 156). 또 영업주의 보조적 상행위에는 해당하나 물건판매가 아닌 것(예: 점포의 대여, 영업자금의 차입)은 그 사용인의 권한으로 의제할 수 없다.

본조는 거래가 점포 내에서 완결될 것을 예상한 규정이라 할 수 있으므로, 특별한 사정이 없는 한 물건판매점포의 사용인은 점포 외의 장소에서 대금을 수령할 권한이 있다고 볼 수 없다(대법원 1971. 3. 30. 선고 71다65 판결).

2) 본조는 명문으로 「물건판매점포의 사용인」에 한해 규정하고 있으나, 물건대여점포, 여관 등 공중접객업소, 승차권 등의 매표점포의 사용인과 같이 물건판매점포는 아니더라도 점포와 사용인의 존재가 결합하여 대리권의 강한 외관을 보여주는 업소의 사용인에 대하여도 유추적용해야 한다(통설).

Ⅵ. 상업사용인의 의무

1. 총 설

(1) 의 의

상업사용인은 영업주와의 관계에서 고용·위임 등 그 기초적인 법률관계에 기해 노무제공의무(민 655조), 위임사무처리의무(민 680조), 선량한 관리자의 주의의무(민 681조) 등 각종 의무를 부담한다. 이러한 의무는 민법의 관련규정에 의해 규율되므로 상법에서는 이에 관해 별다른 규정을 두지 않고, 다만 상업사용인에게만 특별히 요구되는 의무로서 경업 및 겸직금지의무를 두고 있다(17조 1항).

상인은 민사거래에서와는 달리 다른 상인과의 경쟁 또는 잠재적 경쟁 속에서 고객을 확보하는데, 그에 관한 경쟁력을 유지하기 위해서는 배타적인 영업기회와 영업비밀을 유지해야 한다. 그러므로 상업사용인은 자신의 지위를 이용하여 영업주와 경쟁하거나 다른 상인을 보조하여 영업주와의 경쟁을 도와서는 안 된다. 한편 상인은 영리를 목적으로 하는 만큼 영업활동에서 고도의 효율성을 발휘해야 하므로 사용인 역시 영업주의 이익실현을 위해 정력을 집중해야 한다. 상업사용인의 경업 및 겸직금지는 이와 같이 상업사용인의 부당경쟁과 정력분산을 방지하기 위하여 둔 제도이다.

규정의 법역적 성격

상업사용인의 경업·겸직금지는 영업주와 사용인간의 권리의무의 문제이므로 고용관계에서 해결할 사항이고 상법의 영역에서 다룰 사항은 아니다. 그러나 상법은 독일 상법 및 일본 상법이 사용인의 경업·겸직금지를 다루고 있는 예를 본받아 이 규정을 두고 있다(§§60, 61 HGB, 日商 23조).

참고로 독일 상법에서는 지배인 등 상업사용인의 대리권에 관한 규정을 두는 외에 대리권의 유무에 불구하고 영업을 위해 고용된 자(Handlungsgehilfe: 영업보조자)와 상인의 근로관계에 관해 상세한 규정을 두고 있고(§§59~83 HGB) 이 속에서 경업금지를 다루고 있다. 독일 상법학에서도 이 규정들을 상법적인 규범으로 보지 않고 고용관계규정으로 보며, 연혁적으로 우연한 계기에 상법에 편입되었다고 한다.[1]

상법 제17조가 없더라도 상업사용인이 경업 또는 겸직을 하여 영업주에게 손해를 가한 경우에는 민법상의 고용 또는 위임계약에서 생기는 선량한 관리자의 주의의무(민 655조, 681조)에 위반하였음을 근거로 사용인에게 손해배상책임을 물을 수 있을 것이다. 그럼에도 불구하고 상법에서 경업·겸직금지를 다루는 의의를 찾자면, 경업·겸직금지의 요건을 명확히 하고(17조 1항), 민법의 해석으로는 인정할 수 없는 영업주의 개입권(17조 2항)을 인정하고 그 제척기간을 단기로 정한 것(17조 4항)에서 찾을 수 있다.

(2) 적용범위

상법 제17조는 대리권이 없는 사용인에게도 적용되는가? 앞서 본 바와 같이 독일에서는 대리권의 유무에 불구하고 상인의 모든 사용인에 대해 경업금지의무를 과하고 있다. 그러나 우리 상법 제17조에서는 명문으로 「상업사용인」에 대해 규정하고 있으며, 「상업사용인」이라는 개념은 상인을 대리할 권한을 가진 자를 뜻하는 제한된 의미로 사용하고 있으므로 대리권이 없는 사용인에 대해서는 적용되지 않는다고 해석해야 한다. 그렇다고 대리권이 없는 사용인은 경업·겸직을 해도 무방하다는 뜻은 아니다. 기술한 바와 같이 이들이 경업·겸직을 하여 영업주에게 손해가 발생한 때에는 민법상의 고용 또는 위임계약의 위반이 되어 손해

1) Canaris, S. 3.

배상책임이 발생한다.

한편 상법 제17조는 고용이나 위임과 같이 계속된 근무관계를 전제로 한 것이므로 지배인이나 부분적 포괄대리권을 가진 자에게는 당연히 적용되지만, 물건판매점의 사용인(16조) 중 고용관계 없이 대리권이 의제되는 자에 대해서는 적용되지 않는다고 해석해야 한다.[1)]

2. 경업금지의무

(1) 의무내용

상업사용인은 영업주의 허락 없이 자기 또는 제 3 자의 계산으로 영업주의 영업부류에 속하는 거래를 하지 못한다(17조 1항).

1) 자기 또는 제 3 자의 계산 「계산」이라 함은 거래의 경제적 효과가 귀속됨을 뜻한다. 누구의 이름으로 거래당사자가 되느냐는 것은 묻지 않는다. 자기계산으로 할 경우에는 동시에 자기의 이름으로 하거나, 제 3 자에게 위탁하여 거래할 것이다. 그리고 제 3 자의 계산으로 할 경우에는 사용인이 제 3 자의 위탁을 받아 자기명의로 하거나 제 3 자의 대리인으로 거래하게 될 것이다.

2) 영업주의 영업부류에 속하는 거래 「영업부류」에 속하는 거래란 현재의 영업내용에 국한되지 않고 사실상 영업주의 영리활동의 대상이 되어 있는 것은 모두 포함한다고 해석된다. 그러므로 반드시 동종의 영업에 국한된다고 해석할 필요가 없다. 현재의 영업에 대해 대체재 내지 시장분할의 효과를 가져오는 영업이라면 영업주의 이익실현을 방해할 염려가 있으므로 「영업주의 영업부류에 속하는 거래」의 범주에 넣어야 한다. 예컨대 어음의 중개를 주업으로 하는 금융회사의 사용인이 새로이 사채(私債)의 대금업을 한다면 이 역시 경업으로 보아야 한다. 그러나 영리성이 없는 거래는 이익충돌의 우려가 없으므로 금지되지 아니한다. 예컨대 부동산매매회사의 사용인이 자신의 주거용으로 주택을 구입하는 경우와 같다.

「거래」는 일회적이든 계속적이든 묻지 않으며, 근무시간 외라도 금지된다.

---

1) 일본에서는 경업금지규정(日商 60조)을 지배인에 대해서만 적용하고, 부분적 포괄대리권을 가진 자에 대해서는 같은 규정을 두고 있지 않다.

3) 영업주의 허락 영업주의 허락이 있으면 동종의 영업부류에 속하더라도 거래를 할 수 있다. 이 경우 영업주는 거래의 내용 · 시장 · 기간 등을 제한하여 허락할 수 있다고 본다(예컨대 의류도매상이 사용인에게 수영복에 한해 7, 8월을 제외하고 지방에서만 판매할 수 있게 하는 것). 허락은 묵시적으로도 할 수 있다. 상인이 이미 경업을 하고 있는 자를 그 사실을 알면서 상업사용인으로 고용하였다면 묵시적으로 경업을 허락한 것으로 보아야 한다.[1)]

영업주의 허락은 철회할 수 있으나, 사용인이 거래에 착수한 때에는 철회할 수 없다고 풀이해야 한다. 거래에 착수하기 전이라도 사용인이 거래를 위해 준비를 하는 등 이미 투자를 개시한 경우에는 이를 중단할 경우 손해를 입으므로 영업주가 허락을 철회한다면 사용인의 손해를 배상해야 한다(同旨: 오성근 95; 임홍근 96).

(2) 위반의 효과

사용인이 영업주의 허락 없이 경업을 하는 것만으로 금지위반의 요건은 충족되며, 이로 인해 영업주에게 손해가 발생하였음을 요하지 않는다. 본 제도는 사용인의 경쟁적 이익추구를 단념시킴으로써 사용인으로 하여금 영업주의 영업에 전념케 하기 위한 뜻도 있고, 영업주가 경업으로 인한 손해를 증명하기 어려운 경우에 그 피해를 전보해 주기 위한 취지를 갖고 있기 때문이다. 따라서 영업주에게 손해가 발생하지 않더라도 영업주는 손해배상청구만 할 수 없을 뿐 다른 효과는 주장할 수 있다.

1) 손해배상책임 금지위반으로 영업주에게 손해가 발생한 경우에는 사용인이 영업주에게 손해를 배상하여야 한다(17조 3항). 이 때의 손해배상책임은 고용계약 등의 채무불이행책임 또는 불법행위책임이다.

2) 계약의 해지 사용인이 허락 없이 영업을 하면 영업주는 고용 등 사용인과의 기초적 내부관계를 해지할 수 있다(17조 3항). 이 경우에는 고용계약의 기간의 유무에 불구하고 언제든지 해지할 수 있으며, 해지한 때에는 유예기간 없이 즉시 효력이 발생하며(민 659조, 660조 참조), 영업주는 해지에 따른 손해배상책임을 지지 아니한다(민 661조 참조).

3) 개입권(Eintrittsrecht)

(가) 의 의 사용인이 경업을 한 경우에만 인정되는 영업주의 권리이

1) 독일 상법 제60조 제 2 항이 같은 뜻을 규정하고 있다.

다. 영업주는 경업거래가 사용인 자신의 계산으로 한 것인 때에는 이를 영업주의 계산으로 한 것으로 볼 수 있고, 제 3 자의 계산으로 한 것인 때에는 그 사용인에 대하여 이로 인한 이득의 양도를 청구할 수 있다(17조 2항). 이를 개입권 또는 탈취권이라 한다.

㈏ **내 용** 「사용인의 계산」으로 한 경우 「영업주의 계산으로 한 것으로 볼 수 있다」라고 함은 사용인이 영업주에 대해 거래의 경제적 효과를 귀속시켜야 한다는 것을 뜻하고, 영업주가 직접 계산의 주체가 되는 것을 뜻하는 것은 아니다. 즉 거래로 인한 비용을 영업주의 부담으로 하고, 사용인이 얻은 이득을 영업주에게 귀속시키는 것을 말한다. 이같이 계산의 귀속은 영업주와 사용인의 내부관계에서 해결되는 문제이므로 영업주의 개입권행사는 사용인의 거래상대방에 대하여는 아무런 영향이 없다.[1] 상대방에 대한 계산의 주체는 여전히 사용인인 것이다.

영업주에게 귀속시켜야 할 이익은 「사용인이 거래로 인해 실제 얻은 이익」이고 영업주의 계산으로 하였다면 얻었을 이익이 아니다. 후자의 이익은 손해배상으로 청구할 수 있다.[2]

「제 3 자의 계산」으로 한 경우, 사용인이 양도할 「이득」이란 사용인이 계산의 주체인 제 3 자로부터 받은 보수만을 뜻하고 거래 자체로부터 발생한 이득을 뜻하는 것이 아니다.[3] 거래 자체로 인한 이득을 청구할 수 있다고 한다면 제 3 자의 권리에 영향을 미치게 되는 까닭이다.

㈐ **개입권의 성질과 행사** 개입권은 형성권이다(이설 없음). 따라서 사용인에 대한 의사표시만으로 효력이 발생한다.

㈑ **개입권의 행사기간** 개입권은 영업주가 그 거래를 안 날로부터 2주간을 경과하거나, 그 거래가 있은 날로부터 1년을 경과하면 소멸한다(17조 4항). 이것은 제척기간이다. 사용인의 지위를 장기간 불안하게 하지 않도록 단기의 제척기간을 둔 것이다.

㈒ **개입권과 손해배상청구** 개입권의 행사는 사용인에 대한 손해배상청

---

1) Röhricht/Westphalen/Hass, §61 Rn. 17.
2) MünchKommHGB, §61 Rn. 10; Schlegelberger, §61 Rn. 3, 6a.
3) §61 Abs. 1 HGB 참조.

구에 영향을 미치지 아니하므로(17조 3항), 개입권의 행사와 별도로 손해배상을 청구할 수 있다. 독일 상법에서는 영업주가 개입권과 손해배상청구권을 택일하도록 한다(§ 61 Abs. I HGB). 원래 개입권은 영업주가 사용인의 경업으로 인한 손해를 증명하기 어려운 데 대한 대체수단으로 인정한다는 취지이다. 그러나 우리 상법에서는 양자를 동시에 행사할 수 있는데, 그렇다고 영업주가 모든 손해를 다 배상받고 또 개입권을 행사하여 2중으로 이득을 취할 수 있다는 뜻은 아니다. 개입권을 행사하여 얻을 이익은 배상받을 손해액에 포함될 것이므로 손해 전액을 배상받는 한 별도로 개입권을 행사할 실익이 없다. 그러나 손해액 중 거래의 이득 부분은 손해액의 증명 없이 개입권을 행사하고, 나머지 부분은 손해액을 증명하여 손해배상을 청구하면 증명의 부담을 줄인다는 의미에서 실익이 있다.

경업금지약정의 효력

고용관계가 유지되고 있는 중에는 영업주와 상업사용인간에 특별한 약정이 없더라도 상업사용인이 경업금지의무를 부담함은 앞서 본 바와 같다. 고용계약의 실무를 보면, 상업사용인에 국한하지 않고 근로자에게 널리 경업을 금지하며, 고용관계가 종료된 후에도 상당기간 경업을 금지하는 약정을 해 두는 예도 흔하다.[1)]

직업선택의 자유와 근로의 권리는 국민의 기본권에 속하므로, 이같은 퇴직후의 경업금지약정이 무제한 허용될 수는 없다. 판례는 다음과 같은 요건을 갖추었을 때에 한해 경업금지약정을 유효하다고 보며, 이를 결한 약정은 민법 제103조가 정하는 선량한 풍속 기타 사회질서에 반하는 약정으로서 무효로 다룬다(대법원 2016. 10. 27. 선고 2015다221903 판결; 동 2010. 3. 11. 선고 2009다82244 판결).

1) **사용자의 보호가치** 퇴직 후의 경업금지약정은 사용자의 영업비밀이나 노

1) [약정의 예 1] "제 5 조(경업금지) 을은 본 계약 기간 및 본 계약이 종료된 이후 2년간 갑 및 그 계열회사의 사업영위지역 또는 인접지역 등 전 지역에서 갑의 서면동의 없이 직접 또는 간접적으로 갑 및 그 계열회사의 사업과 경쟁관계에 있는 사업체에 취업하거나 그러한 활동을 수행하는 여하한 사업이나 사업체를 설립, 운영 또는 관리할 수 없다.
제13조(손해배상) 1. 생략.
2. 을이 제 5 조 내지 제 7 조를 위반하는 경우 을은 위 제 1 항과는 별도로 을이 지급받는(지급받았던) 연봉의 2배를 갑에게 위약벌로 배상한다."(서울중앙지법 2016. 10. 12. 선고 2016가합283 판결 사건의 당사자 간의 약정)
[약정의 예 2] "서약서 본인은 원고 회사에 재직함에 있어 교육, 영업, 회원정보, 시스템 등 원고 회사의 기밀에 대하여 너무나 많이 알고 있습니다. 따라서 본인은 원고 회사를 퇴사시에는 3년간 절대 동업종에 취업하지 않겠습니다. 만약 위를 위반 시 1일 100만 원씩 배상금을 원고 회사에 지급합니다"(서울중앙지법 2014. 10. 27. 선고 2014가단30863 판결 사건의 당사자 간의 약정).

하우, 고객관계 등 경업금지에 의하여 보호할 가치 있는 사용자의 이익이 존재할 경우에 가능하다. 「보호할 가치 있는 사용자의 이익」이라 함은 부정경쟁방지 및 영업비밀보호에 관한 법률 제 2 조 제 2 호에 정한 '영업비밀'뿐만 아니라, 그 정도에 이르지 아니하였더라도 당해 사용자만이 가지고 있는 지식 또는 정보로서 근로자와 이를 제 3 자에게 누설하지 않기로 약정한 것이거나 고객관계나 영업상의 신용의 유지도 이에 해당한다(대법원 2010. 3. 11. 선고 2009다82244 판결).

2) **제한의 정도** 경업 제한의 기간과 지역 및 대상 직종, 근로자에 대한 대가의 제공 여부, 근로자의 퇴직 전 지위 및 퇴직 경위, 그 밖에 공공의 이익 등 관련 사정을 종합하여 근로자의 자유와 권리에 대한 합리적인 제한으로 인정되는 범위 내이어야 한다. 이러한 사정의 참작에 의해 제한이 과도한 경우 약정이 무효가 되거나, 일부에 한해 효력이 인정될 수도 있다(예컨대 예정된 손해배상액을 감액하는 것).

3) **증명책임** 이상의 유효요건을 이루는 제반 사정은 사용자가 주장 · 증명할 책임을 진다(대법원 2010. 3. 11. 선고 2009다82244 판결).

3. 겸직금지의무

사용인은 영업주의 허락없이 다른 회사의 무한책임사원 · 이사 또는 다른 상인의 상업사용인이 되지 못한다(17조 1항).

이를 위반한 경우에는 개입권의 행사란 있을 수 없고, 손해배상을 청구하고 계약을 해지할 수 있다(17조 3항). 그러나 이 조항이 말하는 계약의 해지란 상업사용인으로서의 지위에 대한 것이 아니다. 상업사용인으로서의 대리권은 영업주의 일방적 의사표시로 수여하는 것으로서, 언제든지 철회할 수 있으므로 특히 본조에 의지할 실익이 없다. 본조에서 말하는 해지는 고용 · 위임 등 영업주와 상업사용인의 기초적 내부계약을 종료시킬 수 있다는 뜻이다. 기초적 내부계약의 종료로 상업사용인으로서의 대리권이 따라서 소멸함은 물론이다.

개입권 · 개입의무

상법에서는 여러 군데에서 개입권 혹은 개입의무라는 용어를 쓰고 있으나 다음에 보듯이 각기 개념이 상이하니 주의해야 한다.

1) **경업금지위반에 대한 개입권** 앞서 본 바와 같이 상업사용인이 경업금지의무를 위반한 경우에 영업주가 그로 인한 이익을 회수하기 위해 행사하는 권리이다. 대리상, 합명회사의 사원 및 합자회사의 무한책임사원 그리고 주식회사와 유한회사

의 이사도 회사에 대해 경업금지의무를 부담하는데, 이에 위반한 경우에는 회사가 개입권을 행사할 수 있다. 권리의 성질이나 내용은 상업사용인에 대한 영업주의 개입권과 동일하다(89조, 198조, 269조, 287조의10, 397조, 567조).

2) 위탁매매인, 운송주선인의 개입권 위탁매매인은 일정한 요건이 구비될 경우 스스로 위탁받은 물건 또는 유가증권의 매매의 상대방이 될 수 있다(107조). 예컨대 갑이 위탁매매인 을에게 쌀 100가마의 매도를 위탁하였는데, 을이 스스로 매수인이 되어 쌀 100가마를 매수하는 것이다. 이같이 위탁매매인이 매매상대방의 지위를 겸할 수 있는 권리를 역시 개입권이라 한다. 이 개입권 역시 형성권이지만 이 제도는 위탁매매인의 영리실현의 기회를 배가시켜 주기 위한 제도이므로 상업사용인에 대한 영업주의 개입권과 본질적으로 다르다.

위탁매매인의 개입권행사는 위탁매매인이 일면 위탁받은 물건의 매도인이 되는 동시에 매수인이 되는 것을 뜻하므로 위탁매매인의 자의적인 개입권 행사로 인한 위탁자의 손실을 염려해야 한다. 그러므로 상법에서는 위탁자의 이익을 해할 염려가 없다고 생각되는 일정한 요건하에서만 개입권행사를 허용한다.

운송주선인도 위탁받은 운송계약을 이행하면서 스스로 운송인이 될 수 있다(116조). 이 역시 개입권이라 하는데, 그 본질은 위탁매매인의 개입권과 같다.

3) 중개인의 개입의무 중개인이 중개하는 거래의 한쪽 당사자의 성명을 묵비하고 중개를 할 경우에 반대 당사자는 중개인에 대하여 이행을 청구할 수 있다(99조). 중개인이 일방당사자의 성명을 묵비하면 반대당사자는 이행을 청구할 대상을 알지 못하기 때문이다. 이같은 반대당사자의 이행청구에 중개인이 응해야 할 의무를 개입의무라 한다. 중개인의 개입의무는 중개인이 거래당사자의 일방의 요구에 의해 그 성명을 묵비하고 중개하는 것을 허용하는 대신 반대당사자를 보호하기 위해 중개인에게 과하는 의무이므로 상업사용인의 경업에 의한 손실을 회복하기 위해 영업주에게 인정하는 개입권, 위탁매매인의 영리성을 배가시켜 주기 위해 인정하는 개입권과는 전혀 취지를 달리한다.

경업금지

상법에서는 제17조 외에 여러 곳에서 경업·겸직금지를 규정하고 있다. 제41조에서 영업양도인의 경업을 금지하고 있으며, 제89조에서 대리상의 경업·겸직을 금지한다. 그리고 합명회사의 사원과 합자회사의 무한책임사원의 경업·겸직을 금지하고(198조, 269조), 유한책임회사의 업무집행자의 경업·겸직을 금지하며(287조의10), 주식회사와 유한회사의 이사에 대해 경업·겸직을 금지한다(397조, 567조). 주식회사나 유한회사의 감사에 대해서는 이러한 제한을 두고 있지 않다. 이들은 회사의 업무를 집행하는 자가 아니므로 기회유용의 염려가 없다고 본 것이다.

제 4 장 영 업 소

Ⅰ. 개 념

영업소라 함은 영업활동을 위한 조직의 중심을 이루며 그에 필요한 인적·물적 시설을 갖춘 장소를 뜻한다. 흔히 영업소의 위치를 행정구역상의 주소로 표시하지만, 영업소는 특정 지점(地點)을 나타내는 개념이 아니고 이와 함께 인적·물적 시설의 물리적 존재를 빌어 영업조직의 중심적 기능을 나타내는 개념이다. 이러한 개념으로서의 영업소의 실체를 갖추려면 다음과 같은 요건을 구비하여야 한다.

1) 영업활동을 위한 장소이므로 상품의 제조·가공·보관 등 사실행위만이 이루어지는 공장·창고 등은 영업소가 아니다. 영업활동이라 하더라도 단순히 판매·용역제공 등 영업거래만이 이루어지는 매장·객장은 영업조직의 중심이라 할 수 없으므로 역시 영업소가 아니다.

2) 영업활동을 위한 조직의 중심이므로 독립적인 영업단위로서의 경영관리조직을 갖춤으로써 그 영업활동에 관한 한 독립적인 관리가 행해지고 회계 등 경영효과가 집중되어야 한다. 그러므로 수금이나 주문의 접수 등과 같이 영업의 일부 기능만을 수행하는 장소는 영업소가 아니다(예: 신문 보급소).

3) 영업소는 대내적 관리와 대외적 거래의 중심으로서의 기능을 수행해야 하므로 고정적인 설비를 갖추고 계속적으로 유지되어야 한다. 그러므로 간이점포나 이동매장 같은 것은 영업소가 될 수 없다.

Ⅱ. 영업소의 수와 종류

1) 상인은 여러 개의 영업소를 가질 수 있다. 1인의 상인이 종류가 다른 수 개의 영업을 할 때에는 각 영업별로 독립된 영업소를 갖기 마련이다. 그렇다고 그 영업소들이 장소적으로 격리되어 있어야 한다는 뜻은 아니다. 동일한 장소에 있더라도 기능적으로 분리되었다면 수개의 영업소로 인정할 수 있다.

2) 1인의 상인이 하나의 영업을 하더라도 그 영업에 관해 수개의 영업소를 가질 수 있다. 이와 같이 동일영업에 관해 수개의 영업소가 있을 때에는 각 영업소가 주종의 관계에 있게 된다. 전체 영업 중 수량적 일부를 수행하는 영업소와 이러한 영업소들을 전체적으로 통할하고 그 영업결과를 하나의 경영단위로 집중시키는 영업소가 있다. 후자의 영업소를 본점, 전자의 영업소를 지점이라 한다. 지점은 여러 개가 있을 수 있으나 본점은 한 개만이 있을 수 있다. 기업실무에서는 보통 영업지역을 구획하여 각 지역별로 지점을 두고 해당지역의 영업을 전담시키고 있다. 그러나 이것은 영업활동의 효율을 위한 편의적 관할을 둔 것일 뿐이고 대외적 거래에 지역적 제한이 있는 것은 아니다. 예컨대 신한은행의 부산지점이 서울에 거주하는 사람과 당좌거래를 하였다고 해서 무권대리가 되는 것은 아니다.

3) 지점은 영업소의 한 형태로서 독립된 단위영업을 수행하는 등 영업소로서의 실체를 갖추어야 한다. 따라서 영업의 기능적 일부를 수행하는 출장소·매점 등의 장소는 지점이 아니다. 또 회사가 특정지역의 영업을 관장하게 하기 위하여 그 지역에 자회사를 설립하고, 이를 흔히 「지사」라고 부르는데, 이 「지사」는 법적으로 독립된 법인이고 그 자체가 하나의 상인이므로 지점이 아니다.

Ⅲ. 영업소의 결정

영업소는 상인이 영업소를 가지려는 의사와 함께 영업소로서의 실체를 구비함으로써 결정된다. 영업소를 변경하는 것도 같다. 자연인상인의 영업소는 자신의 의사결정으로 간단히 결정 또는 변경되지만, 회사의 영업소의 결정 또는 변경은 다음과 같이 일정한 조직법적 절차를 거쳐야 한다.

1) 본점의 소재지는 모든 회사에서 공히 정관에 기재할 사항이므로 본점을 변경할 때에는 정관변경절차를 요한다(179조 5호, 269조, 287조의3 1호, 289조 1항 6호, 543조 2항 5호). 그리고 지점의 설치 및 변경은 합명회사, 합자회사 그리고 유한책임회사에서는 통상의 업무집행방법에 따라 결정하지만(200조, 201조, 269조, 287조의12 1항), 주식회사에서는 이사회의 결의를 거쳐야 한다(393조 1항). 유한회사에서도 이사의 과반수의 결의를 얻어야 한다(564조 1항).

2) 어느 회사이든 본점 및 지점의 소재지를 등기하여야 한다(180조 1호, 269조, 287조의5 1항 1호, 317조 2항 1호 및 3의4호, 549조 2항 1호).

Ⅳ. 영업소의 판단

특정의 장소를 영업소로 볼 것이냐의 여부는 객관적으로 영업소로서의 실체를 구비하고 있는지의 여부에 따라 판단하여야 하고, 상인의 주관적 의사에 따를 것이 아니다(통설). 명칭이나 등기 여부에도 구애받지 아니한다. 그러므로 상인이 영업소·본점 등의 명칭을 사용하거나 그와 같이 등기하였다 하더라도 영업소로서의 실체를 갖추고 있지 못하면 영업소로 볼 수 없고, 반대로 출장소·직매점 등의 명칭을 사용하였다 하더라도 영업소로서의 실체를 갖추었다면 지점 또는 본점으로 보아야 한다. 다만 영업소의 실체를 갖추고 있지 못한 장소를 영업소로 등기하였다면 부실등기의 효과로서 선의의 제 3 자와의 관계에서는 이를 영업소로 볼 수 있다(39조).

본점과 지점의 관계도 경영·관리의 실질에 따라 판별할 문제이다. 그러므로 경영의 지휘가 본·지점의 명칭이나 등기사실과 달리 행해지면 명칭·등기에 불구하고 실제의 지휘가 행해지는 곳을 본점, 그에 복종하는 곳을 지점으로 보아야 한다. 그러나 선의의 제 3 자에 대하여 부실등기에 대한 책임을 지게 됨은 후술하는 바와 같다.

V. 영업소의 법적 효과

상인에게는 영업소가 자연인이 민사관계에서 갖는 주소와 같은 효력을 갖는다. 따라서 회사의 경우 주소는 본점소재지에 있는 것으로 하며(171조), 자연인상인의 경우 주소와 영업소를 동시에 갖게 되겠지만 영업생활관계에 있어서는 영업소가 생활의 근거이다.

1. 영업소 일반에 대한 효과

1) 채무변제의 장소　　지참채무는 채권자의 영업소, 추심채무는 채무자의 영업소가 각각 이행장소가 된다. 특정물 인도 이외의 영업에 관한 채무는 원칙적으로 지참채무이므로 채권자의 현 영업소에서 변제하여야 하며(민 467조 2항 단), 지시채권이나 무기명채권은 추심채무이므로 채무자의 현영업소를 변제장소로 한다(민 516조, 524조).

2) 지배인의 선임단위　　지배인은 영업소를 단위로 하여 본점 또는 지점별로 둘 수 있다(10조)(그렇지 않고 영업 전부를 통할하는 총지배인을 둘 수 있음은 물론이다). 그러므로 영업소는 지배인의 대리권의 범위를 정하는 뜻이 있다. 따라서 표현지배인도 본점 또는 지점의 영업과 관련하여 표현적 명칭을 사용한 자에 대해 인정된다.

3) 등기관할의 표준　　상법에 의하여 등기할 사항은 당사자의 신청에 의하여 영업소의 소재지를 관할하는 법원의 상업등기부에 등기한다(34조; 상등 4조).

4) 재판적 등의 기준　　회사의 보통재판적은 회사의 주된 영업소에 의해 정하며(민소 5조 1항), 영업소가 있는 자에게 제기한 소에 관해서는 그 영업소의 업무에 관한 것에 한해 그 영업소 소재지에 특별재판적이 인정된다(민소 12조). 그리고 회생사건 및 파산사건은 채무자의 주된 사무소 또는 영업소의 소재지를 관할하는 지방법원의 관할에 전속한다(회파 3조). 한편 민사소송에서 서류의 송달은 송달받을 자의 주소, 거소, 영업소 또는 사무소에서 한다(민소 183조 1항 본).

2. 지점에 대한 효과

명문으로 지점에 대한 법적 효과를 정한 예가 있다.

1) 지점거래로 인한 채무의 이행장소 채권자의 지점에서의 거래로 인한 채무이행의 장소가 그 행위의 성질 또는 당사자의 의사표시에 의해 특정되지 아니한 경우에는 특정물 인도 외의 채무이행은 그 지점을 이행장소로 본다(56조). 상거래에서 발생한 채무의 이행장소를 채권자의 영업소 일반으로 정한 민법 제467조 제 2 항 단서에 대한 예외로서 채권이 발생한 지점을 이행장소로 규정한 것이다(378면 참조).

2) 지점에서의 등기 지점에 둔 지배인의 선임과 대리권의 소멸은 그 지점소재지에서 등기하여야 한다(13조). 그리고 본점의 소재지에서 등기할 사항은 다른 규정이 없으면 지점의 소재지에서도 등기하여야 한다(35조).

지점에서 등기하여야 할 사항을 등기하지 아니한 경우, 그 지점의 거래에 한해서는 선의의 제 3 자에게 대항하지 못한다(38조→37조).

3) 영업양도의 단위 특정 지점의 영업을 본점 또는 다른 지점의 영업과 분리하여 양도할 수 있다(통설)(374조 1항 1호에서는 주식회사의 영업의 전부양도 또는 중요한 일부의 양도에 관해 규정하고 있다).

3. 회사의 본 · 지점에 대한 효과

1) 회사는 본점소재지에서 설립등기를 함으로써 성립하며(172조, 180조, 271조, 287조의5, 317조, 549조), 그 밖에 상법상 요구되는 각종 회사관계의 등기는 본점 또는 지점의 소재지에서 하여야 한다(181조, 192조, 269조, 287조의39, 317조 3항, 328조 2항, 407조 3항, 430조, 446조 등).

2) 회사설립무효 · 취소의 소 등 각종 회사법상의 소는 본점소재지를 관할하는 지방법원 합의부의 관할에 전속하며(186조, 240조, 269조, 287조의6, 287조의41, 328조 2항, 376조 2항, 380조, 385조 3항, 403조 5항, 430조, 446조, 462조 3항, 552조 2항, 578조, 595조 등), 회사회생사건도 회사의 본점소재지를 관할하는 지방법원 본원 합의부의 관할에 전속한다(회파 3조 1항). 또한 주식회사의 사채(社債)에 관한 비송사건은 사채를 발행한 회사의 본점소재지의 지방법원 합의부 관할로 하고(비송 109조), 합명 · 합자회사의 청산에 관한 비송사건은 본점소재지의 지방법원, 주식회사와 유한회사의 청산에 관한 비송사건은 본점소재지의 지방법원 합의부의 관할로 한다(비송 117조).

3) 주식회사의 주주총회는 정관에 다른 정한 바가 없으면 본점소재지 또는 인접한 곳에 소집하여야 한다(364조).

4) 주식회사와 유한회사는 정관 · 주주명부 · 사원명부 · 사채원부 · 주주총회 또는 사원총회의 의사록 · 재무제표 및 영업보고서 · 감사의 감사보고서 등을 서류의 종류에 따라 본점 또는 본점과 지점에 비치하고 주주 또는 사원 및 회사채권자의 열람에 공하여야 한다(396조, 448조, 566조, 579조의3, 581조).

제 5 장 상 호

Ⅰ. 총 설

1) 상호의 유용성 사람이 사회생활을 영위함에 있어 스스로를 타인과 구별하기 위하여 이름을 사용하듯이, 상인은 기업생활에서 자신을 나타내기 위하여 상호를 사용한다. 상호를 사용함으로써 상인은 자신의 기업을 타인의 기업과 구별짓고, 기업생활로 인한 법적 효과를 자신에게 귀속시킬 수 있다.

이러한 유용성 때문에 상업이 발달하기 시작한 중세 도시국가시대에 이미 상호가 생겨났다. 초기에는 상호가 회사에 대해서만 인정되었으며, 근세에 나타난 프로이센 일반란트법이나 1807년의 프랑스 상법에서도 회사의 상호에 관해서만 규정을 두었다. 자연인상인은 기업생활에서도 그 성명으로 자신을 표시할 수 있으나, 회사는 그렇지 못하므로 사원과 구별하여 자신을 표시하기 위한 명칭이 절대적으로 필요했기 때문이었다. 그러나 자연인상인도 기업생활이 활발해지면 기업과 가계를 구분할 필요가 있고, 또 사망·은퇴·전업 등 상인의 개인적 사정에 의한 기업주체의 변동에도 불구하고 영속적으로 기업의 동일성을 표시하자면 기업을 나타내는 별도의 명칭이 필요하다. 그래서 독일의 구 상법에 이르러서는 자연인의 상호도 인정하기 시작했고, 우리 상법도 이를 본받아 법인과 자연인을 차별하지 않고 상호를 인정하고 있다. 그리하여 오늘날은 아주 영세한 개인상인들까지도 상호를 갖기에 이르렀다.

2) 상호의 재산성 상호는 본래 특정상인이 영위하는 기업의 동일성을 인식하기 위한 편의적 동기에서 창안된 것이나, 오늘날에는 상인의 중요한 영업재산으로 인식되고 있다. 상인이 기업거래에서 장기간 상호를 사용함으로써 그 상인의

누적된 신용과 명성이 상호에 화체되고, 드디어는 대외적으로 상호 자체가 신용과 명성의 주체인 듯한 인식을 주기 때문이다. 이 단계에서는 상인이 누구이냐를 떠나 상호가 영업과 결합되어 기업 자체의 대외적 신용도를 표현해 준다. 우리가 생활용품을 구입할 때, 품질을 검사함이 없이 중소기업제품보다는 유명메이커의 제품을 선호하는 것만 보아도 이 점을 쉽게 이해할 수 있다. 그러므로 오늘날과 같이 불특정 다수인이 소비자로 참가하는 대량소비경제하에서는 상호가 중대한 영업재산으로서의 가치를 갖는다. 그래서 상법은 상인이 상호를 사용함으로써 누리는 경제적 이익을 재산권으로 파악하고 각종의 보호장치를 두고 있다.

3) 제3자의 이해 상호는 상인과 거래하는 제3자에게도 거래의 안전상 중요한 뜻을 지닌다. 오늘날은 가정용 소비제품의 구입에서 대단위의 국제거래에 이르기까지 모든 경제거래에 있어서 상호로 상인의 동일성을 판단하고 그에 의해 거래상대방을 선택한다. 그러므로 상호의 선정·사용은 일상의 거래에서 일반인이 신뢰할 수 있도록 엄정하고 선명해야 하며, 상호를 신뢰하고 거래한 자는 제도적으로 보호되어야 한다. 후술하는 명의대여자의 책임(24조)은 바로 상호에 대한 제3자의 신뢰를 보호하기 위한 제도이다. 또한 상호의 단일성(21조), 회사상호의 규제(19조, 20조), 상호만의 양도금지(25조 1항)도 제3자를 보호하기 위한 제도이고, 상호의 부정사용의 금지(23조)도 상인의 상호권을 보호할 뿐 아니라 상호에 대한 일반인의 신뢰도 아울러 보호하기 위한 제도이다.

Ⅱ. 상호의 의의

상호란 상인이 영업활동에서 자신을 나타내는 명칭이다.

1) 상호는 상인이 자신을 나타내는 수단이므로 상인을 가리키는 명칭이다. 이에 대해 상호는 기업을 나타내는 명칭이고, 상인은 다만 그 상호의 법적 주체일 뿐이라는 소수설도 있다(정찬형 117). 그러나 기업 자체는 권리능력이 없으므로 상호사용의 효과를 누릴 수 없다. 그러므로 상호가 기업의 명칭이라고 함은 통상 상인이 수행하는 기업을 상호로 대표화시켜 인식하는 대중의 오류를 받아들인 것으로, 법적으로는 의미가 없는 설명이다. 한편 회사의 상호는 회사의 유일한 명칭인데,

상호를 기업의 명칭으로 이해한다면, 회사가 운영하는 기업만이 명칭을 갖고 정작 그 주체인 회사는 명칭을 갖지 못한다는 결과가 되어 부당하다.

2) 상호는 상인의 명칭이므로 상인 아닌 사업자 또는 사업의 명칭은 상호가 아니다. 예컨대 학교명이나 각종 비영리법인의 명칭이 그러하다.

또한 소상인에 대해서는 상호에 관한 규정을 적용하지 아니하므로(9조) 소상인은 자신의 영업에 관해 상호를 사용하더라도 상법 제18조 이하에서 규정하는 보호를 받지 못한다.

3) 상호는 상인의 명칭이므로 상품의 동일성을 표시하는 상표(상표법 2조 1항 참조)나 영업의 대외적인 인상을 부각시키기 위하여 사용하는 표장인 영업표지와 구별하여야 한다. 예컨대 「오비맥주(주)」는 상호이고 「OB」는 상표이다. 그리고 는 「LG 그룹」의 영업표지이다.

4) 상호는 명칭이므로 구두로 발음할 수 있고 문자로 기록할 수 있어야 한다. 따라서 기호 · 도화 · 도형 같은 것은 상호가 아니다(예: 훈글).

외국어도 예컨대 「(주) 엘지」와 같이 우리말로 표기한 것은 상호가 될 수 있다. 문제는 LG와 같이 외래어 명칭을 해당 외국어로 표기한 것을 상호로 볼 수 있느냐이다. 등기실무상으로는 상호의 등기는 한글과 아라비아 숫자만으로만 허용하며(상호 및 외국인의 성명 등의 등기에 관한 예규(2016. 5. 13 개정, 등기예규 제1598호) 3조 1항, 2조 1호), 외국어만으로 하는 상호등기를 허용하지 않고, 한글로 된 등기에 괄호로 이어 로마자의 병기를 허용한다(동예규 5조). 예컨대 「엘지(LG)」라고 표시하는 것과 같다. 그러나 로마자 등의 병기에 관하여는 「상법」 제22조와 「상업등기법」 제29조를 적용하지 않으므로(동예규 9조 3항) 결국 외국어 상호에는 등기상호에 대한 보호가 적용되지 아니한다.[1] 그러나 자연인상인은 외국어를 미등기상호로 사용할 수 있고 또 등기를 전제로 하지 않은 상법상의 보호도 받는다고 함이 일반적인 견해이다.[2]

5) 상호는 상인이 영업활동에서 자신을 나타내는 명칭이므로 개인이 영업 이외의 생활관계에서 사용하는 성명 · 예명 · 별명 · 아호 등은 상호가 아니다. 다만

1) 그러므로 외국어 상호를 통용하는 기업들도 한글상호만 등기하고 있다(예컨대 "SK"는 「주식회사 에스케이」로 등기되어 있다).

2) 예컨대 갑이 「Pizza Hut」이라는 미등기 외국어상호로 피자음식점을 경영하고 있는데, 을이 「피자헛」이라는 상호 또는 「Pizza hot」이라는 상호로 유사한 음식점을 경영한다면, 갑은 상법 제23조 제 1 항에 의해 을에게 상호의 폐지, 손해배상 등을 청구할 수 있다.

회사는 상호 이외에는 성명이란 것이 없으므로 영업 이외의 생활관계에서도 상호로 자신을 나타낸다.

자연인상인이 상호를 선정하였다고 해서 영업생활관계에서 반드시 상호만을 사용해야 하는 것은 아니다. 명문의 규정으로 영업거래에서 성명과 상호를 선택적으로 사용하게 하는 경우가 있다. 예컨대 운송장에는 수하인의 「성명 또는 상호」를 기재하게 하며(126조 2항 3호), 화물상환증(128조 2항 1호)·창고증권(156조 2항 2호) 등도 같다. 하지만 이는 주의적인 규정일 뿐이고 어떤 영업거래에서나 자연인상인은 자신의 성명이나 상호를 선택적으로 사용할 수 있다.

Ⅲ. 상호의 선정

1. 상호선정의 자유

상인이 상호를 선정함에 있어 상호가 표상하는 뜻이 상인 또는 영업내용의 실제와 일치하도록 할 것이냐는 것은 입법정책상의 문제이다. 다음과 같은 세 가지의 입법주의가 있다.

(1) 상호진실주의

상호가 영업주 또는 영업내용 등을 시사하는 것이라면 반드시 실제와 부합해야 한다는 정책이다. 예컨대 「이가자 헤어비스」라는 상호는 「이가자」라는 사람이 영업주일 경우에 한해서, 그리고 미용업에 대해서만 사용할 수 있는 것이다. 그러므로 「이가자」가 영업을 양도한다면 양수인은 「이가자 헤어비스」라는 상호를 계속 사용할 수 없다.

상호진실주의에 의하면 상호의 의미와 영업의 실제가 일치하므로 거래상대방이 상호를 보고 기업의 실태를 오해할 염려가 없다. 이러한 점은 거래의 안전을 위해 바람직하나, 영업양도나 상속이 행해지면 양수인 또는 상속인이 종전의 상호를 계속 사용할 수 없게 되므로 상호의 경제적 가치를 보존 또는 환가할 수 없다는 문제점이 있다.

(2) 상호자유주의

상인은 영업의 실제와 관계없이 어떠한 상호든지 자유롭게 선정·승계할 수 있게 하는 주의이다. 예컨대 「이명래」 아닌 사람도 「이명래고약」이란 상호를 사용할 수 있고, 옷가게를 하면서 「바나나리퍼블릭」(미국계 의류점)이라는 상호를 사용해도 무방하다. 영미법계에서는 상호자유주의를 취하고 있다.

상호자유주의는 상인에게 무제한의 상호선택권을 부여하므로 상인에게 대단히 편리할 뿐 아니라, 영업양도나 상속이 있을 때에도 상호를 속용할 수 있으므로 상호의 경제적 가치가 보존되는 장점이 있다. 그러나 영업의 실제와 부합하지 않는 상호가 사용될 수 있어 거래상대방에게 상인의 동일성 및 영업내용의 판별에 혼란을 줄 수 있다는 문제점이 있다.

(3) 절충주의

1998년 개정전 독일 상법하에서는 상인이 새로이 상호를 선정하는 경우에는 상호진실주의에 의해 영업의 실제와 일치할 것을 요구하지만,[1] 상인이 개명하거나 영업의 양도 또는 상속이 이루어지거나, 회사에서 사원의 입·퇴사가 있는 경우에는 상호의 계속사용을 허용하였다(§§21, 22, 24, HGB). 일종의 절충주의라고 할 수 있다.

(4) 상법상의 원칙

상법 제18조는 「상인은 그 성명 기타의 명칭으로 상호를 정할 수 있다」고 규정함으로써 상호자유주의를 택하고 있다. 그러므로 상인은 자신의 성명을 상호에 표시해야 한다는 것과 같은 적극적인 제약이나, 업종과 무관한 상호를 사용해서는 안 된다는 식의 소극적인 제약을 받지 않고, 영업의 실제와 관계없이 영업주·영업내용·관련지역을 나타내거나 혹은 나타내지 않는 어떠한 문자든지 상호

1) 1998년 개정전에는 자연인상인의 상호는 상인의 성 및 하나 이상의 이름자로 표시하고(§18 Abs. 1 HGB), 합명회사와 합자회사의 상호는 1인 이상의 무한책임사원의 이름과 회사임을 나타내는 문자로 표시하고(§19 Abs. 1, 2. HGB), 주식회사의 상호에는 업종과 주식회사라는 글자를 표시하며(§4 AktG), 유한회사의 상호는 업종 또는 사원의 이름으로 표시하도록 하였다(§4 GmbHG). 그러나 1998년 개정에서는 이른바 경제적 자기결정의 원칙(Prinzip der wirtschaftlichen Selbstbestimmung)과 사적자치의 원칙(Prinzip der Privatautonomie)에 입각하여 상호자유주의를 채택함으로써 위와 같은 제약을 철폐하였다(Canaris, S. 184, 185).

로 선택할 수 있다(예컨대 평양하고 전혀 인연이 없는 사람이 「평양냉면」이라는 상호를 걸고 초밥을 팔아도 무방하다). 그러나 상호자유주의는 거래상대방을 오도하고 건전한 거래질서를 해할 염려가 있으므로 다음과 같이 최소한의 범위에서 몇 가지 제약을 가하고 있다.

2. 상호선정의 제한

상법은 상호자유주의를 원칙으로 하지만, 거래상대방이 될 수 있는 일반공중의 신뢰를 보호하는 한편, 무질서한 상호선정으로 인해 불이익을 입는 자가 생기는 것을 예방하기 위하여 몇 가지 제한을 두고 있으며, 특별법에서도 같은 목적에서 제한을 두는 경우가 있다. 결과적으로 상호선정에 대한 우리나라의 입법태도는 절충주의에 가까운 자유주의를 취하고 있다고 할 수 있다. 상호선정에 대한 제한은 다음과 같다.

(1) 상호의 단일성

1) 의 의 동일한 영업에는 하나의 상호를 사용하여야 한다(21조 1항). 이를 상호단일성의 원칙이라 한다.

상호는 거래통념상 영업의 동일성을 인식하는 기준이 되는데, 하나의 영업에 여러 개의 상호를 사용한다면 대외적으로 영업의 주체와 영업 자체의 동일성에 혼동을 줄 우려가 있는 한편, 다른 상인의 상호선정의 폭을 제한하기 때문이다. 동일한 영업에 관해 두개 이상의 상호를 사용한 경우에는 등기 여하를 불문하고 상호로서의 보호를 받지 못한다(제주지법 1998. 4. 23. 선고 97가합3244 판결).[1)]

2) 영업별 단일성 상호의 단일은 하나의 영업에 하나의 상호를 사용해야 한다는 뜻이므로, 1인의 상인이 수개의 영업을 영위할 때에는 영업별로 상호를 달리할 수 있다. 예컨대 숙박업과 음식점을 겸영하는 상인은 전자에는 「서울장」이란 상호를, 후자에는 「부산식당」이란 상호를 붙일 수 있다. 그러나 이것은 자연인상인에 국한된 설명이다. 회사의 경우에는 상호가 영업에 관해서만 회사를 나타낼 뿐 아니라, 회사의 전 인격을 나타내는 명칭이므로 하나만 있을 수 있다.

---

1) 동일인이 자기 이름과 처의 이름으로 2개의 상호를 등기하고 동일한 영업소에서 동일한 영업에 이 2개의 상호를 병행하여 사용한 사건이다.

그러므로 회사는 두 개 이상의 영업을 하더라도 하나의 상호를 사용해야 한다.

3) 수개의 영업소와 상호 자연인상인은 영업별로 상호를 달리할 수 있으나, 동일한 영업에 관해 수개의 영업소를 갖는 경우에는 영업은 하나이므로 각 영업소는 동일한 상호를 사용하여야 한다. 영업소가 둘 이상인 경우에는 본·지점의 관계에 있게 되는데, 지점의 상호에는 본점과의 종속관계를 표시하여야 한다(21조 2항). 예컨대 「우리은행 명동지점」과 같은 식으로 표시한다. 그러나 반드시 「지점」이란 명칭을 쓸 필요는 없다. 예컨대 「삼성물산 명동직매장」, 「엘지전자 신용사업부」라는 상호를 사용하더라도 본점과의 종속관계가 충분히 나타나므로 지점의 상호로 무방하다.

(2) 회사상호의 사용제한

회사가 아니면 상호에 회사임을 표시하는 문자를 사용하지 못한다(20조 전). 이에 위반한 자는 200만원 이하의 과태료에 처한다(28조). 대체로 회사가 자연인상인보다는 영업의 규모가 크고 신용도 높다고 생각하는 것이 일반인의 인식이므로 자연인상인이 이 점을 이용하여 상호에 회사라는 명칭을 사용함으로써 영업규모와 신용도를 과장하려는 경향이 있다. 이로 인해 기업조직의 실체에 관해 일반인이 오인하는 일이 없도록 회사라는 명칭의 부당한 사용을 금지하는 것이다.

이 원칙은 영업을 개시하면서 상호를 처음 선정할 때뿐만 아니라 회사의 영업을 양수한 경우에도 적용된다(20조 후). 회사의 영업을 양수하더라도 상호는 승계되지 아니하지만, 회사의 영업을 양수하였다 하여 그 영업에 새로운 상호를 붙이면서 「회사」라는 명칭을 남용할 것을 염려하여 주의적으로 규정한 것이다.

법문에서 「회사임을 표시하는 문자」라고 한 것은 「회사」라는 글자에만 국한하는 것이 아니다. 「○○상사」와 같이 거래통념상 회사로 인식되는 문자, 「○○(주)」 또는 「(주)○○」라는 식으로 주식회사를 뜻한다고 널리 인식되어 있는 약어 등을 사용하는 것도 금지된다.

(3) 회사의 상호표시방법

회사의 상호에는 그 종류에 따라 합명회사, 합자회사, 유한책임회사, 주식회사 또는 유한회사의 문자를 사용하여야 한다(19조). 회사의 종류별로 사원의 책임이 다르고(유한 · 무한), 그에 따라 거래상대방이 부담하는 거래상의 위험 역시 다르기 때문이다. 또 회사별로 조직구성과 대표행위의 절차가 상이한데, 이것도 거래의 효력에 영향을 미칠 수 있음을 고려한 것이다.[1] 합명회사나 합자회사에서는 회사의 채무에 대해 무한책임을 지는 자를 대외적으로 홍보하는 의미에서 무한책임사원의 성명을 상호 중에 표기하는 예가 있다. 그 성명을 가진 사원이 퇴사할 경우 회사가 계속 그 성명을 상호 중에 사용하더라도 상호자유주의의 원칙상 위법은 아니나, 당해 사원은 자칭무한책임사원으로서의 책임을 질 위험이 있다(215조). 그러므로 퇴사원은 회사에 대하여 자신의 성명이 들어 있는 상호를 폐지할 것을 청구할 수 있다(226조, 269조).

(4) 특정업종을 나타내는 상호의 규율

특정한 영업을 영위하는 자는 특별법에 의하여 상호 중에 업종도 표시해야 하는 경우가 있다. 예컨대 은행 · 보험 등의 영업을 하는 자는 그 상호 중에 은행 · 보험 등의 문자를 사용하여야 하고(은행 14조; 보험 8조 1항), 보험회사는 상호 중에 다시 주로 영위하는 보험사업의 종류(생명보험 · 손해보험)를 표시하여야 한다(보험 8조 1항).

한편 특별법에 의해 인 · 허가를 받은 자에 한해 수행할 수 있는 영업의 경우, 그 인 · 허가를 받지 않은 자는 해당 명칭 및 유사명칭을 사용하지 못한다(은행 14조; 보험 8조 2항; 자금 38조).[2] 특별법에 의하여 설립되는 특수법인에 관하여는 해당 특별법에서 그 법인의 명칭을 정하고, 타인은 그 명칭 또는 유사명칭을 사용하지 못하게 하는 것이 보통이다(한국산업은행법 8조; 한국은행법 10조; 중소기업은행법 8조; 신용협동조합법 3조; 신용보증기금법 9조).

(5) 주체를 오인시킬 상호의 사용금지

1) 의　　의　　누구든지 부정한 목적으로 타인의 영업으로 오인할 수 있는 상호를 사용하지 못한다(23조 1항). 상인이 상호자유주의를 악용하여 타인의 영업으로

1) 예컨대 업무집행사원이 따로 없는 합명회사의 사원이 회사를 대표하여 거래한 경우에는 회사가 책임을 지나, 주식회사의 주주가 회사를 대표해서 거래하였다 하여 회사가 책임질 리는 없다.

2) 수년전 홍익대학교 앞에 "김약국," "약국라운지" 등 약국의 이미지를 담은 명칭하에 종업원들이 하얀 가운을 입고 접대를 하는 주점들이 생겼는데, 이를 단속하기 위하여 2014년 3월 약사법이 개정되어 약국이 아니면서 약국이나 이와 유사한 명칭을 사용하는 것을 금지하는 규정이 신설되었다(동법 20조 6항).

로 오인될 만한 상호를 사용함으로써 타인이 쌓은 신용과 사회적 지명도를 훔치는 사례가 있다. 이를 방치한다면 그 영업의 주체로 오인당하는 자에게 손실을 줄 뿐더러 일반공중에 대해서도 영업주체에 관한 부진정한 외관을 제공함으로써 거래상의 손실을 줄 수 있다. 그러므로 상법은 영업주체의 오인을 유도할 만한 상호의 선정을 제한한다.

2) **적용범위** 상법 제23조의 규정은 주로 상인이 다른 상인의 상호 또는 그와 유사한 상호를 사용한 경우에 적용되지만, 반드시 이에 한하는 것은 아니다. 상인이 아니라도 본조에서 말하는 '타인'의 영업으로 오인할 수 있는 상호에서의 「타인」이 될 수 있다. 예컨대 상인이 비상인인 저명인사의 성명이나 유명기관의 명칭을 자기의 상호에 사용한 경우(예: "국립도서관 직영서점"이란 명칭)에도 상법 제23조 제 1 항이 적용된다. 그러므로 이름을 도용당한 비상인은 상법 제23조 제 2 항의 「손해를 받을 염려가 있는 자」로서 상호의 폐지를 청구할 수 있다.

3) **효 과** 부정한 목적으로 타인의 영업으로 오인할 수 있는 상호를 사용한 자에 대하여는 200만원 이하의 과태료에 처하며(28조), 당사자간에 있어서는 상호사용폐지청구, 손해배상청구 등의 문제가 생긴다. 구체적인 효과와 「부정한 목적」, 「타인의 영업으로 오인할 수 있는 상호」의 의의 및 기타 상세한 점은 상호전용권에 관한 문제로 후술한다.

(6) 부정경쟁을 위한 상호사용의 금지

「부정경쟁방지 및 영업비밀보호에 관한 법률」(이하 "부정경쟁방지법"으로 약함)에서는 상인간에 부정한 수단으로 경쟁하는 것을 방지하기 위한 수단의 하나로 부정한 상호사용을 금지한다. 즉 국내에 널리 인식된 타인의 성명·상호 등을 표시하여 타인의 상품과 혼동하게 하거나, 타인의 영업상의 시설 또는 활동과 혼동하게 하는 행위 또는 타인의 영업표지의 식별력이나 명예를 손상하는 행위는 동법에 의해 금지된다(동법 2조 1호 ㈎ ㈏ ㈐).

등기실무

상호에 관한 법상의 규제는 위와 같으나, 이러한 제한규정의 해석을 통해 등기실무상으로는 다음과 같은 상호의 등기신청이 있으면 신청을 각하하고 있다(동일상호의 판단기준에 관한 예규

(2014. 11. 5 개정, 등기예규 제1547호) (이하 "동일상호예규") 3조).

1. 상업등기법 제29조에 의해 등기할 수 없는 상호
2. 법령으로 상호에 사용하는 것을 금지한 문자를 사용한 경우
   예시: 회사가 아니면서 상호에 회사임을 표시하는 문자를 사용한 경우(상법 20조), 금융투자업자가 아니면서 상호에 「금융투자」라는 문자를 사용한 경우(자금 38조 1항), 보험회사가 아니면서 상호에 보험회사임을 표시하는 문자를 사용한 경우(보험 8조 2항) 등. 다만, 「보험대리점」이라는 문자는 보험회사임을 표시하는 문자로 볼 수 없다(보험 제2조 제2호, 제6호, 제10호 등 참조).
3. 법령으로 상호에 일정한 문자(증권, 신탁 등)를 사용할 것을 규정하였음에도 불구하고 그러한 문자를 사용하지 아니한 경우
4. 상호에 지점, 지사, 지부, 출장소 등의 문자나 영업부문임을 표시하는 문자(영업부, 판매부 등)를 사용한 경우(상법 21조 2항에 따라 지점의 상호에 본점과의 종속관계를 표시하기 위하여 사용하는 경우는 제외한다). 다만, 대리점, 특약점 등의 문자는 상호에 사용할 수 있다.
5. 상호가 국가·공공단체 또는 그 소속기관 및 공법인과 관련성이 있다고 오인될 우려가 있는 경우
   예시: 국가기관으로 오인하게 할 수 있는 문자를 상호에 사용한 경우, 지방공기업법 등 관련 법령에 따라 설립된 것이 아니면서 지방공사, 지방공단, 공사, 공단 등의 문자를 상호에 사용한 경우 등
6. 상호가 선량한 풍속 기타 사회질서에 반하는 경우
   예시: 상호에 외설스러운 문자를 사용한 경우
7. 사회적 유명 인사의 성명권을 침해할 우려가 있는 경우
8. 회사의 종류를 표시하는 부분을 제외하면 신청인의 상호가 업종을 표시하는 문자만으로 구성되어 있는 경우

상호의 식별성

적법한 상호로서 보호받기 위하여는 상호가 특정 영업을 다른 영업으로부터 구별하여 널리 인식하는 호칭이 될 수 있어야 한다. 그러므로 단순히 영업내용을 서술적으로 표현하거나 통상의 의미로 사용하는 일상용어만으로는 상호를 구성하지 못한다. 위 예규 중 8호는 이러한 뜻을 표현한 것이다. 그러나 상호가 단지 영업내용을 표현하는데 불과하더라도 그것이 오랫동안 사용됨으로써 거래계 또는 수요자들이 어떤 특정의 영업을 표시하는 것으로 널리 인식하게 된 경우에는 상호로서의 적격성이 있다고 보아야 한다. 예컨대 「부동산뱅크」라는 제호의 잡지가 장기간 발간되어 부동산에 관한 정보를 제공하는 전문지로 잘 알려져 왔는데, 이를 본떠 「부동산뱅크 공인중개사」라는 상호로 부동산 중개업을 영위한 사건에서 법원은 전자의 상호성을 인정하

여 후자가 상호권을 침해한 것으로 판단하였다(대법원 1997. 12. 12. 선고 96도2650 판결).[1] 그리고 의정부에 장기간 「오뎅식당」이라는 상호로 성업중인 부대찌개집이 있는데, 타인이 이를 모방한 상호로 영업한 사건에서 법원은 오뎅식당은 「오뎅」과 「식당」이라는 평이한 명사의 결합에 불과함을 인정하였지만, 위 대법원판례와 같은 이유설시를 통해 「오뎅식당」의 상호성을 인정하였다(의정부지법 2013. 1. 29. 자 2012카합408 결정).[2]

Ⅳ. 상호의 등기

1. 취 지

상호는 상인의 중요한 영업재산일 뿐 아니라, 일반공중에게는 상인과 그 영업의 동일성을 식별할 수 있는 표지가 된다. 또 상인들간에서는 서로의 영업을 대외적으로 구별짓는 표지가 되며, 다른 한편 어느 상인의 상호는 다른 상인의 상호 선택을 제한하는 의미를 갖는다. 이렇듯 상호에 관해서는 여러 사람이 중대한 이해를 가지므로, 상호사용의 실태를 널리 공시하여 그 법률관계를 선명하게 해결할 필요가 있다. 상호의 등기는 이러한 상호사용의 실태를 공시할 목적에서 마련된 제도이다.

2. 강 제 성

회사는 등기에 의해 성립되고(172조) 그 법적 존재가 유지되는데, 회사의 동일성을 나타내는 명칭은 상호가 유일하므로 상호를 등기하지 않으면 회사의 존재를 인식할 길이 없다. 따라서 회사의 상호는 반드시 등기해야 한다.

그러나 자연인상인의 경우에는 그 실체가 중요하고 등기에 의해 존재가 증명되는 것이 아닌데다, 상호에 갈음하여 자신의 성명을 사용할 수도 있으므로 상호의 등기가 절대적으로 필요한 것은 아니다. 또 실무적인 문제로서, 자연인상인은 대체로 영세하여 영업의 개시와 폐지가 빈번한 반면 그 수가 대단히 많으므로 상

1) 이 사건은 부정경쟁방지법에 관한 사건이지만, 상호권에 관해서도 같은 결론을 낼 수 있다.
2) 역시 부정경쟁방지법에 관한 사건이지만, 상호권의 침해사건으로도 같은 결론을 낼 수 있다.

호등기를 강제할 경우 등기관리에 현실적인 어려움이 크다. 그래서 자연인상인에 대해서는 상호등기를 강제하지 아니한다. 즉 등기 여부는 자연인상인의 자유이다. 그러나 일단 상호를 등기하면, 등기된 상호의 폐지·변경은 의무적으로 등기할 사항이 된다.

참고로 독일 상법에서는 자연인이든 법인이든 모든 상호를 등기하게 하는데(§29 HGB), 이에 의해 상호의 법률관계를 간명하게 처리할 수 있는 이점이 있다. 입법론으로서 참고할 만하다.

3. 등기절차

상호의 등기절차는 상업등기법과 대법원규칙인 상업등기규칙에 따른다. 등기는 당사자의 신청에 의하며(상등 22조), 신청인의 영업소소재지의 등기소가 관할한다(34조, 상등 4조). 본점소재지에서 상호를 등기할 경우에는 지점소재지에서도 이를 등기하여야 한다(35조).

자연인상인의 상호는 상호등기부에 등기하지만(상등 11조 1항 1호), 회사의 경우는 각 회사의 종류별로 일체의 회사관계등기를 다루는 회사등기부가 별도로 마련되어 있으므로 회사상호는 설립등기에 포함시켜 회사등기부에 등기하고 상호등기부에는 따로 등기하지 않는다(상등 37조 1항, 단 가등기는 예외).

4. 상호등기의 효력

상호를 등기하면 동일한 특별시·광역시·시·군에서 동종영업을 하는 다른 상인이 같은 상호를 등기하는 것을 배척하는 효력이 있고(22조), 동일상호를 사용하는 타인이 있으면 그에게 부정한 목적이 추정되고(23조 4항), 정당한 사유 없이 2년간 상호를 사용하지 아니하면 폐지한 것으로 의제하며(26조), 상호의 폐지·변경 후 2주간 내에 등기하지 아니하면 이해관계인이 그 말소를 청구할 수 있다(27조). 이에 관해서는 상호권의 보호 및 상호의 폐지와 관련하여 후술한다.

5. 상호의 가등기

(1) 총 설

자연인상인의 상호는 그 상인이 선정한 순간부터 사용이 가능하고 그 상인의 상호권이 발생하지만, 회사의 상호는 등기에 의해 생겨난다. 예컨대 회사설립시에는 설립등기를 함으로써 회사의 상호가 생겨난다. 즉 상호를 채택하더라도 상호에 관한 법적 권리가 발생할 때까지는 상당한 시간이 소요되는 것이다. 그러므로 회사의 설립 후에 사용할 상호를 채택하고 설립절차를 밟고 있는 중에, 타인이 같은 상호를 선정하면 그가 선순위의 상호사용권자가 되므로 그로부터 상법 제23조에 의해 상호사용을 배척당하게 된다. 상호를 변경할 때나 본점을 이전할 때에도 주주총회(사원총회)의 결의를 거쳐야 하고 변경등기를 해야 하므로 같은 문제가 제기된다. 상법 제23조에 의한 부정상호사용금지나 제22조에 의한 旣등기상호의 보호는 동종의 영업부류를 영위하는 상인에 대해 적용되므로 상호의 변경없이 목적(회사가 영위할 영업의 종류)만을 변경할 때에도 새로운 목적에 관해서는 기존의 상호가 새로운 상호와 같은 처지에 놓이므로 역시 상호를 적기에 확보할 필요가 있다. 그리하여 상법은 회사설립시, 상호 또는 목적변경시, 그리고 본점이전시에 그에 필요한 절차를 밟고 있는 동안 타인이 상호를 가로채는 것을 방지하고 상호권을 확보할 수 있도록 상호의 가등기제도를 두고 있다(상호의 가등기절차에 관해서 상업등기법 제38조 이하에서 다루고 있다).[1)]

가등기라 함은 원래 소유권 등 부동산상의 권리의 설정, 이전, 변경 또는 소멸의 청구권을 보전하려 할 때 하는 부동산등기의 일종으로서 그 등기에는 순위보존의 효력만 있다(부등 88조).[2)] 그러나 상호의 가등기는 후술하는 바와 같이 단지 상호의 본등기순위를 보전하는 효력만을 갖는 것이 아니라 본등기의 효력을 아울러 가지고 있어 상호에 관한 한 일반적인 가등기의 개념과는 달리 운용되고 있다.

---

1) 이 제도는 1995년 상법개정시에 일본의 상업등기법상의 상호가등기제도를 본받은 것이다. 동법 제35조 내지 제41조에서 상호의 가등기제도를 두고 있는데, 그 요건과 내용은 우리의 제도와 같다.

2) 동일한 부동산에 관하여 등기한 권리의 순위는 본등기의 선후에 의하지만(부등 4조 1항), 가등기를 한 경우에는 그에 기초한 본등기의 순위는 가등기의 순위에 의한다(부등 91조). 따라서 가등기를 해두면 장차 본등기를 하고자 할 경우 그 권리의 순위를 확보할 수 있는 것이다.

(2) 적용대상

상호가등기제도는 회사의 상호에만 적용되고 자연인상인의 상호에는 적용되지 않는다. 자연인상인의 경우에는 상호등기가 법상 강제되지 않는데다, 등기를 하지 않더라도 상호권이 똑같은 정도로 보호되기 때문이다. 다만 등기하지 않을 경우 증명책임의 불이익을 입게 되나(후술), 자연인상인은 언제라도 필요할 때 상호를 등기할 수 있으므로 상호권을 사전에 보전할 필요가 없다.

회사 중에서도 가등기 사유별로 적용대상을 달리한다. 회사설립시의 가등기는 주식회사, 유한책임회사, 유한회사에만 적용된다(22조의 2 1항). 따라서 합명회사나 합자회사를 설립할 경우에는 상호의 가등기가 불가능하다. 합명회사나 합자회사는 설립절차가 단순하여 설립등기를 할 때까지 단기간이 소요될 뿐이므로 특히 상호의 가등기를 인정할 실익이 없기 때문이다. 상호나 목적을 변경할 경우, 그리고 본점을 이전할 경우에는 모든 회사가 가등기제도를 이용할 수 있다.

(3) 가등기사유

1) 회사설립 주식회사, 유한책임회사 또는 유한회사를 설립할 경우에 가등기를 신청할 수 있다.[1] 현재의 실상을 보면 이들 회사의 설립시에 창립총회 등 법정의 설립절차를 실제 밟는 것이 아니고 등기에 필요한 서류만을 작성하고, 등기신청 후 2, 3일이면 회사설립등기를 필하므로 이들 회사라도 설립시에 상호의 가등기를 이용할 실익은 그다지 크지 않다. 그러나 설립절차를 정식으로 밟는 경우에는 장시간이 소요되므로 이용할 실익이 크다.

2) 상호 · 목적의 변경 회사의 상호를 변경하거나, 목적을 변경하거나, 상호와 목적을 변경하고자 할 경우에 가등기를 신청할 수 있다(22조의 2 2항). 회사의 상호를 변경하려면 정관변경을 위해 상당한 시일이 소요되므로 그 절차를 밟는 동안 제3자가 변경할 상호를 선점할 가능성이 있기 때문에 이를 보전할 수 있게 한 것이다. 그리고 상호의 변경 없이 목적만을 변경할 경우에는 타인이 상호를 선점하는 일이 있을 수 없으나, 상법상 등기된 상호의 등기배척효력은 동종영업의 상호에 한하여 주어지므로(22조) 목적을 변경함으로 인해 아래 예와 같이 상호권

1) 회사의 설립이란 신설합병, 회사분할, 주식의 포괄이전에 의해 회사를 신설하는 경우를 당연히 포함한다.

에 영향을 줄 수가 있다.

회사의 목적이란 회사의 영업내용을 결정하는 것이다. 따라서 목적을 변경하면 새로운 영업부류가 창설되고 그 종류의 영업에 관해 현재 사용하고 있는 상호가 새로운 상호권을 창설하게 되는 것이다. 그러므로 예컨대 현재 '한국'이란 상호로 건설업을 영위하고 있는 갑회사가 사업목적을 전자업으로 바꾸기 위해 정관변경절차를 밟고 있는 중에 전자업을 하는 을상인이 '한국'이란 상호를 먼저 선정하면 갑회사는 전자업에 관한 한 타인의 상호권을 침해하는 셈이 되어(23조 1항) 부득이 상호를 바꾸어야 하는 것이다.

주식회사가 정관을 변경할 때에는 주주총회의 결의를 요하고 그 주주총회일 2주간 전에 주주에게 소집통지를 해야 하므로(363조 1항) 변경할 상호나 변경할 사업목적이 제3자에게 누설될 가능성이 크다. 그러므로 상호나 목적의 변경으로 인한 상호의 가등기는 특히 주식회사가 이용할 실익이 크다.

3) 본점의 이전 회사가 본점을 이전할 때에도 상호를 가등기할 수 있다(22조의 2 3항). 본점소재지를 이전한다 해서 상호를 변경하는 것은 아니지만, 기존의 상호에 관해 새로운 본점소재지에서 상호권을 취득하는 것과 같으므로 타인과 상호등기의 경합이 일어날 수 있다. 그러므로 본점을 이전할 때에도 상호의 가등기를 허용한 것이다.

상호가등기제도의 유래

본점의 이전과 관련하여 1950년대 말 일본에서 흥미로운 상호권의 침해사례가 일어난 바 있다. 당시 「東京瓦斯[가스]株式會社」라는 대규모의 가스회사가 동경에 있는 중앙구라는 지역으로 본점을 이전하려고 사옥을 지었다. 이미 그 지역에 있던 「신광전설주식회사」라는 소규모의 가스회사가 이 사실을 알고 「東京瓦斯株式會社」로 상호를 변경하고 등기를 필하였다. 그 결과 원래의 동경와사주식회사의 본점이전이 방해를 받게 되었으므로 신 동경와사주식회사를 상대로 상호사용금지가처분과 상호등기말소청구를 하였다. 이 사건에서는 원래의 동경와사주식회사의 상호권이 인정되어 승소하였으나, 이 사건을 계기로 일본의 상업등기법에 상호의 가등기제도를 두게 되었다.[1)]

1) 日最高裁 1961. 9. 29, 民集 15권 8호 2256면: 동 사안에 관해 "주지의 대회사가 이전하기 위하여 신설한 사옥과 같은 행정구획 내에 영업능력도 없고 영업준비도 없는 회사가 동일한 상호와 목적의 변경을 함으로써 위 대회사가 신축지에서 본점 이전의 등기를 할 수 없었던 경우에는 그 다른

(4) 등기의 관할

상호의 가등기는 회사설립시에는 설립하고자 하는 회사의 본점소재지를 관할하는 등기소에 신청하고(22조의2 1항), 상호·목적을 변경하고자 할 경우에는 회사의 현 본점소재지를 관할하는 등기소에 신청한다(22조의2 2항). 그리고 본점을 이전할 경우에는 이전하고자 하는 본점소재지를 관할하는 등기소에 신청한다(22조의2 3항).

(5) 가등기의 효력

1) 동일한 상호의 등기배척 상호의 가등기는 상법 제22조의 적용에 있어서는 상호의 등기로 본다(22조의2 4항). 상법 제22조는 「타인이 등기한 상호는 동일한 특별시·광역시·시·군에서 동종영업의 상호로 등기하지 못한다」고 규정하고 있다. 그러므로 제22조의2 제 4 항이 "가등기를 상호의 등기로 본다"라고 규정함은 가등기된 상호에는 본등기된 상호와 똑같이 동일상호의 등기를 배척하는 효력이 주어짐을 뜻한다. 즉 상호를 가등기하면 타인이 동종영업에 관하여 이와 동일한 상호를 등기하지 못하는 것이다. 가등기의 효력면에서 부동산에 관한 가등기와 크게 다른 점을 주의해야 한다.

그 결과 상호의 가등기제도는 현실로 사용하지 않는 상호에 관해 타인의 상호등기를 배척함으로써 상호의 실제 사용에 근거하지 않는 상호권을 허용하게 된다.

2) 상법 제23조와의 관계 본조 제 4 항은 상호가등기의 효력을 상법 제22조의 적용에 관련해서만 인정한다. 이에 의해 가등기된 상호가 동일상호의 등기를 배척하는 효력은 주어지지만, 상법 제23조 제 1 항에 의한 상호전용권은 주어지지 않고, 따라서 타인이 등기하지 아니하고 유사상호를 사용할 경우 이를 저지할 수 없다는 문제점이 생긴다.

이 문제는 상법 제22조를 여하히 해석하느냐는 문제와 관련된다. 후술하는 바와 같이 상법 제22조가 등기법적 효력 외에 실체법적 효력도 아울러 규정한 것으로 이해하는 설(실체법설)과 단지 등기법상의 효력만 규정한 것이라고 이해하는 설(등기법설)이 대립한다. 어느 설을 취하느냐에 따라 가등기된 상호의 효력이 크게 달라진다.

회사의 상호를 폐지시킬 수 있다"라는 취지로 판시하였다.

실체법설에 의하면 가등기한 상호를 상법 제22조의 적용에 관련해서만 등기된 상호로 보더라도 가등기에 의해 상호전용권이 생기므로 별 문제가 없다. 하지만 상법 제23조 제 4 항에 의하면 상호전용권이 상호등기에 의해 생기는 것이 아님이 분명한데, 실체법설은 이 규정과 정면충돌하므로 취하기 어렵다.

한편 등기법설에 의하면 상호의 등기는 단지 타인의 같은 상호의 등기를 배척하는 효력만 가질 뿐이고 궁극적인 상호전용권은 등기 여부에 불구하고 상호를 언제부터 사용하였느냐에 따라 결정된다. 그러므로 가등기된 상호를 상법 제22조의 적용상 등기된 상호와 같이 본다 하더라도 타인의 같은 상호의 등기를 배척하는 효력은 있지만, 가등기되어 있는 기간 중에 타인이 같은 상호를 선정 · 사용할 경우 오히려 그 타인이 제23조 제 1 항에 의해 가등기된 상호의 사용을 배척하고 등기의 말소를 구할 수 있게 된다. 결과적으로 가등기에 의해 실체적인 상호권이 확보되는 것은 아니므로 본조의 입법이 무의미해진다.

제22조의2 제 4 항은 제22조에 관한 학설의 대립을 고려하지 않고 만든 조문이다. 그러므로 상호가등기제도를 유의의하게 만들려면 동조 제 4 항을 상호에 관한 규정을 적용함에 있어 일반적으로 적용되도록 규정하였어야 했다.

현행규정하에서는 제22조의2 제 4 항을 입법의 착오로 보고 해석에 의해 의미를 부여할 수밖에 없다. 즉 상호의 가등기는 상호의 사용을 개시한 것으로 의제하는 것이다. 이같이 보면 상호의 가등기와 함께 상호전용권이 생기므로 그 이후에 같은 상호를 사용하는 자와의 상호권 다툼에서는 가등기상호가 보호받을 수 있는 것이다.

이같이 상호의 가등기를 상호의 선정 · 사용으로 본다면 상법 제23조의 적용상 가등기된 상호를 등기상호로 보아야 할 것이고, 따라서 가등기된 상호와 유사한 상호를 사용하는 자가 있을 경우 부정한 목적에 관한 증명책임이 그 자에게 전가된다고 풀이해야 한다(23조 4항 참조).

(6) 가등기의 남용방지

가등기제도의 취지에 반하는 목적에서 상호를 가등기하고 장기간 방치함으로써 타인의 상호선정권을 제한하는 남용행위가 있을 수 있으므로 상업등기법은 다음과 같이 가등기제도의 남용을 방지하기 위한 장치를 두고 있다.

i) 가등기를 위한 공탁 상호를 가등기할 때에는 1천만원의 범위 안에서 대법원규칙으로 정하는 금액을 공탁하여야 한다(상등 41조).

ii) 가등기의 존속기간의 제한 가등기를 할 때에는 가등기 후 본등기를 할 때까지의 기간(예정기간)을 등기하도록 하는데, 이 기간을 제한함으로써 가등기 상태가 장기간 지속되는 것을 방지하고 있다. 회사를 설립할 때의 상호가등기의 예정기간은 2년, 상호 · 목적의 변경에 관계된 가등기의 예정기간은 1년, 본점 소재지의 이전에 관계된 가등기의 예정기간은 2년으로 제한하고 있다(상등 38조 3항, 39조 2항).

iii) 가등기의 말소 회사설립을 위한 상호의 가등기에 있어 상호를 변경한 때라든지 기타 상호의 가등기가 필요없게 된 때에는 등기신청인으로 하여금 가등기의 말소를 신청하도록 하며(상등 42조 1항), 예정기간 내에 본등기를 하거나, 본등기를 하지 아니하고 예정기간을 지난 때에는 등기관으로 하여금 직권으로 가등기를 말소하도록 규정하고 있다(상등 43조).

V. 상호권의 보호

1. 의 의

상인은 그가 적법하게 선정 또는 승계한 상호의 사용에 관해 중대한 경제적 이익을 가지는데, 이를 상호권(Firmenrecht)이라 하여 법적 이익으로서 보호한다. 상호권은 타인으로부터 방해를 받지 않고 상호를 사용할 수 있는「상호사용권」및 자신의 상호를 타인이 부정하게 사용할 경우 이를 배척할 수 있는「상호전용권」으로 이루어진다.[1] 이러한 권리는 상호의 등기 여부에 관계없이 주어진다. 다만 등기할 경우 후술하는 바와 같이 보다 강력하게 보호된다.

---

1) 과거 상호권의 개념에 관해 학설의 대립이 있던 시기에 유력한 소수설은 본문에서와 같은 의미에서의 상호사용권과 상호전용권을 합해 상호사용권으로 표현하고, 상호전용권은 상호를 등기할 경우 타인의 동일 또는 유사한 상호의 사용을 배척하는 권리라고 설명했다. 소수설도 등기된 상호이든 등기하지 않은 상호이든 모두 타인이 부정사용할 경우 이를 배척할 수 있다고 보므로 용어의 차이에 지나지 않는다. 그러나 상호의 등기 여부에 따라 다른 권리가 주어지는 것이 아니고, 다만 보호의 정도가 강화될 뿐이라고 본다면, 등기 여부에 따라 명칭을 달리 부르는 것은 적절치 않다. 특히 보호가 강화되는 데 불과한 등기상호에 대해 "전용"권이란 부적합한 용어이다.

2. 성　질

상호권의 성질에 관하여는 학설이 여러 갈래로 나뉜다. (i) 상호가 영업상 상인을 나타내는 명칭이라는 점을 중시하여 인격권으로 보는 설, (ii) 상호의 경제적 가치와 기능에 중점을 두어 재산권으로 보는 설(강·임 91), (iii) 상호권의 침해는 명예와 신용을 손상하는 점(인격권적 성질), 상호는 상인에게 경제적 이익을 주고 양도 가능한 점(재산권적 성질)을 아울러 감안하여 상호권은 인격권적 성질을 포함하는 재산권이라고 하는 설(통설)이 있다. 또 상호의 등기를 전후하여, (iv) 등기 전에는 인격권이나 등기 후에는 재산권이라고 하는 설, (v) 등기 전에는 인격권이나 등기 후에는 재산권성을 아울러 갖는 인격권이라는 설이 있다. 현재 우리나라 학자들 간에는 (ii), (iii)설만이 주장되고 있다.

상법상 상호는 등기함으로써 보다 강한 보호를 받음에 그치고 권리의 질이나 양에 변화가 생기는 것은 아니므로 (iv), (v)와 같이 등기를 전후하여 상호권의 성질을 달리 설명함은 타당하지 않다. 그리고 상호사용은 경제적 이익을 발생시킬 뿐 아니라 제도적으로 양도가 보장되어 있으므로 기본적으로는 재산권이나, 상호는 상인을 표창하고 또 통설이 지적하는 바와 같이 그 침해는 명예·신용의 손상을 수반하므로 「인격권적 성질을 가진 재산권」이라고 함이 가장 본질에 접근하는 설명이다.[1)]

3. 상호사용권

기술한 바와 같이 상인은 자신이 선정하거나 승계한 상호를 타인의 방해를 받지 않고 사용할 권리를 갖는데, 이를 상호사용권(또는 적극적 상호권)이라 한다. 상호를 기업에 관한 일체의 거래를 가지고 할 수 있음은 물론, 광고·간판·상품·서류 등에 상호를 기재하는 등의 사실행위를 통해서도 상호를 사용할 수 있다. 소송행위를 함에 있어 회사가 상호를 가지고 자신을 표시하는 것은 당연하나, 자연인상인의 경우 당사자의 명칭에 상호를 부기하는 것은 무방하나, 당사자를

1) 독일의 다수설도 상호는 인격권적 성질과 아울러 재산권적 성질을 띠는 것으로 본다(Bülow/Artz, S. 47; Canaris, S. 183; Großkomm. HGB, §17 Rn. 50; Kindler, S. 73; MünchKommHGB, §17 Rn. 42; Oetker.Komm, §17 Rn. 4; Schmidt, S. 428 f.).

상호만으로 표시하는 것은 허용되지 않는다. 당사자는 권리와 의무의 주체이어야 하는데, 상호만으로는 그 주체를 특정할 수 없고 따라서 당사자를 확정할 수 없기 때문이다.[1] 상호사용권은 일종의 절대권으로서 이에 대한 침해는 불법행위를 구성한다. 등기된 상호이든 미등기상호이든 상호사용권의 내용에 있어서는 차이가 없다.

4. 상호전용권

(1) 의 의

상인은 타인이 부정한 목적으로 자신의 영업으로 오인할 수 있는 상호를 사용할 경우 그 상호를 폐지할 것을 청구할 수 있고 손해배상을 청구할 수 있다(23조 2항, 3항). 이를 상호전용권(소극적 상호권)이라 한다. 일반적으로 부정한 목적에서 타인의 영업으로 오인할 수 있는 상호를 사용하는 것이 금지된다 함은 앞서 본 바와 같다(23조 1항). 그 중에서 다른 상인이 이미 사용하고 있는 상호와 유사한 상호를 사용함으로써 그 다른 상인의 영업으로 오인받도록 하는 경우에는 이미 사용되고 있는 상호의 상호전용권의 효력으로써 이를 배척할 수 있는 것이다. 상호전용권은 등기 여부에 불구하고 모든 상호의 사용자에 대해 주어지는 권리이다.

(2) 요 건

상인이 상호전용권에 기하여 타인의 상호사용을 배척하기 위하여는 다른 상인이 부정한 목적으로 자신의 상호와 유사한 상호를 사용하여야 한다(23조 1항).

1) 비교상호의 존재 상법 제23조는 타인의 영업으로 오인할 수 있는 상호의 사용을 금지하고 있는데, 이는 영업주체를 오인시킬 수 있는 상호사용을 널리 금지하는 규정으로서, 여기서 「타인의 영업으로 오인할 수 있는 상호」란 타인의 상호를 흉내낸 상호에 국한하지 아니한다 함은 기술하였다. 타인의 성명이나 기관명칭, 때로는 타인의 상표를 이용한 상호도 이에 해당할 수 있다(예: "농협공판장," "OB시음장"이란 상호). 그리고 이런 부정한 상호사용에 대해서 반대의 이해관계를 가지는 자는 누

1) 구판에서는 가능하다고 서술하였으나, 본문에서와 같은 이유로 견해를 바꾼다.

구나 그 폐지를 청구할 수 있다.

그러나 先상호사용자가 상호전용권에 기하여 타인의 상호사용을 배척할 수 있는 경우는 타인이 선상호사용자의 상호와 혼동되는 상호를 자신의 상호로 사용함으로써 자신의 영업을 선상호사용자의 영업으로 오인받게 하는 경우이다. 따라서 선상호사용자가 상호전용권에 기하여 타인의 상호사용을 배척하려면 자신이 현재 그 상호를 사용하고 있어야 한다. 그러나 그 상호를 폐기하고 사용하지 않는 자라도 타인이 이와 동일 또는 유사한 상호를 사용함으로써 자신의 영업으로 오인받을 염려가 있을 경우에는, 상호전용권에 의해서 그 모방상호의 폐지를 청구할 수는 없지만, 상법 제23조 제 2 항의「손해를 받을 염려가 있는 자」로서 그 폐지를 청구할 수 있다.

2) 상호의 유사성 선상호사용자의 상호와 동일한 상호가「타인의 영업으로 오인할 수 있는 상호」임에는 틀림없다. 그리고 동일하지 않더라도 고도의 유사성으로 인해 영업주체가 상이함을 깨닫기 어렵다면 역시 타인의 영업으로 오인할 소지가 크므로 이에 포함된다(통설). 상호의 외형으로는 구별되더라도 호칭이나 관념의 유사성으로 인해 영업주체의 오인·혼동을 유발할 때에는 타인의 영업으로 오인할 수 있는 상호로 보아야 한다.[1)]

상호가 단지 호칭상으로 유사하다고 하여 바로「타인의 영업으로 오인할 수 있는 상호」라고 할 수는 없다. 오인의 가능성 유무는 해당 상인과의 상거래에 임하는 일반인의 기준에서 판단하여야 할 것이므로 영업의 종류·규모·지역성 등 종합적인 사정을 토대로 하여 판단해야 한다([판례 20, 21, 22, 23]을 비교·참조할 것). 예컨대 컴퓨터조립업자가「삼성전자주식회사」의 상호와 유사한 호칭, 예컨대「삼성컴퓨터」란 상호를 사용한다면 양 회사는 업종이 유사하고, 시장의 지역성 또한 중첩적이므로 타인의 영업으로 오인할 수 있는 상호인 여부가 다투어질 수 있을 것이다. 그러나 동네 주민을 상대로 하는 식품점이「삼성슈퍼」라는 상호를 사용했다 해서 삼성전자나 기타 삼성 계열회사들의 영업으로 오인하지는 않을 것이다.

1) 예컨대「오뎅식당」이라는 상호로 성업중인 부대찌개집의 인근에 같은 업종의 음식점을 개업하면서「채무자원조오뎅의정부부대찌개오뎅식당(F.H.R)」이라는 상호를 사용한 사건이 있었다. 외관상으로는 이 상호가「오뎅식당」과 유사하다고 할 수 없지만, 법원은 이 상호에서「오뎅식당」이라는 부분을 크게 표기하고 흔히「오뎅식당」으로 줄여 부른 점에 착안하여 영업주체를 오인할 수 있는 상호로 인정하였다(의정부지법 2013. 1. 29.자 2012카합408 결정)(부정경쟁방지법 사건).

판례 20 대법원 2021. 7. 15. 선고 2016다25393 판결

「어떤 상호가 '타인의 영업으로 오인할 수 있는 상호'에 해당하는지를 판단할 때에는 두 상호 전체를 비교 관찰하여 각 영업의 성질이나 내용, 영업방법, 수요자층 등에서 서로 밀접한 관련을 가지고 있는 경우로서 일반인이 두 업무의 주체가 서로 관련이 있는 것으로 생각하거나 또는 그 타인의 상호가 현저하게 널리 알려져 있어 일반인으로부터 기업의 명성으로 견고한 신뢰를 획득한 경우에 해당하는지 여부를 종합적으로 고려하여야 한다.」

판례 21 대법원 1996. 10. 15. 선고 96다24637 판결

「(요지) 타인의 영업으로 오인할 수 있는 상호는 그 타인의 영업과 동종 영업에 사용되는 상호만을 한정하는 것은 아니고, 각 영업의 성질이나 내용, 영업 방법, 수요자층 등에서 서로 밀접한 관련을 가지고 있는 경우로서 일반 수요자들이 양 업무의 주체가 서로 관련이 있는 것으로 생각하거나 또는 그 타인의 상호가 현저하게 널리 알려져 있어 일반 수요자들로부터 기업의 명성으로 인하여 절대적인 신뢰를 획득한 경우에는, 영업의 종류와 관계없이 일반 수요자로 하여금 영업주체에 대하여 오인·혼동시킬 염려가 있는 것에 해당한다.

'합동공업사'라는 등록상호로 자동차정비업을 하던 갑이 '합동특수레카'라는 상호를 추가로 등록하여 자동차견인업을 함께 하고 있는 상황에서 을이 같은 시에서 자동차견인업을 시작하면서 '충주합동레카'라는 상호로 등록하였음에도 실제는 등록상호를 사용하지 아니하고 '합동레카'라는 상호를 사용한 경우, 자동차정비업과 자동차견인업은 영업의 종류가 서로 다르고 그 영업의 성질과 내용이 서로 달라서 비교적 서비스의 품위에 있어서 관련성이 적은 점, 자동차를 견인할 경우 견인장소를 차량 소유자가 지정할 수 있는 점, 운수관련 업계에서 '합동'이라는 용어가 일반적으로 널리 사용되고 있어 그 식별력이 그다지 크지 아니한 점, 을이 자동차정비업을 하고 있지 아니한 점과 을의 영업 방법이나 그 기간 등을 고려할 때, 양 상호 중의 요부인 '합동'이 동일하다 하더라도 을이 상법 제23조 제 1 항의 '부정한 목적'으로 상호를 사용하였다고 할 수 없다.」

* 同旨: 대법원 2002. 2. 26. 선고 2001다73879 판결.

판례 22 대법원 1964. 4. 28. 선고 63다811 판결

「"뉴 서울 사장"이라는 상호 옆에 혹은 아래에 작은 글자로 "전 허바허바 개칭"이라고 기재한다 할 것 같으면 이것은 채권자가 등기한 "허바허바 사장"이라는 상호를 사용한 것으로 볼 것이며 … 비록 작은 글씨라 할지라도 같은 서울특별시 내에서 같은 사진영업을 하면서 다른 사람의 등기한 상호를 1958년 이래 사용하고 있는 것은

부정한 목적으로 다른 사람의 영업으로 오인할 수 있는 상호를 사용하고 있는 것이라 할 것이다(상법 23조)…」

판례 23 대법원 1976. 2. 24. 선고 73다1238 판결

「원고는 의약품의 제조 및 판매업과 그에 대한 부대업무 등을 목적으로 설립된 법인체임이 명백한데 그렇다면은 원고는 약국을 개설할 수 없으며 … 약국에서와 마찬가지로 일반 복용자를 상대로 의약품의 조제 또는 판매(소매)는 할 수 없을 것이며(약사법 35조 1항 단서, 38조; 약사법 시행규칙 27조 1항) 한편 약국개설자는 의약품을 조제하고 판매하되 도매는 할 수 없고 … (같은법 38조; 약사법 시행규칙 27조 2항) 판매할 의약품도 그 스스로는 제조할 수 없고 의약품 제조업자에 의해서 제조되었거나 의약품수출입업자에 의해서 수입된 것을 제조업자, 수출입업자 또는 도매상으로부터 구입한 것일 것이라고 할 것인즉(위 규칙 6항) 원고와 피고와는 그 영업의 종류, 범위는 물론이거니와 그를 위한 시설과 규모 등 그 영업의 양상을 달리할 것이라고 하여야 할 것은 물론, 특히 원고와 피고는 서로 그 고객을 달리하고 있게 되므로 원고의 일반 고객이 원고회사의 근처도 아닌 수원에 개설된 피고 경영의 「수원보령약국」이 서울에 있는 원고 「보령제약주식회사」의 영업으로 혼동 오인하게 된다는 것은 좀처럼 있을 수 없을 것이므로 단지 그 상호에 「보령」이라는 것이 공통된다고 해서 다른 특별한 사정도 없이 곧 피고의 위 약국을 원고 회사의 영업으로 오인 혼동케 할 염려가 있다고 단정할 수 없다고 할 것이다.」

註) 이 판례는 부정경쟁방지 및 영업비밀보호에 관한 법률의 위반사건이나 상법 제23조의 적용에 있어서도 동일하게 해석된다.

역혼동

동일 · 유사한 상호를 갑이 먼저 사용하고 을이 나중에 사용하였으나, 을의 영업규모가 갑의 것보다 크고 을의 상호가 주지성을 획득할 수 있다. 이 경우에는 을의 상호사용으로 인하여 마치 갑이 을의 명성이나 소비자 신용에 편승하여 갑의 상품의 출처가 을인 것처럼 소비자를 기망한다는 오해를 받아 갑의 신용이 훼손될 수 있다. 이를 역혼동이라 한다. 판례는 이러한 역혼동이 생긴 경우 선사용자(갑)는 후사용자(을)에 대해 손해배상을 청구할 수 있기는 하나, 손해배상책임이 발생하기 위해서는 선사용자의 영업이 후사용자의 영업과 그 종류가 같거나 영업의 성질이나 내용, 영업방법, 수요자층 등에서 밀접한 관련이 있어야 한다는 입장을 취하고 있다.

1995년 「파워컴 주식회사」라는 회사가 설립되어 전자부품, 전자제품의 도소매 및 수출입업을 해 오고 있었는데, 2001년 한국전력의 자회사로 「주식회사 파워콤」이라는 회사가 설립되어 전기통신회선설비 임대, 종합유선방송 분배망 및 전송망사업을 영위하였다. 전자의 회사는 자본금 7억원, 매출액 50억원 정도의 소규모회사이고, 후자의 회사는 자본금 7,500억원, 매출액 2,500억원의 대형회사이다. 이에 전자의 회사

가 후자의 회사를 상대로 역혼동을 이유로 손해배상청구를 하였으나, 법원은 두 회사의 영업내용이 상이하고, 사업규모와 영업방법 및 그 수요자층이 달라 일반인이 양 회사를 서로 관련 있는 것으로 생각하기 어렵다는 점을 지적하고 위에 말한 이론에 입각하여 전자의 회사의 청구를 배척하였다(대법원 2002. 2. 26. 선고 2001다73879 판결).

3) 유사상호의 「사용」 유사상호를 「사용」 한다는 것은 상인이 그 상호를 영업상 자신을 나타내는 명칭으로 이용함을 말한다. 그러므로 대외적인 계약에 유사상호를 표시하는 것은 물론이고, 간판 · 제품 · 계산서나 안내서 기타 인쇄물에 표시하거나 광고에 이용하는 것도 두루 유사상호의 사용에 포함된다. 또 영업 자체를 위해 사용하는 경우뿐만 아니라 영업자금의 차입 등 보조적 상행위를 하면서 사용하는 것도 포함된다.

본조는 새로이 상호를 선정할 경우뿐만 아니라 상호를 승계하여 사용할 경우에도 적용된다. 즉 이미 유사상호를 사용하고 있는 자로부터 상속 · 양도 등에 의해 승계하여 사용할 경우에도 같은 제한을 받는다.

상법 제22조는 타인이 등기한 상호를 「동일한 특별시 · 광역시 · 시 · 군」에서 동종영업의 상호로 등기하지 못하게 하나, 제23조 제 1 항에서 규정하는 유사상호의 사용금지에는 지역적인 제한이 없다. 따라서 원칙적으로 전국 어디서나 부정한 목적으로 타인의 영업으로 오인할 수 있는 상호를 사용하는 것이 금지되지만, 전국적인 규모에서 영업의 동일성에 관한 오인이 행해질 수 있는 것인지의 여부는 영업의 규모와 범위, 성격, 고객의 지역성 등을 고려하여 결정할 문제이다.

영업의 지역성

[판례 23]의 사실관계를 보면, 서울에 「보령제약주식회사」라는 전국적인 규모의 제약회사가 있고, 실질적으로 같은 회사가 경영하는 「보령약국」이라는 약국이 서울 종로 5가에 있는데, 수원에서 피고가 「수원보령약국」이라는 상호로 약국을 경영하고 있어 보령제약주식회사가 부정경쟁방지법위반으로 소를 제기한 것이다. 이 사건에서 법원은 보령제약주식회사의 영업은 제약이고 수원보령약국의 영업내용은 약의 소매이므로 같은 영업으로 혼동할 염려가 없다고 하며 원고 패소판결을 내렸다. 이 사건에서 서울의 「보령약국」과 「수원보령약국」은 영업내용이 같고 상호도 유사하므로 서울의 보령약국이 원고가 되어 상법 제23조의 위반을 주장할 수도 있었을 것이다. 그러나 원고측이 그같이 하지 않은 이유는 약국의 영업이란 소매업인데 양자의 경우 서울과 수원이라는 원격성이 있어 동일영업으로 오인할 염려가 없다고 판단될 소지가

있기 때문이었을 것이다.

4) 부정한 목적 「부정한 목적」이라 함은 자기의 영업을 타인의 영업으로 오인시킴으로써 그 타인이 가지고 있는 사회적 평가를 자신의 영업에 유리하게 이용하려는 목적을 말한다([판례 24]). 따라서 반드시 타인의 성명 또는 상호권을 침해하려는 의사가 있음을 요하지 않는다. 부정한 경쟁(부경 2조 1호 참조)을 목적으로 할 경우에는 상법 제23조에서 말하는 「부정한 목적」이 있다고 할 수 있으나, 부정한 목적은 부정한 경쟁보다 넓은 개념으로서 부정한 경쟁을 목적으로 하지 않더라도 「부정한 목적」이 있을 수 있다(통설).

판례 24 대법원 2021. 7. 15. 선고 2016다25393 판결

「'부정한 목적'은 어느 명칭을 자기의 상호로 사용함으로써 일반인으로 하여금 자기의 영업을 그 명칭으로 표시된 타인의 영업으로 오인하게 하여 부당한 이익을 얻으려 하거나 타인에게 손해를 가하려고 하는 등의 부정한 의도를 말한다. 부정한 목적이 있는지는 상인의 명성이나 신용, 영업의 종류·규모·방법, 상호 사용의 경위 등 여러 사정을 종합하여 판단하여야 한다」([판례 20]과 동일 판례).

* 同旨: 대법원 2016. 1. 28. 선고 2013다76635 판결 등.

「부정한 목적」이란 상호사용자의 주관적 사실에 관한 문제이므로 부정한 목적이 '있다' 혹은 '없다'는 증명이 용이하지 않다. 그러나 상호사용의 정황으로 보아 쉽게 추단할 수 있는 경우도 있다. [판례 25]에서 보듯이 전국에 알려진 유명상호를 빌려 일정지역에서 영업하는 자는 이미 같은 지역에서 같은 상호로 같은 영업을 하는 자가 있더라도 후자의 영업이 영세하다면 부정한 목적으로 유사상호를 사용하였다고 볼 수는 없는 것이다. 이같이 부정한 목적의 판단에는 상인의 명성이나 영업의 규모 그리고 영업의 지역성, 상호의 식별력[1] 등을 종합하여 판단

---

1) 울산지법 2015. 4. 30. 선고 2014가합6943 판결: A가 「○○체대입시」라는 상호를 등기하고 체육대학교 입시를 위한 학원을 운영하고 있던 중, B가 역시 「○○체대입시」라는 간판을 걸고 같은 영업을 하므로 A가 B에게 상법 제23조 제4항에 따른 부정한 목적이 추정된다고 주장하며 동조 제1항에 의해 상호사용의 금지를 청구하였다. 법원은 A의 청구를 배척하였는데, 그 이유 중 하나로 「'○○체대입시'라는 상호는 유명사립대학교인 '○○대학교'의 체육학과 입시를 준비하는 학원이라는 의미가 내재되어 있는 상호로서 그 자체에 현저한 식별력이 없으므로 B가 수요자들로 하여금 A의 영업으로 오인·혼동하게 하려는 의사를 가지고 동 상호를 사용하였다고 보기 어렵다」는 판단을 제시하였다.

하여야 한다.

판례 25 대법원 1993. 7. 13. 선고 92다49492 판결

「… 피신청인의 상호인 '서울 고려당'은 그 요부가 '고려당'에 있고, 간이신속을 존중하는 거래계에서는 간략히 특징적인 부분인 '고려당'으로 호칭될 것이므로 그 경우 신청인의 상호인 '고려당'과 동일하여 양자는 오인, 혼동의 우려가 있어 서로 유사한 상호로 봄이 상당하고, 신청인의 '고려당'이라는 상호가 1959. 7. 21 등기되었으므로 피신청인이 그와 유사한 위 상호를 동일한 시에서 동종 영업을 위하여 사용하는 이상 상법 제23조 제4항에 의하여 피신청인에게 부정한 목적이 있다고 일응 추정된다 할 것이나, 신청외 망 김동환이 1944. 서울 종로 2가에서 '고려당'이라는 상호 및 상표로 양과자 제조, 판매업을 개시하여 1945. 9. 1 위 상호로 영업감찰을 받은 이래 같은 업체를 경영하여 오던 중 1971. 10. 1 그의 후손들에 의하여 '주식회사 고려당'이 설립된 사실, 위 회사는 40년이 지난 지금까지 동일한 상표와 상호로 같은 영업을 계속해 오면서 상표인 '고려당'이란 표장을 선전해 왔으며, 매출액도 1990년에 23,000,000,000원, 1991년에는 27,000,000,000원이나 되고 전국적으로 250여개의 판매대리점 및 직영점을 가지고 있어 일반수요자들에게 '고려당'은 위 회사의 상호 및 제품에 사용되는 상표인 것으로 널리 인식되기에 이른 사실, 피신청인은 1991. 8. 1 위 회사와 위 회사 제품의 마산대리점 계약을 체결함에 있어 … 위 회사의 상표인 '고려당'을 상품에 관한 광고, 간판 등에 사용할 수 있는 권리도 취득한 사실, 이에 피신청인은 위 회사 마산대리점을 개점, 운영함에 있어 위 회사의 연혁과 그 관계를 표시하기 위하여 'SINCE 1945 신용의 양과 서울 고려당 마산분점'이라는 간판을 사용한 사실, 신청인과 피신청인은 모두 같은 마산시에서 제과점을 경영하고 있으나 신청인은 합포구 창동에, 피신청인은 회원구 양덕동에 제과점이 위치하여 비교적 원거리에 있는 사실이 인정되며, 위 인정사실에 비추어 보면 피신청인은 위 회사의 명성과 신용을 믿고 위 회사 등과 마산판매대리점계약을 체결한 자로서 위 회사의 '고려당'이란 상호를 간판에 내세운 것으로 인정될 뿐 신청인의 상호인 마산의 '고려당'이 가지는 신용 또는 경제적 가치를 자신의 영업에 이용하고자 하는 의도는 없었다고 봄이 상당하므로 피신청인이 부정한 목적으로 신청인의 상호와 동일한 상호를 사용함을 전제로 한 이 사건 신청인은 이유없다 …」

註) 이 판례는 마산의 갑이라는 제과업자(신청인)가 '고려당'이라는 상호로 제과업을 하고 있는 중에 역시 마산의 을이라는 제과업자가 서울의 저명한 고려당이라는 제과업자로부터 상호사용권을 얻어 자신의 영업에 이용하므로 갑이 을의 상호사용을 금지하는 가처분을 신청한 사건이다.

* 同旨: 대법원 1995. 9. 29. 선고 94다31365 판결.

5) 동종영업의 요부 상법 제23조가 부정한 경쟁을 억제하기 위한 규정

이라면 동종영업에 동일 또는 유사한 상호를 사용하였을 경우에 한해 적용됨이 마땅하다. 그러나 상법 제23조의 취지는 기술한 바와 같이 상호의 부정사용에 의한 영업주체의 혼동으로 인해 일반공중이 거래상대방의 선택에 있어 오류를 범하는 피해를 입거나 그로 인해 영업의 주체로 오인당한 자가 재산상의 손실, 신용의 저하 또는 인격상의 침해를 당하는 것을 방지하고자 함이다. 그렇다면 상법 제23조의 적용에 있어서는 동종영업에 사용함을 요하지 않는다고 해야 할 것이다(대법원 2002. 2. 26. 선고 2001다73879 판결; [판례 23]). 상호권자의 영업과 다른 종류의 영업에 동일 또는 유사한 상호를 사용하더라도 역시 상호권자에게 손해가 생길 수 있기 때문이다. 예컨대 유명향수 제조업자 A의 상호를 영세한 여성의류 판매상 B가 모방할 경우, 일반인은 A가 여성의류업에 진출했다고 생각할 것이고, B가 불량의류를 생산하다면 사람들은 A의 향수까지도 신용하지 않을 것이다.

6) **상호권자의 허락이 없을 것** 명문의 규정은 없으나 당연한 요건이다. 상호권자가 동일 또는 유사상호의 사용을 허락한 경우에는 상호권자는 상법 제24조의 요건을 충족할 수 있다. 이 때에는 명의대여자로서 책임을 지게 된다.

7) **증명책임** 상호전용권에 기하여 타인의 부정한 상호사용을 배척하려면 이상 설명한 요건을 상호권자가 증명하여야 한다. 그러나 상호를 등기한 경우에는 후술과 같이 부정한 목적에 관한 증명책임이 유사상호의 사용자에게로 전환된다.

(3) 효 력

특정인이 상법 제23조 제 1 항에 위반하여 부정한 목적으로 타인의 영업으로 오인할 수 있는 상호를 사용하는 경우, 이로 인하여 「손해를 받을 염려가 있는 자」 또는 「상호를 등기한 자」는 그 폐지와 손해배상을 청구할 수 있다(23조 2항·3항).

1) **청구권자** 동일 또는 유사상호의 부정사용으로 「손해를 받을 염려가 있는 자」와 「상호를 등기한 자」를 열거하고 있는데, 미등기상호권자도 당연히 「손해를 받을 염려가 있는 자」로서 상호의 폐지와 손해배상을 청구할 수 있는 자이다. 이를 법문에서 굳이 「손해를 받을 염려가 있는 자」로 표현한 이유는 상인이 아닌 자의 성명이 타인의 상호에 이용된 경우 상호전용권에 기하지 아니하고 상호의 폐지와 손해배상의 청구를 인정해야 하기 때문이다. 따라서 미등기상호권

자는 자신의 상호가 타인에 의하여 부정사용될 경우, 자신의 상호권이 존재하는 사실만을 증명하면 되고 따로 「손해를 받을 염려가 있음」을 증명할 필요가 없다. 이 점 미등기상호와 등기상호간에 차이가 없다. 다시 말하면 본조가 미등기상호권자에게는 손해를 받을 염려가 있음을 증명하게 하고, 등기상호권자에게는 이 점에 대한 증명책임을 면해 주는 것이 아니라는 뜻이다(同旨: 서완석 97; 정준우 103. 반대: 김성태 260; 김정호 110; 손주찬 157; 손진화 100; 임홍근 114; 정경영 72; 최준선 183). 등기상호의 상호권자는 등기된 사실만 증명함으로써 자신의 상호권을 증명할 수 있다는 편의를 누릴 뿐이다.

2) **상호폐지청구권** 기술한 요건이 충족될 경우 상호권자는 상호의 부정사용자에 대하여 상호를 폐지할 것을 청구할 수 있다(23조 2항). 그리고 부정사용자가 상호를 등기한 경우에는 그 등기의 말소를 청구할 수 있다(제22조의 등기배척과는 다른 문제이다).

상호를 폐지한다 함은 향후 상호를 사용하지 않음을 뜻한다. 앞으로 영업거래에서 당해 상호로 자신을 나타내지 아니하고, 간판에 표시했다면 이를 철거하고, 인쇄물에 표기했다면 이를 폐기하여야 한다. 따라서 이는 사실행위로서 부정사용자의 특별한 의사표시를 요하는 것이 아니다.

3) **손해배상청구권** 상호의 부정사용으로 매출액의 감소, 신용의 훼손 등 손해가 발생한 경우 상호권자는 상호폐지의 청구와는 별도로 손해배상을 청구할 수 있다(23조 3항). 이는 상호의 폐지를 청구한다고 해서 불법행위에 기한 손해배상청구권이 소멸하는 것이 아님을 주의적으로 규정한 것이다.

5. 등기상호권자의 상호전용권 강화

이상 설명한 상호사용권과 상호전용권은 등기 여부를 막론하고 모든 상호권자에게 주어지는 권리이며, 권리보호의 내용에 있어 등기상호가 미등기상호보다 우월한 것은 아니다. 그러나 상호를 등기할 경우에는 상호전용권이 다음과 같이 강화된다.

(1) 동일한 상호등기의 배척

타인이 등기한 상호는 동일한 특별시 · 광역시 · 시 · 군에서 동종영업의 상호로 등기하지 못한다(22조).

1) 의 의 이 규정은 상호를 등기한 경우, 동종영업에 관해 같은 상호의 등기가 행해지는 것을 차단함으로써 선등기 상호권자의 지위를 보호하려는 것이다. 마치 동일 부동산에 관해 먼저 행해진 등기와 모순된 등기가 배척되는 것과 같다. 이 규정의 적용에 있어 상호권의 유무·우선관계는 문제되지 아니하며, 또 이 규정에 의해 새로운 상호권이 창설되는 것도 아니다. 예컨대 A가 상호를 선정하여 사용하던 중 A의 상호가 등기되지 않았음을 기화로 동종영업을 하는 B가 동일상호를 먼저 등기하였다면, A가 뒤늦게 등기하고자 하더라도 이 규정에 의해 등기할 수 없다. 그러나 이 규정에 의해 B의 상호권이 새로이 생기는 것은 아닌 까닭에, A는 상법 제23조에 기한 상호전용권의 행사로서 B에 대해 상호의 폐지를 청구할 수 있고 등기의 말소도 청구할 수 있다. 그리고 이 청구에 의해 B의 등기가 말소된 후에 A는 자신의 상호를 등기할 수 있다.

동일상호의 등기를 배척하는 것은 상호권자를 보호하기 위한 뜻에서만이 아니라, 일반인의 혼동을 막으려는 공익적 이유에서 비롯된 것이기도 하므로 선등기자의 동의가 있더라도 동일한 상호는 등기할 수 없다.[1)]

2) **효력의 범위** 이 규정이 단지 후등기자의 등기를 배척하는 등기법상의 효력만을 부여한 것인지(등기법설), 후등기자의 등기가 이루어진 경우 선등기자가 후등기자의 등기말소를 청구할 수 있는 실체법적인 효력까지를 부여한 것인지(실체법설) 견해의 대립이 있다.

㈎ **실체법설** 상법 제22조가 등기법상의 효력을 정한 외에 실체법적인 효력도 정한 것으로 보고, 선등기자는 후등기자에게 등기의 말소를 청구할 수 있다고 한다. 그 이유로는 제23조는 상호권을 침해한 자에게 부정한 목적이 있을 경우에 한해 상호폐지를 청구할 수 있게 하나, 제22조에 의하면 부정한 목적의 유무에 불구하고 등기를 배척할 수 있으므로, 잘못해서 2중으로 상호등기가 행해진 경우에는 선등기 상호권자가 제22조에 의해 부정한 목적을 증명할 필요 없이 후등기자에 대하여 등기말소를 청구할 수 있도록 해 줄 필요가 있다고 한다. 통설·판례의 입장이다([판례 26]).

㈏ **등기법설** 상호의 실체법적 문제는 제23조에 의해 해결되는 것으로

1) 동일상호의 판단 기준에 관한 예규 5조; 대법원 등기선례 제3-937호, 1993. 3. 10.

보고, 제22조는 단지 동일한 상호의 등기를 배척하는 등기법상의 효력만 부여할 뿐이라고 본다. 이 설에 의하면 동일한 상호에 관해 2중의 등기가 이루어진 경우에는 선등기 상호권자가 후등기 상호권자의 등기의 말소를 청구할 수는 없고, 상호권의 귀속에 의해 해결해야 한다.

실체법설이 말하는 「잘못해서 상호의 2중등기가 행해진 경우」라 함은 기본적으로 실체법적 문제와는 무관한 순 절차문제이다. 절차법상으로 선등기자는 후등기의 말소를 신청할 수 있다(상등 26조 3호, 77조). 이같이 성질상 절차법적 문제이고 또 절차법적으로 충분히 해결할 수 있는 사안에 실체법적 효력을 부여하는 것은 옳지 않다. 기술한 바와 같이 제23조의 상호전용권은 등기의 유무에 불구하고 행사할 수 있는 것인데, 다수설과 같이 제22조에 실체법적 효력을 부여한다면 두 조문이 충돌하게 되는 문제가 발생한다. 즉 문제된 상호의 선사용자보다 후사용자의 등기가 먼저 이루어진 경우 선사용자는 후사용자에게 제23조에 의해 말소청구를 할 수 있고 후사용자는 선사용자에게 제22조에 의해 말소청구를 할 수 있게 되는 것이다. 상호권의 충돌이 있는 경우 제22조에 의해서는 형식적 우선관계를 결정하고, 제23조에 의해서는 실질적 우선관계를 해결하려는 것이 상법의 태도라고 보는 것이 온당하다(등기법설).

판례 26 대법원 2004. 3. 26. 선고 2001다72081 판결

「… 상법 제22조[의] 취지는 일정한 지역 범위 내에서 먼저 등기된 상호에 관한 일반 공중의 오인·혼동을 방지하여 이에 대한 신뢰를 보호함과 아울러, 상호를 먼저 등기한 자가 그 상호를 타인의 상호와 구별하고자 하는 이익을 보호하는 데 있고, 한편, 비송사건절차법 제164조[상업등기법 제30조]에서 "상호의 등기는 동일한 특별시·광역시·시 또는 군 내에서는 동일한 영업을 위하여 타인이 등기한 것과 확연히 구별할 수 있는 것이 아니면 이를 할 수 없다"고 규정하여 먼저 등기된 상호가 상호등기에 관한 절차에서 갖는 효력에 관한 규정을 마련하고 있으므로, 상법 제22조의 규정은 동일한 특별시·광역시·시 또는 군 내에서는 동일한 영업을 위하여 타인이 등기한 상호 또는 그 상호와 확연히 구별할 수 없는 상호의 등기를 금지하는 효력과 함께 그와 같은 상호가 등기된 경우에는 선등기자가 후등기자를 상대로 그와 같은 등기의 말소를 소로써 청구할 수 있는 효력도 인정한 규정이라고 봄이 상당하다.」

3) 동종영업의 범위　「동종영업」의 상호에 대해서만 상법 제22조가 적

용된다. 상업등기법상 상호의 등기를 신청할 때에는 영업의 종류를 기재하게 되어 있으므로(상등 30조 3호), 그 기재에 의해 동종 여부를 판단하게 되며, 실제 그 영업을 수행하고 있는지 여부는 문제되지 아니한다. 「동종영업」이라 해서 영업내용이 완전히 일치해야 하는 것은 아니고 주요부분이 일치하면 족하다(김성탁 55; 오성근 129; 임홍근 108; 정준우 106; 최·김 111). 등기실무에서는 나아가 주요부분이 아닌 일부가 동일, 동종인 경우에도 원칙적으로 영업의 동종성을 인정한다(동일상호예규 10조 1항). 그러나 영업의 일부가 동일하더라도 영업의 전부 또는 주된 부분에 비추어 다른 영업으로 볼 수 있거나 부수적인 영업으로서 일반적으로 기재되는 영업(예: "부동산임대업, 전 각호에 부대하는 일체의 업무" 등)인 경우에는 동종영업으로 보지 않는다(동예규 10조 3항). 그리고 어느 영업이 비교대상인 다른 영업을 포함하는 경우(예: '서울운수'와 '서울택시')에는 영업의 동종성이 인정된다(동예규 10조 2항).

「동일한 특별시·광역시·시·군」은 행정구역을 표준으로 판단하게 되는데, 행정구역의 변경으로 동일지역에 동일상호가 중복되는 경우 또는 지점의 설치로 인해 등기가 중복되는 경우에는 본조의 적용에서 제외된다(김성탁 54; 오성근 129; 정준우 106).

4) 동일상호의 범위 상법 제22조는 「타인이 등기한 상호는 … 등기하지 못한다」라고 규정하고 있다. 이 규정에 의해 등기가 배척되는 「타인이 등기한 상호」란 타인이 등기한 상호와 「동일한 상호」라는 의미로도 해석할 여지가 있고, 상법 제23조가 규정하는 상호처럼 「타인의 영업으로 오인할 수 있는 상호」로 해석할 여지도 있다. 그러나 상법 제22조의 절차규정인 상업등기법 제29조는 「동일한 특별시·광역시·시 또는 군 내에서는 동종의 영업을 위하여 다른 상인이 등기한 상호와 동일한 상호는 등기할 수 없다」라고 규정함으로써 배척되는 상호는 동일한 상호에 국한됨을 밝히고 있다.[1)] 「동일한 상호」란 어의적으로 일치하는 상호를 뜻한다고 보아야 한다.[2)]

---

1) 이 규정은 2009년 5월 28일에 개정된 것이고(법률 제9749호), 개정전 규정(30조)은 「타인이 등기한 상호와 확연히 구별할 수 있는 상호」가 아니면 등기할 수 없도록 하였다. 그러나 이로 인해 회사를 설립하는 경우 상호의 검색과 선정에 많은 시간이 소요되고 등기기관이 상호의 유사성 여부를 자의적으로 판단할 우려도 있다는 점이 지적되어 왔다. 그리하여 상호선정에 필요한 비용과 시간을 절감하고 상호등기에 관한 업무의 투명성을 높이기 위해 본문에서와 같이 개정하였다(상업등기법 개정이유).

2) 대법원 2011. 12. 27. 선고 2010다20754 판결: 「동부주택건설 주식회사」라는 선등기상호가 존재하는 중, 「동부건설 주식회사」, 「주식회사 동부」라는 상호가 등기되었으므로 동 상호들에 대해 상법

그러므로 타인의 영업으로 오인받을 만한 유사상호도 어의적으로 일치하지 않는 한 일단 등기는 가능하다. 등기가 가능하더라도 상법 제23조 제 1 항에 따른 실체법적 규율이 따르므로 오인당할 수 있는 타인은 상호를 등기한 자에게 상법 제23조 제 1 항에 기해 상호의 폐지를 청구할 수 있고, 보전의 필요가 있는 한 상호폐지청구를 본안으로 하여 상호사용금지가처분도 신청할 수 있다.

(2) 증명책임의 전환

상법 제23조에 의하여 타인의 부정한 상호사용을 배척하려면, 「타인에게 부정한 목적」이 있음을 증명하여야 한다. 이는 주관적 요건이므로 증명하는 데에 현실적인 어려움이 클 것이다.

그러나 「동일한 특별시 · 광역시 · 시 · 군에서 동종영업으로 타인이 등기한 상호를 사용하는 자는 부정한 목적으로 사용하는 것으로 추정한다」(23조 4항). 따라서 상호를 등기한 자는 동종영업을 하는 타인이 동일한 특별시 등에서 자신의 상호를 사용하는 경우에 그의 「부정한 목적」을 증명할 필요가 없이 상호의 폐지와 손해배상을 청구할 수 있다. 증명책임이 그 타인에게 전가되어, 그 타인이 자신에게 부정한 목적이 없었음을 증명하여야 하는 것이다.

이 규정의 적용에 있어 부정한 목적에 의한 사용이 추정되는 상호란 타인이 등기한 상호와 동일한 상호를 뜻하는가, 아니면 유사한 상호도 포함하는가라는 의문이 제기된다. 즉 제23조 제 4 항의 적용을 받는 상호를 상법 제22조에 의해 등기가 배척되는 상호와 같은 범위로 풀이할 것인가, 아니면 제23조 제 1 항에서 금지하는 상호의 범위로 풀이할 것인가라는 문제이다. 제23조 제 4 항이 등기된 상호에 대해 부여되는 추가적인 보호인 점을 고려하면, 제22조와 균형을 이루는 해석을 해야 한다고 본다. 즉 등기된 상호와 동일한 상호를 사용한 경우 부정한 목적이 추정되는 것이다(대전지법 홍성지원 2011. 8. 18. 선고 2010가합1712 판결).

제22조에 근거하여 말소청구가 제기된 사건에서, 법원은 상법 제22조는 상업등기법 제30조가 규정하는 「동일한 상호」에 한해 적용되는 것을 전제로 하고, 이 사건에서의 후등기상호들은 선등기상호와 동일한 상호가 아니므로 상법 제22조의 적용대상이 아니라고 판시하였다. 상업등기법의 개정 전이라면 이들 상호는 유사상호로서 등기가 금지된다고 판시하였을 것으로 짐작된다.

비상호 명칭의 보호

이상 설명한 상호권의 보호는 비상인의 명칭에는 적용될 수 없다. 어느 종교인이 대구 인근의 지역에서 「한국불교조계종 백봉사」라는 명칭의 사찰을 운영하고 있었는데, 「사단법인 한국불교조계종」[1](원고)이라는 이름으로 선등기한 종교단체가 동종교인에 대해 「한국불교조계종」이라는 명칭의 사용금지를 청구한 사건이 있다. 이 사건의 수소법원은 비영리법인에 대해서는 상법상의 상호제도를 적용할 수 없음을 언명하고, 나아가 명문의 규정이 없는 한, 비영리법인의 명칭에는 전속적인 사용권이 인정될 수 없다고 판시하였다(대구지법 상주지원 2014. 5. 1. 선고 2013가합634 판결)(후술 이화학당 사건(대법원 2014. 5. 16. 선고 2011다77269 판결)과 비교할 것).

6. 부정경쟁방지법상의 상호보호

(1) 의 의

부정경쟁방지 및 영업비밀보호에 관한 법률(이하 '부정경쟁방지법')은 부정한 수단에 의한 상업상의 경쟁을 방지하고 건전한 상거래의 질서를 유지하기 위하여 제정된 법률인데, 동법에서는 상인이나 상품의 동일성을 혼동시킬만한 소정의 부정경쟁행위를 금지하고 있다. 동법상 부정경쟁행위의 여러 유형 중 상호와 관련된 행위는 (i) 국내에 널리 인식된 타인의 성명·상호·상표·상품의 용기·포장, 그 밖에 타인의 상품임을 표시한 표지(標識)와 동일하거나 이와 유사한 것을 사용하거나 이러한 것을 사용한 상품을 판매·반포 또는 수입·수출하여 타인의 상품과 혼동하게 하는 행위(부경 2조 1호 (가)), (ii) 국내에 널리 인식된 타인의 성명·상호·표장, 그 밖에 타인의 영업임을 표시하는 표지와 동일하거나 이와 유사한 것을 사용하여 타인의 영업상의 시설 또는 활동과 혼동하게 하는 행위(부경 2조 1호 (나)), (iii) 위 (i), (ii) 외에 대통령령이 정하는 정당한 사유(예: 비상업적 사용) 없이 국내에 널리 인식된 타인의 성명·상호·상표·상품의 용기·포장, 그 밖에 타인의 상품 또는 영업임을 표시한 표지와 동일하거나 이와 유사한 것을 사용하거나 이러한 것을 사용한 상품을 판매·반포 또는 수입·수출하여 타인의 표지의 식별력이나 명성을 손상하는 행위(부경 2조 1호 (다)),[2] (iv) 정당한 권원이 없는 자가 일정한 목적으

1) 서울 견지동에 소재하는 조계사 등 전국 주요사찰을 관장하는 「대한불교조계종」과는 다른 단체이다.

2) 상법 제23조 제 1 항은 상인이 상인 아닌 어떤 사람의 영업으로 오인할 수 있는 상호를 사용한 경우에도 적용된다. 그러면 부정경쟁방지법이 부정경쟁행위로 열거하는 본문에서와 같은 행위는 상인

로 국내에 널리 인식된 타인의 성명, 상호, 상표, 그 밖의 표지 또는 표지와 동일하거나 유사한 도메인이름을 등록·보유·이전 또는 사용하는 행위(부경 2조 1호 (아))의 4가지이다.

(2) 보호내용과 방법

부정경쟁방지법상 상호권자가 보호받는다는 점은 상법에서와 같으나, 상법상의 상호권 보호에 관한 규정은 상호사용에 관한 사법적 이해의 조정을 목적으로 함에 대하여, 부정경쟁방지법은 전국을 한 개의 시장단위로 파악하고 주로 행정규제법적 차원에서 부정한 경쟁수단을 배척함으로써 공정한 시장질서를 확립함을 목적으로 한다. 입법목적이 이와 같이 상이하므로 상호권의 보호내용도 다음과 같은 차이를 보인다.

1) 상법에서는 모든 상호를 다 보호대상으로 하나, 부정경쟁방지법에서는 「국내에 널리 인식된 상호」를 보호대상으로 한다. 그러나 동법에서 말하는 「국내에 널리 알려져 인식된 상표, 상호」라 함은 국내 전역에 걸쳐 모든 사람들에게 주지되어 있음을 요하는 것이 아니고, 국내의 일정한 지역적 범위 안에서 거래자 또는 수요자들 사이에 알려진 정도로써 족하다는 것이 판례의 입장이다(대법원 1995. 7. 14. 선고 94도399 판결).

2) 상법 제23조에 위반하여 상호를 사용한 경우에도 벌칙이 적용되지만, 벌칙의 내용은 과태료뿐이고, 그 금액도 200만원 이하로 명목적인 데 지나지 않으나(28조), 부정경쟁방지법을 위반하여 상호를 부정사용한 경우에는 규제의 실효를 거두기 위해 3년 이하의 징역 또는 3천만원 이하의 벌금이라는 무거운 벌칙을 과한다(부경 18조 3항 1호).

3) 부정경쟁방지법에도 사법적 구제수단이 마련되어 있다. 타인의 위반행위로 자신의 영업상의 이익이 침해되거나 침해될 우려가 있는 자는 법원에 위반행위의 금지(상호사용금지) 또는 예방을 청구할 수 있고(부경 4조 1항), 손해배상을 청구할 수

이 상인 아닌 자의 주지성 있는 명칭을 사용한 경우도 포함하는가? 동법은 부정경쟁행위를 방지하고자 하는 취지의 법이므로 동법 제 2 조 제 1 항 각호가 정하는 「타인」이란 영업을 하지 않는 자는 포함하지 않는다고 보는 것이 옳다. 최근 「'이화'미디어」라는 상호를 사용하여 공연기획 등을 영업하는 자에게 「'이화'학당」과의 부정경쟁을 인정하여 부정경쟁방지법 제 2 조 제 1 호 나목을 적용한 판례가 있는데(대법원 2014. 5. 16. 선고 2011다77269 판결), 이화학당의 성격으로 보아 부정경쟁방지법의 적용이 타당하냐는 의문이 제기된다. 다만 동 판례는 이화학당도 공연을 기획·주최하는 영업자라고 보았는데, 이 의문을 해소하기 위한 뜻인 듯하다.

있으며(부경 5조), 손해배상을 대신하여 또는 손해배상과 함께 영업상의 신용을 회복하는 데 필요한 조치를 청구할 수 있다(부경 6조). 상호권자가 이상의 청구를 함에 있어서는 상법 제23조 제 1 항에서 규정하는 「부정한 목적」을 증명할 필요가 없다. 그러나 위와 같은 청구는 법상 정당한 업무상의 이익을 침해받은 자에 한해 제기할 수 있다([판례 27] 참조).

나아가 부정경쟁방지법은 피해자가 손해액의 증명을 용이하게 할 수 있도록 손해액을 추정하는 제도를 두고, 실손해의 3배를 넘지 않는 범위에서 징벌적 손해배상을 인정하고 있다(부경 14조의2 1항, 6항).

4) 부정경쟁방지법의 위반행위가 있을 경우 특허청장은 위반행위자에 대하여 30일 이내의 기간을 정하여 그 행위를 중지하거나 그 표지를 제거 또는 폐기할 것 등 그 시정에 필요한 권고를 할 수 있다(부경 8조).

판례 27 대법원 1976. 2. 24. 선고 73다1238 판결

「… 약사법상으로는 약국에서의 의약품의 영업에 관한 한 그 약국의 영업주는 그 약국을 개설한 약사라고 하여야 할 것이고 제 3 자가 약국 경영에 참여한다고 하더라도 그 참여는 그 약국의 관리자나 영업주로서는 할 수 없고 단지 계산(경제)상의 관계에서 대내적으로 참여할 수 있는 데 불과하다고 할 것이다.

한편 부정경쟁방지법[구법] 제 2 조에 의하면 거기에 규정되어 있는 행위로 인하여 영업상의 이익이 침해될 우려가 있는 자는 그 행위의 중지를 청구할 수 있게 되어 있는데 여기에서 말하는 영업상의 이익이라고 하는 것은 그 이익이 그와 같은 행위에 의한 침해로부터 보호받을 가치가 인정되어 그 보호를 위하여 그 침해행위의 중지를 구하는 것이 건전한 상거래의 질서유지의 이념에서 능히 시인될 수 있는 정당한 업무상의 이익이라야 할 것[이다.] … 원고의 주장이, 원고가 스스로 보령약국[주식회사]을 개설하고 거기서 의약품의 판매업을 하고 있다든가 또는 그 약국은 소외 김경호의 명의로 개설만 되었을 뿐이고 동 약국의 사실상 영업주는 원고이고 원고가 동 약국에서 의약품의 판매업을 영위하고 있다는 뜻이라면 이들 행위는 앞서 비친 바와 같이 약사법이 엄히 금하고 있는 행위라고 할 것이고 이와 같이 법에서 금지되어 있는 영업행위에 관련한 이익은 부정경쟁방지법에 의해서 보호를 받을 가치를 인정할 수 없는 부당한 영업상의 이익이라고 아니할 수 없[다]」([판례 23]과 동일판례).

도메인이름(domain name)의 부당사용

「도메인이름」이란 인터넷상의 숫자로 된 주소에 해당하는 숫자 · 문자 · 기호 또는

이들의 결합을 말하는데(부경 2조 4호), 인터넷이 우리 생활에 널리 보급되면서 도메인이름의 경제적 가치가 크게 높아졌다. 그리하여 유명인사나 유명기업의 명칭이나 상표를 딴 도메인이름을 선점 · 등록하여 향후 거래의 대상으로 삼으려는 이른바 cyber squatter들도 많고, 자기의 사업에 사용함으로써 타인의 영업으로 오인받는 이익을 누리는 예도 있다.[1] 이 경우 도메인이름을 선점당한 기업으로서는 자신의 명칭에 적정한 도메인이름을 사용할 수 없게 되고 타인이 자신의 명성에 편승하는 불이익을 받게 된다. 그래서 원래의 상호권자 또는 상표권자는 부당사용자를 상대로 도메인이름의 등록말소를 청구하는데, 이 때 상호권침해(23조 1항) 또는 상표권침해(상표법 66조 1항)를 주장한 예가 많으나, 판례는 도메인은 상호나 상표가 아니므로 상호권 또는 상표권의 침해가 될 수 없다는 입장을 취해 왔다. 부당사용을 이유로 도메인이름의 말소청구를 받아들인 판례는 대체로 부정경쟁방지법을 원용한 것이다.[2] 2001년에 개정된 부정경쟁방지법 제 2 조 제 1 호 다목은 타인의 상호, 상표 등 타인의 상품 또는 영업을 표시하는 표지와 동일하거나 유사한 것을 사용함으로써 타인의 표지의 식별력이나 명성을 손상하는 행위를 부정경쟁행위로 보도록 규정하였다. 이는 부분적으로는 도메인이름의 부당사용을 규제하기 위한 것이었는데, 이어 2004년의 개정에서는 도메인이름의 부당사용을 직접적으로 겨냥한 규정을 신설하였다. 그 내용은, (i) 상표 등 표지에 대하여 정당한 권원이 있는 자 또는 제 3 자에게 판매하거나 대여할 목적, 또는 (ii) 정당한 권원이 있는 자의 도메인이름의 등록 및 사용을 방해할 목적, (iii) 그 밖에 상업적 이익을 얻을 목적에서 정당한 권원이 없는 자가 국내에 널리 인식된 타인의 성명, 상호, 상표, 그 밖의 표지와 동일하거나 유사한 도메인이름을 등록 · 보유 · 이전 또는 사용하는 행위를 부정경쟁행위로 보는 것이다(부경 2조 1호 아목).

한편 인터넷주소자원에 관한 법률에서는 도메인의 부당사용을 방지하고 그에 상응하는 정당한 권원을 가진 자를 보호하기 위하여 정당한 권원이 있는 자의 도메인이름 등의 등록을 방해하거나 정당한 권원이 있는 자로부터 부당한 이득을 얻는 등 부정한 목적으로 도메인이름 등을 등록 · 보유 또는 사용하는 것을 금지하며(동법 12조 1항), 이에 위반하여 도메인이름이 부당하게 등록 · 보유 또는 사용된 경우에는 정당한 권원이 있는 자에게 동 도메인이름 등의 등록말소 또는 등록이전을 청구할 수 있는 권리를 인정하고 있다(동조 2항).

1) 1990년대에 우리나라 청년이 미국의 Exxon사와 Mobile사의 합병을 예상하고 exxonmobile.com과 exxon-mobile.com이라는 도메인이름을 등록하여 이 도메인이름을 양도하는 데 수백만 달러를 호가한 사건은 매우 유명하다. 또 chanel이나 viagra 같은 저명상호 겸 상표를 본딴 도메인이름을 등록하여 사업을 하다 분쟁을 겪은 사업자들도 있다.

2) 도메인이름의 부당사용에 관해 상세는 李哲松, "도메인이름의 不當使用의 規制에 관한 硏究," 「인터넷法律」, 19호(2003. 9), 44면 이하 참조.

Ⅵ. 상호권의 변동

상호권도 권리 일반의 변동과 같이 발생·소멸의 과정을 거치고, 이전될 수 있다. 상인은 상호를 새로이 선정하거나(원시취득) 타인의 상호를 양수함으로써(승계취득) 상호권을 취득한다. 상호권의 소멸은 절대적 소멸사유인 상호의 폐지와 상대적 소멸사유인 상호권의 양도로 나누어 볼 수 있다. 상호의 폐지에 관해 말하자면, 상인이 스스로 폐지할 수도 있고, 타인의 청구로 폐지되는 경우도 있으며, 일정기간의 불사용으로 폐지가 의제될 수도 있다. 상호권의 이전원인으로는 상호의 양도와 상호의 상속을 들 수 있다.

상호권의 발생(상호의 선정)에 관해서는 앞서 설명하였으므로 나머지 변동사유에 대해 설명한다.

1. 상호의 양도

(1) 상호의 양도가능성

상호의 인격권적 성질을 강조한다면 그 양도가능성은 부정되어야 할 것이다. 그러나 상호는 장기간 영업과 일체가 되어 사용되면서 영업에 관한 상인의 대외적 신용이 상호의 재산적 가치로 축적되고 나아가서는 그 자체가 독립된 가치를 지니게 된다. 여기서 상인이 상호를 더 이상 사용하지 않을 경우에는 상호의 재산적 가치를 환가할 필요가 있다. 그러므로 학설은 상호권을 인격권적 성질을 가진 재산권이라고 설명함으로써 그 양도성의 이론적 근거를 제시하며, 법상으로도 양도가 허용되고 있다.

그러나 상인과 거래하는 제3자 내지 불특정 다수의 공중은 상호를 가지고 영업의 동일성을 파악함이 일반적인데, 상호를 영업과 분리하여 무제한 이전할 수 있게 한다면 영업의 동일성 내지 지속의 여부에 대한 공중의 판단을 흐리게 할 것이다. 그래서 상법은 이러한 가능성을 최소화할 수 있다고 여겨지는 경우, 즉 영업과 함께 상호를 양도하는 경우 또는 영업을 폐지하는 경우에 한해 상호의 양도를 허용한다. 따라서 영업을 유지하면서 상호만을 양도할 수는 없다. 상호만을

양도할 수 없는 결과 상호만을 압류하는 것도 허용되지 않는다고 보아야 한다.[1)]

(2) 상호의 양도가 허용되는 경우

1) 영업과 함께 양도하는 경우 상인은 자신의 영업을 양도하면서 그 양수인에게 상호를 더불어 양도할 수 있다(즉 영업은 A에게 양도하고 상호는 B에게 양도하는 것은 허용되지 아니한다). 상호를 영업과 더불어 양도·양수한다면 영업과 상호가 종전과 같이 결합·유지되므로 공중의 신뢰에 어긋남이 없기 때문이다.

영업의 전부를 양도하는 경우에 한해 상호를 양도할 수 있다는 견해도 있으나(강·임 99; 오성근 135; 임홍근 116; 정찬형 132; 최준선 186), 영업의 일부를 양도하더라도 그것이 독립된 영업이라면(예컨대 섬유제조업과 의류도매업을 하는 상인이 의류도매업 부문만을 양도하는 경우) 위에 설명한 입법취지와 관련해 볼 때 금지할 이유가 없다(김성탁 60; 김성태 269; 김정호 115; 서완석 99; 정준우 109; 최·김 116). 그러나 본점과 지점은 영업의 양적 구분에 지나지 않고 영업의 동질성에 있어서 차이가 없으므로 본점의 영업만을 양도하거나 지점의 영업만을 양도하는 경우에는 상호의 양도를 허용할 수 없다.

2) 영업을 폐지하는 경우 영업을 폐지할 경우에는 상호를 영업과 분리하여 양도할 수 있다(25조 1항). 상호는 상인의 신용이 축적되어 형성된 영업재산이므로 영업을 폐지하는 경우에는 그 상인이 상호의 가치를 회수할 수 있게 해 줄 필요가 있는 한편, 이 경우에는 영업에서 분리하여 상호만을 양도하더라도 종전의 영업이 소멸하므로 타인이 영업의 동일성을 판단하는 데 혼란이 없기 때문이다.

여기서 영업의 폐지라 함은 사실상 영업을 중단함을 말하고, 행정관청에 내는 폐업신고와 같은 절차는 영업폐지의 요건이 아니다(대법원 1988. 1. 19. 선고 87다카1295 판결).

양수인은 현재 상인일 필요가 없으나, 양수한 상호로 영업을 하여야 한다. 그렇지 않고 비상인이 영업에 사용할 목적 없이 상호를 양수할 수 있다고 한다면, 영업과 별개로 상호만이 전전유통하게 되어 상호제도의 기본취지에 어긋나기 때문이다.

(3) 양도절차

1) 양도의 합의 상호의 양도는 당사자의 의사표시만으로 한다. 이 점 영업과 더불어 양도하든 영업을 폐지하고 양도하든 같다. 다만 회사의 상호는 정

---

1) 服部, 191면.

관에 의해 정해지고 또 자연인상인의 상호와 달리 그 인격의 유일한 표시방법이므로 양도의 의사표시만으로 상호가 이전할 수는 없다. 회사는 영업을 양도하거나 영업을 폐지하더라도 당연히 해산하는 것은 아니므로 상호를 갖지 않는 상태로 존재할 수는 없기 때문이다. 그러므로 회사가 상호를 영업과 더불어 양도하거나 영업을 폐지하고 양도할 때에는 먼저 정관변경을 통해 상호를 변경하는 절차를 거쳐야 할 것이다.

2) 회사상호의 양도 회사 아닌 자는 상호에 회사라는 문자를 쓸 수 없는 반면, 회사는 반드시 회사라는 문자를 사용하고 아울러 회사의 종류를 밝혀야 한다(19조). 따라서 회사의 상호를 자연인상인이 양수하거나 그 반대인 경우 또는 종류가 다른 회사간에 상호가 양도되는 경우에는 상호에 사용된 문자의 첨삭 · 수정이 불가피하다. 이 현상을 상호의 주요부분의 승계로 보고, 상호의 일부양도란 있을 수 없다는 전제 아래 이 경우는 상호의 양도가 아니라 상호권자로 하여금 상호를 포기하게 하는 계약이라고 보는 견해도 있다. 그러나 상호의 양도란 특정 문자의 사용에 본뜻이 있다기보다는 상호에 축적된 명성과 신용을 승계시킨다는 데 주된 목적이 있으므로 영업을 대외적으로 표시하는 데 족한 부분(예: 「OB맥주주식회사」라는 상호에서의 「OB맥주」라는 부분)이 승계된다면 제도적 장애로 삭제되거나 첨가되어야 할 문자(예: 앞의 예에서 「주식회사」라는 부분)가 승계되지 않더라도 상호의 양도로 보는 것이 거래의 실정에 맞다. 뿐만 아니라 포기계약으로 볼 경우에는 회사가 상호사용을 중단한 직후 양수인이 사용을 개시하기 전에 제 3 자가 상호를 가로챌 수 있다는 문제점도 있다.

3) 상호양도의 등기 상호의 양도는 등기하지 아니하면 제 3 자에게 대항하지 못한다(25조 2항). 이 등기는 구 민법하에서의 부동산물권변동의 등기(구민 177조)와 같이 대항요건으로서의 의미가 있으므로 등기를 하지 아니하면 제 3 자에 대하여는 그의 선의 · 악의를 불문하고 효력이 없다. 이 점 상업등기 일반의 대항력 문제와 다르다.[1] 따라서 상호의 2중양도가 있을 경우에는 먼저 등기한 자가 상호권을 취득한다. 상호의 2중양수인이 아닌 제 3 자는 본조의 적용대상이 아니다. 양수인

1) 상법 제25조 제 2 항과 제37조의 관계에 관하여, 상법 제25조 제 2 항은 상법 제37조의 상업등기의 일반적 효력에 대한 예외규정이라고 보는 설(손주찬 182; 이종훈 74; 정경영 75; 정동윤 104; 최 · 김 158; 최준선 187, 212), 상법 제25조 제 2 항과 제37조는 각각 적용되는 경우가 다를 뿐이지 예외규정으로 볼 수 없다는 설(정찬형 166)이 있다. 상호양도의 등기 또는 미등기의 효력에 관해서는 상법 제25조 제 2 항이 제37조의 적용을 배척하는 바이니, 예외규정이라 볼 수 있다.

아닌 제 3 자가 양도된 상호를 사용하는 경우에는 제23조 제 1 항이 적용될 사안이다.

상호의 양도에 등기를 대항요건으로 삼은 이유는 기술한 바와 같이 상호의 양도가 당사자간의 의사표시만으로 이루어지므로 이해관계인들에게 양도를 공시할 필요가 있기 때문이다.

상법 제25조 제 2 항의 규정은 등기상호에만 적용될 뿐 미등기상호에는 적용되지 아니하고, 따라서 미등기상호의 양도에는 따로 대항요건을 갖출 필요가 없다는 견해가 있다(정경영 76; 정동윤 83; 정찬형 133; 최 · 김 117; 최준선 187).[1] 상호에는 일반적으로 등기가 강제되지 않는데, 상호양도의 경우에 한해 등기를 강제할 이유는 없기 때문이라고 한다.[2] 그러나 이와 같이 풀이한다면 등기된 상호보다 미등기상호를 양수한 자가 더 두터운 보호를 받는 결과가 되어 부당하다. 미등기상호의 양도도 대외적으로 공시할 필요가 있으므로 상법 제25조 제 2 항에 따라 등기하여야만 제 3 자에게 대항할 수 있다고 본다. 다만 미등기상호는 등기되어 있지 않은 관계로 양도할 때 변경등기를 할 수 없으므로 상호의 양수인이 양수 후 새로이 상호등기를 함으로써 제25조 제 2 항의 대항력을 구비할 수 있다고 해야 할 것이다(김성탁 61; 서완석 101; 안강현 125; 오성근 137; 이(기) · 최 221; 이종훈 74; 정준우 110).

(4) 상호양도의 효과

1) 적법한 양도의 효과 상호의 양도가 있으면 양도인과 양수인 간에는 양도한 때로부터, 제 3 자와의 사이에서는 등기를 한 때로부터 양수인이 상호권을 취득하며, 앞서 설명한 상호권에 관한 제도상의 보호를 받는다.

상호를 영업과 더불어 양도한 경우에는 영업상의 채권자 또는 채무자를 보호하기 위한 제도가 마련되어 있는데(42조, 43조, 45조), 이는 뒤에 영업양도의 효과에 관한 문제로 다룬다.

2) 위법한 양도의 효과 기술한 바와 같이 영업을 유지하면서 상호만을 양도하는 것은 허용되지 않는다. 이에 위반하여 영업과 분리하여 상호만을 양도한 경우에는 어찌 되는가? 그 양도계약은 무효이고 양수인은 상호권을 취득하지

1) 服部, 191면.
2) 前註.

못한다. 이론적으로는 상호가 여전히 양도인에게 귀속한다. 그럼에도 불구하고 장기간 양수인이 상호를 사용하여 영업을 한 경우에는 새롭게 그 상호가 영업을 표창하는 효과가 구축된다. 이 상태에서 양도인이 자신의 상호권을 주장할 수 있다면 오히려 일반 공중의 신뢰를 해치고 양수인과의 관계에서도 공평하지 않다. 이 경우에는 양도인이 상호를 폐지한 것으로 보고 양수인은 원시적으로 상호를 선정한 것으로 보아야 할 것이다.

한편 양수인이 상호를 사용하며 제3자와 영업거래를 한 경우 제3자가 그 상호로 인해 양도인의 영업으로 오인하였다면 양도인은 명의대여자의 책임을 져야 한다(24조).

2. 상호의 임대차

상법에 명문의 규정은 없으나 상호의 양도를 허용하는 것은 상호의 임대차도 아울러 허용하는 뜻으로 이해해야 한다. 상호의 임대차는 2가지 형태로 행해질 수 있다. 상호만을 임대차하는 것과 영업과 더불어 상호를 임대차하는 것이다. 상호만의 임대차는 상호만의 양도가 허용되지 않는 것과 같은 취지에서 허용될 수 없다.[1)] 그러나 영업을 임대차하면서 동시에 상호를 임대차하는 것은 가능하다고 본다. 이 경우에는 영업과 상호가 일체를 이루므로 영업의 동일성 파악에 혼란을 줄 리 없기 때문이다. 상호의 임대차의 효력을 정면으로 인정한 판례는 없으나, 어느 식당의 상호에 관한 분쟁에서 일방이 타방의 영업과 아울러 상호를 임차한 것으로 사실인정한 판례가 있는데, 이는 영업과 함께 할 경우 상호의 임대차가 가능함을 전제로 한 것이다(대법원 1994. 5. 13. 선고 93다56183 판결). 다만 영업과 함께 상호를 임대차한 경우에도 임대인이 명의대여자의 책임을 지는 수가 있다([판례 33] 참조).

상호의 임대차는 상호권의 귀속에 변동을 가져오는 것이 아니므로 등기를 요하지 않는다. 그러나 임차한 상호는 임차한 영업에 관해 임차인을 나타내는 방법이므로 임차인 역시 그 영업에 관한 한 상호권을 누린다고 보아야 한다. 그러므로 타인이 유사한 상호를 사용할 경우에는 제23조에 의해 상호의 폐지 및 손해배상

1) 하지만 실제 상호만을 임대하는 예가 있으며, 이 경우에는 임대인이 후술하는 명의대여자의 책임(24조)을 질 수 있다.

을 청구할 수 있다.

3. 상호의 상속

상호권은 기술한 바와 같이 재산권적 성질을 가지므로 당연히 상속의 대상이 된다. 이에 관해 명문의 규정은 없으나 이설이 없다.

수인의 상속인이 상호를 공동상속한 경우, 성질상 상호는 분할할 수 없으므로 공동상속인이 상속비율에 따른 지분을 갖고 준공유관계를 유지하거나(민 1006조, 278조), 상호를 양도하여 그 대가를 분할하여야 할 것이다. 이 경우에도 상호의 양도는 앞서 설명한 제약하에서 가능하다.

상호의 상속은 상호의 양도와는 달리 대항요건으로서 등기를 요하지 아니한다. 그러나 등기상호의 상속인이 계속 상호를 사용하고자 할 때에는 등기를 신청할 수 있다(상등 33조). 상속한 사실을 등기하지 않는다고 해서 상호권이 소멸하는 것은 아니고, 등기하지 않을 경우에는 등기상호로서 보호받지 못한다.

4. 상호의 폐지

상호의 폐지는 상호권자가 상호권을 포기하는 것으로, 이에 의해 상호권은 절대적으로 소멸하고 상호는 사회에 개방된다.

(가) **폐지의 의사표시** 상호의 폐지는 상호권자의 포기의사를 나타내는 단독행위에 의해 이루어지는데, 그 의사표시는 특별한 형식을 요하지 아니한다.[1] 상호를 폐지한다는 명시적인 의사표시를 하는 경우도 있겠지만, 상호를 변경하거나, 사실상 사용하지 않거나, 상호를 제외하고 영업을 양도하거나 영업을 폐지한 경우 등은 상호를 폐지하는 묵시적인 의사표시가 있는 것으로 보아야 한다. 그러나 존립 중의 회사는 상호를 갖지 않을 수 없으므로 회사가 상호를 폐지할 경우에는 정관을 변경하여 새로운 상호를 선정하는 작업이 선행되어야 한다.

(나) **폐지의 등기** 상호의 폐지 여부는 사실관계에 의해 결정될 일이지

---

1) 淸瀨信次郎, "商號權の發生と消滅,"「現代商事法の重要問題」(田中誠二先生米壽紀念論集), 1984, 530면.

만, 등기된 상호의 경우 등기와 사실관계를 일치시키기 위하여 상호권자는 폐지 또는 변경의 사실을 등기하여야 한다(40조; 상등 32조).

(다) **폐지의 의제** 등기된 상호의 경우 상호를 폐지하고도 장기간 등기를 말소하지 않으면 상호권이 존속하는 듯한 부진정한 외관이 지속된다. 상호에 대해서는 사회일반인이 모두 잠재적인 이해를 가지므로 이러한 부진정한 외관은 속히 시정하는 것이 바람직하다. 그래서 상법은 등기된 상호의 상호권자가 정당한 사유 없이 2년간 상호를 사용하지 아니한 때에는 이를 폐지한 것으로 의제한다(26조). 여기서 「정당한 사유」란 천재지변 등 불가항력적인 사유뿐 아니라 자금부족으로 인한 일시적 사업중단 등과 같이 주관적인 이유로 당분간 상호사용이 불가능한 경우도 포함된다.[1] 그리고 상호를 「사용」한다 함은 거래상의 사용을 뜻하고, 간판 · 제품 · 명함 등에 표기하는 것과 같은 사실상의 사용은 포함되지 아니한다.[2]

제26조를 미등기 상호에도 유추적용하자는 견해가 있다(김성탁 62; 김성태 272; 최 · 김 118). 그러나 이는 명문의 규정에 반하고, 제26조의 적용은 다음에 설명하는 제27조의 등기말소청구의 전제가 된다는 의미에서 실효성이 있는데, 미등기 상호에는 제26조를 적용하더라도 제27조의 권리를 행사할 수 없어 무의미하다(同旨: 서완석 103; 정찬형 135). 미등기 상호는 객관적으로 상호의 폐지가 확실시 되는 한 타인이 사용할 수 있다.

(라) **등기의 말소청구** 상호권자가 상호를 폐지 또는 변경하고도 2주간 내에 등기하지 아니하는 때에는 이해관계인은 등기의 말소를 청구할 수 있다(27조). 기술한 바와 같이 상호의 등기가 존속할 때에는 타인의 상호등기를 제약할 뿐 아니라(22조), 타인이 같은 상호를 사용하면 후에 부정사용 여부가 문제될 가능성도 있으므로(23조) 이해관계 있는 제 3 자가 적극적으로 등기관계를 시정할 기회를 준 것이다.

---

1) 前註論文, 533면.

2) 前註.

Ⅶ. 명의대여자의 책임

1. 의 의

「명의대여」라 함은 타인에게 자기의 성명 또는 상호를 사용하여 영업할 것을 허락하는 행위를 말한다. 그리고 타인의 명의대여에 의해 그 명의를 사용하는 것을 「명의차용」이라 한다. 타인에게 명의를 대여한 자는 자기를 영업주로 오인하고 명의차용자와 거래한 제3자에 대하여 명의차용자와 연대하여 책임을 진다(24조).

명의차용은 사회적으로 또는 특정 영업분야에서 명성과 신용을 가지고 있는 자의 이름을 빌려 영업을 하려 할 때 또는 행정관청의 특허 · 면허 등 수익적 행정처분을 받아야 하는 영업을 하고자 하나 이를 받지 못한 자가 이미 면허받은 타인의 이름을 빌려 영업을 하려 할 때(예: 약사면허, 건축사면허 등의 차용) 흔히 행해진다.

어떠한 경우이든 명의차용자가 명의대여자의 이름으로 거래한 경우, 명의차용자가 영업상의 채무를 이행할 자력이 없거나, 이행하더라도 채무의 성격상 명의차용자의 이행으로는 채권의 만족을 얻을 수 없는 경우(불대체적 급부의 경우)가 있어 명의대여자를 영업주로 믿고 거래한 상대방에 대해 예측하지 못한 손해를 줄 수 있다.

이러한 경우 명의대여자에 대해 표현대리의 책임을 묻거나, 특히 면허사업의 경우에는 명의대여 자체가 위법이므로 명의대여자에게 불법행위책임을 물을 가능성도 있다. 그러나 상거래에서는 역시 명의대여자에게 거래상의 책임을 묻는 것이 상거래의 안전을 위해 바람직하다. 그리고 상거래의 신속과 안전을 위해서는, 민법상의 표현대리보다 간명한 방법으로 책임을 물을 수 있게 하고 거래상대방을 보다 두텁게 보호할 필요가 있다. 이같은 취지에서 상법은 외관이론(Rechtsscheintheorie) 내지는 금반언의 법리(rule of estoppel)에 입각하여 명의대여자로 하여금 실제의 영업주인 명의차용자와 연대하여 거래상의 책임을 지게 한다.

2. 적용요건

(1) 명의대여

상법 제24조의 적용상 가장 중요한 것은 명의대여, 즉 특정인이 타인에게 「자기의 성명 또는 상호를 사용할 것을 허락하는 것」이다. 이하 상설한다.

1) 명 의 법문에서는 「성명 또는 상호」라고 표현하고 있으나, 이에 국한하지 않고 거래통념상 대여자의 영업으로 오인하기에 적합한 명칭을 사용하게 하면 모두 본조의 적용대상이 된다. 예컨대 대여자의 아호·예명·약칭·통칭을 사용하게 한 경우도 이에 포함된다(예: 「BTS」라는 예명의 저명가수가 음반을 판매하는 상인에게 「BTS의 집」이라는 상호를 사용하게 한 경우). 또 성명·상호 등의 명칭에 지점·영업소·출장소·현장사무소 기타 명의대여자의 영업소로 여겨질 만한 명칭을 부가시켜 사용하게 하는 것도 명의대여이다([판례 28, 29, 30] 참조). 그러나 거래시의 세무처리를 위해 필요한 납세번호증 사본을 타인으로 하여금 사용하게 한 것 정도로는 명의대여라 할 수 없다.[1)]

판례 28 대법원 1957. 6. 27. 선고 4290민상178 판결

(요지) 대한여행사가 타인에게 「대한여행사 외국부 국제항공권 판매처」라는 간판하에 항공권 판매행위를 그에게 대행 혹은 대리케 한 경우는 「타인에게 자기상호를 사용하여 영업을 할 것을 허락한 자」에 해당한다.

판례 29 대법원 1973. 11. 27. 선고 73다642 판결

「… 피고 회사는 소외 신원개발주식회사로부터 수급받은 부산 동래골프장의 상수도 및 하수배관공사를 소외 김기해에게 금 13,700,000원에 하도급을 주어 위 김기해로 하여금 그 공사를 시행케 함에 있어 원도급인인 위 신원개발주식회사 기타 대외관계에 있어서는 위 김기해를 피고회사에서 파견한 현장 소장인 양 표시하여 행동케 한 사실, 즉 공사현장에 피고회사의 현장사무소 현판을 사용케 하고 작업보고서, 작업일지 등의 문서도 피고회사의 용지를 사용케 하여 피고회사에서 정기적으로 그에 관한 보고를 받는 등의 방법으로 감독권을 행사했던 사실과 원고는 위 김기해를 피고회사

---

1) 대법원 1978. 6. 27. 선고 78다864 판결: 지물 도매상 B가 종이를 사고자 하는 C로부터 선금과 납세번호증(현재의 사업자등록증) 사본을 교부받고 이 납세번호증을 제지업자 A에게 건네주고 외상으로 종이를 구입하여 C에게 건네주었다. 그리고 B가 A에게 종이대금을 치루지 않자, A는 C가 납세번호증사본을 B에게 준 것은 명의대여에 해당한다고 하며 상법 제24조에 따른 책임을 물은 사건인데, 법원은 본문에서와 같은 이유로 원고의 청구를 배척하였다.

의 현장대리인이라고 오인하고 그로부터 이건 공사를 하수급하는 하도급계약을 체결하였던 사실, … 사실관계가 이러하다면 피고회사와 위 김기해와의 관계는 상호대여자와 상호차용자의 관계에 있는 것으로 볼 것인즉, 위 김기해를 피고회사의 현장대리인이라고 오인하고 거래한 원고에 대한 위 김기해의 채무를 피고는 위 김기해와 연대하여 변제할 책임이 있다 …」

＊同旨: 대법원 1985. 2. 26. 선고 83다카1018 판결.

판례 30 대법원 1976. 9. 28. 선고 76다955 판결

「… 피고회사가 1972. 9. 1, 소외 이종남과 피고회사 신탄진 출장소 운영에 관한 계약을 체결하고 그 사람을 임기 2년간의 출장소장으로 임명함으로써 그 사람으로 하여금 현장에서 "대한통운 주식회사 신탄진 영업소"라는 간판을 붙이고 피고회사의 지휘·감독하에서 신탄진 연초제조창에서 생산되는 연초전매품의 상·하차 등 영업을 하도록 하여 왔다면, 피고회사는 특별한 사정이 없는 한 위 소외 이종남에게 자기의 상호를 사용하여 피고회사의 목적사업의 하나인 운송업을 할 것을 허락한 것에 해당하여 그 사업에 관하여 자기가 책임을 부담할 지위에 있음을 표시한 것이라고 볼 수 있으므로 … 피고회사는 상법 제24조 소정의 명의대여자의 책임에 따라 피고회사를 영업주로 오인하고 거래한 원고에 대하여 위 소외 이종남이가 부담한 이 사건 대여금채무를 지급할 의무가 있다.」

대 리 점

특정 제조업자의 상품을 전속적으로 취급해주는 점포가 제조업자의 허락을 받아 「대리점」이라는 소속관계를 나타내는 명칭을 쓰는 예가 많다(예: 「삼성전자 청계대리점」). 「대리점」이란 용어는 어의적으로는 특정상인의 대리권을 가진 하위 점포의 뜻으로도 이해할 수 있으나, 근래 이 명칭은 특정상인의 상품을 전문적으로 취급하는 대리상, 특약점, 위탁매매업 등의 점포에 범용적으로 사용되고 있고, 일반인의 인식 또한 그러하다. 그러므로 판례는 「대리점」이라는 명칭은 지점, 영업소 등과 같이 특정상인에 종속하는 명칭이 아니므로 명의대여로 볼 수 없다고 한다([판례 31]).

판례 31 대법원 1989. 10. 10. 선고 88다카8354 판결

「원고가 피고회사[금성전선(주)] 전주 완주군 농업기계 대리점이란 명칭을 사용한 김선호로부터 이 사건 농기구를 매수하였고 피고회사가 그와 같은 명칭을 사용하는 것을 위 김선호에게 허락하거나 묵인하였다 하더라도 피고회사에게 상법상 명의대여자로서의 책임을 물을 수는 없다 할 것이다.

왜냐하면 일반거래에 있어서 실질적인 법률관계는 대리상, 특약점 또는 위탁매매업 등이면서도 두루 대리점이란 명칭으로 통용되고 있는데다가 타인의 상호 아래 대

리점이란 명칭을 붙일 경우는 그 아래 지점, 영업소, 출장소 등을 붙인 경우와는 달리 타인의 영업을 종속적으로 표시하는 부가부분이라고 보기도 어렵기 때문이다.」

2) 명의사용의 「허락」 명의대여자가 자신의 명의사용을 「허락」하였어야 한다.

㈎ 허락의 방식 「허락」은 대여자와 차용자간의 명의대여계약에 의해 행해질 수도 있고, 명의대여자의 일방적인 동의·승인 등으로 행해질 수도 있다. 명의사용의 허락은 대리상계약([판례 28] 참조)·도급([판례 29] 참조)·영업의 임대([판례 33] 참조) 등과 더불어 행해질 수 있고, 단순히 명의사용 자체만에 한해 행해질 수도 있는데, 어느 경우이든 상법 제24조를 적용함에 차이가 없다. 결국 법문상의 「명의대여」란 명의차용자의 명의사용을 용인한 것으로 볼 수 있는 모든 원인을 포괄적으로 표현한 말이라 할 수 있다.

명의사용의 대가의 유무는 문제되지 아니한다. 또 명의대여의 적법 여부도 문제되지 아니한다([판례 32] 참조).

판례 32 대법원 1988. 2. 9. 선고 87다카1304 판결

「농약관리법 제10조에 의하면 농약판매업을 하고자 하는 자는 일정한 자격과 시설을 갖추어 등록을 하도록 되어 있는바, 이는 농약의 성질로 보아 무자격자가 판매업을 할 경우 국민보건에 위해를 끼칠 염려가 있기 때문이며 따라서 그 등록명의를 다른 사람에게 빌려 준다든지 하는 일은 금지되고 있다 할 것이다. 그러나 만일 그 등록명의를 대여하였다거나 그 명의로 등록할 것을 다른 사람에게 허락하였다면 농약의 판매업에 관한 한 등록명의자 스스로 영업주라는 것을 나타낸 것이라 할 것이고 상법 제24조에 의한 명의대여자로서 농약거래로 인하여 생긴 채무를 변제할 책임이 있다고 할 것이다.」

㈏ 묵시적 허락 허락은 묵시적으로 행해질 수도 있다. 타인이 자기의 성명·상호를 사용하는 것을 알고 이를 저지하지 아니하거나 묵인한 경우이다. 예컨대 영업을 임대하고 임차인이 종전의 상호를 그대로 사용하는 것을 방치한다든지([판례 33] 참조), 다른 상인에게 자기의 영업장소를 계속 사용하게 하면서 자기와 같은 영업을 하는 것을 허용하였던바, 그 타인이 자기의 상호를 가지고 영업을 하였다면([판례 34] 참조) 명의사용의 묵시적인 허락으로 보아야 한다. 또 동업관계가 종료한 후 일방 동업자(A)가 종전의 상호를 가지고 영업을 계속하는 것을 다른 동업자

(B)가 방치하였다면, (B)는 (A)에게 묵시적으로 명의를 대여한 것으로 보아야 한다([판례 35] 참조). 그러나 단지 상점 · 전화 · 창고 등을 몇 회에 걸쳐 사용하게 한 사실만으로는 명의사용의 허락이라 볼 수 없다([판례 36] 참조).

타인이 자신의 성명 · 상호를 사용함을 알고 이를 저지하지 않은 사실, 즉 단순한 부작위는 묵시적인 허락으로 볼 수 없다는 견해도 유력하다(강 · 임 104; 김성탁 183; 안강현 127; 이종훈 79; 정경영 80; 정찬형 137; 최 · 김 120; 최준선 175). 원래 명의대여자의 책임은 외관주의 내지는 금반언의 법리에 근거를 둔 것인데, 금반언의 법리에서는 법적 의무위반 또는 사회생활상의 의무위반을 구성할 때에 비로소 책임발생의 원인이 된다는 점을 이유로 든다. 그래서 [판례 33, 34]에서 보다시피 영업의 임대라든가 영업장소의 사용허가와 같은 부수적인 사실관계와 결부하여 자기의 영업으로 오인받지 않도록 상호사용을 적극 저지하여야 할 법상 또는 생활상의 의무를 진다고 할 수 있음에도 불구하고 이를 게을리 하였을 경우에 한해 묵시적 허락으로 보아야 한다고 설명한다.

그러나 오늘날과 같이 사회생활이 복잡하여 상거래의 태반이 외관위주로 행해지고 있는 실정에서는, 누구든 자신의 성명 또는 상호가 타인에 의해 무단히 사용되는 사실을 알면 그 표현적 상태를 제거할 생활상의 의무를 진다고 해야 할 것이다. 그러므로 영업의 임대 등과 같은 부수적인 사실이 없더라도 타인이 자기의 성명 또는 상호를 사용함을 알고서도 장기간 방치한다면 명의사용을 묵시적으로 허락한 것으로 보아야 한다(同旨: 정준우 115).

판례 33 대법원 1967. 10. 25. 선고 66다2362 판결

「피고는 용당 정미소라는 상호를 가지고 경영하던 정미소를 소외 장상봉에게 임대하고 그 소외인은 같은 상호를 그대로 사용하면서 그 정미소를 경영하였다는 것이 당사자간에 다툼이 없는바, 위 장상봉이가 용당 정미소라는 상호를 사용하면서 그 정미소를 경영하는 동안에 원고로부터 본건 백미를 보관하고 보관전표[를] 발행한 것이며, 그 때에 원고가 피고를 용당 정미소의 영업주로 오인하였다는 사실이 인정된다면, 피고는 그 백미 보관으로 인한 책임을 면할 수 없다.」

판례 34 대법원 1977. 7. 26. 선고 77다797 판결

「… 원고는 소외 최갑수에게 이 사건 물건을 외상으로 판매하였던 것인데 동 최갑수는 피고회사로부터 피고회사가 사용하고 있는 대지와 사무실의 일부를 임차하여 피고회사와는 별도의 자동차 정비사업을 경영하고 있었던 사람으로서 피고회사의 임

직원도 아니므로 피고회사의 사업과 위 최갑수의 사업이 비록 내용적으로 별개의 업체에 속한다고 하더라도 … 위 최갑수는 과거에 피고회사에서 상무라는 직책으로 근무한 바 있고 근자에는 피고회사의 상무이사라는 명함을 가지고 행세하는 사람으로서 그가 경영한다는 자동차 정비사업은 피고회사가 경영하는 사업과 일치하고 있음을 알 수 있고, 이와 같은 자동차 정비사업은 교통부장관의 허가가 있어야 하는데 그는 이러한 허가를 가지고 있지 않았고 피고회사와 다른 어떤 상호나 영업간판도 가지고 있지 않았음이 명백한데 … 피고회사가 위와 같은 최갑수에게 피고회사의 영업 장소에서 또 같은 사무실 내에서 같은 사업을 경영할 수 있도록 허용하여 왔다는 것이라면 피고회사는 위 최갑수의 사업에 관하여 피고회사의 자동차 정비사업에 관한 허가와 피고회사의 상호 밑에서 그 영업을 할 것을 허락했다고 볼 여지가 없지 않아 원고가 위 최갑수의 영업이 피고회사의 영업과는 별개의 업체에 속함을 알면서도 그와 거래를 한 것이라고 인정된 자료가 없는 한 피고회사는 상법 제24조 소정의 명의대여자로서의 책임을 면하기가 어렵다 할 것이다.」

판례 35 대법원 2008. 1. 24. 선고 2006다21330 판결

「… 피고와 소외인은 신라원을 동업으로 운영하기로 하는 동업계약을 체결하고, 피고와 소외인을 신라원의 공동사업자로 하여 사업자등록을 하였던 점, 위 동업계약이 해지된 이후에도 소외인은 종전과 같은 장소에서 종전에 사용하던 '신라원'이라는 상호를 계속 사용하면서 영업을 하였던 점, 원고는 신라원의 사업자등록이 피고와 소외인 공동 명의로 되어 있는 사실을 알고 있었고 위 동업계약이 해지되고 피고의 공동사업자 탈퇴신고가 된 이후에도 계속 신라원의 사업자등록이 피고와 소외인 공동명의로 되어 있는 것으로 알고 있었던 점, 위 동업계약이 해지된 이후에 소외인이 종전에 사용하던 '신라원'이라는 상호를 계속 사용하는 것에 대하여 피고가 이의를 하였다는 등의 사정이 엿보이지 않는 점 등을 종합하여 보면, 위 동업계약이 해지되고 피고의 공동사업자 탈퇴신고가 있기 이전에는 비록 피고가 신라원의 경영에 실제로 관여한 바가 전혀 없다고 하더라도 피고는 소외인이 피고의 명의를 사용하여 신라원을 운영하는 것을 허락하였다고 볼 것이고, 위 동업계약이 해지되고 피고의 공동사업자 탈퇴신고가 있은 이후에는 피고는 소외인이 종전과 같은 장소에서 종전에 사용하던 '신라원'이라는 상호를 계속 사용하면서 영업을 하는 것을 허락하였거나 묵인함으로써 원고에 대하여 종전과 같이 신라원이 피고와 소외인의 동업으로 계속 운영되고 있는 것과 같은 영업상의 외관을 유지시켰으며, 원고로서는 피고도 신라원의 공동 영업주인 것으로 오인하여 거래를 하였다고 봄이 상당하[므로] 피고에게 상법 제24조의 명의대여자 책임이 인정된다…」

판례 36 대법원 1982. 12. 28. 선고 82다카887 판결

「… 이른바 묵시적 명의대여자의 책임을 인정하기 위하여는 영업주가 자기의 성명 또는 상호를 타인이 사용하는 것을 알고 이를 저지하지 아니하거나 자기의 성명 또는 상호를 타인이 사용함을 묵인한 사실 및 제 3 자가 타인의 성명 또는 상호를 사용하는 자를 영업주로 오인하여 거래를 한 사실이 인정되어야 할 것인바, 이봉찬의 증언은 자기의 사업을 위하여 피고의 상점, 전화, 창고 등을 사용한 사실은 있으나, 원고와의 이 건 거래를 위하여 피고의 상호를 사용한 사실은 없고 다만 피고 소유의 창고를 2회에 걸쳐 사용한 사실이 있을 뿐이라는 것이고, … 그렇다면 그 거시의 증거들만으로는 피고가 그 상호를 소외 이봉찬에게 묵시적으로 대여하여 원고는 위 소외인인 피고가 경영하는 동남무선의 영업주로 오인하여 거래하였다고 단정하기에 미흡하다.」

㈐ **허락의 철회** 명의사용을 허락하였다가 이를 철회할 수도 있고, 또 기한부나 해제조건부로 허락한 경우에는 기한이 도래하거나 조건이 성취됨으로써 차용자가 명의사용을 계속할 근거가 상실된다. 그러면 명의대여자가 허락을 철회하거나, 기한이나 조건이 도래 또는 성취되면, 앞으로 명의차용자가 명의를 계속 사용하더라도 명의대여자는 상법 제24조의 책임을 지지 아니하는가? 상법 제24조의 입법취지는 외관을 신뢰한 자를 보호하는 것인데, 비록 명의대차 당사자간에 명의차용의 근거는 소멸했다 하더라도 외관이 지워지지 않는 한 제 3 자가 영업주체를 오인할 소지는 여전하고, 따라서 제 3 자를 보호할 필요성은 그대로 남는다. 그러므로 명의대여관계가 종료했다 하더라도 대여자는 차용자가 향후 명의사용을 하지 못하게 하거나 거래처에 대해 종료사실을 광고하는 등의 방법으로 명의대여로 빚어진 대외적 표상을 제거할 의무를 지며, 그렇지 않는 한 상법 제24조에 따른 책임을 면할 수 없다고 해야 한다.[1)]

(2) 대여자와 차용자의 요건

명의차용자는 후술과 같이 상인이어야 하지만, 명의대여자는 명의대여의 주체이면 족하고 상인임을 요하지 않는다. 또 자연인이든 법인이든 관계 없다. 누구이든 영업주체의 오인을 야기하는 외관을 작출한 자에게 책임을 묻는 것이 본 제도의 취지이기 때문이다. 그러므로 공공기관도 명의대여자의 책임을 질 수 있다. 민간인이 인천직할시의 병원시설을 임차하여 「인천직할시 시립병원」이라는 이름

1) 石井照久, "名板貸の責任,"「商法論集」, 勁草書房, 1974, 463면.

으로 병원을 운영하면서 부담한 약품구입대금채무에 관해 인천직할시로 하여금 명의대여자로서의 책임을 지도록 한 판례가 있다([판례 37] 참조).

이에 반하여 명의차용자는 상인이어야 한다. 타인(명의차용자)에게 자기의 성명·상호를 사용하여 「영업」할 것을 허락한 경우에 명의대여자의 책임이 발생하기 때문이다. 이에 대해 외관법리의 적용이 가능한 사실관계에서는 모두 제3자를 보호해야 하므로 본조에서 말하는 「영업」, 「영업주」의 개념을 상법 제4조에서 말하는 상인보다는 넓게 보고 상인 아닌 자에게 명의를 빌려 준 자에게도 본조를 유추적용하자는 견해가 있다(정동윤 85).[1)]

그러나 본조의 명의차용자는 당연상인뿐 아니라 의제상인(5조)도 포함하므로 그 적용범위는 꽤 넓은 편이다. 상법 제24조는 타인의 명의로 부담한 「상거래채무」에 관해 명의대여자에게 책임을 지움으로써 거래상대방을 보호하려는 규정인데, 차용자가 상인이 아니라면 상법 제24조와의 연결점을 찾을 수 없을 뿐 아니라, 표현대리 등 다른 법리에 의해 구제하는 것이 합당한 경우까지 본조를 적용하는 것은 제도의 불경제이다.

판례의 취지

판례도 아래 인천직할시사건([판례 37])에서 명의대여자가 상인이 아니거나 명의차용자의 영업이 상행위가 아니더라도 본조를 적용할 수 있다고 하였지만, 이는 위 소수설과는 다른 취지이다. 즉 판례는 명의차용자가 상인이 아니라도 된다는 것이 아니라 명의차용자의 영업이 「기본적」 상행위가 아니라도 무방하다는 뜻이다. 판결문에 분명히 나타나 있지는 않지만 명의차용자의 "영업"이란 말을 쓴 것을 보면 판례는 「한국병원관리연구소」를 의제상인으로 본 것이다. 그렇지 않고 명의차용자(동연구소)도 상인이 아니라고 보았다면 아예 상법의 적용대상이 될 수 없기 때문이다.

판례 37 대법원 1987. 3. 24. 선고 85다카2219 판결

「상법 제24조가 … 규정한 취지는 금반언의 법리 및 외관주의의 법리에 따라 … 외관을 만드는 데에 원인을 제공한 명의대여자에게도 명의차용자와 같이 변제책임을 지우자는 것으로서 그 명의대여자가 상인이 아니거나, 명의차용자의 영업이 상행위가 아니라 하더라도 위 법리를 적용하는 데에 아무런 영향이 없다 할 것이므로, 같은 취지에서 원심이 소외 사단법인 한국병원관리연구소에게 피고 [인천직할시]의 명칭

1) 近藤, 62면 註 (1); 田中(總則), 283면; 服部, 216면.

을 부가한 인천직할시 시립병원이라는 이름을 사용하여 병원업을 경영할 것을 승낙한 피고는 특단의 사정이 없는 한 위 법리에 따라 위 병원을 피고가 경영하는 것으로 믿고 의약품을 납품한 원고[동화약품]에 대하여 그 대금을 변제할 책임이 있다고 판단하고 상법 제24조의 적용범위가 상인 또는 사법인에 한정하여 적용되는 것은 아니라 하여 이 점에 대한 피고의 주장을 배척하였음은 정당하[다.]」

註) 위 판시와 같이 인천직할시를 명의대여자로 보았으나, 다년간 위 병원과 의약품거래를 하여 온 원고로서는 인천직할시가 병원경영자가 아님을 알았다고 보아야 하고, 혹 몰랐다면 그 모른 데에 대하여 중대한 과실이 있다고 보아야 한다는 이유로 결국 인천직할시의 책임을 부정하였다.

명의대여자와 명의차용자가 모두 상인인 경우, 상법 제24조의 책임이 성립하기 위해서는 양자의 영업이 동종일 것을 요하느냐는 문제가 있다. 양자의 업종이 상이한 경우에는 거래상대방이 대여자의 영업으로 오인할 가능성이 낮아지기 때문이다. 기업이 단일한 업종을 영위하는 것이 일반적이라는 가정하에서는 숙고해 볼 문제이다. 그러나 회사들은 수십가지의 목적사업을 정관에 기재하고 기회가 생기는대로 새로운 사업에 진출하는 실정이고, 개인상인도 하나의 상호를 가지고 수개의 영업을 할 수 있으므로 동종영업임을 요구하는 것은 명문의 근거도 없고 합리적이지도 않다.[1)]

나아가 명의대여자가 명의차용자에 대하여 영업의 종류나 범위를 정하여 명의를 대여하였음에도 불구하고, 명의차용자가 이 종류나 범위를 넘은 영업에 상호를 사용한 경우 명의대여자의 책임에 어떤 영향을 주느냐는 문제도 있다. 예컨대 명의대여자가 식품의 판매에 관해 상호를 사용할 것을 허락하였으나, 명의차용자가 같은 상호로 전기기구를 판매한 경우와 같다. 상법 제24조는 단지 명의대여의 방법으로 영업주체에 관한 오인을 야기한 데 대한 책임을 묻는 제도이므로 명의차용자의 내부적인 월권은 본조와 무관하다.[2)]

1) 이 문제는 일본에서 많이 다투어졌는데, 학설은 본문에서와 같은 입장을 취하지만, 판례는 동종사업일 것을 요구한다(日最高裁 1961. 12. 5, 民集 15권 11호 2652면; 近藤, 62면). 그러나 판례도 다른 사정이 가미되면 다른 업종이라도 대여자의 책임을 묻고 있다. 「現金屋」이라는 상호로 전기제품을 판매하던 A가 폐업을 하고 종업원이던 B에게 명의를 대여하였던바, B가 같은 장소에서 같은 상호로 식품점을 운영하였다. B의 식품점이 A의 영업이라고 믿었던 C가 A에게 명의대여자의 책임을 물은 사건에서 법원은 영업주체를 오인할 소지가 충분하다고 하며 A에게 명의대여자의 책임을 물었다(日最高裁 1968. 6. 13, 民集 22권 6호 1171면).

2) 본문에서와 같은 경우 일본의 판례는 명의대여자의 책임을 부정하고 학설도 별 이견이 없는 듯하나(日最高裁 1961. 12. 5, 民集 15권 11호 2652면), 명문의 근거없이 상법 제24조의 적용범위를 좁히므로 타당한 해석이 아니다.

입점점포에의 유추적용 가능성

백화점이나 마트 등 대규모 유통상인의 건물에 다른 상인이 점포 일부를 임차하여 독립된 계산으로 영업을 하는 예를 흔히 본다. 이들은 주로 임대인 상인이 취급하지 않는 물품을 판매하며, 별도의 간판을 사용하지 않고 임대인영업의 일부인 듯한 외관을 보인다. 임대인으로서는 고객들에게 자신의 취급품목이 다양한 것처럼 보일 수 있고, 임차인으로서는 임대인의 화려한 외관을 자기의 것처럼 이용할 수 있어 서로 득이 되는 영업방법이다.

이 임차인영업자와 거래하는 고객은 임대인의 영업인 것으로 오해하기 쉬우므로 명의대여와 유사한 상황을 보인다. 하지만, 임대인과 임차인간에 상호의 사용허락이 있은 것은 아니고, 실제로 임차인이 명시적으로 임대인의 상호를 사용하는 것도 아니므로 임대인에게 임차인의 영업에 관해 상법 제24조의 명의대여자의 책임을 물을 수 있는 요건을 구비하고 있지 않다. 일본의 판례는 이러한 사례에서 임차인이 임대인의 영업의 일부인 듯한 외관을 만들고 또 임대인은 이를 묵인하였다는 점에 주목하여 상법 제24조를 유추적용하고 있다.[1)] 우리 상법의 해석론으로도 도달할 수 있는 이론이다.

(3) 영업상의 명칭사용

1) 법문에서 성명 · 상호를 사용하여「영업을 할 것을 허락한 자는」이라고 표현하고 있어, 마치 명의대여자가 명의를 대여하는 외에 차용자가 영업을 하는 것도 허락해야 하는 뜻으로 오해하기 쉽다. 그러나 명의대여자가 다른 독립된 상인의 영업을 허락하고 말고 할 여지가 없다. 명의차용자가 명의대여자의 명칭을 자신의 영업에 사용하는 것을 명의대여자가 허락한다는 뜻으로 풀이해야 한다.

2) 명의차용자가 명의대여자의 명칭으로 수행하는 영업은 명의차용자 자신의 영업이어야 하며, 명의대여자의 영업인 경우에는 본조의 적용 밖이다. 명의대여자의 영업이라면 명의대여자와 명의차용자의 관계는 영업주와 상업사용인의 관계가 되고, 명의차용자의 영업활동으로 인한 채무는 바로 명의대여자의 채무이므로 본조를 적용할 필요가 없기 때문이다.

명의대여자가 명의차용자에게 자기 영업의 경영을 위임한 경우에도 그 영업

---

1) 日最高裁 1995. 11. 30, 民集 49권 9호 2972면: 슈퍼마켓의 일부를 임차하여 애완동물을 판매하는 점포가 있었다. 이곳에서 잉꼬를 사간 고객이 집에서 사육하던 중, 가족 1인이 잉꼬로부터 폐렴이 전염되어 사망하였으므로 고객이 슈퍼마켓을 상대로 손해배상을 청구한 사건이었다. 본문에서와 같은 유추적용을 통해 슈퍼마켓의 책임을 인정하였다.

은 명의대여자의 영업이므로 본조의 적용문제가 아니다. 그러나 명의대여자가 명의차용자에게 영업을 임대한 경우([판례 33]) 또는 명의차용자가 명의대여자의 대리상인 경우([판례 28])에는 명의차용자는 독립된 상인이므로, 그 영업은 명의차용자의 영업이고 따라서 본조의 적용대상이 될 수 있다.

3) 명의차용자가 차용한 명의를 명의대여자의 허락 없이 다시 제 3 자에게 대여할 경우에는 원래의 명의대여자는 명의의 전대에 관해 귀책사유가 없는 한 그 전차인의 거래에 관해 책임지지 아니한다.

4) 명의차용자의 사용인이 차용한 명의로 거래한 경우, 그 거래가 명의차용자의 영업범위 내의 행위로서 그의 승낙을 받은 것이라면 이에 대해서도 명의대여자의 책임을 인정해야 한다. 과거 이를 시인한 판례가 있었으나([판례 38] 참조), 이후에는 대여자의 책임을 부정한 판례만 있다([판례 39] 참조). 사실관계를 보면, B가 A 건설회사의 명의를 대여받아 건설공사를 하던 중 자신의 사용인 C로 하여금 타인으로부터 공사자금을 빌려 오게 하였으므로 그 대여자가 A의 변제책임을 물은 사건인데, 법원은 명의차용인의 사용인의 행위에 대해서는 명의대여자의 책임이 미치지 않는다는 일반론으로서 A의 책임을 부정하였다. 하지만 차용자의 사용인이 차용자를 대리한 행위라면 차용자 자신의 행위와 다름없으므로 대여자의 책임을 부정할 논거를 찾기 어렵다.

판례 38 대법원 1970. 9. 29. 선고 70다1703 판결

「… 소외 지승만이가 피고와의 피고회사 학교[전라남도 함평군 학교面]출장소 운영에 관한 계약에 의하여 같은 출장소장으로서 경영하다가 사고로 징계위원회에 회부되어 1964. 6. 5부터 1965. 8. 29까지의 사이에는 소외 이재욱이가 같은 출장소장으로 임명되었으나 소외 지승만은 새로 된 출장소장 이재욱의 위임에 의하여 계속 출장소의 업무를 집행하여 왔는데 영업범위인 비료 등 수송업무상의 필요에 의하여 타인의 화물자동차를 이용하고 그러므로써 소외 조석원 등에게 도합 144,300원의 운임채무를 부담하게 되고 한편 원고는 피고 출장소에 대한 위 운임채권자들에게 대하여 타이어 대금채권에 있어서 채권 전액을 양수받고 위 지승만은 이를 승인하고 1969. 9. 30까지 지급하겠다는 취지로 같은 금액을 액면으로 한 대한통운 학교출장소장 명의의 약속어음을 원고에게 발행하였다는 것이다. 그렇다면 피고는 소외 이재욱에게 대하여 자기사업을 자기이름으로 대행할 것을 허용한 것으로서 그 사업에 관하여 자기가 책임을 부담할 지위에 있음을 표시한 것이라 할 것이고, 그 사업을 대행한 사람

또는 그 피용자가 그 사업에 관하여서 한 법률행위에 관하여 제 3 자에게 책임이 있다고 할 것이므로 … 소외 지승만의 채권양도 승인에 따른 채무를 진다고 할 것이다.」

판례 39 대법원 1989. 9. 12. 선고 88다카26390 판결

「원판결 이유에 의하면, 원심은 토목, 건축업 등을 하는 피고는 1985. 9.경 소외 사단법인 문산시장 번영회가 … 시행하는 문산중앙시장 신축공사를 도급받기 위하여 소외 유태두를 마치 피고회사의 이사인 것처럼 내세워 위 사단법인과 교섭을 진행한 끝에 1986. 1. 10, 위 사단법인과의 사이에 피고가 공사대금 1,300,800,000원에 위 문산중앙시장 신축공사를 하기로 하는 도급계약을 체결하였고, 한편으로는 위 소외 유태두와의 사이에 위 유태두가 위 시장신축공사를 자신의 계산으로 하되 명의는 피고회사의 명의를 사용하여 공사하기로 하고 그 대신 그 명의대여의 대가로 위 유태두가 피고에게 위 공사대금의 1할을 지급하기로 약정한 사실, 위 유태두는 위 시장신축공사를 함에 있어 위 공사현장에 현장사무실을 마련하여 피고의 승낙아래 위 사무실에 "피고회사 문산중앙시장 신축공사 현장사무실"이라는 간판을 걸고 자신은 위 현장사무실의 본부장으로 행세하면서 소외 정경남을 위 사무실의 현장소장으로 임명하여 위 시장신축공사의 기초작업 등을 하게 한 사실, 위 유태두는 위와 같은 작업을 하던 중 이에 필요한 자금이 부족하게 되자 위 정경남에게 공사자금을 차용하여 오도록 지시하여 위 정경남이 원고에게 그 공사자금을 대여해 줄 것을 요청하였고 원고는 위 시장신축공사를 피고가 하는 것으로 오인하고 1986. 4. 8, 위 정경남에게 금 20,000,000원을 변제기는 같은 해 8.8로 하여 대여하고, 피고회사 문산중앙시장 신축공사 소장 정경남 명의의 차용증을 교부받은 사실 등을 확정한 다음 위 인정사실에 의하면 피고는 위 유태두에게 자신의 상호를 사용하여 영업할 것을 허락한 자로서 위 유태두의 피용자인 위 정경남이가 원고로부터 차용한 위 금원을 변제할 책임이 있다 할 것이라고 판단하고 있다.

그러나 타인에게 자기의 성명 또는 상호를 사용하여 영업을 할 것을 허락한 자는 자기를 영업주로 오인하여 거래한 제 3 자에 대하여 그 타인과 연대하여 변제할 책임이 있다고 규정한 상법 제24조의 명의대여자의 책임규정은 거래상의 외관보호와 금반언의 원칙을 표현한 것으로서 명의대여자가 영업주(여기의 영업주는 상법 제 4 조 소정의 상인보다는 넓은 개념이다)로서 자기의 성명이나 상호를 사용하는 것을 허락했을 때에는 명의차용자가 그것을 사용하여 법률행위를 함으로써 지게 된 거래상의 채무에 대하여 변제의 책임이 있다는 것을 밝히고 있는 것에 그치고 있는 것이므로 여기에 근거한 피고의 책임은 피고가 자기의 명의를 사용할 것을 허락한 소외 유태두가 원고로부터 원심설시의 부채를 진 것이라면 몰라도 명의차용인의 피용자의 행위에 대해서까지 미칠 수는 없는 것이[다.]」

* 同旨: 대법원 1987. 11. 24. 선고 87다카1379 판결.

(4) 제 3 자의 오인

제 3 자가 명의차용자와 거래함에 있어 명의대여자를 영업주로 오인하였어야 한다.

1) 「제 3 자」라 함은 명의차용자와 영업상의 거래를 한 직접의 상대방을 가리키며 거래상대방 이외의 제 3 자(예: 전득자, 상대방의 채권자)는 보호대상이 아니다.

2) 상대방이 명의대여자를 영업주로 오인하였어야 한다. 외관을 신뢰한 자를 보호하고자 하는 제도의 취지상 당연한 요건이다. 따라서 명의대여자가 영업주가 아님을 알고 차용자와 거래한 자는 명의대여자의 책임을 묻지 못한다. 예컨대 명의대여와 더불어 영업의 임대사실을 알고 임차인과 거래한 자는 임대인의 책임을 물을 수 없다. 이 경우 영업의 임대가 강행규정에 의해 무효라 하더라도 결과는 같다(대법원 1979. 12. 26. 선고 79다757 판결).

3) 상대방이 명의대여자를 영업주로 오인함에 있어 과실이 있으면 어떠한가? 명의대여자의 책임을 묻는 근거는 명의대여자가 명의대여라는 사실에 의해 명의차용자의 영업에 관여한 사실에 있으므로 상대방의 과실 유무는 전혀 따질 필요가 없다는 설(즉 중과실이 있어도 보호받는다)(강 · 임 94),[1] 신뢰의 객관적 기초가 없는 경우까지 보호할 필요는 없으므로 경과실도 없어야 한다는 설[2]도 있으나, 법문이 무과실을 요건으로 하지 않으므로 경과실의 경우는 보호하는 것이 타당하다. 그러나 중과실은 법상 악의와 같이 다루는 것이 통례이므로 중과실이 있는 경우에는 본조가 적용되지 않는다는 것이 통설 · 판례이다(대법원 1991. 11. 12. 선고 91다18309 판결).[3]

증명책임은 명의대여자가 부담한다. 즉 명의대여자가 상대방의 악의 또는 중과실을 증명하여야 한다(대법원 2008. 1. 24. 선고 2006다21330 판결).

지입차량의 법률관계

자동차운송업계에서 흔히 볼 수 있는 영업방식으로서 持込制라는 것이 있다. 예컨대 트럭 1대를 소유한 개인 차주는 관계법상 자기이름으로 영업을 할 수 없으므로 운수회사와의 계약에 의해 동 차량의 소유권을 운수회사에 이전하고 제세공과금 기

1) 末川 博, "表見的 營業主の責任," 「民商法雜誌」, 9卷 3號, 182면 이하.
2) 石井, 464면.
3) 일본의 통설 · 판례도 같다(日最高裁 1966. 1. 27, 民集 20권 1호 111면; 近藤, 65면; 關, 164면; 森本(總則), 74면 등).

타 공법상의 법률관계는 회사가 처리하되 실질적인 영업행위는 동 회사의 명의 아래 차주가 독립적으로 하기로 하는 것이다. 이 경우에는 실질적인 의미에서의 명의대여라고 할 것이나, 차량의 소유가 회사에 귀속하므로 차주의 영업행위는 법률적으로는 운수회사의 행위이다. 따라서 이 경우에는 차주의 영업에 관련된 채무에 관해 운수회사는 명의대여자가 아니라 본인으로서 책임을 져야 한다. 거래상대방이 지입차량인 사실을 알더라도 같다(대법원 1989. 10. 27. 선고 89다카319 판결). 그러나 거래상대방과의 사이에 지입차주가 직접 책임을 부담하기로 하는 특약이 있는 것으로 볼 수 있는 경우에는 운수회사의 책임을 물을 수 없다(대법원 1986. 6. 10. 선고 85다카2636 판결).

3. 책임의 범위와 형태

상법 제24조에서는 이상의 요건을 충족한 경우 명의대여자는 「제 3 자에 대하여 그 타인(명의차용자)과 연대하여 변제할 책임이 있다」고 규정한다. 이는 명의대여자가 명의차용자의 영업거래에 대해 영업주로서의 책임을 져야 함을 뜻한다.

(1) 책임의 범위

1) 거래상의 책임 명의대여자가 명의차용자의 영업거래에 관해 책임을 진다고 함은 명의대여자가 명의차용자의 영업에서 생긴 채무를 자신의 채무로서 이행해야 함을 뜻한다.

거래주체에 관한 상대방의 신뢰를 보호하려는 취지이므로 명의차용자의 보조적 상행위에 관해서도 책임을 진다고 보아야 한다.[1)]

명의대여자의 책임은 영업거래로 인한 책임에 국한되므로 명의차용자가 영업과 관계없이 부담한 채무에 대해 책임을 지지 않음은 물론, 영업과 관련되더라도 불법행위에 대해서는 책임지지 아니한다. 본 제도는 영업주를 오인하여 거래

1) 대법원 1970. 9. 29. 선고 70다1703 판결: 명의차용자 B가 A로부터 차용한 이름으로 행한 영업거래에서 발생한 채무에 관해 그 채권자 C_1이 동 채권을 C_2에게 양도하고 B가 이를 승인한 경우, A는 이 승인에 관해서도 명의대여자로서의 책임을 져야 한다고 판시하였다.

대법원 2008. 10. 23. 선고 2008다46555 판결: A 건설업자가 B에게 건설업면허를 대여하였는데, B가 그 명의로 공사를 수주하고서 A의 명의로 C에게 공사의 하도급을 맡겼던바, C가 공사를 마치고 A를 상대로 하도급공사의 보수를 청구한 사건이다. 법원은 건설업면허를 대여할 때에 이미 하도급거래에 그 명의를 사용하는 것도 허락하였다고 봄이 상당하다고 하며 A의 책임을 인정하였으나, B가 자신의 보조적 상행위에 차용한 명의를 사용한 예이다.

한 상대방을 보호하자는 것인데, 불법행위의 경우 피해자가 가해자를 오인했기 때문에 불법행위를 당했다는 일은 있을 수 없기 때문이다.

그런데 불법행위라도 명의대여자가 영업주라는 신뢰에 기인하여 생기는 불법행위 혹은 거래관계의 외형을 가지는 불법행위로 인한 배상책임에 대해서는 명의대여자가 본조에 따른 책임을 진다고 하는 견해가 있다(강·임 106; 이(기)·최 205; 임홍근 122; 전우현 118; 정경영 83; 정동윤 86; 최·김 126도 후자에 대해서는 동설).[1] 전자의 예로서 A가 갑의 명의를 차용한 운송업자 을의 영업을 갑의 영업으로 오인하고 을과 운송계약을 체결하였는데 을이 사고로 A에게 상해를 입힌 경우를 들고, 후자의 예로서 명의차용자가 상대방에게 사기를 하여 거래한 경우를 들고 있다. 우선 전자의 경우에는 운송계약의 불이행으로 볼 수 있으므로 갑에게 불법행위책임이 아니라 상법 제24조에 의한 계약책임을 귀속시킬 수 있을 것이다. 한편 을의 불법행위가 성립하고 또 갑의 명의대여가 위법하고 명의대여와 사고 사이에 인과관계가 존재한다면 을의 불법행위 외에 갑 자신의 불법행위가 성립할 것이므로 상법 제24조의 적용문제가 아니다. 후자의 경우에는 차용자의 사기로 상대방이 어떤 손해를 입었느냐가 문제인데, 보통은 차용자가 계약의 내용에 좇은 채무를 이행하지 않는 경우일 것이다. 이 경우에도 상대방은 대여자에게 계약상의 이행책임을 물을 수 있다. 어떤 경우이든 명의대여자가 상법 제24조에 의해 불법행위책임을 진다고 볼 것은 아니다(同旨: 김성탁 185; 김홍기 66; 서완석 110; 오성근 146; 정준우 119)([판례 40] 참조).

판례 40 대법원 1998. 3. 24. 선고 97다55621 판결

「… 상법 제24조 소정의 명의대여자 책임은 명의차용인과 그 상대방의 거래행위에 의하여 생긴 채무에 관하여 명의대여자를 진실한 상대방으로 오인하고 그 신용·명의 등을 신뢰한 제 3 자를 보호하기 위한 것으로, 이 사건과 같은 불법행위의 경우에는 설령 피해자가 명의대여자를 영업주로 오인하고 있었더라도 그와 같은 오인과 피해의 발생 사이에 아무런 인과관계가 없으므로, 이 경우 신뢰관계를 이유로 명의대여자에게 책임을 지워야 할 이유가 없다.」

1) 일본의 판례도 교통사고와 같은 사실적 불법행위의 경우에는 상법 제24조를 적용하지 아니하나(日最高裁 1977. 12. 23, 民集 31권 7호 1570면), 거래의 외형을 띠는 불법행위는 적용대상으로 삼는다(日最高裁 1977. 12. 23, 民集 31권 7호 1570면 — 森本(總則), 75면).

명의대여와 사용자배상책임

기술한 바와 같이 상법 제24조에 의해 명의대여자가 져야 할 책임은 거래책임에 국한된다. 그러나 명의대여자와 명의차용자간에 민법 제756조가 규정하는 사용자와 피용자의 관계에 있다고 보아야 할 경우에는 명의차용자의 불법행위에 관해 명의대여자가 사용자배상책임을 져야 한다(그러나 이는 상법 제24조의 효과가 아니고 민법 제756조의 해석문제임을 주의할 것).

판례는 명의대여가 있는 경우 민법 제756조의 사용관계가 있느냐의 여부는 실제 고용관계에 있느냐 혹은 실제 명의대여자가 명의차용자를 지휘·감독을 하였느냐와 관계없이 객관적·규범적으로 보아 사용자가 불법행위자를 지휘·감독해야 할 지위에 있었느냐의 여부를 기준으로 결정하여야 한다는 이론을 펴고 있다([판례 41, 42]). 그리하여 보육교사에게 민간보육시설 설치신고자 명의를 대여한 자에 대해 보육교사의 과실로 위탁아가 열차에 치여 사망한 사고에 관해 사용자배상책임을 인정한 예가 있다(대법원 2001. 8. 21. 선고 2001다3658 판결. 同旨: 대법원 1996. 5. 10. 선고 95다50462 판결).

판례 41 대법원 2005. 2. 25. 선고 2003다36133 판결

「타인에게 어떤 사업에 관하여 자기의 명의를 사용할 것을 허용한 경우에 그 사업이 내부관계에 있어서는 타인의 사업이고 명의자의 고용인이 아니라 하더라도 외부에 대한 관계에 있어서는 그 사업이 명의자의 사업이고 또 그 타인은 명의자의 종업원임을 표명한 것과 다름이 없으므로, 명의사용을 허용받은 사람이 업무수행을 함에 있어 고의 또는 과실로 다른 사람에게 손해를 끼쳤다면 명의사용을 허용한 사람은 민법 제756조에 의하여 그 손해를 배상할 책임이 있다고 할 것이고, 명의대여관계의 경우 민법 제756조가 규정하고 있는 사용자책임의 요건으로서의 사용관계가 있느냐 여부는 실제적으로 지휘·감독을 하였느냐의 여부에 관계없이 객관적·규범적으로 보아 사용자가 그 불법행위자를 지휘·감독해야 할 지위에 있었느냐의 여부를 기준으로 결정하여야 할 것이다(대법원 2001. 8. 21. 선고 2001다3658 판결 등 참조).」

註) 이 사건은 피해자가 불법행위자의 행위가 명의대여자의 사무에 속하지 않는다는 것을 알지 못한 데에 중대한 과실이 있다고 하여 사용자배상책임을 부정한 예이다.

판례 42 대법원 2002. 4. 26. 선고 2002다4894 판결

「… 사용자책임의 요건으로서의 사용자관계는 명시적이든 묵시적이든 객관적으로 보아 실질적으로 불법행위자를 지휘·감독하여야 할 관계에 있음을 요하고, 실질적인 사업주체가 아니더라도 명의대여자로서 명의차용자나 그 피용자를 지휘·감독하여야 할 지위에 있다고 보아야 할 경우가 있으나, 이 경우에 있어서도 명의를 대여하게 된 경위 등 객관적 사정에 비추어 명의대여자가 명의차용자나 그 피용자를 지휘·감독하여야 할 지위에 있다고 인정되지 않으면 안 된다(대법원 1995. 6. 29. 선고 95다13289 판결 참조).

피고가 협진유통의 대표자로 등록되어 있고, 박용배가 피고의 이름으로 영업을 하는 과정에서 판시와 같은 불법행위로 원고에게 손해를 가한 사실은 인정되지만, '협진유통' 같은 쌀상회의 상호는 그 취득에 무슨 자격요건이 필요하다거나, 명의대여시에 어떤 위험이 발생할 여지가 있는 것이 아니므로 명의대여자에게 명의차용자에 대한 특별한 지휘·감독의무가 부과되지도 않고, 실제로도 피고는 가정주부로서 협진유통의 경영에 관여하지 않았고 박용배가 이를 실제 경영하였으므로, 피고가 객관적으로 보아 명의차용인인 박용배를 지휘·감독해야 할 지위에 있었다고 볼 수 없다는 이유로 피고에게 명의대여자로서 사용자배상책임이 있다는 원고의 주장을 배척하였다. … 원심의 위와 같은 인정과 판단은 정당하[다.]」

2) 명의와 거래의 연계성 영업거래로 인한 책임이라 하더라도 그 범위는 대여한 명의에서 객관적으로 추론되는 영업거래로 인한 책임으로 한정된다.[1)]

예컨대 정미소업을 영위하는 갑이 을에게 상호와 더불어 영업·건물 등을 임대하였는데, 을이 병에게 건물을 재차 임대하였다면, 건물의 임대는 상호를 통해 알 수 있는 영업(정미소업)과 무관하므로 병이 을의 영업을 갑의 영업으로 알고 건물을 임차했다고 하더라도 임대보증금의 반환 등 임대차계약에 관해서는 갑의 책임을 묻지 못한다([판례 43] 참조).

판례 43 대법원 1983. 3. 22. 선고 82다카1852 판결

「1. 원심판결 이유에 의하면, 원심은 원고가 동양정미소라는 상호 아래 정미소를 경영하여 오다가 이 사건 각 건물 등 부속건물을 포함한 정미소 전체를 소외 조문곤에게 임대하고 같은 소외인은 같은 상호를 그대로 사용하면서 위 정미소를 경영하여 오던 중 그 판시내용과 같이 피고들에게 각 점유부분을 임대한 사실, 피고들은 각 임대차계약 당시 소외 조문곤은 원고의 대리인으로서 위 정미소를 관리하고 있는 자에 불과하고 영업주는 여전히 원고인 줄로 오인하는 한편, 위 건물들이 모두 정미소 건물의 부지 내에 있는 창고 또는 살림집으로서 정미소에 딸려 있고 또 정미소의 왕겨간을 짓는 비용을 조달하기 위하여 임대한다는 등의 말을 하여 소외 조문곤이 위 정미소의 관리자의 지위에서 영업주인 원고를 위하여 이를 임대하는 것으로 알고 위 소외인과 임대차계약을 체결하기에 이른 사실을 인정한 후, 다른 사람에게 자기의 상호로 정미소를 경영할 것을 허락한 원고로서는 원고를 위 정미소의 영업주로 오인하고 이 사건 임대차계약을 맺은 피고들에 대하여 명의대여자로서 위 임대차계약상의 책

1) 日最高裁 1978. 6. 13, 民集 22권 6호 1171면; 田中(總則), 290면; 蓮井, 52면.

임을 면할 수 없다고 판단하고 있다.

2. 그러나 상법 제24조에 규정된 명의대여자의 책임은 제 3 자가 명의대여자를 영업주로 오인하고 그 영업의 범위 내에서 명의사용자와 거래한 제 3 자에 대한 책임이므로 영업의 범위 외의 거래에 대하여는 명의대여자의 책임을 물을 수 없는 것이다.

그런데 원심 인정사실에 의하면, 원고가 대여한 상호에 의하여 표상되는 원고의 영업은 정미소영업임이 분명한바, 소외 조문곤이 이 사건 각 건물을 피고들에게 임대한 행위는 원고의 정미소 영업범위 내에 속하는 행위라고 보기 어려우며, 원심판시와 같이 위 임대건물이 정미소 건물의 부지 내에 있고 또 그 임대목적이 정미소창고 건축비용을 조달키 위한 것이라고 위 조문곤이 말한 바 있다고 하여도 이러한 사정만으로 위 건물 임대행위를 정미소의 영업범위 내에 속하는 거래라고 할 수는 없다.

결국 원심은 상법 제24조에 규정된 명의 대여자의 책임의 범위에 관한 법리를 오해하여 판결결과에 영향을 미친 위법이 있[다.]」

3) 거래상의 부수적 책임 　영업상의 책임은 거래상의 이행책임 자체에 국한되지 않고, 목적물에 관한 담보책임(민 570조 이하), 불이행시의 손해배상책임, 계약해제시의 원상회복의무(민 548조) 등 영업거래에 따르는 모든 책임을 포함한다.[1)]

4) 어음행위에 관한 책임 　명의대여자는 명의차용자가 한 어음·수표행위에 대하여도 책임을 지는가? 명의차용자가 자신의 이름만으로 어음행위를 한 경우에는 명의대여자와 무관한 일이고, 문제는 명의차용자가 명의대여자의 이름으로 어음행위를 한 경우이다. 명의차용자가 영업과 관련하여 어음행위를 한 경우에는 상법 제24조가 적용된다고 하는 견해(적용설)(김홍기 65; 안강현 132; 이(기)·최 207; 손진화 109; 정동윤 87; 정찬형 141; 최준선 171)가 있고 이를 지지한 판례도 있다([판례 44] 참조).

그러나 상법 제24조는 명의차용자의 영업상의 채무에 관한 규정인데, 어음의 추상성으로 보아 어음채무를 영업상의 채무로 볼 수는 없다. 즉 명의차용자가 영업상의 거래로 채무를 부담하고 이를 이행하기 위하여 어음을 발행했다 하더라도 원인채무는 영업상의 채무로서 제24조의 적용을 받지만, 어음채무는 영업거래로 직접 부담한 채무는 아니므로 제24조의 적용대상이 될 수 없는 것이다. 또 명의차용자가 명의대여자의 이름으로 어음을 발행하였다면 명의차용자는 어음법상의 기명날인(또는 서명)자가 아니므로 원칙적으로 어음채무를 지지 아니하는데, 명의대여

1) 日最高裁 1955. 9. 9, 民集 9권 10호 1247면.

자가 명의차용자의 채무에 대해 「연대책임」을 진다는 것은 모순이다. 그러므로 이 경우는 어음위조에 관한 일반이론에 의해 해결할 일이고, 상법 제24조의 적용 대상으로 삼을 것은 아니다(부적용설)(同旨: 김성탁 185; 김성태 288; 서완석 109; 오성근 148; 정준우 120).

판례 44 대법원 1969. 3. 31. 선고 68다2270 판결

「… 김현구는 본건 약속어음을 발행할 때에 어음용지 주소난에 대한교육보험 주식회사 부산지사라고 표시하고 동지사장이라고 기재하지 않았다 하더라도 그 성명 아래에는 그 개인 도장 외에 위 회사 부산지사장인이라는 직인을 찍었다는 것이므로 특별한 사정이 없는 한 이는 동인이 피고 회사 부산지사장이라는 대표자격을 표시한 것이라 할 것이고, 또 피고회사는 김현구에게 피고회사 부산지사라는 상호를 사용하여 보험가입자와 피고와의 간에 보험계약의 체결을 알선할 것을 허락하였고, 김현구는 동지사 사무실 비품대금을 조달하기 위하여 이주환에게 위 약속어음을 발행하고 원고가 그 소지인이 되었다는 것이며, 이주환이가 김현구의 위 어음발행행위의 주체를 피고회사로 오인한 데에 중대한 과실이 있다고 보여지지 않으므로 피고는 명의대여자로서 그 외관을 신뢰한 김현구와의 거래인에 대하여 상법 24조에 의한 책임을 져야 한다 할 것이[다.]」

註) 위 사건에서 김현구가 이주환에게 부담한 비품조달 관련 채무는 상법 제24조가 적용되는 채무임에 틀림 없으나 김현구의 어음발행은 어음행위의 표현대리 또는 무권대리의 문제이다.

* 同旨: 대법원 1970. 9. 29. 선고 70다1703 판결.

적용설의 배경

일본의 통설·판례는 영업을 위해 명의대여가 이루어지고, 차용자가 영업을 하는 이상 그 거래에 관해 행해진 어음거래는 명의대여가 이루어진 영업에 관한 행위에 포함된다고 해석한다.[1] 나아가 일본의 판례는 명의차용자가 차용한 명의를 가지고 영업은 하지 않고, 단지 그 이름으로 어음행위만을 한 경우에도 상법 제24조를 유추적용하여 명의대여자의 책임을 묻는다.[2]

위에 소개한 국내의 적용설은 일본의 통설·판례의 영향을 받은 것으로 보인다. 이 설은 일본에서는 설득력이 있을 수 있으나, 우리의 어음法理에는 부합하지 않는다. 일본에서는 어음행위를 절대적 상행위로 다루므로(日商 501조 4호) 영업에 관해 명의대여가 이루어진 경우 그 영업에 관한 어음행위 역시 상행위이므로 명의대여의 대상에 다 포섭된다고 볼 수도 있다. 그러나 우리나라에서는 어음행위를 상행위로 보지 않으므로 영업거래를 위해 이루어진 명의대여가 어음행위 마저 대상으로 한 것이라고 보기는

1) 日最高裁 1967. 2. 9, 判例時報 483호 60면; 丹羽, 111면.
2) 日最高裁 1980. 7. 1, 判例時報 982호 144면.

어렵다.

후술하는 어음행위만을 위한 명의대여에 상법 제24조를 적용해서는 안 된다는 것도 같은 이유에서이다.

한편 어음행위만을 위해서 명의대여가 행하여진 경우에 상법 제24조를 적용 또는 유추적용해야 한다는 견해가 있다(강·임 106; 서헌제 114; 손주찬 129; 임홍근 122; 전우현 119; 정경영 82; 정찬형 141).[1] 어음행위를 절대적 상행위로 보는 일본에서는 가능한 이론이나(日商 501조 4호), 우리 상법상 어음행위는 상행위가 아니므로 어음행위를 위한 명의대여에 상법을 적용하는 것 자체가 모순인데다, 이 경우는 어음행위의 대리이론으로 해결할 사안이고 상법 제24조의 입법취지와는 무관하다(同旨: 김성탁 185; 김성태 288; 서완석 109; 손진화 109; 오성근 148; 정동윤 87; 정준우 120; 최·김 168; 최준선 171).[2]

(2) 책임의 형태

명의대여자는 명의차용자와 「연대하여」 영업상의 채무를 변제할 책임을 진다. 즉 명의대여자는 명의차용자의 채무에 대해 보증책임을 지는 것이 아니고 자기 자신의 고유한 책임을 부담하는 것이다. 그러나 명의대여자는 명의차용자가 갖는 항변을 원용할 수 있다.

법문은 「연대하여」라고 표현하지만, 이는 부진정연대채무이다(異說 없음). 그러므로 거래상대방이 명의차용자에게 한 이행청구는 명의대여자에게 효력이 미치지 아니하며(민 416조 참조), 기타 명의대여자와 명의차용자 중 한 사람에 대하여 생긴 사유는 다른 자에게 영향을 미치지 아니한다. 예컨대 거래상대방과 명의차용자 간에 생긴 시효중단사유는 명의대여자의 책임의 시효진행에 영향을 미치지 않는다(대법원 2011. 4. 14. 선고 2010다91886 판결).

명의대여자가 채무를 변제하면, 이는 명의차용자와의 내부관계에서는 타인의 채무를 변제한 것이므로 명의차용자에게 구상할 수 있음은 물론이다.

4. 표현대리와의 관계

민법학에서는 명의대여를 「제 3 자에 대하여 타인에게 대리권을 수여함을 표

1) 田中(總則), 182면 이하.

2) 近藤, 61면; 日最高裁 1967. 6. 6, 判例時報 487호 56면.

시한」(민 125조) 예로 보므로[1] 명의차용자의 거래는 대체로 표현대리를 구성한다. 그렇다면 상법 제24조가 없어도 상대방은 구제될 수 있다는 결론이 되나, 특히 상법에서 명의대여자의 책임을 규정한 것은 다음과 같은 뜻을 갖는다.

첫째, 「제 3 자에 대하여 타인에게 대리권을 수여함을 표시」하는 행위를 명의대여로 정형화시킴으로써 책임요건의 증명을 간명하게 하는 장점이 있다.

둘째, 표현대리의 경우 그 행위는 본인의 행위가 되고 표현대리인은 책임지지 아니하나, 상법 제24조는 명의대여자와 명의차용자의 연대책임을 규정하여 상대방의 보호를 강화하였다. 그러므로 상법 제24조의 책임을 물을 수 있는 한, 표현대리를 주장할 실익은 없다.

셋째, 거래상대방이 명의차용자를 명의대여자 자체로 오인한 경우에는 표현대리에 해당하지 아니한다. 상법 제24조는 이러한 경우까지 구제의 범위를 넓혀 놓은 뜻이 있다.

---

1) 민법주해Ⅲ, 130면.

제 6 장 상업장부

Ⅰ. 총　　설

1. 기업과 회계

기업은 자본적 계산방법으로 수행되는 영리사업체이므로 수시로 또는 정기적으로 재산상태와 손익을 파악해야만 영업성과를 정확하게 평가하고, 이를 토대로 영업계획을 세우는 등 합리적 경영을 꾀할 수 있다. 재산상태와 손익을 파악하는 기술적 행위를 기업회계라고 하며 기업회계를 위한 도구가 바로 상업장부이다.

기업회계와 상업장부는 상인 자신의 편익에 그치지 않고 출자자, 채권자 등 이해관계인의 이익을 보호하기 위해서도 필요하다. 출자자는 자신의 재산이 적정하게 운용되고 이윤이 생길 것인지에 대해 당연히 비상한 관심을 가지며, 기업회계를 토대로 이를 판단하고 투자의 지속 또는 회수를 결심한다. 또 기업의 채권자가 중대한 관심을 갖는 채권의 회수가능성 역시 기업회계를 토대로 판단해야 한다. 특히 사원(주주)들이 회사채무에 대해 유한책임을 지는 주식회사의 채권자들에게는 회사재산이 채권의 유일한 담보이므로 기업회계를 통한 재산상태의 파악이 다른 형태의 기업에서보다 더욱 중요한 뜻을 갖는다.

한편 기업활동에는 반드시 각종의 조세가 부과되는데, 기업회계와 상업장부는 과세의 근거자료가 되기도 한다.

2. 연 혁

이미 고대 그리스에 상업장부에 관한 법제가 약간 있었다고 하나, 계정과목의 형식에 의해 질서 있게 장부를 기록하게 된 것은 로마시대부터이다. 로마인들은 벌써 채권·채무를 대차로 나누어 기입하는 장부 및 금전출납부, 대금 및 이자수입장부, 고정자산의 재산목록 등 오늘날의 회계장부에 상당하는 장부체계를 갖추었다고 한다.

14세기에 이르러서는 이탈리아의 상인에 의해 복식부기가 창안되어 회계기술이 발달하고, 아라비아숫자가 전래되어 기장이 크게 편리해지면서 상업장부가 서유럽에도 보급되었다. 그리하여 1673년 프랑스에서 루이 14세가 만든 상사조례(ordonnance du commerce)에 상업장부에 관한 상세한 규정을 두고 장부의 비치를 게을리하는 자에 대한 벌칙을 마련하였다. 이 규정들은 1807년의 프랑스 상법전에 계승되었고, 뒤에 1867년의 독일 구 상법에 나타난 상업장부제도의 모체가 되었다.

Ⅱ. 상업장부의 의의

1) 상업장부란 상인이 영업상의 재산 및 손익의 상황을 명백히 하기 위하여 작성하는 회계장부 및 대차대조표를 말한다(29조 1항).[1] 상인이 작성하는 장부에는 여러 종류가 있고, 개중에는 재산 및 손익의 상황과 관련되는 것도 있으나, 이 중 상인이 임의로 작성하는 것은 제외되고, 법률상 작성 의무가 있는 회계장부와 대차대조표만이 상업장부이다. 주식회사의 주주명부(352조)·사채원부(488조)·주주총회의사록(373조)·중개인의 일기장(97조 1항) 같은 것은 법률상 작성이 강제되기는 하나, 재산 및 손익의 상황을 기록하기 위해 작성하는 것이 아니므로 상업장부가 아니다.

2) 유한책임회사, 주식회사, 유한회사는 대차대조표, 손익계산서 등의 재무제

1) 상법에서는 「대차대조표」라는 용어를 유지하고 있으나, 주식회사의 외부감사 등에 관한 법률과 기업회계기준에서는 대차대조표를 「재무상태표」로 바꿔 부르고 있다(외감 1조의2 1호 가, 일반기업회계기준 2.4).

표를 작성하여야 한다(287조의33, 447조, 579조). 이를 상업장부와 비교해 보면 대차대조표만이 공통될 뿐이다. 즉 회계장부는 상업장부이지만 재무제표가 아니고, 손익계산서는 재무제표이지만 상업장부가 아니다.[1] 또 주식회사와 유한회사는 재무제표와 함께 영업보고서를 작성하여 주주총회 또는 사원총회에 보고하여야 하는데(447조의2, 449조 2항, 579조의2, 583조), 영업보고서는 영업에 관한 중요한 사항을 기재한 문서이지만 반드시 회계상의 수치로 표시할 필요는 없으므로 재무제표도 아니고 상업장부도 아니다.

Ⅲ. 상업장부의 종류

상법은 상인이 작성해야 할 상업장부로서 회계장부와 대차대조표를 규정하고 있다(29조 1항).

1. 회계장부

(1) 개 념

회계장부란 거래와 기타 영업재산에 영향이 있는 사항을 기재하는 장부이다(30조 1항). 대차대조표나 손익계산서와는 달리 「회계장부」라는 명칭의 특정한 장부가 별도로 존재하는 것은 아니고, 거래와 기타 재산에 영향이 있는 사항이 기재되어 있는 장부를 통틀어 회계장부라 하는 것이다. 그 범위에는 특별한 제한이 없지만 상인이 통상 작성하는 일기장 · 분개장 · 원장 등이 이에 포함된다. 일기장은 거래의 전말을 발생순으로 기재하는 장부이고, 분개장은 일기장에 기재된 일일거래를 내용별로 분류, 적당한 계정과목을 설치하고 차변 · 대변으로 나누어 기재하는 장부이며, 원장은 분개장에 설정된 계정과목에 관해 각 구좌를 설정하고 그 구좌

1) 손익계산서가 상업장부에 포함되는지를 놓고 견해가 대립한다. 상법 제29조 제1항의 「영업상의 재산 및 손익의 상황」을 읽는 방법에 따라 결론을 달리한다. 이를 「영업상의 재산 또는 손익의 상황」으로 읽고 손익계산서는 당연히 상업장부라고 설명하는 견해(임홍근 126), 「영업상의 재산과 손익의 상황」으로 읽으며 재산과 손익의 양자를 함께 표시하는 것만이 상업장부이므로 손익계산서는 상업장부가 아니라고 설명하는 견해가 있다(강 · 임 114; 서완석 111; 손주찬 145; 안강현 133; 오성근 151; 이(기) · 최 226; 정준우 123; 정찬형 145; 주석(총칙 · 상행위) 327; 최 · 김 129).

별로 매일매일의 거래를 정리하여 기재하는 장부이다. 근래는 분개장에 대신하여 전표가 많이 사용된다.

대차대조표는 이른바 유도법에 따라 회계장부에 의하여 작성해야 하고(30조 2항), 손익계산서도 회계장부에 기초를 두고 작성되므로 회계장부는 재무제표의 기초가 되는 상업장부이다.

(2) 기재사항 · 기재방법

회계장부에는 「거래와 기타 영업상의 재산에 영향이 있는 사항」을 기재하여야 한다(30조 1항).

상거래, 즉 법률행위가 주된 기재사항이 될 것이나, 재산에 영향이 있는 사항은 모두 기재하여야 하므로 채무불이행 · 불법행위로 인한 손해배상, 천재지변이나 도난과 같은 사건에 의한 재산의 일실도 기재해야 한다. 자연인상인의 경우 가계재산의 변동은 영업상의 재산변동과 구분해야 하므로 가계의 수입 · 지출을 회계장부에 기재할 필요는 없다. 그러나 가사비용을 영업재산에서 지출할 경우에는 영업재산에 영향을 미치는 요소이므로 이를 회계장부에 기재하여야 한다.

재산에 대한 영향은 원인사실의 발생에서부터 다소 시간이 흐른 후에 현실화되는 것이 일반적이다. 예컨대 3월 1일에 어느 부동산을 매수하는 계약을 체결하고 이행일을 4월 1일로 정하였다면, 대금을 지급할 채무, 부동산의 소유권을 취득할 수 있는 권리는 3월 1일에 발생하지만, 현실로 현금이 유출되고 재산이 유입되는 것은 4월 1일이다. 그러므로 이러한 거래를 어느 단계에서 장부에 기재해야 하느냐는 의문이 생기고, 이에 대해서는 발생주의, 실현주의 등 여러 가지 회계방침이 있으나 사항별로 존재하는 「일반적으로 공정 · 타당한 회계관행」(29조 2항)에 의해 기재시점을 선택해야 할 것이다.

회계장부는 영업상 재산에 영향을 미친 사항의 내용과 영향의 수치적 결과를 파악하는 데 기여해야 하고, 작성자 본인만이 아니라 채권자 · 출자자 등 제 3 자도 판독할 수 있어야 하므로 사회에 통용되는 문자와 숫자를 사용하여 명료하게 기재하여야 한다. 따라서 본인만이 아는 약어 · 암호를 사용해서는 안 된다. 부기방식에는 단식부기 · 복식부기 등의 구별이 있으나, 영업의 규모나 거래의 성격에 따라 상인이 적절히 선택할 일이고 법에서 관여하는 바는 없다.

거래 기타 기재사항은 재산에 영향이 있는 개개의 사안별로 기재함이 원칙이나, 동종상품의 정형화된 거래가 반복되는 도 · 소매거래의 경우에는 현금거래와 외상거래 정도로 구분하고 당일의 품목별 매출총액만 기재하고 개별거래는 생략해도 무방하다. 이와 유사한 이용업 · 오락장 · 극장 · 숙박업 등의 서비스업도 같다.

2. 대차대조표[1)]

(1) 개 념

대차대조표(재무상태표)란 일정시점에 있어서의 기업의 재산과 자본 · 부채의 상태를 파악하기 위하여 양자를 구분하여 대조시킨 일람표이다. 즉 회계장부를 특정시점을 기준으로 마감하고 동일한 종류에 속하는 금액을 합산하여 하나의 항목으로 묶어, 자산에 속하는 것을 차변에, 자본과 부채에 속하는 것을 대변에 구분 · 기재하여 비교하는 것이다. 그리하여 자산이 자본과 부채의 합계보다 많을 때에는 그 차액은 이익으로 대변에 가산함으로써 양변을 일치시키고, 자산이 자본과 부채의 합계보다 적을 때에는 그 차액은 손실로 차변에 가산함으로써 양변을 일치시키는 방법으로 현재의 재산상태를 파악하는 것이다. 대차대조표는 이같이 특정시점의 재산상태를 표시하므로 이것만으로는 기간손익을 인식할 수 없다. 그래서 유한책임회사, 주식회사, 유한회사는 손익계산서를 작성하여 당기의 손익을 파악해야 한다. 자연인상인의 경우에는 손익계산서의 작성이 의무화되어 있지 아니한데, 대차대조표를 주기적으로 계속 작성하면 당기의 대차대조표와 직전의 그것을 비교함으로써 당기의 손익을 인식할 수 있다.

대차대조표는 작성시기와 목적에 따라 통상대차대조표와 비상대차대조표로 나눈다. 전자에 속하는 것으로는 영업의 계속을 전제로 하여 개업시 또는 회사성립시에 작성하는 개업대차대조표와 매년 1회 이상 또는 결산기에 작성하는 결산대차대조표가 있다(30조 2항). 후자에 속하는 것으로는 회사의 청산 · 합병 등의 경우에 작성하는 대차대조표가 있다(247조 1항, 256조 1항, 269조, 287조의45, 522조의2 1항, 533조 1항, 597조, 613조). 어떤 대차대조표이든 그 기능이나 작성방법은 같다.

---

1) 2009년 2월 3일 이래 기업회계기준에서는 대차대조표라는 용어에 갈음하여 「재무상태표」라는 용어를 사용하고 있다(외감 2조 2호 가목).

[표 1] 대차대조표(재무상태표)의 예시

재 무 상 태 표

제52기 2025. 12. 31 현재

(단위 : 원)

과 목	금 액	과 목	금 액
자 산		부 채	
I. 유동자산	49,386,406,059	I. 유동부채	29,463,076,301
현금및현금성자산	1,805,139,801	매입채무	17,993,998,478
단기금융자산	2,376,533,171	차입금 등	2,332,469,794
매출채권	26,495,804,190	금융보증부채	14,901,370
기타채권	2,634,534,632	기타채무	1,753,771,188
재고자산	7,091,796,131	계약부채	6,748,632,280
계약자산	769,669,702	환불부채	26,666,543
환불자산	24,693,798	당기법인세부채	40,683,228
당기법인세자산	0	기타유동부채	551,953,420
기타유동자산	8,188,234,634	II. 비유동부채	4,086,269,009
II. 비유동자산	24,067,421,097	이연법인세부채	3,844,699,009
장기금융자산	3,000,000	기타비유동부채	241,570,000
공정가치측정금융자산	307,237,648	부채총계	33,549,345,310
종속기업투자	710,137,473		
관계기업투자	39,835,693	자 본	
유형자산	15,848,144,745	I. 자본금	16,104,646,000
무형자산	3,430,834	II. 자본잉여금	17,485,169,304
투자부동산	7,153,512,404	III. 기타포괄손익누계액	1,944,246,015
기타비유동자산	2,122,300	IV. 기타자본항목	(1,155,710,348)
		V. 이익잉여금(결손금)	5,526,130,875
		자본총계	39,904,481,846
자산총계	73,453,827,156	자본과부채총계	73,453,827,156

2026년 1월 10일

주식회사 ○ ○ ○

대표이사 홍 길 동

(2) 기재사항 · 기재방식

상법에서는 대차대조표를 「회계장부에 의하여 작성하고 작성자가 기명날인 또는 서명하여야 함」(30조 2항)을 규정할 뿐, 기재사항이나 방식에 관해서는 아무런 제약이 없다. 그러므로 대차대조표는 위에 설명한 작성목적에 부합되는 「일반적으로 공정 · 타당한 회계관행」(29조 2항)에 의해 작성하면 된다. 통상 대차대조표에 기재하는 사항은 [표 1]의 예시와 같다. 대차대조표의 형식에는 계정구좌의 형식과 같이 좌우 양쪽으로 차변에 자산을, 대변에 부채 및 자본을 대비시켜 표시하는 「계정식」, 상하로 연결하여 먼저 자산의 부를 표시하고 다음에 부채의 부, 자본의 부를 배열하는 「보고식」이 있다. [표 1]의 예는 계정식으로 표시한 것이다.

Ⅳ. 상업장부의 작성 · 공시 · 보존 · 제출

1. 작성의무

상인은 상업장부를 작성하여야 한다(29조 1항). 실제의 작성행위는 상업사용인이나 이사가 하더라도 법상의 작성주체 및 작성의무자는 상인 자신이다. 소상인에게는 상업장부에 관한 규정을 적용하지 아니하므로(9조) 소상인은 상업장부를 작성할 의무가 없다.

파산선고를 받은 상인이 파산을 전후하여 자기 또는 제 3 자의 이익을 도모하거나 채권자를 해할 목적으로 상업장부를 작성하지 아니하거나 부실한 기재를 하는 등 법 소정의 의무를 위반한 때에는 「채무자회생 및 파산에 관한 법률」상의 벌칙이 적용되나(회파 650조 1항 3호), 그 밖에는 상인이 상업장부를 작성하지 아니하였다 하여 사법상의 불이익을 주거나 벌칙을 정한 규정이 없다. 그러므로 상업장부에 관한 상법규정은 불완전법규(lex imperfecta)이다. 다만 회사가 상업장부의 작성을 게을리하거나 부실의 기재를 한 경우에는 이사의 손해배상책임이 발생할 수 있고(399조, 401조, 567조), 관련되는 업무집행사원 · 이사 · 감사 · 검사인 · 청산인 · 지배인 등에 대해 벌칙이 적용될 수 있다(635조 1항 9호).

2. 상업장부의 확정과 공시

자연인상인이 작성한 상업장부는 작성과 동시에 확정되나, 회사가 작성하는 상업장부는 소정의 절차를 밟아서 확정된다. 예컨대 주식회사와 유한회사에서는 이사회의 승인, 감사의 감사, 주주(사원)총회의 승인이라는 절차를 거쳐야 하고(447조, 447조의3, 449조 1항, 579조 2항, 583조), 합명 · 합자 · 유한책임회사에서는 법에 명시된 바는 없으나 총사원 또는 업무집행사원의 과반수 결의를 거치는 등 통상의 업무집행과 같은 절차를 거쳐야 한다고 해석된다(200조, 201조, 269조, 287조의18 참조). 또 일정규모 이상의 주식회사 및 유한회사는 「주식회사 등의 외부감사에 관한 법률」에 의해 외부감사인의 감사를 받아야 한다(외감 4조). 회사에 대해 이같이 별도의 확정절차를 요구하는 이유는 자연인상인의 경우보다 다수 · 다종의 이해관계인이 존재하며, 특히 주식회사와 유한회사는 주주 · 사원이 유한책임을 지는 탓에 채권자의 보호를 위해서는 회사의 영업 및 재산상태가 진실하게 표현되어야 하므로 객관적 절차를 거쳐 회계의 공정성을 높이기 위함이다.

같은 이유에서 자연인상인에게는 요구되지 않는 상업장부의 공시절차가 회사에 있어서는 엄격히 요구된다. 주식회사와 유한회사는 주주총회 또는 사원총회의 승인을 전후하여 주주 또는 사원 및 회사채권자가 열람할 수 있도록 재무제표를 비치 · 공시하여야 하며(448조, 449조 3항, 579조의3), 소수주주(발행주식수의 100분의 3 이상을 소유한 주주) 또는 소수사원(자본금의 100분의 3 이상에 해당하는 출자좌수를 가진 사원)은 회계장부를 열람할 수 있다(466조, 581조 1항). 유한책임회사에서는 재무제표의 승인절차가 따로이 정해진 바 없으나, 사원 및 채권자의 열람을 위해 공시하여야 한다(287조의34). 합명회사나 합자회사에서는 회사채권자에 대한 공시절차가 별도로 마련된 바 없으나 무한책임사원은 당연히 상업장부를 열람할 수 있다고 해석되며, 합자회사의 유한책임사원에 대하여는 명문으로 상업장부의 열람권이 주어져 있다(277조 1항).

3. 상업장부의 보존

(1) 보존기간

1) 상인은 상업장부와 영업에 관한 중요서류를 10년간 보존하여야 한다

(33조 1항 본). 상업장부는 관련된 거래 기타 영업조직의 대내 · 대외 법률관계에 관한 중요한 증거가 되므로 이를 보존하게 한 것이고, 특히 10년간의 보존기간을 정한 것은 일반채권의 소멸시효인 10년간은 관련거래에 관해 분쟁의 가능성이 잠재해 있으므로 그 기간 동안 증거를 보전한다는 취지에서이다. 같은 취지에 비추어 상업장부 이외에 보존해야 할 중요서류란 영업활동에 관한 증거로서의 가치가 있는 서류를 뜻한다고 이해된다.

상업장부 등 관계서류를 보존하는 이유는 그 원인된 법률관계에 관한 증거를 보전하기 위함인데, 상사시효는 5년이므로 이미 분쟁이 발생한 사안에 관한 것이 아닌 한 10년이란 장기간에 걸쳐 서류를 보존해야 하느냐는 의문이 제기된다. 그래서 상법은 일반적으로 상업장부 및 중요서류는 10년간 보존하도록 하되, 전표나 기타 이와 유사한 서류의 보존기간은 5년으로 단축하고 있다(33조 1항 단). 전표는 현금이나 물품의 개별적인 출납을 증명하는 것이므로 상업장부나 계약서 등에 비해 중요성이 덜하다는 취지에서이다. 그러나 전표도 관련된 원인거래에 관해서는 유력한 증거방법이 되므로 일률적으로 문서의 종류별로 중요성을 논하기는 어렵다. 그러므로 입법론으로서는 모든 서류의 보존기간을 5년으로 하되, 분쟁이 발생한 사안에 관한 서류는 분쟁이 종료할 때까지 보존하도록 하는 것이 나을 것이다.

2) 상업장부의 보존기간은 그 장부를 폐쇄한 날로부터 기산한다(33조 2항). 기타 서류는 자기가 작성한 것은 작성일로부터, 타인으로부터 받은 서류는 받은 날로부터 기산해야 할 것이다. 그러나 상업장부의 작성에 기초가 된 서류(예: 영수증)는 상업장부와 일치시켜 기산점을 정해야 할 것이다.

3) 상업장부의 보존의무는 영업을 폐지하더라도 지속된다. 따라서 영업을 양도하더라도 양도인이 보존의무를 지며, 양수인이 장부를 인수한 경우에는 양수인이 보존의무를 진다. 또 상인이 사망하면 그 상속인이 보존의무를 진다.

(2) 보존방법

1) 취 지 상인들의 거래가 활발할수록 보관해야 할 서류의 분량이 많아지고 그 보관과 관리를 위한 비용부담도 커진다. 그래서 상법은 보존해야 할 서류를 마이크로필름이나 기타의 전산정보처리조직에 의해 보존할 수 있도록 하고 있다(33조 3항). 마이크로필름은 문서의 정본을 축소촬영한 필름으로서 필요할 경우

확대 · 영사할 수 있는 기구이다. 전자정보처리조직에 의한 보존은 전자문서 및 전자거래 기본법 제 5 조 제 2 항이 정하는 전자화문서 기타 상법시행령이 정하는 소정의 방법으로 보존하는 것을 뜻한다(상령 3조).

2) 적용범위　　본조에 의해 전산처리방식으로 작성된 서류를 비치 · 공시할 경우(448조 참조)에는 전산단말기에 의해 검색하고 출력할 수 있는 방식으로 할 수 있다고 해석한다.

전산정보처리조직에 의한 보존이 허용되는 것은 본조 제 1 항이 정하는 상업장부와 영업에 관한 중요서류이다. 상업장부는 회계장부와 대차대조표를 뜻하고, 중요서류라 함은 영업활동에 관한 증거로서의 가치가 있는 서류를 뜻한다.

4. 상업장부의 제출

법원은 신청에 의하여 또는 직권으로 소송당사자에게 상업장부 또는 그 일부분의 제출을 명할 수 있다(32조). 이는 민사소송법에서 정하는 문서제출에 관한 규정에 대한 특칙으로서, 첫째 상업장부는 민사소송법 제344조의 요건을 구비하지 않더라도 제출의무가 있고, 둘째 당사자의 신청이 없더라도 법원이 직권으로 제출을 명할 수 있는 점이 특색이다.

Ⅴ. 상업장부의 작성원칙 —「공정 · 타당한 회계관행」

1. 상법의 기본입장

상법은 자산평가의 원칙을 규정하고 있을 뿐, 상업장부의 작성에 필요한 그 밖의 실체적 또는 기술적 방법론에 관해서는 구체적인 기준을 마련한 바 없다. 상법이 이같이 구체적인 기준을 제시하지 않은 것은 방대한 회계기법을 전부 수용하기도 어렵거니와 나날이 진보하는 회계기술을 보수적인 사법으로 묶어 두는 것도 바람직하지 못하기 때문이다. 대신 상법에서는 「상업장부의 작성에 관하여 이 법에 규정한 것을 제외하고는 일반적으로 공정 · 타당한 회계관행에 의한다」

(29조 2항)는 규정을 둠으로써 거래계의 수요에 의해 생성하는 회계관행의 규범성을 인정하고 있다.[1)]

2. 일반적으로 공정·타당한 회계관행

「일반적으로 공정·타당한 회계관행」에 의한다고 함은 기업회계의 주체에게 대폭적인 자율성을 부여하는 의미이지만, 「일반적으로 공정·타당한 회계관행」이란 그 내용이 탄력적이고 유동적이라서 기업회계를 불안정하게 하는 요인도 된다. 외국에서는 「일반적으로 받아들여진 회계원칙」(generally accepted accounting principles: 미국), 「진실하고 공정한 표시」(true and fair view: 영국), 또는 「정규 부기의 제원칙」(Grundsätze ordnungsmäßiger Buchführung: 독일)(§238 Abs. I HGB) 등의 개념으로 표현되는데 대체로 다음과 같은 뜻을 지닌다.

1) **공정·타당성** 「공정·타당」이란 일상적으로 사용하는 회계술어이지만, 그 뜻은 공식적으로 정의된 바 없다. 「공정」은 기업의 재정상태 내지는 경영성적을 명확하게 나타내고자 하는 상업장부의 목적을 달성할 수 있을 정도로 합리적인 것을 뜻한다고 이해된다.[2)] 그리고 「타당」은 업종, 업태, 사업의 규모 등 기업의 현황과 거래의 성격에 「적합한」의 뜻으로 읽는 것이 무난하다.[3)] 요컨대 상업장부의 내용이 재산상황 등 기업의 실체를 진실하게 반영할 것을 요구하는 뜻으로 이해된다.

2) **일반적 인정** 본래 「공정성·타당성」은 일반적으로 인정되어야 한다. 즉 회계의 이용주체 간에 보편적으로 받아들여져야 하는 것이다. 이러한 상태에 이른 것을 회계원칙(accounting principle)이라 한다. 단순히 회계이론(accounting theory)에 그치는 회계방법은 「일반적 인정」이란 요건을 충족하지 못한다. 한 회계이론이 이용주체들에게 널리 받아들여졌을 때 비로소 회계원칙으로서 지위를 갖는다.

---

1) 일본 상법도 우리 상법 제29조 제2항과 같은 규정을 두고 있는데(日商 19조 1항), 학자들은 이 규정이 공정·타당한 회계관행을 상관습법으로서 포괄적으로 인정한 것이라고 설명한다(近藤, 76면; 服部, 353면).

2) 服部, 351면.

3) 李泰魯·韓萬洙, 「조세법강의」(신정 5판), 60면 참조.

3) **회계관행** 회계원칙이 이론적으로 받아들여짐에 그치지 않고, 상당 기간 널리 적용되어 이용자들 간에 규범의식이 형성되었을 때 비로소 회계관행이 성립한다. 회계원칙과 회계관행은 같은 뜻으로 사용되기도 한다.

3. 회계처리기준

상법 제29조는 공정 · 타당한 회계관행에 의할 것을 정하고 있으나, 우리나라에는 기업회계에 강행적으로 적용되는 실정 회계규범이 있다. 「주식회사 등의 외부감사에 관한 법률」(이하 "외감법")에 근거하여 제정한 「회계처리기준」이다. 회계처리기준은 금융위원회가 증권선물위원회의 심의를 거쳐 일반적으로 공정 · 타당하다고 인정되는 회계관행을 모아 성문화한 행정명령으로서,[1] 외감법적용대상인 회사는 모두 회계처리기준에 따라 재무제표의 작성 등 회계를 하여야 한다(외감 4조).

금융위원회가 제정하는 회계처리기준에는 「국제회계기준」과 「일반기업회계기준」이 있다. 외감법에서는 주권상장법인(단, 코넥스시장 상장법인 제외), 은행, 보험회사 등 대규모이거나 업종의 특성상 공익성이 두드러진 소정의 기업들은 국제회계기준의 적용을 받도록 하며, 나머지 기업은 국제회계기준의 복잡성을 고려하여 일반회계기준을 따르도록 한다(외감 5조 1항, 외감령 6조).

외감법의 적용을 받지 않는 일반 중소기업에게는 일반기업회계기준 역시 복잡하여 큰 부담을 준다. 그래서 2012년 4월 개정상법은 외감법의 적용대상이 아닌 회사를 위해서는 회사의 종류 및 규모 등을 고려하여 법무부장관으로 하여금 중소벤처기업부장관 및 금융위원회와 협의하여 회계기준을 작성 · 고시하게 하였다(중소기업회계기준. 446조의2. 상령 15조 3호).[2]

---

1) 그 전신은 1981년에 구 증권관리위원회가 제정한 「기업회계기준」(1981. 12. 23)이다. 1998년 12월 11일 이후에는 제정주체가 금융위원회로 바뀌었다. 다시 2000년 1월 12일자 개정 외감법은 금융위원회가 회계처리기준의 제정을 민간기구에 위임할 수 있는 근거를 마련하였고(동법 13조 4항), 이어 시행령에서 사단법인 한국회계기준원에 위임하도록 규정하였다(외감령 7조의3 1항). 이후 회계처리기준은 한국회계기준원에 의해 제정되고 있다(현행 외감 5조 4항. 외감령 7조).

2) 중소기업회계기준은 2014년 1월 1일 이후 최초로 시작되는 회계연도부터 적용하되, 중소기업이 스스로 국제회계기준 또는 일반기업회계기준을 적용하는 경우에는 중소기업회계기준을 적용하지 아니한다.

제 7 장 상업등기

Ⅰ. 총　　설

1. 기업의 공시

(1) 의　　의

기업의 법률관계 및 사실관계를 일정한 범위의 이해관계인 또는 일반인에게 알리는 것을 기업의 공시라고 한다. 기업내용은 그 기업의 경쟁력을 뜻하므로 상인으로서는 어느 정도의 기밀유지가 불가피하지만, 대외적 거래를 원만히 영위하고 이해관계인을 보호하기 위해서는 공시해야 할 사항도 있다. 예컨대 지배인을 등기함으로써 상인이 의도한 대로 대리권이 행사되고 거래상대방도 정당한 대리인을 찾아 거래할 수 있으며, 주주총회의 개최일시·안건 등을 주주들에게 통지함으로써 주주들이 적시에 권리를 행사할 수 있고, 기업현황이 재무제표를 통해 공시됨으로써 거래상대방은 거래에 수반되는 위험을 예측할 수 있는 것이다. 그러므로 상법에서는 제 3 자가 법적 이해관계를 갖는 사항들에 대해서는 공시를 강제하거나, 불공시에 대해 불이익을 과함으로써 공시를 유도하고 있다.

(2) 직접적 공시 · 간접적 공시

공시방법은 공시할 정보의 성격·대상 등에 따라 각기 다른 형태를 취한다. 크게는 일정한 정보를 특정의 이해관계인에게 직접 전달하는 직접적 공시와 정보를 필요로 하는 자가 능동적으로 정보에 접근하여 획득할 수 있는 상태를 만들어 놓는 간접적 공시로 나누어 볼 수 있다.[1)]

1) 浜田道代, "企業と公示制度,"「講座」(1), 141면.

영업을 양수할 때에 채무를 인수하지 않는다는 통지(42조 2항), 화물상환증에 소정 사항을 기재하는 것(128조 2항), 주주총회를 개최할 때 주주에게 하는 소집통지(363조), 주식인수를 하고자 하는 자에게 주식청약서를 교부하는 것(302조 1항) 등은 직접적 공시에 속하고, 회사의 주주명부 · 사채원부 · 주주총회의사록 · 감사보고서 · 재무제표를 본 · 지점에 비치하고 이해관계인이 열람할 수 있게 하는 것(287조의34, 396조, 448조 등), 운송인이 운송물에 관한 권리행사를 공시최고하는 것(144조) 등은 간접적 공시에 속한다.

직접적 공시는 정보가 필요한 자에게 확실하게 전달된다는 장점은 있으나, 다량의 정보를 다수인에게 전달할 경우에는 큰 비용이 소요되고 사무가 번잡해지는 흠이 있다. 이에 반해 간접적 공시는 적은 비용으로 다량의 정보를 다수인에게 전달할 수 있다는 장점은 있으나, 정보수령자의 능동적인 수집활동을 요하므로 전달이 완벽하지 못한 흠이 있다. 그러므로 법에서는 정보의 성격 · 전달대상 · 전달에 따르는 효과 등을 고려하여 공시사항의 종류에 따라 알맞은 방법을 제시하고 있다.

2. 공시방법으로서의 상업등기

상업등기란 일반인의 열람이 가능한 상업등기부라는 공부에 일정한 기업내용을 기재하는 것을 말한다. 간접적 공시방법의 하나이다. 공시해야 할 기업내용 중 일부는 상업등기에 의해 공시하도록 하는데, 이는 등기라는 공시방법의 특수성과 관련하여 다음과 같은 뜻을 지닌다.

첫째, 특히 이해관계인이 많거나 일반공중이 모두 잠재적인 이해관계인이라 할 수 있는 사항을 공부에 기재하여 두고, 개별적 · 현실적인 이해관계에 들어선 자가 필요에 따라 참조하게 한다(공시의 집단성).

둘째, 지속적인 이용가치가 있고 특히 정확을 기할 필요가 있는 정보를 국가가 관리하는 장부에 기재하여 둠으로써 정보의 관리를 엄격히 한다(정보의 신뢰성 제고).

셋째, 공시책임의 이행 여부, 공시내용에 따른 법적 효과의 부여 등에 관해 선명한 증거를 남기게 한다(증거의 보존).

3. 상업등기의 연혁

공공기관의 관여하에 영업사항의 공시를 조직화하는 제도는 중세 이탈리아에서 생겨난 상인단체의 단체원명부에까지 거슬러 올라갈 수 있으며, 당시 유럽 각지의 어음조례에서 정기시(定期市)에 모이는 상인의 대리권을 매번 조사함이 없이 어음거래를 할 수 있도록 지배인의 대리권이나 회사사원의 책임관계를 등기하도록 한 예도 있다. 그러나 근대적인 상업등기(Handelsregister) 제도는 1861년의 일반독일상법전(ADHGB 1861)에서 마련되었다. 동 법전에서는 모든 상인에게 상호·지배인 등을 등기하고 서명을 공시하게 하였으며, 상사회사에 관한 중요사항도 등기하게 하였다. 아울러 등기한 사항은 공고하게 하였으며, 등기·공고의 해태에 사법적 효력을 연결시켰다.[1)] 이 제도들은 독일 신 상법전(1897)에 수용되어 오늘에 이른다.

프랑스에서는 17세기 전후부터 격증하는 파산사건에 대한 대책으로서 회사관계의 등기제도가 발전하였다. 그러나 오늘날의 프랑스 상업등기제도는 1차대전 후 당시 독일의 등기제도가 시행되고 있던 알사스·로렌지방의 반환을 계기로 독일의 등기제도를 계수하면서 도입한 것인데, 그 후 발전을 거듭하여 현행의 「상사 및 회사등기」(registre du commerce et des sociétés)[2)] 제도로 확립되었다.[3)]

한편 영국에서는 상업등기가 주로 사기적인 회사설립을 방지하기 위한 수단으로 발전하였다. 회사설립에 관해 준칙주의를 처음 인정한 1844년 합작주식회사등기법(Joint Stock Companies Registration and Regulation Act 1844)에서 회사설립증서(deed of settlement)를 등기하게 한 것이 효시이다. 그 후에도 회사기업의 공시를 중심으로 상업등기제도가 발전하였으며, 지금은 모든 유한책임회사의 재무제표를 등기사항으로 하고 있다.[4)]

---

1) 涉谷光子, "商業登記制度の發展," 「無體財産權と商事法の諸問題」(豊崎光衛先生追悼論文集), 1983, 883면.
2) Decrét 78~705 du 3 juillet 1978.
3) Ripert par Roblot, p. 145.
4) 영국회사법(Companies Act 2006), 441(1).

Ⅱ. 상업등기의 의의와 종류

1. 의 의

상업등기라 함은 상법의 규정에 의하여 소정사항을 법원의 상업등기부에 기재하는 것을 말한다(34조). 따라서 상법의 규정에 의하지 않는 부동산등기나 상호보험회사의 등기(보험 41조), 그리고 민법 또는 특별법에 의해 설립하는 법인의 등기는 상업등기가 아니다. 선박등기(743조)는 상법상의 규정에 의한 등기이지만 그 성격이 부동산등기와 같으므로 특별법(선박등기법)에 의해 별도의 등기부로 운영되고 있어, 이 역시 상업등기가 아니다(선박법 8조 4항).

상법에서는 상업등기와 관련된 실체적 법률관계를 규정하고, 등기절차는 상업등기법(2014. 5. 20, 개정, 법률 제12592호)에서 다루고 있다.[1)]

2. 상업등기부의 종류

각 등기소가 비치해야 할 상업등기부는 (ⅰ) 상호등기부, (ⅱ) 미성년자등기부, (ⅲ) 법정대리인등기부, (ⅳ) 지배인등기부, (ⅴ) 합자조합등기부, (ⅵ) 합명회사등기부, (ⅶ) 합자회사등기부, (ⅷ) 유한책임회사등기부, (ⅸ) 주식회사등기부, (ⅹ) 유한회사등기부, (ⅹⅰ) 외국회사등기부의 11가지가 있다(상등 11조 1항). 등기해야 할 사항은 각 관련제도와 함께 설명한다.

Ⅲ. 등기사항

상법에서는 등기해야 하거나 또는 등기할 수 있는 사항을 규정하고 있는데, 대체로 중요한 권리·의무에 관한 사항 또는 책임의 귀속에 관한 사항 등을 등기사항으로 한다. 이같이 상법에서 규정한 사항만을 상업등기로서 등기할 수 있으

1) 2007년 상업등기법이 제정되기 전에는 비송사건절차법 제 3 편 제 4 장 및 상업등기처리규칙(대법원 규칙)에서 상업등기절차를 다루었다.

며, 그 밖의 사항은 등기부에 기재되더라도 상업등기로서의 효력이 발생하지 아니한다.

등기사항은 몇 가지 상이한 기준에 따라 분류할 수 있지만, 다음과 같은 분류가 중요하다.

1. 절대적 등기사항 · 상대적 등기사항

절대적 등기사항이란 법상 반드시 등기해야 할 사항(예: 지배인의 선임 · 회사설립 등)을 말하고, 상대적 등기사항이란 등기 여부가 상인의 자유로운 뜻에 맡겨진 사항(예: 자연인 상인의 상호)이다. 대부분의 등기사항은 절대적 등기사항이다. 상대적 등기사항이라도 일단 등기한 이상은 그 사항의 변경 · 소멸은 지체없이 변경 또는 소멸의 등기를 하여야 하므로(40조) 등기 후에는 절대적 등기사항으로 변한다고 할 수 있다.

회사의 등기사항 중 절대적 등기사항의 등기를 게을리할 경우에는 벌칙이 적용되는 등(635조 1항 1호) 등기가 강제되지만, 자연인상인의 경우에는 절대적 등기사항이라도 등기를 게을리하였다 하여 제재를 받는 일은 없다(예: 지배인의 선임등기를 게을리한 경우). 다만 선의의 제 3 자에 대항하지 못하는 불이익이 따를 뿐이다(37조 1항).

그러나 회사이든 자연인상인이든 절대적 등기사항을 등기하지 않을 경우에는 이해관계인이 등기할 것을 청구할 수 있고, 경우에 따라서는 직접 등기를 신청할 수 있다고 보아야 할 경우가 있다[1](예컨대 지배인에서 해임된 자는 영업주에 대하여 지배권소멸의 등기를 청구할 수 있다).

2. 설정적 등기사항 · 면책적 등기사항

설정적 등기사항이란 지배인의 선임(13조, 203조, 274조, 287조의18, 393조, 564조) · 상호의 선정(22조 등) · 회사설립(172조) 등과 같이 법률관계를 창설하는 내용이고, 면책적 등기사항은 지배인의 해임(13조, 203조, 274조, 287조의18, 393조, 564조) · 상호를 속용하는 영업양수인의 채무불인수(42조 2항) · 합명회사사원의 퇴사(225조) 등과 같이 법률관계가 소멸하는 내용이다. 면책적 등기사항은 이를 등기함으로써 종전의 사안으로 인한 책임을 면할 수 있다.

주의할 점은 설정적 등기사항이라 해서 등기에 의해 법률관계가 창설된다는

1) 大隅, 254면; 田中(總則), 413면; 服部, 472면.

뜻(후술)이 아니라, 등기하는 사항이 법률관계를 창설하는 내용이라는 뜻이다. 등기에 의해 비로소 법률관계가 창설될 경우(예: 회사설립) 이를 「창설적 등기」라 하는데(후술), 창설적 등기는 전부 설정적 등기이지만, 설정적 등기 중에는 창설적 등기가 아닌 것도 있다(예: 지배인등기, 상호등기. 상세는 255면 참조).

3. 지점의 등기

지점을 둔 경우, 본점의 소재지에서 등기할 사항은 원칙적으로 지점의 소재지에서도 등기하여야 한다(35조). 이 경우의 등기사항이란 절대적 등기사항을 말한다. 상대적 등기사항은 본점소재지에서의 등기 여부가 자유인 이상 지점소재지에서의 등기 여부도 자유이므로 본점소재지에서는 등기하고 지점소재지에서는 등기하지 않았다 하여 불이익을 줄 수는 없기 때문이다(서완석 120; 안강현 145; 오성근 163; 정준우 145; 주석(총칙 · 상행위) 368; 최 · 김 145).

다른 규정이 있으면 본점에서 등기할 사항이라도 지점에서 등기하지 않을 수 있다. 예컨대 지배인은 본점 또는 지점별로 둘 수 있으므로(13조) 각 본 · 지점에서의 지배인의 선임 · 해임은 해당 본 · 지점에서만 등기하면 된다. 회사등기의 경우 지점에서의 등기사항은 대폭 간소화하여, 본점에서의 등기사항 중 법이 정하는 일부의 사항만을 등기하게 한다(181조, 271조 2항, 287조의5 2항, 317조 3항, 549조 3항).

Ⅳ. 등기절차

1. 신청주의

상업등기는 원칙적으로 당사자의 신청 또는 관공서의 촉탁에 의하여 한다(34조; 상등 22조 1항). 당사자라 함은 등기할 법률관계의 주체인 상인을 말한다. 등기의 신청은 ⅰ) 신청인 또는 그 대리인이 등기소에 출석하여 신청정보 및 첨부정보를 적은 서면을 제출하는 방법, ⅱ) 대법원규칙으로 정하는 바에 따라 전산정보처리조직을 이용하여 신청정보 및 첨부정보를 등기소에 보내는 방법 중 하나로 할 수 있고, iii) 소정의 경우에는 우편을 이용하여 신청정보 및 첨부정보를 적은 서면을 등기소에 제출하는 방법으로 할 수 있다(상등 24조 1항, 2항).

예외적으로 신청에 의하지 않고 등기할 때가 있다. 등기관의 잘못으로 등기에 착오나 빠진 것이 있는 경우에는 직권으로 등기의 경정을 하고(상등 76조 2항), 등기가 그 등기소의 관할에 속하지 아니하는 등 법상 허용될 수 없는 등기가 이루어진 때에는 소정절차를 거쳐 등기관이 직권으로 등기를 말소한다(상등 78조, 80조).

2. 등기관할

상업등기의 실무는 각 지방법원에 있는 등기소에서 관장하되, 신청인의 영업소 소재지의 지방법원, 그 지원 또는 등기소의 관할로 한다(상등 4조).

등기사무는 지방법원, 동 지원, 등기소에 근무하는 법원서기관, 등기사무관, 등기주사 또는 등기주사보 중에서 지방법원장이 지정한 사람이 처리한다(상등 8조 1항). 이를 「등기관」이라 한다.

3. 등기관의 심사권

등기관은 상업등기의 신청에 관한 모든 사항을 조사하여 신청이 상법 또는 상업등기법의 규정에 적합하지 않을 때에는 이유를 기재한 결정으로써 각하하여야 한다(상등 26조, 상등규 54조 1항). 그런데 등기관이 심사할 사항의 범위에 관해서는 법에 명시된 바 없어 등기관의 심사권이 어느 범위까지 미치느냐에 관해 견해가 갈린다.

1) 형식심사설　　등기관은 등기신청의 적법성 여부, 즉 신청사항이 법정의 등기사항인지, 그 등기소의 관할사건인지, 신청인이 적법한 신청권자 또는 적법한 대리인인지, 신청서 등 구비서류가 적법하게 갖추어져 있는지 등과 같은 형식적 사항만 심사할 수 있을 뿐이고, 신청사항의 진실성까지 조사할 권한과 의무는 없다고 한다.

그 이유로서는 i) 등기관은 기록관이지 법관이 아니므로 신청사항의 진부까지 심사하는 것은 임무의 성격과는 맞지 않고 사실상 불가능하며, ii) 등기는 객관적 사실을 기재하는 것이 아니고 신청된 내용을 기재하는 것이며, iii) 등기

내용에 대해서는 공신력이 주어지지 아니하므로 실질을 심사케 할 의의가 없고, ⅳ) 실질심사주의를 취할 경우 자칫 등기를 지연시킬 우려가 있다는 점을 제시한다(김성탁 80; 김성태 323; 서완석 122; 오성근 165; 임홍근151; 정준우 147).

2) 실질심사설　등기관은 신청의 형식적 요건뿐 아니라 신청사항의 진실성까지 조사할 권한과 의무가 있다고 한다.[1] 이 설에 따르면, 예컨대 상호의 양도를 등기하고자 하는 신청이 있을 경우(25조 2항), 실제로 상호를 양도한 사실이 있는지를 심사해야 하는 것이다.

그 이유로서는 ⅰ) 등기제도의 근본목적은 객관적 사실을 공시하여 거래상대방 및 일반공중을 보호하려는 것이므로 그 내용이 진실에 부합해야 함은 당연하고, ⅱ) 법원은 「직권으로 사실의 탐지와 필요하다고 인정하는 증거의 조사를 하여야 한다」는 비송사건절차법 제11조의 규정은 등기소의 상업등기심사에도 적용된다는 점(비송 1조) 등을 제시한다.[2] 현재는 실질심사설을 주장하는 학자를 찾기 어렵다.

3) 절 충 설　위 양설의 극단적 적용은 어느 쪽도 바람직하지 않음을 지적하고, 절충적 입장에서 ⅰ) 등기관은 등기사항을 실질심사주의에 입각하여 심사하여야 하지만, 진실성에 대한 의문이 없는 경우에는 심사할 의무가 없고, 심사를 이유로 등기절차를 지연시키는 것은 오히려 직권남용이라고 하는 수정실질심사설(정찬형 161), ⅱ) 원칙적으로는 형식심사에 그쳐야 하나, 신청사항의 진실성을 의심할 상당한 이유가 있을 때에는 실질심사를 해야 한다는 수정형식심사설(강·임 128; 김홍기 136; 손진화 134; 이(기)·최 245; 이종훈 102; 전우현 138; 정경영 98; 정동윤 99; 최·김 148)이 있다.

4) 결　등기가 진실에 부합해야 한다는 점에 대해서는 이론이 있을 수 없으나, 그 진실성을 등기절차에서 확보하는 것이 적정한가라는 것은 별개 문제이다. 이는 등기절차의 성격, 심사기관의 성격과 능력 등을 감안하여 판단할 문제이다. 상업등기법에서는 등기사항의 진실성을 확보할 필요가 있는 경우에는 서면

1) 실질주의를 취한 입법례로 독일 비송사건절차법이 있다(직권탐지주의: Ermittlung von Amts wegen)(§26 Gesetz über das Verfahren in Familiensachen und in den Angelegenheiten der freiwilligen Gerichtbarkeit: FamFG).

2) 본문의 (ⅱ)는 상업등기법이 제정되기 전, 등기절차가 비송사건절차법의 일부로 존재하던 시기에 원용된 실질설의 논거이었으나, 등기절차가 비송사건절차법에서 분리되었다고 하더라도 여전히 비송사건으로서 비송사건절차법 제11조의 적용대상이 된다고 할 것이므로 현재도 실질설의 논거로서 유효하다고 할 것이다.

에 의한 증명을 요구한다. 예컨대 회사가 지배인의 선임등기를 신청할 때에는 지배인선임관계를 심사하기 위하여 지배인의 선임을 증명하는 정보를 제공하도록 하며(상등규 86조), 주식회사의 설립등기시에는 주금의 납입 여부를 심사하기 위하여 금융기관의 납입금보관을 증명하는 정보를 제공하도록 한다(상등규 129조 12호). 이같이 일부 등기사항에 대해 증명을 요구한 것은 등기제도의 성격과 실정을 고려하여 실질적 사항에 대해서도 형식적인 심사방법으로 종결지으려는 취지로 이해된다.

판례는 과거 부동산등기에 관해 형식심사설을 취해 왔는데(대법원 1989. 3. 28. 선고 87다카2470 판결; 동 1995. 1. 20. 자 94마535 결정), 최근에는 상업등기에 관해서도 형식심사설을 취한 판결을 내린 바 있다([판례 45]).

판례 45 대법원 2008. 12. 15.자 2007마1154 결정

「… 원칙적으로 등기공무원은 등기신청에 대하여 실체법상의 권리관계와 일치하는지 여부를 심사할 실질적 심사권한은 없고 오직 신청서 및 그 첨부서류와 등기부에 의하여 등기요건에 합당하는지 여부를 심사할 형식적 심사권한밖에는 없고, … 등기관이 법 제159조 제10호에 의하여 등기할 사항에 관하여 무효 또는 취소의 원인이 있는지 여부를 심사할 권한이 있다고 하여도 그 심사방법에 있어서는 등기부 및 신청서와 법령에서 그 등기의 신청에 관하여 요구하는 각종 첨부서류만에 의하여 그 가운데 나타난 사실관계를 기초로 판단하여야 하고, 그 밖에 다른 서면의 제출을 받거나 그 외의 방법에 의해 사실관계의 진부를 조사할 수는 없다고 할 것이다.」

4. 등기의 경정 · 말소

1) 등기의 경정　　당사자가 신청한 등기사항과 실제 등기된 내용이 상위할 경우에 신청한 내용에 맞도록 고쳐 등기하는 것을 등기의 경정이라 한다. 당사자는 등기를 한 후 그 등기에 착오 또는 빠진 것이 있는 것을 발견한 때에는 그 경정을 신청할 수 있다(상등 75조). 그리고 등기관이 착오 또는 빠진 것이 있음을 발견한 때에는 지체 없이 등기를 한 자에게 그 뜻을 통지하여야 한다(상등 76조 1항 본). 그러나 그 착오 또는 빠진 것이 등기관의 잘못으로 인한 것인 때에는 등기관은 지체 없이 직권으로 등기의 경정을 한 후 그 사실을 등기를 한 사람에게 통지하여야 한다(상등 76조 2항).

2) 등기의 말소　　등기가 당사자의 신청대로 이루어졌으나 그 내용이 법

상 허용되지 아니할 때에는 등기를 말소(경정이 아님)한다. 구체적으로는, 등기된 사건이 i) 그 등기소의 관할에 속하지 아니한 때, ii) 등기할 사항이 아닌 때, iii) 그 등기소에 이미 등기되어 있는 때, iv) 등기된 사항에 관하여 무효의 원인이 있는 때(소로써만 그 무효를 주장할 수 있는 경우는 제외)에 말소한다(상등 77조, 26조 1호~3호). 이같은 사유가 있으면 당사자도 관할등기소에 그 말소를 신청할 수 있다(상등 77조). 그리고 등기관이 이를 발견한 때에는 등기한 자에 대해 1월 이내의 기간을 정해 이의를 진술하지 아니한 때에는 등기를 말소한다는 뜻을 통지하여야 한다(상등 78조 1항). 이의를 진술한 사람이 있으면 등기관은 이에 대해 결정을 해야 하고(상등 79조), 이의의 진술이 없거나 이의를 각하한 때에는 등기관은 직권으로 등기를 말소하여야 한다(상등 80조).

「등기할 사항이 무효인 때」의 의의

앞서 언급한 바와 같이 등기공무원은 실질심사권이 없으므로 등기를 말소해야 할 사유가 되는 「등기사항에 관하여 무효의 원인이 있는 때」라 함은 실체적 사실관계를 조사하여 알 수 있는 무효사유가 있는 경우를 말하는 것이 아니라, 제출된 서류만에 의해 파악할 수 있는 무효사유가 있는 경우를 말한다([판례 46]).

판례 46 대법원 2008. 12. 15.자 2007마1154 결정

「등기공무원이 일단 등기신청인의 등기신청을 받아들여 그 등기절차를 완료한 적극적인 처분을 하였을 때에는 비록 그 처분이 부당한 것이었다 하더라도 구 비송사건절차법…제234조 제 1 항 각 호에 해당하지 아니하는 한 소송으로 그 등기의 효력을 다투는 것은 별론으로 하고 법 제239조(현행 제121조)에 의한 이의의 방법으로는 그 말소를 구할 수 없다 할 것이고(대법원 1984. 4. 6.자 84마99 결정, 대법원 1989. 11. 30.자 89마645 결정 등 참조), 법 제234조 제 1 항 제 2 호(현행 상업등기법 77조 2호)가 정하는 '등기된 사항에 관하여 무효의 원인이 있는 때'라 함은 등기신청 당시 제출된 자료만으로도 등기된 사항에 관하여 무효의 원인이 있음이 외형상 명백히 밝혀진 때를 말한다 할 것이다(대법원 2003. 9. 29.자 2002마4147 결정 참조).

… 정관상 의장에 의하여 적법하게 개회선언된 임시주주총회에서 정관상 의장이 될 사람이 아닌 신청외 6이 정당한 사유 없이 위 임시주주총회의 의장이 되어 의사를 진행하였다거나, 정관의 규정에 반하여 주주총회의사록에 의장의 기명날인만이 있고 참석한 대표이사의 기명날인이 없다는 사유는 정관에 위반되는 것으로서 주주총회결의취소의 사유가 될 수 있음은 별론으로 하고, 위와 같은 사유를 들어 이 사건 등기신청 당시 제출된 자료만으로도 등기된 사항인 이사선임결의에 관하여 무효의 원인이 있음이 외형상 명백히 밝혀진 때에 해당된다고 할 수는 없다.」

5. 등기의 공시

상업등기는 이해관계인 및 일반공중에게 특정 사실을 주지시키는 데 그 목적이 있으므로 등기되었다는 사실만으로는 부족하고 다시 이해관계인 및 일반공중이 등기사항을 알 수 있게 하는 제도가 필요하다. 등기사항의 공시방법으로는 일반공중을 대상으로 등기사항을 알리는 공고, 그리고 등기사항에 대한 정보를 필요로 하는 자가 능동적으로 이에 접근할 수 있게 하는 등기부의 공개를 생각할 수 있다. 우리나라에서는 등기부를 공개하는 방법을 취하고 있다.[1)]

일반인은 누구든지 수수료를 납부하고 상업등기부를 열람할 수 있고, 이를 증명하는 서면의 교부를 청구할 수 있다. 또 이해관계가 있는 자는 이해관계 있는 부분에 한하여 등기부의 부속서류도 열람할 수 있다(상등 15조 1항).

6. 등기부의 관리

상업등기법에서는 등기사무는 전산정보처리조직에 의하여 처리하도록 강제하고 있다(상등 8조 2항). 등기부는 영구히 보존하여야 하며(상등 11조 2항), 폐쇄한 등기기록은 법령에 다른 규정이 있는 경우를 제외하고는 보조기억장치에 따로 기록하여 보관하되 이 역시 영구히 보존하여야 한다(상등 20조 1항 · 2항).

V. 상업등기의 효력

1. 총 설

상업등기를 함으로써 일정한 실체법적 효력이 발생하는데, 보통 「일반적 효력」과 「특수적 효력」으로 나누어 설명한다. 일반적 효력은 각종의 상업등기에 공통된 효력으로서 상법 제37조에서 정하는 등기 전후의 대항력을 말하고, 특수적

1) 95년 개정전 상법에서는 등기사항의 공고제도를 두었고(개정전 법 36조, 37조) 다만 시행상의 여건을 이유로 시행을 보류하고 있었으나, 95년 개정법은 공고제도를 항구적으로 폐지하였다.

효력이란 개개의 등기사항의 내용에 따라 주어지는 효력을 말한다.

2. 일반적 효력

(1) 의 의

등기할 사항은 등기한 후가 아니면 선의의 제 3 자에게 대항하지 못한다(37조 1항). 예컨대 지배인의 선임과 해임은 등기해야 함에도 불구하고(13조) 지배인을 해임하고서 등기하지 않았다면, 상인은 종전의 지배인이 해임된 사실을 모르고 그와 거래한 제 3 자에 대하여 종전 지배인의 행위가 무권대리행위임을 주장하지 못하는 것이다. 이 효력은 2개의 측면을 갖는다. 즉 등기 전에는 선의의 제 3 자에게 대항할 수 없다는 측면(소극적 공시: negative Publizität)과 등기 후에는 선의의 제 3 자에게도 대항할 수 있다는 측면(적극적 공시: positive Publizität)이다. 이는 법상 등기할 사항에 공통적으로 인정되는 효력으로서, 등기를 전후하여 법률관계의 대항력에 차등을 두어, 등기 전에는 외관주의에 따른 거래의 안전을 기하여 제 3 자를 보호하고[1)] 등기 후에는 제 3 자의 악의를 의제함으로써 상인의 권리를 확보해 주는 것이다.

소극적 공시와 적극적 공시

우리는 소극적 공시와 적극적 공시를 위와 같은 뜻으로 쓰는데, 독일에서의 쓰임새는 이와 다르다. 독일에서는 우리가 쓰는 소극적 공시와 적극적 공시를 합하여 소극적 공시라 한다(§15 Abs. 1, 2 Satz 1 HGB). 그리고 독일 상법에서는 등기사항과 공고내용이 상위할 경우, 선의의 제 3 자는 공고된 바에 따라 법률관계를 주장할 수 있는데(§15 Abs. Ⅲ HGB), 이를 가리켜 적극적 공시라고 한다. 즉 등기부가 침묵한 사실을 신뢰한 자를 보호하기 위한 것이 소극적 공시의 원칙이고(Schutz des Vertrauens auf das “Schweigen” des Handelsregisters), ‘등기부가 말하는 바’를 신뢰한 자를 보호하기 위한 것이 적극적 공시의 원칙이라는 것이다(Schutz des Vertrauens nicht nur auf das “Schweigen,” sondern auch auf das “Reden” des Handelsregisters).[2)]

1) Canaris, S. 50; Schmidt, S. 389.
2) Canaris, S. 65; MünchKommHGB, §15 Rn. 5 ff.; Schmidt, S. 483 ff.; Schlegelberger, §15 Rn. 5.

(2) 소극적 공시

1) **취 지** 영업에 관한 각종 법률관계는 원칙적으로 존재하는 그 상태로서 제 3 자에 대해 대항력을 갖는다. 예컨대 영업양도라 하면, 영업을 양도한 사실은 별다른 공시방법을 갖추지 않더라도 누구에게나 대항할 수 있다. 일반적으로는 타인의 영업에 관한 정보에 접근하고자 하는 자는 스스로 그에 필요한 비용을 치르는 것이 원칙이다. 하지만 정보의 성격에 따라서는 정보에의 접근비용을 거래상대방에 부담시키는 것이 불공평할 경우도 있다. 그러므로 상법은 이러한 성격의 정보는 등기하도록 하고, 등기할 법률관계는 그 법률관계가 존재한다는 사실 외에 등기를 해야 선의의 제 3 자에게 대항할 수 있도록 한다(37조 1항). 예컨대 지배인의 해임은 등기할 사항이므로 특정인을 지배인으로부터 해임했다는 사실만으로는 부족하고 이를 등기해야만 선의의 제 3 자에 대하여 특정인이 지배인이 아니라는 사실을 주장할 수 있는 것이다.

이와 같이 일부 법률관계에 관해 선의의 제 3 자에게 대항하기 위한 요건으로서 등기를 요하는 이유는, 이에 해당하는 사항들은 특히 대외적 거래에 미치는 영향이 지대하므로 거래의 안전을 위해서는 외관주의의 법리를 적용해야 하기 때문이다.

이하 소극적 공시의 원칙을 적용함에 있어 관련되는 사항을 설명한다.

2) **등기할 사항** 상법 제37조 제 1 항에서는 「등기할 사항」이라는 표현을 쓰고 있는데, 이는 상법이 등기를 요구하는 모든 등기사항, 즉 절대적 등기사항은 물론 상대적 등기사항도 포함하는 뜻이다(통설). 또 새로 생긴 사항은 물론 변경 또는 소멸되는 사항도 포함된다(40조).

3) **미 등 기** 소극적 공시의 원칙은 등기할 사항을 등기하지 아니한 때에 적용된다. 등기의 미비가 본인의 과실에 의하지 않고 등기소의 과실에 의한 경우라도 같다(통설). 본 제도는 거래의 안전을 위한 것인데, 등기소의 과실로 인한 경우라도 제 3 자를 보호해야 할 필요성에는 달라질 것이 없기 때문이다.

4) **선의의 제 3 자** 선의의 제 3 자에 대해서만 대항할 수 없을 뿐이므로 악의의 제 3 자에게는 대항할 수 있다. 「선의」란 등기할 사실관계의 존재를 알지 못함을 말하며, 등기 여부를 알지 못함을 뜻하는 것이 아니다. 예컨대 해임된 지배인

과 거래한 제 3 자의 경우 해임된 사실을 알지 못했음을 뜻한다. 법문상 과실의 유무는 규정한 바 없으므로 경과실 있는 선의의 제 3 자가 보호됨은 당연하다. 중과실 있는 제 3 자도 보호된다고 하는 견해도 있으나(손주찬 179; 이(기) · 최 251; 정동윤 101; 최 · 김 153~154),[1] 중과실 있는 선의까지 보호함은 형평에 어긋나므로 악의와 같이 다루어야 한다(김성탁 83; 김성태 328; 김정호 142; 김홍기 80; 서완석 125; 손진화 135; 안강현 153; 오성근 169; 이종훈 104; 정경영 100; 정준우 150; 정찬형 163). 선의 · 악의는 거래 당시를 기준으로 판단하며, 그 증명책임은 제 3 자의 악의를 주장하는 자가 진다(이설 없음).

「제 3 자」란 거래 상대방에 국한하지 아니하고 등기사항에 관해 정당한 이해관계를 갖는 모든 자를 포함한다. 예컨대 상호의 양도가 등기되지 아니한 상태에서 2중으로 상호를 양도받은 자, 해임된 지배인이 발행한 어음을 배서양도받은 자도 「제 3 자」에 포함된다.

5) 대항력의 제한을 받는 자 상법 제37조 제 1 항의 요건이 충족됨으로 인해 선의의 제 3 자에게 대항할 수 없다는 불이익을 입는 자는 반드시 등기신청인만을 가리키는 것이 아니다. 등기할 사항을 대외적으로 주장할 법상의 이익을 갖는 자는 모두 포함된다. 예컨대 합명회사에서 사원이 퇴사하면 회사의 대표사원이 변경등기를 신청하여야 하지만(상등규 103조 2항), 등기를 게을리함으로써 회사채권자에 대한 책임문제에 있어 퇴사한 사실을 주장하지 못하는 불이익을 입는 것은 바로 퇴사한 사원 자신이다(225조 1항).

6) 대항력의 의미 등기할 사항을 등기하지 않은 상태에서는 그 실체관계를 가지고 제 3 자에게 주장할 수 없게 함은 제 3 자의 보호를 위한 것이다. 그러므로 제 3 자가 자신의 이익을 포기하고 실체관계를 주장함은 무방하다(통설). 예컨대 상인이 지배인을 교체하고 등기를 하지 않았는데, 제 3 자가 새로운 지배인과 거래를 하였다면 제 3 자는 등기 여하에 불구하고 지배인이 교체된 사실을 주장할 필요가 있을 것이다.

(3) 적극적 공시

1) 의 의 등기할 사항을 등기한 후에는 선의의 제 3 자에게도 실체관계에 따라 주장할 수 있음은 상법 제37조의 문언상 명백하다. 즉 등기 후에는 제 3 자의 악의가 의제되므로 제 3 자의 악의를 증명함이 없이 등기된 사항을 가

---

1) 田中(總), 436면; 鴻, 220면; 服部, 484면; 大隅, 275면.

지고 대항할 수 있는 것이다.

등기의 대항력의 의의

상업등기의 대항력은 구 민법상의 부동산물권변동에 있어서의 등기의 대항력(구민 177조) 및 민법 제450조 제1항에서 정하는 지명채권양도의 통지·승낙의 대항력과 구별하여야 한다. 구민법상의 부동산물권변동의 경우에는 등기하지 않으면 제3자의 선의·악의를 불문하고 제3자와의 관계에서는 물권변동의 효력이 생기지 않으며, 지명채권의 양도는 채무자에게 통지하거나 채무자가 승낙하지 않으면 채무자 기타 제3자와의 관계에서는 그들의 선의·악의를 불문하고 채권양도의 효력이 생기지 아니한다. 따라서 이 경우의 등기 또는 통지·승낙은 법률관계를 창설하는 효력이 있다. 그러나 상업등기의 경우 등기할 사항인 실체관계가 형성되었을 때부터 제3자에 대해서도 대항력이 생겨나고, 다만 등기 전에는 외관주의의 견지에서 「선의의」 제3자에 대해 실체관계의 주장이 제한될 뿐이다. 바꿔 말하면 등기 전에도 상인은 제3자의 악의에 대한 증명의 부담 아래 대항력을 갖는 것이다. 그러므로 상업등기에는 일반적으로 법률관계를 창설하는 효력은 없고, 선언적·확보적 효력만이 있다. 다만 회사설립등기(180조), 합병등기(233조)와 같이 창설적 효력이 있는 등기는 예외이다.

2) 예 외 적극적 공시에 대한 예외로서 등기한 후라도 제3자가 정당한 사유로 이를 알지 못한 때에는 그에게 대항하지 못한다(37조 2항).

상법 제37조 제1항의 취지는 기술한 바와 같이 등기 전에는 외관주의에 의해 선의의 제3자를 보호하고, 등기 후에는 제3자에게 등기사항을 알 수 있는 상태를 제공한 바 있으므로 이를 알지 못한 것은 제3자의 책임에 기인한다고 보고 제3자의 악의를 의제함으로써 등기당사자를 보호하는 것이다. 그러므로 제3자의 귀책사유로 볼 수 없는 사정 때문에 등기되었음을 알지 못한 경우에는 악의의 의제가 정당화될 수 없으며, 여전히 선의의 제3자는 보호되어야 할 것이다. 상법 제37조 제2항은 이러한 취지에서 선의자 보호를 등기 후에까지 연장한 것이다.

이상의 입법취지에서 볼 때, 제3자가 알지 못하게 된 「정당한 사유」란 천재지변 기타 객관적 사정으로 인해 등기부를 열람할 수 없는 등 공시를 위한 공공적 시설의 이용에 장애가 생긴 것을 뜻하고,[1] 질병 등 개인적인 사정은 정당한 사유

1) 제37조는 2005년 개정전의 일본 상법 제9조에서 온 조문으로, 제37조 제2항은 동 일본 상법 제9조 단서와 같다. 일본의 통설은 이 조문의 「정당한 사유」를 등기되어 있음을 알지 못한 것에

가 될 수 없다(이설 없음).

정당한 사유가 있더라도 제37조 제 1 항에 의해 등기당사자가 이미 대항력을 갖추고 있으므로 제 3 자는 「등기사항을 알지 못한 것」, 「정당한 사유가 있다는 것」에 대한 2중의 증명책임을 져야 한다(통설).

(4) 일반적 효력의 적용범위

1) 등기할 사항의 범위 등기의 일반적 효력은 창설적 효력이 있는 등기(후술)에는 적용되지 아니한다. 예컨대 회사설립이나 회사합병은 등기를 함으로써 효력이 발생한다(172조, 234조). 따라서 등기하기 전에는 회사설립 또는 회사합병 자체가 이루어질 수 없으므로 제 3 자의 선의·악의를 불문하고 회사의 설립 또는 합병을 주장할 수 없다. 그러므로 등기의 일반적 효력이란 창설적 효력이 없는 등기에 대해서만 적용되는 효력이다.

창설적 효력이 있는 등기를 제외하고, 등기할 사항은 어떤 것이건 상법 제37조의 적용대상이 된다. 등기할 사항이 판결에 의해 확정된 경우에도 마찬가지이다. 예컨대 대표이사의 자격을 다투는 소가 제기되고 판결에 의해 대표이사의 자격이 부정되었다 하더라도 그 이후 대표이사의 등기를 말소하지 않고 있는 동안 제3자가 등기부를 믿고 그 대표이사와 거래하였다면 회사는 제 3 자에 대하여 대표이사의 무자격을 주장하지 못한다([판례 47] 참조).

판례 47 대법원 1974. 2. 12. 선고 73다1070 판결

「원고회사의 임시주주총회에서 … 1965. 12. 22. 채호 외 6인이 다시 이사로 선임되고 채호는 대표이사로 선임되어 1965. 6. 23. 그 취지의 등기를 경료하였고, 이어 피고는 채호가 원고회사의 적법한 대표이사인 것으로 믿고 그 대표이사 채호와 간에 1966. 1. 17. 부동산에 관하여 근저당설정계약을 체결하고 이에 기하여 근저당권설정등기를 경료한 것이라고 하였는바, … 사실관계가 이러하다면 위 1965. 12. 22.자 채호 등 6인을 이사로 선임한다는 내용의 원고회사의 임시주주총회가 존재하지 아니한다는 이른바 부존재확인청구에 관한 판결이 확정되었다 할지라도 채호가 원고회사의

관한 정당한 사유로 해석하였으나, 법문상으로는 등기되어 있는 사실관계를 정당한 사유로 모른 것으로 해석할 여지도 있었고, 일부 학설은 그리 해석하였다. 그래서 2005년 개정법에서는 오해의 소지를 없애기 위해 법문을 "정당한 사유로 인해 그 등기가 있은 것을 알지 못한 때에는"이라고 변경하였다.

대표이사인 것으로 믿고 위와 같은 계약을 체결한 피고에 대한 관계에 있어서는 원고회사는 채호가 원고회사의 적법한 대표이사가 아니라는 이유를 내세워서 동 소외인이 원고회사를 대표하여 피고와 체결한 위에서 본 1966. 1. 17자 근저당권설정계약의 효력을 부인할 수 없다 …」

2) 적용할 법률관계

㈎ **거래관계** 상법 제37조는 외관주의에 따라 거래의 안전을 기하려는 취지이므로 등기당사자와 제 3 자간에 이루어진 거래관계에 대해서만 적용되고 불법행위 · 사무관리 · 부당이득 등 비거래관계에는 적용되지 아니한다(소극설)(김성탁 85; 김성태 330; 김홍기 75; 서완석 127; 오성근 172; 이종훈 107; 전우현 142; 정찬형 165). 따라서 해임된 지배인이 등기가 말소되지 않은 상태에서 제 3 자에게 불법행위를 했다고 하여, 제 3 자가 제37조를 원용하여 영업주에 대해 사용자배상책임(민 756조)을 물을 수 있는 것은 아니다.

이에 대해 기업은 경제적 생활체로서 광범한 활동을 하며, 지배인의 불법행위에 대해 영업주의 사용자배상책임이 문제될 수 있고, 회사의 불법행위능력이 인정되므로 거래관계에 국한하지 않고 널리 기업활동 일반에 대해 적용된다는 설(적극설)이 있다. 또 원칙적으로는 소극설을 취하지만 예외적으로 거래와 불가분의 관계에서 생긴 비거래관계에는 적용되어야 한다는 설(제한적 적극설)(강 · 임 135; 손주찬 181; 손진화 137; 이(기) · 최 252; 임홍근 155; 정경영 102; 정동윤 102; 정준우 151; 최 · 김 156; 최준선 209)도 있다.[1] 제한적 적극설은 제37조가 적용되어야 할 예외적인 예로서, 해임된 지배인이 지배인임을 사칭하여 제 3 자로부터 상품을 편취한 경우를 들고, 이 경우에는 제 3 자가 영업주에 대하여 불법행위로 인한 손해배상책임을 물을 수 있다고 한다.

상법 제37조는 제 3 자의 신뢰를 전제로 한 제도이다. 불법행위나 부당이득과 같은 비거래관계에서는 상대방(즉 피해자)의 신뢰라는 것이 있을 수 없으며(예컨대 해임된 지배인으로부터 불법행위를 당한 자가 가해자가 지배인이 아닌 줄 알았더라면 불법행위를 당하지 않도록 피했을 것이란 가정은 생각할 수 없다), 따라서 제37조의 보호대상이 존재하지 않으므로 적용범위를 적극설 또는 제한적 적극설과 같이 확대할 것은 아니다.[2]

다만, 이미 발생한 불법행위로 인한 손해배상청구권이나 부당이득반환청구

1) 일본에서도 유력설이다(近藤, 47면).

2) 제한적 적극설이 들고 있는 본문의 예에서 해임된 지배인이 지배인을 사칭하고 상품을 편취했다 함은 벌써 지배인과 제 3 자간에 거래행위가 이루어진 것을 뜻하므로 상대방은 영업주에 대하여 제37조에 기해 거래의 유효를 주장할 수 있고, 지배인에 대하여는 불법행위로 인한 손해배상을 청구할 수 있는 사안이므로 제한적 적극설의 근거는 되지 못한다.

권의 행사 또는 동 의무의 이행의 관계는 이미 거래관계라 볼 수 있으므로 제37조의 적용대상이 된다. 예컨대 영업주의 불법행위로 인한 피해자가 영업주의 해임된 지배인의 등기가 말소되지 않았으므로 그를 지배인으로 믿고 그에게 영업주의 손해배상책임의 이행을 청구한 경우에는 제37조에 기해 유효한 이행청구임을 주장할 수 있다.

(나) **소송행위** 상법 제37조는 소송행위에도 적용되는가? 예컨대 대표이사가 교체되었음에도 회사가 등기를 게을리 하고 있는 동안 구 대표이사를 상대로 하여 선의의 제 3 자가 소송을 수행한 경우 이들의 소송행위의 효력이 어떠하냐는 문제이다. 통설은 소송행위도 거래활동의 연장이므로 거래행위와 차별을 할 이유가 없고, 일방의 게으름으로 등기가 지연되었는데, 그 불이익을 타인이 입는 것은 불합리하다는 이유를 들어 상법 제37조는 소송행위에도 적용되어야 한다는 입장을 취한다(적용설). 이에 의하면 위 예에서 구 대표이사가 한 소송행위, 이를 상대한 소송행위는 전부 유효하고 회사는 그 결과에 구속된다. 그러나 판례는 절차의 안정성과 명확성을 중시하여 소송행위에는 상법 제37조가 적용될 수 없다는 입장을 취한다(대법원 1994. 2. 22. 선고 93다42047 판결; 동 2001. 2. 23. 선고 2000다45303 · 45310 판결)(불적용설)(김성탁 85; 김성태 331; 정동윤 102; 정준우 152).[1] 이에 의하면 앞의 예에서 쌍방의 소송행위는 전부 무효가 된다. 한편 민사소송법학자들은 대체로 불적용설을 취하지만, 개중에는 등기의 부실이 법인 자신의 고의적인 태만에 의한 경우에는 적용설이 타당하다는 절충설을 취하는 예도 있다.[2]

(다) **공법관계** 상업등기의 일반적 효력은 외관법리에 기초한 것이므로 외관법리가 적용되지 않는 조세관계 등 공법관계에는 적용되지 아니한다([판례 48] 참조). 예컨대 합명회사의 무한책임사원이 퇴사한 후 퇴사등기를 하지 않았다 해서 그에게 회사가 부담하는 조세에 대한 제 2 차 납세의무를 과할 수는 없다([판례 48]의 동지판결).

판례 48 대법원 1978. 12. 26. 선고 78누167 판결

「주식회사의 … 정관을 변경할 경우에는 주주총회의 특별결의(제433조, 제434조)가 있으면 그 때 유효하게 정관변경이 이루어지는 것이며 서면인 정관이 고쳐지거나 변경내용

1) 일본에서도 학설은 적용설이 다수설임에 대해, 판례는 불적용설을 취해 왔다(日最高裁 1968. 11. 1, 民集 22권 12호 2402면 외)(高橋宏志, "商法 9條 1項(會社法 908條 1項)と民事訴訟,"「商法(總則, 商行爲) 判例百選(第 5 版)」, 別冊ジュリスト 194號, 14면.

2) 이시윤, 「新民事訴訟法」(제17판), 박영사, 2024, 206면.

이 등기사항인 때의 등기 여부 내지는 공증인의 인증 여부는 정관변경의 효력발생에는 아무 상관이 없다고 할 것이다. 그리고 상법 제37조에 "등기할 사항은 등기와 공고 후가 아니면 선의의 제 3 자에게 대항할 수 없다"는 제 3 자라 함은 대등한 지위에서 하는 보통의 거래관계의 상대방을 말한다 할 것이므로 조세권에 기하여 조세의 부과처분을 하는 경우의 국가는 여기에 규정된 제 3 자라 할 수 없다 …」

* 同旨: 대법원 1990. 9. 28. 선고 90누4235 판결.

3) **지점에 대한 적용** 지점의 소재지에서 등기할 사항을 등기하지 아니한 때에는 상업등기의 일반적 효력 즉 상법 제37조의 규정은 그 지점의 거래에 한하여 적용한다(38조).

지점에서 등기할 사항(예: 지점지배인의 등기)(13조)과 본 · 지점에서 모두 등기할 사항(예: 주식회사대표이사의 등기)(317조 2항 9호)이 있는데, 위 원칙은 어느 등기에 대해서나 적용된다. 그리하여 특정 지점에서만 등기할 것을 등기하지 않은 경우에는 그 지점과 거래한 선의의 제 3 자가 소극적 공시의 원칙에 따라 보호받음은 당연하고, 본점과 지점에서 모두 등기할 사항을 본점에서는 등기하고 지점에서는 등기하지 아니하거나, 또는 본점과 다른 지점에서는 등기하고 어느 지점에서만 등기하지 않은 경우에는 그 등기하지 않은 지점과 거래한 제 3 자는 다른 본 · 지점의 등기와 관계없이 소극적 공시의 원칙에 의한 보호를 받는다.

3. 특수적 효력

앞에 설명한 일반적 효력은 상업등기의 공통적 성질을 이루는 것이나, 각 상업등기의 종류별로 그 기초가 되는 법률관계의 특성으로 인해 독특한 효력을 갖는 수가 있다. 이를 상업등기의 특수적 효력이라고 한다.

(1) 창설적 효력

등기에 의하여 비로소 새로운 법률관계가 창설된다는 의미에서의 효력이다(konstitutive Wirkung). 이는 「설정적 효력」이라고도 한다. 회사는 본점소재지에서 설립등기를 함으로써 성립하고(172조), 회사의 합병은 흡수합병의 경우에는 본점소재지에서 존속회사가 변경등기를, 소멸회사가 해산등기를 함으로써 효력이 발생하고, 신설합병의 경우에는 신설회사는 설립등기를, 소멸회사는 해산등기를 함으로써 효력이 발생한다(233조, 234조, 269조, 287조의41, 528조 1항, 602조). 그리고 상호의 양도는 등기함으로써 비로소 제 3 자에 대해서도 양도의 효력이 생겨난다(25조 2항).

등기의 창설적 효력은 앞서 등기사항의 종류의 하나로 설명한 설정적 등기사항과 구별해야 한다. 창설적 효력이 있는 등기를 그렇지 않은 등기와 비교해 보면 그 뜻이 보다 분명해진다. 예컨대 지배인은 영업주의 선임행위에 의해 지배인이 되는 것이고, 등기를 해야만 지배인이 되는 것이 아니다. 그러므로 지배인의 선임은 설정적 등기사항이나 그 등기에 창설적 효력은 없다. 그러나 회사설립의 경우는, 회사설립에 착수하여 회사로서의 실체를 전부 완성했다 하더라도 법상 회사로서 법인격을 취득하는 것은 설립등기를 하였을 때이다.

이와 같이 일부의 등기에 대해 창설적 효력을 인정하는 이유는, 그 기초가 된 법률관계(회사설립, 합병 등)에는 다수인의 이해관계가 복합적으로 얽혀 있으므로 법률관계의 효력발생시기를 객관적 기준에 의해 획일적으로 정할 필요가 있기 때문이다. 그러므로 창설적 효력이 있는 등기에는 등기의 일반적 효력에 관한 제37조가 적용되지 않는다 함은 기술한 바와 같다.

(2) 보완적 효력

상업등기의 전제가 되는 법률관계에 하자가 있더라도 등기를 하면 등기의 외관력에 의해 보완(또는 치유)되어 더 이상 하자를 주장할 수 없게 되는 효력이다(치유적 효력: heilende Wirkung). 주식회사설립시에 행한 주식인수에 무효·취소의 원인이 있더라도 회사설립등기 후에는 유효한 행위가 되어 무효·취소의 주장을 할 수 없는 것(320조 1항)은 설립등기의 보완적 효력 때문이다. 또 회사성립(설립등기) 후에는 회사설립의 무효 또는 취소를 선언하는 판결이 있더라도 종전의 법률관계에 영향을 미치지 않는 것(190조 후)도 설립등기에 보완적 효력이 있기 때문이다.

(3) 기타 부수적 효력

설립등기를 하면 회사는 주권을 발행할 수 있고(355조 2항), 주식의 양도가 허용되는 것(335조 3항)과 같이 등기가 일정한 행위를 허용하기 위한 전제가 되는 경우가 있다. 또 합명회사·합자회사에서는 무한책임사원이 퇴사할 경우 퇴사등기를 함으로써 향후의 회사채무에 대해 면책된다(225조, 267조). 이 경우에는 등기가 면책의 기초가 된 것이다.

이상과 같은 효과는 특정행위(예: 주권 발행)의 제약 또는 면책의 시기를 정함에 있어서 등기를 기준으로 택한 것에 불과하고 상업등기의 고유한 효과는 아니다.

4. 상업등기의 추정력

상업등기의 대상인 사실관계에 관한 다툼이 있는 경우, 등기된 사항이 진실일 것이라고 받아들이는 이른바 「사실상의 추정력」(tatsächliche Vermutung)이 인정된다고 함이 통설이다. 그러나 등기사항에 관한 소송에서 법원이 증명책임을 배분함에 있어 등기사항과 다른 사항을 주장하는 자에게 증명책임을 배분하도록 법원을 구속하는 의미에서의 법률상의 추정력(gesetzliche Vermutung)은 부정하는 것이 통설 · 판례이다([판례 49] 참조). 이는 등기사항에 대한 등기소의 심사범위와 관련되는 문제인데, 형식적 심사권만이 있다고 보는 한 법률상의 추정력은 부정하는 것이 옳다.

판례 49 대법원 1983. 12. 27. 선고 83다카331 판결

「법인등기부에 이사 또는 감사로 등재되어 있는 경우에는 특단의 사정이 없는 한 정당한 절차에 의하여 선임된 적법한 이사 또는 감사로 추정된다.」

註) 이 판례를 법률상 추정력을 인정한 것으로 설명하는 견해가 있으나(강 · 임 139; 손주찬 187; 정동윤 106; 최준선 214), 등기에 법률상의 추정력을 인정할 생각이라면 이 판결에서 「특단의 사정이 없는 한」이라는 말을 쓸 필요가 없다. 따라서 이 판례는 등기에 법률상의 추정력이 없음을 전제로 한 것이다.

법률상 추정력의 예

「법률상의 추정력」이란 법원이 당사자의 주장에 관한 사실판단을 함에 있어 어떤 사실을 반드시 추정해야 하고, 이와 반대의 주장을 하는 당사자에게 증명책임을 부담시켜야 함을 뜻한다. 예컨대 A가 B의 등기된 상호를 사용하여 영업을 하므로 B가 A에게 상호폐지를 청구하는 소송을 제기하였다면, A에게 부정한 목적이 있었느냐가 문제된다. 상법 제23조 제 4 항은 「동일한 특별시…에서 동종영업으로 타인이 등기한 상호를 사용하는 자는 부정한 목적으로 사용하는 것으로 추정한다」라고 규정하고 있다. A가 B와 동일한 특별시에서 동종의 영업을 위해 이 상호를 사용하였다면, 이 소송에서 법원은 A에게 부정한 목적이 있다고 추정해야 하고, 법원의 자유심증에 의한

다른 판단을 허용하지 않는다. A가 부정한 목적이 없다고 주장하고 법원도 그같이 믿었다고 하더라도 A로 하여금 부정한 목적이 없었음을 증명하게 해야 하는 것이다.

5. 부실등기의 효력

(1) 등기와 공신력

상업등기는 이미 존재하는 사실관계(등기할 사항)를 공시함으로써 대항력을 갖추게 하는 효력만을 가질 뿐이고, 사실관계가 여하간에 등기를 신뢰한 자에 대해서는 등기된 대로의 효력을 부여하는, 이른바 공신력(öffentlicher Glaube)은 갖지 아니한다(통설·판례).[1] 그러므로 등기된 사항이 사실과 부합하지 않을 때에는 아무런 효력도 발생하지 아니한다. 이 원칙을 관철하여 등기를 신뢰한 자가 전혀 보호를 받지 못한다고 한다면, 누구도 등기를 신뢰하지 않을 것이고, 나아가서는 등기의 공시적 기능까지 흔들리고 말 것이다.

상법 제39조는 「고의 또는 과실로 인하여 사실과 상위한 사항을 등기한 자는 그 상위를 선의의 제 3 자에게 대항하지 못한다」고 규정하고 있다. 이는 위와 같이 상업등기부에 공신력이 인정되지 않음으로 해서 생기는 문제점을 해결하기 위한 제도인 한편, 부실등기에 대한 책임을 등기당사자에게 귀속시킴으로써 등기소의 심사가 형식주의에 그침으로 인해 생겨날 수 있는 부실등기의 가능성을 억제하려는 취지도 담고 있다.

부실등기자의 책임을 규정한 제39조를 상업등기의 공신력을 제한적으로 인정한 것으로 이해하는 견해도 있다(강·임 139; 김성태 337; 김정호 155; 정찬형 169; 최·김 162). 그러나 공신력이란 공시의무자의 과실유무에 불구하고, 공시방법을 권리의 표상으로 인정함으로써 거래의 안전을 보호하려는 제도임에 대해, 제39조는 등기의무자의 과실을 요하고, 등기를 권리의 표상으로 인정하려는 것이 아니라 부진정한 외관(등기)을 창출한 데 대한 책임을 묻는 데 초점을 둔 제도이므로 공신력과는 무관하고 어디까지나 외관주의에 기초를 둔 제도이다(서완석 133; 손진화 139; 송옥렬 75; 이(기)·최 259; 임홍근 157; 정경영 105; 정동윤 105; 정준우 154; 주석(총칙·상행위) 388; 최준선 215).

---

1) 대법원 1996. 10. 29. 선고 96다19321 판결: 「회사등기에는 공신력이 인정되지 아니하므로 피신청인들이 부실등기를 믿고 김○○의 지분을 양수하였다고 하여 회사 사원들의 지분을 양수한 것으로는 될 수 없는 것이다.」

(2) 제39조의 적용요건

1) 사실과 상위한 등기 등기부에 표시되는 사항이면 어떠한 사항이든 본조의 적용대상이 된다. 예컨대 지배인선임의 등기라면 지배인의 주소·성명·지배인을 둔 장소, 공동지배인 등 어떠한 사항이든 전부 또는 일부가 사실과 상위할 경우 선의의 제 3 자는 등기된 사실을 주장할 수 있다.

주의할 점은 본조는 등기할 당시에 사실과 달리 등기한 경우에 적용되고, 등기할 시점에서는 사실과 부합하였으나 사후의 사정으로 상위하게 된 경우에는 적용되지 않는다는 점이다(同旨: 김성태 338; 김정호 156; 손진화 140; 송옥렬 76; 정경영 106; 정동윤 105; 정준우 154; 최준선 216).[1] 예컨대 지배인이 바뀌었는데 변경등기를 게을리함으로 인해 제 3 자가 등기부를 믿고 전지배인과 거래한 경우에는 제37조 제 1 항의 적용대상이고 본조가 적용될 사항이 아니다.

주식회사의 대표이사의 선임절차의 하자로 인해 선임결의를 무효 또는 취소하는 판결이 내려진 경우 법적용의 선택에 주의하여야 한다. 선임결의가 무효 또는 취소된 후에 새로운 대표이사의 등기를 게을리한 경우에는 등기할 사항을 등기하지 아니한 것이므로 제37조가 적용될 사안이다([판례 47] 참조). 그러나 선임 후 판결이 있기까지의 기간에 존속한 동 대표이사의 등기는 당초 부실한 등기로 보아 제39조를 적용해야 한다는 것이 판례의 입장이다([판례 50]). 그리하여 동 대표이사의 선임결의의 하자를 알지 못하고 무효·취소판결이 있기 전에 동 대표이사와 거래한 제 3 자는 제39조에 의해 거래의 유효를 주장할 수 있는 것이다.

판례 50 대법원 2004. 2. 27. 선고 2002다19797 판결

「… 이사 선임의 주주총회결의에 대한 취소판결이 확정된 경우 그 결의에 의하여 이사로 선임된 이사들에 의하여 구성된 이사회에서 선정된 대표이사는 소급하여 그 자격을 상실하고, 그 대표이사가 이사 선임의 주주총회결의에 대한 취소판결이 확정되기 전에 한 행위는 대표권이 없는 자가 한 행위로서 무효가 된다. … 그러나 이사 선임의 주주총회결의에 대한 취소판결이 확정되어 그 결의가 소급하여 무효가 된다고 하더라도 그 선임 결의가 취소되는 대표이사와 거래한 상대방은 상법 제39조의 적용 내지 유추적용에 의하여 보호될 수 있으며, 주식회사의 법인등기의 경우 회사는 대표자를 통하여 등기를 신청하지만 등기신청권자는 회사 자체이므로 취소되는 주주총회결의에 의하여 이사로 선임된 대표이사가 마친 이사 선임 등기는 상법 제39조의

---

1) 제39조의 문제이나 제37조도 적용된다는 견해가 있다(서완석 132; 손주찬 188; 정찬형 171; 최·김 164).

부실등기에 해당된다.

… 원심은, 이 사건 주주총회에서 선임된 이사들에 의하여 대표이사로 선임된 최일권은 당일 법인등기부에 같은 내용의 등기를 함으로써 법인등기부상으로는 그 이후부터 주주총회 취소판결이 확정될 때까지 원고 회사의 대표이사로 등재된 사실, 거래상대방인 노충량은 당시 법인등기부상 원고 회사의 대표이사로 등재된 최일권과 근저당권설정계약을 체결하고 그에 기하여 근저당권설정등기를 경료한 사실, 노충량을 비롯한 피고들은 이 사건 주주총회결의 취소판결이 확정될 때까지는 최일권이 원고 회사의 적법한 대표이사가 아니라는 사정을 전혀 알지 못하였던 사실을 적법하게 인정한 다음, 원고 회사는 상법 제39조의 법리에 따라 원고 회사와 노충량과 체결된 근저당권설정계약과 근저당권설정등기 및 이에 터잡은 모든 거래행위에 대하여 책임을 져야 할 것이므로 원고의 주장은 이유 없다고 판단하였는바, 앞에서 본 법리에 비추어 볼 때 원심의 사실인정과 판단은 정당[하다.]」

제37조 제 1 항과 제39조의 차이점

제37조 제 1 항(등기의 효력)은 등기를 게을리한 점, 즉「소극적 오류」에 대한 비난이고, 제39조는 등기를 잘못한 점, 즉「적극적 오류」에 대한 비난이다. 예컨대 상인이 지배인 A를 해임한 후 등기를 게을리하여 A를 지배인으로 믿고 거래한 자는 제37조 제 1 항에 의해 거래의 유효를 주장할 수 있고, A가 지배인인데 상인이 잘못하여 B를 지배인으로 등기하였으므로 B가 지배인인 줄 알고 거래한 자는 제39조에 의해 거래의 유효를 주장할 수 있다.

그러나 두 제도 모두 외관주의에 입각한 제도로서, 책임추궁의 측면을 달리할 뿐, 표리의 관계에 있는 제도라 할 수 있다. 즉 A가 지배인인데 B를 지배인으로 등기하였다면 지배인등기를 부실하게 한 것이지만(39조), A의 지배인등기를 게을리하였다는 비난도 가능한 것이다(37조 1항). 그러므로 제39조에 따른 책임은 제37조 제 1 항으로부터 유도할 수도 있다.[1] 반대로 A를 해임한 후 해임등기를 게을리하였다는 것은 지배인 아닌 자를 지배인으로 등기하였다는 것과 같지만(제39조), B를 지배인으로 선임하고 지배인등기를 게을리한 것은 제39조에 의한 책임을 물을 사안은 아니다. 그러므로 제37조 제 1 항의 적용대상이 되는 책임관계는 제39조 제 1 항의 적용대상에 부분적으로만 포섭된다고 말할 수 있다. 요컨대 양자의 관계는 [제37조 제 1 항의 적용대상⊂제39조 제 1 항의 적용대상]으로 표현할 수 있다.

2) 등기신청인의 고의 · 과실

㈎ 제39조는 등기신청인에게 부진정한 외관을 작출한 책임을 지우는 데 그

1) 服部, 487면.

취지가 있으므로 사실과 다른 등기가 이루어진 데 관해 등기신청인의 귀책사유가 있어야 한다. 그러므로 등기공무원의 과실로 사실과 달리 등기되었다든지, 제 3 자의 허위신청에 의해 사실과 달리 등기된 경우에는 본조를 적용할 수 없다.

(나) 제39조에서 말하는 고의·과실은 등기신청인 본인의 고의·과실뿐 아니라 대리인(예: 지배인)의 고의·과실도 포함한다. 등기신청인이 회사인 경우 고의·과실의 유무는 대표기관, 즉 대표사원 또는 대표이사를 기준으로 판단하여야 한다([판례 51] 참조).

판례 51 대법원 1971. 2. 23. 선고 70다1361·1362 판결

「합명회사에 있어서는 사실과 상위한 등기를 하였거나, 이를 방치하였다는 것은 회사의 대외적 관계에 있어서의 문제이므로 그 부실등기를 한 사실이나 그를 방치한 사실에 대한 고의 또는 과실의 유무는 어디까지나 그 회사를 대표할 수 있는 업무집행사원을 표준으로 하여 그 유무를 결정할 것이고 회사를 대표할 수 없는 사원을 표준으로 결정할 것이 아니다.」

* 同旨: 대법원 1981. 1. 27. 선고 79다1618·1619 판결.

(다) 제39조의 법문이 「고의 또는 과실로 인하여 사실과 상위한 사항을 등기한 자는 …」이라고 표현하고 있듯이 동조는 등기신청인이 적극적으로 사실과 다른 등기를 신청한 경우를 예상한 조문이다. 그러므로 제 3 자가 허위의 등기를 한 경우에는 원칙적으로 등기신청인의 책임은 발생하지 아니한다. 그러나 등기신청인이 제 3 자의 허위신청에 관여하거나, 알고 방치하는 등 등기신청인 본인의 부실등기와 동일시할 수 있는 사정이 있는 경우에는 등기신청인에게 제39조를 유추적용할 수 있다(통설)([판례 52, 53]).[1)]

그런데 등기신청인이 부실등기를 과실로 알지 못하고 방치한 경우에는 어찌 되는가? 다수설은 등기신청인이 부실의 등기를 알고 시정조치를 게을리한 경우에 한해 제39조를 유추적용해야 한다는 입장이고(강·임 142; 김성탁 90; 김성태 340; 김정호 156; 서완석 132; 손주찬 188; 오성근 177; 임중호 238; 정동윤 105; 정찬형 171; 최·김 163), 종전의 판례도 같은 취지에서 제 3 자에 의해 허위의 등기가 이루어진 후 이를 알고 방치한 것이 아니라면 부실등기 상태를 발견하여 시정하지 못한 데 과실이 있다 하더라도 제39조를 적용할 수 없다고 한다([판례 52] 참조). 요컨대 다수설·판례는 부실등기를 「알고 방치한 때」에는 제39조가 적용된다고 보지만, 「과실로 방치한 때」에는 적용되지 않는 것으로 풀이하고 있다.

1) 日最高裁 1980. 9. 11, 民集 34권 717면.

제39조가 과실에 의한 부실등기의 책임을 묻고 있는데, 과실에 대한 비난을 완화할 이유가 없다. 과실로 알지 못하고 방치한 경우에도 제39조를 적용하여야 한다(同旨: 정준우 155). 이에 대해 지나친 해석이라는 비판이 있으나(정동윤 105), 기본적으로 제39조의 적용 여부는 부실등기로 인한 손실을 누구에게 귀속시킬 것이냐는 문제인데, 등기자의 과실로 인한 손실을 제 3 자에게 전가시켜서는 안 될 것이다.

판례 52 대법원 1975. 5. 27. 선고 74다1366 판결

「…소외 회사의 감사인 소외 한원호가 대표이사의 직인을 도용하여 1963. 6. 26에 위 소외 회사의 임시주주총회가 개최되어 소외 한덕수 등 4인이 이사로 선임되고 같은 날 이사회에서 위 한덕수가 대표이사로 선임된 것처럼 임시주주총회 의사록과 이사회 회의록을 위조하는 한편 이를 사용하여 주식회사변경등기를 신청함으로써 위 한덕수가 소외 회사의 대표이사로 등기되어 내려온 사실 … 그러나 상법 제39조는 고의나 과실로 스스로 상위한 내용의 등기신청을 함으로써 부실의 사실을 등기하게 한 자는 그 부실등기임을 내세워 선의의 제 3 자에게 대항할 수 없다는 취지로서 등기신청권자 아닌 제 3 자가 문서위조 등의 방법으로 등기신청권자의 명의를 모용하여 부실등기를 경료한 것과 같은 경우에는 비록 그 제 3 자가 명의를 모용하여 등기신청을 함에 있어 등기신청권자에게 과실이 있다 하여도 이로써 곧 등기신청권자 자신이 고의나 과실로 사실과 상위한 등기를 신청한 것과 동일시할 수는 없는 것이고, 또 이미 경료되어 있는 부실등기를 등기신청권자가 알면서 이를 방치한 것이 아니고 이를 알지 못하여 부실등기상태가 존속된 경우에는 비록 등기신청권자에게 부실등기상태를 발견하여 이를 시정하지 못한 점에 있어서 과실이 있다 하여도 역시 이로써 곧 스스로 사실과 상위한 등기를 신청한 것과 동일시할 수 없는 법리라 할 것이므로 등기신청권자 아닌 제 3 자의 문서위조 등의 방법으로 이루어진 부실등기에 있어서는 등기신청권자에게 그 부실등기의 경료 및 존속에 있어서 그 정도가 어떠하건 과실이 있다는 사유만 가지고는 상법 제39조를 적용하여 선의의 제 3 자에게 대항할 수 없다고 볼 수는 없다 …」

판례 53 대법원 2008. 7. 24. 선고 2006다24100 판결

「등기신청권자에 대하여 상법 제39조에 의한 부실등기 책임을 묻기 위해서는, 원칙적으로 그 등기가 등기신청권자에 의하여 마쳐진 것임을 요하지만, 등기신청권자가 스스로 등기를 하지 아니하였다 하더라도 그의 책임 있는 사유로 그 등기가 이루어지는 데에 관여하거나 그 부실등기의 존재를 알고 있음에도 이를 시정하지 않고 방치하는 등 등기신청권자의 고의 또는 과실로 부실등기를 한 것과 동일시할 수 있는 특별한 사정이 있는 경우에는, 그 등기신청권자에 대하여 상법 제39조에 의한 부실등

기 책임을 물을 수 있다고 할 것이다.」

＊同旨: 대법원 2011. 7. 28. 선고 2010다70018 판결.

부실등기자의 본인성의 판단

기술한 바와 같이 제 3 자에 의한 부실등기일지라도 등기명의자가 제 3 자의 허위신청에 관여하거나, 알고 방치하는 경우에는 등기명의자에게 제39조를 유추적용할 수 있는데, 회사의 부실등기에 대해 제39조를 적용할 경우 회사 본인의 부실등기로 보아야 할지, 등기는 제 3 자에 의해 이루어진 것으로 보고 회사가 방치한 여부를 논해야 할 지가 문제되는 상황이 있다.

회사의 조직과 전혀 무관한 자가 서류를 위조하여 허위의 등기를 한 경우에 후자로 보아야 함은 물론이지만, 회사의 의사결정과정에 흠이 있는 경우 회사 본인의 등기로 볼 것인지 문제된다. 대표기관의 의사를 중심으로 판단해야 할 것이므로 정당한 대표기관의 신청이 있은 한, 회사 자신의 등기신청으로 보아야 할 것이다. 나아가 대표기관의 선임에 하자가 있더라도 형성력있는 판결에 의해서만 번복될 수 있는 경우(예컨대 주식회사의 대표이사의 선임결의의 하자)에도 동 대표이사에 의한 등기신청은 회사의 등기신청으로 보아야 한다. 그러나 전혀 회사의 조직법적 의사결정이라고 볼 만한 행위가 없이 대표이사로 선임 또는 등기된 자가 한 등기신청은 회사의 등기신청으로 보아서는 안될 것이다. 일부의 이사가 권한 없이 주주총회의사록 및 이사회의사록을 허위로 작성하여 이사 및 대표이사를 선임하는 등기를 마치고, 이에 의해 선임된 것으로 등기된 이사 및 대표이사가 일부의 주주들에게만 소집통지를 해서 주주총회를 열어 이사를 선임하고, 그 이사들이 이사회를 열어 대표이사를 선임하고 등기를 하였던바, 그 대표이사의 대표행위에 관해 회사에 제39조를 적용할 수 있는지가 문제된 사건이 있다. 법원은 이 사건의 경우 회사의 고의·과실로 부실등기를 한 것으로 볼 수 없다고 판시하였다([판례 52], 대법원 2011. 7. 28. 선고 2010다70018 판결; 동 2012. 1. 26. 선고 2009다85052 판결).

3) 제 3 자의 선의 제 3 자가 등기내용이 사실과 다름을 알지 못하여야 한다. 법문상 무과실을 요하지 않는다. 그러나 중과실이 있는 제 3 자는 보호대상에서 제외시킴이 타당하다(同旨: 김성탁 90; 김정호 158; 송옥렬 78; 오성근 178; 전우현 151; 정경영 108; 정준우 156; 정찬형 172; 최준선 216)(반대: 강·임 142; 손주찬 189; 정동윤 105).

제 3 자라 함은 등기신청인과 직접 거래한 상대방만을 가리키는 것이 아니라 이해관계인 일반을 뜻한다. 예컨대 지배인이 아니면서 지배인으로 등기된 자가 영업주를 대리하여 발행한 어음을 배서에 의해 취득한 자도 여기서 말하는 제 3 자이다.

4) 증명책임 일단 등기에 의해 외관이 형성된 바 있으므로 증명책임은

등기신청인 및 등기와 다른 사실을 주장하는 자에게 돌아간다. 즉 등기신청인이 자신에게 고의·과실이 없었다는 점 또는 제 3 자가 악의라는 점을 증명하여야 한다.

5) 부실등기의 효력범위 상법 제39조는 주로 부실등기의 신청인 또는 타인에 의한 부실등기를 방치한 본래의 등기신청인에게 귀책시키기 위해 적용되지만, 등기신청인이 부실등기를 하는 데 동의한 자도 제39조의 적용을 받아 등기가 사실과 다름을 주장하지 못한다.[1] 예컨대 지배인이 아닌 자가 영업주에게 자신을 지배인으로 등기하는 데 동의했다면, 자신이 지배인이 아니라는 주장을 하지 못한다.

(3) 부실등기자의 책임

이상의 요건이 충족되면 부실등기자는 등기가 사실과 상위함을 가지고 선의의 제 3 자에게 대항하지 못한다. 즉 등기된 대로의 사실에 기초한 제 3 자의 주장을 부인하고 이와 다른 사실을 주장할 수 없는 것이다. 그러나 제 3 자가 등기와 달리 사실관계에 부합하는 주장을 하는 것은 무방하다.

(4) 적용범위

상법 제37조의 적용범위에 관해 말한 것은 대체로 제39조의 적용범위에도 타당하다. 소송행위가 적용대상에서 제외되어야 함도 같다. 판례 중에는 등기부상의 대표이사에게 판결문이 공시송달이 된 사안에서 동 대표이사가 적법한 대표이사가 아니라도 송달의 효력을 부정할 수 없다고 한 예가 있다(대법원 1972. 12. 26. 선고 72다538 판결). 그러나 법인에 대한 공시송달에서 대표자를 표시하는 것은 대표자의 적극적인 의사표시를 요하거나 수령행위를 요하는 것이 아니고 단지 송달의 상대방을 기재하는 형식을 충족하기 위한 것이므로 이 판례를 적용설을 취한 판례로 원용하기는 어렵다.

---

1) 日最高裁 1972. 6. 15, 民集 26권 984면.

제 8 장 영 업 양 도

I. 총 설

영업이란 단순히 영업용 재산을 물리적으로 집합시켜 놓은 것이 아니고, 영업용 재산을 토대로 지속적인 수익활동을 할 수 있는 경영조직체이므로 개개 영업재산의 가치의 합에 "$+\alpha$"라는 부가적인 가치를 갖는다. 그러므로 상인이 영업활동을 종료하고자 할 때, 영업을 해체하여 개별 재산을 청산가치로 처분해야 한다면 경영조직을 통해 축적된 가치($+\alpha$)가 소멸함으로 인해 상인도 손해이려니와 사회적으로도 손실이다. 이 점을 고려하여 상법은 기업유지의 이념에서 영업 그 자체의 양도를 인정함으로써 계속기업(going concern)이 간직하고 있는 무형의 가치를 보존시키고 있다.

한편 경제학에서는 재화의 교환을 재화가 보다 효용이 높은 곳으로 이동하는 현상으로 설명한다. 영업양도를 같은 식으로 설명하자면, 영업양도에 의해 영업이 보다 효율적인 경영상태에 놓이게 되는 것이라고 말할 수 있다(예컨대 영업주 A가 경영능력이 없는 사람이라서 수익이 보잘 것 없었으나, 영업수완이 좋은 B가 인수함으로써 높은 수익을 올리게 된 것).

영업양도에 관련된 첫번째의 법률문제는 무엇을 영업양도로 보느냐, 즉 영업양도의 개념이 무엇이냐이지만, 영업의 범위를 법률적으로 정의하기가 어려운 까닭에 상법은 이 점을 학설에 맡기고, 그 양도행위의 법적 규율 역시 일반 거래법 이론에 맡기고 있다. 상법에서는 다만 영업양도 후의 양수인의 지위를 보호하기 위하여 양도인의 경업금지의무를 규정하고(41조) 아울러 양도인과 거래한 영업상의 채권자와 채무자가 영업양도로 인해 뜻하지 않은 손실을 입지 않도록 배려하고 있다(42조~45조).

한편 회사의 영업양도는 당초 출자자들이 예상하지 못했던 중대한 구조변화이므로 출자자들의 이익을 보호하기 위하여 별도의 절차를 마련하고 있다(374조 1항 1호).

Ⅱ. 영업의 개념

영업양도의 개념을 이해하기 위해서는 먼저 양도대상인 「영업」이 무엇인가를 이해하여야 한다. 통설은 영업을 주관적 의의의 영업과 객관적 의의의 영업으로 나누어 달리 이해한다. 전자는 영업주체인 상인이 수행하는 영리활동을 뜻하고, 후자는 상인이 추구하는 영리적 목적을 위해 결합시킨 조직적 재산의 총체를 가리킨다. 영업양도의 대상이 되는 영업은 영업주체와 제 3 자간에 객관적 평가가 가능한 가치를 지녀야 하므로 후자(객관적 의의의 영업)를 뜻한다.

객관적 의의의 영업은 「영리적 목적을 수행하기 위해 결합시킨 조직적 재산」이므로 영업에 바쳐진 낱낱의 재산 또는 그 전체를 말하는 「영업용 재산」만을 가리키는 것이 아니다. 과거 영업용 재산이 바로 영업이라고 보는 견해도 있었으나, 지금은 이 견해를 취하는 학자가 없다. 현재의 통설은 적극·소극의 재산으로 구성된 영업용 재산과 재산적 가치가 있는 사실관계가 합하여 영업을 이룬다고 설명한다.

1. 영업용 재산

영업용 재산은 적극재산과 소극재산으로 나눌 수 있다. 적극재산이란 소유자의 부를 형성하는 총자산을 뜻하며 대차대조표의 차변, 즉 「자산의 부」에 표시된다. 동산·부동산, 각종의 물권과 채권, 특허권·상표권·저작권·상호권 등과 같은 무체재산권 기타 평가 가능한 모든 권리는 적극재산이다.

소극재산이란 부채를 뜻하며 대차대조표의 대변, 즉 「자본과 부채의 부」에 표시된다. 적극재산에서 소극재산을 차감하면 순자산이 산출된다.[1)]

1) 영업재산의 일반적 정의는 본문에서와 같이 소극재산을 포함시켜 설명하지만, 영업양도의 대상으

2. 재산적 가치 있는 사실관계

영업상의 고객관계, 경영의 내부조직, 영업비결, 영업의 명성, 확보된 판매망 등과 같은 사실관계는 장기간에 걸친 경영과 영업활동에 의해 축적된 무형의 자산으로서, 정태적으로 존재하는 영업용 재산이 영업활동에 활용될 수 있게끔 동태적·유기적으로 결합하는 기능을 한다. 따라서 이 사실관계는 영업에 대해 단순한 영업용 재산의 가치의 합계를 초과하는 가치를 부여하는 요소가 되므로 영업양도시에는 양도가격에 반영되고 때로는 영업용 재산보다 큰 가격으로 평가되어 거래되기도 한다. 이를 「영업권」(goodwill)이라는 이름으로 부르기도 한다.

교육시설의 양도

재산이 공익적 용도에 사용되더라도 그 재산이 이윤창출을 위해 유기적으로 조직화된 것이면 영업재산에 해당하고 그 양도는 영업양도이다. 평생교육사업을 영위하던 A주식회사가 교육시설을 B주식회사에 이전한 것이 영업양도에 해당하느냐가 다투어진 사건이 있는데, 법원은 동 시설이 교육을 위해 사용되었더라도 그 교육 자체가 양도인과 양수인에게 있어 공히 영리사업으로 수행되었으므로 영업양도에 틀림없다고 판시하였다(대법원 2010. 9. 30. 선고 2010다35138 판결).[1)]

Ⅲ. 영업양도의 개념

1. 개념론의 의의

영업양도의 개념과 성질을 어떻게 이해할 것이냐에 따라 영업양도 여부에 대한 판단이 달라지고 따라서 법적 효과가 상이해진다. 즉 어느 상인이 영업에 관련

로서의 영업재산의 법적인 의미를 파악함에 있어 이 설명을 그대로 따르기 어렵다. 영업채무를 영업양수인에게 이전하기 위해서는 채권자의 승낙이 있어야 하므로(454조 1항) 단순히 영업양도인과 양수인 간에 영업을 양수도하기로 하는 합의만으로는 영업채무가 이전할 수는 없기 때문이다(284면 참조).

1) 동 판결에서는 교육시설의 운영이 양도인의 보조적 상행위에 해당되므로 영업양도라고 결론지었으나, 이는 주식회사가 영업으로 하는 기본적 상행위 외의 행위이므로 보조적 상행위가 아니고 준상행위(66조)이다.

된 무엇인가를 타인에게 양도한 경우 그것을 영업양도라고 본다면 상법 제41조 이하의 규정이 적용되어야 할 것이고, 단순한 영업재산의 양도라 본다면 제41조 이하의 적용문제는 생기지 아니한다. 그러므로 영업양도의 개념론은 양도당사자들은 물론 제 3 자에 대해서도 중요한 뜻이 있다. 오래전부터 학설이 그 개념을 영업재산 등 물적 요소에 중점을 두어 이해하는 입장과 영업주체의 지위이전에 중점을 두어 이해하는 입장으로 나뉘어 왔고, 구체적인 설명방법에서 다시 견해를 달리해 왔다. 그러나 판례는 시종일관 물적 요소를 중시하는 견해 중 영업재산양도설에 입각하여 영업양도를 정의해 왔고 통설도 이에 따르고 있다.

기타 학설

(1) 물적 요소를 중시하는 견해

1) **영업유기체양도설** 이 설은 영업을 일종의 유기체로 파악하고, 이 유기체를 양도하는 것이 영업양도라고 한다. 유기체가 무엇을 뜻하는 것으로 보느냐에 따라 구체적인 내용이 달라지겠지만, 「영업이란 외부적인 물건 또는 관계가 공동의 경제적 목적 하에 통일적으로 조직된 유기체」[1]라고 한 점을 보면 영업재산양도설과 본질적인 차이는 없다고 할 수 있다.

2) **영업조직양도설** 이 설은 영업에 고유한 사실관계 내지 영업조직의 양도를 영업양도라고 본다. 재산적 가치 있는 사실관계를 중요시하여 그 사실관계 속에 영업조직이 존재하고 사실관계 이외의 영업재산(물건 또는 권리)은 영업조직의 종물로서 영업양도에 수반하여 양수인에게 이전되는 것에 지나지 않는다고 한다.[2] 영업에 있어 사실관계가 중요함은 물론이지만, 영업에 있어서 불가결한 영업재산의 이전이 갖는 의미를 지나치게 과소평가하였다는 지적을 받고 있다.

이 설들은 실제 우리나라에서 주장된 바 없다.

(2) 지위이전을 중시하는 견해

영업양도에서 영업주체의 지위가 이전되는 사실을 특히 중요시하는 견해는 다음과 같은 학설이 있다.

1) **지위교체승계설** 이 설은 영업재산보다는 기업자 내지는 경영자로서의 지위에 중점을 두고 그러한 지위가 교체 또는 승계되는 것이 영업양도라고 한다. 그리고 영업재산은 영업자 지위의 이전에 수반하여 양수인에게 이전될 뿐이라고 한다.[3]

---

1) 野津, 349면.
2) 長場正利, 「商法體系 總則論」, 189면.
3) 西原, 101면.

현재 순수하게 이 입장을 지지하는 학자는 없다.

2) **지위 · 재산이전설** 재산양도설과 지위교체승계설을 절충한 학설로서 경영자 지위의 인계와 영업재산의 이전이라는 2개 요소가 포함된 행위가 영업양도라고 한다.

지위이전을 중시하는 견해는 영업주가 교체되면서도 종전의 영업이 동일성을 유지하면서 지속되는 현상을 적절히 설명한 장점이 있다. 그러나 경영자라는 지위는 재산적 가치 있는 사실관계를 포함한 영업재산의 귀속주체가 당연히 누리는 것이므로, 지위이전이란 영업재산이 이전된 결과에 지나지 않고 그 자체가 영업양도의 본질일 수는 없다는 비판을 받는다.[1)]

2. 영업양도의 개념요소

통설 · 판례에 의하면, 영업양도란「일정한 영업목적에 의하여 조직화된 유기적 일체로서의 기능적 재산인 영업재산을 그 동일성을 유지시키면서 일체로서 이전하는 채권계약」을 말한다([판례 54] 참조). 이하 영업양도의 개념요소를 구체적으로 설명한다.

판례 54 대법원 2008. 4. 11. 선고 2007다89722 판결

「상법 제42조 제1항의 영업이란 일정한 영업 목적에 의하여 조직화된 유기적 일체로서의 기능적 재산을 말하고, 여기서 말하는 유기적 일체로서의 기능적 재산이란 영업을 구성하는 유형 · 무형의 재산과 경제적 가치를 갖는 사실관계가 서로 유기적으로 결합하여 수익의 원천으로 기능한다는 것과 이와 같이 유기적으로 결합한 수익의 원천으로서의 기능적 재산이 마치 하나의 재화와 같이 거래의 객체가 된다는 것을 뜻하는 것이므로, 영업양도가 있다고 볼 수 있는지의 여부는 양수인이 유기적으로 조직화된 수익의 원천으로서의 기능적 재산을 이전받아 양도인이 하던 것과 같은 영업적 활동을 계속하고 있다고 볼 수 있는지의 여부에 따라 판단되어야 한다.」

1) **소유의 변동** 영업양도는 영업재산을 이전하는 계약이므로 영업재산의 소유관계에 변동을 가져온다. 그러므로 재산에 대한 소유관계에는 변동 없이 경영주체에 변동을 가져오는 영업의 임대차나 경영위임과 구별해야 한다.

고객관계 등 사실관계를 이전함에는 정형화된 승계행위가 있는 것이 아니므

1) 鴻, 126면은 지위교체승계설 및 지위 · 재산이전설을 법률론과 경제론을 혼동한 소치라고 비판한다.

로 양도인이 누리던 사실관계를 자연스레 양수인이 누릴 수 있게 된다면 사실관계가 승계되는 것으로 보아야 한다([판례 55] 참조).

2) 처분권자의 처분 영업재산의 소유관계에 변동을 가져오므로 영업재산에 대해 처분권을 가진 자(영업주)만이 영업양도를 할 수 있으며, 영업의 임차인이나 경영의 위임을 받은 자는 영업을 양도할 수 없다. 그렇다고 영업주가 개개의 영업재산에 대해 소유권을 가지고 있어야만 영업양도가 가능하다는 뜻은 아니다. 개중에는 타인으로부터 임차한 물건도 있을 수 있는데, 이러한 물건은 영업양수인에게 임차권을 양도하면 된다.

3) 이전재산의 일체성 영업재산이 일체적으로 이전되어야 한다. 후술하는 바와 같이 양도를 전후하여 영업이 동일성을 유지하기 위해서는 영업재산이 유기적으로 결합된 채 포괄적으로 이전되어야 한다. 포괄적이라 하여 반드시 모든 재산이 이전되어야 한다는 뜻은 아니다. 예컨대 편의점을 양도하면서 비품 일부를 제외하거나, 영업상의 채권·채무를 제외하였다고 해서 영업양도로 볼 수 없는 것은 아니다(42조~44조의 반대해석). 그러나 영업의 요체를 이루는 재산을 제외하고 영업용재산을 이전한다면 영업양도라고 할 수 없다(서울중앙지법 2015. 9. 10. 선고 2015가합526542 판결).[1] 어느 정도의 재산이 이전되어야 하느냐는 것은 종전의 영업이 유지될 수 있느냐는 관점에서 판단해야 한다([판례 56]).

4) 영업조직의 이전 영업재산의 일체성은 영업조직에 의하여 형성되므로 영업재산이 영업조직과 아울러 이전되어야 한다. 영업조직이 따르지 않는다면 모든 영업재산이 동일인에게 이전되었더라도 이는 영업이 해체된 상태에서 재산이 개체성을 가지고 이전되는 것이므로 일체성을 결여하고 따라서 영업양도가 아니다. 예컨대 운수회사가 폐업을 하고 재산을 정리하기 위해 차량 등 관련재산 전부를 다른 운수회사에 양도하였다면, 영업재산이 해체된 상태로 이전되는 것이다([판례 57]; 대법원 2001. 7. 27. 선고 99두2680 판결).

1) 서울 동대문 인근에서 「소문난 막국수」라는 음식점을 운영하던 사람이 동업소를 양도하고 약 700미터 떨어진 장소에서 종전의 상호로 다시 막국수집을 개업하였으므로 양수인이 경업금지의무위반으로 인한 손해배상청구를 한 사건이 있었다. 법원은 양도계약상 중요자산(반죽기계, 막국수기계, 냉장고, 오토바이, 전화번호)이 양도재산에서 제외되고 막국수조리법의 전수가 제외된 점, 양수인이 상호를 「봉평막국수」로 변경한 점 등을 적시하며, 이 건의 양도는 영업양도로 볼 수 없다고 판시하였다.

판례 55 대법원 1997. 11. 25. 선고 97다35085 판결

「영업양도가 있다고 볼 수 있는지의 여부는 양수인이 당해 분야의 영업을 경영함에 있어서 무(無)로부터 출발하지 않고 유기적으로 조직화된 수익의 원천으로서의 기능적 재산을 이전받아 양도인이 하던 것과 같은 영업적 활동을 계속하고 있다고 볼 수 있는지의 여부에 따라 판단되어야 할 것이다. … 슈퍼마켓의 고객관계는 그 성격상 개별적인 인수·인계의 대상이 될 수 없음은 당연하다 할 것이지만, 이은섭의 슈퍼마켓이 자리하고 있는 위치상의 이점이나 이은섭의 그 동안의 경영에 대한 고객들의 평가에 의하여 영업주의 변경에도 불구하고 종전의 고객관계는 대체로 그대로 유지된다고 볼 수 있고, 바로 이러한 점 때문에 권리금 35,000,000원이 지급되었다고 보아야 할 것인 점 등에 비추어 보면, 이 사건에서 이은섭의 슈퍼마켓 영업이 동일성을 유지하면서 피고에게 양도되었다고 인정하기에 부족함이 없다고 보아야 할 것이다.

상법 제42조는 채권 채무의 승계가 영업양도의 요건이 아님을 당연한 전제로 하고 있으므로, 이 사건에서 이은섭의 건물주에 대한 임차보증금채권과 정육점에 대한 임차보증금반환채무만이 피고에게 인수되고 슈퍼마켓에 진열된 상품의 구입대금채무는 인수되지 않았다는 점은 영업양도를 부정할 근거가 될 수 없고, 또 근로관계가 승계되었는지의 여부나 그 승계의 정도는 상법상의 영업양도가 있다고 볼 것인지를 판단하는 데 있어서 중요한 요소가 된다고 할 것이지만, 양도되는 영업의 종류·방법·규모 및 근로자의 대체 가능성 등에 따라 그 중요성은 개별적인 사안별로 달리 판단되어질 수 있는 것이므로, 이 사건과 같은 슈퍼마켓의 양도에 있어서 단순 노무에 종사하는 종전 종업원들의 근로관계가 그대로 승계되지 않았다고 하더라도 앞서 살펴본 제반 사정에 비추어 볼 때 슈퍼마켓의 영업 목적을 위하여 조직화된 유기적 일체로서의 기능적 재산이 피고에게 그대로 이전되었고 또 피고가 양도인이 하던 것과 같은 영업 활동을 계속하고 있다고 보는 데는 지장이 없다 …」

판례 56 대법원 1989. 12. 26. 선고 88다카10128 판결

「상법 제41조가 말하는 영업이란 일정한 영업목적을 위하여 조직화된 유기적 일체로서의 기능재산(적극적 재산과 소극적 재산)을 뜻하는 것으로서 여기에는 단골관계 등의 경제적 가치가 있는 사실관계도 포함되는 것이고 또한 같은 법규상의 양도란 위와 같은 기능재산의 전부 또는 중요한 일부를 넘겨 주어 그에 의하여 양도인이 그 재산으로 경영하고 있던 영업활동의 전부나 중요한 일부를 양수인으로 하여금 인계받게 하여 양도인이 그 양도한 한도에 따라 법률상 당연히 같은 규정상의 경업금지의무를 지는 결과를 수반하는 것이라고 풀이해야 하는 것이 마땅하므로 결국 영업의 양도란 위에서 본 바와 같은 기능재산의 동일성이 유지된 일괄이전을 의미하는 것이라고 보아야 한다.

그리고 영업의 동일성이 인정되는가 안 되는가는 일반사회관념에 의하여 결정되어져야 할 사실인정의 문제이기는 하나 문제의 행위(양도계약관계)가 영업의 양도로 인정되느냐 안 되느냐는 단지 어떠한 영업재산이 어느 정도로 이전되어 있는가에 의하여 결정되어져야 하는 것이 아니고 거기에 종래의 영업조직이 유지되어 그 조직이 전부 또는 중요한 일부로서 기능할 수 있는가에 의하여 결정되어져야 하는 것이므로 예컨대 영업재산의 전부를 양도했어도 그 조직을 해체하여 양도했다면 영업의 양도는 되지 않는 반면에 그 일부를 유보한 채 영업시설을 양도했어도 그 양도한 부분만으로도 종래의 조직이 유지되어 있다고 사회관념상 인정되기만 하면 그것을 영업의 양도라 하지 않을 수 없는 것이다」([판례 68]과 동일 판례).

* 同旨: 대법원 2009. 1. 15. 선고 2007다17123 · 17130 판결.

경매에 의한 이전과 일체성

영업재산의 중요한 부분을 민사집행법상의 경매에 의해 취득한 자가 다시 나머지 재산 일체를 영업주로부터 양수하여 결과적으로 종전의 영업재산 일체를 同一人이 취득하여 동종영업을 하는 경우 어떻게 보아야 하는가? 영업에 있어 필수불가결한 재산에 대해 경매절차가 진행되었다면 이미 영업이 해체된 상태로 보아야 한다. 경매란 영업주의 의사에 의한 처분이 아니므로 나머지 재산이 경락인에게 이전되었다고 하더라도 당사자간에 영업을 양도한다는 의사가 결여되었으므로 영업양도로 볼 수는 없다. 예컨대 골프장의 부지에 경매절차가 진행되어 이를 경락받은 자가 건물, 영업권 등 나머지 재산을 종전 사업자로부터 매수하여 새로이 골프장을 운영한 사안에서 판례는 영업재산이 해체되어 이전되었으므로 영업양도가 아니라고 하였다(대법원 2004. 10. 28. 선고 2004다10213 판결; 동 2004. 11. 26. 선고 2004다19289 판결). 그러나 거의 동일한 사안에서 「사회통념상 전체적으로 보아 종전의 영업이 그 동일성을 유지한 채 일체로서 이전한 것과 마찬가지로 볼 수 있는 특별한 사정이 인정되는 경우에는 … 영업양도에 해당한다」라는 이유를 제시하며 영업양도로 본 판례가 있다(대법원 2006. 11. 23. 선고 2005다5379 판결). 이 논리는 「일체성과 동일성이 없지만, 일체성과 동일성이 있다」는 모순을 안고 있어 올바른 판단이라 할 수 없다.[1)]

조합지분의 양도와 영업양도

조합의 형태로 영업을 하던 자들 중 일부가 지분을 다른 조합원 혹은 제 3 자에게 양도한 경우 이를 영업의 일부양도로 볼 것인가? 이 경우에는 다른 조합원에 의해 영업이 유지되고 있으므로 상법 제42조 내지 제45조를 적용하기 위해 영업의 양도 여부를 논할 실익은 없고, 양도한 조합원에게 경업금지의무를 인정할 수 있느냐는 점에

---

1) 이 판결에 대한 비판은 李哲松, "體育施設의 讓渡와 會員權承繼의 法理," 「人權과 正義」 372호(2007. 8), 91면 이하 참조.

서 영업양도 여부를 논할 실익이 있다.

영업에 대한 조합지분의 양도는 영업을 일체적으로 양도하는 행위가 아니므로 영업의 양도로 볼 수는 없다. 양도인에게 경업금지의무를 인정하는 이유는 기술한 바와 같이 재산적 가치가 있는 사실관계의 이전에 관해 통상 대가가 치루어지고, 이는 상당기간에 걸친 독점에 의해 양수인의 이익으로 실현될 수 있기 때문이다. 그러나 조합지분이 양도되는 경우에는 양도인으로부터 양수인에게 이러한 사실관계가 이전되는 것이 아니므로 경업금지의무를 과할 명분이 없다고 할 것이다. 따라서 지분의 양도는 영업의 양도가 아니라고 본다. 같은 이유에서 조합원이 조합을 탈퇴하는 경우, 조합을 해산하고 청산의 방법으로 일부의 조합원이 영업재산을 취득하여 종전과 같은 영업을 하는 경우 등은 영업양도로 보지 아니한다.

판례는 인적 조직의 승계를 중시한다. 그리하여 영업의 물적 설비 일체를 양도하였으나 종업원을 전원 해고한 경우에는 영업양도가 아니라고 한 판례가 많다([판례 57] 및 대법원 1994. 11. 18. 선고 93다18938판결; 동 1995. 7. 14. 선고 94다20198 판결). 영업양도가 아니라고 한다면 양도인이 경업금지의무(41조)도 부담하지 않고 채권자나 채무자를 보호하는 제42조 내지 제44조도 적용받지 아니함을 의미하므로 양도당사자나 기타 이해관계인에게는 중대한 문제이다. 이는 종업원의 승계 여부가 영업의 동일성의 유지에 미치는 영향을 기준으로 판단하여야 할 것인바, 업종·규모 기타 영업의 현황에 비추어 종업원이 영업의 동일성에 기여하는 바가 미미한 경우에는 종업원을 승계하지 않더라도 영업양도의 여부판단에 영향을 주는 바 없다고 보아야 한다([판례 55] 참조).

영업이 영업주와 물적설비만이 전부라 할 정도로 영세하여, 그 영업을 양도하더라도 이전된다고 볼 사실관계나 거래처도 없고, 이전되는 종업원이 없는 경우에도 상법 제41조가 적용되는가? 영업이 아무리 영세하다고 하더라도 양도의 대상이 된 이상 당사자의 거래목적상으로는 경제적 가치있는 사실관계가 포함되어 있다고 보아야 하고 양수인은 독점의 이익을 기대했다고 볼 수 있으므로 제41조의 적용대상이 된다고 보아야 한다([판례 58]).

판례 57 대법원 1995. 7. 25. 선고 95다7987 판결

「… 소외 대창운수 주식회사(이하 소외 회사라 한다)는 1994. 6. 30 피고로부터 피고의 한정시내버스 운수업면허 및 위 운수사업에 제공된 물적 시설을 양수하면서도 종업원 등의 인적 조직은 전혀 인수하지 아니한 채 오히려 피고가 그 양도시점 이전에 종업원들에 대한 임금 및 퇴직금 등 제반채무를 청산하고, 종업원들에 대한 퇴직

절차를 종료하도록 약정하였고, 한편 피고는 같은 해 7. 10 위 운수업을 폐지한 사실을 인정할 수 있다.

사실이 이러하다면, 피고는 자신이 운영하던 위 운수업을 폐지함에 있어서 그 소속 종업원들에 대한 임금 및 퇴직금 등 채무를 청산하기로 하고, 위 운수사업의 면허 및 위 운수업에 제공된 물적 시설을 소외 회사에게 양도한 사실을 인정할 수 있을 뿐이고, 인적 조직을 포함한 영업 자체를 양도한 것은 아니라 할 것이므로, 소외 회사가 피고로부터 그 동일성을 유지한 채 영업을 포괄적으로 이전받은 것으로 볼 수는 없다.」

판례 58 대법원 2009. 9. 14.자 2009마1136 결정

「… 채권자가 채무자로부터 이 사건 미용실을 인수하면서 임차인의 지위를 승계하고, 추가로 금원을 지급하고 채무자가 사용하던 상호(○○미용실), 간판, 전화번호, 비품 등 일체를 인수받은 다음 이를 변경하지 아니한 채 그대로 사용하면서 이 사건 미용실을 운영하고 있는 점에 비추어 보면, 비록 이 사건 미용실에 특별히 인계·인수할 종업원이나 노하우, 거래처 등이 존재하지 아니하여 이를 인수받지 못하였다 할지라도 채권자는 채무자로부터 유기적으로 조직화된 수익의 원천으로서의 기능적 재산을 이전받아 채무자가 하던 것과 같은 영업적 활동을 계속하고 있는 것으로서, 이 사건 미용실의 영업을 양수하였다고 판단된다.」

5) 동일성의 유지 양도를 전후하여 영업주가 달라진 점을 빼고는 영업의 同一性이 유지되어야 한다. 앞서 설명한「영업의 일체성」이 이전되는 재산의 범위를 가리키는 말임에 대해 동일성이란 양도의 전후에 걸친 영업의 비교적 양상을 가리키는 말이다. 즉 이전받은 영업재산과 영업조직이 영업이 양도되기 전과 같이 기능적으로 작용하여 양수인의 수익의 원천이 될 수 있음을 말한다. 영업의 동일성의 유지는 영업양도의 결과이자 그 요건이다. 또 양수인은 종전의 영업과 마찬가지로 수익이 실현될 것을 기대하고 영업을 양수하는 것이므로 동일성의 유지는 양도계약의 목적이기도 하다.

영업조직과 영업재산이 일체적으로 이전된다면 특별한 사정이 없는 한 영업의 동일성이 유지된다고 보아야 할 것이다. 이전재산의 일체성을 요구하는 이유는 영업의 동일성을 유지시키기 위한 것이므로 구체적인 판단에 있어서는 영업의 동일성이 유지될 수 있는 정도의 재산이 이전될 때 일체적으로 이전되었다고 말할 수 있다.

6) 채권계약 영업양도는 채권계약이다(대법원 2005. 2. 22. 선고 2005다602 판결).[1] 영업양도가 되기 위해서는 영업조직과 영업재산을 일체로서 이전한다는 합의가 존재해야 한다. 영업이 개인법상의 계약에 의하여 이전하므로 이는 특정승계이다. 회사합병이나 상속에 의하여 영업이 이전될 수도 있으나, 이는 포괄승계이므로 영업양도와 구별해야 한다.

실제 영업양도에서는 「영업양도계약」이라는 말 외에도 「영업인수계약」, 「재산인수약정」, 「경영권양도계약」 등 다양한 명칭을 쓰고 있는데, 영업양도 여부는 그 실질에 의해 판단할 문제이다. 그러므로 영업을 양도한다는 명시의 의사가 없어도 구 영업주와 신 영업주 간의 의사에 기해 종전과 실질적으로 동일한 영업이 신영업주에 의해 영위된다면 영업의 양도가 있었다고 보아야 한다([판례 59]).

영업양도는 이같이 채권계약이지만, 관용적으로는 영업양도계약을 이행하여 영업재산이 이전되는 현상을 가리키는 용어로도 사용한다. 법문상으로도, 상법 제41조, 제42조의 「영업양도」란 이러한 의미로 읽어야 한다(283면 참조).

판례 59 대법원 2009. 1. 15. 선고 2007다17123 · 17130 판결

「… 소외 1 주식회사의 대표이사이던 소외 2가 실질적으로 피고의 대표자로서 활동하였을 뿐만 아니라, 소외 1 주식회사와 피고의 대표이사 및 이사, 감사, 주주 등이 소외 2의 부모이거나 누나 및 그 배우자들인 점, 피고가 소외 1 주식회사의 영업장소와 동일한 영업장소에서 위 회사의 기존 거래처를 기반으로 위 회사가 하던 것과 같은 포장이사업 등의 영업활동을 계속하고 있는 점, 소외 1 주식회사와 피고 사이에 소외 1 주식회사가 임차한 목적물의 사용, 관리에 관한 업무를 피고에게 위임하는 내용의 합의 각서가 작성되기도 한 점, 피고의 인터넷 홈페이지에서 상호가 소외 1 주식회사에서 피고로 변경된 것으로 게재하고 있고, … 피고의 인터넷 홈페이지에서 검색되는 전국 지점은 소외 1 주식회사의 전국 지점과 같은 점, … 소외 1 주식회사의 … '□□익스프레스'에 관한 서비스표권 … 의 존속기간이 만료되자 피고의 명의로 '□□', '□□익스프레스'로 구성된 서비스표를 출원하여 각 서비스표 등록을 받은 점 등 여러 사정에 비추어 보면, 비록 형식상 피고와 소외 1 주식회사 사이에 명시적인 영업양도 약정이 없었다고 하더라도, 실질적으로는 소외 1 주식회사의 대표이사 겸 피고의 실질적 대표자인 소외 2에 의하여 피고가 소외 1 주식회사의 영업을 양수하였다고 봄이 상당하다.」

---

1) Canaris, S. 143ff.

합의의 단일성

영업조직과 영업재산을 이전한다는 내용은 단일한 합의에 포함되어야 한다. 각개의 영업재산이 연결성이 없는 여러 건의 합의 또는 원인에 의해 이전된다면 영업양도로 볼 수 없다. A회사와 B회사간에 영업을 이전할 의도로 약 3년간에 걸쳐 A회사의 경영자를 제외한 모든 근로자가 A회사를 퇴직하고 B회사에 취업을 하였으며, A회사의 대외거래로 인한 채무도 B회사가 인수하고, B회사가 A회사의 주요 영업재산인 공장과 설비를 경매를 통해 이전받아 사실상 그리고 경제적으로는 B회사가 A회사의 영업을 양수한 것과 같은 결과가 되었는데, 이것이 영업양도에 해당하느냐가 문제된 사건이 있다. 이 사건에서 법원은 A회사와 B회사간에 영업재산을 일체로서 이전하는 합의가 없이 근로자의 승계, 영업조직의 이전 등이 별개의 원인에 의해 이루어졌고, 특히 중요재산의 이전이 A와 B의 합의에 의해 이루어진 것이 아니라는 점에 주목하여 영업양도에 해당하지 않는다고 하였다(대법원 2005. 7. 22. 선고 2005다602 판결).

7) 비전형계약 영업의 양도가 무상으로 이루어질 경우에는 증여, 유상으로 이루어질 경우에는 대가의 지급방식에 따라 매매 · 교환 등과 유사한 모습을 보이지만, 어느 하나의 계약으로 설명할 수 없는 다양한 권리 · 의무를 발생시키므로 상법이 인정하는 특별한 무명계약이라고 보아야 한다.[1] 영업양도가 유상인 경우 양도인이 양도한 영업재산에 관해 담보책임을 지는 등 매매에 관한 제규정이 적용된다(민 567조). 기존의 영업을 회사의 설립시 또는 신주발행시(416조)에 현물출자하는 경우가 있는데, 이 역시 영업양도이다. 판례는 영업의 현물출자는 영업양도와 유사하므로 영업양도에 관한 규정을 적용해야 한다고 하나([판례 69] 및 대법원 1995. 8. 22. 선고 95다12231 판결), 영업을 현물출자하는 것은 영업양도에 유사한 것이 아니라 바로 영업양도이다. 회사분할(530조 의2)에 의해서도 분할회사의 영업이 신설회사 또는 다른 회사에 이전되는데, 이 경우에도 분할회사에 경업금지의무를 과하는 등 영업양도에 관한 규정을 적용하는 것이 합리적이다. 다만 회사분할은 법률행위에 의한 이전이 아니므로 이를 바로 영업양도라 할 수 없고, 경제적 효과가 영업양도와 같으므로 영업양도에 관한 규정을 유추적용한다는 식으로 이론구성을 해야 할 것이다.[2]

1) 田中, 213면.

2) 일본의 판례는 법률행위에 의해 사업의 전부 또는 일부가 다른 권리주체에 승계된다는 점에서 회사분할은 영업양도와 다를 바 없으므로 영업양도에 관한 규정을 유추적용해야 한다고 보고 있으나(日最高裁 2008. 6. 10, 平成 18(受)890), 회사분할에 의한 자산이전을 법률행위에 의한 이전으로 보는 것은 의문이다. 이 판결의 사실관계는 다음과 같다. 골프장을 영위하던 회사가 회사분할에

영업의 무상양도

상법상의 영업양도로 인정할 경우의 실익으로는 당사자간에 합의가 없더라도 양수인이 경업금지의무를 진다는 점(41조), 상호를 속용하는 양수인은 이전받지 않은 영업채무에 관해 책임을 진다는 점(42조), 영업채무자가 양도인에게 변제한 것도 유효하다는 점(43조)을 들 수 있다. 영업을 무상으로 양도한 자에게 경업금지의무를 지울 수는 없으므로 무상양도는 상법 제41조의 영업양도가 아니라고 해야 한다. 하지만, 영업채권자와 채무자의 보호는 영업양도의 유·무상과 관계없이 외관주의에 의해 관철되어야 할 법리이므로 이 경우에는 무상양도도 상법 제42조와 제43조의 영업양도에 포함된다고 풀이해야 한다.

영업의 강제집행

채무자의 영업재산을 강제집행할 경우 영업을 해체하여 각 재산별로 경매하는 것보다는 영업 자체를 매각하면 영업권을 환가할 수 있어 효율적일테고, 판례도 영업권을 포함한 영업재산의 일괄경매가 가능한 것으로 보고 있다(대법원 2015. 12. 10. 선고 2013다84162 판결). 그런데 민사집행법의 관련규정이 명확하지 않아 영업의 경매에 관한 해석에 애로가 있다. 민사집행법 제98조 제 1 항에서는 수개의 부동산을 일괄경매할 수 있음을 규정하고 있고, 동조 제 2 항에서는 부동산과 다른 종류의 재산을 일괄경매할 수 있다고 규정하고 있다. 그리고 동법 제197조 제 1 항은 여러 개의 동산을 일괄경매할 수 있다고 규정하고 있다. 이 규정은 제98조 제 1 항에 대응하는 규정으로 볼 수 있는데, 부동산과 다른 종류의 재산을 일괄매각할 수 있다는 제98조 제 2 항에 해당하는 규정을 동산에 관해서는 두고 있지 않다(제197조 제 3 항은 일괄경매의 결정시기에 관한 제98조 제 3 항만 준용하고 동조 제 2 항은 준용하고 있지 않다).

그리하여 영업재산에 부동산이 포함되어 있을 경우에는 민사집행법 제98조 제 2 항에 의해 영업재산 일체를 일괄경매할 수 있고, 동산으로만 구성되어 있을 경우에는 제197조 제 1 항에 의해 일괄경매할 수 있지만, 부동산은 없이 동산과 다른 종류의 재산(예컨대 점포임차권, 특허권 등)으로 구성된 경우에는 영업의 동일성을 유지하며 매각하는 것이 불가능하다. 그러나 동법 제251조에서는 부동산 이외의 재산에 대한 강제집행에 대해서는 제98조를 준용한다고 규정하는데, 이 규정을 근거로 하여 동산 및 다른 종류의 재산의 일괄경매를 허용할 수 있을 듯이 보이기도 하지만, 동 규정의 위치나 문언으로 보아 이같이 해석하는 것이 자연스럽지는 않다.

규정이 불비하기는 하나, 부동산이 있는 경우와 없는 경우를 차별해야 할 이유는

의해 다른 회사를 설립하고 골프장을 양도하였는데, 신설회사는 종전의 골프장 명칭도 승계하여 사용하였다. 이에 분할회사의 골프장 회원이었던 자가 신설회사에 대해 회원예탁금 반환을 청구한 사건에서 법원은 위의 논리하에 상법 제42조 제 1 항을 유추적용하여 신설회사의 반환책임을 인정하였다.

없으므로 이 경우에도 제98조 제 2 항을 유추적용하거나, 아니면 제251조의 해석론으로 동산과 다른 종류의 재산의 일괄경매를 허용하는 것이 타당하다.

금융기관의 계약이전

금융기관이 부실화되어 정상적인 금융업을 영위할 수 없게 되면 금융감독위원회가 「금융산업의 구조개선에 관한 법률」 제14조 제 2 항에 의하여 계약이전결정을 내릴 수 있다. 계약이전결정이란 부실금융기관이 수행해 온 금융거래상의 계약상의 지위를 다른 금융기관에 이전시키는 사법상의 법률효과를 가져오는 행정처분으로서 부실금융기관의 자산 및 부채 중 일부만을 선택적으로 제 3 자인 인수금융기관에게 양도하게 함으로써 부실금융기관을 정리하는 방법이다(대법원 2002. 4. 12. 선고 2001다38807판결). 따라서 계약이전결정에 의해 금융거래상의 당사자지위는 포괄적으로 이전되지만, 당사자간의 약정에 의한 것이 아니고 부실금융기관의 조직을 해체하면서 이전하는 것이므로 영업양도가 아니다.

1997년 경제위기의 여파로 경기은행이 부실화되어 이듬해 금융감독위원회가 경기은행에 대해 영업을 정지시키고 한미은행에 계약이전을 하도록 결정하였다. 이 결정에 의해 경기은행의 은행업관련 자산과 부채가 한미은행에 이전되었고, 점포 기타 자산은 경기은행에 남았지만 대부분 한미은행이 별개의 매매계약을 통해 매수하였다. 이후 경기은행의 은행업 인가가 취소되고 파산선고를 받았으며, 경기은행 소속 직원 중 40%의 인원을 한미은행이 계약직 직원으로 채용하였다. 이에 채용에서 탈락된 경기은행의 직원들이 영업양도임을 주장하고 고용승계를 청구하였으나, 법원은 대부분의 재산이 한미은행에 이전되었더라도 경기은행의 조직이 해체되는 과정에서 생긴 일이며, 계약이전결정으로 영업양도의 효과는 생길 수 없다고 판시하였다(대법원 2003. 5. 30. 선고 2002다23826 판결).

Ⅳ. 영업의 일부양도

1. 의　　의

상법 제374조 제 1 항 제 1 호에서 주식회사가 「영업의 전부 또는 중요한 일부의 양도」를 함에는 주주총회의 특별결의를 얻도록 하고 있음에 비추어 상법이 회사의 영업의 일부의 양도를 인정하고 있음은 명백하고, 자연인상인의 경우에도

영업을 분리하여 독립적으로 수행할 수 있는 한 일부양도가 가능하다.[1)]

영업의 일부양도도 영업양도이므로 앞에서 설명한 영업양도의 개념을 충족하여야 한다. 즉 양도되는 일부영업이 그 자체로서 조직화된 영업재산이어야 하고, 이를 포괄적으로 이전하는 계약이어야 한다. 그러므로 양도되는 영업부문의 인적·물적 조직이 그 동일성을 유지한 채 이전되어야 하며, 나머지 부분과는 구분되어 독립적으로 영업활동이 수행될 수 있는 정도의 조직과 설비를 갖추어야 한다(대법원 1997. 4. 25. 선고 96누19314 판결: 버스회사가 버스 일부를 타 버스회사에 양도하며 그 전속기사만을 인계한 것은 영업의 일부양도가 아니라고 한 예). 그런 의미에서 지점의 양도는 영업의 일부양도이다. 그러나 독립된 경영이 이루어지지 않는 출장소·판매장의 양도는 영업의 일부양도라 할 수 없다. 또 공장이나 작업장 같은 곳은 영업을 행하는 곳이 아니고 사실행위를 하는 곳에 불과하므로 이를 양도하더라도 영업의 일부양도가 아니다.

2. 효 과

영업의 일부양도도 영업양도이므로 다른 규정이 없는 한 영업양도에 관한 상법규정이 일반적으로 적용된다.

그러므로 영업양도인의 경업금지에 관한 규정(41조), 영업상의 채권자와 채무자의 보호를 위한 규정(42조~45조)은 일부양도에도 그대로 적용된다. 그러나 주식회사가 영업의 일부를 양도할 경우에는 기술한 바와 같이 「중요한」 일부의 양도에 한해 주주총회의 특별결의를 요하게 하는 특칙이 마련되어 있다(374조 1항 1호).

영업양도인의 경업금지에 관한 규정(41조)은 일부양도에는 적용하기 어려운 경우가 있다. 상법 제41조 제 1 항에 의하면 영업을 양도한 경우 다른 약정이 없는

1) 이에 대해 영업의 일부양도의 개념은 상법 제374조 제 1 항 제 1 호의 적용에서만 인정되고, 상법 제41조 이하를 적용하는 데에는 인정되지 않는다고 보아야 한다는 견해가 있다. 상법총칙에서의 영업양도는 영업이 전부 양도된 것을 전제로 하여 양도인에게 경업금지의무(41조)를 부담시키고 또 양도인의 채권자 및 채무자를 보호하기 위한 규정(42~45조)을 두고 있기 때문이라고 한다(정찬형 179). 영업의 일부양도로 분할된 영업은 상이한 것일 수도 있고(예: 시계점포와 귀금속을 겸영하다가 시계부문을 양도하는 것), 동일한 것일 수도 있다(예: 동일영업의 지점을 양도하는 것). 전자의 경우 경업금지의무나 양수인의 책임에 관한 규정을 적용하는 데에는 아무 문제가 없다. 후자의 경우, 경업금지의무는 후술과 같이 명시적 또는 묵시적으로 면한 것으로 보아야 하고, 양수인의 책임도 상호속용에 따른 문제이므로 일부양도라 해서 그 규정을 적용하는 데에 지장은 없다.

한 양도인은 10년간 동일한 지역 내에서 동종영업을 하지 못한다. 영업의 일부를 양도한 자가 동일지역 내에서 동종의 다른 영업소를 갖지 아니한 경우에는 이 규정에 의해 경업금지의무를 진다고 해야 할 것이다. 그러나 동일지역 내에 다른 영업소를 가진 경우에 이 규정을 적용한다면 양도인은 그 영업소의 영업을 폐지해야 할 것인바, 이는 당사자의 의사에 부합한다고 볼 수 없다. 이 같은 경우에는 상법 제41조의 적용을 배제하기로 하는 묵시적인 합의가 이루어진 것으로 보아야 한다.[1)]

영업지분의 양도

2인 이상이 조합(동업)의 형태로 영업을 하다가, 그중 일부가 지분을 나머지 동업자에게 양도하고 동업관계를 해소한 경우 영업의 양도는 아니지만, 양도인이 새로이 동일한 영업을 창설한다면 지분의 양수인과 경쟁관계를 이루게 되므로 영업의 일부 양도인이 경업을 하는 것과 사실상 동일하다. 뒤에 소개하는 대법원 2003마473 결정(293면 참조)은 동업자간에 지분을 양도하고 경업금지약정을 맺은 사안에서 동 약정의 효력을 인정하였는데, 이러한 약정이 없을 경우에는 지분의 양도인에 대해 상법 제41조를 유추적용해야 할 것이다.

V. 당사자

영업양도의 양도인과 양수인 쌍방은 자연인상인일 수도 있고 회사일 수도 있다. 즉 자연인 상호간, 회사 상호간 또는 자연인과 회사간에 영업양도가 행해질 수 있다. 그리고 회사는 청산 중에도 영업을 양도할 수 있다.

양도인이 자연인상인일 경우, 영업의 전부를 양도하면 상인자격을 상실하게 되나, 회사의 경우 영업양도는 해산사유가 아니므로(227조, 269조, 285조, 287조의38, 517조, 609조) 영업을 양도하더라도 해산하지 아니한다.

1) 서울중앙지법 2009. 10. 8. 선고 2009가합31692 판결: 인접한 지역에 소재하는 A, B, C, D 호텔을 소유하던 자가 A, B 호텔을 양도하고 C, D 호텔을 운영하던 중, 역시 인접한 토지에 건물을 신축하고 F 호텔 영업을 개시하였던바, A, B 호텔의 양수인이 경업금지위반을 주장한 데 대해, 법원은 양도당시부터 경업관계가 예정되어 있었으므로 상법 제41조의 적용대상이 되지 않는다고 판시하였다.

양수인이 자연인일 경우, 이미 상인일 수도 있고 상인이 아닐 수도 있는데, 상인이 아닌 자가 양수할 경우 그 때부터 상인자격을 취득하게 됨은 물론이다.

자연인이 영업을 양도·양수할 경우에는 본인이 계약을 체결하거나 법정대리인 또는 이에 관한 특별수권을 받은 임의대리인이 대리할 수 있다. 지배인의 지배권은 영업양도에는 미치지 않는 까닭에 지배인은 별도의 수권이 있어야 영업의 양도 또는 양수를 대리할 수 있다.

Ⅵ. 영업양도의 절차

1. 내부적 절차

자연인상인이 영업을 양도함에는 본인의 의사결정 외에 별다른 절차가 필요없으나, 회사가 영업을 양도함에는 명문의 규정에 의해 또는 해석상 일정한 절차가 요구된다.

주식회사 또는 유한회사가 영업의 전부 또는 중요한 일부를 양도할 때에는 주주(사원)총회의 특별결의를 얻어야 하며(374조 1항 1호, 576조 1항), 이를 얻지 않고 양도한 경우에는 무효이다. 또 주식회사나 유한회사가 영업을 양수할 경우에도 같은 결의가 필요하다. 주식회사가 영업의 전부 또는 중요한 일부를 양도하거나 타인의 영업을 양수할 경우에는 그에 반대하는 주주들이 주식매수청구권을 행사할 수 있다(374조의2).

합명회사와 합자회사 그리고 유한책임회사의 영업양도에 관해서는, 해산 후에 양도할 경우 사원의 과반수의 동의가 있어야 한다는 규정(257조, 269조, 287조의45)이 있을 뿐, 존속중의 양도·양수에 대해서는 규정한 바 없다. 그러나 인적 회사의 특성으로 보아 영업의 양도·양수와 같은 구조적 변화는 총사원의 동의를 얻어야 한다는 것이 통설이다.

2. 합의와 방식

영업양도는 계약이므로 양도인과 양수인간의 합의를 요한다.

일반적으로 영업양도에서는 이전할 자산과 부채의 범위에 관한 사항, 영업소·상호 등의 이전에 관한 사항, 사용인의 인계에 관한 사항, 양도의 대가 등에 관해 합의가 이루어진다.

영업양도는 불요식의 계약으로서 당사자의 합의만으로 성립하고 어떤 형식도 요구되지 아니한다. 그러나 합의할 사항이 워낙 광범위하므로 양도계약서를 작성하는 것이 통례이다.

회사의 양도

회사의 형태로 운영되는 기업에 관한 권리를 취득하는 방법에는 그 회사의 영업을 양수하는 방법이 있고 그 회사의 지배주주로부터 발행주식의 대부분을 양수하여 그 회사의 지배주주가 되는 방법이 있다. 물론 법적 절차와 효과는 크게 다르다. 영업을 양수하는 경우에는 회사가 양도인이 되고 주주총회의 결의 등 영업양도에 필요한 내부적인 절차도 거쳐야 한다. 그러나 지배주식을 취득하는 것은 종전의 지배주주와의 개인법적 거래로서 주식의 양도·양수절차를 밟으면 되고 회사와는 무관하다. 그러나 영세한 비상장기업을 거래할 때에는 당사자가 어느 쪽의 거래를 원한 것인지 불분명한 경우도 있다. 이 경우 양도의 대상이 무엇이었는지 정확히 파악하여 성격을 구명하여야 한다. [판례 60]은 당사자의 표시된 의사는 영업양도인 듯하나 실제는 지분의 양도라고 판단한 사례이다.

판례 60 대법원 1995. 8. 25. 선고 95다20904 판결

「1. … 원고는 1992. 2. 13. 소외 유한회사 풍남용달사(이하 소외 회사라고 함)와 사이에 소외 회사 소유의 … 포터화물자동차 2대를 포함한 소외 회사 영업권 일체에 관하여 양도인 소외 회사, 양수인 원고, 대금 35,000,000원으로 정하여 이를 양수하기로 하는 영업양도계약을 체결하고, … 피고는 위 계약체결 당시 특약사항으로 이 사건 계약체결 이전의 일로 민·형사상의 문제가 발생하였을 때에는 소외 회사의 대표이사이었던 피고가 개인적으로 담보책임을 지기로 약정하였는데 ….

2. 갑 제 1 호증에는, 소외 회사 및 위 화물자동차 2대를 금 35,000,000원에 양도·양수하는 것을 내용으로 하는 계약을 피고가 양도인인 소외 회사의 대표자로서 원고와 체결한 것으로 기재되어 있고, 또한 특약란에는 계약일 이전 민·형사상 양도자가 책임진다고 기재되어 있는바, 위 계약에 의하여 양도·양수되는 것은 위 화물자동차 2대 뿐만이 아니라, 소외 회사도 양도·양수의 대상으로 삼고 있다고 보아야 할 것이다.

그런데 통상 회사를 양수한다는 것에는, 첫째 영업주체인 회사로부터 영업일체를

양수하여 그 회사와는 별도의 주체인 양수인이 양수한 영업을 영위하는 경우와, 둘째 회사의 주식이나 지분권을 그 소유자로부터 양수받아 양수인이 회사의 새로운 지배자로서 회사를 경영하는 경우가 있다고 할 것인바, …

… 원고는 위 양도·양수계약 후 소외 회사 사원총회의 결의를 거쳐 1992. 3. 2. 소외 회사의 대표이사에 취임하여 소외 회사를 경영하여 왔고, 피고를 비롯한 위 계약 당시의 소외 회사의 이사들은 모두 1992. 5. 22. 사임하였으며, 위 계약에서 양수하였다는 화물자동차 2대의 소유권을 원고 개인앞으로 이전한 것도 아닌 사실이 인정되는바, 이러한 사실에 비추어 보면, 원고가 위 계약에 의하여 양수한 것은 위 화물자동차 2대와 소외 회사의 영업권이 아니라 소외 회사의 지분권이라고 할 것이고, 따라서 갑 제1호증에는 양도인으로 소외 회사가 기재되어 있지만, 위 계약의 실질은 원고가 소외 회사의 대표로 있는 피고 개인으로부터 피고 소유의 소외 회사 지분권을 양수한다는 내용의 계약으로서, 화물자동차 2대를 양수한다는 취지도 소외 회사의 영업의 내용이 위 2대의 화물자동차를 이용한 운송영업임을 표시한 것이고, 위 화물자동차의 법적 소유자인 소외 회사로부터 원고가 위 화물자동차를 매수한다는 취지가 아니라고 할 것이다.

따라서 위 계약은 원고와 피고 사이에 체결된 것이고, 위 계약상의 양도자는 피고라고 할 것이[다.]」

영업양도의 제한

영업양도는 당사자 간의 합의에 의해 자유로이 할 수 있음이 원칙이다. 그러나 영업양도는 회사합병과 같이 기업결합의 효과가 있으므로 공정거래법에서 경쟁을 저해할 염려가 있는 영업양도를 금하고 있다. 영업양도는 기업을 처분하는 행위이므로 동법은 양도의 측면은 관심 갖지 아니하고, 기업규모를 확대·집중시키는 효과가 있는 영업양수를 규제하는데, 그 내용은 다음과 같다. 어떠한 기업이든 일정한 거래분야에 있어서 경쟁을 실질적으로 제한하는 영업양수를 할 수 없다(독규 9조 1항). 특히 대규모기업이 영업을 양수할 경우 경쟁제한의 개연성이 높으므로 사전신고를 의무화하여 경쟁제한을 예방하고 있다. 즉 양도회사 또는 양수회사가 소정 기준의 기업결합신고대상 회사인 경우에는[1] 영업양수를 승인하는 주주총회의 결의가 있은 후 30일 이내에 공정거래위원회에 신고하여야 하며(독규 11조 6항), 신고 후 30일(대기기간)이 경과할 때까지는 영업양수의 이행행위를 할 수 없다(동조 8항). 영업양수가 경쟁제한의 우려가 있는 경우에는 이 기간 중에 양수인에 대하여 영업양수의 중지를 명할 수 있다(독규 14조 1항).

이 밖에 특정 인·허가사업의 효과적인 규제를 위해 동 업종의 양도를 제한하는 수가 있다. 예컨대 금융투자업자가 영업을 양도하거나 양수하고자 할 때에는 금융위원

1) 계열회사와 합하여 자산총액 또는 매출액총액이 3천억원 이상인 회사(독규령 18조 1항).

회의 승인을 받아야 하며(자금 417조 1항 4호), 보험업의 양도·양수도 같은 제한을 받는다(보험 150조).

3. 양도시기

영업은 어느 시점에서 양도되었다고 보아야 하는가? 다시 말해 언제부터 상법 제41조 이하의 규정이 적용될 수 있느냐는 문제이다. 상법 제41조 이하는 실질적으로 영업주체가 변동된 경우에 적용하는 것이 타당하므로 계약의 체결시기 또는 양도대금의 지급시기가 기준이 될 수 없고, 유기적으로 조직화된 영업재산이 동일성을 유지하며 양수인에게 이전되어 양수인이 동 재산으로 영업활동을 개시한 시점에 영업이 양도되었다고 보아야 한다.[1)]

Ⅶ. 영업양도의 효과

1. 영업의 이전

상법은 영업양도의 효과로서 양도인의 경업금지의무(41조) 및 영업상의 채권자와 채무자의 보호(42조~45조)에 관해서만 규정하고 있지만, 영업양도는 채권계약이므로 그 이행으로써 양도인이 양수인에게 영업을 이전하여야 함은 당연하다. 영업의 구성요소별로 검토한다.

1) 영업재산의 이전 영업재산은 양도를 전후하여 영업의 동일성이 유지되도록 포괄적으로 이전되어야 한다. 영업의 동일성을 해하지 않는 범위에서 당사자의 합의에 의해 일부 자산을 제외시킬 수 있다고 함은 기술한 바와 같다.

영업재산을 이전하기 위해서는 이행행위(물권행위)가 행해져야 한다. 영업양

1) 평생교육사업을 영위하던 A가 B에게 동 교육사업을 양도하는 계약을 체결하였고, 계약 후 B가 같은 명칭으로 주무관청의 인가를 받아 동 교육사업을 영위하다가 명칭을 변경하고 이어 A에게 잔대금을 치루었다. 이에 A의 채권자가 상법 제42조 제 1 항에 근거하여 B의 책임을 물었던바, B는 잔대금을 치룬 시기에 영업이 양도되었으며, 이때에는 상호속용이 없었다는 항변을 하였다. 그러나 법원은 본문에서와 같은 이론으로 주무관청의 인가를 받아 영업을 개시한 때에 영업이 양도되었다고 하며 B의 책임을 인정하였다(대법원 2010. 9. 30. 선고 2010다35138 판결).

도를 흔히 「포괄적」인 이전이라 표현하지만 영업재산의 전부를 포괄적으로 이전하는 물권행위란 존재하지 않으므로 영업재산을 이루는 개개의 구성부분을 이전하는 물권행위가 행해져야 한다. 즉 부동산은 등기(민 186조), 동산은 인도(민 188조)하여야 하고, 채권은 대항요건(민 450조)을 갖추어 이전하는 등 각 재산의 종류별로 필요한 이전행위를 해야 한다([판례 61] 참조).

2) 영업조직과 사실관계 영업양도의 이행에서 특히 중요한 것은 영업조직과 재산적 가치 있는 사실관계를 이전하는 것이다. 영업이란 낱낱의 재산이 영업조직과 영업에 관한 사실관계에 의해 유기적으로 결합되었을 때에 영리수단으로서의 가치를 발휘할 수 있는 것이므로 영업조직과 사실관계를 이전한다는 것이 영업양도에 있어 요체를 이루는 부분이라 할 수 있다. 이를 인수함으로써 양수인은 종전과 같이 동일성을 유지하며 영업을 계속할 수 있는 것이다.

영업조직이나 사실관계는 유형의 자산이 아니므로 이전방법이 따로 있을 수 없고, 영업의 관리체계 · 거래처관계 · 영업상의 비밀 등을 구두 또는 문서 기타 거래통념에 부합하는 방법으로 전달해야 한다.

3) 채 무 영업상의 채무는 양수인에게 있어 영업의 동일성과 무관하기도 하려니와 제 3 자(채권자)의 권리가 관련된 것이므로 영업양도의 요소가 아니다. 그러므로 양도당사자 간의 합의가 없는 한 채무는 이전되지 아니하며,[1] 양수인이 승계하기로 합의하더라도 채권자와의 관계에서 효력을 갖기 위해서는 채무인수절차(민 453조, 454조)를 밟아야 한다.[2]

---

1) 일본에서는 이와 반대로 영업양도의 당사자 간에 다른 합의가 없는 한, 영업상의 채무도 양도되는 재산에 포함된다는 것이 통설 · 판례인 듯하다. 1900년에 나온 판례가 이러한 뜻의 판시를 한 바 있는데(日大審院 1900. 11. 7, 民錄 6집 10권 42면), 이 판례 이후 같은 취지의 하급심판례가 다수 있고, 학설도 이를 인용하고 있다. 그러나 이는 양도당사자 간에 채무인수여부에 관한 합의가 분명치 않아 분쟁이 생긴 경우에 제시되는 해결법리이고, 채권자가 당연히 채무의 승계를 주장할 수 있다는 뜻은 아니다(東京地裁 2001. 12. 20, 「金融 · 商事判例」 1158호 38면). 앞에 말한 일본의 통설도 영업양도에 의해 당사자 간에서는 채무가 이전되어 양수인이 채무자로 되지만, 채권자에 대한 관계에서는 여전히 양도인이 채무자라고 설명한다(新里慶一, "營業讓渡における讓受人の弁濟責任,"「中京法學」 39권 3 · 4호(2005), 205면 이하).

2) 영업에는 다양한 거래관계가 얽혀 있어 양도 당시에는 알 수 없었던 영업상의 채무가 양도 후에야 밝혀지는 경우가 많다. 양수인이 영업상의 채무를 포괄적으로 이전하기로 합의하는 경우에 이러한 돌출적인 채무로 인한 위험부담을 피하기 위하여 「양도시 확인된 채무에 한하여 양수한다」는 식의 제한된 채무인수의 합의를 하는 수가 있다. 이러한 합의가 유효함은 물론이다. 임금채무가 소송중이었으나 양도 당시에는 당사자가 채무의 존재를 확인하지 않았다가 양도 후 채권자가 승소한 경

채무가 당연히 승계되는 것이 아니므로 영업양도인이 양도 전에 가지고 있던 영업상의 채무에 관해 제 3 자가 보증을 한 경우, 양도인의 피보증인으로서의 지위는 양수인에게 이전되지 않는다. 따라서 보증인이 양도인의 채무를 대신 변제하더라도 양수인에게 구상권을 행사할 수 없다(대법원 1989. 12. 22. 선고 89다카11005 판결).

판례 61 대법원 1991. 10. 8. 선고 91다22018 · 22025 판결

「… 소외 화성특수화물 합명회사가 1984. 8. 9, 판시 트랙터와 트레일러 각 1대를 피고에게 매도하였으나 피고의 중도금지급불이행으로 같은 해 9. 중순 경 위 소외회사가 위 매매계약을 해제하였으며, 한편 위 소외회사는 1987. 6. 10. 원고에게 특수화물자동차운송사업과 위 차량들을 포함한 사업공용차량 일체를 양도하고 … 소외회사의 위 매매계약해제로 인하여 발생하는 피고에 대한 원상회복청구권을 원고가 당연히 승계하였다는 원고의 주장에 대하여, (1) 원고와 위 소외회사 사이의 위 1987. 6. 10자 계약이 영업양도라 하더라도 영업양도는 채권계약이므로 양도인이 재산 이전의무를 이행함에 있어서는 상속이나 회사의 합병의 경우와 같이 포괄적 승계가 인정되지 않고 특정 승계의 방법에 의하여 재산의 종류에 따라 개별적으로 이전행위를 하여야 할 것인바, 위 매매계약해제에 따라 원상회복청구권은 지명채권이므로 그 양도에는 양도인(소외회사)의 채무자(피고)에 대한 통지나 채무자의 승낙이 있어야 채무자인 피고에게 대항할 수 있는데, 그와 같은 대항요건을 갖추었음에 대한 원고의 주장, 입증이 없으므로, 원고로서는 위 영업양수를 이유로 피고에게 원상회복청구권을 주장할 수 없[다.]」

4) 공법상의 권리관계 영업에 공법상의 권리관계가 따르는 경우가 있다. 예컨대 주무관청의 영업허가와 같은 것이 이에 속한다. 이러한 공법적인 지위가 관련법률에 의해 양도가능한 경우에는 당사자간에 그 이전에 협력할 것을 합의할 수 있다.[1] 그렇지 않은 경우 공법상의 지위이전은 양도인의 의무가 아니라고 보아야 한다. 사업자등록명의이전은 양도인의 의무가 아니라고 한 판례가 있다(대법원 2002. 4. 26. 선고 2000다9482 · 9499 판결).

5) 고용관계 종업원은 영업의 인적 시설을 이루므로 반대의 특약이 없

우에 이를 양도 당시에 확인되지 않았던 채무에 해당한다고 보아 양수인의 책임을 부정한 예가 있다(대법원 1996. 5. 31. 선고 91다15225 판결).

1) 체육시설의 설치 · 이용에 관한 법률(이하 "체육시설법")에서는 체육시설의 영업양도가 있을 경우에는 체육시설의 등록 또는 신고에 따른 권리의무를 양수인이 승계하는 것으로 규정하고 있다(동법 27조 1항).

는 한 영업의 양도는 고용관계의 승계도 포함한다고 보아야 한다. 그리하여 종업원을 승계한다는 합의가 없더라도 고용관계는 양수인에게 승계되며, 다른 합의가 없는 한 영업양도 전의 근무조건이 그대로 유지되고, 영업양도 이전에 성립된 퇴직금채무 등의 임금채무도 양수인에게 이전된다는 것이 판례의 입장이다(대법원 1991. 8. 9. 선고 91다15225 판결; 동 2005. 2. 25. 선고 2004다34790 판결). 물론 종업원의 의사에 반하여 승계할 수 있는 것은 아니다. 종업원은 양수기업에의 고용승계를 거부하고 양도기업에 잔류할 수 있으며, 퇴직할 수도 있다. 고용승계를 거부하고 양도기업에서 퇴직하는 경우에는 양도기업에 대해 퇴직금 기타 임금청구권을 갖는다(대법원 2012. 5. 10. 선고 2011다45217 판결).

근로계약의 불승계

양수인으로서는 근로계약을 승계하는 것이 상당한 부담이 된다. 영업양도의 실례를 보면 영업이 부진하여 양도하는 경우가 많은데, 이러한 기업을 회생시키려면 우선 종업원을 상당수 해고하여 인건비를 절감하는 등 경영을 개선하여야 하기 때문이다. 그래서 종업원을 인수하는 부담을 덜기 위해 영업양도 대신에 자산을 양수하는 형식을 취하는 예도 많다. 예컨대 1997년 2월 삼미종합특수강주식회사가 경영부진으로 회사재산을 포스코에 양도하였는데, 포스코는 종업원의 인수를 피하기 위하여 삼미의 자산만을 인수하는 형식을 취하였으며, 추후의 시비를 염려하여 자회사를 설립하고 자회사의 이름으로 양수하였다(대법원 2001. 7. 27. 선고 99두2680 판결).

양도인과 양수인 간의 특약에 의해 근로계약을 승계하지 않을 수 있음은 물론이다(일부 판례에서 근로계약이 승계되지 않는 한 영업양도가 아니라고 본 예가 있다). 근로계약을 승계하지 않는다면 이는 실질적으로 해고와 같으므로 근로기준법의 제한을 받는다. 근로기준법은 일반적으로 해고에 정당한 사유를 요구하는데(동법 23조 1항), 경영상 이유에 의하여 근로자를 해고하려면 긴박한 경영상의 필요가 있어야 한다(동법 24조 1항). 경영악화를 방지하기 위한 사업의 양도 · 인수 · 합병은 긴박한 경영상의 필요가 있는 것으로 보지만(동조항), 영업양도 그 자체만을 사유로 근로자를 해고하는 것은 정당한 이유가 있는 것으로 보지 않는다([판례 62] 참조).

판례 62 대법원 2020. 11. 5. 선고 2018두54705 판결

「… 영업양도 당사자 사이에 근로관계의 일부를 승계의 대상에서 제외하기로 하는 특약이 있는 경우에는 그에 따라 근로관계의 승계가 이루어지지 않을 수 있으나, 그러한 특약은 실질적으로 해고나 다름이 없으므로, 근로기준법 제23조 제 1 항에서 정한 '정당한 이유'가 있어야 유효하고, 영업양도 그 자체만을 사유로 삼아 근로자를 해고하는 것은 정당한 이유가 있는 경우에 해당한다고 볼 수 없다.

근로자가 영업양도일 이전에 정당한 이유 없이 해고된 경우 양도인과 근로자 사이의 근로관계는 여전히 유효하고, … 영업양도 계약에 따라 영업의 전부를 동일성을 유지하면서 이전받는 양수인으로서는 양도인으로부터 정당한 이유 없이 해고된 근로자와의 근로관계를 원칙적으로 승계한다고 보아야 한다. … 영업양도 당사자 사이에 정당한 이유 없이 해고된 근로자를 승계의 대상에서 제외하기로 하는 특약이 있는 경우에는 그에 따라 근로관계의 승계가 이루어지지 않을 수 있으나, 그러한 특약은 실질적으로 또 다른 해고나 다름이 없으므로, 마찬가지로 근로기준법 제23조 제 1 항에서 정한 정당한 이유가 있어야 유효하고, 영업양도 그 자체만으로 정당한 이유를 인정할 수 없다.」

＊同旨: 대법원 1994. 6. 28. 선고 93다33173 판결.

2. 경업의 금지

(1) 취 지

영업양도는 단순히 낱낱의 재산을 양도하는 것에 그치지 않고 재산적 가치 있는 사실관계를 포함하는 조직화된 영업재산 전체를 양도하는 것이다. 그리고 통상 양수인은 낱낱의 영업재산이 갖는 가치의 총액을 초과하는 대가를 치른다. 이같이 이루어진 영업양수의 목적을 달성하기 위해서는 양수인이 종전의 양도인이 누리던 것과 같은 제한된 의미에서의 독점상태를 유지하면서 영업을 할 수 있어야 한다. 그렇지 않고 양도인이 인근지역에서 새로이 동종의 영업을 수행한다면, 양수인과 경쟁상태를 이루어 양수인은 독점적 지위를 얻지 못하므로 타인의 영업을 양수한 보람이 없다. 즉 양수인은 새로이 영업을 시작한 것과 같다. 이같은 상태에서는 결과적으로 양수인은 고객관계 등 재산적 가치 있는 사실관계를 제외하고 단순히 영업용 재산만을 양수한 것과 차이가 없으므로 양수인이 지급한 대가와 균형이 맞지 않아 불공평하다. 그러므로 상법은 양수인으로 하여금 영업양수의 실효를 거둘 수 있도록 양도인에 대해 경업을 금지한다(41조).

(2) 의무의 성질

경업금지의무[1)]가 계약상의 의무이냐, 법정책으로 인정한 특별한 의무이냐는

1) 양도인이 경업을 금지한다는 뜻으로 말할 때에는 「경업의 금지」라고 표현해야 하나, 양도인이 경

논쟁이 있다. 계약설은 영업양도계약에는 경업금지의무가 당연히 포함되어 있고 상법 제41조는 그 범위를 주의적으로 규정한 것에 불과하다고 설명하는 데 대해(서완석 143; 손진화 151; 이(기)·최 284; 이종훈 125; 정준우 170; 주석(총칙·상행위) 424; 최준선 229), 정책설은 상법이 영업양수인의 보호를 위해 특히 인정한 법정의무라고 설명한다(강·임 151; 전우현 166; 정찬형 190).[1)]

영업양수인이 영업을 양수하는 목적은 기술한 바와 같이 종전의 영업에 관해 배타적인 지위를 가지려는 것이다. 그렇다면 영업양도계약에 묵시적으로 경업금지의 합의가 포함되어 있다고 보는 것이 양도당사자의 합리적인 의사에 부합한다. 상법 제41조가 당사자간에「다른 약정이 없을 경우에」10년간 경업금지의무를 진다고 규정한 것도 경업금지가 당사자의 의사에 기한 것임을 전제로 한 것이다.[2)]

헌법재판소는 상법 제41조를 의사보충규정이라고 하는데, 이는 계약설에 입각한 설명이다.[3)]

(3) 영업의 범위

여기서 동종영업이라 함은 동일한 영업이라는 뜻이 아니라 널리 양도한 영업과 경쟁관계·대체관계가 있는 영업을 뜻하며(상업사용인의 경업이 금지되는 범위와 대체로 같다)(대법원 2015. 9. 10. 선고 2014다80440 판결),[4)] 영업소의 설치 여부와 관계없이 같은 영업거래 자체가 금지된다.

업을 삼가야 한다는 뜻에서 말한다면「경업의 피지」라고 표현해야 옳다. 그러나 이 경우 역시「경업금지」가 관용화되었으므로 이 책에서도 같은 표현을 따른다.

1) 일본에서는 대체로 영업양도의 법적 성질에 관해 영업재산양도설을 취하는 자는 정책설의 입장에 서고, 지위이전설을 취하는 자는 계약설의 입장에 서는 경향이 있다(田中(總), 219면 참조). 그러나 경업금지의무의 본질론이 영업양도의 개념론과 필연적으로 연결되어야 하는 것은 아니다. 영업재산양도설을 취하더라도 양도계약에 경업금지의무가 포함되어 있다고 설명하여 어색할 것은 없다.

2) 독일 상법에서는 우리 상법 제41조와 같이 양도인의 경업을 금지하는 명문의 규정은 두지 않고, 해석론으로서 신의칙(독일 민법 157조, 242조)에 근거하여 같은 의무를 과하는데, 이는 양도당사자간의 계약의 목적을 달성하기 위해 경업금지가 필요하다는 뜻이다(Canaris, S. 144).

3) 헌법재판소 1996. 10. 4. 선고 94헌가5 결정:「경업금지의무는 당사자간의 특정한 약정이 없는 경우에 영업양도의 본질로부터 법이 당사자의 의사의 보완·해석규정으로 둔 것이라 할 수 있다. 즉 경업금지의무를 약정하는 것이 당사자의 합리적인 의사라고 보는 것이다. 이 사건 규정은 이러한 합리적인 당사자의 의사가 명확히 약정되어 있지 않은 경우를 대비한 의사보충규정이라고 할 수 있다」(요지).

4) 판지: 축산물종합처리시설을 갖춘 장소에서 국내산 소·돼지를 수매하고, 수매한 소·돼지를 도축·가공한 후에 이를 유통·판매하는 영업을 양도한 자가 제 3 의 업체로부터 국내산 소·돼지고기를 공급받아 유통·판매하는 영업을 개업함으로써 양수인에 대한 경업금지위반여부가 문제된 사건에서, 법원은 양도한 영업과 경업이 금지되는「동종 영업」이란 양도된 영업과 경쟁관계가 발생할 수 있는 영업을 의미한다는 일반론을 제시하고, 이 사건에서의 두 영업은 동종 영업에 해당한다

영업일부의 경업

양도한 영업의 일부와 경쟁이 되는 영업을 하더라도 상법 제41조 제 1 항의 위반이다. 예컨대 제빵을 주로 하지만, 영업점 내에서 커피 등 음료를 판매하는 「파리바케트」라는 제과점을 양도하고, 양도인이 인근에서 「커피나무」라는 이름으로 커피, 녹차, 아이스크림 등을 판매하는 업소를 차린 것을 경업금지의무를 위반한 것으로 다룬 하급심판례가 있다(서울동부지법 2010. 9. 15. 선고 2010가합5401 판결).

(4) 금지기간과 대상

1) 영업양도인은 다른 약정이 없는 한 10년간 동일한 특별시 · 광역시 · 시 · 군과 인접한 특별시 · 광역시 · 시 · 군에서 동종영업을 하지 못한다(41조 1항).

영업양도인의 경업금지의무는 양수인을 보호하기 위한 제도이므로 당사자의 특약에 의하여 이를 배제하거나 경감할 수 있음은 물론이다(예컨대 경업금지기간을 5년으로 하는 것). 또 당사자의 약정으로 10년을 초과하는 기간을 정하여 경업금지의무를 과할 수도 있다. 그러나 지나치게 장기로 제한하는 것(예: 평생토록 경업을 못하게 하는 것)은 개인의 자유를 극도로 구속하므로 20년을 초과하지 아니하는 범위 내에서 효력이 있다(41조 2항). 따라서 20년을 초과하는 기간을 정했을 경우에는 20년까지만 경업금지의무를 진다(일부 무효).

2) 경업금지의 대상인 영업의 범위는 당사자의 합의로 정하거나 제한할 수 있다. 앞서 든 제빵과 음료판매를 영위하는 영업을 양도한 예에서, 제빵에 관해서만 경업을 금지하고 음료판매에 관해서는 경업을 허용하는 약정을 할 수 있는 것이다. 이 약정은 묵시의 의사표시로도 가능하다(전게 대법원 2014다80440 판결).[1)]

(5) 금지지역

동일한 특별시 · 광역시 · 시 · 군과 인접한 특별시 · 광역시 · 시 · 군에서 동종영업을 하는 것이 제한된다. 이 규정이 말하는 경업금지지역으로서의 동일 지역 또는 인접 지역은 양도된 물적 설비가 있던 지역을 기준으로 정할 것이 아니라 영

고 판단하였다.

1) 앞서 인용한 축산물종합처리시설을 갖춘 장소에서 국내산 소 · 돼지를 수매하고, 수매한 소 · 돼지를 도축 · 가공한 후에 이를 유통 · 판매하는 영업을 양도한 사안에서, 법원은 제 3 의 업체로부터 국내산 소 · 돼지고기를 공급받아 유통 · 판매하는 영업이 경업에 해당한다고 판단하였지만, 영업양도의 범위를 전자의 영업으로 명시한 것은 후자의 영업에 관해 경업금지를 배제하는 묵시적 합의를 내포한 것으로 해석하였다.

업양도인의 통상적인 영업활동이 이루어지던 지역을 기준으로 정하여야 한다. 그리고 통상적인 영업활동인지 여부는 해당 영업의 내용, 규모, 방식, 범위 등 여러 사정을 종합적으로 고려하여 판단하여야 한다(전게 대법원 2014다80440 판결).

「동일한 특별시 …」뿐 아니라 「인접한 특별시 …」를 포함시킨 이유는 이같이 규정하지 않을 경우 지역의 경계선의 바로 이쪽에서 영업을 양도하고 바로 저쪽에서 새로운 영업을 개시할 수 있다는 불합리가 생기기 때문이다. 이 지역적인 제한은 특약에 의해 좁힐 수는 있으나 확대할 수는 없다(41조 2항).

위 규정을 문언대로만 해석한다면 업종의 특성이나 규모에 따라서는 매우 불합리한 경우가 있다. 서울특별시와 인천광역시는 인접지역이다. 서울의 북쪽 끝에 있는 상계동에서 이발소를 양도한 자가 인천의 연안부두에서 이발소를 개업한다 해서 상계동의 고객이 따라 갈 리 없지만 조문상으로는 경업금지의무의 위반이 된다. 같은 행정구역이라도, 예컨대 상계동에서 약국을 양도한 자가 구로동에서 약국을 개업한다고 해서 경업금지의무를 과하는 것이 합리적일 수는 없다. 그러므로 이 규정을 적용함에는 업종에 따른 영업(특히 고객관계)의 지역성도 아울러 고려하여 양수인과 경쟁을 야기할 염려가 없다면 경업금지의 대상이 아니라고 해석해야 한다(목적론적 축소해석; teleologische Reduktion).

한편 양도된 영업이 동일 지역 또는 인접지역을 넘어 보다 광대한 지역 또는 전국에 걸쳐 이루어지는 경우에는 양도된 영업의 실질적인 지역범위에 걸쳐 경업금지를 인정해야 되느냐는 문제가 있다. 경업금지의무는 당사자의 명시된 합의가 없이 양도인의 생업을 제한하는 제도이므로 법문의 의미를 벗어나는 해석은 허용될 수 없고 따라서 상법 제41조에 명시된 지역에 한하여 경업이 금지된다고 풀이해야 한다.[1)]

제주도의 이발소

2006년 1월 제주도의 국제자유도시화를 위해 행정체계가 개편되기 이전에는 제주도의 북쪽 연안과 남쪽 연안에 제주시와 서귀포시가 있고, 이 두 도시를 각각 북제주군과 남제주군이 둘러싸고 있었다. 북제주군 한림읍 한림리에서 이발소를 양도한 자

1) 앞서 인용한 「대법원 2014다80440 판결」은 전국적으로 행해진 영업이 양도된 후 경업이 이루어진 사안에서 경업금지의 범위를 전국적으로 판단한 하급심의 해석을 지지하였다. 이 판결에서는 다른 이유로 경업금지의무를 부정하였으므로 이 설시는 방론에 그치지만, 옳은 해석이 아니다.

의 경업금지지역이 다투어진 사건이 있었다. 제주시, 남제주군, 북제주군 및 서귀포시가 인접 시·군에 해당하므로 제41조 제 1 항의 문언대로라면 그 양도인은 전 제주도지역에서 이발소를 할 수 없다는 결론에 이른다. 양수인은 이같이 청구하지는 않고 한림읍과 이에 접해 있는 북제주군의 애월읍, 한경면, 남제주군의 대정읍을 경업금지지역으로 정해 줄 것을 청구하였지만, 법원은 제41조가 정하는 인접행정구역은 영업소가 인접행정구역과의 경계 부근에 있을 경우에 한해 적용되어야 한다는 이유설시와 함께 경업금지지역을 한림읍과 한림읍을 좌우로 싸고 있는 북제주군의 애월읍, 한경면으로 제한하고 남제주군의 대정읍을 제외하였다(제주지법 1998. 6. 3. 선고 98가합129 판결).

* 同旨: 수원지법 2011. 2. 10. 선고 2010가합14646 판결(용인시에서 미용실을 양도한 자의 경업금지구역을 미용실 영업의 특성을 고려하여 용인시 지역만으로 정한 예).

상법 제41조의 합헌성

상법 제41조가 직업선택의 자유를 침해하고 시장경제질서에 반하며, 서울특별시와 같은 광범한 지역을 단위로 금지지역을 설정한 것은 과잉금지에 어긋나고 읍·면과 같은 지역과 균형이 맞지 않으므로 평등의 원칙에도 반한다는 이유로 위헌법률심판을 제청한 사건이 있었다. 이에 대해 헌법재판소는, (ⅰ) 영업양도의 본질상 경업금지의 합의를 하는 것이 합리적인 당사자의 의사이고, 이러한 합의가 없을 경우에 영업양도의 실효성을 높이기 위하여 법 제41조가 후견적 기능을 하는 것이므로 직업선택의 자유를 제한하는 목적의 정당성을 인정할 수 있고, (ⅱ) 상법 제41조의 위반이 처벌을 수반하는 것이 아니고 인과관계를 요건으로 하여 손해배상책임을 지는 것과 경업을 폐지하는 것이라는 점을 감안할 때, 금지구역이 넓다고 하여 특별한 문제는 생기지 않고, (ⅲ) 서울특별시 전체와 광역시, 시·읍·면은 하나의 독립된 사회·경제적 독자성을 가진 단위로 볼 수 있어 경업금지구역을 이와 같이 정한 입법재량권의 행사가 비합리적이고 자의적인 것이라고 볼 수 없다고 하였다(헌법재판소 1996. 10. 4. 선고 94헌가5 결정).

(6) 적용범위

경업금지의무는 영업양수인이 영업을 계속하는 동안에만 존속한다고 풀이해야 한다. 따라서 영업양수인이 영업을 폐지한다면 양도인의 경업금지의무는 소멸한다. 하지만 양수인이 영업을 양도한 경우에는 후술과 같이 당초의 양도인은 제 2 양수인에 대해 경업금지의무를 부담한다고 보아야 한다.

그리고 경업금지의무는 양도인이 타인의 명의를 빌려 영업을 하는 경우는 물론, 영업양도 후 자신이 의무에 위반하여 경업을 하던 영업을 제 3 자에게 임대하거나 양도하는 것도 금하는 취지로 이해해야 한다(대법원 1996. 12. 23. 선고 96다37985 판결).[1)]

상법 제41조는 상인의 영업양도를 대상으로 한 규정이므로 상인 아닌 자가 비영리적인 사업(예: 교회, 사찰)을 양도하더라도 본조가 적용되지 아니한다([판례 63] 참조).

판례 63 대법원 1969. 3. 25. 선고 68다1560 판결

「… 원판결이 확정한 사실에 의하면, 원고는 주소지에서 신흥정미소라는 상호로 도정업을 하던 중 1966. 6. 4. 위 정미소의 건물과 시설일체를 대금 70만원에 피고[양서농업협동조합]에게 매도하였다가 그 해 11. 5. 이를 동액으로 다시 매수하여 운영중인데, 피고는 1967. 7.경 동소에 새로 정미소를 설치하고 도정을 하고 있다는 것인바, 상법상의 영업양도에 관한 규정은 양도인이 상인이 아닌 경우에는 적용할 수 없고, 또 농업협동조합법 제 5 조 제 2 항에 의하면, 동 조합은 영리나 투기사업을 하지 못하게 되어 있으므로 동 조합을 상인이라 할 수 없고 따라서 동 조합이 도정공장을 양도하였다 하더라도 동 조합은 양수인에 대하여 상법 제41조에 의한 경업금지의무는 없다 할 것이므로 설사 소론과 같이 피고가 사실상 영업행위를 하고 있다 하더라도 원고는 피고에 대하여 경업금지청구권이 없다.」

註) 상인이 아닌 자가 사업을 양도하더라도 경업금지의무를 과할 수 없다는 결론은 그 사업이 영업이 아닌 한 타당하나, 본 사건과 같은 경우 도정업은 객관적으로 보아 영업이라고 보아야 하고 그 범위에서는 농협을 상인으로 보아야 할 것이므로 제41조가 적용되어야 한다. 판례는 과거 철도가 국영이던 시절 철도사업에 관해 국가도 상인으로 보았다(96면 참조).

(7) 경업금지의무의 승계

경업금지의무는 특정승계에 의해 이전되지 아니한다. 그러나 상속 · 회사합병과 같은 포괄승계에 의해 상속인 또는 존속법인(또는 신설법인)에게 경업금지의무가 이전되느냐에 대해서는 의문이 있다. 경업금지의무가 영업양도인의 상속인에게까지 승계된다고 한다면 상속인은 자기의 의사에 기하지 아니하고 직업선택의 자유를 제한받는 결과가 되므로 부정하는 것이 옳다(서완석 144; 손진화 153; 오성근 198; 이(기) · 최 286; 임홍근 174; 정동윤 123; 정준우 172; 주석(총칙 · 상행위) 424; 최준선 231). 그러나 회사합병의 경우에는 이와 달리 보아야 한다. 이 경우 승계를 부정한다면 회사가 영업을 양도하고 타법인에게 흡수합병됨으로써 경업금

1) 양도인이 경업금지의무에 위반한 영업을 제 3 자에게 임대하거나 양도하는 것은 금지되지만, 이에 위반하여 영업을 양도한 경우 이를 양수한 자의 영업이 위법하거나 양수인이 경업을 할 수 없다는 뜻은 아니다. 본문의 판례는 이 점을 분명히 하기 위하여, 경업을 하는 양도인에 대해 영업의 임대, 양도를 금지하는 가처분명령을 내리면서 방론으로서 「다만 위 가처분명령에 의하여 제 3 자에 대한 임대, 양도 등 처분행위의 사법상 효력이 부인되는 것은 아니고, 가처분채무자가 그 의무위반에 대한 제재를 받는 것에 불과하다」라는 문장을 덧붙였다.

지의무를 회피할 수 있기 때문이다. 그러므로 존속법인 또는 신설법인은 소멸법인의 경업금지의무를 승계한다고 본다. 그러나 존속법인이 이미 동종의 영업을 하고 있는 경우에는 그렇지 않다.

영업양수인이 영업을 재차 양도한 경우에 당초의 영업양도인이 자신의 양수인에 대해 더 이상 경업금지의무를 지지 아니함은 물론이지만, 제 2 단계의 양수인에 대해서는 어떠한가? 예컨대 갑이 을에게 영업을 양도하고 재차 을이 병에게 영업을 양도한 경우, 갑이 병에 대해 경업금지의무를 지느냐는 문제이다. 바꿔 말하면 영업양도인의 경업금지의무에 상응해 갖는 양수인의 권리는 재차 영업양도에 의해 양수인에게 승계되느냐는 문제이다. 경업금지의무에 대응하는 양수인의 권리는 영업재산을 이루므로 영업양도와 더불어 승계된다고 보아야 한다(대법원 2022. 11. 30. 선고 2021다227629 판결). 이러한 해석은 앞에서 설명한 계약설의 입장과도 부합한다. 다만 원래의 양도인에게 승계를 주장하기 위해서는 지명채권의 양도방법에 따라 통지·승낙의 대항요건을 구비해야 할 것이다(민 450조). 판례는 영업의 양도에 수반하여 지명채권인 경업금지청구권의 양도에 관한 통지권한도 전전이전된다고 보고 있다(전게 판례).

경업금지의 회피

영업양도인이 영업을 양도한 후 회사를 설립하는 방법으로 경업금지의무를 회피할 수 있다. 예컨대 갑이 을에게 영업을 양도한 후 병이라는 회사를 설립하여 같은 영업을 하게 하는 것이다. 그러면 병은 경업금지의 부담이 없이 을과 경쟁영업을 할 수 있고 그 실제의 이익은 갑에게 돌아간다. 이 경우 양도인이 설립한 회사가 법인격부인의 요건을 갖추면 갑과 병을 동일인으로 보아 병이 경업금지의무를 진다고 해야 한다(주석(총칙·상행위) 428; 최·김 178; 최준선 231). 그 반대의 경우, 즉 회사가 영업을 양도하고 그 지배주주가 경업을 하는 경우에도 같은 결론을 내야 한다.

법인격부인의 요건에 해당하지 않더라도 갑이 병의 지배주주로서 경업의 이익을 향유할 경우에는 병에게 경업금지의무를 과할 수는 없지만, 갑이 법률회피의 방법으로 경업금지의무를 위반한 것으로 보아야 하고 손해배상책임을 진다고 해석해야 한다. 경업금지약정을 회피할 목적으로 영업양도인이 유한회사를 설립하여 같은 영업을 한 사건에서, 대법원은 법인격부인론을 언급함이 없이 동 유한회사와 그 설립자가 경업금지약정에 위반하였다고 판시한 바 있다(대법원 2005. 4. 7.자 2003마473 결정).[1] 이 판결은 경업금지

1) 이 사건은 영업양도에 관련된 경업금지를 다룬 것이 아니고, 편의점을 동업하던 A와 B가 동업관계

약정의 위반을 다룬 예이고, 상법 제41조의 위반을 다룬 것은 아니지만, 상법 제41조의 위반에 대해서도 같은 입장이리라 생각된다.

경업금지약정의 효력

영업양도인의 경업금지는 상법에서 명문으로 규정하는 바이지만, 다른 원인에 의해 경업을 제한하는 합의를 하는 예도 많은데, 개인의 자유를 지나치게 구속하거나 개인의 생존을 위협하는 것과 같이 사회질서에 반하는 예가 아니라면 유효한 약정으로 보아야 한다.[1] 앞서의 대법원 2003마473 결정은 동업관계를 청산하며 경업금지약정을 한 후 이를 위반한 사건에서 동 약정이 유효함을 전제로 내려진 것이다. 흔히 볼 수 있는 경업금지약정의 예는 시장이나 상가를 분양하면서 분양자와 入店者간에 입점자가 영위할 업종을 제한하는 약정을 하는 것이다. 판례는 이 약정을 유효한 것으로 보는 것은 물론, 입점자로부터 점포를 양수한 자도 동 약정의 구속을 받는다고 한다. 나아가 이러한 약정은 입점자들간에도 묵시적으로 상호 합의한 것으로 보아 어느 입점자가 업종제한을 위반하여 다른 업종을 영위할 경우 분양자만이 아니라 같은 업종을 영위하는 다른 입점자도 영업금지를 청구할 권리가 있다고 한다([판례 64]).

한편 당사자간에 명시적인 약정이 없어도 어느 계약의 전체적인 취지나 목적 등으로 보아 경업금지의 합의가 포함되어 있는 것으로 보아야 할 경우도 있다.[2]

를 청산하면서 A가 편의점을 계속 경영하고 B는 소정의 대가를 받는 대신 같은 지역에서 A와 동종의 영업(편의점)을 하지 않기로 합의하였는데, B가 이 합의를 어긴 사건이다. 합의 후 B가 같은 지역에서 유한회사(C)를 설립하여 편의점을 개업하였으므로 A가 경업금지약정을 들어 C의 영업금지가처분을 청구하였다. 이 사건에서 법원은 유한회사 C의 영업을 B의 경업금지약정위반행위로 판단하였다. 하지만 영업금지가처분 자체는 기각하였는데, 이는 A가 본안소송에서 손해배상만 청구하고 영업금지를 구하지 않았으므로 보전의 필요가 없다고 본 때문이다.

1) 판단기준에 관하여 대법원 2023. 12. 14. 선고 2023다270047 판결: 「상가를 분양하는 계약에서 업종 제한 약정을 하면서도 그 업종의 의미 및 영업범위에 관하여 따로 정하지 않은 경우에는, 그 업종의 사전적 의미, 일반적으로 행해지는 그 업종의 영업내용, 한국표준산업분류표의 분류기준 등을 모두 종합하여 결정하되, 획일적·절대적으로 결정할 것이 아니라 상가가 위치한 도시와 아파트 단지의 규모, 그 상가의 크기와 상권형성 정도, 인근 동종업종의 상황 등도 아울러 고려하여, 지정된 업종의 점포 입점자가 거래관념상 통상적으로 수인하여야 할 정도를 넘는 약정 위반인지 여부를 판단하여야 한다(대법원 2007. 9. 21. 선고 2006다63747 판결 등 참조).」

2) 서울고법 2011. 10. 20. 선고 2009나92854 판결: 구 철도청이 A회사로 하여금 경기도 안양역의 구 역사를 헐고 민자 역사를 짓게 하는 계약을 체결하였다. 구체적으로는 역사 중 대합실 등 철도의 역무시설은 A가 철도공사에 기부하고 나머지 시설에서는 일정기간 특정된 수개의 영업을 영위하기로 하였다. 이후 철도청을 승계한 한국철도공사가 구 홍익회를 승계한 코레일유통(주)라는 회사로 하여금 역구내에서 수종의 영업을 하도록 허가하였는데, 개중에는 스넥코너 등 A회사와 경쟁이 되는 영업이 포함되어 있었다. 이에 A회사가 철도공사에 대해 경업금지를 청구하였던바, 법원은 경업금지를 위한 명문의 합의가 없었으나, 민자 역사 건설을 위한 합의의 목적 등으로 보아 A가 영위하는 영업에 관해서는 경업금지의 합의가 포함되어 있는 것으로 해석해야 한다고 판시하였다.

판례 64 대법원 2004. 9. 24. 선고 2004다20081 판결

「… 건축회사가 상가를 건축하여 각 점포별로 업종을 정하여 분양한 후에 점포에 관한 수분양자의 지위를 양수한 자 또는 그 점포를 임차한 자는 특별한 사정이 없는 한 상가의 점포 입점자들에 대한 관계에서 상호 묵시적으로 분양계약에서 약정한 업종제한 등의 의무를 수인하기로 동의하였다고 봄이 상당하므로, 상호간의 업종제한에 관한 약정을 준수할 의무가 있다고 보아야 하고, 따라서 점포 수분양자의 지위를 양수한 자 등이 분양계약 등에 정하여진 업종제한약정을 위반할 경우, 이로 인하여 영업상의 이익을 침해당할 처지에 있는 자는 침해배제를 위하여 동종업종의 영업금지를 청구할 권리가 있다. 즉, 수분양자나 그 지위를 양수한 자 또는 그 점포를 임차한 자는 상호간 분양계약에서 약정한 업종제한의무를 수인하기로 하는 묵시적 동의에 따라 그 약정을 준수하여 동종영업을 하지 아니할 의무가 발생하고, 이에 대응하여 상호간에 동종영업의 영업금지청구권이 인정되는 것일 뿐이며, 분양계약의 당사자가 아닌 다른 수분양자 등에 대하여 주장할 수 있는 영업독점권이 인정될 수 없는 것이므로, 기존 업종의 영업자인 수분양자나 구분소유자의 다른 수분양자 등에 대한 동종영업에 대한 승낙은 자신의 영업금지청구권을 상대방에게 행사하지 않겠다는 의사표시로서 업종제한의무의 상대적 면제에 해당한다 할 것이고, 이는 특정 점포에서의 영업에 대한 것이므로 승낙의 상대방은 물론 그 승계인이 특정 점포에서 동종영업을 하는 것도 묵시적으로 승낙한 것으로 보는 것이 당사자들의 합리적 의사에 합치한다.」

* 同旨: 대법원 1997. 12. 26. 선고 97다42540 판결; 동 2010. 5. 27. 선고 2007다8044 판결 외 다수.

(8) 경업금지위반의 효과

영업양도인이 제41조에 반하여 경업을 한 경우에는 양수인에 대해 손해배상책임을 진다. 이 경우 경업과 양수인의 손해 사이에 인과관계가 있어야 함은 물론이다. 경업금지의무를 계약상의 의무로 보는 한 이 손해배상책임은 채무불이행책임으로 보아야 한다.

손해배상책임과 별개로 양수인은 양도인의 영업의 폐지를 청구할 수 있다. 실무에서는 흔히 영업금지가처분을 구하여 실효성을 높이고 있다.

경업금지의무의 집행

경업금지의무는 부작위채무이고 불대체적 채무이므로 이의 강제집행은 간접강제만 가능하다. 통상적으로는 판결절차에서 먼저 집행권원이 성립한 후에 채권자의 별도의 신청에 의하여 채무자에 대한 필요적 심문을 거쳐 채무불이행시에 일정한 배상

을 하도록 명하는 간접강제결정을 할 수 있다. 그러나 경업금지를 명하는 판결의 실효성 있는 집행을 보장하기 위해 경업금지에 관한 소송절차의 변론종결 당시에서 보아 집행권원이 성립하더라도 채무자가 이를 단기간 내에 위반할 개연성이 있고, 또한 그 판결절차에서 적정한 배상액을 산정할 수 있는 경우에는 경업금지의무에 관한 판결절차에서도 장차 채무자가 그 채무를 불이행할 경우에 일정한 배상을 할 것을 명할 수 있다는 하급심판결이 있다(서울동부지법 2010. 9. 15. 선고 2010가합5401 판결).

3. 상호속용과 영업상의 채권자의 보호

(1) 취 지

영업상의 채무는 영업재산을 신용의 근거로 하여 발생하는 것이 보통이며, 실제 영업재산이 주된 책임재산을 이루는 경우가 많다. 영업상의 채무는 채무인수의 합의가 없는 한 양수인에게 승계되지 않으므로 채권자에게는 영업의 양도가 책임재산의 상실을 의미한다. 따라서 채권자는 영업양도를 신속히 인지하고 채권의 회수를 서둘러야 할 것이다.

그러나 양수인이 양도인의 상호를 계속 사용하는 경우에는 채권자가 영업이 양도된 사실을 알지 못하기 쉽고, 이를 알더라도 양수인이 채무를 인수하는 것으로 오인시킬 경우에는 양도인으로부터 채권을 회수할 적기를 놓치게 된다. 그러므로 상법은 양수인이 상호를 속용할 경우에는 양도인의 영업이 지속되는 듯한 외관을 만든 데 대한 책임을 물어 양수인도 양도인의 채무에 관해 책임지도록 하며(42조 1항)([판례 65]),[1] 상호를 속용하지 않더라도 양수인이 채무를 인수한다는 뜻을 광고한 경우에는 같은 책임을 묻는다(44조)([판례 67]). 이와 같이 양수인의 책임을 규정한 상법 제42조와 제44조는 외관주의에 입각한 법정책임을 규정한 제도로서(대법원 2023. 12. 7. 선고 2020다225138 판결), 민법상의 채무인수제도에 대한 특칙을 정한 것은 아니다(반대: 최·김 179).

---

1) 영업상의 채무에 대해 양수인이 책임을 지는 제도는 19세기 초 독일의 관습법에 유래한다. 관습법 시절에는 상호속용에 관계없이 영업양수인이 영업채무에 대해 책임을 지도록 하였으나, 1897년 독일 상법전에 성문화되면서 상호를 속용하는 자에 국한하여 책임지는 것으로 규정하였다(동법 25조). 이후 상호를 속용하는 자가 영업상의 채무에 대해 책임져야 하는 이유는 「영업거래에 있어 상호는 영업의 주체를 인식하는 근거가 되므로, 영업양도가 있을 경우 상호의 속용으로 인해 자신의 이해에 중대한 상황이 전개된 사실을 알지 못하는 제 3 자가 불리한 지위에 놓이지 않도록 배려할 거래상의 필요성에 근거한다」고 설명한다(Schlegelberger, §25 Rn. 1 u. 1a.).

판례 65 대법원 2009. 1. 15. 선고 2007다17123 · 17130 판결

「… 상호를 속용하는 영업양수인의 책임을 정하고 있는 상법 제42조 제 1 항은, 일반적으로 영업상의 채권자의 채무자에 대한 신용은 채무자의 영업재산에 의하여 실질적으로 담보되어 있는 것이 대부분인데도 실제 영업의 양도가 이루어지면서 채무의 승계가 제외된 경우에는 영업상의 채권자의 채권이 영업재산과 분리되게 되어 채권자를 해치게 되는 일이 일어나므로 영업상의 채권자에게 채권추구의 기회를 상실시키는 것과 같은 영업양도의 방법, 즉 채무를 승계하지 않았음에도 불구하고 상호를 속용함으로써 영업양도의 사실이 대외적으로 판명되기 어려운 방법 또는 영업양도에도 불구하고 채무의 승계가 이루어지지 않은 사실이 대외적으로 판명되기 어려운 방법 등이 채용된 경우에 양수인에게도 변제의 책임을 지우기 위하여 마련된 규정이라고 해석된다.」

* 同旨: 대법원 2010. 9. 30. 선고 2010다35138 판결.

상법은 한편, 양수인에게는 상호를 속용하면서도 책임을 면할 수 있는 방법을 제시해 줌으로써 채권자와 양수인의 보호에 균형을 유지하고 있다(42조 2항).

이같이 상법상 영업양수인의 책임은 상호속용을 전제로 발생할 수 있는 것이나, 특별법에서 상호속용과 무관하게 양수인이 특정한 영업상의 채무를 승계하도록 규정한 예도 있다(체육시설의 설치 · 이용에 관한 법률 27조 1항).[1)]

(2) 요 건

1) 영업의 양도 본조의 책임이 성립하려면, 영업이 양수인에게 이전되어 영업주체가 교체되어야 한다. 본조의 책임은 영업양수에 따른 책임이 아니고 양도인의 영업이 계속되는 듯한 외관을 창출한 데 대한 책임이므로 영업양도의 유효를 전제로 하지 않는다. 즉 영업양도가 무효이거나 취소 · 해제되더라도 본조의 적용에는 영향이 없다(同旨: 강 · 임 154; 서완석 147; 오성근 199; 임홍근 177; 정동윤 124; 정준우 174; 전우현 168; 최 · 김 180; 최준선 233. 반대: 김성탁 110; 이(기) · 최 293; 이종훈 130).[2)]

2) 영업상의 채무 영업양도인의 채무로서 영업으로 인해 생긴 채무이어

1) 체육시설의 설치 · 이용에 관한 법률 제27조 제 1 항에서는 체육시설의 영업이 양도될 경우 양수인이 양도인이 모집한 회원에 관한 권리의무를 당연히 승계하는 것으로 규정하고, 동조 제 3 항에서는 영업의 개시전이라도 사업계획승인을 승계하며 영업을 양수한 자도 같은 책임을 지도록 한다(이 제도에 관해 상세는 李哲松, "體育施設의 讓渡와 會員權 承繼의 法理 — 관련 判例의 소개를 중심으로 —,"「人權과 正義」 제372호(2007. 8), 91면 이하 참조).

2) 服部, 417면.

야 한다. 본조의 취지가 영업양도로 인해 채권회수의 적기를 놓친 채권자를 보호하자는 것이므로 영업과 무관하게 생긴 채권은 본조에 의해 보호할 필요가 없다(대법원 2002. 6. 28. 선고 2000다5862 판결).

본조는 채권발생 당시의 채권자의 신뢰를 보호하자는 것이 아니고 영업양도의 사실 또는 채무가 인수되지 않은 사실에 대한 채권자의 선의를 보호하자는 것이므로 양도 당시에 이미 존재하는 영업상의 채권이면 다 보호받는다. 따라서 거래상의 채권뿐 아니라 불법행위 · 부당이득으로 인한 채권도 그 대상이 되며([판례 69] 참조), 영업상의 거래로 취득한 어음 · 수표와 같은 증권채권도 본조의 적용대상이다(대법원 1998. 4. 14. 선고 96다8826 판결: 양도인이 발행한 수표에 관해 양수인의 지급책임을 인정한 예). 또 영업상의 채권을 승계한 자도 역시 본조에 의해 보호받는다. 양도당시까지 발생한 채권이면 족하고 변제기에 이를 것까지는 요구하지 않으나, 장래의 채권은 가까운 장래에 발생이 확실하더라도 양도당시의 채권이 아니므로 본조의 적용대상이 아니다(대법원 2020. 2. 6. 선고 2019다270217 판결).

영업상의 채무인지 여부는 누가 증명하여야 하는가? 양도인의 영업으로 인한 채무라는 사실은 상법 제42조 제 1 항의 요건사실이므로 동조의 효과를 주장하는 자, 즉 채권자가 증명하여야 한다(서완석 147; 손진화 156; 오성근 199; 정준우 174; 주석(총칙 · 상행위) 434; 최준선 234).[1)]

영업상의 채권이 유효한 채권이어야 함은 당연하다. 영업양도와 상호속용이 권리의 하자를 치유하는 제도는 아니기 때문이다.

3) 채무인수사실이 없을 것 양수인과 채권자 간에 또는 양도인 · 양수인 · 채권자 사이에 채무인수의 합의가 있으면 채권자는 이에 의해 양수인을 상대로 채권을 행사할 수 있으므로 본조가 적용될 사안이 아니다. 또 양도인과 양수인 간에 채무인수가 이루어졌다면 채권자가 이를 승낙하고 채권을 행사할 수 있으므로(민 454조 1항) 역시 본조의 적용 밖이다. 그러므로 본조는 채무인수가 없을 경우에 한해 적용된다.

4) 상호속용 또는 채무인수의 광고 (ⅰ) 양수인이 양도인의 상호를 계속

---

1) 이와 달리 영업양수인이 입증책임을 진다는 견해도 있다. 상법 제47조 제 2 항을 근거로 제시하기도 하고, 대법원 2000다5862 판결을 근거로 인용하기도 한다(김홍기 95; 안강현 182; 이종훈 130). 본문에서의 입증책임이란, 영업양수인이 문제된 채무가 양도된 영업과 무관한 채무(예컨대 양도인의 개인생활에서 발생한 채무라든지, 양도인의 다른 영업에서 발생한 채무라든지, 혹은 양도 이후에 영업양도인에게 발생한 채무)라고 다투는 경우에 제기되는 문제이다. 제47조 제 2 항은 상인의 행위를 그의 보조적 상행위로 추정한다는 규정이고, 위 판례는 주식회사가 부담하는 채무는 상사채무로 추정한다는 취지이므로 이 문제와는 성격을 달리한다.

사용한 경우(42조 1항) 또는 (ii) 상호를 속용하지 않더라도 양수인이 양도인의 영업으로 인한 채무를 인수할 것을 광고한 경우(44조)에는 책임을 진다.

(가) **상호속용**

(ㄱ) **속용의 의의** 「상호의 속용」이란 동일한 상호를 계속 사용함을 말하는데, 어느 정도를 동일상호로 볼 것인지가 문제된다. 제 23조 제 1 항에서 말하는 「영업주체를 오인할 만한 상호」와 같은 뜻으로 보아서는 안 된다. 제23조 제 1 항의 유사상호는 영업주체의 동일성에 대한 일반대중의 오해를 불러일으킬 가능성이 있는 상호를 뜻함에 대해, 본조의 동일상호란 종전의 거래상대방이 영업주체의 변동을 깨닫지 못할 정도의 동일성을 말한다. 그러므로 본조의 적용대상이 되는 「동일한 상호」는 제23조의 「영업주체를 오인할 만한 상호」보다 협소한 개념으로 보아 엄격히 해석해야 한다. 단지 상호가 유사한 데 그치는 경우에는 본조를 적용할 수 없다. 판례는 일관되게 상호의 동일성을 너그럽게 해석하여 전후 상호의 주요부분이 공통되면 족하다고 하며, 예컨대 「삼정장여관」과 「삼정호텔」, 「남성사」와 「남성정밀공업주식회사」, 「주식회사파주레미콘」과 「파주콘크리트주식회사」를 동일한 상호라고 하나, 타당성은 의문이다([판례 68, 69, 70] 참조). 거래통념상 상호에 이같은 정도의 변경이 있다면 영업주체의 변동이 있음을 짐작할 수 있다고 보아야 하기 때문이다. 다만 회사의 영업을 자연인이 양수하여 회사라는 명칭을 떼고 같은 상호를 사용하거나 그 반대의 경우에는 상황에 따라 상호의 속용으로 볼 수도 있을 것이다(최·김 181).

상호를 속용한 기간의 장단은 문제되지 아니한다(서울고법 2014. 6. 27. 선고 2013나59373 판결). 그러나 상호의 속용이 양수인의 영업에 사용한 것이 아니라 영업의 재개를 위한 준비기간 중에 채 교체하지 못한 정도에 그친다면(예: 영업개시를 위한 설비를 개체하는 중에 옛 간판을 철거하지 못한 것), 이는 상호의 '속용'사실을 구성하지 못한다고 보아야 한다.

(ㄴ) **속용의 권원** 상호의 속용이 정당한가, 다시 말하면 상호권이 실제로 이전되었는가 혹은 대항요건을 갖추었는가(25조 2항) 등은 본조의 책임과 무관하다. 나아가 상호속용의 원인관계가 무엇인지에 관하여 제한을 둘 필요도 없다. 따라서 상호의 양도 또는 사용허락이 무효 또는 취소된 경우이거나 상호를 무단 사용하는 경우도 상법 제42조 제 1 항의 상호속용에 포함된다([판례 66]).

속용여부판단의 근거

위에 인용한 판례들이 단지 그 명칭만을 가지고 상호의 속용을 인정한 것이 아님을 주의해야 한다. [판례 69]에서는 상호의 동일 여부는 명칭 외에도 영업목적, 영업장소, 이사의 동일성 등을 참작해야 한다고 말하며, 종전의 영업주가 영업을 현물출자하여 회사를 설립한 후 계속 경영을 해 왔던 사실에 주목하고 있고, [판례 70]에서는 영업양도회사의 이사들 수인이 양수회사의 이사가 되었으며, 양수회사가 양도인이 발행한 어음을 대신 변제한 사실이 있음을 강조하며 상호의 속용을 인정하였다.

(ㄷ) **영업표지의 속용** 상호와는 별도로 상인이 영위하는 영업의 동일성을 표시하는 방법으로서 영업표지를 사용하기도 하는데, 이 영업표지가 상호보다 더욱 영업의 동일성을 강하게 나타내고, 제 3 자는 이 영업표지로 영업주를 인식하는 경향이 있다. 예컨대 「삼성물산(주)」라는 회사가 건설하는 아파트에 「래미안」이라는 영업표지를 사용하는데, 회사도 유명하지만, 이 영업표지 역시 상호 못지 않게 유명하다. 그러므로 최근의 판례는 상호를 속용하지 않더라도 영업표지 또는 영업장을 지칭하는 옥호를 속용하는 경우에는 상호속용으로 보아 상법 제42조 제 1 항을 적용해야 한다고 판시한 바 있다([판례 66]). 상법 제42조 제 1 항은 영업양수인이 제 3 자로 하여금 영업주체의 변동을 인식하기 어렵게 한 점에 대해 책임을 묻는 제도이므로 판례의 결론에는 찬성하지만, 영업표지의 속용을 바로 상호의 속용과 동일시한 것은 옳지 않다. 이 경우는 상법 제42조 제 1 항을 유추 적용할 사안이다(일본에도 유사한 사건이 있었는데, 법원은 상법 제42조 제 1 항을 유추적용하여 양수인의 책임을 인정하였다).[1] 이후의 판결에서는 「유추적용」해야 한다고 판시하였다(대법원 2010. 9. 30. 선고 2010다35138 판결; 동 2022. 4. 28. 선고 2021다305659 판결).

판례 66 대법원 2009. 1. 15. 선고 2007다17123 · 17130 판결

「… 영업양도인이 자기의 상호를 동시에 영업 자체의 명칭 내지 영업 표지로서도 사용하여 왔는데, 영업양수인이 자신의 상호를 그대로 보유·사용하면서 영업양도인의 상호를 자신의 영업 명칭 내지 영업 표지로서 속용하고 있는 경우에는 영업상의 채권자가 영업주체의 교체나 채무승계 여부 등을 용이하게 알 수 없다는 점에서 일반

1) 日最高裁 2004. 2. 20, 「金融商事判例」 1195호: 「주식회사 갸락쿠」(株式會社ギャラック)라는 회사가 「淡路五色(아와지고시키)리조트칸트리클럽」이라는 영업표지를 가지고 골프장을 운영하다가 그 영업표지와 함께 골프장영업을 양도하였는데, 양도인의 회원이었던 자가 양수인을 상대로 당초 양도인에게 지급하였던 예탁금의 반환을 청구하였다. 이 사건에서 법원은 상법 제42조 제 1 항을 유추적용하여 양수인의 반환책임을 인정하였다.

적인 상호속용의 경우와 다를 바 없으므로, 이러한 경우도 상법 제42조 제 1 항의 상호속용에 포함된다고 할 것이다.

… 소외 1 주식회사는 '□□익스프레스', '□□'이라는 명칭에 관하여 서비스표 등록을 마치는 등 자신의 상호 또는 그 약칭을 영업 명칭 내지 영업 표지로서도 사용함으로써 소외 1 주식회사의 영업이 타인의 영업과 식별되도록 하여 온 점, 피고의 상호는 '피고 주식회사'이지만 피고는 전화 안내나 인터넷 홈페이지에 소외 1 주식회사가 등록하여 사용하던 상호 내지 그 약칭인 '□□익스프레스', '□□'을 사용하여 자신을 칭하여 온 점, 피고의 직원들은 고객들에게 피고와 소외 1 주식회사가 실질적으로 동일 법인이라는 취지로 전화응답을 하거나 피고가 소외 1 주식회사의 상호만을 변경한 법인인 것처럼 보이도록 대외적으로 광고하였던 점 … 피고는 자신의 상호를 사용하는 이외에도 소외 1 주식회사의 상호 또는 그 약칭이 영업 명칭 내지 영업 표지로서 갖는 고객흡인력을 피고의 영업활동에 이용하기 위하여 이를 피고 자신의 영업 명칭 내지 영업 표지로서 속용한 것이라 할 것이므로, 앞에서 본 법리에 비추어 볼 때 피고는 소외 1 주식회사의 상호를 속용한 것이라고 봄이 상당하다.」

* 同旨: 대법원 2010. 9. 30. 선고 2010다35138 판결(A라는 회사가 「서울종합예술원」이라는 명칭으로 영위하던 평생교육원 사업을 양수한 B라는 회사가 양수한 영업을 지칭하는 명칭으로 종전의 「서울종합예술원」이라는 명칭을 그대로 사용한 사안에서 양도인의 채무에 관해 양수인의 책임을 물었다. 이 판결은 위 2007다17123 판결과는 달리 영업양도인의 옥호나 영업표지를 속용하는 경우에는 상법 제42조 제 1 항을 「유추적용」해야 한다고 판시하였다).

(나) **채무인수의 광고** 양수인이 채무를 인수할 것을 광고하고 실제로 채무를 인수하였으면 제44조를 적용할 필요 없이 자기의 채무로서 책임을 질 것이나, 광고한 내용과는 달리 채무를 인수하지 않은 경우에는 외관주의에 입각하여 제44조에 의한 책임을 진다. 채무인수가 무효이거나 취소된 경우에도 같다.

채무인수를 광고하지 않더라도 채무를 인수하였음을 채권자에게 통지한 때에는 제44조를 유추하여 같은 책임을 물어야 한다(통설)([판례 67] 참조).

채무인수의 광고 또는 채무인수의 통지는 어느 정도 적극적인 표현을 담아야 하는가? 상호를 속용하지 않으므로 영업주의 변동은 쉽게 인식할 수 있고, 한편 영업양도에 채무인수가 당연히 수반하는 것은 아니므로 채무인수의 광고 또는 통지는 객관적으로 양수인의 변제책임을 예상할 수 있는 표현이어야 한다. 단지 양도인의 영업을 승계하였다는 인사나 영업안내는 채무인수의 광고 또는 통지로 보

아서는 안된다.[1)]

5) 채권자의 선의 법문상 명문의 규정은 없으나 채권자가 선의이어야 함은 제도의 취지상 당연하다(同旨: 서완석 149; 송옥렬 88; 오성근 203; 장덕조 83; 정준우 176; 주석(총칙·상행위) 438. 채권자의 선의를 요하지 않는다는 설: 김성탁 112; 정동윤 124; 최준선 235). 본조는 영업양도로 인해 채권실행의 기회를 빼앗긴 채권자를 보호하기 위한 것이므로, 여기서 선의라 함은 영업양도 사실을 알지 못한 경우는 물론 이를 알았더라도 채무가 인수되지 않았음을 알지 못한 경우도 포함한다([판례 68] 참조). 채권자의 선의여부는 영업양도시기를 기준으로 판단해야 한다. 양도 당시 채무인수 사실이 없음을 알지 못한 경우에는 특별한 사정이 없는 한 상법 제42조 제 1 항에 따른 영업양수인의 변제책임이 발생하고, 이후 채권자가 채무인수 사실이 없음을 알게 되었다고 하더라도 이미 발생한 영업양수인의 변제책임이 소멸하는 것은 아니다(대법원 2022. 4. 28. 선고 2021다305659 판결).

채권자의 선의 혹은 악의에 관해서는, 책임을 면하려는 영업양수인이 채권자의 악의를 주장·증명하여야 한다([판례 66]).

판례 67 대법원 2008. 4. 11. 선고 2007다89722 판결

「… 양도인의 상호를 계속 사용하지 아니하는 영업양수인에 대해서도 양도인의 영업으로 인한 채무를 인수할 것을 광고한 때에는 그 변제책임을 인정하는 상법 제44조의 법리는 영업양수인이 양도인의 채무를 받아들이는 취지를 광고에 의하여 표시한 경우에 한하지 않고, 양도인의 채권자에 대하여 개별적으로 통지를 하는 방식으로 그 취지를 표시한 경우에도 적용이 되어, 그 채권자와의 관계에서는 위 채무변제의 책임이 발생한다고 보아야 할 것이다.

… 위 법리와 기록에 비추어 … 피고가 위 미래테크로부터 그 판시 영업을 양수한 직후 원고에게 위 미래테크의 상호가 '미래테크(주)'에서 피고의 상호인 '(주)안테나텍'으로 변경되었고, 연락처 및 주소도 변경되었다는 취지의 문서를 팩스로 보낸 데 이어 재차 발신자를 '(주)안테나텍(구 미래테크)'이라고 표시한 문서에 피고의 사업자등록증을 첨부하여 팩스로 보낸 사실, 그 이후 피고가 원고와 거래를 하면서 자신이 납품받은 물품에 대한 물품대금은 물론 원고에 대한 132,699,189원의 물품대금채무 중 68,840,000원을 변제하기까지 한 사실 등에 기초하여 피고는 영업양도인인 위 미래테크의 원고에 대한 판시 물품대금채무를 변제할 책임이 있다 …」

註) 판결문상으로는 피고가 원고에게 「영업채무를 인수하였다」는 식의 표현으로 통지하였는지는 확실하지 않다. 한편 위 밑줄 부분 「물품대금채무」란 영업양도인이 원고에 대해 부담하는 채무를

1) 日最高裁 1961. 10. 13. 民集 15권 9호 2320면.

가리키는 듯하다. 그러므로 법원은 피고가 팩스로 구영업과 자신의 영업의 동일성을 나타내는 취지의 문서를 보내고 또 양도인의 채무 일부를 변제한 것은 묵시적으로 채무인수를 통지한 것에 해당한다고 본 것으로 이해된다. 이 추리가 맞다면, 판례가 말하는 제44조를 유추하여야 할 상황으로서의 「채무인수의 통지」란 묵시적인 통지를 포함하는 개념이다.

* 同旨: 대법원 2010. 1. 14. 선고 2009다77327 판결(양수인이 양도인의 채권자에게 상호를 변경한다는 취지의 개별통지를 한 것을 채무인수의 광고에 해당한다고 본 예); 동 2010. 11. 11. 선고 2010다26769 판결.

(3) 효 과

1) 위 요건을 충족하는 영업양수인은 양도인의 영업상의 채무에 대하여 변제할 책임을 진다(42조 1항). 양수인의 책임은 양수한 영업재산을 한도로 하는 것이 아니라 무한책임을 진다(서울고법 2014. 6. 27. 선고 2013나59373 판결). 그러나 영업양도로 인해 채권자의 지위가 더 유리해질 수는 없는 것이므로 양수인은 양도인이 채권자에 대해 가지고 있는 항변권을 행사할 수 있다(서완석 150; 정동윤 123; 정준우 177; 주석(총칙 · 상행위) 439).

2) 양수인이 책임을 진다고 해서 양도인과 양수인 간에 면책적 채무인수가 이루어진 것으로 의제하는 것은 아니다. 채무는 여전히 양도인에게 속하고, 양수인은 단지 자기가 창출한 외관에 따른 변제책임을 질 뿐이다. 그러므로 양도인과 양수인은 채권자에 대하여 부진정연대채무의 관계에 서게 된다(대법원 2009. 7. 9. 선고 2009다23696 판결; 동 2023. 12. 7. 선고 2020다225138 판결).

그러나 채권자의 영업양도인에 대한 채권과 영업양수인에 대한 채권은 법적인 발생원인을 달리하는 별개의 채권이므로 영업양수인에 대한 채권이 영업양도인에 대한 채권의 처분에 당연히 종속되는 것은 아니다. 예컨대 영업양도인의 채권자가 동 채권을 타인에게 양도하였다고 해서 제42조 제 1 항에 의한 채권 또는 제44조에 의한 양수인에 대한 채권이 당연히 함께 이전되는 것은 아니다. 혹 함께 양도하더라도 채무자별로 채권양도의 대항요건을 갖추어야 한다(전게 2009다23696 판결).[1)]

3) 양수인이 채무를 승계한 것이 아니므로 채권자가 양도인에 대한 소송에서 승소하여 얻은 집행권원을 가지고 양수인의 소유자산(양수한 영업재산 포함)에 대해 강제집행할 수 없음은 물론이다(대법원 1967. 10. 31. 선고 67다1102 판결). 채권자가 승소한 소송의 변론종결일 이후

1) 이 판결은 채권자의 영업양도인에 대한 채권과 제44조에 따른 영업양수인의 채권의 관계에 관한 것이지만, 양도인에 대한 채권과 제42조 제 1 항에 의해 책임을 지는 영업양수인에 대한 채권의 관계도 동일하게 보아야 한다.

에 영업양도가 이루어졌다 하더라도 같다(대법원 1979. 3. 13. 선고 78다2330 판결).

판례 68 대법원 1989. 12. 26. 선고 88다카10128 판결

「상법 제42조 제 1 항은 일반적으로 영업상의 채권자의 채무자에 대한 신용은 채무자의 영업재산에 의하여 실질적으로 담보되어 있는 것이 대부분인데도 실제로 영업의 양도가 행하여진 경우에 있어서 특히 채무의 승계가 제외된 경우에는 영업상의 채권자의 채권이 영업재산과 분리되게 되어 채권자를 해치게 되는 일이 일어나므로 영업상의 채권자에게 채권추구의 기회를 상실시키는 것과 같은 영업양도의 방법(채무를 승계하지 않았음에도 불구하고 상호를 속용함으로써 영업양도의 사실이, 또는 영업양도에도 불구하고 채무의 승계가 이루어지지 않은 사실이 각각 대외적으로 판명되기 어려운 방법)이 채용된 경우에 양수인에게도 변제의 책임을 지우기 위하여 마련된 규정이라 할 것으로 위 규정에서 말하는 상호의 계속사용은 그러한 입법취지를 관철시키는 입장에서 결정되어야 하고 그렇게 볼 때에는 일반적으로 영업양도인이 사용하던 상호와 그 양수인이 사용하는 경우가 전혀 동일할 것까지는 필요없는 일이고, 다만 전후의 상호가 주요부분에 있어서 공통되기만 하면 된다고 볼 것이며 한편 제 3 자의 채권은 양도인의 영업으로 인하여 발생되는 것이어야 하되, 위에서 본 바와 같이 상호를 속용하는 영업양수인의 책임은 어디까지나 채무승계가 없는 영업양도에 의하여 자기의 채권추구의 기회를 빼앗긴 채권자를 보호하기 위한 것이므로 영업양도에도 불구하고 채무인수의 사실 등이 없다는 것을 알고 있는 악의의 채권자가 아닌 한 당해 채권자가 비록 영업의 양도가 이루어진 것을 알고 있었다 해도 보호의 적격자가 아니라고 할 수는 없다.

… 이 사건 영업의 양도인인 소외 김종모가 사용한 상호는 삼정장여관이었다는 것이고, 피고가 영업의 양수를 한 무렵부터 같은 건물에 사용한 상호는 삼정호텔이었다는 것이며, 삼정장여관이나 삼정호텔이라는 상호는 사회통념상 동일성이 있다고 인정되므로 피고가 그와 같은 상호를 계속 사용하면서 위 김종모의 과거 영업을 그대로 이어 경영하고 있으므로 피고는 영업양수인으로서 이 사건 채무를 변제할 책임이 있다 …」

판례 69 대법원 1989. 3. 28. 선고 88다카12100 판결

「… 원심판결은 그 인용증거에 의하여 피고 박실상이가 그가 경영하는 남성사의 공장옥상에 창고증축공사를 하면서 위 공사에 필요한 자재를 제공하는 한편 소외 정일영에게 노무도급을 주어 위 정일영으로 하여금 피고의 지시와 감독에 따라 공사를 하게 하였는데, 피고의 공사독촉으로 인부를 증원할 필요에 따라 정일영의 피용인인 김두명이가 위 망 권순용을 비계공으로 일을 하게 하여 위 망인이 위에서 본 바와 같이 고압전선의 유도전류에 감전되어 추락 사망한 사실을 인정한 후 피고 박실상은 그의 피용인인 위 정일영에게 원심판시와 같은 고압전선에 대한 안전대책을 강구하지

않은 채 작업을 지시하였고 이에 따라 위 정일영이가 그가 고용한 인부들로 하여금 위 안전대책을 강구하지 않은 곳에서 작업을 하게 한 과실로 인하여 발생한 이 사건 사고에 대하여 그 손해를 배상할 책임이 있고 …

원심이 확정한 바에 의하면, 피고 박실상이가 남성사라는 상호로 볼트, 넛트 등의 제조판매업을 하다가 피고 남성정밀공업주식회사를 설립하여 스스로 피고회사의 대표이사가 되었고, 피고회사 설립 후에도 같은 장소에서 같은 공장 기계설비와 같은 종업원을 데리고 그대로 종전의 영업을 계속하고 있으며, 종전 공장의 건물 및 대지에 대하여 피고회사 명의로 소유권이전등기를 경료하여 주었다는 것이고, 상법 제42조 제 1 항에는 영업양수인이 양도인의 상호를 계속 사용하는 경우에는 양도인의 영업으로 인한 제 3 자의 채권에 대하여 양수인도 변제할 책임이 있다고 규정되어 있는바, 첫째, 영업을 출자하여 주식회사를 설립하고 그 상호를 계속 사용하는 경우에는 영업의 양도는 아니지만 출자의 목적이 된 영업의 개념이 동일하고 법률행위에 의한 영업의 이전이란 점에서 영업의 양도와 유사하며 채권자의 입장에서 볼 때는 외형상 양도와 출자를 구분하기가 어려우므로 새로 설립된 법인은 출자자의 채무를 변제할 책임이 있다 할 것이고, 둘째, 양수인이 계속 사용하는 상호는 형식상 양도인의 상호와 전혀 동일한 것임을 요하지 않고, 양도인의 상호 중 그 기업주체를 상징하는 부분을 양수한 영업의 기업주체를 상징하는 것으로 상호중에 사용하는 경우는 이에 포함된다고 할 것이고, 그 동일 여부는 명칭, 영업목적, 영업장소, 이사의 구성이 동일한지 등을 참작하여 결정하여야 할 것인바, 원심이 인정한 사실에 비추어 피고 남성 정밀공업주식회사는 남성사란 상호를 계속 사용한다고 보아야 할 것이며, 셋째, 영업으로 인하여 발생한 채무란 영업상의 활동에 관하여 발생한 모든 채무를 말한다고 하여야 할 것이므로 불법행위로 인한 손해배상채무도 이에 포함된다고 보아야 할 것이다. 논지는 모두 이유 없다.」

註) 위 판례는 「남성정밀공업주식회사」라는 상호를 사용한 것을 「남성사」라는 상호를 속용한 것으로 보았으나, 제42조의 취지에 비추어 볼 때 찬성하기 어렵다.

판례 70 대법원 1998. 4. 14. 선고 96다8826 판결

「… 피고 회사(파주콘크리트 주식회사)가 매매를 원인으로 주식회사 파주레미콘(이하 파주레미콘이라 한다)으로부터 공장건물 등에 관하여 소유권이전등기를 넘겨받는 등 영업에 필요한 시설 등을 양도받았으며, … 파주레미콘의 상호 및 대표자를 피고 회사의 그것으로 변경한 사실, 파주레미콘의 이사는 윤희승, 윤희남, 오창환이었는데, 그 중 윤희남과 오창환은 피고 회사의 이사로 등기되었고 파주레미콘의 직원 중 일부가 피고 회사로 옮겨 그대로 근무하고 있는 사실, 피고 회사는 파주레미콘의 채무에 관하여 파주레미콘을 대신하여 변제하거나 피고 회사 명의의 약속어음을 발행하여 주고 파주레미콘의 종전 거래처들과 거래관계를 계속적으로 유지하면서 기존

거래처들에게 피고 회사가 인수받은 공장에서 생산한 레미콘을 계속 공급하고 있는 사실, 피고 회사의 주된 목적이 파주레미콘과 유사하고 등기부상 주소 또한 파주레미콘과 동일하며, 상호 또한 동일성 인식의 주된 부분인 '파주'라는 명칭을 유지하면서 콘크리트의 일종인 '레미콘' 대신 '콘크리트'로 변경한 사실 … 사실관계가 이와 같다면, 피고 회사는 파주레미콘의 영업을 양수하여 상호를 계속 사용하고 있다고 보아야 할 것이[다.]」

(4) 양수인의 면책

양수인이 상호속용에 따르는 제42조 제 1 항의 책임을 예방하는 길은 두 가지가 있다. (ⅰ) 양수인이 영업을 양도받은 후 지체없이 양도인의 채무에 대해 책임이 없음을 등기한 때에는 모든 채권자에 대하여 책임을 지지 아니한다(42조 2항 전). (ⅱ) 양도인과 양수인이 지체없이 제 3 자(채권자)에 대하여 그 뜻을 통지한 경우에는 그 통지를 받은 제 3 자에 대하여도 책임을 지지 아니한다(42조 2항 후).

(5) 양도인의 책임의 존속기간

영업양수인이 상호속용으로 인해 또는 채무인수의 광고로 인해 양도인의 채무에 관해 책임을 질 경우, 양도인의 채무는 상호속용으로 인한 경우에는 영업양도일로부터, 채무인수의 광고로 인한 경우에는 그 광고한 날로부터 2년이 경과하면 소멸한다(45조).[1] 그 후에는 양수인의 책임만이 존속한다. 이 기간은 제척기간이므로 중단·정지가 있을 수 없다.

이 제척기간 중에는 양도인의 채무가 절대적으로 존속한다는 뜻은 아니다. 이 기간이 만료하기 전이라도 소멸시효가 완성하면 양도인의 채무는 소멸한다. 따라서 이 제척기간은 소멸시효가 완성하기 전이라도 단기간 내에 양도인의 채무를 소멸시킨다는 데 뜻이 있다.

이같이 양도인의 채무를 단기에 소멸시키는 것은, 양도인의 채무는 경제적인

1) 영업을 현물출자하여 회사를 설립한 경우 이는 영업의 양도이므로 동회사가 같은 상호를 사용하면 당연히 제42조 제 1 항의 적용대상이 된다. 그러나 판례는 기술한 바와 같이 영업의 현물출자는 영업의 양도가 아니지만, 영업양도와 유사하므로 제42조 제 1 항을 유추적용해야 한다는 입장이다(275면 참조). 제42조 제 1 항이 적용되는 사안에서는 양도인에 대하여 제45조를 적용하게 되는데, 이 판례의 입장을 견지하다보니, 제42조 제 1 항이 유추적용되는 경우에는 제45조도 유추적용해야 한다는 입장을 취하고 있다(대법원 2009. 9. 10. 선고 2009다38827 판결).

관점에서 볼 때 그의 개인채무라기보다는 기업채무라고 할 수 있고, 또한 양수인의 책임을 통해 기업자산으로 담보되어 있으므로 굳이 양도인의 지위를 장기간 불안하게 할 필요가 없기 때문이다. 또 양수인으로 하여금 신속히 양도인과의 구상관계를 매듭지으라는 취지도 있다. 그러므로 이 제척기간이 양도인의 채무를 양수인이 인수한 경우에만 적용된다고 보는 것(최·김 188)은 옳지 않다. 양수인이 채무를 인수하였다면 이 채무는 양수인의 채무가 되므로 양수인이 변제하는 것은 당연하고 양도인의 책임은 거론할 필요가 없을 것이다. 그러나 중첩적 채무인수를 한 경우에는 본조의 제척기간을 적용해야 할 것이다(반대: 정찬형 200).

4. 상호속용과 영업상의 채무자의 보호

1) 영업양수인이 양도인의 상호를 속용하는 경우 양도인의 영업으로 인한 채권에 대하여 채무자가 선의이며 중대한 과실 없이 양수인에게 변제한 때에는 그 효력이 있다(43조). 영업양도가 있었으나 채권은 양도하지 않은 경우를 위한 것이고, 앞에 설명한 상호를 속용하는 양수인의 책임에 관한 규정과 그 취지가 같다. 상호를 속용할 경우 양도의 사실은 외부에서 용이하게 알 수 없으므로 영업양도인의 채무자가 중대한 과실 없이 영업양도사실을 알지 못하고 양수인에게 선의로 변제한 경우 이를 보호하기 위해서 둔 규정이다. 적용대상이 되는 채무의 범위, 상호속용의 뜻 등은 제42조에 관하여 설명한 바와 같다. 다만 제42조의 해석에서와는 달리, 어음·수표와 같은 증권채무는 본조의 적용대상이 아니다. 증권채무는 그 소지인에게 변제해야 하기 때문이다(정동윤 126~127; 정준우 179; 정찬형 201; 주석(총칙·상행위) 443; 최·김 189; 최준선 239).

2) 본조에 의해 영업양수인이 양도인의 채권을 취득하게 되거나, 그의 변제수령이 정당화되는 것은 아니다. 양수인은 자신이 수령한 급부를 양도인에게 반환하여야 한다.

3) 영업양도인과 양수인간에 상호속용의 합의가 있을 경우에는 외관창출에 양도인의 책임도 있으므로 본조를 적용하는 데에 문제가 없으나, 상호속용의 합의가 없이 양수인이 무단히 속용한 경우에는 외관을 창출한 것은 양수인인데 그로 인한 불이익은 양도인에게 돌아간다는 문제점이 생긴다. 그러나 이 경우에도 선의의 채무자를 보호할 필요는 여전하므로 역시 본조를 적용하여야 한다(영업양도인의 불이

익은 양수인과의 구상관계로 해결할 문제이다).

4) 양수인이 상호를 속용하지 아니하였으나 다른 방법으로 양수인에게 채권이 귀속하는 듯한 외관을 창출하여 채무자가 선의로 변제한 경우에 관해서는 별다른 규정이 없다. 상호를 속용하지 않는 경우까지 채무자를 보호할 근거는 없으나, 영업양도인이 채권양도를 광고하거나 채무자에게 채권양도를 통지한 경우에는(그러나 실제 채권양도가 없는 경우) 제44조의 취지를 유추하여 채무자는 양수인에 대한 변제를 가지고 양도인에게 대항할 수 있다고 해야 한다(同旨: 강·임 159; 손주찬 204; 정경영 126; 정준우 179; 정찬형 202. 반대: 송옥렬 95). 그러나 영업양수인이 채권양수를 광고하였다 해서 그에 대한 변제가 정당화될 수는 없다.

Ⅷ. 영업의 임대차·경영위임

영업의 양도는 아니나 영업의 경영구조에 변동을 생기게 하는 사유로서 영업의 임대차와 경영의 위임이 있다.

1. 영업의 임대차

(1) 의 의

영업의 임대란 대가를 받기로 하고 영업재산과 영업조직을 타인으로 하여금 이용하게 하는 것을 말한다. 상호·영업권 등을 포함한 모든 영업재산과 인적설비는 임차인의 이용하에 들어가고 영업거래에서 생기는 권리·의무 그리고 이익 또는 손실도 임차인에게 귀속한다. 영업재산과 영업조직에 대한 임대인의 권리가 임차인에게 이전하지 않고 다만 임차인이 이를 자신의 영업을 위해 이용할 뿐이라는 점에서 영업양도와 다르고, 임차인은 자신의 이름으로 그리고 자신의 계산으로 영업을 한다는 점에서 경영의 위임과 다르다. 영업의 임대차인지 경영위임인지는 거래의 명칭이 어떻든 간에 그 실질에 따라 판단하여야 한다([판례 71]).

판례 71 대법원 2016. 8. 24. 선고 2014다9212 판결

「…피고가 주식회사 도암녹천골프센터(이하 '도암녹천골프'라고 한다)와 체결한

'경영위탁 및 임대차계약'에 따라 이 사건 골프연습장의 경영을 맡았는데, 피고가 골프연습장 운영에 필요한 자금을 조달하고 비용 · 세금 · 공과금을 지급하며, 비용 등을 공제한 후의 잔액을 피고의 수익으로 하고 대신 도암녹천골프에 대하여는 매월 5,000만원을 지급하기로 한 점, 피고가 자신을 사업주로 하여 '도암녹천골프 아카데미'라는 상호로 사업자등록을 하고 자신의 명의로 이 사건 골프연습장을 운영한 점 등에 비추어 보면, 피고는 도암녹천골프로부터 이 사건 골프연습장의 경영을 위임받은 데에 그친 것이 아니라 그 영업을 임차한 것이[다.]

…영업임대차의 경우에는 상법 제42조 제 1 항과 같은 법률규정이 없을 뿐만 아니라, 영업상의 채권자가 제공하는 신용에 대하여 실질적인 담보의 기능을 하는 영업재산의 소유권이 재고상품 등 일부를 제외하고는 모두 임대인에게 유보되어 있고 임차인은 그 사용 · 수익권만을 가질 뿐이어서 임차인에게 임대인의 채무에 대한 변제책임을 부담시키면서까지 임대인의 채권자를 보호할 필요가 있다고 보기 어렵다. 여기에 상법 제42조 제 1 항에 의하여 양수인이 부담하는 책임은 양수한 영업재산에 한정되지 아니하고 그의 전재산에 미친다는 점 등을 더하여 보면, 영업임대차의 경우에 상법 제42조 제 1 항을 그대로 유추적용할 것은 아니다.」

註) 이 부분의 판결문에서는 마치 경영위임과 영업의 임대차가 병존하듯이 표현하였으나, 경영위임의 성격은 없고, 영업의 임대차라고만 보아야 한다. 이후의 판결문에서는 임대차라는 점만을 설시하였다.

(2) 절　　차

자연인상인의 경우에는 그 상인과 그 임차인 간의 합의로 족하고 특별한 절차를 요하지 않으나 주식회사의 경우에는 특별한 절차를 요한다. 회사가 영업을 임대하더라도 영업을 종국적으로 처분하는 것은 아니므로 영업양도와는 달리 설립목적과 관련하여 회사의 존립에 대한 위협이 없다. 그러나 회사의 재산이 제 3 자의 점유 하에 놓이게 되어 회사의 재산적 기초를 불안하게 하므로 주주총회의 특별결의를 거치도록 하고 있다(374조 1항 2호). 영업의 일부양도에서와는 달리 영업의 일부를 임대하는 것은 주주총회의 특별결의를 요하지 않는다.

경쟁을 제한하기 위하여 다른 회사의 영업을 임차하는 경우에는 공정거래법상의 규제를 받는다(독규 9조 1항 4호).

(3) 법률관계

1) 성　　질　　영업의 임대차는 개개의 영업재산을 대차하는 것이 아니

라 사실관계를 포함한 영업재산 전부를 포괄적으로 유상으로 사용하며 영업을 영위할 수 있게 하는 계약이므로 민법상의 임대차(민 618조)와는 성질을 달리하는 상법상의 비전형계약이다. 그러므로 영업의 임대차에 대해 민법의 임대차에 관한 규정을 적용할 것은 아니고(서울고법 1973. 12. 26. 선고 73나1624 · 1625 판결), 오히려 경업, 채권자 · 채무자의 보호 등의 문제에 관해서는 영업양도에 관한 규정을 준용해야 한다.

2) **경업금지** 영업의 임대차는 임대인이 형성해 놓은 영업의 사실관계를 임차인이 계속 이용하여 영리를 실현하려는 목적에서 행해지므로 임차인이 배타적 지위를 누려야 할 필요성은 영업양도에서와 다를 바 없다. 그러므로 상법 제41조를 유추적용하여 영업임대인은 임대차기간 중에 경업금지의무를 진다고 보아야 한다(통설).

3) **채권자 · 채무자의 보호** 영업의 임대차에 의해 영업주가 달라지므로 영업양도에서와 같이 이 사실을 알지 못한 임대인의 채권자 및 채무자를 보호해야 할 필요성이 인정될 수 있다. 임대인의 채권자 혹은 채무자의 보호에 관해서는 상법에서 별도로 배려하는 바가 없으므로 영업양도인의 채권자 및 채무자를 보호하는 규정을 임대인의 채권자 및 채무자에 유추적용해야 한다는 것이 통설이다. 부분적으로는 옳은 해석론이지만, 영업양도와 달리 임대차에 의해 영업재산이 이전되는 것은 아니므로 다음과 같이 유추적용의 범위에 주의해야 한다.

1) 영업의 임차인이 상호를 속용하는 까닭에 임대인의 채무자가 임대사실을 알지 못하고 임차인에게 변제한 경우에는 보호의 필요성에 있어 영업양도에서의 채무자와 차이가 없으므로 상법 제43조를 유추적용하여 변제의 효력을 인정해야 한다.

2) 임대인의 채권자에 대해서도 상법 제42조 제 1 항을 유추적용하여 임차인의 책임을 인정해야 하는가? 이를 긍정하는 견해도 있으나(정동윤 128; 최 · 김 192),[1] 영업이 임대되더라도 영업양도와는 달리 임대인의 책임재산이 일실되는 것은 아니므로 상법 제42조의 입법취지와는 무관하다. 따라서 영업의 임차인에게 상법 제42조 제 1 항의 책임은 물을 수 없다(김성탁 123; 서완석 154; 송옥렬 96; 정경영 121; 정준우 181; 정찬형 203; 주석(총칙 · 상행위) 440; 최준선 242)([판례 71]). 다만 임차인이 임대인의 채무를 인수하였다고 광고하거나 채권자에게 통지한 경우에

---

1) 일본에는 영업임차인에게도 상법 제42조 제 1 항을 유추적용해야 한다는 견해가 꽤 있다(關, 255면).

는 채무인수의 외관을 창출한 책임을 물어 제44조를 유추적용하여야 한다.

임대차종료후의 책임

영업의 임대차가 종료되어 영업이 임대인에게 반환되고 임대인이 임차인의 상호를 속용하며 영업하는 경우, 제42조 제 1 항을 유추적용하여 임대인에게 임차인의 영업으로 인한 채무에 관해 변제책임을 인정할 것이냐는 문제가 제기된다. 판례는 영업임차인에게 임대인의 채무에 대한 변제책임을 지울 수 없다는 법리(판례 [71])와 짝을 지으며 임대인의 책임을 부정하지만(대법원 2017. 4. 7. 선고 2016다47737 판결), 양자를 같이 보아야 하는지 의문이다. 영업의 임차가 종료되어 임차한 영업재산이 임대인에게 반환되는 경우에는 임차인의 채권자를 위한 책임재산에 변동이 생긴다는 점에서 제42조 제 1 항의 유추적용을 검토해 볼 수 있기 때문이다.

2. 경영의 위임

경영의 위임은 영업의 경영을 타인에게 위탁하는 것이다. 이에 의해 영업재산의 관리와 영업활동이 수임인의 관장 하에 놓이게 되지만, 회사법상의 효력이 생기는 사항은 위임의 범위에서 제외된다(예: 임원선임, 신주발행, 자본감소, 정관변경, 합병 등). 경영을 위임하더라도 영업활동의 명의와 손익계산은 모두 영업주에게 귀속되고, 통상 수임인에게는 보수가 지급된다. 따라서 영업주의 교체로 인한 채권자, 채무자의 보호라는 문제는 제기되지 않고, 상법 제42조나 제43조를 유추적용할 여지도 없다.

최근 우리나라에서도 경영위임의 사례를 흔히 볼 수 있다. 우리나라에서의 경영위임은 대체로 다음과 같은 동기로 행해진다. 첫째는 경영의 성과를 높이기 위해 전문가에게 경영을 맡기는 것이다. 두드러진 예로서 일부 유명 호텔이 국제적인 호텔경영기술을 받아들이고 아울러 고객을 유치하기 위하여 외국의 호텔경영전문업체에 호텔경영을 위임하고 있다(예: 하얏트호텔, 힐튼호텔, 웨스틴 조선호텔). 둘째는 경영이 악화된 대기업의 경우 파산으로 인한 경제적 충격을 피하기 위하여 정부가 권유하여 다른 기업에 경영을 위임하는 예이다. 과거 경남기업(주)의 경영을 (주)대우가, (주)삼호의 경영을 대림산업(주)이 위임받은 사례가 있고, 다소 배경은 다르지만 (주)연합철강의 경영을 (주)포스코가 위임받은 사례, (주)삼호중공업(구 한라중공업)의 경영을 현대중공업(주)이 위임받은 사례가 있다. 셋째는 은행이 기업에 거액의 대출을 할 때 채무불이행시에는 동 기업의 경영을 채권은행에 위임하기로 약정하고, 이 약정에 따라 은행이 경영을 위임받는 예이다. 이 경우 위임의 이행을 담보하기 위하여 흔히 은행이 채무기업의 지배주주로부터 주식을 담보로 제공받는다.

주식회사나 유한회사가 경영을 위임하려면 주주(사원)총회의 특별결의를 요하는데(374조 1항 2호, 576조 1항), 그 이유는 영업의 임대차에서 본 바와 같다.

경쟁제한을 목적으로 다른 회사의 경영을 수임하는 경우에는 공정거래법상의 규제가 따른다(독규 9조 1항 4호).

제 3 편

상 행 위

제3편 상 행 위

제 1 장 총 론

제 1 절 서 설

Ⅰ. 상행위법의 의의

상행위란 기업주체, 즉 상인이 영리를 위해 하는 법률행위를 가리킨다. 영리는 대외적인 거래를 통해 성취될 수 있으므로 상행위는 주로 상사에 관한 계약을 뜻한다. 상법은 제 1 편 「총칙」에서 기업의 조직적 측면에서의 대내 및 대외적 법률관계를 규율한 데 이어 제 2 편 「상행위」에서는 상인이 영리목적을 달성하기 위하여 수행하는 대외적 거래관계를 규율함으로써 상인과 제 3 자간의 이해관계를 합리적으로 조정하고 있다.

대외적으로 영리를 추구하는 행위를 실질적인 상행위라 하고 그 상행위를 규율하는 법을 상행위법이라 부른다면 그 범위는 크게 넓어지지만, 상법 제 2 편에서는 상행위의 특성을 감안한 특칙을 두는 한편, 전통적으로 상인들에 의해 행해져 온 전형적인 상거래를 일부 선정하여 각기 고유한 법률관계를 규율하고 있다. 이를 형식적 의의의 상행위법이라 할 수 있는데, 이 책에서는 형식적 의의의 상행위법, 즉 상법 제 2 편의 해석론을 다룬다.

Ⅱ. 상행위법의 특색

기업의 영업활동은 계속적·반복적으로 영리를 추구하는 것을 특색으로 하므로 이를 규율대상으로 하는 상행위법 역시 그에 부응하여 몇 가지 특색을 보여준다.

(1) 임의법규성

기업조직에 관한 법률관계는 모든 이해관계인에 대해 획일적으로 처리되어야 하므로 그에 관한 법규정(총칙편, 회사편)은 대부분 강행규정이다. 그러나 기업의 대외적 거래활동은 거래시마다 상이한 상대방이 있어 상인과 상대방의 계약에 의해 거래의 내용과 방식을 정하므로 이들의 자율적인 의사를 존중해야 하고, 상거래의 당사자들은 일단 합리적 판단과 행동을 할 수 있는 대등한 능력을 갖추었다고 가정할 수 있으므로, 특히 어느 일방을 두텁게 보호해야 할 필요를 느끼지 않는다. 그러므로 상행위법은 당사자자치를 원칙으로 하고, 대부분 당사자가 거래의 내용과 방식을 정하지 아니하였을 때에 보충적으로 적용되는 임의법규로 구성되어 있다.

계약자유의 원칙은 사법의 대원칙이지만 상행위법에서는 민법에서보다 더욱 강하게 적용된다. 예컨대 민법에서는 허용되지 않는 유질계약(민 339조)이 상행위법에서는 허용되는 것과 같다(59조).

(2) 유 상 성

기업의 영업활동은 영리의 추구를 본질로 하고 영리가 실현될 때 비로소 기업이 유지될 수 있으므로 상행위법은 그 영리성을 시인하고 이윤획득의 기회를 다방면에서 조성해 주고 있다. 예컨대 민법상으로 위임은 무상이 원칙이지만(민 686조), 상인이 그 영업범위 내에서 타인을 위하여 행위를 한 때에는 상당한 보수청구권을 가지며(61조), 민법상의 금전소비대차는 무이자가 원칙이며(민 600조), 사무관리에 의해 지출한 비용도 마찬가지이지만, 상인간의 금전소비대차에서는 이자의 약정이 없더라도 법정이자가 발생하며(55조 1항), 상인이 그 영업범위 내에서 타인을 위하여 금전을 체당한 때에는 그 날 이후의 법정이자를 청구할 수 있다(55조 2항). 또

법정이율도 민사법정이율(연 5분)보다 높게 정해져 있다(연 6분)(민 379조; 상 54조).

(3) 신 속 성

상거래는 다수인을 상대로 반복적으로 이루어지므로 개개의 거래가 신속히 처리되어야 한다. 그래야만 자금의 순환속도가 빨라져 상인이 이윤을 획득할 기회가 증대된다. 그리하여 상법은 상거래의 신속한 처리를 촉진하는 각종의 특례 규정을 두고 있다. 예컨대 대화자 간의 계약의 청약은 상대방이 즉시 승낙하지 않으면 구속력을 잃도록 하며(51조), 민법상의 거래에서 청약을 받은 자는 원칙적으로 승낙 여부를 통지할 의무를 지지 아니하나, 상인이 상시 거래관계에 있는 자로부터 자신의 영업부류에 속한 계약의 청약을 받은 때에는 지체없이 낙부의 통지를 하여야 하며, 이를 게을리한 때에는 승낙한 것으로 본다(53조). 이 규정들은 상사계약의 성립단계에서의 신속을 기하기 위한 것이라 할 수 있는데, 계약이 성립된 후의 법률관계도 신속히 처리되도록 배려하고 있다. 예컨대 확정기매매의 당연해제사유(68조)를 두고 있으며, 소멸시효를 단기(5년)로 하고(64조), 상거래의 유형별로 이보다 더욱 단기의 소멸시효를 두거나(예: 운송주선인 · 운송인 · 창고업자의 손해배상책임의 시효: 121조, 147조, 166조) 특별한 소멸사유를 두고 있다(예: 운송인의 책임소멸: 146조). 또 매도인 · 위탁매매인 · 운송인 · 창고업자 등에게 목적물의 공탁권 · 경매권을 인정한 것은 거래상대방의 수령지체로 인해 상거래의 반복적 수행에 장애가 생기지 않도록 배려한 것이다(67조, 109조, 142조, 165조).

(4) 안 전 성

집단적 · 반복적으로 수행되는 상거래가 위와 같이 신속히 처리되는 만큼 거래의 안전에 대한 고려가 한층 깊이 베풀어져야 한다. 상법에서 거래의 안전을 고려한 몇 가지 예를 보면, (ⅰ) 상행위법에서는 상인이 그의 영업부류에 속한 계약의 청약을 받은 경우에 청약을 거절할 때에도 견품 기타의 물건을 받은 경우에는 그 물건을 보관할 의무를 지며(60조), (ⅱ) 매수인이 매매계약을 해제한 경우에도 매매목적물을 보관 또는 공탁할 의무를 진다(70조). (ⅲ) 중개인이 거래당사자 일방의 성명 또는 상호를 묵비한 경우에는 반대 당사자에 대해 이행책임을 지며(99조), (ⅳ) 위탁매매의 상대방이 채무를 이행하지 아니하는 경우에는 위탁매매인이 위탁자에 대하여 이행담보책임을 지며(105조), (ⅴ) 상인은 민법상의 유치권(민 320조)에 비해 권리가 강화된 상사유치권을 가지며(58조), 나아가 상인의 업종별로 특수한 내용의 유치권을 가진다(91조, 111조, 120조, 147조). 이들은 모두 거래의 안전 및 이행의 확보를 위한 제도이며, 상호계산제도(72조 이하)도 상거래의 신속과 편의를 위함과 아울러 채무의 이행을 확보하기 위한 제도이다.

(5) 기업책임의 가중 · 경감

상행위법은 상거래의 안전을 도모하는 데 그치지 않고, 경우에 따라서는 상인의 책임을 일반민사책임보다 무겁게 함으로써 상인에 대한 일반인의 신뢰를 보호한다. 예컨대 수인이 1인 또는 전원에 대해 상행위가 되는 행위로 채무를 부담한 때에는 민법상의 분할책임의 원칙(민 408조)에 대한 특례로써 연대책임을 지며(57조 1항), 상사보증은 연대보증으로 한다(57조 2항). 또 상인은 무상으로 임치를 받더라도 자기재산과 동일한 주의의무(민 695조)를 지는 것이 아니라, 선량한 관리자로서의 주의의무를 지며(62조), 순차운송인은 운송물의 손해에 대한 연대책임을 지고(138조), 여객운송인이나 공중접객업자는 고객으로부터 인도 또는 임치받지 아니한 물건에 대해서도 주의의무를 진다(150조, 152조 2항).

한편 상행위법은 위험이 높은 영업을 수행하는 상인에 대하여는 반대로 책임을 경감하여 줌으로써 기업유지와 영업의 촉진을 돕는다. 예컨대 운송주선인 · 운송인 · 공중접객업자 · 창고업자의 손해배상책임에 대해서는 단기의 소멸시효를 인정하고(121조, 147조, 154조, 166조), 운송인과 창고업자에 대해서는 손해배상책임의 특별한 소멸사유를 두고 있다(146조, 168조). 또 운송주선인 · 운송인 · 공중접객업자의 경우 명시되지 아니한 고가물의 손실에 대해서는 면책시키며(124조, 136조, 153조), 운송인의 운송물에 대한 손해배상책임을 손해의 유형에 따라 정형화시키고 배상액을 제한하고 있다(137조). 이는 이 영업들이 앞서 본 바와 같이 책임이 가중되는 점과 타업종에 비해 손해발생의 위험이 높은 점을 감안한 것이다. 나아가 이러한 책임경감을 통해 기업유지를 가능하게 함으로써 당해 업종에 대한 사회적 수요를 충족시켜 주는 뜻도 있다.

(6) 거래의 정형성

상인은 다수인을 상대로 동일한 내용의 거래를 반복하므로 영업의 효율을 기하기 위하여는 거래를 정형화시킬 필요가 있다. 또 거래를 정형화시키는 것이 거래의 신속과 안전을 동시에 추구할 수 있는 길이기도 하다. 그래서 상거래는 대부분의 경우 부합계약으로 이루어지며(따라서 대부분의 고객에게 동일한 가격과 이행방법을 적용하게 된다), 그 중 상당수는 상관습이나 보통거래약관에 의해 거래내용을 결정하기도 한다. 그래서 연혁적으로 볼 때 상행위법은 상관습이나 보통거래약관에 의해 정형화된 거래내용을 입법화한 것이 많고, 법개정을 통해 계속 새로운 관습을 수용하기도 한다.

경제생활이 발전함에 따라 새로운 상관습과 보통거래약관이 계속 생겨나고 있으므로 그때그때 적절히 평가하여 입법에 반영하는 것도 상법학의 중요한 과제이다.

(7) 상도덕의 법규범화

상인들의 세계에서는 민사거래에서보다 높은 수준의 신용이 요구되므로 고도의 상도덕이 발달해 있다. 이러한 상도덕은 특정형태의 거래에 관해 관습 내지는 관습법(1조)으로 발전하기도 하고 때로는 실정법규로 수용되기도 한다. 예컨대 청약을 받은 상인의 낙부통지의무(53조), 물건보관업무(60조), 임치받은 상인의 주의의무(62조), 매수인의 검사·통지의무(69조) 같은 것은 상도덕이 법규범화된 예이다. 아직 성문화되지 아니하고 관습에까지도 이르지 아니한 상도덕이라도 당사자의 의사해석이나 법해석에 있어 이른바 신의칙(민 2조 1항)으로 수용되기도 한다.

Ⅲ. 상행위법의 체계

상법 「제 2 편 상행위」는 15개장 143개조로 편성되어 있다.

「제 1 장 통칙(46조~66조)」에서는 상행위의 개념을 정하는 외에 주로 상거래의 특수성을 감안하여 민법(재산법)상의 일부규정에 대한 특칙을 정하여 상행위에 적용하고 있다. 그리고 「제 2 장 매매(67조~71조)」에서는 상거래의 대종을 이루는 상사매매에 관해 민법상의 매매에 대한 특칙을 규정하고 있으므로 이 역시 상행위의 통칙적 규정으로 볼 수 있다.

「제 3 장 상호계산(72조~77조)」, 「제 4 장 익명조합(78조~86조)」, 「제 4 장의2 합자조합(86조의2~86조의9)」도 장을 구분하여 규정하고 있으나, 상호계산은 상사채권의 특수한 소멸사유이고, 익명조합과 합자조합은 상법상의 특수한 공동기업의 한 형태이므로 역시 통칙적 규정으로 볼 수 있다. 이 책에서는 이 부분까지를 「상행위 총론」으로 구분하여 다루기로 한다.

제5장 이하에서는 상법 제46조에서 정하는 기본적 상행위 중 특히 별도의 성문법적 규율이 필요한 상행위 10가지를 골라 각 장별로 그 법률관계를 규율하고 있다. 즉 「제5장 대리상(87조~92조의3)」, 「제6장 중개업(93조~100조)」, 「제7장 위탁매매업(101조~113조)」, 「제8장 운송주선업(114조~124조)」, 「제9장 운송업(125조~150조)」, 「제10장 공중접객업(151조~154조)」, 「제11장 창고업(155조~168조)」, 「제12장 금융리스업(168조의2~168조의5)」, 「제13장 가맹업(168조의6~168조의10)」, 「제14장 채권매입업(168조의11~168조의12)」으로 나누어 규정하고 있다. 이 부분은 각 업종별로 특수한 법리가 적용되므로 「상행위 각론」으로 구분하여 다룬다.

제2절 상행위의 의의와 종류

I. 상행위의 의의

상행위(Handelsgeschäft)란 상인이 영업으로서 또는 영업을 위하여 하는 행위를 가리킨다. 상행위의 개념을 정하는 방식으로서는 그 주체인 상인과 연결시키는 방법에 따라 주관주의와 객관주의로 구분하는데, 당연상인의 기본적 상행위는 객관주의에 의하고(4조), 설비상인의 상행위는 형식상으로 주관주의에 의하며(5조 1항), 회사는 순수한 주관주의에 의한다(5조 2항)고 함은 기술한 바와 같다.

상행위는 기업생활을 영위하는 구체적 수단으로서 상인은 이를 통해 영리목적을 달성한다. 기업생활은 생산활동과 대외적 거래활동(유통활동)으로 나누어 볼 수 있는데, 생산활동은 기업 내에서 이루어지는 사실행위에 불과하므로 상법적 규율이 불필요하다. 상법은 상인과 제3자간의 법률관계를 규율하는 법률인데, 이러한 대외적 법률관계는 거래활동에서 생겨나므로 상법의 규율을 받는 상행위는 바로 이 거래활동을 가리킨다.

앞서 상인의 개념을 설명하기 위해 상행위의 종류를 개관하였지만, 여기서는 상행위의 종류별로 구체적인 내용을 설명한다.

Ⅱ. 기본적 상행위

기본적 상행위[1]는 영업으로 하는 상법 제46조 각 호의 행위로서, 당연상인의 주된 영업활동이 된다. 영업성은 채권행위에서만 발견될 수 있으므로 기본적 상행위는 채권적 법률행위이다. 오로지 임금을 받을 목적으로 물건을 제조하거나 노무에 종사하는 자의 행위가 기본적 상행위에서 제외됨은 기술한 바와 같다(85면 참조).

기본적 상행위가 될 수 있는 행위는 다음 22가지이다(46조 1호~22호).

1) 동산 · 부동산 · 유가증권 기타 재산의 매매(1호) 매매는 물건 등을 저가로 사서 고가로 팔아 차익을 취하는 행위로서 상인의 전형적인 영업행위이며, 인류역사상 최초로 등장한 상거래임을 쉽게 짐작할 수 있다.

㈎ 목 적 물 상인의 매매는 주로 동산 · 부동산 · 유가증권의 소유권을 대상으로 하지만 그 밖의 재산, 예컨대 소유권 이외의 물권, 채권 또는 특허권 · 저작권 등의 무체재산권과 광업권 · 어업권 등의 준물권을 대상으로 할 수도 있다.

㈏ 매 매 본호의 매매를 i) 「매수와 매도」로 읽는 설(강 · 임 170; 김정호 37; 손진화 170; 이(기) · 최 313; 임홍근 212; 정동윤 145; 최 · 김 47; 최준선 111)과 ii) 「매수 또는 매도」로 읽는 설(김성태 384; 손주찬 69; 안강현 54; 전우현 184; 정찬형 64)이 있다. i)설에 의하면 매수와 매도는 서로 내면적인 관련을 가지고 물건 등을 「사서 파는」 영업을 구성해야 상행위성을 갖는다.

이에 반해 ii)설은 매수나 매도 어느 한 쪽만 하더라도 상행위가 될 수 있다. 따라서 i)설에 의하면 원시산업(수렵 · 농림을 통해 채취한 물건을 매도하는 것)은 상행위가 아니나, ii)설에 의하면 상행위가 된다.

i)설에 의하면, 자기가 재배 또는 채취한 물건을 가공하여 판매하는 행위(예컨대 자기가 소유하는 포도밭에서 수확한 포도로 포도주를 만들어 판매하는 행위)도 상행위에서 제외되는 문제점이 생긴다. 상법 제46조는 낱낱의 법률행위의 상행위성을 규정하고 있으므로 i)설과 같이 매수와 매도가

1) 구 상법에서는 「영업적 상행위」라고 불렀다(구상 502조).

연결되어야 상행위가 된다고 하는 것보다는 매수 또는 매도가 영업으로 행해짐으로써 상행위가 된다는 것이 더 논리적이라 생각할 수 있다.

그러나 원시산업과 같이 매도만을 하는 영업은 쉽게 생각할 수 있으나, 오로지 「매수」만을 하는 영업은 상상하기 어렵다. 그러므로 본호의 매매는 「매수와 매도」 또는 「매도」를 가리킨다고 보는 것이 타당하다(김성탁 41; 김홍기 130; 서완석 162; 오성근 224; 이종훈 146; 정준우 218). 그같이 본다면 원시산업으로 채취한 물건을 매도하는 것도 기본적 상행위가 될 수 있다. 다만 그 매도가 영업성을 갖추었을 때에 한한다(농부는 수확한 농작물을 매도하지만영업성이 없으므로 상인이 아니다).[1)]

매매는 유상취득 또는 유상양도를 목적으로 하는 채권행위이다. 따라서 매매의 이행을 위한 물권행위는 포함되지 아니하며, 무상의 취득·이전도 매매가 아니다. 교환이나 소비임치도 유상이므로 매매에 포함시키는 견해가 있으나(김정호 38; 안강현 55; 이(기)·최 313; 임홍근 212; 정동윤 145; 정찬형 65; 최준선 111), 이러한 행위는 상인이 영업 도중에 역시 영리목적으로 할 수 있는 것이기는 하나, 오로지 교환이나 소비임치만을 영업으로 할 수는 없으므로 본호의 매매에 포함시킬 수 없다(同旨: 김성태 411; 서완석 163; 정준우 218).

2) 동산·부동산·유가증권 기타의 재산의 임대차(2호) 타인으로 하여금 자기 재산을 이용하게 하고 그 대가에서 이익을 취하는 행위이다. 유가증권은 임대차의 목적에 적합하지 않음을 이유로, 임대차의 목적물에 유가증권이 포함되어 있는 데 대해 입법론적인 의문을 제기하는 견해가 있다(임홍근 212; 정찬형 66). 그러나 주권·채권 등의 임대차는 현재 거래계에서 널리 행해지고 있다. 예컨대 증권시장에서 흔히 행해지는 주식의 「공매도」는 금융투자업자가 고객에게 주식을 대여하고 고객이 이를 매각한 후 후일에 다시 매수하여 반환하는 소비대차거래이고, 보험회사가 보유하는 유가증권을 기업에 대여하고 기업이 이를 담보로 자금을 차용한 후, 후에 채무를 변제하고 담보물(유가증권)을 회수하여 대여자에게 반환하는 거래는 유가증권의 임대차에 해당한다.

재산의 「임대차」라 하였으나, 「임차」만을 영업으로 하는 상인은 생각할 수

---

1) 대법원 1993. 6. 11. 선고 93다7174·7181 판결: 「자기가 재배한 농산물을 매도하는 행위는 이를 영업으로 할 경우에는 상행위에 해당한다고 볼 수 있겠으나, 피고는 약 5,000평의 사과나무 과수원을 경영하면서 그 중 약 2,000평 부분의 사과나무에서 사과를 수확하여 이를 대부분 대도시의 사과판매상에 위탁판매한다는 것이어서 피고가 영업으로 사과를 판매하는 것으로 볼 수 없[다.]」

없고, 자기 소유의 재산을 임대하거나 타인의 재산을 임차하여 전대하는 것이 본조가 예상한 상행위이다(김성태 413; 서완석 163; 이종훈 147). 학설에 따라서는 「재산을 임차하여 임대하는 행위」만을 본조의 임대차로 보거나, 임대할 의사를 가지고 「유상취득하거나 임차하는 행위 또는 이것을 임대하는 행위」로 보기도 하지 만(강 · 임 171; 김정호 38; 손주찬 86; 손진화 171; 안강현 56; 이(기) · 최 314; 전우현 187~188; 정동윤 146; 정찬형 66; 최 · 김 48; 최준선 112), 거듭 말해 「임차」라는 행위에서는 직접 영리가 실현되는 바 없으므로 「임차」는 기본적 상행위가 될 수 없다(同旨: 정준우 218).

3) 제조 · 가공 또는 수선에 관한 행위(3호) 제조란 원재료에 일정한 工法을 사용하여 새로운 용도를 가진 물건을 만드는 작업이고(방직 · 양조 · 기계생산 등), 가공이란 원재료의 동일성을 유지시키면서 그 효용을 증가시키는 작업이며(세탁 · 염색 · 정미 등), 수선이란 원재료의 효용을 회복시켜 주는 작업이다(구두수리 · 양복수리 · 자동차수리 등).

상행위가 되는 것은 제조 · 가공 · 수선을 하는 행위 자체가 아니고 그 행위의 인수(대가를 받고 상대방이 원하는 제조 · 가공 · 수선을 해주기로 약정하는 것)이다. 제조 · 가공 또는 수선 그 자체는 사실행위에 불과하기 때문이다.

타인을 위하여 제조 · 가공 · 수선을 유상으로 인수하는 행위뿐만 아니라 원료를 취득한 다음 자기를 위하여 제조 · 가공 · 수선하는 행위도 포함된다는 견해가 있으나(이(기) · 최 315; 정동윤 146; 정찬형 66; 최 · 김 48), 자기를 위한 제조 등에서는 대외적 거래가 없으므로 상행위성을 인정할 수 없다(강 · 임 171; 김성태 413; 서완석 164; 손주찬 70; 손진화 171; 오성근 225; 이종훈 148; 임홍근 213; 전우현 189; 정준우 218; 최준선 112). 자기를 위하여 제조 · 가공 · 수선해서 판매하는 행위는 상행위로 볼 것이나, 이는 앞서 설명한 제 1 호의 매매로 다루어야 한다.

4) 전기 · 전파 · 가스 또는 물의 공급에 관한 행위(4호) 전기 · 방송(라디오 · 텔레비전 등) · 가스 · 수도 등의 계속적인 공급을 인수하는 것을 말한다. 그 성질은 매매계약이라고 할 수 있지만, 설비의 임대가 수반되는 때는 매매와 임대차의 혼합계약이 된다.

5) 작업 또는 노무의 도급의 인수(5호) 「작업의 도급의 인수」는 부동산 또는 선박에 관한 공사를 인수하는 행위를 말하고(철도부설 · 가옥건축 · 교량 및 도로공사 등), 「노무의 도급의 인수」란 노동자의 공급을 인수하는 계약으로서 인력송출업(근로자파견사업. 파견근로자보호 등에 관한 법률 2조 2호)이 여기에 속하며, 토목사업, 연예행사, 아파트 등의 시설 또는 요인경비 등에서 흔히 볼 수 있는 계약이다. 동산에 관한 작업을 도급으로 인수하는 것은 앞의 제조 · 가공 · 수선의 인수에 속한다.

6) 출판 · 인쇄 또는 촬영에 관한 행위(6호) 출판에 관한 행위란 문서 또는 도화를 인쇄하여 발매 또는 유상으로 배포하는 행위를 말한다. 출판을 위해 저작자와의 사이에 출판계약, 인쇄업자와의 사이에 인쇄계약이 행해지는데, 이러한 계약은 출판업자의 보조적 상행위에 속한다. 그러므로 자기가 직접 서술하거나 인쇄하더라도 무방하다(예: 신문 출판행위). 인쇄에 관한 행위란 기계적 · 전자적 또는 화학적인 방법에 의하여 문서 또는 도화를 복제하는 작업을 인수하는 행위이다. 촬영에 관한 행위란 사진의 촬영을 인수하는 계약으로서 사진사의 행위가 그 예이다.

7) 광고 · 통신 또는 정보에 관한 행위(7호) 광고란 특정기업이나 상품 기타 특정사실을 일반 공중에게 홍보하는 행위인데 유상으로 광고를 인수하는 행위가 상행위가 된다.

통신이란 유 · 무선장비에 의해 의사 또는 정보를 교환하는 행위인데, 이 중 불특정의 정보를 계속적으로 수집하여 유상공급하기로 하는 계약이 상행위가 된다.

일반적으로 정보란 생활에 관련된 공개 또는 미공개의 지식을 말하는데, 여기서 정보에 관한 행위란 타인이 의뢰한 특정사항에 관한 정보를 유상으로 수집 · 제공해 주기로 하는 계약을 말한다.

8) 수신 · 여신 · 환 기타의 금융거래(8호) 수신이란 이자부로 또는 이자 없이 타인의 금전을 수치함을 말하며, 여신이란 금전을 타인에게 대여하는 행위를 말한다. 환은 이종화폐간의 교환을 뜻하며, 「기타의 금융거래」는 금전의 수신 · 여신 · 환 이외에 금전의 가치이동을 내용으로 하는 거래를 말한다. 어음할인이나 금전대차의 보증 등의 행위가 이에 포함된다.

9) 공중이 이용하는 시설에 의한 거래(9호) 공중의 왕래에 적합한 설비를 갖추어 이를 객의 수요에 따라 유상으로 이용시키려는 것을 목적으로 하는 행위이다. 호텔 · 카페 · 음식점 · 미용실 · 극장 · 동물원 등이 이에 속한다. 상법 제2편 제10장에서 「공중접객업」이라는 업종으로 분류하고 시설이용을 중심으로 전개되는 영업주와 고객간의 구체적인 법률관계를 규율하고 있다.

10) 상행위의 대리의 인수(10호) 독립된 상인이 다른 일정한 상인을 위하여 계속적으로 상행위를 대리할 것을 인수하는 행위이다. 상법 제2편 제5장의 체약대리상계약(87조)이 이에 속한다.

11) 중개에 관한 행위(11호) 타인간의 법률행위의 중개를 인수하는 행위를

말한다. 상법 제 2 편 제 6 장의 중개인(93조) 및 제 5 장의 중개대리상(87조)이 이에 속하고, 각종의 민사중개인(공인중개사 · 자동차 중개인 · 직업소개소 등)의 중개에 관한 행위도 상행위에 속한다([판례 72] 참조).

판례 72 대법원 1968. 7. 24. 선고 68다955 판결

「… 원고는 낙원복덕방이라는 상호하에 부동산 매매 등의 소개업을 하는 자로서 … 원고의 소개에 의하여, 피고 소유부동산을 금 240만원으로 매도한다는 내용의 매매계약을 피고와 소외 최순녀와의 사이에 체결케 하였고 … 원고는 상법 제46조 제11호와 같은 법 제 4 조에 의하여 상인임이 명백하고, 상인인 원고가 그 영업범위 내에서 타인을 위하여 행위를 한 이상, 원고는 특별한 약정이 없다 하여도 상법 제61조에 의하여 피고에 대하여 상당한 보수를 청구할 수 있다 …」

12) 위탁매매 기타의 주선에 관한 행위(12호) 자기의 명의로써 타인의 계산으로 거래하는 것을 인수하는 행위로서 간접대리의 인수라고 할 수 있다. 상법 제 2 편 제 7 장의 위탁매매인(101조), 준위탁매매인(113조) 그리고 운송주선인(114조) 등의 위탁계약이 이에 속한다.

13) 운송의 인수(13호) 물건 또는 사람의 운송을 인수하는 행위로서 물건운송 · 여객운송, 육상운송 · 해상운송 · 항공운송 · 자동차운송 · 철도운송 등이 모두 이에 해당된다. 상법 제 2 편 제 9 장에서 「운송업」이라는 업종으로 육상운송계약을, 제 5 편에서 해상운송, 제 6 편에서 공중운송의 법률관계를 규율하고 있다.

14) 임치의 인수(14호) 타인을 위하여 물건 또는 유가증권을 보관할 것을 인수하는 행위로서 상법 제 2 편 제11장이 다루는 창고업자의 임치계약이 이에 해당한다. 소비임치도 이에 해당한다고 하는 견해가 있으나(정찬형 70; 최준선 115), 소비임치의 경우 상인의 영리성은 임치행위가 아니고 소비행위(임치물의 운용)에서 이루어지므로 임치 자체에서 영리성을 실현할 것을 전제로 하는 본호에는 해당되지 않는다(김홍기 112; 서완석 166; 정동윤 148; 주석(총칙 · 상행위) 478).

15) 신탁의 인수(15호) 신탁이란 쌍방의 신임관계에 기하여 일방(위탁자)이 타방(수탁자)에게 특정의 재산을 이전하거나 담보권의 설정 또는 그 밖의 처분을 하고 수탁자로 하여금 일정한 자(수익자)의 이익 또는 특정의 목적을 위하여 그 재산의 관리, 처분, 운용, 개발, 그 밖에 신탁 목적의 달성을 위하여 필요한 행위를 하게 하는 법률관계를 말한다(신탁 2조). 그리고 이 때 수탁자의 입장에서 체결하는

신탁계약이 신탁의 인수이고 상행위이다.

16) 상호부금 기타 이와 유사한 행위(16호) 상호부금이란 일정기간을 설정하여 고객으로 하여금 정기적으로 금전을 납부하게 하고 기간의 중간 또는 만기에 고객에게 일정한 금전을 지급할 것을 약정하는 여수신의 혼합거래이다. 상호저축은행이 영위하는 신용부금업무가 이에 해당한다(상호저축은행법 2조 3호). 「기타 이와 유사한 행위」의 예로는 역시 상호저축은행이 영위하는 신용계업무를 들 수 있다. 신용계업무란 일정한 계좌수와 기간 및 금액을 정하고 정기적으로 계금을 납입하게 하여 계좌마다 추첨·입찰 등의 방법으로 계원에게 금전을 지급할 것을 약정하여 행하는 여수신의 혼합거래이다(상호저축은행법 2조 2호).

95년 개정 전에는 무진이라 규정하였으나 개정법에서 현행과 같이 바꾸었다. 무진이란 과거 국민은행이 설립되기 이전 「무진회사」가 취급하던 금융상품으로서 오늘날의 신용계에 해당한다. 개정법에서는 이 신용계를 포함시키기 위하여 법문의 표현을 '상호부금 기타 이와 유사한 행위'로 수정하였다. 이에 의해 종전의 무진, 즉 신용계는 '기타 이와 유사한 행위'에 흡수되었다. 그러나 신용계이든 신용부금이든 금융상품의 일종으로서 제8호가 규정하는 「기타의 금융거래」에 다 포함되므로 이를 별도로 규정한 것은 불필요한 입법이다.

17) 보 험(17호) 보험이란 동일한 위험을 예상하는 다수인이 단체를 형성하고 일정한 기간을 정하여 금전을 모아 그 구성원 중에서 위험을 당한 자에게 일정한 금액 기타의 급여를 지급하는 것이다. 보험자가 체결하는 보험계약이 기본적 상행위인데, 영리보험만 포함되고 상호보험이나 사회보험은 제외된다.

18) 광물 또는 토석의 채취에 관한 행위(18호) 광물 및 토석을 채취하는 작업을 인수하는 행위와 자신의 광물 및 토석을 채취하여 판매하는 행위가 이에 해당할 수 있다. 그러나 전자는 제5호가 규정하는 「작업 및 노무의 도급의 인수」에 해당하고, 후자는 제1호의 「동산의 매매」에 해당하므로 이 규정은 불필요한 규정이다. 이 규정은 입법자가 원시산업이 제1호에 해당하는지에 의문을 가지고, 그럼에도 불구하고 광물 및 토석의 채취판매는 상업성이 있다고 보아 별도로 규정한 것으로 짐작된다.[1)]

19) 기계·시설, 그 밖의 재산의 금융리스에 관한 행위(19호) 「금융리스」란

1) 李炳泰, 「全訂 商法(上)」, 法元社, 1988, 88면.

상법 제168조의2 이하에서 다루고 있는 금융리스업의 대상으로서 영위하는 영업을 말하는데, 동조는 금융리스이용자가 선정한 기계, 시설, 그 밖의 재산(금융리스물건)을 제 3 자로부터 취득하거나 대여받아 금융리스이용자에게 이용하게 하는 영업이라고 정의하고 있다. 과거에는 「물융」이라 불렀는데, 2010년 개정시에 동 거래에 관한 장(제12장)을 신설하면서 「금융리스」라는 용어로 개칭하였다. 상세는 제168조의2 이하의 해석론으로 후술한다.

20) 상호 · 상표 등의 사용허락에 의한 영업에 관한 행위(20호) 이는 상법 제168조의6이 규정하는 가맹업을 말한다. 실무에서는 프랜차이즈(franchise)라는 용어를 더 즐겨 쓰는데, 가맹업이란 저명한 상품이나 서비스를 공급하는 상인이 같은 상품, 서비스를 취급하고자 하는 무명의 영세한 상인에게 대가를 받고 자신의 영업임을 나타내는 상호등의 표지를 사용하게 하며, 자신의 경영지도하에 영업하도록 하는 행위를 말한다. 상법은 이러한 상호대여 및 경영지도를 기본적 상행위의 하나로 파악하고 있다. 상세는 후술한다(제9절).

21) 영업상 채권의 매입, 회수 등에 관한 행위(21호)[1] 타인이 물건 · 유가증권의 판매, 용역의 제공 등에 의하여 취득하였거나 취득할 영업상의 채권을 매입하여 회수하는 영업을 가리킨다(168조의11). 통칭 팩터링(factoring)이라는 것으로 2010년 개정법에서 채권매입업이라는 명칭을 부여하고 이를 규율하기 위한 장(제14장)을 신설하였다.

22) 신용카드, 전자화폐 등을 이용한 지급결제업무의 인수(22호) 신용카드에 관한 영업은 제46조 제21호의 채권매입업으로 다룰 수 있고, 전자화폐에 관한 영업은 제46조 제 8 호의 금융거래의 일종으로 다룰 수 있으나, 2010년 개정상법은 양자의 영업을 「지급결제업무」라는 공통징표로 묶어 별개의 상행위로 분류하였다. 하지만 양자의 법률관계에 관해 별도의 규정은 두고 있지 않다.

1) 위 19) 내지 21)의 상행위는 95년 개정에 의해, 그리고 22)는 2010년 개정법에 의해 상행위로 추가된 것이다.

Ⅲ. 준상행위

「준상행위」란 의제상인이 영업으로 하는 행위를 말한다(66조). 의제상인의 주된 영리활동이므로 당연상인에 있어서의 기본적 상행위에 대칭되는 개념이다.

의제상인은 기본적 상행위를 하지 않는 자이므로, 기본적 상행위 이외의 모든 행위 중에서 상인이 영업으로 할 만한 것은 어느 것이나 준상행위가 될 수 있다. 따라서 준상행위는 경제가 발전함에 따라 계속 개발되는 과정에 있다고 하겠다.

준상행위에 대해서도 상행위편 제 1 장 통칙의 규정이 적용된다(66조). 그렇다고 상행위편의 나머지 규정들이 의제상인 또는 준상행위와 무관한 것은 아니다. 예컨대 상호계산(72조)은 의제상인도 할 수 있고, 익명조합(78조)은 준상행위의 영업을 위해 구성할 수도 있으며, 준상행위를 위한 대리상계약(87조)·중개(93조)도 있을 수 있으며, 준상행위의 주선을 하는 준위탁매매(113조)도 있을 수 있다. 다만 운송업(125조)·운송주선업(114조)·공중접객업(151조)·창고업(155조)에 관한 규정들은 영업의 성질상 준상행위와 무관하다.

Ⅳ. 보조적 상행위

1. 개　　념

「보조적 상행위」[1]란 상인이 영업을 위하여 하는 행위를 말하며, 이 역시 상행위이므로(47조 1항) 보조적 상행위로 인해 생겨난 채권·채무에는 상법이 적용된다.

보조적 상행위는 기본적 상행위 및 준상행위에 대응하는 개념이다. 기본적 상행위와 준상행위는 상인이 영업으로, 즉 영리목적을 달성하기 위해 주로 하는 행위임에 대해, 보조적 상행위는 기본적 상행위 또는 준상행위의 수행을 위한 직접적 또는 간접적 필요에서 하는 행위이다. 예컨대 물건의 매매를 영업으로 하는 도매업자가 사업자금을 마련하기 위해 은행에서 자금을 차입하는 행위는 보조적

1) 구 상법에서는 「부속적 상행위」라 불렀다(구상 503조).

상행위이다.

보조적 상행위는 행위의 성격이나 종류에 의해 절대적으로 판단되는 것이 아니고, 상인의 영업과의 관련 하에서 판단되는 상대적 개념이다. 예컨대 위 도매업자의 예에서 자금의 대차는 은행의 입장에서는 기본적 상행위이다.

보조적 상행위 자체에서는 이익이 발생하지 않음이 보통이지만, 그로부터 이익이 발생하더라도 보조적 상행위임에는 변함이 없다.

2. 범 위

보조적 상행위는 개개의 기본적 상행위 또는 준상행위의 수행에 직접 기여하는 행위(예컨대 도매상이 매도한 물건을 배달하기 위해 운송계약을 체결하는 것)일 수도 있고, 영업 전체의 원활한 수행을 위해 필요한 행위(예: 점포의 임차, 사무용품의 구입)일 수도 있는데, 어느 것이든 법적 성격이나 효과에 차이가 없다. 상인이 종업원과 체결하는 근로계약, 노동조합과 체결하는 단체협약은 영업의 인적조직의 구성 · 관리를 위해 필요한 행위이므로 보조적 상행위이다(대법원 1976. 6. 22. 선고 76다28 판결; 동 2006. 4. 27. 선고 2006다1381 판결). 영업자체의 생성 · 존폐와 관련된 행위, 예컨대 개업준비행위, 영업의 양수 · 양도도 보조적 상행위이다. 보조적 상행위는 상법이 적용될 수 있는 재산법적 행위이어야 하므로 상인의 신분행위나 공법상의 행위(예: 세무신고)는 보조적 상행위가 될 수 없다.

보조적 상행위는 계약에 한하지 않고 단독행위일 수도 있으며(예: 기본적 상행위의 취소 · 해제 · 상계 등), 채권행위에 한하지 않고 물권행위(또는 준물권행위)일 수도 있다(예: 외상채권의 양도). 또 최고 · 통지와 같은 준법률행위의 형태를 취할 수도 있다.

그러나 사실행위 · 불법행위는 보조적 상행위가 될 수 없다(김성탁 45; 김성태 424; 김정호 211; 서완석 171; 서헌제 193; 송옥렬 100; 오성근 233; 이종훈158; 정준우 224)(대법원 1985. 5. 28. 선고 84다카966 판결: 불법행위는 보조적 상행위가 될 수 없다는 판례). 사실행위나 불법행위도 보조적 상행위가 될 수 있다는 견해가 있으나(사실행위긍정설: 강 · 임 177; 김홍기 115; 임홍근 221; 장덕조 92; 정동윤 142; 정찬형 216)(불법행위긍정설: 강 · 임 177; 김홍기 115; 손주찬 217; 장덕조 92; 정동윤 142; 정찬형 216; 최 · 김 202) 옳지 않다. 보조적 상행위의 개념을 인정하는 실익은 그에 해당하는 행위에 대해 상법을 적용하기 위함인데, 기본적으로 거래법인 상법에서는 불법행위에 적용할 규정을 찾기 어렵기 때문이다.

3. 보조적 상행위의 판단

1) 일반적 판단기준 회사는 상인으로 의제되므로(5조 2항) 회사의 행위는 보조적 상행위로 추정되고, 또 실제 회사가 하는 대부분의 재산법적 행위는 보조적 상행위일 것이나, 회사도 영업과 무관한 행위를 할 수 있음은 물론이다(예: 자선행위). 이런 행위는 영업과의 무관성이 증명된다면 보조적 상행위로 다루어지지 않는다. 회사는 상인이지만 그 대표이사는 상인이 아니므로 대표이사가 개인자격에서 하는 행위에는 상법 제47조 제2항이 적용되지 않는다(대법원 2018. 4. 24. 선고 2017다205127 판결).

특히 자연인상인의 경우에는 가계생활을 가지므로 그의 어떤 행위가 보조적 상행위이냐는 판단이 필요하다. 이는 상인의 주관적 목적에 의해 판단할 것이 아니고 문제된 행위와 영업의 객관적 관련성에 입각해 판단해야 한다.[1] 영업과의 관련성 자체가 불분명한 경우를 위해 상법은 상인의 행위는 영업을 위하여 하는 것으로, 즉 보조적 상행위로 추정한다(47조 2항). 따라서 상인이 한 어떤 행위를 보조적 상행위가 아니라고 주장하는 자(상인 자신이든 제3자이든)가 증명책임을 진다([판례 73]).

2) 상행위 추정의 효과 상인의 어떤 행위를 상행위로 추정한다는 것은 그 행위에 상법을 적용함을 의미한다. 따라서 그 행위의 대리에 관해서는 상법의 특칙이 적용되고(48조~50조), 그 행위로 인해 발생한 채권에는 상사법정이율(55조)과 상사시효(64조)가 적용되며, 기타 상법상의 각종 특칙이 적용된다.

상행위로의 추정은 새로이 채권·채무를 발생시키는 거래뿐만이 아니라, 기존의 채권·채무를 정산하기 위한 경개·준소비대차 같은 계약에도 적용된다(대법원 1989. 6. 27. 선고 89다카2957 판결; 동 1992. 7. 28. 선고 92다10173·10180 판결). 따라서 이에 의해 발생한 신채무에는 상사법정이율

---

1) 대법원 2002. 7. 9. 선고 2002다18589 판결: 「피고가 1988. 3. 9. 원고로부터 이 사건 금원을 차용할 당시 피고는 세진산업이라는 상호로 서비스업의 일종인 무역대리점(소위 오퍼상)을 영위하던 상인이었고, 원고는 미국에서 스타비젼 주식회사를 운영하고 있었던 사실, 피고는 위 세진산업의 영업과 관련 없이 새로운 회사를 설립하기 위하여 창원전자 주식회사로부터 생산시설 및 보유기자재 일체, 집기 및 자산 일체, 상표권 및 인허가상의 지위 등을 양수하기 위한 교섭을 진행하면서 그 자금으로 사용하기 위하여 원고로부터 위 금원을 차용하였던 사실 … 피고가 원고로부터 위 금원을 차용한 행위는 피고 자신의 기존 영업을 위한 보조적 상행위가 아님은 물론 장차 성립될 회사나 창원전자 주식회사의 영업을 위하여 하는 보조적 상행위라고 할 수도 없다」.

註: 개업을 위한 준비행위는 보조적 상행위로 보는 것이 통설·판례이고, 위 판례의 사안과 같이 영업자산의 구입을 위한 자금차입은 전형적인 준비행위라고 할 것인데, 이를 보조적 상행위가 아니라고 함은 의문이다.

과 상사시효가 적용된다.

판례 73 대법원 2008. 12. 11. 선고 2006다54378 판결

「… 금전의 대여를 영업으로 하지 아니하는 상인이라 하더라도 그 영업상의 이익 또는 편익을 위하여 금전을 대여하거나 영업자금의 여유가 있어 이자 취득을 목적으로 이를 대여하는 경우가 있을 수 있으므로, 이러한 상인의 금전대여행위는 반증이 없는 한 영업을 위하여 하는 것으로 추정된다. … 음식점업을 영위하는 상인인 원고가 부동산중개업을 영위하는 상인인 피고에게 합계 3,000만 원의 금원을 고율의 이자로 대여한 행위는 반증이 없는 한 상법 제47조 제 2 항에 의하여 영업을 위하여 하는 것으로 추정되고, … 위 금전대여행위가 원고와 피고 사이에 상호 고율의 이자소득을 얻기 위한 목적으로 행하여졌다는 사정만으로는 위 추정이 번복된다고 볼 수 없으므로, 원고가 위 추정을 번복할 만한 증명책임을 다하지 못하는 한 원고의 피고에 대한 위 금전대여행위는 상행위로 보아야 할 것이다.」

* 同旨: 대법원 2015. 9. 10. 선고 2015다218693 판결.

[참 고] 부동산중개업자가 타인에게 무허가건물을 다량으로 매수하여 올 것을 부탁하고 매수자금조로 금전을 대여하였는데, 제47조 제 2 항을 적용하여 이 금전대여를 상행위로 추정한 판례가 있다(대법원 1995. 4. 21. 선고 94다36643 판결).

3) **개업준비행위** 상인은 개업준비행위를 할 때에 상인자격을 취득하고 따라서 그의 개업준비행위는 영업을 위한 행위로서 그의 최초의 보조적 상행위가 된다. 무엇을 개업준비행위로 볼 것이냐는 의문이 제기되는데, 개업준비행위는 반드시 상호등기 · 개업광고 · 간판부착 등에 의하여 영업의사를 일반적 · 대외적으로 표시할 필요는 없고, 점포구입 · 영업양수 · 상업사용인의 고용 등 그 준비행위의 성질로 보아 영업의사를 상대방이 객관적으로 인식할 수 있으면 개업준비행위로 보아야 한다([판례 74]).

개업 또는 영업준비행위에 해당하여 보조적 상행위로 인정받기 위해서는 그 행위를 하는 자 스스로 상인자격을 취득하는 것을 전제로 하므로, 다른 상인의 영업을 위한 준비행위는 그 행위자 스스로의 보조적 상행위가 될 수 없다. 예컨대 회사설립을 위한 발기인 개인의 활동은 장차 설립할 회사의 보조적 상행위가 될 수 있는지는 별론하고 그 행위자 본인의 보조적 상행위는 될 수 없다(대법원 2012. 7. 26. 선고 2011다43594 판결).[1)]

1) 회사설립을 준비하던 개인(후에 대표이사)이 회사설립에 필요한 자금을 차입한 행위는 상행위가

판례 74 대법원 2012. 4. 13. 선고 2011다104246 판결

「… 영업자금의 차입 행위는 행위 자체의 성질로 보아서는 영업의 목적인 상행위를 준비하는 행위라고 할 수 없지만, 행위자의 주관적 의사가 영업을 위한 준비행위이었고 상대방도 행위자의 설명 등에 의하여 그 행위가 영업을 위한 준비행위라는 점을 인식하였던 경우에는 상행위에 관한 상법의 규정이 적용된다고 봄이 상당하다.

… 피고는 2000. 7.경 대전 중구 용두동에 '△△△△△△학원'을 설립하는 과정에서 그 영업준비자금으로 원고로부터 이 사건 대여금을 차용한 사실,… 이 사건 차용행위는 학원영업을 위한 준비행위에 해당하고 행위의 상대방인 원고도 이러한 사정을 알고 있었으므로 … 이 사건 차용행위는 영업을 위한 행위로서 보조적 상행위가 되어 상법 제64조에 정한 상사소멸시효가 적용된다.」

* 同旨: 대법원 2016. 5. 12. 선고 2014다37552 판결.

4) **자금차입** 자금을 차입하는 행위는 행위의 비개성적 성질로 보아 영업을 준비하기 위한 것이라 하더라도 상행위를 준비하는 행위로 볼 수 없음이 원칙이나, 영업준비행위로서 차입한다는 사실을 차입자와 대여자가 공히 인지하고 있다면 상행위의 준비행위로서 보조적 상행위에 해당한다고 보아야 한다(전게 2011다43594 판결).

5) **상인의 청산의무** 상인이 기본적 영업활동을 종료하거나 폐업신고를 하였더라도 청산사무나 잔무처리가 남아 있는 동안에는 그러한 청산사무나 잔무처리 행위 역시 영업을 위한 행위로서 보조적 상행위로 볼 수 있다(대법원 2021 12. 10. 선고 2020다295359 판결).

V. 일방적 상행위와 쌍방적 상행위

거래당사자 중 일방에 대해서만 상행위가 되는 행위, 즉 상인과 비상인의 거래를 일방적 상행위라 하고, 쌍방에 대해서 상행위가 되는 행위, 즉 상인간의 거래를 쌍방적 상행위라 한다. 어느 것이나 당사자 쌍방에 대해 상법이 적용된다(3조). 그러나 규정의 특수성으로 인해 쌍방적 상행위에 대해서만 적용되는 규정도 있다(예: 58조, 67조~71조 등).

될 수 없다고 판시한 예이다(同旨: 대법원 1992. 11. 10. 선고 92다7948 판결).

절대적 상행위

기본적 상행위와 준상행위는 영업으로 할 때에 비로소 상행위가 됨은 기술한 바와 같다. 그러므로 기본적 상행위나 준상행위의 범주에 속하는 행위도 비상인에 의해 비영업적으로 행해질 때에는 상행위가 아니고, 따라서 상법의 적용대상이 아니다. 그러나 입법례에 따라서는 「절대적 상행위」라 하여 행위의 특성상 누가 어떤 목적으로 하든 상행위로 간주되어 상법이 적용되는 유형의 행위를 두기도 한다.

구 상법은 절대적 상행위를 인정하였고, 지금도 일본 상법은 절대적 상행위를 인정하지만,[1] 우리 상법은 절대적 상행위라는 개념을 두지 않았다. 다만 담보부사채신탁법에서는 사채모집의 위탁회사나 신탁업자가 아닌 제3자가 사채의 총액을 인수할 경우 이를 상행위로 보는데(동법 23조 2항), 여기서의 제3자는 상인이 아니라도 무방하고, 영업으로 하지 않더라도 무방하므로 사채의 총액을 인수하는 것은 절대적 상행위이다. 우리 실정법상 유일하게 인정되는 절대적 상행위이다.

제3절 상행위 특칙

I. 민법총칙에 대한 특칙

1. 상행위의 대리와 위임

(1) 대리의 방식(비현명주의)

1) 취 지 원래 대리인이 대리행위를 할 때에는 상대방에 대하여 그 행위가 본인을 위한 것임을 표시하여야 하며, 이를 표시하지 아니하고 대리행위를 한 때에는 그 의사표시는 대리인 자신을 위한 것으로 본다(현명주의)(민 115조 본). 그러나 상행위의 대리인이 대리행위를 함에 있어서는 본인을 위한 것임을 표시하지 아니하여도 그 행위는 본인에 대하여 효력이 있다(48조 본).[2] 예컨대 A상인의 사용인

1) 투기구매 및 그 실행행위, 투기매각 및 그 실행행위, 거래소에서의 거래, 어음 기타 상업증권에 관한 행위를 절대적 상행위로 규정하고 있다(日商 501조).

2) 관련판례: 대법원 1956. 12. 15. 선고 4289민상527 판결; 동 1973. 5. 22. 선고 72다2572 판결; 동 1989. 7. 25. 선고 88다카17273 판결.

인 B가 A를 대리하여 C와 거래하면서 A의 대리인자격으로 한다는 것을 밝히지 아니하더라도 그 거래는 A와 C 사이에 성립된 것으로 보는 것이다.

상법이 민법의 현명주의에 대한 예외로서 비현명주의의 특칙을 둔 것은 상인의 영업행위는 통상 그 상업사용인에 의해 행해지므로 상대방이 대리관계를 숙지하고 있는 경우가 많고, 상거래의 내용이 보통 비개성적이라서 이행 여부가 중요할 뿐이고, 당사자가 누구이냐는 것은 특히 중요한 뜻을 갖지 않기 때문이다. 그리하여 대량적·반복적으로 이루어지는 상거래에서는 거래의 신속을 위해 대리의사를 밝히는 번거로움을 생략하는 예가 많으므로, 이러한 실정을 존중하여 거래의 안전을 보호하려는 뜻에서 이 특칙을 마련한 것이다.

한편 상업사용인이 영업주의 영업범위에 속한 거래를 자신을 위해 하는 수도 있는데, 이 경우에도 상대방은 영업주를 거래상대방으로 믿고 거래하는 것이 보통이므로 그 신뢰를 보호하려는 뜻도 있다.

2) 요 건

㈎ 본조는 대리행위의 방식에 관한 특칙으로서, 대리권이 없더라도 본인에 대하여 효력이 생긴다거나 대리권이 추정된다는 뜻을 정한 것은 아니다. 그러므로 본조가 적용되기 위해서는 대리권 자체는 존재해야 한다.

㈏ 본인에 대해 상행위가 되는 행위를 대리한 경우에 한해 적용된다.[1] 기술한 바와 같이 본조는 상행위의 대리가 행해지는 실정과 특수성을 감안한 규정이므로 상대방에 대해서만 상행위가 되고 본인에 대해서는 상행위가 되지 아니하는 행위에 대해서는 적용될 여지가 없다. 기본적 상행위나 준상행위만이 아니라 보조적 상행위에도 본조가 적용된다([판례 75]).

어음·수표행위는 고도의 요식성과 문언성이 요구되는 까닭에 본조가 적용될 여지가 없고(이설 없음), 반드시 대리관계가 어음·수표면에 표시되어야만 본인에게 효과를 귀속시킬 수 있다.

조합대리의 특칙

조합의 대외적 법률행위를 전원이 하지 않고, 조합대표가 할 경우, 현명주의 원칙

1) 대법원 1987. 7. 21. 선고 87누224 판결: 조세에 관한 행위를 대리한 경우에는 상법 제48조가 적용될 수 없다고 판시한 예.

을 따른다면 조합은 법인격이 없으므로 조합원 전원의 이름을 현명하고 조합대표가 대리하여야 한다. 그러나 조합원 전원을 현명하는 것은 실무적으로 크게 불편하므로 판례는 간이한 대리방식을 허용해 왔다. 즉 상대방이 조합원들의 법률행위임을 알 수 있을 정도로 조합명칭을 표시하고 조합대표가 의사표시를 하면 조합대리로서 유효하다는 것이다(대법원 1970. 8. 31. 선고 70다1360 판결;[1] [판례 75]). 나아가 조합의 법률행위가 상행위일 경우에는 상법 제48조 본문이 적용되므로 [판례 75]에서와 같이 조합의 명칭조차 현명하지 않더라도 조합대리가 성립할 수 있다.

판례 75 대법원 2009. 1. 30. 선고 2008다79340 판결

「원심은, … 소외인이 피고와 소외인으로 구성된 민법상 조합의 업무집행조합원이라고 하더라도, 조합의 대외적인 법률행위는 모든 조합원 전원의 이름으로 하거나 조합대리의 방식으로 하여야 하고, 조합대리의 경우 업무집행의 대리권이 있는 것으로 추정되는 업무집행조합원도 조합채무의 원인이 되는 법률행위를 함에 있어서는 본인에 해당하는 조합원 전원의 성명을 제시하거나 적어도 상대방이 알 수 있을 정도로 조합을 표시하여야 하는 것인데, 소외인이 원고로부터 유류를 공급받음에 있어 조합대리의 방식을 따랐다고 볼 증거가 없다는 이유로, 소외인이 원고에 대하여 부담하는 유류대금채무가 조합채무임을 전제로 나머지 조합원인 피고를 상대로 그 채무의 이행을 구하는 원고의 이 사건 청구를 기각하였다.

… 그러나 … 민법상 조합의 경우 법인격이 없어 조합 자체가 본인이 될 수 없으므로, 이른바 조합대리에 있어서는 본인에 해당하는 모든 조합원을 위한 것임을 표시하여야 하나, 반드시 조합원 전원의 성명을 제시할 필요는 없고, 상대방이 알 수 있을 정도로 조합을 표시하는 것으로 충분하다고 할 것이다. 그리고 상법 제48조는 "상행위의 대리인이 본인을 위한 것임을 표시하지 아니하여도 그 행위는 본인에 대하여 효력이 있다.… "고 규정하고 있으므로, 조합대리에 있어서도 그 법률행위가 조합에게 상행위가 되는 경우에는 조합을 위한 것임을 표시하지 않았다고 하더라도 그 법률행위의 효력은 본인인 조합원 전원에게 미친다고 보아야 할 것이다.

… 소외인은 피고와 동업하기로 한 이 사건 골재현장의 터파기 및 부지 평탄작업에 투입된 중장비 등에 사용할 목적으로 원고로부터 유류를 공급받았다는 것인데, 이와 같이 소외인이 이 사건 골재현장에 필요한 유류를 공급받은 행위는 골재생산업을 영위하는 상인인 피고와 소외인을 조합원으로 한 조합이 그 영업을 위하여 하는 행위로서 상법 제47조 제1항 소정의 보조적 상행위에 해당한다고 볼 여지가 충분히 있다고 할 것이고, 그렇다면 소외인이 원고로부터 이 사건 골재현장에 필요한 유류를 공급받음에 있어 원고에 대하여 조합을 위한 것임을 표시하지 아니하였다고 하더라도

1) 조합대표가 조합원들을 대리하여 어음을 발행함에 있어, 조합원 전원을 표시하는 대신, 조합의 명칭만 기재하고 자신의 대표자격을 표시하고 기명날인한 것을 적법한 어음행위라고 판시한 예이다.

상법 제48조에 따라 그 유류공급계약의 효력은 본인인 조합원 전원에게 미친다고 할 것이므로, 피고는 조합원 중 1인으로서 원고와 소외인 사이의 유류공급계약에 따른 채무를 부담한다고 보아야 할 것이다.」

3) **대리에 대한 상대방의 부지** 상대방이 대리행위임을 알지 못한 경우, 즉 대리인 자신을 위한 행위인 줄로 안 경우에도 적용된다. 만일 상대방이 대리행위임을 알았다면 민법규정(민 115조 단)에 의해서도 본인에 대해 효력이 생기므로 본조를 적용할 필요가 없다. 그러므로 상대방이 알지 못한 경우에도 위 규정이 적용된다는 데에 특칙으로서의 의미가 있다.[1)]

그러나 상대방이 대리행위임을 알지 못한 때에는 대리인에 대하여도 이행의 청구를 할 수 있다(48조 단). 외관을 믿고 거래한 상대방이 예측하지 못한 손해를 입지 않도록 배려한 규정이다. 상대방이 알지 못한 데 대해 과실의 유무는 묻지 아니한다(김성탁 129; 김성태 432; 서완석 175; 송옥렬 101; 이(기)·최 331; 정준우 231; 정찬형 221; 최·김 207)(반대: 강·임 184; 손주찬 221; 안강현 200; 오성근 238; 임중호 296; 임홍근 227; 전우현 211; 정경영 137; 정동윤 154). 대리관계를 현명하지 않은 경우에 발생하는 문제이므로 이행책임을 벗어나기 위해서는 대리인이 상대방의 악의(대리행위임을 아는 것)를 증명하여야 한다(즉 상대방이 알고 있었음을 증명하여야 한다)(반대: 정동윤 154). 대리인에 대하여 이행을 청구할 수 있을 뿐이고, 거래 자체는 본인과 상대방 사이에 성립한다(대법원 1996. 10. 25. 선고 94다41935·41942 판결). 그러므로 본인과 대리인 간에 부진정연대채무관계가 성립한다(同旨: 김성태 432; 김정호 215; 서완석 175; 송옥렬 101; 안강현 200; 오성근 238; 이종훈 163; 전우현 212; 정경영 137; 정준우 231; 최·김 207)(반대: 임중호 296; 임홍근 228; 정동윤 154; 최준선 251).[2)] 한편 본인이 상대방에 대하여 이행을 청구할 수 있음은 물론이다.

수출대행계약의 성격

영세한 생산업체가 수출을 하고자 할 경우 수출업의 면허가 없으므로 다른 수출업체에 수출을 대행시키는 예가 많다. 수출대행업자는 수출에 필요한 모든 행위를 자신의 이름으로 하는데, 이를 원수출자의 대리인 자격에서 한 것으로 보아야 할 것이냐는 문제가 있다. 대리인 자격에서 한 것이라면 수출업자의 행위에 대해서는 상법 제48조를 적용하여 원수출업자가 책임지도록 하여야 할 것이다. 수출대행업자가 수출할 물건의 운송계약을 체결하고 그 계약이 원수출업자를 대리한 것임을 주장하며 운임지급을 거절한 사안에서 판례는 수출대행업자가 수출대행을 위해 한 모든 행위는 자기를 위한 행위로 보아야 한다며, 운임의 지급을 명하였다. 특히 판례는 운송업자

---

1) 平出, 100면.

2) 近藤, 138면.

가 수출대행사실을 알았다 하더라도 결과는 같다고 판시하였다(대법원 1995. 7. 25. 선고 94다50878 판결). 판례에서는 언급하지 않았으나, 수출대행은 일종의 주선으로서(571면 이하 참조) 수출대행업자가 바로 당사자라고 보아야 하므로 대리의 법리를 적용할 수는 없다.

(2) 본인의 사망과 대리권

민법상 본인이 사망하면 대리권이 소멸한다(민 127조 1호). 그러나 상인이 그 영업에 관하여 수여한 대리권은 본인의 사망으로 인하여 소멸하지 아니한다(50조).[1] 따라서 대리인은 본인의 사망으로 당연히 상속인의 대리인이 되고, 상속인에 의한 새로운 수권을 요하지 아니한다. 예컨대 상인이 지배인을 선임한 후 사망하더라도 지배인의 영업행위는 계속 유효하고 상인의 상속인에게 그 효과가 귀속된다. 상속인이 수권행위를 철회할 수 있음은 물론이다.

상인이 사망하더라도 영업이 당연히 폐지되는 것은 아니므로, 영업활동은 상인의 사망에 의해 영향을 받지 아니하고 지속적으로 행해지는 것이 기업유지의 측면이나 거래안전의 측면에서 바람직하다. 그런데 상인이 사망한 경우 민법의 일반원칙을 그대로 적용한다면 상업사용인이나 대리상의 대리권이 일시에 소멸하고 상속인이 이들을 새로이 선임할 때까지는 영업활동이 중단될 것이다. 뿐만 아니라 대리인이 본인의 사망을 모르고 계속 거래를 대리한 경우에는 그 거래가 모두 무권대리가 되므로 기업유지와 거래의 안전이 위협받는다. 한편 상거래의 비개성적 성질에 비추어 볼 때, 기업유지와 거래의 안전을 희생시키면서까지 대리권을 소멸시켜야 할 만큼 상속인과 대리인의 인적 신뢰를 요구하는 것도 아니다. 그리하여 상법은 위와 같은 특칙을 두어 영업거래의 지속에 영향이 없도록 한 것이다.

본조의 취지가 이상과 같으므로 본조는 본인이 상인인 경우에만 적용되고, 본인은 상인이 아니고 상대방만 상인인 경우에는 적용되지 아니한다. 대리인이 위임받아 하는 행위는 영업에 관한 대리행위이므로 본인인 상인에 대해 기본적 상행위 또는 준상행위가 될 수도 있고, 보조적 상행위일 수도 있다. 어떤 행위를 대리하든 본조를 적용하는 데에 차이가 없다.

대리권수여의 기초가 되는 법률관계는 위임에 한하지 않고 고용 · 조합 · 대리

1) 2010년 개정전에는 제50조의 法文이 절대적 상행위가 존재하던 구 상법하의 법문을 그대로 이어받아 「상행위의 위임에 의한 대리권은 본인의 사망으로 인하여 소멸하지 아니한다」라고 규정하였으므로 해석이 혼란스러웠는데, 개정법에서 현행과 같이 수정하여 의미가 명쾌해졌다.

상계약 등도 있는데, 이 경우에도 역시 본인의 사망으로 대리권은 영향을 받지 아니한다.

회사가 본인인 경우에는 본인의 사망이란 있을 수 없고, 회사가 소멸하면 영업도 폐지되므로 본조가 적용될 여지가 없다.

(3) 수임인의 권한

상행위의 위임을 받은 자는 위임의 본지에 반하지 아니한 범위 내에서 위임을 받지 아니한 행위를 할 수 있다(49조). 예컨대 상인으로부터 물품의 매수를 위임받은 자가 물품을 매수한 후, 가격이 폭락할 상황이 보이므로 다시 급히 매각하여 손해를 방지하거나 줄이는 것과 같다. 이 규정은 「수임인은 위임의 본지에 따라 선량한 관리자의 주의로써 위임사무를 처리하여야 한다」(민 681조)고 규정한 민법의 일반원칙에 비해 수임인의 권한을 확장시켜 놓은 것으로 이해하기 쉽다. 그러나 민법규정에 의하더라도 수임인은 사정변경에 처하여 임기의 필요한 조치를 할 수 있다고 해석된다(따라서 위 예와 같은 매각행위는 민법규정에 의해서도 할 수 있다). 그러므로 상법규정(49조)은 수임인의 권한에 관해 민법에 대한 특칙을 둔 것이 아니고 단지 민법규정의 취지를 선명하게 하기 위해 주의적으로 규정한 것에 불과하다(통설). 그렇지 않고 상법 제49조가 민법 제681조의 합리적인 해석을 통해 허용되는 범위를 넘어서까지 수임인의 권한을 인정한 것이라고 이해한다면, 본인의 지위가 대단히 불안해질 것이다.

본조의 의의를 위와 같이 풀이하면서 한편으로 「대외적인」 대리권한의 범위에 관한 특칙이라고 설명하는 견해가 있다(이(기)·최 332). 본조를 민법 제681조와 같은 내용으로 이해하는 한, 본조는 위임인과 수임인의 내부관계에 관해 규정한 것으로 보아야 하므로 옳은 설명이 아니다(同旨: 서완석 176; 오성근 239; 주석(총칙·상행위) 508).

수임인의 선관주의의무의 범위

수임인이 사무를 처리함에 있어서는 본인으로부터 지시받은 바에 따르는 것이 원칙이나, 그 지시대로 하는 것이 본인에게 불리한 경우 등 위임의 본지에 적합하지 않은 때에는 본인에게 통지하여 변경을 요구할 수 있고, 사정이 급박한 경우에는 수임인이 독단으로 임시의 필요한 조치를 할 수 있다는 것이 민법학에서의 통설이다.[1] 그러나 판례는 상거래의 위임의 경우에는 위임인과 수임인 쌍방이 대등한 교섭능력을

1) 민법주해XV, 537면.

지니고 있음을 이유로 수임인은 위임인으로부터 명시적으로 위임받은 범위에서만 선관주의의무를 진다고 보고 있다([판례 76]).

판례 76 대법원 2012. 2. 23. 선고 2010다83700 판결

「복수의 참여은행이 신디케이트를 구성하여 채무자에게 자금을 융자하는 신디케이티드 론(syndicated loan) 거래에서, 참여은행으로부터 신디케이티드 론과 관련된 행정 및 관리사무의 처리를 위탁받아 참여은행을 대리하게 되는 대리은행(agent bank)은 위탁받은 사무에 관하여 참여은행과 위임관계에 있다. 이 경우 구체적인 위임사무의 범위는 신디케이티드 론 계약의 대리조항(agency clause)에 의하여 정하여지는 것이지만, 참여은행과 대리은행은 모두 상호 대등한 지위에서 계약조건의 교섭을 할 수 있는 전문적 지식을 가진 거래주체라는 점에서 원칙적으로 대리은행은 대리조항에 의하여 명시적으로 위임된 사무의 범위 내에서 위임의 본지에 따라 선량한 관리자의 주의로써 위임사무를 처리하여야 하고, 명시적으로 위임받은 사무 이외의 사항에 대하여는 이를 처리하여야 할 의무를 부담한다고 할 수 없다.」

2. 상사시효

(1) 상행위채권 일반

민법상 채권의 소멸시효는 일반적으로 10년이지만(민 162조 1항), 상행위로 인한 채권의 소멸시효는 원칙적으로 5년이다(64조 본). 상인은 다수인을 상대로 반복적으로 거래를 맺으므로 법률관계를 신속히 종결시켜 주기 위하여 민사채권에 비해 단기의 소멸시효를 둔 것이다.

상사시효는 「상행위로 인한 채권」에 대해서만 적용된다. 이하 적용범위를 구체적으로 설명한다.[1)]

1) 「상행위로 인한 채권」이란 일방적 상행위로 인해 생긴 채권도 포함하며, 채권자가 상인이든 채무자가 상인이든 묻지 아니한다(대법원 2000. 8. 22. 선고 2000다13320 판결; 동 2016. 6. 10. 선고 2014다200763 · 200770 판결). 그리고 기본적 상행위나 준상행위로 인한 채권만이 아니라 보조적 상행위로 인한 채권도 상사시효의 적용대상이다(대법원 1997. 8. 26. 선고 97다9260 판결; 동 2005. 5. 27. 선고 2005다7863 판결).[2)]

---

1) 일본에는 상거래의 신속한 해결이라는 이념에 의존해 본조의 적용범위를 정해야 하는 한, 적용범위가 명확할 수 없음을 이유로 본조를 폐지해야 한다는 입법론도 유력하다(大隅, 42면; 西原, 144면; 平出, 168면; 森本(商行爲), 38면).

2) 대법원 2002. 9. 24. 선고 2002다6760 · 6777 판결: 상인이 제 3 자를 위한 계약의 수익자로서 수익

2) 채권의 발생원인이 상행위이어야 하지만, 문제의 채권이 직접 상행위에 의해 생긴 것이어야 하는 것은 아니고, 상행위로 인해 생긴 원채권의 변형으로서 원채권과 실질적으로 동일성을 갖는다고 인정되는 것도 포함된다. 예컨대 상행위로 인해 생긴 채무의 불이행으로 인한 손해배상청구권(대법원 1997. 8. 26. 선고 97다9260 판결),[1] 상행위인 계약을 해제함으로 인한 원상회복청구권 등에 대해서도 상사시효가 적용된다(통설)(대법원 1993. 9. 14. 선고 93다21569 판결).

금전채권에 한하지 않고 모든 채권이 본조의 적용대상이다(대법원 2000. 5. 12. 선고 98다23195 판결: 부동산의 소유권이전등기청구권을 상사시효의 적용대상으로 본 사례).

계약의 해제권과 같은 형성권도 그 계약이 상행위라면 상사시효의 적용대상이라는 견해가 있다(손주찬 224). 그러나 이는 채권이 아니므로 본조가 명문으로 정하는 바에 어긋날 뿐 아니라, 형성권에는 소멸시효가 아니라 제척기간이 적용되어야 하므로 본조와는 무관하다.

3) 본조의 적용으로 주채무와 보증채무가 시효를 달리할 수 있다. 주채무가 민사채무라도 보증채무가 상행위에 의해 생긴 것인 때에는 그 보증채무에 대해서는 본조가 적용되어 5년의 시효에 걸린다. 그리고 보증인이 상인이고 그 보증이 보증인의 영업을 위해 한 것인 때에는 보증채무를 이행한 보증인의 주채무자에 대한 구상권도 본조의 적용을 받는다.

채무자가 상인이므로 주채무가 상사채무이지만, 주채권자와 보증인이 비상인이라면 보증채무는 비상사채무이므로 본조의 적용을 받지 아니한다.

4) 본조는 거래행위로 인해 발생한 채권에 대해서만 적용되므로 부당이득반환청구권이나 불법행위로 인한 손해배상청구권과 같은 법정채권에는 적용되지

의 의사표시를 하여 발생한 특허권의 전용실시권 설정등록절차 이행청구권은 상법 제64조 소정의 상사채권으로 5년의 소멸시효기간이 적용된다고 한 사례.

대법원 2022. 4. 28. 선고 2019다272053 판결: 상인이 자신의 영업목적을 위해 지방자치단체에 주차장을 기부채납한 행위는 그 상인의 보조적 상행위이고, 그 기부채납약정에 기한 지방자치단체의 해당 자산의 소유권이전등기청구권에는 5년의 상사시효가 적용된다고 본 예.

1) 대법원 2022. 7. 14. 선고 2017다242232 판결: 한국토지공사가 어느 상인이 소유한 토지를 토지보상법에 의한 협의취득방식으로 체결한 매매계약은 그 상인에게 있어서는 보조적 상행위에 해당하고, 그 상인의 채무불이행이나 하자담보책임에 기해 한국토지공사가 갖는 손해배상채권에 대해서는 상사소멸시효가 적용된다고 한 예.

않는다(대법원 1985. 5. 28. 선고 84다카966 판결; 동 2003. 4. 8. 선고 2002다64957·64964 판결).[1)2)] 이 같은 채권은 상거래의 신속·안전이라는 본조의 취지와 무관하기 때문이다. 보증채무 없이 타인의 채무를 대신해 변제함으로써 채무자를 면책시키는 것도 거래행위가 아니고, 이로 인해 취득하는 구상권은 법정채권이므로 상사시효가 적용되지 않는다(대법원 2001. 4. 24. 선고 2001다6237 판결; 동 1996. 3. 26. 선고 96다3791 판결: 공제조합이 조합원의 채무를 변제하고 보험자대위의 법리에 의해 취득한 구상권을 상사채권이 아니라고 본 사례).

부당이득반환청구와 시효

법정채권에는 상사시효가 적용되지 않는다는 것이 통설·판례임은 위에 설명한 바와 같으나, 불법행위채권이라도 영업과 밀접하게 관련되어 있어 보조적 상행위로 평가할 수 있는 경우에는 본조를 적용해야 한다는 견해도 있고(김성탁 223; 정동윤, 137,최준선, 254), 부당이득반환청구권에 대해서는 일반적으로 상사시효가 적용되어야 한다는 견해도 있다(김성태 437; 서완석 177; 손주찬243). 판례는 부당이득반환청구에 관하여는 다음과 같은 일반원칙을 설정해 놓고 있다. 부당이득반환청구권이라도 상행위인 계약에 기초하여 이루어진 급부 자체의 반환을 구하는 것으로서, 그 채권의 발생 경위나 원인, 당사자의 지위와 관계 등에 비추어 그 법률관계를 상거래 관계와 같은 정도로 신속하게 해결할 필요성이 있는 경우 등에는 상사시효를 적용하지만, 부당이득반환청구권의 내용이 급부 자체의 반환을 구하는 것이 아니거나, 신속한 해결의 필요성이 인정되지 않는 경우라면 특별한 사정이 없는 한 10년의 민사시효가 적용된다.

이같은 일반론에 입각하여, i) 보증보험회사가 무효인 보증계약에 의해 지급한 보험금을 부당이득으로 반환청구한 사건에서는, 이 부당이득반환청구권이 근본적으로는 상행위인 보험계약에 기초하여 이루어진 급부로 발생한 것이므로 상거래와 같은 정도로 신속하게 해결할 필요가 있다고 보아 상사시효를 적용하였고(대법원 2007. 5. 31. 선고 2006다63150 판결), 가맹상이 가맹사업자에게 과다하게 지급한 수수료를 부당이득으로 반환청구한 사건에서도 같은 이유를 들어 상사시효의 적용대상이라고 판시하였으며(대법원 2018. 6. 15. 선고 2017다248803 판결), 보험계약자가 보험금의 부정취득을 목적으로 체결한 보험계약이 민법 제103조에 반하여 무효이므로 보험자가 보험금을 부당이득으로 반환청구한 사건, 상해보험의 피보험자가 과잉입원을 원인으로 수령한 보험금을 보험자가 부당이득으로 반환청구한 사건, 실제로 발생하지 않은 보험사고의 발생을 가장하여 청구·수령된 보험금 상당액을 보험자가 부당이득으로 반환청구한 사건에서도 각각 동 부당이득반환

---

1) 84다카966 판결: 선박의 불법행위로 인한 손해배상책임에 대해 상사시효를 적용하지 아니한 예. 2002다64957 판결: 상행위에 해당하는 부동산의 매매의 무효를 이유로 기지급한 매매대금 상당액을 부당이득으로 청구한 데 대해 상사시효를 적용하지 아니한 예.

2) 일본에서도 법정채권은 상거래의 신속한 해결과 무관하므로 本條의 적용대상이 아니라는 것이 판례의 입장이다(日最高裁 1980. 1. 24. 民集 34권 1호 61면).

청구권은 상행위에 해당하는 보험계약에 기초한 급부가 이루어짐에 따라 발생한 것이라는 이유로 상사시효를 적용하였다(대법원 2021. 7. 22. 선고 2019다277812 판결(전); 동 2021. 8. 19. 선고 2019다269354 판결, 동 2021. 8. 19. 선고 2018다258074 판결).

ii) 그러나 어느 주식회사가 부동산을 매수하였으나, 이사회결의가 부존재하여 매매계약이 무효이므로 회사가 매도인에게 매매대금을 부당이득으로 반환청구한 데 대해, 법원은 상거래와 같은 정도로 신속하게 해결할 필요성이 없다는 이유로 상사시효의 적용을 거부하였고(대법원 2003. 4. 8. 선고 2002다64957 · 64964 판결), 배당가능이익 없이 이익배당을 하였으므로 회사 또는 채권자가 그 반환을 청구하는 것(462조 3항)은 상행위로 이루어진 급부의 반환을 구하는 것이 아니므로 상사시효의 적용대상이 아니라고 판시하였다(대법원 2021. 6. 24. 선고 2020다208621 판결).

5) 어음 · 수표채권은 상사채권도 아니려니와 별도의 단기시효가 마련되어 있으므로(어 70조; 수 51조) 본조의 적용 여부를 논의할 필요가 없다. 이득상환청구권(어 79조; 수 63조) 역시 상사채권이라 볼 수는 없으므로 본조의 적용대상이 아니다. 그러나 부도난 어음 · 수표의 지급을 위한 어음 외의 약정은 어음 · 수표행위가 아니므로 이러한 약정이 상인간 또는 상인과 비상인간에 이루어졌다면, 이로 인한 채권은 상사채권이고 따라서 상사시효가 적용된다(대법원 1994. 3. 22. 선고 93다31740 판결).

6) 어음 외에 별도의 시효가 법정되어 있지 않은 유가증권이 표시하는 채권의 시효에 관해서는 그 채권의 성질에 따라 판단해야 한다. 상인이 영업을 위해 발행한 유가증권이 표시하는 채권은 상행위로 인한 채권으로서 상법 제64조의 적용대상이다. 예컨대 공중접객업소가 그 업소의 이용권을 표창한 입장권을 발행한 경우 이 이용권은 상행위로 인한 채권이므로 5년의 시효에 걸린다. 기산일은 이용권의 발행일이다.[1)]

7) 기존의 채무를 준소비대차(민 605조)로 변경하거나 경개(민 500조)를 한 경우에는 이를 위해 새로운 행위가 개재되므로 기존 채무가 상행위로 인한 것이냐를 묻지 아니하고 새로운 채무부담행위의 성질에 따라 시효를 적용한다. 그리하여 준소비대차 · 경개가 상행위(보조적 상행위)인 경우에는 신채무는 본조에 따라 5년의 시효에 걸린다([판례 77] 참조).

---

1) 서울중앙지법 2012. 9. 28. 선고 2011가합16245 판결: 호텔롯데가 발행한 놀이공원입장권에 표창된 이용권을 상사채권으로 보고, 그 발행일로부터 5년의 시효를 적용한 예.

판례 77 대법원 1981. 12. 22. 선고 80다1363 판결

「민법 제164조 제 3 호 소정의 단기소멸시효의 적용을 받은 노임채권이라 하더라도 원심이 적법하게 확정하고 있는 바와 같이 원·피고들 사이에 위 노임채권에 관하여 준소비대차의 약정을 한 것으로 보는 이상 위 준소비대차계약은 상인인 피고 회사가 영업을 위하여 한 상행위로 추정함이 상당하고, 이에 의하여 새로이 발생한 채권은 상사채권으로서 5년의 상사시효의 적용을 받게 되는 것이라고 볼 것이다.」

8) 채권이 양도되더라도 채권의 성질이 달라지는 것은 아니므로 시효가 달라지지 아니한다. 즉 상사채권이 상인 아닌 자에게 양도되더라도 여전히 본조가 적용되고, 반대로 민사채권이 상인에게 양도되거나 그 양도행위가 상행위이더라도 본조는 적용되지 않는다.

채무가 인수되더라도 같다. 상사채무로 성립한 이상 비상인이 인수하더라도 여전히 상사시효가 적용되고(대법원 1999. 7. 9. 선고 99다12376 판결), 반대로 비상사채무는 상인이 인수하더라도 상사시효가 적용되지 않는다.

상행위로 발생한 형성권의 행사기간

상행위인 투자 관련 계약에 의해 투자자가 주식을 취득한 후 투자대상회사의 의무불이행이 있는 때에 투자자에게 다른 주주 등을 상대로 한 주식매수청구권을 부여하는 경우가 있다. 이 권리는 일방의 의사표시에 따라 매매계약이라는 새로운 법률관계를 형성하는 권리로서 형성권에 해당하지만, 이러한 주식매수청구권은 상행위인 투자 관련 계약을 체결한 당사자가 달성하고자 하는 목적과 밀접한 관련이 있고, 그 행사로 성립하는 매매계약 또한 상행위에 해당하므로, 이때 주식매수청구권은 상사소멸시효에 관한 상법 제64조를 유추적용하여 5년의 제척기간이 지나면 소멸한다고 보아야 한다는 것이 판례의 입장이다(대법원 2022. 7. 14. 선고 2019다271661 판결).

(2) 상사시효의 배제

상법이나 다른 법령에 상사시효보다 단기의 시효가 있는 때에는 그 단기시효를 적용하고 5년의 상사시효는 적용하지 아니한다(64조 단).

1) 상사단기시효 상법에 보다 단기의 시효를 규정한 예로서, 운송주선인·물건운송인·여객운송인·창고업자·선박소유자의 손해배상책임의 시효를 1년으로 하고 있고(121조, 147조, 166조, 812조, 830조), 이들의 채권의 시효도 1년으로 하고 있으며(122조, 147조, 167조, 811조, 830조), 공중접객업자의 손해배상책임은 6월로 하고 있다(154조 1항). 그리고 보험

금청구권과 보험료 또는 적립금의 반환청구권의 소멸시효는 3년, 보험료청구권의 소멸시효는 2년으로 하고 있다(662조).

2) **민사단기시효** 민법에서도 상사시효보다 단기의 시효를 규정한 예가 있다. 이자·부양료·급료·사용료 기타 1년 이내의 기간으로 정한 금전 또는 물건의 지급을 목적으로 하는 채권, 도급받은 자, 기사 기타 공사의 설계 또는 감독에 종사하는 자의 공사에 관한 채권, 생산자 및 상인이 판매한 생산물 및 상품의 대가, 수공업자 및 제조자의 업무에 관한 채권(민 163조 1호, 3호, 6호, 7호) 등의 채권에 대해서는 3년, 여관·음식점·대석·오락장의 숙박료·음식료·대석료·입장료와 소비물의 대가 및 체당금의 채권 등에 대해서는 1년의 단기시효를 두고 있다(민 164조 1호). 이 중에서 도급받은 자의 공사에 관한 채권(민 163조 3호),[1] 상인이 판매한 상품의 대가(민 163조 6호), 수공업자 및 제조자의 업무에 관한 채권(민 163조 7호), 여관·음식점·대석·오락장 등에서의 숙박료·음식료·대석료·입장료·소비물의 대가 및 체당금의 채권(민 164조 1호)은 상사채권이고, 기타의 채권 중에도 상행위로 인해 생길 수 있는 채권들이 많이 있다. 이러한 채권들은 상사채권이지만 모두 민법상의 3년 또는 1년의 단기시효가 적용된다.

3) **단기시효 적용채권의 손해배상채권** 위와 같이 단기시효가 적용되는 채권의 이행지체로 인한 손해배상채권에는 어떤 시효가 적용되어야 하는가? 판례는 금융기관의 대출금의 지연에 관한 사건에서 지연이자는 민법 제163조 제1호가 규정하는 이자채권이 아니고 손해배상채권이므로 상법 제64조의 상사시효를 적용해야 한다는 입장이다([판례 78]). 또 민사 소비대차의 지연손해금에 대해서도 역시 같은 논리로 민법 제163조 제1호의 단기시효를 적용하지 아니한다(대법원 1987. 10. 28. 선고 87다카1409409 판결; 동 1989. 2. 28. 선고 88다카214 판결).

앞서 소개한 바와 같이 판례는 상사채권의 이행지체로 인한 손해배상채권에 대해서는 실질적으로 원채권과 동일채권이라는 이유로 상사시효를 적용한다. 같은 논리를 적용한다면 단기시효가 적용되는 채권으로 인한 손해배상채권에는 같은 단기시효를 적용해야 옳다. 그럼에도 불구하고 단기시효에 관해서는 손해배상

---

1) 택지개발을 위해 대지조성을 도급받은 자의 공사비채권은 민법 제163조 제3호에서 정한 '도급받은 자의 공사에 관한 채권'에 해당하여 3년의 단기소멸시효가 적용된다(대법원 2017. 3. 22. 선고 2016다258124 판결).

금을 원본채권과 구분하여 일반상사 혹은 일반민사시효를 적용함은 논리의 일관성을 결여한 것이다. 판례의 입장을 관철한다면 지연이자만이 아니라 위에 열거한 모든 단기시효가 적용되는 채권의 손해배상에 대해서는 상사채권의 손해배상이라면 5년의 상사시효를, 민사채권의 손해배상이라면 10년의 민사시효를 적용하게 될 것인데, 옳은 결론이 아님은 물론이다.

판례 78 대법원 1979. 11. 13. 선고 79다1453 판결

「… 이 사건 청구는 금융거래를 영업으로 하는 원고 은행이 그 영업행위로서 한 대출금에 대한 변제기 이후의 지연손해금임이 명백하여 이를 민법 제163조 제 1 호 소정의 단기소멸시효에 해당하는 이자채권이라 볼 수 없고 … 이 건은 상행위로 인한 채권에 관하여 적용될 5년간의 소멸시효를 규정한 상법 제64조가 적용되어야 할 것이다.」

＊同旨: 대법원 2008. 3. 14. 선고 2006다2940 판결.

판매한 상품의 대가

상품의 판매를 계기로 또는 이와 관련하여 생길 수 있는 채권에는 다양한 것이 있는데, 민법 제163조 제 6 호의 「생산자 및 상인이 판매한 생산물 및 상품의 대가」란 생산물 및 상품의 「매매로 인한 대금」 그 자체의 채권만을 말하는 것으로서, 「생산물 또는 상품의 공급 자체와 등가성 있는 채권」에 한한다(대법원 1996. 1. 23. 선고 95다39854 판결). 다음은 판례에서 상품의 대가로 보지 않은 예이다. i) 위탁자가 위탁매매인에게 매도의 위탁을 위해 상품을 공급하는 것은 위탁매매를 위임하기 위한 것이고 상품의 종국적인 처분이 아니므로 상품의 판매에 해당하지 않는다. ii) 상품의 「대가」란 상품의 공급 자체와 직접 대응관계에 있는 채권(판매대금)에 한하고, 상품의 공급을 원인으로 한 부수적인 채권(예: 위탁자가 위탁매매인에게 갖는 위탁매매의 대금청구권)이나 하자담보책임, 채무불이행책임은 포함하지 않는다. iii) 상품의 공급에 관련하여 손해배상액을 예정하거나 위약금을 약정하여 생긴 손해배상채권, 위약금채권도 상품의 대가가 아니므로 5년의 상사시효에 걸린다(전게판례 및 대법원 2013. 4. 11. 선고 2011다112032 판결).

적용시효기간 선정과 변론주의

채무가 시효로 소멸하였다는 소멸시효 항변은 변론주의 원칙에 따라 당사자의 주장이 있어야만 법원의 판단대상이 된다. 하지만 어떤 시효기간이 적용되는지에 관한 주장은 권리의 소멸이라는 법률효과를 발생시키는 요건을 구성하는 사실에 관한 주장이 아니라 단순히 법률의 해석이나 적용에 관한 의견을 표명한 것으로 이에는 변론주의가 적용되지 않고 법원이 직권으로 판단할 수 있다. 그러므로 당사자가 민법에

따른 소멸시효기간을 주장한 경우에도 법원은 직권으로 상법에 따른 소멸시효기간을 적용할 수 있다(대법원 2017. 3. 22. 선고 2016다258124 판결).

Ⅱ. 민법 물권편에 대한 특칙

1. 상사유치권

(1) 의 의

상법 제58조에서는 민법상의 유치권(민 320조)과 별도로 상사유치권에 관한 규정을 두고 있는데, 양자는 그 목적과 기능을 크게 달리한다. 민법상의 유치권은 로마법의 악의의 항변(exceptio doli)에 기원을 두고 형평의 원칙에 입각한 인도거절권으로서 발달한 것이나, 상법상의 유치권은 상거래채권의 신속하고 편리한 담보방법으로서 발달한 것으로서 중세 이탈리아 상업도시의 상관습에서 유래한다.

상거래가 지속적으로 이루어지기 위하여는 거래당사자 간에 확고한 신용이 유지되어야 한다. 그리고 이 신용을 확보하는 수단으로서 담보를 취한다면 이는 계속적·반복적으로 이루어지는 상거래의 동태적 특수성에 비추어 볼 때 경제적이고 생산적인 방법으로 취해져야 한다.

이러한 관점에서 보면 요건과 절차가 엄격한 민법상의 담보방법은 일상적인 상거래의 신용확보수단으로는 적합하지 않다. 가령 상품을 매매할 때마다 외상채권을 담보하기 위하여 저당권이나 질권을 설정한다면, 거래의 신속을 기할 수 없을 뿐 아니라 담보설정비용도 필요하고 담보로 제공된 자산은 가치가 동결되어 채무자의 영업활동에 활용될 수 없게 되는 비경제도 따른다. 한편 민법상의 유치권은 취득에 번거로움도 없고 별도의 비용이 소요되는 것도 아니지만, 목적물과 피담보채권의 견련성이 요구되는 등의 제약이 있어 역시 상거래의 담보수단으로는 적절치 않다. 그리하여 상법은 상인간의 거래에서 신속하고 편리한 방법으로 담보를 취득하게 하기 위한 목적에서 상사유치권을 두었다.

(2) 요 건

상인간의 상행위로 인한 채권이 변제기에 있는 때에는 채권자는 그 변제를 받을 때까지 그 채무자에 대한 상행위로 인하여 자기가 점유하고 있는 채무자 소유의 물건 또는 유가증권을 유치할 수 있다(58조 본). 그러나 당사자간에 다른 약정이 있으면 그러하지 아니하다(58조 단). 이 상사유치권을 민법상의 유치권(민 320조)과 비교해 보면, 유치물과 피담보채권의 견련성을 요구하지 않는 점에서 민법상의 유치권보다 요건이 완화되어 있는 반면, 유치권의 목적물을 채무자의 소유물로 국한하고 있는 점에서 요건이 강화되어 있는 면도 있는데, 이 차이점은 기본적으로 상사유치권을 「채권담보의 수단」으로 보는 데서 비롯된 것이다.

1) 당 사 자 상사유치권은 채권자와 채무자가 모두 상인인 경우에 한해 성립할 수 있다. 이는 법에서 명문으로 요구하는 바이다(58조 본). 상사유치권의 특색은 피담보채권과 유치물의 견련성을 요구하지 않는다는 점인데, 이는 상시 거래관계에 있는 상인간에 담보취득의 가능성을 확대해 주기 위한 것이므로 상인과 비상인간에는 그러한 필요성이 적을 뿐 아니라, 이 경우에까지 상사유치권을 인정한다면 오히려 채무자의 보호가 소홀해지기 때문이다. 그러므로 채무자가 수인인 채권관계에서 그 중 일부가 비상인인 경우에는, 그들에 대해서는 상사유치권을 행사할 수 없고 상인인 채무자에 대해서만 행사할 수 있을 뿐이다(서완석 180; 정준우 240; 주석(총칙 · 상행위) 551; 최 · 김 215). 또 보증인에 대해 상사유치권을 행사할 때에도 보증인 자신이 상인이어야 한다.

상사유치권은 상인간에 이루어지는 거래의 특성을 고려하여 인정되는 제도이므로 채권자 및 채무자의 상인자격은 피담보채권의 성립시에 그리고 유치물의 점유가 개시된 시점에 구비하여야 한다. 유치물의 점유개시시에는 상인자격을 요하지 않는다는 견해도 있으나, 유치물의 범위를 피담보채권과 견련성 없는 물건에까지 확대하고 있는 점을 감안하면 상거래를 통해 취득한 물건으로 제한함이 타당하다. 법문이 「그 채무자에 대한 상행위로 인하여 자기가 점유하고 있는」이라고 표현하는 것은 채권자가 유치물의 점유를 취득하는 데 원인된 행위를 할 당시에 상인자격을 갖추어야 한다는 뜻을 밝힌 것이다(김성탁 210; 김성태 449; 서완석 180; 손주찬 228; 오성근 249; 정준우 241; 최 · 김 216). 그러나 채권의 변제기 또는 유치권을 행사할 때에는 상인자격을 요하지 아니한다(김성탁 210; 서완석 180; 손주찬 227; 오성근 249; 이(기) · 최 350; 정동윤 158; 정준우 241; 정찬형 228; 최 · 김 216; 최준선 256). 이 시기에는 상인이 아니더라도 이미 상행위로 생겨난 채권이라면 상거래의 특성을 고려한 담보수단을 마련해 줄 필요성에 변동이 있을 수 없기 때문이다. 이상 설명한 바를 그림으로 표시하면 다음과 같다.

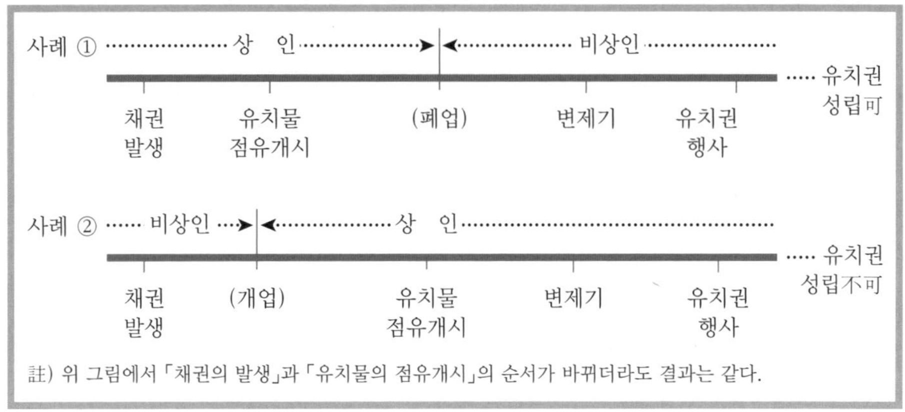

註) 위 그림에서 「채권의 발생」과 「유치물의 점유개시」의 순서가 바뀌더라도 결과는 같다.

2) 피담보채권

(가) **상행위로 인한 채권** 피담보채권은 상인간의 상행위로 인해 발생한 것이어야 하는데(58조 본), 이는 상인인 채권자와 채무자 쌍방에게 상행위가 되는 행위로 인해 발생한 채권을 뜻한다(통설). 그러므로 채권자와 채무자가 모두 상인이더라도 채권의 발생원인이 쌍방에 대해 상행위가 아닌 때는 물론, 어느 일방에 대해서만 상행위인 때에도 상사유치권이 성립하지 아니한다.

상행위가 기본적 상행위이냐 보조적 상행위이냐는 묻지 않는다.

한편 상사유치권은 채무자가 그 성립을 예견할 수 있는 범위에서 허용되어야 할 것이므로 제 3 자로부터 양수한 채권을 가지고는 유치권을 행사할 수 없다(통설). 즉 A의 채권자 B가 그의 채권을 A의 물건을 점유하는 C에게 양도하더라도 C는 그 채권을 가지고 유치권을 행사하지 못한다. 그러나 지시식 또는 무기명식 증권채권은 증권의 유통, 즉 채권자의 변경을 예상할 수 있으므로 그 새로운 취득자가 이미 점유하고 있던 채무자(증권의 발행인) 소유의 물건에 대해 상사유치권을 행사할 수 있다고 본다. 나아가 증권채권이 아니라도 양도가 예정되어 있는 채권이라면 같은 법리를 적용해야 할 것이다(대법원 2000. 10. 10. 자 2000그41 결정).[1] 또 채권이 물건의 점유와 동시에 이전하는 경우(채권과 더불어 채무자의 소유물에 대한 점유를 함께 양도하는 경우), 상속·합병에 의해 양자가 포괄적으로 이전되는 경우에는 채무자에게 새로운 불이익을 주는 것이 아니므로 승계인이 유치권을 행사할 수 있다고 해야 한다(통설).

끝으로 채권이 양도된 후 채무자가 새로운 채권의 양수인에게 다른 채무를 부담하며 담보를 제공한다면, 이 담보물에 대해 채권양수인은 양수받은 채권을 가지고 유치권을 행사할 수 있음은 물론이다.

(나) **피담보채권의 종류** 피담보채권은 유치물의 경매대금에서 변제될 수 있는 것이어야 하므로 금전채권이어야 한다. 그러나 처음부터 금전채권일 필요는 없고, 금전채권으로 변환될 수 있는 채권이면 족하다. 따라서 종류물채권이나 특정물채권이라도 채무불이행으로 인해 손해배상채권으로 화한 경우에는 상사유치권의 피담보채권이 될 수 있다(대법원 2013. 2. 28. 선고 2010다57350 판결). 이 경우에는 손해배상청구권이 성립한 시점에서 상사유치권의 요건을 구비해야 한다.

(다) **변 제 기** 채권의 변제기가 도래한 때에 유치권을 행사할 수 있다.[2] 유치물의 점유를 취득할 때에는 변제기에 있지 않아도 무방하다. 그리고 유치권의 성립에는 채무자의 이행지체를 요하지 않는다.

3) 목적물(유치물)

(가) **소 유 권** 민법상의 유치권은 피담보채권과 견련성 있는 물건이라면 누구의 소유이냐를 묻지 않고 성립할 수 있으나, 상사유치권은 채무자소유의 물건 또는 유가증권에 대해서만 성립할 수 있다. 민사유치권은 피담보채권과 목적물의 견련성 때문에 일종의 대물적 권리라고 볼 수 있으므로 채무자가 아닌 소유

1) 이 판례의 사안은 다음과 같다. 갑은행이 병으로부터 유가증권을 담보로 받고 대출하였다(A채권). 이후 갑은행의 홍콩 현지법인인 을은행이 병에게 대출하였는데(B채권), 이 대출은 채무자에 대한 사전통지 없이 금융기관 간에 채권양도를 예정하고 있는 양도성대출계약에 의한 것이었다. 이어 을의 영업점이 폐쇄됨으로 인해 B채권을 갑이 양도받았다. 이에 갑은 A채권을 위해 받았던 담보물인 유가증권에 B채권을 가지고 유치권을 행사하였으므로 병이 이 유치권의 효력을 다투었던바, 법원은 본문에서와 같은 이유로 유치권의 성립을 인정하였다.

2) 유치권은 채권의 변제기가 도래하여야 행사할 수 있으나, 변제기전이라도 유치권이 성립함에는 지장이 없다는 견해가 있다(김성태 452; 이(기)·최 350). 유치권이란 질권이나 저당권과 같은 약정담보물권과는 달리 법이 정한 요건이 충족되면 바로 성립한다. 그리고 유치권을 행사한다는 것은 인도를 거절한다는 뜻이므로 유치권이 성립하면 바로 행사할 수 있는 것이다. 따라서 성립과 행사의 시기를 구분하여 논함은 옳지 않다.

자라도 채권자의 권리에 복종해야 한다고 생각할 수 있고, 이 점이 목적물의 소유관계를 묻지 않고 유치권이 성립할 수 있는 근거가 된다.[1] 그러나 상사유치권은 피담보채권과 목적물의 견련성을 요하지 않으므로 제3자의 소유물에 대해서까지 유치권을 성립시킨다면 명백한 소유권의 침해가 되는 까닭에 채무자 소유의 물건으로 제한한 것이다([판례 79]). 목적물이 채무자의 소유이어야 함은 유치권의 성립요건이지 존속요건은 아니므로 일단 유치권이 성립한 후에는 채무자가 목적물을 타인에게 양도하더라도 채권자는 유치권을 잃지 아니한다.

목적물을 채무자의 소유로 제한하는 취지가 이상과 같으므로 유치권 성립당시에 채무자 소유이더라도 이미 제3자의 제한물권이 설정되어 있다면 그 제한물권이 확보하고 있는 담보가치는 침해하지 못한다([판례 79]).

판례 79 대법원 2013. 2. 28. 선고 2010다57350 판결

「… 상사유치권의 대상이 되는 목적물을 '채무자 소유의 물건'에 한정하는 취지는, 상사유치권의 경우에는 목적물과 피담보채권 사이의 견련관계가 완화됨으로써 피담보채권이 목적물에 대한 공익비용적 성질을 가지지 않아도 되므로 피담보채권이 유치권자와 채무자 사이에 발생하는 모든 상사채권으로 무한정 확장될 수 있고, 그로 인하여 이미 제3자가 목적물에 관하여 확보한 권리를 침해할 우려가 있어 상사유치권의 성립범위 또는 상사유치권으로 대항할 수 있는 범위를 제한한 것으로 볼 수 있다. 즉 상사유치권이 채무자 소유의 물건에 대해서만 성립한다는 것은, 상사유치권은 그 성립 당시 채무자가 목적물에 대하여 보유하고 있는 담보가치만을 대상으로 하는 제한물권이라는 의미를 담고 있다 할 것이고, 따라서 유치권 성립 당시에 이미 그 목적물에 대하여 제3자가 권리자인 제한물권이 설정되어 있다면, 상사유치권은 그와 같이 제한된 채무자의 소유권에 기초하여 성립할 뿐이고, 기존의 제한물권이 확보하고 있는 담보가치를 사후적으로 침탈하지는 못한다고 보아야 한다. 그러므로 채무자 소유의 부동산에 관하여 이미 선행저당권이 설정되어 있는 상태에서 채권자의 상사유치권이 성립한 경우, 상사유치권자는 채무자 및 그 이후 그 채무자로부터 부동산을 양수하거나 제한물권을 설정받는 자에 대해서는 대항할 수 있지만, 선행저당권자 또는 선행저당권에 기한 임의경매절차에서 부동산을 취득한 매수인에 대한 관계에서는 그 상사유치권으로 대항할 수 없다.」

1) 피담보채권과 목적물간에 견련성이 있는 경우란 피담보채권이 목적물의 가치에 혼융되어 있는 경우이다. 예컨대 세탁업자가 고객의 양복을 수리하여 수리비채권을 갖고 있다고 하자. 이 때 양복의 가치는 수리 전의 가치를 초과하게 되는데 그 초과분은 바로 세탁업자의 수리행위에 의해 만들어진 것이고 바로 이것을 계량화한 것이 수리비채권인 것이다.

(나) **목적물의 종류** 유치물은 물건 또는 유가증권에 한한다. 이 점 민법상의 유치권과 차이가 없다(민 320조 1항). 「물건」은 부동산을 포함하므로 부동산도 당연히 상사유치권의 목적물이 될 수 있다(통설; 대법원 2013. 5. 24. 선고 2012다39769 판결).[1)]

(다) **목적물점유의 원인** 유치권의 목적물은 「채무자에 대한 상행위로 인하여 채권자가 점유하고 있는」 물건 · 유가증권이어야 한다. 여기서 「상행위로 인하여」라고 함은 점유취득행위가 상행위이어야 한다는 뜻이 아니라, 점유취득의 원인행위가 상행위이어야 한다는 것이다. 예컨대 채무자가 채권자에게 목적물을 임치한 경우라면 그 임치행위가 상행위이어야 하는 것이다. 여기서의 상행위란 보조적 상행위도 포함한다.

점유취득의 원인행위는 채권자에 대해서만 상행위이면 족하다(통설).

4) **피담보채권과 목적물의 일반적 견련성** 민법상의 유치권이 성립하기 위하여는 피담보채권이 채권자가 점유하는 목적물에 관하여 생긴 것이어야 한다(개별적 견련성)(민 320조 1항). 예컨대 채권이 목적물 자체에서 발생하였다든지, 채권이 목적물의 반환청구권과 동일한 법률관계 또는 사실관계에서 발생한 것이어야 한다. 그러나 상사유치권은 이같은 개별적 견련성을 요하지 않고, 목적물이 채무자의 소유물이라는 사실, 즉 일반적 견련성만으로 족하다(58조 본). 예컨대 미곡도매상 A가 위탁매매업자 B에게 쌀 100석의 매도를 위탁하고 B가 이를 이행하여 A에 대해 보수청구권을 가지고 있는데, 다시 A가 B에게 보리 100석의 매수를 위탁하고 B가 이를 이행하여 보리를 점유하고 있다 하자. 이 경우 B는 쌀의 위탁매매로 인한 보수청구권을 가지고 보리에 대해 유치권을 행사할 수 있는 것이다. 기술하였듯이 상거래에서는 거래시마다 담보를 설정하는 것이 현실적으로 무리이므로 이에 대신하여 채권자가 거래상 점유하게 된 채무자의 소유물 일반에 대해서 필요할 때마다 기동성 있게 유치권을 취득하게 하기 위한 것이다. 이 점이 상사유치권의 가장 뚜렷한 특징을 이루는 부분이다.

---

1) 상사유치권이 채권과 목적물의 견련성을 요구하지 않는 점을 고려할 때, 부동산에 상사유치권의 성립을 허용한다면 부동산거래의 안전을 해한다는 이유로 부동산은 상사유치권의 목적물이 될 수 없다는 견해도 있다(최 · 김, 217). 부동산을 상사유치권의 목적으로 할 수 있느냐는 문제는 일본에서 상법제정시부터 견해가 대립되어 오던 문제이나. 최근에는 통설 · 판례가 법문의 문리해석에 따라 부동산도 포함된다는 입장으로 정리되었다(日最高裁 2017. 12. 14. 「民集」 71권 10호 2184면).

(3) 유치권배제의 특약

이상의 요건을 구비하면 당연히 상사유치권이 성립하지만, 당사자의 특약으로 이를 배제할 수 있다(58조 단). 과거에는 이 점을 상사유치권의 특색으로 설명하였으나, 오늘날은 민법상의 유치권도 특약에 의해 배제할 수 있다고 이해하므로 더 이상 상사유치권의 특색으로 볼 수는 없다.

특약은 묵시의 의사표시로도 할 수 있다(통설). 예컨대 위탁매매인이 매도의 위탁을 받고 위탁자로부터 물건을 인도받아 보관하는 경우, 채권자가 제3자에게 인도한다는 약속 하에 채무자의 물건을 보관하는 경우와 같이 당사자간의 계약으로 채권자가 점유물을 일정한 방법으로 처분할 의무를 부담하고 유치권의 행사가 이 의무이행에 어긋나는 경우에는 유치권을 배제하는 특약으로 보아야 할 것이다. 또 채권자가 그 점유물에 관해 화물상환증·선하증권·창고증권 등의 처분증권을 채무자에게 발행한 경우에도 증권을 취득하는 제3자에 대해 유치권을 배제하는 특약을 한 것으로 보아야 한다.[1)]

그러나 단순히 일정기간 물건을 보관하다가 반환하기로 합의한 것은 그 임치인과 수치인간에 유치권의 성립을 배제하기로 하는 묵시의 특약으로 볼 수 없다. 또 은행의 고객이 은행에 대해 어음의 추심을 위임한 것을 동 어음에 관해 유치권의 성립을 배제하기로 하는 특약으로 이해할 수는 없다. 어음에 대한 유치권의 행사가 어음의 추심의 이행행위와 충돌을 일으키는 것은 아니기 때문이다(대법원 2012. 9. 27. 선고 2012다37176 판결).

(4) 유치권의 효력

상법은 유치권의 효력에 관해서 채권자가 채권의 변제를 받을 때까지 목적물을 유치할 수 있음을 규정할 뿐이다(58조 본). 나머지 사항에 대해서는 민법상의 유치권에 관한 규정을 준용한다(1조; 민 320조 이하). 이에 따라 채권자는 채권을 변제받기 위해 유치물을 경매할 수 있다(민 322조 1항). 유치권에 대해서는 우선변제권이 인정되지 않으나, 채권자는 채권의 변제가 없는 한 경락인에 대해 유치물의 인도를 거부할 수 있으므로 실질적으로 우선변제권을 갖는 것과 같은 효과를 누릴 수 있다. 한편 채

1) 平出, 145면.

권자는 정당한 이유가 있을 때에는 감정인의 평가에 의하여 유치물로 우선변제에 충당할 것을 법원에 청구할 수 있으며(간이변제충당)(민 322조 2항), 과실을 수취하여 채권의 변제에 충당할 수 있으므로(민 323조) 이 범위에서는 우선변제권을 갖는다.

(5) 기타의 상사유치권

상법은 제58조의 일반적인 상사유치권 외에 몇 가지 업종에 대해 특수한 상사 유치권을 인정하고 있다. 즉 대리상 · 위탁매매인 · 운송주선인 · 운송인 · 해상운송인 · 항공운송인에 대해 각 종류별 영업에서 발생하는 채권을 피담보채권으로 하는 유치권을 인정하고 있다. 대리상의 유치권(91조)과 위탁매매인의 유치권(111조 → 91조)은 일반적인 상사 유치권과 같이 피담보채권과 목적물의 견련성을 요구하지 않는 동시에 목적물에 대한 요건도 완화하여 채무자소유임을 요구하지도 않는다. 그리고 운송주선인(120조) · 운송인(147조 → 120조) · 해상운송인(800조 2항) · 항공운송인(920조 → 120조)

[표 2]　유치권의 유형별 대비

사 항 별	민법상의 유치권	일반적인 상사 유치권	대리상의 유치권	위탁 매매인의 유치권	운송 주선인의 유치권	운송인의 유치권	항공 운송인의 유치권	해상 운송인의 유치권
피담보 채권	제한 없음	쌍방적 상행위로 인한 채권	대리 또는 중개로 인한 채권	위탁매매의 이행으로 인한 채권	운송물에 관한 보수 · 운임 · 체당금 · 선대금	同	同	운임 · 부수비용 · 체당금 · 정박료 · 공동해손 및 해난구조로 인한 부담금
유치물의 제한	제한 없음	同	同	同	운송물	同	同	同
유치물의 소유권	제한 없음	채무자 소유	제한 없음	同	同	同	同	同
피담보 채권과 유치물의 견련성	要	不要	不要	不要	要	要	要	要
이념	형평	담보				공평		

의 유치권은 일반적인 상사유치권과 달리 피담보채권과 목적물의 견련성을 요하는 대신 채무자소유임을 요하지 않는다. 이 점 민법상의 유치권과 흡사하나, 목적물이 운송물에 국한된다([표 2] 참조).

민법상의 유치권과 일반적인 상사유치권, 그리고 업종별로 특수한 상사유치권은 위와 같이 그 요건을 달리하므로 채권자는 이 3가지를 대체방법으로 활용할 수 있다.

2. 유질계약의 허용

(1) 취 지

질권설정 당시의 계약 또는 채무변제기 전의 계약으로 변제에 갈음하여 질권자에게 質物의 소유권을 취득하게 하거나 기타 법률이 정한 방법에 의하지 아니하고 질물을 처분할 것을 약정하는 것을 「유질계약」이라 한다. 유질계약은 채무자의 궁박한 사정을 이용하여 채권자가 폭리를 취하는 수단으로 이용될 수 있으므로 민법에서는 이를 금지한다(민 339조).

그러나 상인은 어느 정도의 경제력을 갖고 경제인으로서의 합리적 판단을 통해 스스로를 보호할 수 있는 능력을 구비하고 있다고 보아야 하므로 민법에서와 같은 법의 후견적 기능은 필요하지 않다. 오히려 유질계약을 허용함으로써 상인의 금융거래에서 신속과 편익을 제고할 수 있는 면도 있다. 그리하여 상법은 상행위로 인하여 생긴 채권을 담보하기 위해 설정한 질권에 대해서는 유질계약을 허용하고 있다(59조).

(2) 적용범위

이 규정의 적용범위에 관한 문제로서, 「상행위로 인하여 생긴 채권」을 어떻게 이해하느냐는 점을 놓고 견해가 갈린다. 판례는 법문에 충실하게 채권자 또는 채무자 쌍방 또는 어느 일방에 상행위가 되는 행위로 인한 채권으로 새기며(대법원 2017. 7. 18. 선고 2017다207499 판결), 일부 학설도 같은 입장을 취한다(강·임 199; 김성탁 216; 손주찬 230; 안강현 211; 임홍근 240; 전우현216; 정동윤 160; 최·김 214). 이에 따르면 비상인인 채무자가 상인인 채권자에게 질권을 설정해 줄 경우에도 유질계약이 가능하게 된다.

그러나 본조가 상인의 자기방어능력을 전제로 하여 상인에 대해서는 특별한 후견적 배려가 불필요하다는 점에 입법동기를 두고 있음을 생각한다면, 질권자가 상인이고 질권설정자가 비상인인 경우에는 이 입법취지가 들어맞지 아니한다. 오히려 질권자가 일반인보다 능력이 뛰어난 상인이므로 민법에서보다 채무자를 더 두텁게 보호해야 한다는 역설도 성립한다. 그러므로 본조는 상인인 채무자가 질권을 설정할 경우에 한해 적용된다고 함이 옳다(同旨: 김성태 449; 서완석 184; 손진화 189; 송옥렬 111; 오성근 248; 이(기)·최 347; 이종훈 176; 장덕조 109; 정경영 149; 정준우 244; 최준선 261).

3. 동산·채권 등의 신담보제도

(1) 개　　설

2010년 「동산·채권 등의 담보에 관한 법률」(이하 '동산·채권담보법')이 제정되어 동산·채권·지식재산권을 새로운 방법으로 담보화하는 길이 열렸다.[1] 이는 상법상의 제도는 아니지만, 이 법에 따른 담보의 주류를 이루는 동산 및 채권의 담보는 법인과 상호등기를 한 자만이 설정할 수 있으므로 주로 상인을 위한 담보제도라 할 수 있다. 이 법이 제정되기 전에도 동산, 채권 등을 담보로 제공할 수 없는 것은 아니나, 동산의 경우 법정담보제도로서는 질권이 이용될 수 있는데, 질권을 설정하려면 목적물을 채권자에게 인도해야 하므로 상인의 생산수단은 담보화가 불가능하고, 양도담보를 설정하면 채무자가 목적물을 계속 이용할 수 있기는 하나 공시방법이 불완전한 단점이 있다. 지명채권을 담보로 하는 것 역시 불완전한 공시방법(제3채무자에 대한 통지·승낙, 민 349조 1항)에 의존할 수밖에 없어 담보거래가 제한적일 수밖에 없다. 동산·채권담보법은 이들 자산의 담보에 등기를 공시방법으로 쓸 수 있게 함으로써 상인이 재고자산, 매출채권 등을 담보로 제공하고 자금을 조달할 수 있는 길을 열어주었다. 이하 동 제도를 간략히 소개한다.

1) 이 법률은 일본에서 1998년부터 시행한 「動産及び債権の譲渡の対抗要件に関する民法の特例等に関する法律」(동산 및 채권의 양도의 대항요건에 관한 민법의 특례 등에 관한 법률)을 모범으로 하여 제정된 것이다.

(2) 동산담보권

1) 개 념 「동산담보권」은 담보약정에 따라 동산을 목적으로 등기한 담보권을 말한다(동산 · 채권담보법(이하 "동법") 2조 2호). 여러 개의 동산이나 장래에 취득할 동산도 목적물의 종류, 보관장소, 수량을 정하거나 그 밖에 이와 유사한 방법으로 특정할 수 있는 경우에는 담보등기의 대상이 될 수 있다(동법 3조 2항). 그러나 등기된 선박 등 다른 법률에 의해 등기 · 등록된 동산은 대상이 아니며, 화물상환증 · 선하증권 · 창고증권이 작성된 동산은 동 증권이 인도청구권을 표창하므로 동산담보권의 대상이 될 수 없다. 무기명채권증서, 자산유동화법에 따른 유동화증권, 자본시장에서의 거래대상인 증권도 동산담보권의 대상에서 제외된다(동법 3조 3항 3호, 동령 2조).

2) 담보등기 동산담보권은 담보등기부에 등기를 함으로써 효력이 생기고(동법 7조 1항), 동일한 동산에 수개의 등기가 행해진 경우에는 등기의 순서에 따라 권리의 순위가 정해진다(동조 2항). 동산 · 채권담보법은 등기에 동산의 인도와 동등한 효력을 부여한다. 즉 동일한 동산에 관해 등기와 인도가 각기 다른 당사자에게 행해진 경우에는 등기 및 인도의 선후에 따라 권리의 순위가 정해진다(동조 3항).

3) 설정자의 요건 동산담보권의 설정자는 법인(상사법인, 민법법인, 특별법상의 법인, 외국법인) 또는 「상업등기법」에 따라 상호등기를 한 사람으로 한정된다(동법 2조 5호).

4) 피담보채권 동산담보권은 원본, 이자, 위약금, 담보권실행의 비용, 담보목적물의 보존비용 및 채무불이행 또는 담보목적물의 흠으로 인한 손해배상의 채권을 담보한다(동법 12조).

동산담보권은 그 담보할 채무의 최고액만을 정하고 채무의 확정을 장래에 보류하여 설정할 수 있다(동법 5조 1항 본). 이를 「근담보권」이라 한다.

5) 담보권의 효력 담보등기된 담보권자는 채무자 또는 제3자가 제공한 담보목적물에 대하여 다른 채권자보다 자기의 채권을 우선변제받을 권리가 있다(동법 8조). 우선변제를 받기 위해 담보권자는 담보목적물의 경매를 청구할 권리를 가진다(동법 21조 1항). 정당한 이유가 있는 경우에는 담보권자는 담보목적물로써 직접 변제에 충당하거나 담보목적물을 매각하여 그 대금을 변제에 충당할 수 있다(동조 2항).

담보물이 수개이거나 가분적인 경우에도 담보권자는 채권 전부를 변제받을 때까지 담보목적물 전부에 대하여 그 권리를 행사할 수 있다(동산담보권의 불가분성)(동법 9조).

(3) 채권담보권

1) 개 념 「채권담보권」이란 담보약정에 따라 금전의 지급을 목적으로 하는 지명채권을 목적으로 등기한 담보권을 말한다(동법 2조 3호). 법인, 상호등기를 한 자가 담보약정에 따라 금전의 지급을 목적으로 하는 지명채권을 담보로 제공하는 경우에는 담보등기를 할 수 있다(동법 34조 1항). 여러 개의 채권이더라도 채권의 종류, 발생 원인, 발생 연월일을 정하거나 그 밖에 이와 유사한 방법으로 특정할 수 있는 경우에는 채권담보권의 목적으로 하여 담보등기를 할 수 있다. 채무자가 특정되지 않은 채권, 장래에 발생할 채권도 역시 담보의 목적으로 할 수 있다(동조 2항).

2) 대항력(담보등기) 채권담보권의 대항력에 관한 법리가 특이함에 주의해야 한다. 채권담보권의 목적인 지명채권의 채무자(제3채무자)에 대한 대항력과 그 외의 제 3 자에 대한 대항력의 요건이 다른 것이다.

㈎ **제 3 채무자 외의 제 3 자에 대한 대항요건** 채권담보권의 득실변경은 담보등기부에 등기한 때에 제 3 채무자 외의 제 3 자에게 대항할 수 있다(동법 35조 1항). 그리하여 동일한 채권에 관하여 담보등기부의 등기와 채권양도 또는 질권설정을 위한 통지 또는 승낙(민 450조 2항, 349조 2)이 있는 경우에는 담보권자 또는 담보의 목적인 채권의 양수인은 법률에 다른 규정이 없으면 제 3 채무자 외의 제 3 자에 대하여는 등기를 한 시기와 그 통지의 도달(또는 승낙)이 이루어진 시기의 선후에 따라 그 권리를 주장할 수 있다(동법 35조 3항). 예컨대 A에 대해 지명채권을 갖는 B가 C_1에게 同채권을 담보로 제공하는 등기를 하였는데, 그 전후해서 B가 C_2에게 A에 대한 채권을 양도하고 A에게 통지를 했다면(또는 A가 승낙하였다면) C_1과 C_2의 우선관계는 C_1의 채권담보등기와 C_2를 위한 채권양도 통지(또는 승낙) 중 어느 것이 먼저이냐에 따라 정해지는 것이다. 즉 동산 · 채권담보법에 의한 채권담보등기는 민법상의 채권양도의 통지 · 승낙에 우선하는 공시방법은 아니다.

㈏ **제 3 채무자에 대한 대항요건** 제 3 채무자에게 대항하기 위하여는 담보권자 또는 담보권설정자가 제 3 채무자에게 등기사항증명서(동법 52조)를 건네주는 방법으로 그 사실을 통지하거나 제 3 채무자가 이를 승낙하여야 한다(동법 35조 2항). 담보권자가 채권담보권을 양도한 경우에는 그 양도인 또는 양수인이 통지할 수 있다

(동조 항). 제 3 채무자에 대한 대항요건으로서 그에 대한 통지를 요구하는 이유는 담보설정사실을 제 3 채무자가 알지 못하고 담보설정자에게 변제함으로써 2중변제의 위험을 부담할 수 있기 때문이다.

㈐ **등기 후 통지 전 제 3 채무자의 변제의 효력** 담보설정사실을 등기하더라도 제 3 채무자에게 이를 통지하기 전에는 제 3 채무자에게 대항하지 못하므로 제 3 채무자는 채권자 즉 담보설정자에게 변제하거나 채권자로부터 채권을 양도받고 채권양도의 통지(민 450조)를 마친 양수인에게 변제하더라도 그 변제는 유효하다. 그러나 그 변제를 받은 채권자 또는 양수인과 담보권자의 관계에서는 위에서 말한 바와 같이 등기를 마친 담보권자의 권리가 우선하므로(동법 35조 1항 및 3항) 담보권자는 채권자 또는 양수인에게 변제받은 것을 부당이득으로서 반환할 것을 청구할 수 있다(대법원 2016. 7. 14. 선고 2015다71856 판결).

3) 설정자의 요건 채권담보권의 설정자 역시 법인과 상호등기를 한 사람으로 한정된다(동법 2조 5호).

4) 담보권의 효력 담보권자는 피담보채권의 한도에서 채권담보권의 목적이 된 채권을 직접 청구할 수 있다(동법 36조 1항). 채권담보권의 목적이 된 채권이 피담보채권보다 먼저 변제기에 이른 경우에는 담보권자는 제 3 채무자에게 그 변제금액의 공탁을 청구할 수 있다. 이 경우 제 3 채무자가 변제금액을 공탁한 후에는 채권담보권은 그 공탁금 위에 유지된다(동조 2항).

이같은 채권담보권의 실행방법 외에 담보권자는 「민사집행법」에서 정한 집행방법으로 채권담보권을 실행할 수 있다.

기타 채권담보권에 관하여는 그 성질에 반하지 않는 범위에서 동산담보권에 관한 규정들이 준용된다(동법 37조).

(4) 지식재산권담보권

1) 개 념 지식재산권담보권이란 담보약정에 따라 특허권, 실용신안권, 디자인권, 상표권, 저작권, 반도체집적회로의 배치설계권 등 법률에 따라 질권을 설정할 수 있는 지식재산권을 목적으로 그 지식재산권을 규율하는 개별 법률에 따라 등록한 담보권을 말한다(동법 2조 4호).

지식재산권담보권 제도는 앞서의 동산담보권이나 채권담보권과는 입법취지를 달리한다. 동산담보권과 채권담보권 제도는 동산과 채권의 담보를 등기로 공시하는 방안을 마련해 주는 데에 입법의 초점이 있으나, 지식재산권담보권은 이미 등록제도에 의해 관리되는 지식재산권을 대상으로 하고 또 그의 담보도 당해 재산의 등록제도를 이용하므로 지식재산권의 담보 자체에 새로운 공시방법을 도입하는 의미는 없다. 담보권의 효력도 기존의 질권과 동일하다. 다만 지식재산권자가 동일한 채권을 담보하기 위하여 2개 이상의 지식재산권을 담보로 제공하는 것, 그리고 근담보를 설정하는 것을 가능하게 하는 것이 제도의 목적이다. 현행 민법상 권리를 목적으로 하는 담보제도인 권리질권은 근질이나 공동질에 대한 규정이 없어, 지식재산권에 대한 근담보, 공동담보를 통한 자금조달에 애로가 있었던 점을 개선한 것이라 할 수 있다.[1)]

2) 담보등록　　지식재산권담보권은 동재산권을 규율하는 개별법률에 따른 공적장부에 등록한다.

지식재산권자가 약정에 따라 동일한 채권을 담보하기 위하여 2개 이상의 지식재산권을 담보로 제공하는 경우에는 특허원부, 저작권등록부 등 그 지식재산권의 등록부에 담보권을 등록할 수 있다(동법 58조 1항). 이 경우 담보의 목적이 되는 지식재산권은 그 등록부를 관장하는 기관이 동일하여야 하고, 지식재산권의 종류와 대상을 정하거나 그 밖에 이와 유사한 방법으로 특정할 수 있어야 한다(동조 2항).

동일한 지식재산권에 관하여 이 법에 따른 담보권등록과 그 지식재산권을 규율하는 개별 법률에 따른 질권등록이 이루어진 경우에 그 순위는 법률에 다른 규정이 없으면 등록의 선후에 따른다(동법 59조 2항). 이 점 채권담보등기와 채권양도의 통지·승낙의 효력관계와 같다.

3) 설정자의 요건　　동산담보권과 채권담보권의 설정자는 법인과 상호등기자에 국한하였지만, 지식재산권담보권의 설정자에는 이러한 제한이 없고, 지식재산권의 보유자이면 족하다.

4) 담보권의 효력　　지식재산권담보권의 득실변경은 그 등록을 한 때에 그 지식재산권에 대한 질권의 득실변경을 등록한 것과 동일한 효력을 갖는다(동법 59조 1항). 담보권자는 지식재산권을 규율하는 개별 법률에 따라 담보권을 행사할 수 있다(동법 60조).

1) 법무부, 「동산·채권등의 담보에 관한 법률」, 2010, 113면.

Ⅲ. 민법 채권편에 대한 특칙

1. 계약의 성립

(1) 청약의 효력(승낙적격)

상법 제51조는 「대화자간의 계약의 청약은 상대방이 즉시 승낙하지 아니한 때에는 그 효력을 잃는다」고 규정하여 청약단계에 있어서 거래관계의 신속한 완결을 도모하고 있다. 민법에는 대화자간의 청약의 효력에 관해 규정을 두고 있지 아니하나, 해석상 청약의 효력은 대화가 계속되는 동안에만 존속하는 것으로 이해한다.[1] 그러므로 상법 제51조는 민법에 대한 특칙으로 보기는 어렵고, 민법에서와 같은 원리를 적용함을 주의적으로 밝힌 규정이라 할 수 있다(통설).

격지자간의 청약의 효력

2010년 개정전 상법은 제52조 제1항에 「격지자간의 계약의 청약은 승낙기간이 없으면 상대방이 상당한 기간 내에 승낙의 통지를 발송하지 아니한 때에는 그 효력을 잃는다」라는 규정을 두었다. 이 규정은 민법상의 청약제도가 달라진 것을 의식하지 못하고 구 상법상의 제도를 현행 상법에까지 끌고 온 입법의 착오였다.[2] 동조 제2항 역시 제1항의 모순을 이어받은 것이므로 2010년 개정시에 제52조를 삭제하고, 청약의 효력의 존속에 관해서는 민법의 일반원리를 따르게 되었다.

(2) 계약의 성립시기

상법은 계약의 성립시기에 대해서도 별다른 특칙을 마련한 바 없으므로 민법의 일반원칙을 적용해야 한다.

1) 승낙기간을 정하지 않은 경우　민법의 일반원칙에 의하면 계약은 승낙의 통지를 발송한 때에 성립한다(민 531조). 따라서 격지자간에 승낙기간을 정하지 아니한 상사계약의 경우 청약 후 상당한 기간 내에 승낙의 통지를 발송하면 이로써 계약이 성립한다. 발신주의의 원칙상 승낙의 통지가 청약자에게 도달하지 아니하더라도 계약의 성립에는 영향이 없다. 부도달로 인한 불이익은 청약자가 부담한

---

1) 민법주해 XII, 202면.

2) 상세한 이유는 이 책의 제8판 306면 이하 참조.

다(통설). 다만 증명책임은 승낙자가 부담한다. 즉 청약자가 계약의 불성립을 주장할 경우에는 승낙자가 상당한 기간 내에 승낙의 통지를 발송하였음을 증명하여야 한다.

2) 승낙기간을 정한 경우 격지자간에 승낙기간을 정한 청약의 경우에는 청약의 효력과 계약의 성립시기 모두에 대해 민법이 적용된다. 그리하여 계약은 승낙자가 승낙의 통지를 발송한 때에 성립하나(발신주의)(민 531조), 청약의 효력은 청약자가 승낙기간 내에 승낙의 통지를 받지 못하면 소멸한다(도달주의)(민 528조 1항).

민법학자들 간에는 일응 상충하는 이 두 규정을 모순 없이 해결하기 위하여 도달주의를 중시하는 설과 발신주의를 중시하는 설이 대립하고 있는데, 두 학설의 대립은 상사계약의 성립과 청약의 효력에 관해서도 마찬가지로 생겨날 수 있다. 통설에 의하면 계약은 승낙기간 내에 승낙이 부도달함을 해제조건으로 하여 승낙을 발송한 때에 성립한다(발신주의를 중시하는 설).[1)]

앞서 상사계약의 청약의 효력이 승낙기간을 정한 경우와 정하지 아니한 경우에 상이하게 된다는 점을 지적하였지만, 계약의 성립에 있어서도 위와 같이 상이한 현상을 보이는 문제점이 있다.

(3) 청약수령자의 의무

1) 낙부통지의무

㈎ **취 지** 상인이 상시 거래관계에 있는 자로부터 그 영업부류에 속한 계약의 청약을 받은 때에는 지체없이 낙부(승낙 또는 거절)의 통지를 발송하여야 한다. 이를 해태한 때에는 승낙한 것으로 본다(53조).

원래 민법상의 일반원칙에 의하면 청약을 받은 자에게 낙부를 통지할 의무는 없다. 설혹 청약자가 청약을 하면서 「거절의 통지가 없으면 승낙한 것으로 간주한다」라는 예고를 한 경우에도 상대방이 거절의 통지를 하지 아니한다 하여 계약이 성립되는 것은 아니다. 이러한 점은 상사거래에서도 같다.

그러나 상시 거래관계에 있으면서 동종 또는 유사한 계약을 되풀이하는 상거래 당사자 사이에서는 종전의 거래에서 생긴 관성으로 인해 특별한 사정이 없는 한 청약한 대로 새 계약이 체결된 것으로 믿는 것이 일반적이다. 그러므로 이러한

1) 민법주해 XII, 215면.

거래관계에 있는 상인이 청약을 받은 때에는 지체없이 낙부통지(특히 거절할 때의 거절의 통지)를 하게 함으로써 상거래의 신속을 기하고, 때늦은 거절로 인해 청약자가 예측하지 못한 손해(이행의 준비 등)를 입지 않도록 본조를 둔 것이다.[1] 한편 청약받은 상인의 입장에서도 거래시마다 일일이 승낙의사를 통지할 필요 없이 계약을 체결시킬 수 있는 이점이 있다.

(나) **요 건**

(ㄱ) **당 사 자** 본조는 상인이 상시 거래관계에 있는 자로부터 청약을 받은 경우에 적용된다. 그러므로 청약자는 상인이 아니어도 무방하지만, 청약자의 상대방은 상인이어야 한다(통설). 반대로 상인이 상인 아닌 자에 대하여 청약할 때에는 본조가 적용되지 아니한다.

청약자와 상대방은 상시 거래관계에 있어야 한다. 「상시 거래관계」에 있다 함은 과거로부터 빈번히 거래가 있어 왔고 향후에도 같은 거래가 되풀이될 것이 예상되는 관계를 유지하고 있음을 말한다(통설). 「상시 거래관계」의 유무는 거래의 종류·규모 등을 종합하여 판단할 문제이다. 예컨대 섬유회사가 직물 도매상에 대해 계절이 바뀌는 대로 연간 3, 4회씩 원단을 공급한다면 이는 상시 거래관계에 있다고 보겠지만, 음식점 주인이 식당의 내부 수리를 위해 시멘트 대리점에서 4, 5회 시멘트를 샀다고 해서 상시 거래관계에 있다고 볼 수는 없다.

(ㄴ) **청약의 요건** 대화자간의 청약은 대화가 계속되는 중에 승낙하지 아니하면 실효하며, 승낙기간을 정한 격지자간의 청약은 그 기간 내에 「지체 없이」 낙부의 통지를 발해야 하므로 이 두 가지 경우는 본조의 요건에 부합하지 않는다. 그러므로 본조는 승낙기간을 정하지 아니한 격지자간의 청약에 대해서만 적용된다.

(ㄷ) **청약의 상대방** 본조는 상시 거래관계에 있는 당사자들간에 형성된 일종의 거래관성을 존중한 제도이므로 청약은 실제 거래를 담당하던 자에게 행해져야 한다. 예컨대 상시 거래관계에 있는 상인일지라도 통상 그 대리상과 거래해 왔다면 그 대리상에게 청약을 한 경우에 본조가 적용되는 것이고, 본인인 상인에게 직접 청약을 하는 것은 본조의 적용대상이 아니다.[2]

1) 본조의 입법취지에 관해서는 본문에 설명한 것(외관책임설) 외에 청약을 받은 자의 침묵을 승낙의 의사표시로 평가하여 계약의 성립을 의제하는 것이라는 설(승낙평가설), 피청약자의 의무 위반의 결과로 이해하는 설(의무위반설)이 있다.

2) 近藤, 126면.

(ㄹ) **거래의 요건** 청약의 내용이 청약을 받은 상인의 영업부류에 속한 거래에 관한 것이어야 한다. 「영업부류에 속한 거래」라 함은 상인의 기본적 상행위 또는 준상행위에 관한 거래를 뜻한다. 따라서 상인이 보조적 상행위에 관한 청약을 받은 경우에는 낙부통지의무를 부담하지 아니한다. 예컨대 은행이 상시 거래관계에 있는 무역회사에 융자를 제의하였다 하여 본조를 적용할 수는 없다. 낙부통지의무는 특히 상인에 대해 요구하는 보다 과중한 의무이므로 그가 일상적·반복적으로 행하는 업무에 관하여 요구할 수 있는 것이고, 상인이 사실상 일반인과 마찬가지의 지위에서 행하는 보조적 상행위에 대해서까지 요구하는 것은 형평에 어긋나기 때문이다. 또 보조적 상행위와 같은 거래에서는 상대방의 신뢰를 보호해야 한다는 명분도 크지 않다.[1)]

(ㄷ) **적용배제** 이상의 요건을 구비하더라도 본조를 적용할 수 없는 경우가 있다.

첫째, 본조의 규정을 배제하는 특약이 있거나 다른 관습이 있을 때 본조를 적용할 수 없음은 물론이다.

둘째, 청약의 내용이 종전의 거래내용과 크게 상위한 경우에는 본조를 적용할 수 없다. 예컨대 청약자가 공급하고자 하는 상품의 가격이 크게 인상되었거나 품질·규격·모델 등에 큰 변화가 있을 경우에는 상대방으로 하여금 다른 공급자를 물색하는 등의 숙고할 시간을 주어야 할 것이므로 지체 없이 낙부통지를 하도록 강요할 수는 없다.

셋째, 거래의 성질로 보아 계약체결 자체가 고도의 위험부담을 수반할 경우에는 역시 본조를 적용할 수 없다. 예컨대 외환이나 증권은 가격의 등락이 심하여 그 매매거래시에는 고도의 세심한 주의와 치밀한 상황판단을 요하므로 본조를 적용할 경우 상인의 위험부담이 지나치게 크다. 이 같은 거래에서는 지체 없이 승낙하지 아니할 경우 민법의 일반원칙에 따라 승낙을 거절한 것으로 보아야 한다.

1) 일본에서도 보조적 상행위는 제외해야 한다는 것이 통설인데, 이같이 해석하면 위탁매매인이 위탁받은 매매(위탁매매인에게는 보조적 상행위이다)를 실행하는 과정에서 본조에 해당하는 청약을 받은 경우에도 적용대상에서 제외되어 불합리하다는 지적과 함께, 상인이 영업상 집단적·반복적으로 행하는 계약은 본조의 적용대상으로 삼아야 한다는 설이 있다(平出, 121면). 한편 본조에 의한 승낙의제의 범위가 넓어짐을 경계하여, 청약에 대한 침묵이 승낙을 의미하는 것으로 당연히 예상되는 유형의 거래에 한해 본조를 적용해야 한다는 견해도 있다(江頭, 10면).

㈑ **적용효과** 청약의 수령자가 계약체결을 원하지 아니할 경우에는 지체 없이 거절의 통지를 발송하여야 한다(53조 전). 통지의 「발송」으로 족하므로 그의 책임 없는 사유로 거절통지가 연착·부도달한 경우에는 청약자가 불이익을 부담한다.

거절의 통지를 게을리한 경우에는 청약의 수령자가 승낙한 것으로 의제하므로(53조 후) 바로 계약이 성립한다. 이것은 한편 청약의 수령자가 승낙의 통지 없이 계약의 성립을 주장할 수 있음을 뜻하므로 청약자는 일방적으로 청약을 철회할 수 없으며,[1] 상당기간 내에 승낙의 통지가 없었다는 이유로 계약이 성립되지 않았음을 주장하지 못한다. 낙부통지가 청약수령자의 책임 없는 사유로 지연된 경우 또는 청약수령자가 무능력자인 경우에는 승낙으로 의제할 수 없다(통설).[2]

청약의 수령자가 낙부통지를 게을리하더라도 계약이 성립되는 효과가 있을 뿐 손해배상의무가 발생하는 것은 아니므로 낙부통지의무는 불완전의무이다.

2) 물건보관의무

㈎ **취 지** 상인이 그 영업부류에 속한 계약의 청약을 받은 경우에 견품 기타의 물건을 받은 때에는 그 청약을 거절한 때에도 청약자의 비용으로 그 물건을 보관하여야 한다(60조 본).

민법의 일반원칙에 의하면 계약의 청약을 하는 자가 청약과 동시에 물건을 송부하더라도 상대방이 청약을 거절할 경우에는 이를 보관할 의무가 없다. 그러나 상거래에서는 청약자가 상대방으로 하여금 목적물의 상태·품질 등을 시험하게 할 목적으로, 또 상시 거래관계 있는 때에는 승낙을 기대하고 목적물의 전부 또는 일부를 보내는 경우가 많다. 이것은 또한 청약을 받는 상대방의 입장에서도 계약의 내용을 신뢰할 수 있고 승낙 여부를 속히 결정할 수 있게 하므로 상거래의 안전과 신속에 기여하는 바가 크다 하겠다.[3] 그러므로 상법은 물건을 송부한 청약자에게 물건의 멸실·훼손에 대한 위험부담을 덜어주고 나아가 상거래의 안전과 신속을 도모하고자 상인에게 특별한 보관의무를 부여한 것이다. 이 제도는 한편 상거래질서의 유지와 고양을 위해 요구되는 신의칙에 터잡은 제도이다.

1) 平出, 119면.
2) 前註.
3) 近藤, 127면.

(나) 요 건

(ㄱ) 당 사 자 청약자는 상인이 아니라도 무방하나 청약의 상대방은 상인이어야 한다는 점은 낙부통지의무에서와 같다. 그러나 쌍방간에 상시 거래관계가 없어도 무방하다는 점이 다르다.

물건보관의무는 낙부통지의무와 더불어 상인에게 상당한 부담을 주는 제도임을 감안할 때 거래관계 없는 자의 청약에 대해서까지 이 같은 의무를 지게 하는 것은 상거래의 통념에 부합하지 아니한다. 입법론으로서는 물건보관의무도 낙부통지의무와 같이 상시 거래관계 있는 자의 청약이 있을 때에 한해 과하는 것이 타당하다(同旨: 김정호 242; 서완석 190; 이(기)·최 361; 정준우 257).

(ㄴ) 청약에 관한 요건 본조의 의무는 청약받은 상대방의 점유하에 놓여진 물건에 대해 요구되는 것이므로 대화자간의 청약에는 적용될 여지가 없다. 격지자간의 청약을 거절할 때에만 적용되며, 승낙기간의 유무는 묻지 아니한다.

본조는 격지거래(청약자가 상대방의 영업소소재지와 다른 지역에서 청약하는 경우)에만 적용되고, 격지자간의 청약이더라도 동지거래(청약자가 상대방의 영업소와 같은 지역에서 청약하는 경우)에는 적용이 없다는 견해가 있다(최·김 224). 동지거래의 경우에는 청약자가 송부한 물건에 대해 적절한 조치를 할 수 있기 때문이라고 한다. 그러나 격지거래와 동지거래는 쌍방간의 물리적 거리의 차이에 불과하고, 동지거래에서도 물건이 청약자의 지배를 떠나 상대방의 점유하에 놓여져 있으므로 상대방에게 물건을 보관하게 할 필요성은 격지거래에서와 다름 없다. 따라서 양자를 차별할 이유가 없다.

(ㄷ) 거래에 관한 요건 청약이 상인의 영업부류에 관한 것이어야 함은 낙부통지의무에서와 같다.

(ㄹ) 물건에 관한 요건 본조의 물건은 동산 또는 유가증권을 뜻한다. 계약의 목적인 물건의 전부 또는 견품으로 송부한 목적물의 일부가 본조의 적용대상이다. 그러나 목적물을 소개하는 서면자료, 또는 견품이라도 통념상 반환이 예상되지 않는 시용품(예컨대 다량의 화장품을 납품하기 위해 보낸 크림 1통)은 보관할 필요가 없다.

본조는 주로 물건의 매매를 위한 거래에 적용되겠지만, 그 밖에 물건의 인도를 수반하는 거래에도 널리 적용된다. 예컨대 송하인이 운송인에게 운송계약을 청약하면서 보낸 운송물의 견본이나 대리상계약을 청약하면서 보낸 견품에 대해서도 본조의 보관의무가 발생한다.

(ㅁ) **물건의 송부 · 수령거절** 물건은 청약과 동시에 보내져야 하는 것은 아니다. 다른 시기에 송부하더라도 청약과 관련하여 보내진 것이 명백하면 본조가 적용된다.

한편 본 제도는 청약자의 지배를 떠난 물건의 보전을 위해 상인에게 특별한 의무를 과하는 것이므로 상인이 자신의 의사에 기해 물건을 수령할 것을 요하지 않는다. 즉 청약을 받은 상인은 물건의 수령을 거부하는 방법으로 본조의 보관의무를 회피할 수 없다.[1)]

(ㄷ) **보관의무의 내용** 상인의 보관의무는 물건을 수령한 때부터 발생하여 청약자에게 인도할 때까지 존속한다. 스스로 보관할 필요는 없고 창고업자에게 임치하거나 기타 물건의 성질에 따라 적절한 보관방법을 취하면 된다. 운송업자에게 의뢰하거나 우편 기타 방법으로 청약자에게 물건을 반송하는 것도 보관방법의 하나이다.

보관에 소요되는 비용은 청약자의 부담으로 한다(60조 본). 청약자에게 청구할 수 있는 보관에 소요되는 비용이란 그 송부받은 물건의 현상이나 가치를 반송할 때까지 계속 유지, 보존하는 데 드는 비용을 말하고, 그 물건을 보관함으로 인해 발생하는 기회비용(예컨대 장소를 점함으로 인한 불이익, 보관에 소요된 시간의 보상 등)은 포함하지 않는다(대법원 1996. 7. 12. 선고 95다41161 · 41178 판결). 상인은 보관비용에 대한 채권을 가지고 보관물에 대해 상사 또는 민사유치권을 행사할 수 있다.

보관의무는 청약받은 상인에 대해 법상 특별히 과해지는 의무이므로 상인은 보관행위에 관해 별도의 보수청구권을 갖지 아니한다(즉 제61조(보수청구권)가 적용되지 아니한다)(반대: 안강현 211). 단지 비용만을 청구할 수 있을 뿐이다.

보수 없이 보관하지만, 무상임치를 받은 상인에게 선관주의의무를 지우는 상법 제62조의 정신을 유추하여, 상인은 선량한 관리자의 주의로써 청약자의 물건을 보관해야 한다고 본다(통설).

상인이 보관의무를 게을리할 경우 청약자에 대하여 손해배상책임을 짐은 물론이다.

(ㄹ) **예 외** 물건의 가액이 보관비용을 상환하기에 부족하거나 보관

---

1) 平出, 123면.

으로 인해 상인이 손해를 받을 염려가 있는 때에는 보관의무를 지지 아니한다(60조 단). 본조의 의무는 상거래상의 신의칙에서 유래하는 것인만큼 상인의 손실을 무릅쓰고 강요할 것이 못되기 때문이다. 여기서 상인의 「손해」라 함은 물건의 보관을 위해 경주하는 노력 때문에 초래되는 기회비용을 말하는 것이 아니라, 물건을 보관함으로 인해 적극적으로 발생하는 손해를 뜻한다(예: 보관할 물건이 불결하여 영업에 지장을 주는 것).

2. 영리성의 보장

상인의 기업활동은 궁극적으로 이윤의 획득을 목적으로 하므로 상법은 곳곳에서 상인의 영리성을 지원하는 것을 기본이념으로 삼고, 이에 관한 분쟁을 예방하기 위한 제도적 배려를 하고 있다. 상행위편 통칙에서는 특히 다음 4가지 권리를 명문화하고 있는데, 이는 상인이 영업활동 중에 흔히 타인을 위해 기울이는 노력과 비용을 보상해 주기 위한 것이다.

(1) 보수청구권

1) 취　지　　민법의 일반원칙에 의하면 위임·임치 등에 의해 타인을 위한 행위를 하더라도 다른 약정이 없으면 비용만을 청구할 수 있을 뿐 보수를 청구할 수 없다(민 686조 1항, 701조). 그러나 상인이 그 영업범위 내에서 타인을 위하여 행위를 한 때에는 특약이 없더라도 이에 대하여 상당한 보수를 청구할 수 있다(61조). 이 보수청구권은 상인의 행위에 상응하는 합의를 결하여 보수를 인정할 계약적 기초를 인정할 수 없는 경우에 인정되는 법정청구권(gesetzlicher Anspruch)이다.[1)]

상인은 그 영업범위 내에서는 항상 영리를 추구하는 바이므로 타인을 위한 시간, 노력은 당연히 기회비용을 발생시킨다. 상인에 대한 보수는 이 기회비용을 보상하는 의미를 가지며, 거래차익과 더불어 기업활동의 주된 이유이며 기업유지의 재정적 기초가 된다. 그러므로 상인이 그의 영업범위 내에서 타인을 위하여 노력을 제공할 때에는 당연히 보수를 기대한다고 보아야 하고, 또 이로 인해 이익을 얻은 자는 응분의 보수를 지급하는 것이 상거래의 통념에 부합한다고 할 수 있다. 상법이 상인의 보수청구권을 규정한 것은 이 같은 거래통념에 입각하여 상인에게

1) Felix Maultzsch, MünchKomm HGB, §354 Rn. 2.

영리적 기반을 제도적으로 조성해 주는 동시에, 보수를 약정하지 아니한 경우에 생길 수 있는 분쟁을 방지하기 위한 배려에 의한 것이다.[1)·2)]

상인의 보수청구권은 상인의 영리성을 고려한 상법의 모든 규정 중 가장 중요한 의미를 갖는 제도이다.

2) 요 건

㈎ **당 사 자** 타인을 위하여 행위를 한 「상인」은 그 「타인」에게 보수청구권을 갖는다. 여기서 「타인」이 상인일 필요는 없으며, 상인이 한 행위의 상대방(상인이 A를 위하여 B와 거래한 경우의 B)이 상인일 필요도 없다.

상행위 아닌 법률행위의 중개를 인수함을 영업으로 하는 민사중개인(예: 공인중개사)도 상인이므로(46조 11호, 4조) 그에게도 본조가 적용된다(대법원 1968. 7. 24. 선고 68다955 판결).

㈏ **「타인을 위한 행위」** 상법 제61조는 상인이 「타인을 위하여」 행위를 한 때에 보수를 청구할 수 있다고 규정하는데, 이 「타인을 위하여」의 의미를 통설·판례는 「타인의 이익을 위하여」로 풀이한다(대법원 1977. 11. 22. 선고 77다1889 판결; 동 2015. 11. 26. 선고 2014다8059 판결)(김성탁 191; 서완석 197; 오성근 261; 송옥렬 112; 이(기)·최 339; 임중호 303; 정경영 141; 정준우 251; 정찬형 258).[3)·4)·5)]

1) 상법 제61조는 매우 긴 역사를 가지고 있다. 동조는 구 상법에서는 제512조에 자리잡았고, 구 상법은 일본 상법을 그대로 계승한 것이므로 이 조문은 당시의 일본 상법 제512조와 같다(현행 일본 상법도 같음). 일본 상법 제512조는 1897년 독일 상법(HGB) 제354조를 본받은 조문인데, 그 이전의 1861년 「일반독일상법전」(Allgemeines Deutsches Handelsgesetzbuch: ADHGB 1861)에도 같은 조문이 있었으며(동법 제290조), 이 조문은 그 이전의 프로이센 상법전 제222조를 계승한 것이다(Felix Maultzsch, Ibid. Rn. 1).

2) 독일 학자들은 이 조문을 「상인은 대가 없이는 어떤 일도 하지 않는다」(Kaufmann tut nichts umsonst)라는 법언과 연결시켜 상인성의 경험칙에 바탕을 둔 제도라고 설명한다(Canaris, S. 491).

3) 이와 달리 상인의 행위의 효과가 법률상, 사실상 타인에게 귀속되어야 한다는 설도 있다(김정호 205; 최·김 225).

4) 독일법의 해석론에서도 「타인(급부수령자)의 이익을 위해서」(im interesse des Empfängers)를 기본적인 요건으로 삼는다. 타인이 아니고 자신의 이익을 위한 대표적인 예로 장차 상대방과 계약이 성립될 것을 기대하고 자신의 위험하에 先行의 행위를 하는 것을 든다(Maultzsch, op.cit. §354 Rn.16.).

5) 「타인의 이익을 위하여」의 구체적인 의미가 무엇이냐는 의문이 제기되는데, 일본의 판례는 일본 상법 제512조의 같은 어구를 「객관적으로 보아 상대방을 위한다는 의사를 가지고 행위하는 것」으로 풀이한다(日本 最高裁判所 1969. 6. 25. 判決 民集 23권 1264면). 한편 일본에서는 상법 제61조의 「타인을 위하여」를 사무관리에서의 "타인을 위하여"와 같은 문제로 다루어 "타인에게 사실상의 이익을 주려는 의사" 또는 "처리행위의 결과를 타인에게 귀속시키려는 의사"로 보기도 하고, "실시된 사무의 이익이 성질상 타인에게 귀속되는 객관적 타인의 사무"라면 그 의사가 추정된다고 하기도 한다(상세는 塩原真理子, "有益的事務管理に基づく報酬請求権—商法512条に基づく報酬請求権の議論を素材にして—", 東海法学53号(2017), 85면 참조).

타인의 이익을 위한 행위이어야 하므로 중개인이 매도인을 위한 의사를 갖지 않고 매수인을 위한 의사만 가지고 매매를 중개하고 매도인에게는 이로 인한 반사적 이익만 돌아간 때에는 매도인에 대하여 보수청구권을 갖지 아니한다([판례 80] 참조). 그러나 상인의 행위가 반드시 현실로 타인의 이익이 되었는지 여부는 묻지 아니한다(강·임 180; 김성탁 191; 서완석 197; 오성근 261; 정준우 251; 최·김 225). 그리고 「타인을 위하여」란 반드시 「타인만」을 위하여라는 뜻은 아니므로 타인과 동시에 자기 또는 제 3 자를 위하여 행위한 때에도 보수청구권을 갖는다. 그러나 물건판매상인이 위탁받은 물건의 판매를 위해 전시대를 설치하고 판촉활동을 벌이는 것과 같이 타인(위탁자)에게 이익이 되기도 하지만, 이는 반사적 이익에 지나지 않고 그 행위가 상인의 영업활동 자체를 위한 것일 때에는 타인을 위한 것이라고 할 수 없다.

판례 80 대법원 1977. 11. 22. 선고 77다1889 판결

「상법 제61조에 … 타인을 위하여 행위한다 함은 타인의 이익을 위하여 행위한다는 뜻이라 할 것인바, 원고가 피고를 위하여 이 건 부동산의 매매중개를 하였다고 보여지는 자료가 없으며, 원심의 판단취지 중에는 원고는 소외 대한교육보험주식회사를 위하여 행위하였을 뿐이라고 판시하여 원고에게는 상법 제61조상의 보수청구권도 없다는 취지의 판단도 포함되었다 할 것이고 원심의 위 판단은 정당하[다.]」

(다) 「행위」의 요건

(ㄱ) 상인이 그 「영업범위내」에서 행위를 하였어야 한다. 「영업범위 내의 행위」라 함은 상법 제53조와 제60조의 「영업부류에 속한 계약」보다는 넓은 개념으로서 기본적 상행위뿐 아니라 보조적 상행위도 포함한다(통설). 그러므로 보수를 청구할 수 있는 상인의 행위는 그의 업종에 구속받지 아니한다. 예컨대 물건의 소매를 업으로 하는 상인이 그 시장조사를 의뢰받아 조사해 준 경우에도 보수청구권을 갖는다.

(ㄴ) 행위의 종류는 가리지 아니한다. 채무의 보증, 어음의 인수·보증, 거래의 대리 등과 같은 법률행위일 수도 있고, 시장조사, 거래의 중개, 물건의 보관·관리와 같은 사실행위일 수도 있다. 그러나 불법행위가 제외됨은 물론이다.

(ㄷ) 상인의 행위가 어떠한 일의 완성을 목표로 하는 경우에 완성하지 못한 때에도 보수청구권이 있는가? 특히 당사자의 약정이 없을 경우 문제된다. 일의 성

격과 거래관습에 따라 결정할 문제이나, 이미 수행한 부분이 타인에게 이익이 되는 경우에는 보수를 청구할 수 있고, 그렇지 않은 경우에는 보수를 청구할 수 없다고 보아야 한다.

중개인은 결약서의 작성·교부의무를 이행하지 아니하면 보수를 청구할 수 없다는 명문의 특칙이 있다(100조 1항). 그러므로 중개인은 보수의 특약이 없더라도 중개행위에 관해 본조(61조)에 의하여 당연히 보수청구권을 갖지만, 계약이 성립하지 아니하면 보수청구권이 없다. 그러나 중개행위 이외의 행위를 타인을 위해 한 경우(예컨대 부동산 시장조사)에는 제61조에 의한 보수를 청구할 수 있다.

(ㄹ) 상인의 행위는 영업을 위하여 하는 것으로 추정되므로(47조 2항), 상인이 타인을 위하여 행위를 한 때에는 대체로 본조의 적용대상이 될 것이다. 그러나 주된 거래의 성사 또는 준비를 위한 행위(예: 부동산 중개인이 고객을 현장에 안내하는 것, 물건판매인이 고객을 방문하여 품질을 설명하는 것), 주된 거래의 이행의 일부로 볼 수 있거나 주된 거래의 대가로 보상되는 행위(예: 판매한 물건의 포장·배달·수리·물건 사용법의 교육 등), 거래통념상 무상으로 인식되는 행위(예: 견적서의 작성·교부)는 특약이 없는 한 별도의 보수를 청구할 수 없다.

(ㅁ) 타인을 위해 한 행위에 관해 보수의 약정이 없어야 한다. 보수의 약정이 있었다면 이는 상법 제61조의 적용을 배제하는 특약이 있은 것으로 보아야 하므로 동조는 적용되지 않는다(대법원 2007. 9. 20. 선고 2006다15816 판결). 또 보수 지급을 배제하는 특약이 있은 경우에도 동조가 적용되지 않음은 물론이다. 이러한 보수의 지급 또는 배제의 특약의 존부는 상인의 행위로 인하여 이익을 얻은 상대방이 주장·증명해야 한다(대법원 2015. 11. 26. 선고 2014다8059 판결).

3) 보 수 상인에 대한 「상당한 보수」는 거래관행과 사회통념에 따라 결정할 것인바, 상인의 노력의 질과 정도, 행위의 성질, 타인의 이익의 정도 등을 감안하여야 한다.[1] 후술하는 바와 같이 유상으로 타인의 사무를 관리하는 자의 직업 내지 영업의 범위 내에서 사무관리가 이루어졌다면 관리자는 통상의 보

1) 독일 상법 제354조 제1항은 상인이 보수의 약정 없이 타인을 위해 행위한 경우 "당해 지역에서 통용되는 요율에 따라(nach den an dem Orte üblichen Sätzen)" 보수를 청구할 수 있다고 규정하고 있다. 그리고 "당해 지역에서 통용되는 요율"의 의미를 "시장에서 통용되는(관행적인) 대가(marktübliche Vergütung)"라고 설명하며, 이는 "객관적인 관행(상당성)(objektive Üblichkeit (Angemessenheit))"에 따라 정해야 한다고 설명한다(Maultzsch, MünchKomm HGB, §354 Rn. 18).

수도 함께 청구할 수 있다([판례 81]).

4) 적용범위　본조는 타인의 명시 또는 묵시의 위임 또는 위탁에 의한 행위 기타 계약관계에 의한 행위에만 적용되는가? 아니면 상인이 사무관리(민 734조)를 한 경우에도 적용되는가? 계약에 의해 행위한 경우에 한정할 것은 아니지만, 적어도 상인이 타인을 위한 의사를 가지고 관리하고 객관적으로도 타인을 위한 것으로 인정되는 경우에 한해 보수청구권을 인정해야 할 것이다.[1)] 그러나 타인을 위한 행위가 법률에 의해 요구되는 경우에는 보수청구권을 갖지 아니한다. 예컨대 청약을 받은 상인이 같이 받은 견품을 보관하는 것(60조), 매매계약을 해제한 매수인이 매매목적물을 보관하는 것(70조 1항)과 같다.

판례 81 대법원 2010. 1. 14. 선고 2007다55477 판결

「… 이 사건 공사 현장에서 발생하는 폐기물의 처리에 관하여 원고와 대한주택공사 사이에 이 사건 계약이 체결되었지만 당초의 계약 물량을 초과한 건설폐기물이 발생하자 원고가 건설폐기물의 처리를 중단하였다가 피고의 요청으로 용역업무를 재개하여 위 초과 건설폐기물을 처리한 사실 … 초과 건설폐기물의 처리에 관하여는 원고가 계약상의 의무를 부담하지 아니한다는 전제에서 원고는 피고를 위하여 사무를 처리하는 의사, 즉 관리의 사실상의 이익을 피고에게 귀속시키려는 의사를 가지고 위 초과 건설폐기물을 처리하였다 …

민법 제739조 제 1 항은 … 사무관리자가 사무관리 본인에 대하여 보수를 청구할 수 있는지 여부에 관하여는 명시적으로 규정하고 있지 않다. 그러나, 직업 또는 영업에 의하여 유상으로 타인을 위하여 일하는 사람이 향후 계약이 체결될 것을 예정하여 그 직업 또는 영업의 범위 내에서 타인을 위한 행위를 하였으나 그 후 계약이 체결되지 아니함에 따라 타인을 위한 사무를 관리한 것으로 인정되는 경우에 상법 제61조는 상인이 그 영업범위 내에서 타인을 위하여 행위를 한 때에는 이에 대하여 상당한 보수를 청구할 수 있다고 규정하고 있어 직업 또는 영업의 일환으로 제공한 용역은 그 자체로 유상행위로서 보수 상당의 가치를 가진다고 할 수 있으므로 그 관리자는 통상의 보수를 받을 것을 기대하고 사무관리를 하는 것으로 보는 것이 일반적인 거래 관념에 부합하고, 그 관리자가 사무관리를 위하여 다른 사람을 고용하였을 경우 지급하는 보수는 사무관리 비용으로 취급되어 본인에게 반환을 구할 수 있는 것과 마찬가지로, 다른 사람을 고용하지 않고 자신이 직접 사무를 처리한 것도 통상의 보수 상당의 재산적 가치를 가지는 관리자의 용역이 제공된 것으로서 사무관리 의사에 기한 자율

1) 近藤, 141면; 平出, 90면.

적 재산희생으로서의 비용이 지출된 것이라 할 수 있으므로 그 통상의 보수에 상응하는 금액을 필요비 내지 유익비로 청구할 수 있다고 봄이 타당하고, 이 경우 통상의 보수의 수준이 어느 정도인지는 거래관행과 사회통념에 의하여 결정하되, 관리자의 노력의 정도, 사무관리에 의하여 처리한 업무의 내용, 사무관리 본인이 얻은 이익 등을 종합적으로 고려하여 판단하여야 한다.

다만, … 관리자가 본인의 사무를 관리하게 된 주된 의도나 목적이 사무관리에 따른 보수를 지급받아 자신의 경제적 이익을 추구하고자 하는 데 있는 것으로 볼 수 있는 경우에는, 위와 같은 경제적 이익의 추구라고 하는 동기 때문에 관리자가 타인의 생활관계에 지나치게 개입함으로써 사적 자치의 원칙을 훼손시키고 오히려 사회적 상호부조의 이상에도 반할 우려가 있으므로, 이러한 경우 관리자에게 사무관리에 따른 비용청구권이 있는지를 판단함에 있어서는 그 사무의 처리가 본인의 이익과 의사에 부합하는지 여부 등 사무관리 성립요건의 충족 여부에 관하여 보다 엄격하고도 신중한 판단이 이루어져야 할 것이다.

… 유상으로 일하는 관리자의 직업 내지 영업의 범위 내에서 사무관리가 이루어졌다면 관리자는 통상의 보수도 함께 청구할 수 있다고 보고 이 사건 계약에서 정하여진 건설폐기물 처리비용 단가에 기초하여 위 초과 건설폐기물의 처리비용을 산출한 원고의 청구를 받아들인 원심의 판단은 수긍할 수 있[다.]」

(2) 소비대차의 이자청구

상인이 그 영업에 관하여 금전을 대여한 경우에는 이자의 약정이 없더라도 (상사) 법정이자를 청구할 수 있다(55조 1항). 민법상의 금전소비대차는 무이자를 원칙으로 하나(민 598조), 상인에 있어 자금은 기본적인 생산요소이므로 돈의 시간가치를 양보함으로 인해 발생하는 기회비용을 보상해 주기 위해 이 같은 특칙을 둔 것이다.

대주가 상인이면 족하고,[1] 금전소비대차가 대여자에게 기본적 상행위일 필요는 없으나, 영업에 관한 행위이어야 한다. 즉 대차행위는 최소한 보조적 상행위이어야 한다(김성탁 195; 서완석 194; 손주찬 237; 오성근 262; 이(기)·최 367; 임홍근 253; 정준우 249; 정찬형 257; 주석(총칙·상행위) 532; 최·김 226). 이에 대해 명문의 제한이 없음을 이유로 영업과 무관한 대차도 포함된다고 하는 견해(강·임 181; 김성태 459; 정경영 151)도 있으나, 상인이 비상인인 지위에서 행한 대차거래까지 포함시키는 것은 본조를

1) 2010년 개정 전에는 상인간의 금전소비대차에 있어서만 이자청구권을 인정하였다. 그러나 상인이 상인이 아닌 타인을 위해 금전을 체당한 경우에도 이자청구권을 인정한 제55조 제2항과의 균형상 널리 대주가 상인인 경우에는 본조의 적용대상으로 해야 한다는 입법론에 따라 개정법에서는 상인간의 대차에 국한하지 않고, 대주가 상인인 경우 일반적으로 이자청구권을 인정하였다.

신분법적으로 운영함을 뜻하므로 타당치 않다.

(3) 체당금의 이자청구

1) 취 지 상인이 그 영업범위 내에서 타인을 위하여 금전을 체당한 때에는 체당한 날 이후의 법정이자를 청구할 수 있다(55조 2항). 이 규정은 상인의 금전 출연에 대해 이자의 약정이 없더라도 법정이율에 따라 보상해 주려는 것으로, 앞에서 다룬 금전소비대차의 이자청구권과 그 취지를 같이한다. 다만 후자는 이자의 약정이 없는 금전소비대차를 대상으로 함에 대해 이 제도는 소비대차 이외의 원인에 의한 금전의 출연을 대상으로 하는 점에서 차이가 있다.

2) 체당의 의미 「체당」이라 함은 금전의 소비대차에 의하지 아니하고 널리 타인을 위하여 금전을 출연하는 것을 말한다. 예컨대 부동산중개인이 매수인의 등기이전비용을 대납하는 것과 같다. 위임 · 임치 · 도급 · 위탁매매 · 운송 등의 계약관계에서 행해질 수도 있으나 사무관리 또는 법률상의 의무를 이행하는 과정에서 행해질 수도 있다(예컨대 제60조의 물건보관의무의 이행을 위해 상인이 창고업자에게 물건을 임치하고 자기가 보관료를 지급하는 것).

위임이나 임치에서는 수임인 또는 수치인이 필요비를 지출한 경우 위임인 또는 임치인에 대하여 지출한 날 이후의 법정이자를 청구할 수 있으므로(민 688조 1항, 701조) 특히 본조를 적용할 실익이 없으나, 그 밖의 경우에는 본조에 의해 법정이자를 보상받을 수 있다.

3) 차용한 체당금의 이자 상인이 체당금을 제 3 자로부터 차용하여 지출한 경우 채권자에게 지급하거나 지급해야 할 약정이자 혹은 법정이자를 별도로 청구할 수 있는가? 제 3 자로부터의 차용에 대해 타인으로부터 명시 또는 묵시의 위임을 받은 경우에는 그 지급이자를 필요비로서 청구하거나 타인이 변제하게 할 수 있으나(민 688조 1항 · 2항), 이에 관한 수권이 없는 한 지급이자를 청구할 수 없다고 본다.

4) 보 수 통설은 체당금에 대한 법정이자청구권(55조)과 체당행위에 대한 보수청구권(61조)은 별개의 개념이므로 상인은 체당금에 대한 이자 외에 체당행위에 대한 보수도 청구할 수 있다고 한다(강 · 임 182; 김성탁 197; 서완석 195; 손주찬 236; 오성근 264; 이(기) · 최 368; 이종훈 195; 정동윤 166; 정찬형 260; 최 · 김 226; 최준선 263).

그러나 체당행위, 즉 금전의 출연에 대해서는 이자가 바로 보수의 의미를 가지므로 통설과 같이 이해한다면 상인은 2중의 이자 또는 2중의 보수를 지급받는 것과 같게 되어 부당하다(同旨: 정준우 250). 만일 상인이 타인의 위임을 받아 그를 위하여 제 3 자로부터 자금을 조달하였다면(예컨대 매매중개인이 매수인을 위해 타인으로부터 자금을 차입하여 매수대금을 지급한 경우) 그 노력에 대해 보수청구권을 갖게 되지만, 이 경우에는 제 3 자에 대한 지급이자를 상대방에게 부담시킬 수 있을 뿐이고 본조에 의한 이자청구권의 문제는 생기지 아니한다.

5) 적용범위　본조는 상인이 타인을 위해 체당한 경우에 일반적으로 적용되므로 타인이 상인이거나 비상인이거나 불문한다. 「영업범위 내」라 함은 보수청구권(61조)에 관해 설명한 바와 같다.

(4) 상사법정이율

민법상의 법정이율은 연 5분이지만(민 379조), 상행위로 인한 채무의 법정이율은 연 6분으로 한다(54조). 기업거래에서는 일반 민사거래에서보다 자금의 수요가 크고, 또 기업거래에 투입된 자금은 보다 수익이 높은 것이 일반적이므로 상사법정이율을 민사법정이율보다 고율로 한 것이다.

본조는 상행위로 인한 채무의 이자를 정한 것인데, 이는 채무의 발생원인이 상행위임을 뜻하고, 현재의 채무가 직접 상행위에서 생긴 것이어야 하는 것은 아니다. 따라서 상행위로 인한 채무의 불이행으로 생긴 손해배상채무와 같이 직접 상행위로 인해 생긴 채무가 동일성을 지니며 변형된 것도 포함된다(대법원 2000. 10. 27. 선고 99다10189 판결: 주택건설업자가 아파트입주를 지연시킴으로 인한 지체배상금에 상사법정이율을 적용한 사례, 동 2014. 11. 27. 선고 2012다14562 판결). 하지만 부당이득반환청구권 또는 불법행위로 인한 손해배상청구권 같은 것은 상인간에 발생했다 하더라도 본조의 적용대상이 아니다(대법원 1985. 5. 28. 선고 84다카966 판결; 동 2018. 2. 28. 선고 2013다26425 판결).

본조에 별다른 제한이 없으므로 채무자나 채권자 쌍방에 대하여 상행위이어야 할 필요는 없고 어느 일방에 대하여 상행위가 되면 족하다(통설). 채무자가 상인인 경우에는 채무자가 차입한 자금으로 보다 고수익을 얻을 것이고, 채권자가 상인인 경우에는 채권자가 고수익의 기회를 상실당하므로 고율의 상사이율을 적용하는 것이 합리적이라는 점이 이 같은 해석의 기초가 된다.

3. 무상수치인의 주의의무

1) 취　지　상인이 그 영업범위 내에서 물건의 임치를 받은 경우에는

보수를 받지 아니하는 때에도 선량한 관리자의 주의의무를 부담한다(62조).

민법의 일반원칙에 의하면, 보수를 받고 타인의 물건을 보관하는 경우(유상수치)에는 수치인이 임치물에 대해 선량한 관리자의 주의의무를 지나(민374조), 보수를 받지 아니하는 경우(무상수치)에는 주의의무가 경감되어 수치인은 임치물을 자기재산과 동일한 주의로 보관하면 된다(민695조). 상인이 유상으로 타인의 물건을 수치한 경우에는 유상임치의 일반원칙에 따라 선관주의의무를 지게 됨은 당연하지만, 무상으로 수치한 경우에도 민법규정과는 달리 선관주의의무를 지게 한 것이다.

민법에서 무상수치인에게 적용하는 「자기재산과 동일한 주의의무」는 주의의무를 지는 자 개개인의 구체적인 능력의 차이를 받아들인 것이다. 이는 모든 개인을 일정 수준의 능력을 갖춘 추상적인 인격자(평균인)로 간주하고 과하는 선관주의의무를 모든 사람에게 무차별적으로 적용할 경우 생기는 불합리(예컨대 유상수치인과 무상수치인의 동등한 취급)를 시정하기 위한 것이다. 즉 일정한 경우 개인에 따른 능력의 차이를 인정하고, 자기의 능력에 맞는 수준으로 주의정도를 완화하여 과하는 주의의무이다.

그러나 영리를 추구하며 기업활동을 하는 상인은 누구나 평균인 이상의 능력을 갖고 있다고 가정하는 것이 상거래의 질서를 유지하기 위하여 불가피하고, 또 일반인이 상인에 대해 기대하는 바이다. 또 상인은 보수청구권을 가짐에도 불구하고(61조) 무상임치가 행해지는 경우에는 수치행위 자체는 무상이더라도 상인은 다른 형태로 보상을 받는 것이 일반적임을 감안하여 유·무상의 구별없이 선관주의의무를 과한 것이다.

2) 요 건 본조는 상인이 그 영업범위 내에서 물건을 수치한 경우에 적용된다. 따라서 수치인은 상인이어야 하나, 임치인은 상인 여부를 묻지 아니한다.

「영업범위내」라 함은 제61조(보수청구권)에 관련하여 설명한 바와 같다. 그러므로 창고업자·운송인과 같이 수치를 기본적 상행위로 하는 자가 수치한 경우는 물론이고, 공중접객업자나 물건판매업소가 고객의 물건을 일시 보관하는 경우에도 본조가 적용된다.

수치인이 임치인과 직접 거래관계에 있지 않더라도 임치를 허락한 경우에는 본조의 의무를 져야 한다.[1)]

---

1) 예컨대 창고업자 A로부터 B가 창고의 일부면적을 임차하고 B의 허락을 받은 C가 이 부분에 물건을 임치하는 것을 A가 허락하였다면 A는 C에 대해 본조에 따른 책임을 져야 한다(대법원

3) 적용범위 상인이 영업범위 내에서 타인을 위한 행위를 한 때에는 특약이 없더라도 보수청구권을 가지므로(61조) 본조에서 말하는 수치인이 「보수를 받지 아니하는 때」란 예외적인 경우에 속한다. 무보수의 특약을 한 경우, 무상임치의 관습이 있는 경우, 상인(수치인)이 보수청구권(61조)을 포기하는 경우, 그리고 거래통념상 무상임치로 인정되는 경우 등이 본조의 적용대상이다.

4) 위반의 효과 수치인이 선관주의를 게을리하여 임치물이 멸실·훼손된 경우에는 손해배상책임을 진다. 수치인의 선관주의의무는 임치물을 임치인에 인도할 때까지 존속한다. 그러나 임치인이 임치물의 수령을 지체한 때에는 일반원칙에 따라 수치인의 선관주의의무는 경감하고, 고의나 중대한 과실이 없으면 임치물의 멸실·훼손에 대하여 손해배상책임을 지지 아니한다(민 401조)([판례 82] 참조).

판례 82 대법원 1983. 11. 8. 선고 83다카1476 판결

「1. 상인이 그 영업범위 내에서 물건의 임치를 받은 경우에는 보수를 받지 아니하는 때에도 선량한 관리자의 주의로 보관할 의무가 있으므로 이를 게을리하여 임치물이 멸실 또는 훼손된 경우에는 채무불이행으로 인한 손해배상책임을 면할 수 없으나, 다만 수치인이 적법하게 임치계약을 해지하고 임치인에게 임치물의 회수를 최고하였음에도 불구하고 임치인의 수령지체로 반환하지 못하고 있는 사이에 임치물이 멸실 또는 훼손된 경우에는 수치인에게 고의 또는 중대한 과실이 없는 한 채무불이행으로 인한 손해배상책임이 없다고 할 것이다.

2. 원심판결 이유에 의하면, 원심은 고추상인인 피고가 원고를 위하여 건고추 2,900근을 매수한 후 원고와 사이에 고추시세가 상당한 수준에 상승하여 매각처분할 수 있을 때까지 무상으로 보관하여 주기로 약정하고 이를 피고 점포 2층에 보관하던 중 그 판시와 같이 보관방법이 적절하지 못하였던 탓으로 1981. 9경 위 고추가 변질되고 벌레가 먹어 상품으로서의 가치가 전혀 없게 된 사실을 인정한 다음, 피고가 상인으로서 임치받은 위 건고추에 대하여 선량한 관리자의 주의의무를 다하지 아니한 잘못으로 위 건고추의 상품가치가 상실된 것이므로 피고는 이로 인한 손해를 배상할 책임이 있다고 판단하는 한편, 피고가 위 건고추를 보관중 원고에게 수시로 고추시세를 알려주고 수차 매각을 권유하였으나 원고는 시세가 맞을 때까지 편리를 보아 달라고 거절하여 오다가 그 해 5월경에는 위 건고추를 속히 처분하지 않으면 7월경부터 벌레가 먹어 못쓰게 되니 빨리 처분하든지 인도받아 가라고까지 하였으나 원고는 시세가 싸다는 등 또는 보관장소가 없다는 등 이유로 거절하여 지금까지 피고 점포에

1994. 4. 26. 선고 93다62539 판결).

보관되어 있는 사실을 인정하고 원고의 위와 같은 과실을 참작하여 피고의 배상액을 정함에 있어 과실상계를 하고 있다.

그러나 원고와 피고 사이의 위 건고추 보관약정은 기간의 약정이 없는 임치라고 할 것이므로 수치인인 피고는 언제든지 그 계약을 해지할 수 있다고 할 것인바, 원심이 인정하고 있는 바와 같이 위 건고추가 변질되고 벌레먹기 전인 1981. 5월경 피고가 원고에게 보관물의 처분과 인수를 요구하였다면 이는 임치계약을 해지하고 임치물의 회수를 최고한 의사표시라고 볼 여지가 있고, 그와 같이 본다면 원고가 원심인정과 같이 시세가 싸다는 등 이유로 그 회수를 거절한 이상 이때부터 수령지체에 빠진 것이라 하겠으므로, 그 후 피고가 보관중인 위 건고추가 변질되고 벌레가 먹음으로써 상품가치가 상실되었다고 하여도 그것이 피고의 고의 또는 중대한 과실로 인한 것이 아닌 한 피고에게 그 배상책임을 물을 수 없을 것이다.」

배상액의 산정

수치인의 과실로 임치물이 멸실·훼손된 경우 배상액의 기준이 되는 것은 물론 물건의 가액이다. 물건의 가액에 따라 수치인이 기울여야 할 주의는 달라져야 하므로 외관상 가액을 인지할 수 있는 경우가 아닌 한, 임치인이 물건의 가액을 수치인에게 고지하여야 할 것이다. 고지하지 않은 경우 또는 실제가액에 비해 저가로 고지한 경우에는 상법 제136조를 유추적용하여야 할 것이다. 같은 법리를 적용한 것은 아니지만, 실제가액보다 현저히 저렴하게 임치인이 고지한 가액을 기준으로 수치인의 책임을 인정한 하급심판례가 있다.

대전지법 2015. 6. 5. 선고 2014나18627 판결: 편의점을 운영하는 자가 업소내에 무인택배기를 설치하고 택배위탁물을 수령하여 보관해두면 택배업자가 매일 정시에 수거하여 택배를 하는 방식의 배송체계가 있다. 위탁물의 수령에 관해 편의점 운영자는 별도로 보수를 받지 않으므로 상법 제62조의 무상수치인에 해당한다. 이 편의점에 고객이 천만원을 초과하는 고가의 시계를 택배물로 위탁하였다. 무인택배기 화면에 택배물은 100만원 이하에 한한다는 경고문이 게시되고, 편의점 운영자도 그같이 말하므로 고객은 택배물의 가액을 100만원으로 입력하고, 시계를 택배상자에 넣어 배송을 위탁하였는데, 편의점 운영자가 보관 중 과실로 시계가 멸실하였다. 상법 제62조에 따라 편의점 운영자의 책임을 묻는 소송에서, 법원은 편의점 운영자가 물건의 실지가액을 인식할 수 없었다는 점을 들어 배상액을 100만원으로 산정하였다.

4. 채무의 이행

(1) 이행장소

당사자가 채무이행의 장소를 정한 경우에는 그 장소에서 이행해야 한다. 그러나 이에 관한 합의가 없을 경우에는 법으로 정하는 장소에서 채무를 이행해야 한다.

상법은 지점거래의 경우 외에는 이행장소에 관해 특별히 정한 바 없다. 그러므로 그 밖의 채무의 이행장소는 민법의 일반원칙에 의한다. 이에 따라 이행장소는 다음과 같이 정해진다.

1) 일반원칙 특정물의 인도는 채무성립 당시에 그 물건이 있던 장소에서 하여야 한다(민 467조 1항). 특정물의 인도 이외의 채무의 이행은 채권자의 현주소에서 하여야 하나(민 467조 2항 본), 영업에 관한 채무의 이행은 채권자의 현영업소에서 하여야 한다(민 467조 2항 단). 한편 증권채권 및 금전·물건 또는 유가증권의 지급을 목적으로 하는 유가증권은 채무자의 현영업소, 영업소가 없는 때에는 채무자의 현주소가 이행장소가 되는데(민 516조, 524조; 상 65조), 증권에 특히 기재한 이행장소가 있으면 그 장소에서 이행해야 한다(민 516조 전).

2) 지점거래로 인한 채무 채권자의 지점에서의 거래로 인한 채무이행의 장소가 그 행위의 성질 또는 당사자의 의사표시에 의하여 특정되지 아니한 경우 특정물 인도 외의 채무이행은 그 지점을 이행장소로 본다(56조).[1] 특정물인도 이외의 채무의 변제장소에 관한 민법 제467조 제2항에 대한 특칙으로서, 채권자의 지점에서의 거래로 인한 채무의 경우 채권자의 주소 또는 채권자의 본점의 영업소나 다른 지점이 이행장소가 되지 아니하고 거래가 이루어진 지점이 이행장소가 되는 것이다. 지점거래의 상대방이 상인인 여부는 문제되지 아니한다.

채무이행의 장소에 관한 일반원칙(민 467조 2항 단)에 따르면 채권자의 어느 지점에서 이루어진 거래에서 발생한 채무의 이행은 본점 혹은 전국의 어느 지점에서 이행해도 무방한데, 그리되면 영업소를 단위로 영업관련 채권, 채무를 관리하는 상인

---

1) 2010년 개정 전에는 현행과 달리 단지 「지점에서의 거래」로 인한 채무이행에 관해 그 지점을 이행장소로 본다고 하였으므로 채무자의 지점에서 생긴 거래에 관해서도 적용된다고 해석할 소지가 있었다. 이 규정은 신 상법의 제정을 위한 조문정리의 과정에서 생긴 입법착오이므로 개정법에서 적용대상을 채권자의 지점으로 한정하였다.

의 경우에는 변제의 수령에 상당한 비용을 부담해야 한다. 예컨대 국민은행 명동(서울)지점에서 대출받은 자가 국민은행의 제주지점이나 LA지점에서 이행을 고집한다면 동 채권에 관한 기록이나 담보물을 관리하고 있지 않은 제주지점이나 LA지점이 변제를 수령하기 위해 명동지점과 관련 서류 및 정보를 교환해야 하는 등 큰 비용을 부담해야 한다. 그러므로 상법은 지점이 영업의 독립된 관리단위라는 법적 개념에 충실하게 지점거래에서 생긴 채권에 관해서는 동 지점을 배타적인 이행장소로 보도록 한 것이다.

행위의 성질이나 당사자의 의사표시에 의하여 이행장소가 특정된 때에는 그에 따른다(56조). 본조는 당사자가 이행장소를 정하지 아니한 경우에 보충적으로 적용하기 위한 임의규정이므로 당사자의 의사표시에 의해 정한 장소가 있으면 그에 따르는 것이 당연하다. 행위의 성질에 의해 특정된 때라 함은 예컨대 건설공사를 하는 계약이라든지, 이삿짐을 운송하는 계약과 같이 거래통념상 계약의 내용 속에 이행장소가 묵시적으로 특정되어 있다고 볼 수 있는 경우이다.

(2) 이행 및 이행청구의 시간

법령 또는 관습에 의하여 영업시간이 정하여져 있는 때에는 채무의 이행 또는 이행의 청구는 그 시간 내에 하여야 한다(63조).

i) 민법에서는 이행시간에 관하여 명문의 규정을 두고 있지 아니하나, 역시 거래관행과 신의칙에 따라 정해져야 한다고 해석되고 있다. 따라서 본조는 민법에 대한 특칙이라기보다는 당연한 원칙을 천명한 주의적인 규정이다.

ii) 법령 · 관습에 의해 영업시간이 정해지는 예로는 은행 · 백화점 · 증권거래소 등 많은 예를 볼 수 있다(예: [판례 83]).

판례 83 서울고법 2004. 11. 10. 선고 2003나47913 판결[1]

「시중은행이 평일 영업시간을 09 : 30부터 16 : 30까지로 하고 있는 것은 은행거래를 하는 일반인에게 관행으로 인식되어 상관습이 되었다고 할 것이므로, 복권당첨금 지급청구도 그 지급기한일의 영업시간 내인 16 : 30까지 하여야 한다고 할 것이고 시한 내에 당첨금 지급청구를 하지 않은 이상 은행이 당첨금을 지급할 의무는 없다고

1) 이 사건은 대법원 2005. 4. 29. 선고 2004다65299 판결에 의해 원심대로 확정되었으나, 상법 제63조와 관련해서는 원심판결이 보다 적절하므로 대법원판결 대신 원심판결을 게재하였다.

할 것이다.」

iii) 본조는 당사자 중 일방만이 상인인 경우에도 적용된다. 따라서 영업시간이 있는 상인과 그의 고객인 비상인간의 거래에도 적용된다.

iv) 채무의 이행은 영업시간 내에 해야 하므로 영업시간 외에 이행하더라도 채권자가 이를 수령할 의무는 없다. 그러므로 채권자가 수령할 수 없거나 수령을 거절하더라도 수령지체가 되지 아니한다.

v) 이행의 청구도 영업시간 내에 해야 하므로 영업시간 외에는 청구하더라도 효력이 없다. 그러므로 채무자가 이행을 거절하더라도 이행지체가 되지 아니하며 시효중단의 효력도 없다.

vi) 당사자의 특약으로 본조의 적용을 배제할 수 있음은 물론이다.

5. 다수당사자의 채권관계

(1) 총 설

상법 제57조에서는 다수의 채무자가 존재하는 거래관계에서 채무의 이행을 확실하게 하고 채권자를 보호하기 위하여 다수당사자의 채권관계에 관한 민법규정(민 408조 이하) 중 일부규정에 대한 특칙을 두고 있다. 동조 제 1 항에서는 수인의 채무자가 있는 상사채무를 일정한 경우 연대채무로 의제하며, 제 2 항에서는 상사보증을 연대보증으로 의제함으로써 상사채권의 효력을 강화하고 있다.

(2) 다수채무자의 연대책임

1) 취 지 하나의 채무를 수인의 채무자가 부담할 경우 민법에서는 특별한 의사표시가 없는 한 각 채무자는 균등한 비율로 분할하여 채무를 부담한다(분할채무의 원칙)(민 408조). 그러나 상법에서는 수인이 그 1인 또는 전원에게 상행위가 되는 행위로 인하여 채무를 부담한 때에는 연대하여 변제할 책임이 있다(57조 1항). 예컨대 A 상인과 B 상인이 공동으로 갑으로부터 100만원을 차용하였다면, A와 B는 그 이행에 관하여 연대책임을 지는 것이다. 수인의 상인 또는 상인을 포함한 수인이 채무를 부담하는 경우에는 통상 서로의 신용을 합하여 전채무자의

대외적 신용을 강화해 보이기 마련이다. 그런데 이 경우 민법의 분할채무의 원칙을 적용한다면 채무자들 중에 무자력자가 있을 경우 채무자들의 「신용의 총화」를 믿고 거래한 채권자의 신뢰를 저버리게 된다. 따라서 채권자의 신뢰를 보호하고 거래의 안전을 기하기 위하여 전채무자가 연대책임을 지게 한 것이다.

현대기업거래의 실정을 보면 기업이 생산하는 상품·용역이 고도로 전문화되고 다량으로 거래되는 추세에 있다. 그래서 상품·용역의 공급에 있어서도 1회의 거래에 다단계의 전문상인이 관계하기도 하고 수인의 상인이 동종제품을 공동으로 공급하는 예도 있다. 또 동일인의 지배를 받는 수개의 기업이 이른바 기업집단(속칭 「그룹 기업」)을 형성하고 대외거래를 공동으로 하는 예도 많다(대법원 1987. 6. 23. 선고 86다카633 판결). 이러한 경우에는 대부분 본조가 적용될 수 있으므로 본조의 적용대상이 확대되고 그 중요성이 커지고 있다.

2) 요 건

㈎ **당사자** 채무자 1인 또는 수인에게 상행위가 되는 행위로 인하여 부담하게 된 채무에 한해 적용된다. 즉 채무자 중 1인은 반드시 상인이어야 한다. 그러나 채권자는 상인임을 요하지 않는다. 본조는 상사채무의 이행을 확보할 필요에서 둔 규정이므로 채권자가 상인이 아니라 하여 그 필요성이 없어지는 것은 아니기 때문이다.

㈏ **상행위** 기본적 상행위나 준상행위뿐 아니라 보조적 상행위로 인해 발생한 것도 본조의 적용대상이다. 반드시 현재의 채무가 직접 상행위에서 발생한 것이어야 하는 것은 아니다. 예컨대 수인이 공동으로 도급을 받아 공사하고 도급인에 대해 부담하는 하자보수의무와 같은 부수적 채무는 물론이고(대법원 2015. 3. 26. 선고 2012다25432 판결), 상행위로 인해 생긴 채무의 불이행으로 인한 손해배상채무나 상사계약의 해제로 인한 원상회복의무와 같이 상행위로 인한 채무와 실질적으로 동일성을 갖는 채무도 본조의 적용대상이다(통설)(대법원 1998. 3. 13. 선고 97다6919 판결). 또 본래 상행위로 인해 발생한 채무의 일부 또는 전부가 부당이득이 될 경우 그 반환채무도 본조의 적용대상이다(대법원 1992. 11. 27. 선고 92다30405 판결; [판례 84]).

판례 84 대법원 1976. 12. 14. 선고 76다2212 판결

「… 허정이 부당하게 이 사건 공탁금을 찾아갔기 때문에 허정이 업무집행조합원으

로 있는 동 업체에서 부당이득으로 그 반환채무를 부담하게 되는 이 사건에 있어서 그 채무가 본래 상행위로 인하여 발생한 자동차수리비 및 유류대금 일부의 부당이득 반환채무이므로 허정이 대표로 있는 공업사의 조합채무로서 그 공동경영자 전원을 위하여 상행위가 되는 행위로 인하여 부담하게 된 채무라고 보는 것이 상당하다. 원심이 허정 기타 그 구성원에게 대하여 위의 반환채무에 관하여 상법 제57조를 적용하여 연대채무를 인정한 것은 정당하다.」

* 同旨: [판례 85]

(다) 「공동」의 상행위 본조는 1개의 채무를 수인이 부담하는 경우를 대상으로 하므로 채무부담의 원인행위를 수인이 공동으로 하여야 한다. 그렇지 않고 각자 따로 원인행위를 한 경우에는 채무자마다 1개씩의 채무가 발생하고, 본조가 적용될 여지가 없다.

공동의 형태에는 여러 가지가 있을 수 있다. 전형적인 예로 흔히 「동업」이라 부르는 것으로, 수인이 지속적인 공동사업을 영위하기 위해 구성하는 사업체로서 법상으로는 조합에 해당한다(대법원 1966. 11. 29. 선고 66다1741 판결). 그 구성원 일부에게 상행위가 되는 행위로 채무를 부담한 때에는 본조에 따라 구성원 전원이 연대책임을 진다.

이 경우 동업자(조합원)들이 공동으로 상행위를 하는 수도 있지만, 그 중 1인이 타인을 대리하는 수도 있는데, 이 역시 공동의 상행위이다. 동업자들 간에 내부적인 업무분담에 있어서는 그 중 1인만 상행위를 한 경우에도 묵시적인 대리권의 수여에 의한 공동의 상행위로 보고 동업자 전원이 연대채무를 진다고 풀이해야 한다([판례 85] 참조).

이와 같은 지속적인 동업관계가 아니고 일시적 · 일회적으로 수인이 공동하여 상행위를 하더라도 본조가 적용됨은 물론이다.

판례 85 대법원 1976. 1. 27. 선고 75다1606 판결

「… 피고와 위 현용주는 시멘트가공보도부록 등을 제조판매하는 원고회사로부터 이 사건 물품을 구입하여 동업으로 육군 제9사단에 공사자재납품을 하는 사업 및 도로포장공사를 하되, 피고는 주로 동 군부대에 대한 교섭과 사업자금을 제공하고 위 현용주는 물품의 구입과 납품 및 자재 납품 및 금전출납 등 업무를 분담 종사함으로써 공사자재 납품 및 도로포장공사를 동업하였다 … 이렇다면 피고와 위 현용주는 동업자로서 원고 회사에 대하여 상법 제57조에 따른 상행위가 되는 행위로 인하여 위 물품대금 채무를 부담한 것이므로 연대하여 이를 변제할 책임이 있다 …」

동일 기업집단의 계열회사간의 공동행위

동일인의 지배를 받는 수개의 기업들이 하나의 집단의 외관을 보이며 대외거래를 하는 예를 흔히 볼 수 있다. 예컨대 「××그룹 조달본부」라 하여 汎그룹의 기구를 창설하고 그룹 내 계열회사들의 소요 물품구매를 통할하거나, 「○○인력관리위원회」라는 식으로 역시 범그룹의 인사관리기구를 창설하고 종업원의 고용을 공동으로 하는 것과 같다. 이 같은 통합기구가 그룹 내의 어느 계열회사를 위해 대외거래를 한 경우에는 그 소속 계열회사들 전원의 공동행위로 보아 상법 제57조 제 1 항의 적용대상으로 삼아야 한다.

과거 구 명성그룹 산하의 「(주)명성식품」의 소요물품을 「명성그룹 조달본부」라는 집단 내의 공동의 기구를 통해 구매한 후, 대금채무를 이행하지 아니하므로 채권자가 자력이 있는 다른 계열회사에 연대책임을 물어 온 사건에서 원심에서는 상법 제57조 제 1 항의 전형적인 적용대상으로 삼아 연대책임을 물었으나(서울고법 1986. 2. 3. 선고 85나1257 판결), 상고심에서는 각 구매행위의 실질적 효과가 계열회사 각자에 미친다는 점에 초점을 두고, 동 거래는 계열회사들이 조달본부에 위임하여 이루어지는 개별거래이므로 본조의 적용대상이 아니라고 하였다(대법원 1987. 6. 23. 선고 86다카633 판결).

그러나 본조의 적용에 있어 거래의 효과가 누구에게 귀속되느냐는 것은 내부적인 분배문제로서 대외거래의 책임을 논하는 데에는 고려할 필요가 없다. 그룹 소속의 계열회사간에는 이 같은 통합관리기구의 창설에 관한 합의가 있고 아울러 대외거래를 공동으로 하겠다는 합의가 존재하므로 이 기구는 계열회사들로써 이루어진 조합이다. 계열회사들은 이 기구를 통해 그룹 전체의 신용을 이용한 바 있고, 상대방도 그룹 전체의 자력을 토대로 신용을 평가한다. 따라서 이같은 범그룹형태의 기구를 통해 이루어진 대외거래는 상법 제57조 제 1 항의 입법취지에 정확히 부합하는 적용대상이라 할 수 있다.[1)]

3) 효 과 수인의 채무자는 본조의 적용으로 연대책임을 진다. 채무자 중 1인만 상인이고 나머지는 비상인인 경우 본조에 의해 비상인의 채무가 상사채무로 되는 것은 아니다. 그러나 상법 제 3 조에서 당사자 1인의 행위가 상행위인 때에는 전원에 대하여 상법을 적용한다고 규정하므로 결국 비상인의 채무에 대해서나 비상인의 채권에 대해서도 상사시효(64조)와 상사이율(54조)에 관한 상법규정이 적용된다. 나아가서 채무자 1인이 변제한 경우 다른 채무자에 대한 그의 구상권에 대해서도 상법규정이 적용된다.

1) 李哲松, "재벌기업의 대외거래의 집중관리와 책임의 귀속," 「판례월보」(1987. 11), 36면 이하.

(3) 보증인의 연대책임

1) 취　지　　민법상으로는 당사자 간에 특약이 없는 한 보증채무는 주채무에 대하여 보충성을 갖는다(민 437조). 그러나 상법 제57조 제 2 항은 보증이 상행위이거나 주채무가 상행위로 인한 것인 때에는 주채무와 보증인은 연대하여 변제할 책임이 있다고 규정한다. 이는 앞서 설명한 상법 제57조 제 1 항과 같이 상인이 부담하는 채무 또는 보증채무의 이행을 확보함으로써 채권자를 보호하기 위한 제도이다.

2) 요　건

㈎ **당 사 자**　　주채무가 상행위로 인한 것이거나, 보증이 상행위인 경우에 본조가 적용된다. 채권자는 상인이 아니라도 무방하다.

㈀ **주채무가 상행위로 인한 것인 때**　　이 경우 보증이 상행위가 아니더라도 보증인은 연대보증인으로서 책임을 진다. 주채무의 원인된 행위가 상인의 기본적 상행위이든 보조적 상행위이든 불문한다.

㈁ **보증이 상행위인 때**　　예컨대 은행이 수출업자의 의무이행을 보증하는 것과 같이 보증이 보증인의 상행위인 경우를 말한다. 보증보험회사와 같이 보증을 전업으로 하는 자도 있다(예: 서울보증보험(주)). 이같이 보증이 상행위인 때에는 주채무가 상행위로 인한 것이 아니더라도 보증인은 연대책임을 진다.

㈂ **채권자에게만 상행위인 경우**　　제57조 제 2 항의 법문상으로는 주채무가 상행위로 인해 생겨난 것이거나 보증이 상행위인 경우에 한해 연대보증이 된다. 여기서 주채무도 상행위로 인해 생겨난 것이 아니고 보증도 상행위가 아니며, 다만 채권자가 상인인 경우에 본조가 적용되느냐는 의문이 제기된다(예컨대 은행이 비상인에게 대부하고 역시 비상인의 보증을 받는 것). 이를 긍정하는 설과 판례가 있으나(안강현 215; 최·김 231; 대법원 1959. 8. 27. 선고 4291민상407 판결), 본조는 상인의 책임이행을 확보하기 위한 제도로서 위 경우와 무관한 입법취지를 가지고 있고, 한편 같은 취지를 가진 제57조 제 1 항을 채권자만이 상인인 경우에는 적용하지 아니하면서 본조항(동조 2항)만을 적용하는 것은 균형이 맞지 아니하므로 찬성하기 어렵다(통설). 상인과 비상인과의 거래에서는 상인이 보다 우월한 능력을 구비하고 있음이 보통이므로 그의 채권을 확보하는 것은 사적 자치의 문제에 속하고 법이 특별히 배려할 사항이 아니다.

㈏ **주채무의 원인행위와 보증계약** 제57조 제 1 항은 수인의 채무가 하나의 법률행위로 발생될 것을 요구하지만, 제 2 항의 보증계약은 주채무의 원인행위와 별도로 체결된다. 또 주채무가 성립하고 추후에 보증계약이 이루어지더라도 본조가 적용된다.

3) 효 과 이상의 요건을 구비한 경우에는 보증채무의 보충성이 배제되고 보증인은 주채무자와 연대하여 책임을 진다. 따라서 보증인은 최고 · 검색의 항변권을 갖지 못한다(민 437조 단).

보증인이 수인이 있는 경우 보증인 상호간에도 제57조 제 2 항이 적용되는가? 긍정설은 동 조항의 적용대상으로 보고 보증인 상호간에 분별의 이익(민 439조)을 상실하고 연대관계가 생긴다고 설명한다(김성탁 207; 서 · 정 158; 안강현 216; 정경영 162; 최 · 김 231; 최준선 274). 긍정설에 의하면 주채무자 A, 보증인 B_1, B_2가 있을 때 B_1, B_2 각자가 A의 채무에 대해 연대책임을 질 뿐 아니라 주채무자의 채무를 보증인 B_1이 이행하면 B_1은 다른 보증인 B_2에 대하여 구상권을 행사할 수 있게 된다(민 448조 2항). 그러나 이 같은 해석을 관철하면 매우 불합리한 결과가 생길 수 있다.

주채무자 A의 채무가 상행위로 인해 발생한 것이라면 보증인 B_1, B_2가 연대보증 및 보증연대의 관계에 서게 되더라도 문제될 것은 없다. 그러나 A의 채무가 상행위로 생긴 것이 아닌 상태에서 B_1이 비상행위로서 보증을 하고 그 후 B_2가 상행위로서 보증을 하였다면 B_1은 예측하지 못한 책임(연대보증 및 보증연대)을 지게 된다. B_1과 B_2가 동시에 보증하거나 B_2가 B_1보다 먼저 보증을 하였더라도 보증인간에 상호연락이 있을 것을 장담할 수는 없으므로 예측가능성이 없기는 마찬가지이다. 그러므로 주채무가 상행위로 인한 경우에 한해 각 보증인이 채무자와 연대책임을 지며 보증인간에도 연대관계가 성립할 뿐이고, 일부 보증인의 보증이 상행위이고 주채무의 발생원인이 상행위가 아니거나 다른 보증이 상행위가 아닐 때에는 다른 보증인은 최고 · 검색의 항변권을 갖고 분별의 이익을 갖는다고 해석한다(同旨: 강 · 임 194; 김성태 482; 서완석 205; 손진화 201; 송옥렬 116; 이종훈 204; 이(기) · 최 379; 임홍근 241; 정동윤 172).

(4) 특약의 가능

상법 제57조 제 1 항 및 제 2 항은 기술한 바와 같이 상인을 포함한 다수 채무자의 신용의 총화를 신뢰한 채권자를 보호하기 위한 규정이므로 특히 강행규정으로 볼 이유는 없다. 따라서 채무자와 채권자간의 특약으로 본조의 적용을 배제할 수 있다고 본다.

Ⅳ. 상사매매의 특칙

1. 총 설

(1) 의 의

상법에서는 「상사매매」라는 개념을 사용하고 있지 않으나, 강학상 상법의 적용대상이 되는 매매라는 뜻으로 이 용어를 사용한다. 원래 사람의 경제생활이 물자의 교환에서 비롯된 것을 생각하면 매매가 재산법적 거래의 중심을 이루므로 상사매매 역시 상거래 중 가장 빈도 높게 행해지는 거래임을 쉽게 짐작할 수 있다. 한편 현대 자본주의사회의 상업경제하에서는 물자의 대부분이 상인에 의해 공급되므로 오늘날 물건의 매매는 대부분 상사매매이다.

이 같은 상사매매의 중요성에 비하면 상법에서 정하는 상사매매에 관한 규정은 매우 소홀한 편이다. 제67조 내지 제71조의 5개 조문을 두고 있을 뿐인데, 그나마도 상사매매 일반에 관해서가 아니라 「상인간의 매매」에 관해서만 규정하고 있을 뿐이다. 이미 민법에서 매매에 관해 상세한 규정을 두고 있기 때문이지만 다양하게 발전하는 상사매매의 특성에 적합한 규율에는 미흡하기 그지없다. 그래서 거래계에서는 상관습과 보통거래약관에 의하여 보완하고 있다.

(2) 특칙의 적용범위

상법은 민법의 매매관련 규정에 대한 특칙으로서 매도인의 목적물의 공탁·경매권(67조), 확정기매매의 해제(68조), 매수인의 목적물의 검사 및 하자통지의무(69조), 매수인의 목적물 보관·공탁의무(70조, 71조) 등 4가지 사항에 관해 5개조의 규정을 두고 있다. 이 규정들은 상사매매에 있어 불안정한 법률관계를 신속히 매듭지어 상인 특히 매도인의 영업상의 부담을 줄여주는 한편 상사매매에서 정형적으로 발생하는 분쟁을 예방하려는 취지에서 두어진 것이다.

1) 인적 범위 상사매매에 관한 규정 중 확정기매매의 해제에 관한 제68조를 빼고는 전부 매도인에게 이익을 주는 규정이다. 그래서 이 특칙들은 상인간의 매매에만 적용된다. 상인인 매도인과 비상인인 매수인의 거래에서 상인을 두텁게 보호한다면 소비자보호의 이념에 어긋나기 때문이다.[1] 따라서 일방적 상사매매에는 민법상의 매매규정만이 적용된다. 물론 일방적 상사매매에도 상법 제48조 내지 제64조의 특칙은 적용되므로 일방적 상사매매의 상거래적 특성은 이에 의해 규율된다.

2) 적용거래 상인간에 상행위로서 하는 매매이면 족하다. 따라서 상인의 영업부류에 속하는 매매에 한하지 아니하며, 보조적 상행위로서 하는 매매도 본 특칙의 적용대상이다.

민법 제567조는 매매에 관한 규정을 유상계약 일반에 적용한다. 그러나 상사매매의 특칙에 관하여는 이러한 규정이 없으므로 상사매매의 특칙은 매매 이외의 상거래(예: 임대차)에는 적용되지 아니한다(대법원 1995. 7. 14. 선고 94다38342 판결). 다만 교환은 목적물을 취득하는 자의 입장에서 볼 때 매매와 다를 바가 없으므로 본 특칙을 유추적용하는 것이 타당하다(최·김 232).

매매의 목적물이 부동산인 경우에는 본 특칙이 적용되지 아니한다는 견해가 있으나(최·김 232), 부동산을 특히 제외시킬 이유는 없다. 상세한 것은 후술한다.

본 특칙은 임의규정이므로 특약으로 배제할 수 있음은 물론이다(이설 없음).

2. 매도인의 공탁·경매권

(1) 취 지

상인간의 매매에 있어서 매수인이 목적물의 수령을 거부하거나 수령할 수 없는 때에는 매도인은 그 물건을 공탁하거나 상당한 기간을 정하여 최고한 후 경매할 수 있다(67조 1항 전). 그러나 매수인에 대하여 최고할 수 없거나 목적물이 멸실 또는 훼손될 염려가 있는 때에는 최고 없이 경매할 수 있다(67조 2항). 그리고 경매한 때에는 그 대금을 공탁해야 하지만, 그 전부나 일부를 매매대금에 충당할 수 있다(67조 3항).

---

1) 독일 상법에서는 상인과 비상인 사이의 거래에서도 위 특칙을 적용하므로(§373 HGB) 형평에 어긋난다는 비판이 높다(Schmidt, S. 924).

민법에서는 매매에 관해 따로 규정하지 않았지만 채권일반에 관해 채권자가 수령을 지체할 경우 채무자가 목적물을 공탁·경매할 수 있음을 규정하고 있다(민 487조, 490조). 이 중 공탁의 부분은 상사매매의 매도인의 공탁권과 차이가 없으나, 경매부분에 있어서는 상사매매의 매도인이 일반채권자에 비해 월등히 유리한 지위에 있다. 첫째, 민법상으로는 변제의 목적물이 공탁에 적합하지 아니하거나, 멸실·훼손의 염려가 있거나, 공탁에 과다한 비용을 요하는 경우에 한해, 즉 최후적 수단으로서 경매를 허용하며 그것도 법원의 허가를 얻어서 할 수 있으나(민 490조), 상사매매의 매도인은 이러한 요건이 없이도 경매할 수 있다. 즉 매도인은 공탁권과 경매권을 선택적으로 행사할 수 있는 것이다. 둘째, 민법상으로는 경매대금을 반드시 공탁해야 하나, 상사매매의 매도인은 경매대금을 매매대금에 충당할 수도 있다.

본조가 일차적으로 매도인으로 하여금 신속히 자신의 채무를 면할 수 있게 한다는 점에서는 민법상의 공탁제도와 다를 바 없으나, 매도인의 경매권을 강화한 것은 매도인의 영업을 보호해 주는 뜻이 있다. 매매 후 목적물의 가격이 하락할 경우 매수인이 수령을 기피할 가능성이 있는데, 이 경우 매도인이 신속하게 경매권을 행사하여 자기의 대금채권을 확보할 수 있는 것이다. 또 상인은 기업유지를 위해 신속한 자금의 순환을 요하는데, 경매대금을 가지고 매매대금에 충당함으로써 자금회전을 원활하게 할 수 있는 것이다.

그러나 공탁·경매권은 매도인의 권리이지 의무는 아니므로 매도인은 공탁·경매권을 행사하지 아니하고 일반원칙에 따라 계약을 해제하고 매수인에게 손해배상을 청구할 수도 있다(민 544조, 551조). 목적물의 가격이 상승한 경우에는 이같이 할 실익이 있다.

(2) 공 탁 권

상인간의 매매에 있어 매수인이 목적물의 수령을 거부하거나 수령할 수 없는 때에는 매도인이 목적물을 공탁할 수 있다(67조 1항). 「상인간의 매매」에 관해서는 기술하였다. 목적물에 부동산이 포함되느냐는 것은 경매권의 적용에서도 문제되므로 후술한다.

「매수인이 목적물의 수령을 거부하거나 수령할 수 없는 때」라는 것은 민법 제487조에서 공탁의 요건으로 삼는 「채권자가 변제를 받지 아니하거나 받을 수 없는 때」와 같은 뜻이다. 한편 민법 제487조는 변제자가 과실 없이 채권자를 알 수 없는 경우에도 공탁할 수 있다고 규정하는데, 상법에는 이 같은 규정이 없다. 그러나 매도인이 과실 없이 매수인을 알지 못하는 때에는 민법 제487조를 적용하여 당연히 공탁할 수 있는 것으로 해석해야 한다(서완석 215; 안강현 224; 오성근 277; 정준우 266; 정찬형 245; 주석(총칙 · 상행위) 609). 예컨대 매수인이 사망하였는데 상속인을 알 수 없거나, 매수인이라고 자칭하는 자가 수인이 있는 경우 등이 이에 해당한다.

기타 공탁의 방법, 공탁물의 회수 등에 관해서는 민법의 공탁에 관한 일반원칙에 따르며(민 488조, 489조, 490조), 매도인의 공탁권에 관한 상법규정은 특칙으로서의 의미가 없으므로 자세한 설명은 생략한다.

(3) 경 매 권

매도인은 공탁에 대신하여 상당한 기간을 정하여 매수인에게 수령을 최고한 후 목적물을 경매할 수 있다(67조 1항). 이러한 매도인의 경매권을 자조매각권이라고도 한다.

1) 요　건

㈎ **수령지체**　　상인간의 매매에 한하며, 매수인이 수령을 지체한 경우에 한함은 공탁의 요건과 같다.

㈏ **매수인에 대한 최고**　　매도인은 민법에서와 달리 공탁을 하는 대신 경매를 할 수 있으나, 경매를 하고자 할 경우에는 매수인에 대하여 수령을 최고하여야 한다. 경매를 하면 매수인은 목적물의 소유권을 취득하지 못하고 타인의 관리하에 매각되므로 매수인에게 손실이 발생할 것은 자명하다. 그러므로 매수인이 서둘러 수령할 기회를 주는 것이다.

최고의 내용은 어느 시점까지 수령하지 아니하면 경매의 방법으로 목적물을 처분한다는 뜻이어야 한다. 최고는 「상당한 기간」을 정해서 하는데, 「상당한 기간」이란 매도인이 정하는 기간이 상당해야 함을 뜻하며, 매도인이 매수인에게 「상당한 기간 내에 수령하라」는 뜻으로 최고할 수 있다는 뜻이 아니다. 「상당한 기간」은 매수인이 목적물을 수령하기 위해 준비하는 데 소요되는 기간을 뜻한다(김성태 496~497; 이(기) · 최 389; 이종훈 207; 정준우 267; 주석(총칙 · 상행위) 611). 매수인의 수령은 법상 당연한 의무이므로 수령 여부를 고려하기 위한 기간은 가산할 필요가 없다(同旨: 정준우 267. 반대: 서헌제 242; 손주찬 246; 최 · 김 235; 최준선 279). 최고는 특별한 방식을 요하지 아니하므로 구두로 해도 무방하나 최고한 사실에 대해서는 매도인이 증명책임을 진다.[1]

목적물의 가액이 하락세에 있을 때 매수인이 수령을 기피하는 일이 많고, 한편 매도인의 경매권행사는 대부분 경락대금을 매매대금에 충당하는 데에 목적이 있다. 그런데 법에서는 상당기간의 최고를 경매의 요건으로 하므로 최고를 하다 보면 매각의 적기를 놓칠 수 있고, 가격이 더 하락하여 매도인의 대금회수가 충분치 못한 경우도 있다. 그러므로 입법론으로서는 거래소의 시세가 있는 물건은 최고 없이 거래소를 통하여 매각할 수 있도록 하는 것이 합리적이다.[2]

그러나 상법에서는 최고를 할 수 없는 때(예컨대 매수인의 주소·거소를 알 수 없는 경우) 또는 목적물이 멸실·훼손될 염려가 있는 때에 한하여 최고 없이 경매할 수 있게 한다(67조 2항). 앞서 매수인을 알지 못하는 경우에도 공탁할 수 있다고 하였는데, 공탁에 대신하여 경매할 수 있음은 물론이다. 이 경우에도 최고가 불가능하므로 최고 없이 경매할 수 있다.

(다) **대금지급과의 관계** 매수인이 대금을 이미 지급한 경우에도 매도인이 속히 자기의 채무를 면할 필요가 있으므로 목적물을 공탁할 수 있다. 민법상의 공탁에 관해서도 마찬가지로 해석되고 있다. 그러면 경매도 할 수 있는가? 매도인이 대금을 지급받은 상태라면 민법상의 자조매각의 요건, 즉 목적물이 공탁에 적당하지 아니하거나, 목적물이 멸실·훼손될 염려가 있거나 공탁에 과다한 비용이 드는 경우가 아니라면 굳이 경매를 해야 할 이유가 없다. 따라서 대금을 완제받은 매도인은 민법의 일반원칙(민 490조)에 따라서만 경매할 수 있다고 해석해야 하며, 이 점 명문의 규정을 두어 밝힐 필요가 있다(반대: 안강현 224).

(라) **목 적 물** 목적물은 특정물이냐 불특정물이냐를 가리지 아니한다. 기술한 바와 같이 부동산도 포함되느냐는 문제가 있으나, 민법상의 공탁에 관해서는 부동산도 그 대상이 된다고 함이 일반적이고, 상법에서도 부동산을 제외한다는 명문의 규정은 없다. 오늘날은 부동산도 상품화되어 가는 경향이 있고 부동산의 거래에서도 매도인의 신속한 자금회수를 보장해 줄 필요는 여전하므로 포함

---

1) Hopt, §374 Rn. 15; EBJS, §373 Rn. 64; HKommHGB, §374 Rn. 5; Koller/Kindler/Roth/Morck, §374 Rn. 9.

2) §373 Abs. 2 HGB 참조.

시키는 것이 타당하다(同旨: 김정호 266; 서완석 214; 오성근 279; 이(기) · 최 388; 이종훈 206; 정경영 165; 정준우 267; 주석(총칙 · 상행위) 609; 최준선 278. 반대: 최 · 김 234).

2) 효과 및 후속 법률관계 경매비용은 매수인의 부담이므로 경매를 하면 그 대금에서 경매비용을 공제하고 잔액을 공탁하여야 한다(67조 3항 본). 여기서 경매대금을 가지고 매매대금에 충당할 수 있는데(67조 3항 단), 이것이 매도인의 경매권에 관한 특칙에서 가장 중요한 점임은 기술한 바와 같다. 충당 후 잔액이 있으면 공탁하여야 하고, 충당하고도 부족하면 매수인에게 잔대금을 청구할 수 있다.

경매를 하고 그 대금을 공탁 또는 매매대금에 충당하면 매도인의 채무는 소멸한다. 매도인은 이 절차가 완료한 후 지체 없이 매수인에게 그 사실의 통지를 발송하여야 한다(발신주의)(67조 1항 후).

매도인의 경매가 위법한 경우, 즉 법 소정의 요건을 구비하지 않은 상태에서 경매한 경우에는 매수인에게 채무이행의 효과를 주장할 수 없으며, 따라서 경매에 따른 계산을 매수인에게 돌릴 수 없다. 매수인은 매도인에게 채무불이행책임을 물을 수 있다. 목적물의 소유권은 아직 매도인에게 있으므로 경매의 효력에는 영향이 없다.

3. 확정기매매의 해제

(1) 의 의

확정기매매(Fixkauf)란 매매의 성질 또는 당사자의 의사표시에 의하여 일정한 시점 또는 일정한 기간 내에 이행하지 아니하면 계약의 목적을 달성할 수 없는 매매를 뜻한다(68조). 민법 제545조에서 정하는 정기행위(Fixgeschäft)의 일종이다. 예컨대 제과점을 운영하는 A 상인이 B라는 제과공장에 2026년 성탄절에 판매할 목적으로 「축 2026 X-mas」라는 글자가 전면에 새겨진 케이크를 주문하는 것과 같다. 이러한 확정기매매에서는 채무자의 이행이 늦어지면 채권자로서는 이행을 수령하더라도 득이 없으므로 매매계약을 해제해야 할 것인데, 상거래에 적합한 해제방법을 마련해 주기 위한 특칙을 둔 것이다.

민법상 채무불이행을 이유로 계약을 해제하고자 할 경우에는 먼저 채무자에게 상당한 기간을 정하여 이행을 최고하고, 그 기간 내에 이행하지 아니할 경우에 해제할 수 있다(민544조). 다만 정기행위를 이행하지 아니할 경우에는 최고 없이 계약을 해제할 수 있다(민545조). 상법은 한 걸음 나아가서 정기매매를 이행하지 아니한 경우에는 상대방(채권자)이 즉시 그 이행을 청구하지 아니하면 계약을 해제한 것으로 간주한다(68조). 양자의 차이점은, 민법상의 정기행위는 채권자가 최소한 해제의 의사표시를 하여야 하나, 상법상의 확정기매매는 채권자가 해제의 의사표시를 하지 않더라도 이행기가 경과하면 당연히 해제된 것으로 의제되는 것이다. 위 예에서, B가 성탄절에 납품하지 못한 경우, 민법상의 정기행위라면 A가 B에게 계약을 해제한다는 의사표시를 해야만 계약이 해제되지만, 이 거래는 상사매매이므로 A가 이행을 최고하지 않는 한 계약이 해제된 것으로 간주하는 것이다.

상법이 정기매매에 관해 이같은 특칙을 둔 것은 매수인과 매도인에 대해 각각 다음과 같은 뜻을 갖는다.

매수인은 해제의 의사표시를 하는 번거로움과 그 증명의 부담이 없이 바로 해제의 효과를 주장할 수 있다. 그리하여 매수인은 신속히 매매관계를 결말짓고 대체수단을 강구할 수 있는 것이다. 한편 민법의 정기행위의 일반원칙에 의하면 매도인의 채무불이행시 매수인은 목적물의 가격추세를 보아가며 이행을 청구할 것인지 해제를 할 것인지 임의로 선택할 수 있고, 그로 인한 위험은 매도인이 부담하게 된다.[1] 뿐만 아니라 해제 여부가 불명한 상태에서 매도인은 장기간 목적물을 보유하여야 하므로 달리 매각할 기회를 놓치게 된다. 그러므로 상법은 매매가 해제된 것으로 의제함으로써 법률관계를 신속히 안정시키고 매도인에게도 손해를 축소할 기회를 부여한 것이다.

(2) 요 건

상인간의 확정기매매에 있어서 당사자 일방이 채무를 불이행한 경우 상대방이 즉시 이행을 청구하지 아니하면 해제된 것으로 본다(68조).

1) 상인간의 매매 상인간의 상행위인 매매에 한하여 적용됨은 제67조와 같으며, 목적물에 제한이 없다는 점도 같다.

2) 확정기매매 일정시기 또는 일정기간 내에 이행되지 아니하면 계약의 목적을 달성할 수 없는 매매에 한하여 적용된다. 확정기매매는 매매의 성질에

1) 江頭, 25면.

의해 정해지기도 하고(절대적 확정기매매), 당사자의 의사표시에 의해 정해지기도 한다(상대적 확정기매매). 매매의 성질에 의한 확정기매매란 급부의 객관적 성질로 보아 목적물의 이용시기가 한정되거나 특히 이행시기가 중요한 의미를 갖는 매매를 말한다. 예컨대 계절상품(예: 수영복)이나 특정행사에 이용되는 상품(예: 크리스마스트리)의 매매가 이에 해당한다. 환율변동의 위험(환리스크)을 회피하기 위해 체결하는 선물환계약은 약정된 결제일에 이행되지 않으면 환리스크회피라는 목적을 달성할 수 없으므로 성질상의 확정기매매라 할 수 있다(대법원 2003. 4. 8. 선고 2001다38593 판결).

의사표시에 의한 확정기매매는 급부의 성질상 이용시기가 한정되어 있음을 알 수 있는 것은 아니나, 계약시에 표시된 채권자의 주관적 동기에 비추어 이용시기가 한정되어 있음을 알 수 있는 매매를 말한다. 예컨대 전매하는 계약이 있고 특정시기에 인도해야 함을 알리고 매수하는 경우가 이에 해당한다. 단지 이행기일을 엄수할 것을 약속하는 것은 확정기매매라 할 수 없다.[1)] 판례는 국제무역에 관한 사건에서 소비지에서의 매매목적물의 가격변동이 심하고, 수입자가 이를 전매할 목적인 경우에는 선적기일의 약정은 특히 당사자의 목적달성에 중요한 의미를 가지므로 이 수출입계약은 확정기매매로 보아야 한다고 판시하였다([판례 86] 참조). 나아가 판례는 「상인간의 확정기매매인지 여부는 매매목적물의 가격 변동성, 매매계약을 체결한 목적 및 그러한 사정을 상대방이 알고 있었는지 여부, 매매대금의 결제 방법 등과 더불어 이른바 시.아이.에프.(C. I. F.) 약관과 같이 선적기간의 표기가 불가결하고 중요한 약관이 있는지 여부, 계약 당사자 사이에 종전에 계약이 체결되어 이행된 방식, 당해 매매계약에서의 구체적인 이행 상황 등을 종합하여 판단하여야 할 것」이라는 기준을 제시하고 있다(대법원 2009. 7. 9. 선고 2009다15565 판결).[2)]

보통 확정기매매인지 여부는 매매목적물의 급부를 가지고 정하게 되지만, 그 대금채권을 가지고도 확정기매매가 될 수 있다. 다만 대금채권을 가지고는 성질에 의한 확정기매매가 되는 경우가 있을 수 없고, 의사표시에 의한 확정기매매가

1) 近藤, 148면.

2) 이 판례는 본문에서와 같은 일반론을 제시한 후에 동 사건에서의 매매는 가격변동이 심한 물품(페로몰리브덴)의 매매이지만 확정기매매가 아니라고 보았는데, 사실관계를 보면 위 기준과 무관하게 그러한 결론이 나올 것으로 보인다. 즉 같은 당사자간에 같은 물품을 가지고 과거 수차 매매가 있었고 문제된 계약의 직전에 체결된 매매계약에서는 이행기가 지나서 이행되었음에도 대금이 정상적으로 지급되고 마무리되었다. 이에 비추어 굳이 당해 사건에서의 매매만을 확정기매매라고 할 이유는 없을 것이다.

될 수 있을 뿐이다. 예컨대 매도인이 대금의 사용처와 사용시기가 한정되어 있음을 밝히고 계약을 하였다면 대금지급에 관한 확정기매매로 볼 수 있다.[1)]

판례 86 대법원 1995. 5. 26. 선고 93다61543 판결

「… 이 사건 매매의 목적물은 매매 당시 가격변동이 심하였던 원자재인 알루미늄이고, 매수인인 피고((주) 효성물산)는 수출입을 주된 업무로 하는 종합상사로서 전매를 목적으로 하여 위 알루미늄 매매계약을 체결한 것임을 알 수 있고, 이러한 경우에는 보통 매수인(수입상)은 수입원자재의 재고량, 수요·공급상황, 국제 및 국내의 가격동향, 선적지로부터 양륙지까지의 물품의 항해일수 등을 감안하여 가장 유리한 시점에 물품이 수입항에 도착되도록 매도인(수출상)과 교섭하여 선적기일을 정하는 것이므로 선적기일에 관한 약정은 계약상 특히 중요한 의미를 가진다고 할 것이며, 선적이 늦어지는 경우에는 사정에 따라서는 피고가 손해를 볼 우려가 있으며 매도인인 원고로서도 이러한 사정은 잘 알고 있었다고 보이고, 또 매매대금은 원고를 수익자로 하는 신용장을 개설하는 방법에 의하여 결제하기로 하였으므로 매도인인 원고로서는 계약상 내지 신용장상의 선적기간 내에 목적물이 선적되었다는 기재가 있는 선하증권을 신용장개설은행에 제시하여야만 은행으로부터 그 대금을 지급받을 수 있다는 … 등의 사정을 종합하면 이 사건 알루미늄 매매계약은 그 성질 또는 당사자의 의사표시에 의하여 약정된 선적기간 내에 선적되지 아니하면 계약의 목적을 달성할 수 없는 상법 제68조 소정의 이른바 확정기매매에 해당한다고 봄이 상당하고, 따라서 원고가 위 알루미늄을 약정된 선적기간 내에 선적하지 아니하였고 피고가 즉시 그 이행을 청구하지 아니한 이상, 피고에게는 위 상품을 인수할 의무는 없고, 이 사건 매매계약은 그로써 해제된 것으로 보아야 할 것이다.」

3) 채무불이행 정기에 이행해야 할 급부의 채무자(주로 매도인)가 정기에 이행하지 않아야 한다. 그리고 이것이 채무자의 귀책사유 등 일반 채무불이행의 요건을 구비하여야 한다. 예컨대 동시이행의 관계에 있는 반대급부를 채권자가 이행하지 않은 경우에는 본조를 적용할 수 없다(同旨: 김성탁 236; 김홍기 145; 서완석 232; 오성근 282; 정찬형 248; 주석(총칙·상행위) 614). 이에 대해 소정시기의 경과라는 객관적 사실에 의해 계약이 해제되고, 채무불이행이 채무자의 귀책사유에 의한 것이냐를 묻지 아니하며, 따라서 동시이행의 항변은 문제되지 아니한다는 견해가 있다(강·임 212; 손주찬 249; 정동윤 208; 최·김 249).[2)] 그러나 해제의 효과로 채무자는 원상회복의무(민 548조)와 손해배상책임(민 551조)을 지는데, 과실 없는 채무자에게

1) 日最高裁 1969. 8. 29, 判例時報 570호 49면.
2) 江頭, 25면; 田中(商行爲), 135면; 日最高裁 1969. 8. 29, 判例時報 570호 49면.

이 같은 책임을 지우는 것은 해제의 일반법리에 어긋난다(同旨: 서완석 233; 송옥렬 125; 오성근 282; 이종훈 210; 정경영 171; 정준우 270; 최준선 291).

4) 이행청구가 없을 것 채무불이행이 있더라도 채권자가 즉시 이행을 청구한 때에는 계약은 해제되지 아니한다. 이행이 지체되더라도 이행을 수령하는 것이 채권자에게 이익이 될 수도 있으므로 채권자에게 이행청구의 기회를 준 것이다. 「즉시」라 함은 이행기의 직후를 말한다. 이행청구에는 도달주의가 적용되므로 이행기 후에 즉시 도달하여야 하며, 도달이 지연된 때에는 계약의 해제에 변동이 없다. 한편 이행기의 도래와 동시에 또는 그 전에 청구하더라도 이행지체에 불구하고 수령하겠다는 뜻이 들어 있으면 본조의 적용을 배제하는 뜻으로 보아야 한다.

(3) 효 과

이상의 요건을 구비하여 확정기매매계약이 해제되면, 계약해제의 일반원리에 따라 계약은 소급하여 소멸하고, 채무자는 원상회복의무와 손해배상책임을 지게 된다(민 548조, 551조).

4. 매수인의 검사 · 통지의무

(1) 의 의

민법의 일반원칙에 의하면 인도한 매매목적물에 하자가 있거나 수량이 부족한 경우에 매수인이 이를 적극적으로 발견해야 할 의무는 없고, 언제든지 하자 또는 수량부족을 발견하면 매도인의 담보책임을 물을 수 있다. 다만 매수인이 담보책임을 물을 수 있는 기간이 6월 또는 1년으로 제한되어 있을 뿐이다(민 573조, 574조, 582조). 그러나 이 원칙은 상품에 관해 전문적 지식을 갖춘 상인들간의 매매에 적용하기에는 적당치 않다. (i) 우선 상인들은 구입한 물건을 수령하는 즉시 조사하는 것이 통례임에도 불구하고[1] 담보책임을 장기간 존속시키는 것은 상거래의 신속의 요청에 어긋나고, (ii) 매수인으로 하여금 위 기간 중의 가격변동을 지켜보아 유

1) 상인이 구입한 물건을 즉시 조사하는 것은 그 물건의 전매를 통해 추구하는 영리의 실현수단이자, 자신의 고객으로부터 신뢰를 확보하는 수단이기도 하다.

리한 시기에 유리한 책임추궁을 할 수 있게 하여 매수인에게는 투기적 이익을 부여하는 한편, 그 이익을 매도인의 손실증가로 전가시키는 불공평을 빚고, (iii) 매도인이 적기에 하자 있는 물건을 달리 처분하여 손실을 줄일 기회를 박탈할 뿐 아니라, (iv) 상당기간이 경과한 후 매수인이 사용 중 새로이 생긴 하자를 주장할 경우 매도인이 인도 당시에 하자가 없었다는 반증을 하는 데 어려움을 주는 불합리가 있기 때문이다([판례 88] 참조).

상법은 이상과 같은 이유에서 매도인의 담보책임의 존속기간을 단기로 제한하고 있다. 즉 매수인은 목적물을 수령하면 지체 없이 이를 검사하여야 하며, 하자 또는 수량부족을 발견하면 즉시 매도인에게 그 통지를 발송하여야만 담보책임을 물을 수 있다(69조 1항 전). 다만 즉시 발견할 수 없는 하자가 있을 경우에는 그 검사기간을 6월로 연장하고(69조 1항 후), 매도인이 악의인 경우에는 이 특칙의 적용을 배제한다(69조 2항).

본 특칙은 임의규정이므로 당사자의 특약으로 적용을 배제할 수 있다. 그리고 본 특칙을 배제한다는 명시의 특약이 없더라도 매도인이 매도한 물건의 품질을 수년간 보증한다든지, 기타 상법 제69조 제 1 항에 따른 절차 없이도 매도인의 책임을 추궁할 수 있다고 해석되는 계약상의 규정이 있다면 이는 상법 제69조 제 1 항의 적용을 배척한 것으로 보아야 한다([판례 87]).

판례 87 대법원 2008. 5. 15. 선고 2008다3671 판결

「… 상법 제69조 제 1 항은 민법상의 매도인의 담보책임에 대한 특칙으로 전문적 지식을 가진 매수인에게 신속한 검사와 통지의 의무를 부과함으로써 상거래를 신속하게 결말짓도록 하기 위한 규정으로서 그 성질상 임의규정으로 보아야 할 것이고 따라서 당사자간의 약정에 의하여 이와 달리 정할 수 있다고 할 것이다.

… 원고와 피고 사이에 체결된 이 사건 계약서 제12조는 어떠한 경우라도 품질상의 하자로 판명되면 피고는 지체없이 대체 납품하여야 하며 이로 인해 발생한 원고의 손해는 피고가 부담하도록 규정하고 있고, 제15조는 피고는 계약목적물의 준공 후 36개월간 품질 및 성능을 보증하며, 제품 자체의 결함 또는 원고가 요구하는 물품의 사양에 맞지 않는 제품으로 인해 발생한 하자에 대하여는 보증기간 경과 후라도 피고가 책임을 부담하도록 규정하고 있으며, 제23조는 피고의 납품불이행, 하자발생 등으로 인한 손해는 피고가 별도로 배상하도록 규정하고 있음을 알 수 있는바, 이러한 약정의 취지는 상법 제69조 제 1 항과 달리 위 조항에 따른 목적물 수령시 검사의무와 즉

시 하자통지의무를 이행하지 않더라도 원고가 피고에게 이 사건 가구의 하자로 인한 손해배상을 구할 수 있도록 한 것이라고 볼 것이다.」

(2) 요　건

1) 당 사 자　상인간에 상행위로서 행해진 매매에 한해 적용됨은 앞서 소개한 2가지 특칙과 같다(69조 1항).

2) 목적물의 인도　목적물이 매수인에게 인도되어야 한다. 매수인이 목적물을 검사할 수 있는 상태가 되어야 하므로 목적물의 인도는 목적물이 현실로 매수인의 점유하에 놓이게 됨을 의미하고(현실의 인도, 민 188조 1항), 매도인이 매수인에게 화물상환증을 교부하거나 기타 목적물반환청구권의 양도에 의해 인도(민 190조)한 상태에서는 본조를 적용할 수 없다.[1] 또 매도인이 목적물을 수회에 걸쳐 부분적으로 인도한 경우에는 각 인도한 물건별로 검사·통지의무가 생겨난다.

3) 목적물의 종류　목적물은 특정물·불특정물을 가리지 아니하며, 부동산도 포함된다. 상사매매에서는 대부분 불특정물이 거래되므로 본조의 적용대상 역시 불특정물인 경우가 많다.[2]

그러나 불대체물의 경우에는 제도의 취지와 관련하여 고려할 점이 있다. 불대체물도 일반적으로는 본조의 적용대상이 되지만, 특정의 매수인의 수요를 만족시키기 위하여 제작한 불대체물을 공급하는 계약은 도급의 성질이 강하여 본조의 특칙을 적용하기에 적당치 않다. 기술한 바와 같이 본조의 특칙은 매도인이 신속히 목적물을 회수하여 제 3 자에게 전매함으로써 손해를 줄일 기회를 주는 것을 중요한 목적으로 하는데, 예컨대 매수인만이 사용할 수 있는 규격으로 만들어지고 그 매수인의 이름이나 상표가 새겨져 있는 물품과 같이 전매가 불가능한 물건은 본조를 적용할 이유가 없기 때문이다([판례 88] 참조).

판례 88 대법원 1987. 7. 21. 선고 86다카2446 판결

「원심은 … 원고가 국산차를 포장하기 위한 자동포장지를 피고가 제시한 규격에

1) 목적물반환청구권의 양도에 의해 인도받더라도 매수인이 상품을 즉시 반환받아 검사할 수 있는 상태라면 물론 본조를 적용할 수 있다(近藤, 149면).

2) 일본에서는 상법제정 후 이 조문이 특정물에만 적용되는 것으로 이해되었는데, 최고재판소의 판례(日最高裁 1960. 12. 2, 民集 14권 13호 2893면)에 의해 불대체물에도 적용되는 것으로 해석이 바뀌었다고 한다(近藤, 150면).

따라 제작하여 피고에게 공급판매하기로 약정하고, 원고가 자신의 재료를 사용하여 판시와 같은 자동포장지를 제작하여 피고에게 공급하였던바, 피고는 위 포장지를 인도받고 즉시 그 하자 유무에 관하여 검사하지 아니한 채 보관하다가 2개월 가까이 경과하고서야 위 자동포장기계로 위 포장지에 포장하는 작업을 하다가 위 포장지는 그 세로규격이 원고의 제작상 잘못으로 각 포장지마다 피고가 요구한 규격보다 1.5 내지 2밀리미터 초과하여 … 위 포장지 전량이 사용할 수 없게 되었음을 발견하고 그 때 무렵 위와 같은 사실을 원고에게 통지한 사실과 위와 같은 하자는 포장지공급당시 쉽게 발견할 수 있는 것이라는 사실을 인정한 다음, 피고가 원고로부터 위 포장지를 수령하고도 지체 없이 이를 검사하지 아니하고 약 2개월 후에야 비로소 하자가 있음을 발견하고 그 무렵 원고에게 한 통지는 시기에 늦은 통지로서 피고는 상법 제69조 제1항의 규정에 따라 위 하자를 이유로 한 이 사건 매매계약해제권을 더 이상 행사할 수 없게 되었다고 판시하고 있다.

살피건대, 이 사건에 있어서와 같이 당사자의 일방이 상대방의 주문에 따라서 자기의 소유에 속하는 재료를 사용하여 만든 물건을 공급할 것을 약정하고 이에 대하여 상대방이 대가를 지급하기로 약정하는 이른바 제작물공급계약은 그 제작의 측면에서는 도급의 성질이 있고, 공급의 측면에서는 매매의 성질이 있다. 이러한 계약은 대체로 매매와 도급의 성질을 함께 가지고 있는 것으로서 이를 어떤 법에 따라 규율할 것인가에 관하여는 민법 등에 특별한 규정이 없는바, 계약에 의하여 제작 공급하여야 할 물건이 대체물인 경우에는 매매로 보아서 매매에 관한 규정이 적용된다고 하여도 무방할 것이나, 이와는 달리 그 물건이 특정의 주문자의 수요를 만족시키기 위한 불대체물인 경우에는 당해 물건의 공급과 함께 그 제작이 계약의 주목적이 되어 도급의 성질을 강하게 띠고 있다 할 것이므로 이 경우에도 매매에 관한 규정이 당연히 적용된다고 할 수는 없을 것이다.

상법 제69조는 제1항[의] … 취지는 상인간의 매매에 있어 그 계약의 효력을 민법 규정과 같이 오랫동안 불안정한 상태로 방치하는 것은 매도인에 대하여는 인도 당시의 목적물에 대한 하자의 조사를 어렵게 하고 전매의 기회를 잃게 될 뿐만 아니라, 매수인에 대하여는 그 기간중 유리한 시기를 선택하여 매도인의 위험으로 투기를 할 수 있는 기회를 주게 되는 폐단 등이 있어 이를 막기 위하여 하자를 용이하게 발견할 수 있는 전문적 지식을 가진 매수인에게 신속한 검사와 통지의 의무를 부과함으로써 상거래를 신속하게 결말짓도록 한 것이라고 보여진다.

이 사건 포장지는 피고의 주문에 따른 일정한 무늬와 규격으로 인쇄되어 있고 더구나 그 포장지에는 피고회사 이름까지 인쇄되어 있어 피고만이 이를 사용할 수 있고 원고나 피고로서는 이를 타에 매각처분하기가 곤란하거나 불가능한 사실이 엿보이는바, 이러한 사정하에서라면 원고가 공급한 이 사건 포장지는 불대체물에 해당할 것이고, 이러한 경우 상법 제69조 제1항에 따라 그 거래관계를 보다 신속하게 결말지을 필요가 절실히 요구된다고 할 수도 없을 것이다.」

4) 하 자 목적물에 하자가 있어야 한다. 물건에 하자가 있거나 수량이 부족한 경우 등 물리적 하자에 한하며, 권리의 하자가 있을 때에는 본 특칙이 적용되지 아니한다. 따라서 본조는 민법 제574조, 제580조, 제581조가 적용될 하자가 있을 때에만 특칙으로서 적용된다. 권리의 하자는 목적물을 검사한다고 해서 발견할 수 있는 것이 아니므로 매수인에게 검사의무를 과하기가 적당치 않기 때문이다.

5) 매도인의 선의 매도인이 악의인 경우에는 본 특칙을 적용하지 아니하고 민법의 일반원칙에 따라 해결한다. 악의인 매도인을 굳이 보호할 필요가 없기 때문이다. 「악의」라 함은 매도인이 목적물을 인도할 당시 목적물에 하자가 있거나 수량이 부족함을 알고 있음을 뜻한다.

매도인이 악의이면 매수인의 「지체없는 검사」, 「즉시 통지」의 의무가 생기지 않고 민법의 일반원칙에 따라 책임을 물을 수 있다.

(3) 의무의 내용

1) 검사의무 매수인은 목적물을 지체 없이 검사하여야 한다. 「지체 없이」의 의미 그리고 검사에 소요되는 시간 등은 구체적으로 목적물의 종류·수량·인도장소·검사방법 등에 따라 달리 해석해야 한다. 매수인의 주관적인 사정, 예컨대 질병·부재 등으로 검사가 지연된 것은 면책되지 아니한다. 목적물에 「즉시 발견할 수 없는 하자가 있는 때」에는 6월 내에 검사하여야 한다(69조 1항 후). 이는 하자의 성질상 즉시 발견되지 않는 경우를 뜻하며(예컨대, 사과의 속살이 썩은 경우: [판례 89]), 매수인의 부주의로 발견하지 못한 경우에는 적용되지 않는다.

검사의 정도·방법은 일반적으로 상인에게 요구되는 객관적인 주의를 기울여 선택해야 한다. 상인의 주관적인 주의능력은 고려되지 아니한다. 그러나 이것도 목적물의 성질·수량 등에 따라 달라질 수 있는 문제이다. 예컨대 가구 같으면 육안이나 간단한 도구로 규격·재료 등을 검사하면 족하지만, 복잡한 기계 같으면 부속을 점검하고 작동시켜 보고 경우에 따라서는 계기로 성능을 실험해 보아야 할 것이다. 그리고 소량의 물건이라면 낱낱의 물건을 전부 검사해야 하지만,

예컨대 쌀 1,000석과 같은 다량의 물건은 표본검사를 하면 족하다.

판례 89 대법원 1993. 6. 11. 선고 93다7174 · 7181 판결

「… 원고가 피고로부터 매수한 21~22kg들이 사과 1,300상자를 해체하여 15kg들이 1,650상자로 다시 포장한 사과 중 537상자의 사과에 과심이 썩은 하자가 있었[고] … 위와 같은 하자는 육안으로 쉽게 확인될 수 있는 성질의 것이 아니고 위 사과를 쪼개어 보지 않으면 발견하기 어려운 성질의 숨은 하자[이다.]」

2) 통지의무 매수인이 목적물을 검사하여 하자 또는 수량부족을 발견한 때에는 즉시 매도인에게 통지를 발송하여야 한다(발신주의)(69조 1항 전). 목적물을 지체 없이 검사하여 하자를 발견한 때에나 즉시 발견할 수 없어 6개월 내에 발견한 때에나 마찬가지로 즉시 통지하여야 한다. 통지의 발송에 대한 증명책임은 매수인이 진다(대법원 1990. 12. 21. 선고 90다카28498 · 28504 판결).

통지는 매수인이 이를 발송한 사실을 증명할 수 있는 한, 서면 · 구두 등 어떠한 방법이든 무관하나, 매도인이 해결책을 강구할 수 있도록 하자의 유형과 상황, 부족한 수량 등을 알려야 한다.

통지에 대해 도달주의를 취한다면 매수인이 부도달의 위험부담까지 안아야 하는 가혹함이 있으므로 상법은 발신주의를 취하고 있다. 그러므로 부도달로 인한 위험은 매도인이 부담한다.

(4) 적용범위

1) 심층적 하자 본조는 목적물을 검사한다면 즉시 또는 6월 내에 하자를 발견할 수 있는 경우에 한해 적용된다고 해석해야 한다(김성태 507; 임중호 351; 정경영 168; 정준우 273). 예컨대 반도체를 부품으로 한 제품의 내구성 같은 것은 즉시 검사한다고 하여 알 수도 없으며, 6월 내에 하자가 드러나지 않는 예도 흔하다. 이러한 하자에 관해서는 매수인의 검사의무가 생기지 않고 민법의 일반원칙에 따라 담보책임을 물을 수 있다고 본다.

이에 대해 상법 제69조는 상거래의 신속한 처리와 매도인의 보호를 위한 특칙이므로, 6월 이후에 발견한 하자에 관하여는 매도인이 담보책임을 면하는 것으로 해석하는 견해가 있고(김성탁 241; 김홍기 148; 서완석 224; 서헌제 250; 손주찬 251; 송옥렬 128; 안강현 231; 이(기) · 최 394; 정동윤 211; 최 · 김 241; 최준선 285), 판례도

같은 취지로 판시하고 있으나([판례 90]), 타당성은 의문이다. 6월 내에 발견할 수 없는 하자가 있는 경우에까지 본조를 적용한다면 물건의 성질에 따라서는 매도인의 담보책임 자체를 면제하는 것과 같으므로 부당하다.[1] 이 제도는 상거래의 목적물에 하자가 있을 경우 민법에 따라 해결할 경우의 불공평을 제거하고자 하는 취지에서 둔 제도이지 매도인을 특히 보호하기 위한 제도가 아니라는 점도 유의해야 한다(매수인의 이익을 희생시키며 매도인을 특히 보호해야 할 이유는 전혀 없다).[2]

판례 90 대법원 1999. 1. 29. 선고 98다1584 판결

「… 상법 제69조는 상거래의 신속한 처리와 매도인의 보호를 위한 규정인 점에 비추어 볼 때, … 통상 요구되는 객관적인 주의의무를 다하여도 즉시 발견할 수 없는 하자가 있는 경우에도 매수인은 6월 내에 그 하자를 발견하여 지체 없이 이를 통지하지 아니하면 매수인은 과실의 유무를 불문하고 매도인에게 하자담보책임을 물을 수 없다고 해석함이 상당하다.

원심이 … 원고가 피고로부터 이 사건 건물에 대한 점유를 이전받은 날부터 6월 내에 피고에게 이 사건 건물에 대한 하자를 발견하여 즉시 통지하지 아니한 사실을 자인하고 있어, 비록 이 사건 건물의 하자가 원고 주장과 같이 그 성질상 점유이전일부터 6월 내에 도저히 발견할 수 없었던 것이었다고 하더라도, 원고는 상법 제69조 제 1 항이 정한 6월의 기간이 경과됨으로써 이 사건 손해배상청구권을 행사할 수 없다고 판단한 조치는 정당[하다.]」

2) 불완전이행 본조는 민법상의 매도인의 담보책임에 대한 특칙이므로 일반 채무불이행에 해당하는 불완전이행으로 인한 손해배상책임을 묻는 청구에는 적용되지 않는다. 그러므로 목적물에 하자가 있지만, 본조가 정한 기간이 경과하여 담보책임을 묻지 못하는 경우에도 불완전이행으로 인한 손해배상책임은 물을 수 있다(대법원 2015. 6. 24. 선고 2013다522 판결).[3]

---

1) 우리 상법 제69조와 내용이 같은 일본 상법 제526조의 해석론에서도 6월이 경과하면 매수인의 과실을 묻지 않고 매도인의 책임을 물을 수 없다는 것이 다수설과 판례이지만(日最高裁 1972. 1. 25, 判例時報 662호 85면), 매수인에게 가혹하다는 비판이 있다(江頭, 33면; 森本(商行爲), 30면).

2) 우리 상법 제69조 및 일본 상법 제526조는 독일 상법(HGB) 제377조에서 유래한다. 동조에서는 정상적인 업무방법으로(nach ordnungsmäßigem Geschäftsgange) 즉시 조사하여 발견할 수 없는 하자에 대해서는 6개월의 제한을 두지 않고 매수인의 통지의무를 적용하지 않는다(동조 2항).

3) 판지: B가 A에게 지하 또는 지중의 토양이 유류, 중금속 등으로 오염된 토지를 매도하였는데, 매매시기로부터 6월이 경과하여 A가 이를 알고 B를 상대로 매도인의 하자담보책임 또는 불완전이행으로 인한 손해배상책임을 물었다. 이에 대해 법원은 상법 제62조가 정한 기간이 경과하였음을 이

(5) 효 과

1) 매수인이 위 검사의무를 이행하여 하자 또는 수량부족을 발견하고 이를 통지한 때에는 담보책임을 물을 수 있음은 물론이다. 본조는 매수인이 검사·통지의무를 「이행하지 아니한 경우」에 적용할 특칙을 규정한 것이고, 「이행한 경우」에 매수인이 누릴 권리에 관한 특칙을 정하거나, 매도인의 책임에 관한 특칙을 정한 것이 아니다.[1] 그러므로 검사·통지의무를 이행한 때에는 일반원칙에 따라 담보책임을 물을 수 있다.[2] 그리하여 특정물에 하자가 있는 때에는 매매계약의 목적을 달성할 수 없는 경우에 한하여 계약을 해제할 수 있고, 기타의 경우에는 손해배상만을 청구할 수 있을 뿐이며(민 580조 1항 → 575조 1항), 불특정물에 하자가 있을 때에는 특정물의 경우와 같은 내용으로 계약을 해제하거나, 손해배상을 청구하거나, 아니면 하자 없는 물건과의 교환을 청구할 수 있다(민 581조). 그리고 수량이 부족한 경우에는 대금감액을 청구할 수 있다(민 574조 → 572조).

2) 매수인이 검사·통지의무를 이행하지 아니한 경우에는 위에 설명한 계약해제권·손해배상청구권·대금감액청구권을 잃는다(69조 1항 전). 명문의 규정은 없으나 불특정물에 하자가 있을 경우 하자 없는 물건과의 교환(민 581조 2항)도 청구할 수 없다고 보아야 한다. 이 교환청구권은 계약해제권·손해배상청구권에 대신하여 행사되는 권리이기 때문이다. 이와 같이 목적물의 검사·통지의무를 게을리한다고 하여 손해배상채무가 발생하는 것은 아니고, 이를 게을리한 때에 매수인이 자신의 권리를 상실하는 불이익만을 입을 뿐이므로 매수인의 검사·통지의무는 불완전의무(간접의무)이다.

5. 매수인의 보관·공탁의무

(1) 의 의

1) 민법상으로는 매매목적물에 하자가 있음을 이유로 계약을 해제한 때에는

유로 담보책임은 부정하고, 오염된 토양을 정화하지 않은 채 인도한 것은 불완전이행에 해당한다는 이유로 토양의 정화에 필요한 비용 상당의 손해배상책임을 인정하였다.

1) 日最高裁 1954. 1. 22, 民集 8권 1호 198면.

2) 日最高裁 1996. 10. 20, 民集 46권 7호 1129면.

매수인은 원상회복을 위해 목적물을 매도인에게 반환해야 한다(민 548조 1항). 이를 상사매매에도 적용한다면, 상법 제69조에 따라 매수인이 계약을 해제한 경우 그 매수인은 목적물을 매도인에게 반환해야 하고 또 이로써 족하다. 그러나 원격지에 있는 상인들간의 매매에도 이 원칙을 적용한다면 매도인은 목적물의 소재지에서 전매할 기회를 잃을뿐더러, 과중한 운반비에다 운송 중의 위험까지 부담하여야 한다. 매도인으로서는 어차피 처분을 예정했던 물건이므로 목적물의 소재지에서 처분하는 것이 비용과 손해를 최소화하는 길이다. 그래서 상법은 원격지의 매매에 한해 목적물의 하자를 이유로 계약을 해제한 경우에도 매수인으로 하여금 목적물을 보관 또는 공탁하게 하거나 경우에 따라 경매하게 하며(70조 1항), 매수인이 인도받은 물건이 매매목적물과 다르거나 수량을 초과할 때에도 그 필요성은 같으므로 해제의 경우와 같은 방법으로 해결하고 있다(71조).

2) 상법 제60조는 상인이 매수의 청약과 더불어 견품 기타 물건을 받은 때에도 보관의무를 과하는데, (i) 제60조의 보관의무는 상인이 청약을 거절한 경우에 생겨나지만, 본조는 계약의 성립을 전제로 하며, (ii) 제60조는 상인이 자신의 영업부류에 속한 거래의 청약을 받은 경우에 한해 적용되나, 본조는 상인간의 상행위인 매매라면 목적물에 제한이 없으며, (iii) 본조는 제60조와 달리 원격지의 상인간의 매매에 적용되며, (iv) 제60조에서는 보관비용이 물건의 가액을 초과하거나 상인에게 손해가 생길 염려가 있을 때에는 보관의무가 면제되지만, 본조에서는 그 같은 예외가 인정되지 아니한 점이 상이하다.

(2) 요 건

1) 당 사 자 본조의 보관·공탁의무는 제69조의 적용을 전제로 하므로 매도인과 매수인이 모두 상인이어야 하며, 매매 역시 쌍방에 대해 상행위이어야 함은 제69조에서와 같다.

2) 계약의 해제·수량초과 등 (i) 목적물에 하자가 있거나 수량이 부족하여 매수인이 계약을 해제한 때(69조 1항) 및 (ii) 매수인이 인도받은 물건이 매매의 목적물과 상위하거나 수량이 초과된 경우(71조)에 적용된다. (ii)의 경우는 계약의 해제를 요하지 않으며, 보관의무는 매매목적물과 상위한 물건 또는 초과한 부분에 대해서만 생긴다. 매수인이 목적물의 하자를 이유로 수령거절의 의사를 표

하며 완전물의 급부를 청구할 경우에도 목적물이 상위한 경우로 보아 보관의무를 진다고 해석해야 한다.[1)]

제70조는 제69조에 의해 매수인이 계약을 해제한 경우를 요건으로 하지만, 본조의 취지를 생각한다면 이행이 지체된 확정기매매를 해제한 경우(68조), 약정해제권을 행사한 경우[2)] 및 매도인이 매수인의 채무불이행을 이유로 계약을 해제한 경우에도 유추적용해야 할 것이다.

3) 매도인의 선의 매도인에게 악의가 없어야 한다. 계약을 해제한 경우의 보관의무(70조)에 있어서는 제69조 제2항에 의해 매도인에게 악의가 없어야 함은 명백하다. 제71조의 경우, 즉 목적물이 상위하거나 수량이 초과된 경우의 보관의무도 명문의 규정은 없으나 신의칙상 매도인이 선의인 경우에만 생겨난다고 해석해야 한다.

4) 인도장소의 요건 본조는 매매목적물에 대한 매도인의 관리 · 지배가 어려운 상황을 고려한 것이므로, 목적물의 인도장소와 매도인의 영업소 또는 주소가 다른 특별시 · 광역시 · 시 · 군에 있을 것을 요한다. 그렇지 않고 두 장소가 동일한 특별시 · 광역시 · 시 · 군에 있는 때에는 적용하지 아니한다(70조 3항). 이 경우에는 매도인이 용이하게 스스로 목적물을 회수할 수 있으므로 매수인에게 보관을 위한 부담을 줄 필요가 없기 때문이다.

인도장소가 매도인의 영업소와 다른 지역에 있는 한, 매도인의 영업소와 매수인의 영업소가 같은 지역에 있더라도 매수인이 보관의무를 지게 됨은 법문상 당연하다.[3)] 매도인의 영업소가 인도장소와 다른 지역에 있더라도 인도장소가 있는 지역에 매도인을 대신하여 목적물을 처리할 수 있는 대리인이 있다면 역시 본조를 적용할 필요가 없다.[4)]

(3) 의무의 내용

1) 보관 · 공탁 매수인이 계약을 해제한 경우, 인도받은 물건이 매매목

---

1) §379 Abs. 1 HGB.

2) 平出, 237면.

3) 95년 개정전에는 매도인과 매수인의 영업소가 다른 지역에 있을 것을 보관의무의 요건으로 삼았었으나, 매도인이 목적물에 접근하기 어려운 상황에서 매수인의 보관의무를 인정할 실익이 있으므로 현행과 같이 개정되었다.

4) 平出, 238면.

적물과 상위한 경우, 인도받은 물건이 계약상의 수량을 초과하는 경우에는 그 목적물을 보관 또는 공탁하여야 한다(70조 1항 본, 71조). 계약의 일부만 해제한 경우에는 해제한 부분, 수량이 초과된 경우에는 초과하는 부분만 보관 또는 공탁하면 된다. 보관 또는 공탁은 매수인이 임의로 선택할 수 있으며 공탁에 특별한 요건은 없다. 상법 제62조를 유추적용하여 매수인은 목적물에 대해 선관주의의무를 진다고 해야 할 것이므로, 매수인은 목적물의 성질에 따라 알맞은 방법으로 보관하여야 한다. 반드시 본인이 보관할 필요는 없고 창고업자에게 임치하는 것도 무방하며, 경우에 따라서는 그같이 해야 할 때도 있다(예컨대 목적물이 냉동을 요하는 식품이라면 냉동시설이 구비된 창고업자에게 임치해야 한다). 어떤 방법을 취하건 보관비용은 매도인의 부담으로 한다. 목적물의 가액이 보관비용을 상환하기에 부족한 경우도 있겠지만, 상법 제60조의 보관의무와는 달리 매수인의 보관의무는 면제되지 아니한다.

보관기간에 대해서는 명문의 규정이 없으나, 본 제도의 취지상 매도인이 목적물에 대해 적절한 조치를 착수하는 데 소요되는 상당한 기간이라고 풀이한다.

보관에 관해 매수인이 보수청구권(61조)을 갖는다는 것이 다수설이나(강·임 210; 김성탁 247; 김성태 511; 서헌제 252; 손주찬 255; 안강현 234; 이(기)·최 403; 전우현 252; 정동윤 213; 최·김 247; 최준선 288), 본조의 보관의무는 법률에 의하여 인정되는 의무이므로 이 경우는 제61조의 적용대상이 아니라고 보아야 한다(同旨: 정준우 277; 정찬형 256).

2) 경　매　　매수인이 보관하여야 할 목적물이 멸실 또는 훼손될 염려가 있는 때에는 법원의 허가를 얻어 경매하고 그 대가를 보관 또는 공탁하여야 한다(70조 1항 단). 이러한 경우의 경매를 긴급매각(Notverkauf)이라 한다.

상법 제67조 제 1 항에서는 매도인이 공탁과 경매 중 임의로 선택할 수 있었던 것과 달리 본조에서는 경매를 2차적인 수단으로 하고 있음을 주의하여야 한다. 본조는 어디까지나 목적물의 보관에 초점을 두고, 경매는 부득이한 경우 차선의 방법으로 채택한 것이다. 또 하나 주의할 점은 본조의 경매는 일정한 요건이 구비된 경우 매수인의 의무로서 인정된다는 점이다.

「목적물이 멸실 또는 훼손될 염려가 있을 때」란 장기간 보관하면 부패할 염려가 있다든지 보관중 파괴되기 쉽다든지 기타 보관에 적절하지 아니한 경우를 뜻한다. 목적물의 가격에 비하여 보관비용이 지나치게 큰 경우도 포함한다고 보는 것이 거래통념에 부합한다. 이와 같은 사정은 없으나 목적물의 가격이 하락할 상황인 경우에도 경매를 허용할 것인가? 기술과 같이 본조의 경매는 2차적인 보관방법으로 인정된다는 점을 생각한다면 가격의 하락을 이유로 경매를 허용하는 것은 입법목적을 벗어난다고 생각된다.

매수인이 경매를 한 때에는 지체 없이 매도인에게 그 통지를 발송하여야 한다(발신주의)(70조 2항).

(4) 의무위반의 효과

매수인이 본조에 위반하여 보관 또는 공탁을 하지 아니하거나 목적물에 대한 주의를 게을리한 경우에는 매도인에게 손해배상책임을 진다. 목적물이 멸실 또는 훼손될 염려가 없는데도 불구하고 경매한 때에도 의무를 위반한 것이므로 손해배상책임을 진다. 한편 본조는 목적물이 멸실 또는 훼손될 염려가 있는 때에는 경매를 매수인의 의무로 하고 있으므로, 멸실 · 훼손의 염려가 있는데도 경매하지 않는다면 이 역시 의무위반이 되어 매수인이 손해배상책임을 진다.

Ⅴ. 유가증권

1. 의 의

(1) 개 념

상법 제65조 제 1 항은 「금전의 지급청구권, 물건 또는 유가증권의 인도청구권이나 사원의 지위를 표시하는 유가증권에 대하여는 다른 법률에 특별한 규정이 없으면 민법 제508조부터 제525조까지의 규정을 적용하는 외에 어음법 제12조 제 1 항 및 제 2 항을 준용한다」라고 규정하는데, 이 조문은 상법이 유가증권 일반에 관해 두고 있는 유일한 통칙적 규정이다. 그러나 유가증권에 관한 법리는 종류에 따라 다르며, 각기 복잡한 법리를 가지고 있으므로 이 규정이 유가증권의 법리를 포괄하는 완결적인 규정이라고 볼 수는 없다. 유가증권의 종류별로 각기 법률에서 자세한 규정을 두고 있으므로 해당되는 곳에서 설명하겠지만, 여기서 유가증권의 공통적인 원리를 설명해 둔다.

유가증권이란 일응 재산적 가치가 있는 권리를 표창한 증권이라고 정의할 수 있으나, 「표창」이란 말이 모호하여 이것만으로는 재산권과 유가증권의 법적 관계를 설명하기에 미흡한 점이 있다. 그래서 일찍이 브루너(H. Brunner)가 유가증권을 「사법상 증권의 소지를 조건으로 이용이 가능한 사권을 표창한 증권」[1]이라고 정의한 이래 유가증권의 개념론은 이를 토대로 발전해 왔다.

유가증권에는 여러 가지가 있는데, 각 종류마다 표창된 재산권과 증권의 밀접도에 차이가 있다. 가장 밀접한 관계를 갖는 어음이나 수표를 보면 증권의 작성에 의해 비로소 (표창된) 권리가 생겨나고(설권증권성), 권리를 이전하려면 증권을 교부하여야 하고, 권리를 행사하려면 증권을 제시하여야 한다(제시증권성). 이에 반해 화물상환증이나 창고증권 같은 것은 권리(화물 또는 임치물의 인도청구권)의 이전 · 행사에는 증권을 요하지만, 권리 자체는 증권과 무관하게 발생하고, 증권의 작성에 의해 기존의 권리가 증권화될 뿐이다(비설권증권성). 그런가 하면 기명식주권의 경우 권리(주주권)의 발생이 증권과 무관하게 이루어질 뿐 아니라, 행사에도 증권을 요하지 않고 다만 이전에만 증권의 교부를 요할 뿐이다.

이상과 같이 재산권과 증권의 관계가 상이한 여러 가지의 유가증권을 통일적으로 설명하기 위하여 통설은, 유가증권을 「재산권을 표창한 증권으로서 그 권리의 발생 · 행사 · 이전의 전부 또는 일부를 증권에 의하여야 하는 것」이라고 설명한다. 한편 권리의 이전에 증권의 교부를 요하는 것은 모든 유가증권의 공통적 속성인 까닭에 유가증권의 본질적 속성은 「증권의 처분에 의해 그 표창된 권리를 처분하는 것」이라고 설명하는 견해도 유력하다.[2]

(2) 유사증서

유가증권은 그와 외관이나 기능상으로 흡사한 다른 증서와 구별하여야 한다. 다음 3가지는 특히 혼동하기 쉬운 것들이다.

증거증권은 어느 법률관계의 유무 또는 내용을 후일에 용이하게 증명하기 위하여 작성해 두는 서면으로서, 예컨대 계약서 · 차용증서 · 영수증 · 예금통장 같은

1) *H. Brunner*, Die Wertpapiere, in Endemanns Handbuch des deutchen Handels-, See- und Wechselrechts, Bd. Ⅱ, 1882, S. 147; *W. Zöllner*, Wertpapierrecht, C. H. Beck, 1982, S. 14.

2) *Raiser*, Das Rektapapier, ZHR 101(1934). S. 13; *Ulmer*, Das Recht der Wertpapiere, 1938, S. 16 ff; 同旨: 本門喜一, "有價證券の概念で就て," 「商法及保險の硏究(靑山還曆記念)」, 28~29면; 石井照久, "有價證券理論の反省," 「商法の諸問題(竹田古稀記念)」, 450~451면.

것들이다. 유가증권도 증거증권의 기능을 하지만 증거증권이 바로 유가증권은 아니다. 단순한 증거증권은 법률관계를 증명하기 위한 도구에 불과한 것이고 실제 법률관계의 내용과는 무관하다. 예컨대 A가 B에게 차용증서만 써주고 실제는 돈을 빌린 사실이 없다면 차용증서를 작성한다 해서 채권·채무가 생겨나는 것은 아니며, 실제 대차관계가 있다면 B는 차용증서가 없더라도 A에 대해 채권을 갖는다. 또 B가 A에게 채권을 행사함에 있어 차용증서를 제시해야 하는 것도 아니고, B가 자기의 채권을 C에게 양도할 경우 차용증서의 교부에 의해 양도하는 것도 아니다.

면책증권(자격증권)은 채무자가 증권의 소지인에게 채무를 이행하면 비록 소지인이 진정한 권리자가 아니더라도 채무자가 책임을 면하게 되는 증권이다. 예컨대 목욕탕의 의류보관표찰, 고속버스나 여객기의 수하물상환증이 이에 속한다. 유가증권은 면책증권이지만 면책증권이 곧 유가증권은 아니다. 단순한 면책증권은 권리를 발생시키는 능력이 없으며, 면책증권을 타인에게 교부한다고 해서 권리가 이전되는 것도 아니다. 또 진정한 권리자라면 면책증권 없이도 권리를 행사할 수 있다(예컨대 목욕탕에서 옷표를 잃어버렸다고 해서 자기 옷을 못 찾는 것은 아니다).

지폐·우표·수입인지 등을 금권이라 하는데, 이는 유가증권처럼 재산권을 표창하는 것이 아니고, 증권 그 자체가 법률상 일정한 수량의 금전에 대신하는 효력을 갖는 것이다.

2. 유가증권의 기능

유가증권은 현대문명에 의해 창안된 새로운 재산보유방법으로서 재화의 교류를 촉진하고 나아가 자산의 가치발굴에 기여해 왔다. 지금도 계속 새로운 유가증권이 개발되어 정태적인 자원을 동태화시켜 자원의 효용을 높이고 있다. 이를 가리켜 권리의 증권화(securitization) 현상이라 부를 수 있다. 이는 유가증권이 갖는 다음과 같은 유용성에 기인한다.

(1) 추상적 가치의 구체화

동산이나 부동산은 실체가 있으므로 그에 알맞은 공시방법이 마련되어 있으나, 채권 기타 무형의 권리는 추상적·관념적으로만 존재할 뿐이므로 그 권리의 존재·이동에 대한 인식 역시 추상적·관념적일 수밖에 없다(예컨대 갑이 을에 대해 100만원의 채권을 가지고 있다고 할 때 갑의 권리는 관념적인 수치로 존재할 뿐이다). 이것은 그만큼 권리의 존재를 확실하게 하고 유통을 용이하게 하기가 어려움을 뜻한다. 여기서 이러한 추상적 권리를 유가증권화하면 가시적·물리적 존재로 바뀌어 동산이나 부동산처럼 선명한 공시방법을 갖출 수 있게 되어 권리의 존재·유통을 확실하게 할 수 있는 것이다.

(2) 잠재적 가치의 현재화

예컨대 A가 B에 대해 1개월 후에 변제받을 수 있는 100만원의 금전채권을 가지고 있다 하자. 이 경우 A의 채권의 가치는 변제받을 때까지는 잠재되어 있고 현실적 가치는 전혀 발휘하지 못한다(예컨대 A가 급히 10만원이 필요하다고 할 때 이 채권은 현재로서는 아무 도움이 되지 않는다). 또 A가 운송인 B를 시켜 쌀 100가마를 서울로부터 부산까지 운송하게 하는 경우, 쌀이 부산에 도착하기 전까지는 A는 이 쌀을 가지고 아무런 이익도 누릴 수 없다. 여기서 A가 B에 대해 갖는 금전채권을 어음이라는 유가증권으로 화체시키고, 운송물인도청구권을 화물상환증이라는 유가증권으로 화체시킨다면 이 유가증권들은 각각 100만원의 채권 및 쌀 100가마를 대표하게 되어 A는 이 유가증권을 처분하거나 담보에 제공함으로써 「현재의 100만원」, 「현재의 쌀 100가마」로 활용할 수 있는 것이다.

(3) 권리의 단위화

특히 주식이나 사채를 유가증권화시킬 때 나타나는 기능으로서, 사원권 또는 금전채권을 일정규모의 단위로 쪼개어 표창함으로써 권리의 양에 대한 인식을 편의롭게 하고, 다음에 말하는 유통성을 갖추게 된다.

(4) 유통성의 부여

권리를 유가증권화하는 궁극의 목적은 권리에 유통성을 부여하기 위함이며, 또 이 유통성이 유가증권의 가장 중요한 기능이기도 하다. 즉 유가증권은 그가 표창한 권리의 공시방법이 되어 권리의 유통을 용이하게 하는 것이며, 이를 통해 본래는 정체되어 있는 권리를 보다 효율적으로 이용하고자 하는 자에게 이동시킴으로써 결과적으로는 권리 자체의 효용을 높이는 기능을 하는 것이다. 그래서 유가증권을 다루는 법은 대체로 유가증권의 유통성을 특히 보장하는 제도를 마련하고 있다.

3. 유가증권의 종류

(1) 설권증권 · 비설권증권

설권증권이란 증권의 작성에 의해 그 표창된 권리가 비로소 생겨나는 유가증권이다. 앞서 유가증권은 권리의 발생 · 행사 · 이전의 전부 또는 일부에 필요하다고 하였는데, 이 중 권리의 발생에 증권의 작성이 필요한 것이 설권증권이다. 어음 · 수표가 이에 속한다. 이에 대해 비설권증권이란 이미 존재하는 권리를 표창할 뿐이므로 권리의 발생과는 무관하고 행사 · 이전 또는 그 중 하나를 증권에 의하는 유가증권이다. 어음 · 수표 이외의 대부분의 유가증권이 이에 속한다.

설권증권과 비설권증권의 예시

설권증권과 비설권증권의 차이를 좀더 자세히 설명하면 다음과 같다.

예컨대 화물상환증은 송하인이 운송인에게 대해 갖는 운송물인도청구권을 표창한 것이다. 그런데 운송물인도청구권은 송하인과 운송인간에 운송계약이 체결되고 그에 따라 송하인이 운송물을 운송인에게 인도함으로써 생겨난다. 그러므로 화물상환증은 이미 송하인이 가지고 있는 운송물인도청구권을 표창할 뿐이다. 따라서 이것은 비설권증권이다.

한편 약속어음은 발행인에 대한 금전채권을 표창한다. 물론 약속어음은 발행인이 상대방에 대해 이미 금전채권을 갖고 있고 그 지급수단으로 발행해 주는 것이 보통이다. 그렇더라도 어음상의 금전채권은 어음의 작성에 의해 비로소 생겨나는 것이며, 이미 발행인에 대해 갖는 금전채권을 표창하는 것이 아니다.

(2) 완전유가증권 · 불완전유가증권

증권과 그 표창된 권리의 밀접도에 의해 완전유가증권과 불완전유가증권으로 분류한다. 완전유가증권이라 함은 권리의 발생 · 행사 · 이전 모두가 증권에 의해 이루어지는 것으로 어음 · 수표가 이에 속한다. 이에 대해 불완전유가증권이란 권리의 발생 · 행사 · 이전 중 일부가 증권에 의해 이루어지는 것을 말하며, 주권 ·

채권 · 화물상환증 · 창고증권 · 선하증권 등 어음 · 수표 이외의 대부분의 유가증권이 이에 속한다. 발생 · 행사 · 이전의 일부라고 하지만 실제는 발생을 제외하고 행사와 이전 또는 그 중 하나를 증권에 의한다. 즉 불완전유가증권의 대부분은 비설권증권이다.

(3) 채권증권 · 물권증권 · 사원권증권

유가증권이 표창하고 있는 것이 어떤 내용의 권리이냐에 따른 분류이다.

채권증권이란 어음 · 수표 · 채권(債券) 등과 같이 증서에 기재된 일정액의 금전의 지급을 청구하는 채권, 화물상환증 · 창고증권 · 선하증권 등과 같이 일정한 물건의 인도를 청구하는 채권을 표창한 증권이다. 유가증권의 대부분이 채권증권이다.

물권증권은 물권을 표창하는 증권으로서 독일의 저당증권 같은 것이 이에 해당하는데, 우리나라에는 물권증권이 없다. 화물상환증을 교부하면 운송물 위에 행사하는 권리의 취득에 관하여 운송물을 인도한 것과 동일한 효력이 있어(창고증권 · 선하증권도 같다) 이를 물권적 효력이라 하고(133조) 이러한 증권을 물권적 증권이라 하는데, 이는 물권을 표창하는 물권증권과는 구별하여야 한다.

사원권증권이란 회사의 사원인 지위를 표창하는 증권이며 주식회사가 발행하는 주권이 이에 해당한다.

(4) 기명증권 · 지시증권 · 무기명증권

증권상의 권리를 행사할 자를 정하는 방법에 따른 분류이다.

기명증권이란 증권에 특정의 권리자가 기재된 유가증권이다. 증권상의 권리는 그 기재된 권리자가 행사하여야 한다.

기명증권에 권리자로 기재된 자가 다른 자를 권리자로 지정할 수 있는 증권을 지시증권이라 한다. 유가증권은 원래 유통을 전제로 생겨난 것이므로 화물상환증 · 어음 등 많은 유가증권이 지시금지의 문구가 없는 한 당연한 지시증권이다(130조; 어 11조 1항).

무기명증권이란 증권에 권리자가 특정되지 아니하고 누구든지 증권을 소지한 자가 권리를 행사할 수 있는 증권이다. 증권에 증권을 소지한 자가 권리를 행사할 수 있다는 뜻을 기재한 소지인출급식증권도 무기명증권의 일종이다. 수표는 무기명식으로 발행하는 것이 일반적이고, 주권은 현행 상법상 기명식으로만 발행할 수 있다. 사채는 기명식·무기명식 어느 쪽으로나 발행할 수 있지만 기명식으로 발행하는 예는 거의 없다.

(5) 요인증권 · 무인증권

유가증권상의 권리와 그 원인된 법률관계의 관련성 유무에 따른 분류이다.

요인증권이란 증권의 작성에 일정한 원인관계가 필요하고 증권에도 그 원인관계가 기재되며 원인관계의 효력이 증권상의 권리에도 영향을 미치는 유가증권을 말한다. 화물상환증·창고증권·선하증권·주권 등 대부분의 유가증권이 이에 속한다.

이에 대해 무인증권이란 증권의 작성에 원인관계가 반드시 요구되는 것도 아니며, 원인관계가 있다 하더라도 증권에 기재되지도 아니하며, 원인관계의 무효·취소는 증권상의 권리에 영향을 주지 아니하는 유가증권이다. 어음·수표가 이에 속한다.

4. 유가증권의 관련규정

우리나라에는 스위스 채무법 제965조 이하, 미국의 통일상법전 제 3 장에서 보는 바와 같은 유가증권 전반을 포괄하는 법률은 없고, 다만 민법에 지시채권과 무기명채권에 관한 일반규정이 있고(민 508조~525조), 어음에 관해 어음법, 수표에 관해 수표법이 있으며, 상법에 화물상환증(128조~133조)·창고증권(157조~159조)·선하증권(852조~862조)·주권(355조~360조)·채권(478조~480조 기타)·신주인수권증서(420조의2~420조의4)·신주인수권증권(516조의5) 등 몇몇 유가증권에 관한 법률관계의 일부를 규율하는 단편적인 규정을 두고 있다. 그리고 앞서 인용한 제65조 제 1 항에 의해 상법상의 유가증권은 각 증권에 특유한 관련규정을 제외하고는 위 민법 및 어음법의 해당규정에 의해 규율된다.

이어 상법 제65조 제 2 항은 「제 1 항의 유가증권으로서 그 권리의 발생·변경·소멸을 전자등록하는 데에 적합한 유가증권은 제356조의2 제 1 항의 전자등록기관의 전자등록부에 등록하여 발행할 수 있다. 이 경우 제356조의2 제 2 항부터 제 4 항까지의 규정을 준용한다」라고 규정하고 있다. 이는 2011년 개정상법에서 주권에 관해 전자등록제도를 도입하였는데, 다른 유가증권도 동 제도를 적용하여 전자등록의 방식으로 발행하고 양도할 수 있음을 선언한 것이다.

제 4 절　상 호 계 산

Ⅰ. 의　　의

상호계산(laufende Rechnung; Kontokorrent)이란 상시 거래관계에 있는 상인간에 또는 상인과 비상인간에 일정기간의 거래로 발생한 채권·채무의 총액을 상계하고 그 잔액을 지급할 것을 약정하는 계약을 말한다(72조). 예컨대 A와 B가 2026년 1월 1일부터 2026년 6월 30일까지를 상호계산기간으로 정하였다고 하자. 그리고 A가 B에 대해 2월 1일 100만원, 5월 1일 200만원의 채권을 취득하고, B가 A에 대해 3월 1일 150만원, 6월 1일 250만원의 채권을 취득하였다면 각각의 채권·채무가 발생할 때마다 변제하는 것이 아니라 2026년 6월 30일까지 변제를 보류하였다가 6월 30일에 가서 쌍방의 채권·채무의 잔액, 즉 B의 A에 대한 100만원의 채권을 확정하고 이를 지급하기로 약정하는 것이다.

상호계산은 13세기 초 이탈리아의 여러 도시에서 은행거래의 관습법으로 발달하였다. 처음은 부기기술로 이용되다가 후에 법제도로 발전하여 독일, 프랑스 등 여러 나라에 계수되었다. 우리 상법은 독일 상법을 통해 이 제도를 도입하였다.

Ⅱ. 기　　능

동일한 당사자 간에 채권·채무가 수회에 걸쳐 교차하는 일을 흔히 볼 수 있는데, 특히 상호 연관성 있는 업종을 영위하는 상인간의 거래에서는 아주 빈번한 일이다. 예컨대 은행 등 금융기관 사이나, 위탁자와 위탁매매인, 상인과 그의 대리상 또는 운송주선인과 운송인 사이에서 볼 수 있다. 이들 간에 채권 · 채무가 발생할 때마다 변제를 한다면 번거롭기도 하지만, 격지자간에서는 송금에 비용과 위험도 따른다. 이 경우 당사자들이 상호계산을 이용한다면 채권 · 채무를 통합 · 단일화시켜 결제의 편의를 누릴 수 있다.

한편 상호계산의 본래의 기능이라고 할 수는 없으나 상호계산은 부수적으로 당사자들에게 신용제공(Kreditgebung)의 기능도 한다. 즉 당사자들은 자신에게 발생한 개개의 채무의 변제를 계산기간의 종료시까지 미룰 수 있는 것이다. 과거에는 이 기능이 특히 주목되어 상호계산을 「일정시기까지 상호간에 금융을 제공하기로 하는 합의」라고 표현하기도 하였다.[1)]

끝으로 상호계산은 담보적 기능(Sicherungsfunktion)을 한다.[2)] 채권의 발생시마다 변제한다면 A는 B에게 변제하였는데, B는 A에게 변제하지 아니하여 A가 불이익을 입는 일이 생기지만, 각 채권을 상호계산에 집어넣으면 A와 B는 각자 자기의 채권을 위해 자기의 채무(즉 상대방의 채권)를 담보로 확보하는 셈이 된다. 결과적으로 상호계산의 당사자는 상호계산기간중에 생긴 채권 · 채무의 대등액에 관해 서로 담보를 취득하는 것과 같다. 뿐만 아니라 상호계산기간 중에는 계속 채권 · 채무가 발생하므로 어느 특정시점에서 일방이 상대방에 대해 갖는 채무를 변제하지 않고 둠으로써 그 일방이 장차 타방에 대해 취득할 채권의 담보로 삼는 것이며, 반대로 타방은 현재의 채권의 담보를 장차 취득하게 되는 것이다.

Ⅲ. 상호계산의 성질

상호계산은 당사자 쌍방의 채권 · 채무를 대등액의 범위에서 소멸시킨다는 점에서 민법상의 상계(민 492조)와 매우 흡사하다. 그러나 민법상의 상계는 개별적 채권 · 채무를 소멸시키는 데 불과하지만 상호계산은 일정기간에 걸쳐 발생한 채권 · 채무를 포괄적으로 소멸시키는 점에서 다를 뿐 아니라, 상계는 당사자 일방

---

1) *Heinrich Thöl*, Das Handelsrecht, Bd. 1, 6. Aufl.(1879), §317.
2) Heidel/Schall, §355 Rn. 2; Heymann, §355 Rn. 4; EBJS, §355 Rn. 3; Kindler, S. 151 f.; Oetker. Komm, §355 Rn. 8; Schmidt, S. 741.

의 단독행위인 반면, 상호계산은 계약이라는 성질상의 차이가 있다.

과거에는 상호계산이 계약인 점에 집착하여 상호계산의 법적 성질을 기존의 전형계약을 가지고 설명하려는 견해가 많았다. 그리하여 상호계산기간 중에는 지급을 유예함으로써 결과적으로 신용을 주고받는 점에 착안하여 상호소비대차설, 상호신용계약설, 유예계약설 등이 주장되었는가 하면, 채권소멸의 면에서 상계와 흡사한 점에 착안하여 상계예약설, 상계계약설 등이 주장되기도 하였다. 그 밖에도 상호위임설, 소비대차 · 위임 · 채권양도의 혼합계약설 등도 있다. 그러나 이 견해들은 상호계산의 기능 중 일부를 설명하는 데 지나지 않으므로 상호계산의 본질과는 괴리가 있다. 그러므로 오늘날의 통설은 상호계산을 상법이 인정하는 특별한 계약이라고 설명한다.

Ⅳ. 상호계산의 당사자

상호계산은 상시 거래관계가 있는 「상인간」 또는 「상인과 비상인간」에 맺는 계약이므로 당사자 중 일방은 상인이어야 한다. 그러므로 비상인 사이에서는 상호계산과 동일한 내용의 계약을 체결하더라도 상법상의 상호계산이 아니고, 따라서 상호계산에 관한 규정이 적용되지 아니한다(다수설)(유추적용하자는 설: 김성태 391; 서헌제 258; 임홍근 275).

상인인 당사자에게 있어서 상호계산은 그의 영업을 위하여 하는 행위이므로 보조적 상행위(47조)이다.

상호계산은 상시 거래관계에 있는 자간에 체결하는 계약이지만, 계약체결 당시에 이미 상시 거래관계에 있어야 하는 것은 아니다. 장차 상시 거래관계가 있을 것을 예상하고 계약을 할 수도 있다. 또 상호간에 채권이 생길 것을 예상한 바와 달리 당사자 일방에게만 채권이 생길 수도 있겠으나 상호계산의 효력에는 영향이 없다. 그러나 처음부터 당사자 일방만이 채권을 취득할 것을 예상하고 일정기간 후 포괄적으로 결제하기로 하는 계약(일방적 상호계산)은 상법상의 상호계산이 아니다.

V. 상호계산의 대상

상호계산의 대상은 상인간 또는 상인과 비상인간의 「일정기간의 거래로 인한 채권·채무」이다.

1) 「일정기간」, 즉 상호계산기간은 당사자의 약정으로 정하고, 특약이 없으면 6월로 한다(74조).

상호계산은 일정기간에 생긴 다수의 채권을 일괄하여 결제하는 제도이므로 동종의 채권이어야 하는 것은 당연하고, 특히 금전채권만을 대상으로 한다.

2) 상인간의 또는 상인과 비상인간의 거래로 발생한 채권·채무를 대상으로 하므로 적어도 어느 일방에 대하여 상행위가 되는 거래로 인해 채권이 발생하여야 한다.

3) 「거래」로 인해 발생한 채권이어야 하므로 사무관리·부당이득·불법행위 등으로 인해 생긴 법정채권 또는 제 3 자로부터 양수한 채권은 제외된다. 또한 어음채권과 같이 성질상 적기에 행사해야 하는 채권도 제외되며, 담보부채권을 상호계산에 포함시키면 담보가 소멸하므로 이 역시 상호계산의 대상이 아니다(김성탁 252; 서완석 237; 서헌제 259; 오성근 294; 정준우 135; 주석(총칙·상행위) 630)(반대: 정동윤 181; 최준선 295). 이 밖에 당사자의 약정으로 특정거래를 상호계산에서 제외시키거나 상호계산을 특정 종류의 거래에 한정시키는 것도 무방하다.

VI. 상호계산의 효력

1. 소극적 효력(상호계산불가분의 원칙)

소극적 효력이란 상호계산기간중의 각 채권·채무에 대한 효력을 말한다.

(1) 당사자간의 효력

1) 원 칙 상호계산은 일정기간에 걸쳐 발생한 채권·채무의 총액을 상계하기 위해 설계된 제도이므로(72조) 상호계산기간중에 생긴 각 채권·채무는 독

립성을 잃고 하나의 계산단위로 흡수된다. 이를 상호계산불가분의 원칙(Unteilbarkeit des Kontokorrents)이라 한다. 그 결과 당사자는 상호계산에 계입된 채권을 임의로 분리시켜 개별적으로 행사하지 못하며, 이행청구에 응하지 아니하였다 하여 이행지체가 되는 것도 아니다. 또 당사자는 상호계산에 계입되지 않은 다른 채권 · 채무를 가지고 상호계산에 계입된 채무 · 채권과 상계하지 못한다. 따라서 개별 채권의 이행을 구하는 소를 제기할 수도 없다. 이같이 개별 채권에 대한 권리행사가 불가능한 관계로 상호계산기간 중에는 시효가 진행하지 아니한다(민 166조 1항).

그렇다고 상호계산에 계입된 개개의 채권이 소멸하는 것은 아니다. 각 채권은 동일성을 유지하면서 존속하고 다만 기간이 종료할 때 상계될 뿐이다. 그러므로 당사자가 개별 채권의 존재를 확인하기 위한 소를 제기할 수 있고, 해제권 · 취소권 등 채권별로 존재하는 원계약상의 권리를 행사할 수도 있다.

2) 예　외　상법은 상호계산불가분의 원칙에 대한 예외로서 상업증권상의 채권 · 채무를 규정하고 있다. 즉 어음 기타 상업증권으로 인한 채권 · 채무를 상호계산에 계입한 경우에 그 증권채무자가 변제하지 아니한 때에는 당사자는 그 채무의 항목을 상호계산에서 제거할 수 있다(73조). 예컨대 상호계산의 당사자 A가 상대방인 B에게 100만원의 환어음을 어음할인에 의해 배서양도하고 그 대가로 90만원의 채권을 상호계산에 계입하였으나 어음채무자인 C(상호계산의 당사자가 아님)가 만기에 지급하지 아니하는 경우에는 B는 A에 대한 채무 90만원을 상호계산에서 제거할 수 있는 것이다. B의 C에 대한 채권은 변제받지 못하고 있는데, 그 대가인 A의 B에 대한 채권은 상호계산에 계입되어 상계된다면 결국 A의 채권만 변제받게 되어 불공평하기 때문이다.

여기서 주의할 점은 상호계산불가분의 원칙에 대한 예외가 되는 것은 위와 같은 상업증권의 대가뿐이고 증권상의 권리 자체는 그 행사시기가 일정한 까닭에 처음부터 상호계산의 대상이 될 수 없다는 것이다.

(2) 제 3 자에 대한 효력

상호계산의 소극적 효력은 제 3 자에게도 미치느냐에 대해서 견해가 대립한다.

1) 학　설　「절대적 효력설」은 상호계산은 채권 · 채무의 결제를 위한

상법상의 제도로서 일단 당사자간에 계약이 성립되면 강행성을 가진다고 주장한다. 그리하여 상호계산에 계입된 채권은 독립성을 잃으므로 당사자 일방이 개개의 채권을 양도·입질하더라도 제 3 자(양수인·질권자)의 선의·악의를 불문하고 무효이며, 당사자 일방의 제 3 채권자는 상호계산에 계입된 채권을 압류할 수 없다고 한다(최·김 253~254).

이에 대해 「상대적 효력설」은 상호계산은 당사자의 계약관계이므로 상호계산불가분의 원칙은 당사자의 의사표시에 의해 처분을 금지하는 것에 지나지 않는다고 한다. 그리하여 당사자 일방이 이를 위반하여 개별 채권을 양도·입질하더라도 상대방에 대한 손해배상책임을 질 뿐, 선의의 제 3 자에 대하여는 무효를 주장할 수 없다고 한다(민 449조 2항). 그리고 제 3 의 채권자를 보호하기 위하여, 당사자 일방의 제 3 채권자는 선의·악의를 불문하고 채권을 압류할 수 있다고 한다. 특히 압류에 관해서는, 압류를 허용하지 않는다면 채무자가 자기의 의사에 기해 압류금지재산을 만들 수 있다는 결론이 되며, 나아가서 채무면탈을 목적으로 상호계산을 할 가능성도 있어 부당하다고 설명한다(김성탁 254; 김홍기 153; 강·임 222; 김성태 396; 김정호 292; 서헌제 264; 송옥렬 134; 안강현 248; 이종훈 225; 장덕조 134; 정경영 177; 정찬형 269).

2) 비 판 　그런데 채권의 양도·입질·압류에 대해 반드시 같은 결론을 내어야 하는지 의문이다. 양도·입질과 제 3 채권자의 압류를 나누어 검토해 보기로 한다.

㈎ **양도·입질** 　채권양도는 채무자에게 통지하거나 채무자의 승낙을 받지 아니하면 채무자에게 대항하지 못하며(민 450조 1항), 통지 또는 승낙이 있다 하더라도 채무자가 이의를 보류하지 않고 승낙한 경우가 아닌 한 채무자는 양도인에게 대항할 수 있는 사유로 양수인에게도 대항할 수 있다(민 451조 1항). 그러므로 상호계산에 계입된 개별 채권의 양도를 유효하다고 해서 그 채무자에게 특히 불리한 것은 없다. 상호계산의 당사자 일방이 개별 채권을 양도하는 경우 이를 채무자(상호계산의 타방당사자)에게 대항하기 위해서는 그에게 통지하거나 그의 승낙을 받아야 하고, 그에 따라 채무자가 이의 없이 승낙한 경우에는 당사자간에 문제된 채권을 상호계산에서 제거하기로 하는 묵시적인 합의가 이루어졌다고 보아도 무방하기 때문이다. 그 밖의 경우에는 채무자가 양수인에게 상호계산에 계입된 채권임을 항변할 수 있으므로 채무자가 예측하지 못한 손해를 볼 일은 없다.

입질을 하더라도 같다. 채권을 입질하려면 채권양도와 똑같은 대항요건을 갖추어야 하고(민 349조 1항) 채무자의 항변권도 같은 식으로 주어지므로(민 349조 2항, 451조) 역시 채무자를 해할 일은 없기 때문이다. 그러므로 상호계산에 계입된 채권의 양도·입질의 문제에 관한 한 상대적 효력설이 타당하다.

(나) **채권의 압류** 제3채권자에 의한 상호계산채권의 압류는 양도·입질과 같은 관점에서 보기는 어렵다. 상대적 효력설에 의하면 당사자 일방(상호계산채권자)의 제3채권자는 두텁게 보호되지만 상호계산의 타방당사자는 상계할 채무를 잃게 되므로 자기 채권에 대한 담보를 상실하는 셈이 된다. 여기서 상호계산제도의 취지를 해하면서까지 제3채권자를 보호해야 되느냐는 의문이 생긴다. 상대적 효력설의 주된 논거는 압류를 금한다면 채무자가 임의로 압류금지재산을 만드는 것을 허용하게 되어 부당하다는 것이다. 그러나 이 점을 강조한다면 질권·저당권 등 모든 약정담보에 대하여 똑같은 말을 할 수 있다. 즉 수인에 대해 채무가 있는 자가 그 중 1인에 대하여 저당권을 설정한다면 그 채무자의 의사에 의해 일반담보재산을 감축시키는 결과가 되기 때문이다. 이같이 상대적 효력설이 지적하는 것은 상호계산에 특유한 문제가 아니므로 상대적 효력설을 취할 근거로 삼기에 적절하지 않다.

상호계산은 일차적으로 상시 거래관계 있는 자간의 계산의 편의를 위해 두게 된 제도이지만, 그로 인한 금융효과와 그 담보적 기능을 무시할 수 없으며, 당사자에게는 실제로 이 점이 더 중요한 의미를 가진다. 약정담보가 널리 허용되는 터에 서로 우선변제권을 부여하는 것과 같은 상호계산의 담보적 기능을 제3채권자의 압류를 허용함으로써 약화시킬 이유가 없다. 한편 제3채권자의 압류를 제한하더라도 제3채권자에게 특히 불리하거나 채무자가 채무면탈을 위해 상호계산을 악용할 가능성은 크지 않다. 상호계산은 기존의 채권·채무를 대상으로 하는 것이 아니므로 채무자가 압류를 피하기 위하여 상호계산계약을 체결한다는 것은 생각하기 어렵고, 제3채권자는 상호계산기간중에도 자기의 채무자를 대위하여(민 404조 1항) 상호계산을 해지하고 잔액채권을 압류할 수 있기 때문이다. 결론적으로 상호계산에 계입된 개별 채권은 압류의 대상이 되지 아니한다고 보며, 이에 관한 한 절대적 효력설이 타당하다(同旨: 정준우 138).

단계적 상호계산이론

전통적인 상호계산이론은 기술한 바와 같이 상호계산불가분의 원칙을 인정하나, 이른바 단계적 상호계산(Staffelkontokorrent)이론은 상호계산불가분의 원칙을 부정하고 상호계산기간 중에도 채권·채무가 발생할 때마다 잔액이 확정된다는 입장을 취한다.[1] 예컨대 A와 B를 당사자로 하는 상호계산(계산기간: 1월 1일~6월 30일)에서 2월 1일 A의 채권이 100만원, 3월 1일 B의 채권이 70만원, 4월 1일 다시 B의 채권이 50만원 발생하였다 하자. 전통적인 상호계산이론에 의하면 각 채권은 개별성을 잃고 6월 30일에 가서 잔액채권이 B의 20만원의 채권으로 확정되지만, 단계적 상호계산이론에 의하면 2월 1일 A의 잔액채권 100만원, 3월 1일 A의 잔액채권 30만원, 4월 1일 B의 잔액채권 20만원이라는 식으로, 채권·채무가 생길 때마다 상계가 행해지고 잔액채권이 확정된다.

단계적 상호계산이론의 취지는 상호계산의 당사자의 제 3 채권자를 보호하기 위한 것이다. 예컨대 위 예에서 A에게 100만원의 채권을 가진 갑이 있다고 하자. 전통적인 상호계산이론에 의하면 갑은 2월 1일 생긴 A의 채권(100만원)을 압류하지 못하고 잔액이 확정될 때(6월 30일)까지 기다려야 한다. 하지만 그 동안 B의 반대채권이 생기고 상계됨으로 해서 갑은 만족을 얻지 못한다. 그러나 단계적 상호계산이론에 의할 경우에는 2월 1일 확정된 A의 잔액채권이 있으므로 갑은 이를 압류하여 만족을 얻을 수 있다.

단계적 상호계산이론은 상호계산의 담보적 기능은 무시하고 상호계산을 동일 당사자간의 결제의 편의를 위한 제도로만 파악한 것이다. 상법은 전통적 상호계산이론에 입각해 있으므로(72조) 단계적 상호계산이론에 따라 해석할 수 없으나, 당사자가 이 같은 내용의 상호계산계약을 체결하는 것은 무방하다.

2. 적극적 효력

적극적 효력이란 상호계산기간이 만료됨으로 인해 생기는 효력을 말한다.

(1) 잔액채권의 성립

1) 상호계산기간이 경과하면 기간 중에 생긴 채권·채무는 상계되어 소멸하고 그 결과 잔액채권이 성립한다. 일부학설은 기간경과 후에 당사자가 계산서를

1) *Göppert*, "Zur Vereinfachung der Lehre vom Kontokorrent," ZHR 102(1936), S. 161 ff.; Herz, Das Kontokorrent, insbesondere in der Zwangsvollstreckung und im Konkurs, 1974, S. 66 ff.

승인(75조)해야만 잔액채권이 성립하는 듯이 설명하지만(김성탁 257; 김성태 397; 서헌제 265; 손주찬 276; 최 · 김 255), 잔액채권의 성립과 계산서의 승인은 구별하여야 한다(同旨: 강 · 임 223; 김정호 296; 김홍기 153; 손진화 220; 이(기) · 최 410; 정동윤 184; 정준우 139; 최준선 299). 상호계산계약을 체결할 때에는 기간중의 채권 · 채무를 상계하고 잔액채권을 성립시킬 의사가 포함되어 있으며, 또「잔액」이란 것이 성질상 어떤 의사표시에 의해 만들어지는 것이 아니고 객관적인 수치의 가감에 의해 산출되는 것이므로 상호계산기간이 경과하면 자동적 계산(automatische Verrechnung)의 결과로 생겨나는 것이다.[1] 이에 대해 승인은 후술과 같이 창설적 의미를 갖는 계약이므로 잔액의 성립과는 그 성질이 다르다.

한편 상법 제76조 제 1 항은 잔액에 대한 법정이자의 기산일을 계산폐쇄일로 잡고 있는데, 이는 계산기간의 경과로 잔액채권이 성립되는 것을 전제로 한 것이다.

잔액채권은 기간 중의 각 채권 · 채무의 합산이므로 기간 중의 채권 · 채무에 대해 유인성(有因性)을 갖는 채권(kausale Saldoforderung)이다.

2) 기간의 경과로 잔액채권이 성립되면 당사자 일방이 그 채권자가 되어 채권을 행사할 수 있고, 이 때부터 소멸시효가 진행한다(同旨: 강 · 임 223; 오성근 297; 정준우 140; 주석(총칙 · 상행위) 636). 그리고 채권자의 제 3 채권자는 이 잔액채권을 압류할 수 있다.

이에 대해 소멸시효는 성립시가 아니라 확정시(잔액채권의 승인시)부터 진행한다는 견해가 있고(김성탁 257; 서완석 249; 정찬형 270), 잔액채권의 이행기를 시효의 기산일로 보아야 한다는 견해도 있다(정동윤 186). 그러나 이 두 설에 의하면 계산서를 승인하지 않으면 시효가 진행하지 않는다는 결과가 되어 부당하다.

3) 잔액채권의 성립으로 기간중의 채권 · 채무는 소멸하는데, 통설은 이를 경개(민 500조)로 보고 구채무의 담보권 · 보증채무도 함께 소멸한다고 설명한다(김성태 372; 서완석 248; 손주찬 277; 송옥렬 135; 정찬형 270; 최 · 김 256). 그러나 경개로 보는 것도 문제가 있지만(후술), 개별 채권에 담보를 설정하거나 보증을 하였다면 이러한 채권은 처음부터 상호계산에서 제거할 의사가 있었다고 보는 것이 옳으며, 만일 이러한 채권을 상호계산에 계입시키기로 하는 특약이 있었다면, 그 때는 담보 · 보증이 잔액채권의 담보 · 보증으로 이행(移行)한다고 보는 것이 타당하다(同旨: 오성근 298; 정준우 139). 만일 이 경우에도 담보 · 보증이 소멸한다면 담보 · 보증을 한 의의가 전혀 없기 때문이다.

---

1) Schmidt, S. 750.

4) 잔액채권에 대하여는 계산폐쇄일부터 연 6분의 법정이자가 발생한다(76조 1항). 한편 당사자는 각 채권을 상호계산에 계입한 날로부터 이자를 붙일 것을 약정할 수 있는데(76조 2항), 이 경우에는 계산폐쇄일 이후의 법정이자와 약정이자가 동시에 발생한다(통설).

(2) 계산서의 승인의 효력

1) 승인의 의의 상호계산기간이 종료하면 당사자는 계산서를 작성하여 이를 승인하는 절차를 밟는다. 보통 당사자 일방이 각 채권·채무와 그 잔액을 기재한 서면을 상대방에게 제시하고 상대방이 동의하는 방식을 취한다. 승인은 묵시적으로 행해질 수도 있다.[1] 예컨대 일방이 계산서를 상대방에게 송부하고 잔액채권의 이행을 청구한 데 대해 상대방이 이의 없이 이행하거나 지급의 연기를 요청해 왔다면 이는 묵시적으로 승인한 것으로 볼 수 있다.

승인은 후술과 같이 무인성을 갖는 잔액채권을 창설하는 행위이므로 계약이다.[2]

2) 승인의 효과 당사자가 계산을 승인하면 계산서에 기재된 각 항목의 채권·채무에 대하여 이의를 제기하지 못한다(75조 본). 계산서의 승인은 상호계산에 계입된 각 채권·채무에 대한 승인의 뜻도 당연히 포함한다고 볼 것인데, 이를 번복하고 새로이 개별 채권·채무의 효력을 다툰다면 상호계산에 관계된 모든 채권·채무의 이행관계에 혼란이 생기고, 잔액채권을 압류한 제3채권자의 권리에까지 영향을 주기 때문이다.

「각 항목에 대하여 이의를 제기하지 못한다」고 함은 각 항목을 이루는 채권·채무의 수액을 다투지 못함은 물론, 매매 등 그 발생원인이 되는 행위의 무효·취소 등으로 채권이 존재하지 않더라도 이를 주장하지 못한다는 뜻이다. 결과적으로 기간의 경과로 성립된 유인적인 잔액채권이 상호계산의 승인에 의해 무인성을 갖는 잔액채권(abstrakte Saldoforderung)으로 화하게 되는 것이다.[3]

통설은 이 현상을 경개 또는 경개적 효력으로 설명한다(서헌제 265; 손주찬 277; 전우현 261; 정찬형 270; 최·김 255).

---

1) EBJS, §355 Rn. 22; Haag/Löffler, §355 Rn. 30; Koller/Kindler/Roth/Morck, §355 Rn. 11.
2) *Ibid.*
3) BGH WM 1972, 283, 285; 1982, 291; MünchKommHGB, §355 Rn. 23; Schmidt, S. 755.

그러나 경개는 유인계약이므로 신채권은 구채권이 유효하게 존재함을 전제로 하는 데 반해, 상호계산의 승인은 위에서 보는 바와 같이 무인계약이므로 적절한 설명이라 볼 수 없다.[1] 단지 상법규정에 의해 위와 같은 효과가 생긴다고 설명하면 충분하다(同旨: 김성탁 256; 서완석 247).

무인성을 가진 잔액채권이 확정되는 것은 승인행위가 하자 없이 이루어졌을 때이고, 승인행위 자체에 하자가 있을 때에는 의사표시의 일반원칙에 따라 승인이 무효·취소될 수 있다(이설 없음).

3) 착오 · 탈루의 효과 상법 제75조 단서는 「그러나 착오나 탈루가 있는 때에는 그러하지 아니하다」라고 규정한다. 이 규정을 문맥으로만 보면 계산서의 각 항목 또는 계산에 착오나 탈루가 있는 때에는 동조 본문의 효과, 즉 무인적 잔액채권의 확정 자체를 다툴 수 있는 듯이 읽혀진다. 그러나 동 단서는 계산서의 승인시에 「착오와 탈루의 경우를 제외하고」(S. E. & O. = salvo errore et ommissione) 라는 표현을 부기하는 외국의 관행을 조문화한 것으로서 민법상의 무효·취소사유 이외의 별도의 무효·취소사유를 규정한 것은 아니다. 따라서 착오나 탈루가 민법상의 무효·취소사유(특히 민 109조)에 해당되면 그에 따라 승인은 무효·취소될 것이나, 그렇지 않은 경우에는 동 단서의 규정만을 근거로 하여 승인행위의 무효·취소를 주장할 수 없다(同旨: 서완석 248; 오성근 299; 정준우 140).

이에 대해 다수설은 승인행위 자체의 효력에는 영향이 없고, 부당이득을 이유로 하여 이득반환청구를 할 수 있다고 설명하지만(강·임 225; 김성탁 257; 김성태 399; 김정호 301; 손진화 301; 전우현 262; 정동윤 186; 최·김 256; 최준선 301), 승인행위의 효력에 영향이 없다면 「법률상 원인 없이」라는 부당이득의 요건(민 741조)을 충족시킬 수 없으므로 타당한 설명이 아니다.

1) 독일에서도 판례는 경개설을 취하지만, 다수설은 경개가 아니라고 보고 있다(Hopt, §355 Rn. 7; Canaris, S. 382; Heymann, §355 Rn. 27; MünchKommHGB, §355 Rn. 93; Oetker.Komm, §355 Rn. 70 ff.; Schmidt, S. 754).

Ⅶ. 상호계산의 종료

(1) 일반적인 종료원인

상호계산은 존속기간의 만료 기타 계약의 일반적인 종료원인에 의해 종료한다. 상호계산의 존속기간은 상호계산기간(74조)과 구별하여야 한다. 전자는 계약의 존속기간이므로 그 기간이 만료하면 계약이 소멸하나, 후자는 채권·채무의 상호계산계입의 단위가 되는 기간이므로 이 기간이 만료한다 하여 상호계산계약 자체가 소멸하는 것은 아니다.

그 밖에 다음과 같이 상호계산의 특별한 종료사유가 있다.

(2) 해 지

당사자는 언제든지 상호계산을 해지할 수 있다(77조 전). 상호계산은 쌍방의 신용을 기초로 하는 계약이므로 일방의 신용이 악화되었을 때에는 상대방이 상호계산계약을 해지함으로써 변제가 불확실한 채권이 누적되는 것을 막고 신속히 권리를 행사할 수 있도록 배려한 것이다. 해지는 특별한 방식을 요하는 것은 아니지만 상호계산을 종료시킨다는 의사가 명확히 표시되어야 하며, 단순한 계산서의 송부나 잔액의 지급만으로는 불충분하다(서완석 249; 이(기)·최 412; 주석(총칙·상행위) 640; 최·김 257).

상호계산계약을 해지하면 즉시 계산을 폐쇄하고 잔액의 지급을 청구할 수 있다(77조 후).

(3) 거래관계의 종료

상호계산은 상시 거래관계 있는 자들 간의 결제방법이므로 거래관계가 마감되면 상호계산 역시 종료하는 것으로 보아야 한다(서완석 250; 오성근 300; 정준우 141; 최·김 257).

영업이 양도되면 양도인이 당사자였던 상호계산은 종료함이 원칙이겠으나, 영업양수인 및 상대방과의 합의에 의해 양수인이 상호계산을 승계할 수 있다.

(4) 기 타

상호계산은 당사자 일방의 파산, 회생절차의 개시에 의해서도 종료한다(회파 125조 1항, 343조 1항). 이 경우 역시 상호계산의 기초가 되는 신용에 중대한 변화가 오기 때문이다.

제5절 익명조합

I. 의 의

1. 개념과 기능

익명조합(stille Gesellschaft)이라 함은 당사자의 일방(익명조합원)이 상대방(영업자)의 영업을 위해 출자하고 상대방은 그 영업으로 인한 이익을 일방(익명조합원)에게 분배할 것을 약정하는 계약이다(78조). 이 계약에 의해 익명조합원은 영업자에게 출자할 의무와 이익을 분배받을 권리를 가지며, 영업자는 익명조합원이 출자한 재산을 가지고 자기의 영업을 할 권리·의무 및 이익을 분배할 의무를 갖는다. 익명조합은 상법이 인정하고 있는 공동기업의 한 형태이나, 공동기업으로서의 의의는 익명조합원과 영업자의 내부조직에서 찾을 수 있을 뿐이고 대외적으로는 영업자의 단독기업으로 나타난다는 데에 그 특색이 있다.

2인 이상이 법인이 아닌 형태로서 공동으로 사업을 할 작정이면 민법상의 조합(민 703조)을 이용할 수도 있다. 그러나 민법상의 조합에서는 조합원 전부가 조합채무에 대해 무한책임을 지므로(민 712조) 특정영업을 하되 제한된 위험만을 부담하고자 하는 자에게는 적당치 않다. 또 민법상의 조합에서는 조합원이 전부 업무집행에 관여하므로(민 706조 3항) 영업을 기동성 있게 수행하기 어려울 뿐 아니라, 자본의 보충은 원하되 경영간섭을 원하지 아니하는 기업인으로서는 바람직하지 않은 기업형태이다. 익명조합은 민법상의 조합이 갖는 이러한 단점을 두루 보완할 수 있는 기업형태라 할 수 있다.

그리고 익명조합의 본질적인 기능이라 할 수는 없으나, 경영능력의 한계, 사회적 신분에 따른 제약 또는 법률상의 장애(예컨대 경업금지의무 17조, 41조, 397조)로 직접 영업을 수행하기 곤란한 자가 익명조합원으로 참가함으로써 영업의 성과를 획득할 수 있는 기회를 누릴 수 있다. 한편 영업자가 경영권을 전유한 채 부족한 자금을 조달하는 방법으로서는 소비대차를 우선 생각할 수 있는데, 이를 이용할 경우 영업의 성과에 관계없이 확정적인 원리금상환의 부담을 안아야 한다. 그러나 영업자가 익명조합원을 받아들일 경우에는 경영에 대한 간섭을 받음이 없이 자금을 조달할 수 있는 동시에 이윤의 분배는 영업의 성과에 따라 하고 손실의 위험까지 분산시키는 효과를 누릴 수 있다.

2. 연 혁

익명조합의 조직적 특성은 합자회사의 그것과 여러 가지 면에서 흡사한데, 이는 양자가 연혁적으로 기원을 같이하기 때문이다. 익명조합과 합자회사는 10세기경부터 지중해 연안의 해상무역에서 널리 행해지던 commenda계약에 근원을 두고 있다. commenda는 원래 「위탁」이라는 뜻으로, 자본가(commendator)가 상품 또는 금전을 제공하여 기업자(tractator)로 하여금 그의 이름으로 해외무역을 영위하게 하고 그 보수로서 이익의 일부를 분배하는 계약이었으나 뒤에 와서는 기업자가 노무뿐 아니라 자본의 일부를 출자하기도 하였다(societas collegantia). 15세기에 이르러 그 형태는 더욱 분화되어, (i) 자본가가 공동기업자로서 외부에 나타나는 경우(accommendita)와, (ii) 자본가는 내부에 숨어 있고(익명) 대외적으로 영업자가 권리의무의 주체로 되는 것(participatio)으로 나누어져 전자가 합자회사로 발전하고, 후자가 익명조합의 기원이 되었다.

Ⅱ. 익명조합의 성질

익명조합이 유상·쌍무의 낙성계약이라는 점에 대해서는 이론의 여지가 없으나, 기존의 전형계약 중 어떤 유형에 속하느냐에 대해서는 한 때 견해의 대립이 있었다. 그리하여 민법상의 조합으로 이해하는 견해, 소비대차의 일종으로 이해하는 견해도 있었으나 오늘날은 상법상의 특수한 계약으로 보는 데에 일치되어 있다. 익명조합을 기업조직에 관한 장기적인 계약이라고 설명하는 견해도 있으나, 이것도 상법상의 특수한 계약이라는 것을 전제로 하고 그 특색을 설명한 것이다.

1) 조합과의 비교 익명조합은 「조합」이라는 명칭이 붙어 있는데다, 그

내용도 조합과 흡사한 점이 많다. 그러나 민법상의 조합에서는 각 조합원의 출자와 조합활동으로 취득한 재산이 「합유」라는 형태로 조합원 전원에게 공동으로 귀속하고 조합채무 또한 마찬가지이며, 업무집행에 조합원 전원이 직·간접으로 관여하므로 조합원 전원의 공동기업이라는 것이 대외적으로 표시된다(민 704조, 706조 1항). 따라서 민법상의 조합은 경제적으로는 물론 법적으로도 공동기업이다. 이에 대해 익명조합은 조합의 재산과 채무가 영업자의 단독소유에 속하고 대외적인 거래 또한 영업자가 단독으로 수행하므로 법적으로는 영업자의 단독기업이다. 하지만 익명조합도 경제적 의미에서는 물론 법적으로도 내부조직면에서는 공동기업이다. 단지 대외법률관계에 관해 민법상의 조합에 상법적 가공을 한 것이라고 볼 수 있으므로 익명조합원과 영업자의 내부관계에 관해서는 내적 조합(Innengesellschaft)의 관계를 인정하고 민법상의 조합에 관한 규정을 유추적용하는 것이 타당하다(통설).

2) 합자회사와의 비교 익명조합은 연혁적으로 합자회사와 출발점을 같이하기도 하지만, 영업에 참여하지 않는 자본가(즉 익명조합의 익명조합원과 합자회사의 유한책임사원)와 대외적으로 무한책임을 지는 기업가(즉 익명조합의 영업자와 합자회사의 무한책임사원)가 공동으로 조직하는 기업이라는 점에서는 매우 흡사하다. 그래서 합자회사에 관한 규정 중 일부를 익명조합에 준용하고 있다(86조). 그러나 익명조합은 기술한 바와 같이 경제적 의미에서의 공동기업에 지나지 않고 대외적·법률적으로는 영업자의 단독기업임에 반하여, 합자회사는 모든 사원이 지분을 갖고 조직하는 법인격을 가진 단체로서 법적인 공동기업이며, 익명조합원에 비견할 수 있는 유한책임사원은 비록 유한하기는 하지만 회사채권자에 대하여 직접 책임을 지므로(279조) 대외적으로도 공동기업이다. 그리하여 익명조합은 익명조합원과 영업자의 계약관계에 지나지 않고 그 법률관계는 개인법적·거래법적 영역에 속하지만 합자회사의 법률관계는 단체법적·조직법적 영역에 속한다

3) 신탁과의 비교 익명조합원이 출자한 재산은 영업자의 재산으로 귀속된다는 점에서 신탁에서 위탁자의 재산이 수탁자의 소유로 이전되는 것과 흡사한 모습을 보이고, 영업자는 이 재산을 기초로 영업을 하여 얻은 이익을 익명조합원에게 배당하는 것도 수탁자가 신탁재산을 관리하여 수익자에게 배분하는 것과 기능적으로 흡사하다. 그러나 수탁자는 신탁재산을 자기의 고유재산과 분별하여 관리해야 하고(분별관리의무, 신탁 37조), 수탁자가 파산하더라도 신탁재산은 수탁자의 파산재단

에 편입되지 아니하나(파산격리기능, 신탁 24조), 익명조합원의 출자재산은 영업자의 재산으로 보므로(79조) 영업자는 그 재산에 관해 분별관리의무를 지지 않고, 익명조합에는 파산격리기능이 없으므로 영업자가 파산할 경우 이 재산은 영업자의 파산재단을 구성한다는 중요한 차이가 있다.[1)]

투자익명조합

투자익명조합이란 자본시장법이 집합투자를 수행하는 집합투자기구의 일종으로 인정한 상법상의 익명조합이다(자금 9조 18항 6호). 영업자와 익명조합원간에 소정의 내용을 담은 서면계약에 의해 설립하며(자금 224조 1항), 익명조합원은 영업자에게 금전을 출자하고 영업자는 이 금전을 소정의 투자대상재산에 운용하여 그 결과를 익명조합원에 배분하는 구조로 운영된다. 상법상의 익명조합이므로 익명조합에 관한 상법규정의 적용을 받지만, 자본시장법에 의해 설립되므로 동법이 정한 특례가 우선적용된다. 그리하여 상법의 일부규정의 적용이 배제되기도 하고, 상법에 없는 규율이 가해지기도 한다. 예컨대 투자익명조합원의 출자는 금전출자만으로 제한되며, 상법 제83조에 따른 계약해지가 불가능하다(자금 228조 1항). 그리고 투자익명조합에는 상법에는 없는 익명조합원총회를 구성·운영하여야 한다(자금 226조). 일반 익명조합과 가장 큰 차이는 투자익명조합의 투자재산과 영업자의 고유재산이 구분되는 까닭에 영업자가 자산운용중에 대외적으로 부담한 채무에 대해서는 익명조합투자재산만이 책임재산을 구성하고, 영업자의 고유재산은 책임재산이 되지 않는다는 것이다.[2)]

Ⅲ. 익명조합의 요소

1. 당사자

익명조합은 쌍방 당사자의 계약으로서, 당사자 일방은 출자를 하는 자, 즉 익명조합원이 되고 타방은 그 출자를 받아 영업을 하는 자, 즉 영업자가 된다.

양자의 자격에는 제한이 없다. 개인이든 법인이든 무방하며, 상인이든 비상인이든 무방하다. 그러나 영업자는 익명조합계약에 의하여 향후 영업을 수행해야 하므로 그 전에는 비상인이었더라도 조합계약 이후에는 상인이 된다. 그에게 있

1) 新井 誠, 「信託法」(第 2 版), 有斐閣, 2005, 113면.
2) 한국증권법학회, 「자본시장법」(주석서 Ⅱ), 박영사, 2009, 282면(강희철 집필).

어서 익명조합계약의 체결은 영업의 준비행위로서 보조적 상행위가 된다. 이에 반하여 익명조합원은 조합계약 후에도 상인신분을 요하지 않을 뿐더러 조합계약에 의해 상인자격을 취득하는 것도 아니다.

익명조합은 성격을 달리하는 두 당사자간의 계약이지만 현실적으로는, 일방에 복수의 당사자가 존재할 수 있다. 예컨대 익명조합원이 2인 이상인 경우 혹은 영업자가 2인 이상인 경우이다. 익명조합원이 수인인 경우에는 원칙적으로 각 익명조합원과 영업자간에 별개의 익명조합이 병존한다고 볼 것이지만, 수인의 익명조합원이 (민법상의) 조합을 구성하여 영업자와 하나의 계약을 체결하고 공동으로 출자하는 형태도 있을 수 있다.

한편 1인의 익명조합원이 수인의 독립된 영업자에게 출자하는 경우에는 물론 영업자별로 수개의 익명조합이 병존하는 것이지만, 수인의 영업자가 조합의 형태로 하는 공동사업에 1인의 익명조합원이 출자한 경우에는 하나의 익명조합이 존재한다.

2. 익명조합의 목적

익명조합은 익명조합원이 영업자의 「영업」을 위해 「출자」하고 영업자는 익명조합원에게 영업으로 인한 「이익을 분배」할 것을 목적으로 한다.

(1) 영 업

익명조합은 특정의 영업을 위해 결성되는 공동기업이므로 출자의 대상은 영업이고 따라서 그 영업은 특정되어야 한다. 그러므로 막연히 영업자가 수익성이 있는 사업을 하여 이익을 분배한다는 식의 약정은 익명조합이 아니다. 수지계산이 가능하면 출자의 대상으로 족하다고 할 것이므로 영업자의 영업 전부를 대상으로 할 필요는 없다. 독립계산이 가능한 한 영업의 특정 부문 또는 특정 영업소와 같이 영업자의 영업 일부를 대상으로 하여도 무방하다.

익명조합은 기간이 정해져 있든 정해져 있지 않든 지속적인 영업을 위한 것이므로 1회적인 거래에 출자하는 것은 상법상의 익명조합이라 할 수 없다.[1)]

---

1) 平出, 317면.

(2) 이익의 분배

이익의 분배는 공동기업의 가장 중요한 목적을 이루므로 익명조합의 결정적인 요건이다. 손실의 분담은 공동기업의 필연적인 요소는 아니므로 익명조합에서 이를 배제하는 특약도 가능하다.

이익의 분배란 영업의 성과에 따른 것이므로 불확정적이다. 그러므로 영업성적에 불구하고 정기적으로 일정액을 지급하기로 한다든지, 매출액의 일부를 지급하기로 하는 것은 익명조합의 본질에 어긋난다(통설)([판례 91, 92] 참조). 이러한 약정은 비록 익명조합의 이름을 빌렸다 하더라도 익명조합이라 할 수 없고, 따라서 익명조합원이 영업자의 대외적인 채무에 대하여 당연히 책임이 없음을 주장할 수 있는 것은 아니다.

익명조합 여부의 실익

A가 출자한 B의 기업이 「익명조합이다, 아니다」는 당사자와 제3자에게 중대한 이해가 걸린 문제이다. 익명조합이 아니라고 할 경우 A는 B와 민법상의 조합관계에 있다고 보거나 단순한 B의 채권자라고 보게 될 것이다. 전자의 경우에는 A도 B의 영업상의 채무에 대해 책임져야 하나, 후자의 경우에는 그렇지 않다. 그리고 어느 경우에나 A와 B 사이에 익명조합에 관한 상법규정이 적용되지 않음은 물론이다.

판례 91 대법원 1962. 12. 27. 선고 62다660 판결

「… 당사자의 일방이 상대방의 영업을 위하여 출자를 하는 경우라 할지라도 그 영업에서 이익이 난 여부를 따지지 않고 상대방이 정기적으로 일정한 금액을 지급하기로 약정한 경우에는 가령 이익이라는 명칭을 사용하였다 하더라도 그것은 상법상의 익명조합 계약이라고 할 수 없는 것이다. … 원고는 본건 형광등 공장에 300,000원을 출자하고 위 장순태는 영업성적 여하에 불구하고 영업이익금에서 매월 금 18,000원을 매월 20일 원고에게 지급한다는 익명조합계약을 하고 … 본건 계약은 영업성적 여하를 불구하고 출자금의 월 6푼에 해당하는 이익금을 지급하기로 특약한 것[으로] … 그것은 상법상의 익명조합계약이라고 할 수는 없는 것이다…」

판례 92 대법원 1983. 5. 10. 선고 81다650 판결

「… 피고와 소외 수배죽이 양명호라는 상호의 중국음식점을 동업하기로 하는 동업계약을 체결함에 있어 그 출자의무로서 피고는 그 소유의 빌딩 4층과 5층 건평 611.84평을 영업장으로 제공하고, 영업장 시설물 및 기물도 설치하며, 이에 따르는 제세금,

전기료, 수도료 등 비용과 시설물의 개수 및 보수를 책임지기로 하고, 이에 대하여 위 소외인은 위 양명호를 경영하는 데 필요한 모든 인력 및 재료를 제공하고 그에 따르는 인건비, 재료비 기타 사무실경상비 등을 책임지기로 하며, 위 영업의 운영에 있어서는 위 소외인이 대표하여 경영에 필요한 제 3 자와의 거래 및 영업명의 기타 영업에 부수되는 행위를 하고 그 권리의무를 위 소외인이 부담하기로 하며, 이익분배에 관하여는 피고가 매일 매상금액 중 50퍼센트에 해당하는 금액을 위 소외인으로부터 받아 그 중 30퍼센트에 해당하는 금액은 임대료와 사용료로 충당하고 20퍼센트에 해당하는 금액은 제세금, 예치금으로 보관하여 납부하되 과부족이 있을 때에는 그 시기를 현재로 하여 정산하기로 각 약정하였으며, … 사실이 위와 같다면 피고와 소외 수배죽 사이의 위 동업관계는 중국음식점 양명호의 경영을 공동사업으로 하고, 또 이익이 난 여부를 묻지 아니하고 매일 매상액 중 일정한 금액의 지급을 약정한 점 등에서 상법상의 익명조합이라고는 할 수 없다.」

Ⅳ. 익명조합의 효력

익명조합의 특색은 익명조합원과 영업자의 권리의무관계로 구성되는 조합의 대내적인 법률관계(내부관계)와 조합원과 제 3 자간에 전개되는 대외적인 법률관계(외부관계)가 각별로 형성된다는 점에 있다.

1. 내부관계

(1) 출　　자

익명조합원은 조합계약에서 정한 바에 따라 출자의무를 부담한다(78조). 영업자도 자신의 영업을 위해 일정한 지출을 하는 경우가 있으나, 그것은 자기의 영업을 위한 것이고 이에 대해 익명조합원이 지분을 갖는 것은 아니므로 공동기업에 대한 출자라는 의미는 없다.

출자의 종류와 금액은 조합계약으로 정해져야 한다. 익명조합은 익명조합원의 자본참가를 전제로 한 제도이므로 금전이나 재산출자에 한하며, 노무출자나 신용출자는 할 수 없다(86조→272조).

이행시기도 조합계약으로 정해짐이 보통이나 특약이 없으면 영업자가 청구한 때에 이행하여야 한다(민 387조 2항). 출자한 재산은 영업자의 재산으로 귀속되므로(79조) 익명조합원은 재산의 종류별로 등기 · 인도 등 재산권의 이전에 필요한 절차를 갖추어야 한다.

익명조합은 유상계약이므로 매매에 관한 민법규정이 준용된다(민 567조 본). 따라서 익명조합원은 출자한 재산에 대하여 담보책임을 진다(민 570조 이하).

(2) 영업의 수행

익명조합에서 출자의 대상이 되는 영업은 영업자의 단독기업이므로 그 영업의 수행도 영업자가 단독으로 하며, 익명조합원은 영업에 관한 업무를 집행하지 못한다(86조→278조)(통설). 익명조합원이 영업자를 대리하여 업무를 집행하는 것도 익명조합의 취지에 반한다. 익명조합에 준용되는 제278조 즉 「유한책임사원은 회사의 업무집행이나 대표행위를 하지 못한다」는 규정 중, 「업무집행」부분은 내부관계에 관한 것으로서 임의규정이므로, 익명조합원은 특약이 있으면 상업사용인 기타 대리권을 부여받아 업무집행에 참여할 수 있다고 설명하는 견해가 있다(최 · 김 265). 그러나 특정의 영업에 관여하는 A라는 사람이 동업자(일반조합원)이냐, 익명조합원이냐는 것은 A가 영업에 관한 책임을 지느냐, 지지 않느냐라는 매우 중대한 차이를 야기한다. 그리고 일반조합원이냐 익명조합원이냐는 것을 외부적으로 판별할 수 있는 가장 확실한 징표는 영업에 관여하느냐 않느냐는 것이다(채권자는 익명조합계약의 내용을 알지 못함을 상기할 것). 따라서 익명조합원이 「업무집행을 하지 못한다」는 규정(제278조를 준용하는 제86조)은 채권자의 보호를 고려한 강행규정으로 보아야 한다. 물론 익명조합원으로 하여금 업무집행을 하게 하는 약정이 무효인 것은 아니다. 다만 이 경우에는 이 조합을 익명조합으로 볼 수 없고 따라서 상법의 익명조합에 관한 규정을 적용할 수 없을 뿐이다.

영업의 수행은 한편 영업자의 의무이기도 하며, 반대로 익명조합원은 영업자에 대하여 영업을 개시하고 계속할 것을 청구할 권리를 갖는다. 익명조합원과 영업자의 내부관계에는 기술한 바와 같이 조합에 관한 규정이 유추 적용된다 할 것이므로 영업자는 조합계약의 본지에 따라 선량한 관리자의 주의로써 영업을 수행하여야 한다(민 707조, 681조). 따라서 영업자가 정당한 사유 없이 영업을 개시하지 아니하거나 영업을 휴지하는 경우에는 익명조합원은 계약을 해지할 수 있는 외에 채무불이행을 이유로 손해배상을 청구할 수 있다. 영업을 부주의하게 수행하여 손실이 발생하거나 기대되는 이익을 얻지 못한 경우에도 같다.

(3) 영업자의 주의의무

1) 선관주의의무 익명조합원은 자신의 재산운용을 영업자의 전권에 맡기므로 양자의 관계는 고도의 신뢰에 바탕을 두고 있다. 그리고 영업자는 익명조합원의 출자를 받아 자기의 영업을 수행하는 것이기는 하지만, 그 영업은 익명조합계약상의 의무이행이란 측면도 있다. 이 점에 착안하여 영업자에게 영업의 수행에 있어 선관주의의무를 진다고 볼 수 있느냐는 의문이 제기된다.

기술한 바와 같이 익명조합원과 영업자의 내부관계에는 조합에 관한 규정을 유추적용하는 것이 타당한데, 영업자는 기능적으로 조합의 업무집행자의 실질을 가지므로 조합업무집행자의 선관주의의무를 유추적용하는 것이 옳다고 본다(민 707조 → 681조).[1)]

2) 경업금지의무 영업자가 경업금지의무를 지느냐는 의문이 있다. 영업자가 동종영업을 따로 행한다면 익명조합원과 이익충돌의 결과를 빚을 것은 명백하고, 이는 익명조합의 본지와 신의칙에 어긋난다 할 것이므로 영업자의 경업금지의무를 인정하는 것이 타당하다. 그러나 명문의 규정이 없으므로 경업금지의무를 위반하더라도 익명조합원의 개입권은 인정될 수 없고, 다만 손해배상청구권만이 발생한다. 반대로 익명조합원은 경업금지의무를 지지 아니한다. 익명조합원은 영업에서 소외되어 있으므로 이익충돌의 염려가 없기 때문이다. 참고로 합자회사에서 유한책임사원이 경업금지의무를 지지 않는 것(275조)과 같은 취지로 이해할 수 있다.

---

1) 일본의 다수 학설은 오래전부터 본문에서와 같은 이유로 영업자의 선관주의의무를 긍정해 왔는데(西原寬一, 「商行爲法」, 有斐閣 1973, 181면; 平出, 334면; 森本, 100면 등), 최근에는 판례도 같은 입장을 보이고 있다.
日最高裁 2016. 9. 6, 判例時報 2850호 154면: 영업자가 익명조합원으로부터 출자받은 자금의 50%를 자신의 친족이 설립하는 회사에 투자하고, 동 신설회사는 역시 영업자의 같은 친족이 운영하는 회사의 주식을 부당한 고가로 취득하는 등 수단계의 거래를 통해 익명조합원에게 손해를 입힌 사건에서, 영업자가 익명조합원과 이익상반되는 거래를 함으로써 선관주의의무를 위반하였다고 판시하였다.

(4) 익명조합원의 감시권

익명조합원은 영업의 성과에 중대한 이해를 가지나, 영업에의 관여가 배제되므로 영업자의 전횡으로부터 자신의 이익을 지킬 수단이 필요하다. 이 점 업무집행권이 배제되는 합자회사의 유한책임사원과 입장이 같다 할 수 있으므로 상법은 유한책임사원의 감시권을 익명조합원에 준용한다(86조→ 277조). 이에 따라 익명조합원은 영업연도 말에 영업시간 내에 한하여 영업자의 회계장부·대차대조표 기타의 서류를 열람할 수 있고, 영업자의 업무와 재산상태를 검사할 수 있다(86조→ 277조 1항). 그러나 중요한 사유가 있을 때에는 익명조합원은 언제든지 법원의 허가를 얻어 열람·조사할 수 있다(86조→ 277조 2항).

(5) 손익분배

1) 손익의 개념 익명조합원은 이익을 배당받을 권리 및 손실을 분담할 의무를 갖는데, 익명조합에서의 손익의 개념은 회사에 있어서의 그것과는 구분하여 이해하여야 한다. 물적 회사의 경우에는 회사채권자를 보호하기 위하여 자본충실이라는 이념 아래 자본과 준비금의 적립이 강제되므로 순자산에서 이를 공제한 연후에야 배당가능이익이 산출되고(462조 1항, 583조), 순자산이 이에 부족하면 손실로 인식된다. 익명조합과 흡사한 합자회사에서도 유한책임사원에 대한 이익배당과 출자의 환급은 엄격히 구별되며(279조), 법률상 적립해야 할 자본이 뚜렷하고, 이를 기준으로 유한책임사원의 책임이 정해진다. 그러나 익명조합은 대외적으로 영업자가 무한책임을 지는 단독기업이고 익명조합원은 채권자에게 직접 책임을 지는 일이 없으므로 법률상 적립이 강제되는 자본이 존재하지 아니한다. 따라서 익명조합에 있어서 이익 또는 손실이라는 것은 단순히 익명조합원의 출자액을 기준으로 하여 영업으로 인한 순재산의 증가 또는 감소를 뜻한다.

이익 또는 손실은 영업연도 말의 대차대조표에 의하여 확정되는데, 영업연도는 특약이 없는 한 1년으로 한다(30조 2항).

2) 이익의 분배 위와 같은 의미의 이익이 발생하면 영업자는 익명조합원에게 이익을 분배하여야 한다. 이익배당은 출자의 대가를 이루며, 출자와 더불어 익명조합의 본질적인 요소이다. 따라서 익명조합원은 이익의 발생과 동시에

당연히 배당청구권을 취득하며, 특약이 없는 한 영업자는 이익을 차년도로 이월하거나 익명조합원의 출자에 가산할 수 없다.

익명조합원과 영업자간의 이익의 분배비율은 조합계약에 의해 정해지는 것이 원칙이나, 이에 관해 정함이 없으면 민법상의 조합에서의 이익분배원칙(민 711조)을 유추적용하여 각자의 출자가액에 비례하여 정해야 할 것이다(통설). 각자의 출자가액의 비율이란 익명조합원의 출자액에다 영업자 자신이 영업에 투자한 재산 및 노무를 평가하여 합산한 금액에서 전자 및 후자가 차지하는 비율을 말한다.

3) 손실의 분담 손실분담은 익명조합의 요소가 아니므로 당사자간의 특약으로 익명조합원이 전혀 손실을 분담하지 않기로 하는 것도 가능하다(82조 3항). 그러나 손실분담은 공동기업의 보편적인 원칙이라 할 수 있으므로 특약이 없는 한 익명조합원은 손실을 분담하여야 한다. 그 분담비율은 다른 약정이 없으면 이익의 분배비율과 동일한 것으로 추정한다(민 711조 2항).

그러나 익명조합원의 손실분담이란 실제로 재산을 출연하여 손실을 전보하는 의미는 아니고 익명조합원의 출자액이 감소함을 뜻한다. 그리하여 익명조합원의 출자가 손실로 인해 감소한 때에는 그 손실을 전보한 후가 아니면 이익배당을 청구하지 못한다(82조 1항). 손실은 익명조합원의 재산출연으로 전보될 수도 있으나 영업의 호전으로 재산이 증가되어 전보될 수도 있다.

익명조합의 영업은 영업자의 단독기업으로서 영업상의 채무에 대해 영업자가 전액 무한책임을 지므로 영업상의 채권자를 보호하기 위해 익명조합원을 연루시킬 이유는 없다. 그러므로 손실이 커서 출자액이 부수(−)가 되더라도 익명조합원은 추가출자의무를 지지 아니할 뿐 아니라, 이미 배당받은 이익을 반환할 필요도 없다(82조 2항). 그 부분은 영업자의 손실로 돌아간다.

(6) 지위의 전속성

익명조합원의 출자는 영업자에 대한 고도의 신뢰를 전제로 한 것이므로 특약이 없는 한 영업자가 그 지위를 타인에게 양도할 수 없음은 물론이고 상속·합병에 의해서도 이전되지 아니한다. 반면 익명조합원의 인적 동일성의 중요성은 영업자의 그것에 비해 크게 처진다고 할 수 있으나, 익명조합원이 영업에 대한 감시권을 갖고 아직 이행되지 않은 부분의 출자의무에 대해서는 추후 이행하여야 하는 문제가 남으므로 그에 대한 신뢰도 역시 중요하다. 그러므로 익명조합원도 특약이 없는 한 그 지위를 양도할 수 없다고 보는 것이 옳다(통설).

2. 외부관계

(1) 출자재산의 귀속

상법 제79조는 「익명조합원이 출자한 금전 기타 재산은 영업자의 재산으로 본다」고 규정하고 있다. 이 규정은 익명조합원과 영업자의 내부관계에서 영업자가 관리·처분권을 갖는다는 의미도 있지만, 제3자와의 관계에서 더욱 의미가 크다. 즉 출자한 재산은 전부 영업자의 영업재산으로 편입되어 영업자의 대외적인 책임재산을 구성하게 되는 것이다.[1] 반면 익명조합원의 채권자는 이 재산에 대해 압류할 수 없다. 그러나 익명조합원이 영업자에게 갖는 이익배당청구권 및 조합계약을 해지함으로써 발생하는 출자가액의 반환청구권은 압류가 가능하다.

(2) 영업상의 권리·의무

익명조합에 의한 영업은 대외적으로는 영업자의 단독영업이므로 영업상의 거래로 인한 모든 권리·의무는 영업자에게 귀속되고, 익명조합원은 거래상대방에 대해 어떠한 권리·의무도 갖지 않는다. 즉 익명조합원은 영업자의 거래상대방에 대하여 채권을 행사할 수 없는 반면, 영업상의 채무에 대하여 책임을 지지 않는다.

(3) 상호와 외관책임

익명조합의 대외관계가 이와 같으므로 익명조합 자체의 상호라는 것이 있을 수 없고, 거래상 「익명조합」이라는 사실이 표시되지도 아니한다. 그러나 대외적인 신용이 두터운 익명조합원의 성명 또는 상호를 영업자의 영업에 사용하는 일은 있을 수 있다. 이같이 익명조합원의 성명·상호를 사용한 경우에는 그 영업이

---

1) 출자재산의 귀속관계가 본문에서의 설명과 같으므로 영업자는 타인의 재물을 보관하는 자에 해당하지 아니하고(형 355조 1항), 따라서 영업자가 영업재산을 임의로 소비하였더라도 조합계약의 채무불이행이 되는 것은 별론하고 횡령죄는 성립하지 않는다(대법원 1971. 2. 8. 선고 71도2032 판결; 동 2011. 11. 24. 선고 2010도5014 판결).

익명조합원의 영업인 것으로 오인하고 거래한 제 3 자를 보호해야 할 것이다. 이 경우에는 명의대여자의 책임을 규정한 상법 제24조가 적용될 것이지만, 상법은 다시 익명조합원이 자기의 성명을 영업자의 상호 중에 사용하게 하거나 자기의 상호를 영업자의 상호로 사용할 것을 허락한 때에는 그 사용 이후의 영업상의 채무에 대하여 영업자와 연대하여 변제할 책임이 있음을 규정하고 있다(81조). 이는 기본적으로 외관주의에 입각한 것으로 상법 제24조와 다르게 해석할 이유가 없다. 따라서 제24조와 달리 명문의 규정은 없으나, 선의의 제 3 자, 즉 익명조합원을 영업자로 오인하고 거래한 자에 대하여만 책임진다고 해석해야 한다(통설).

Ⅴ. 익명조합의 종료

1. 종료사유

익명조합은 계약이므로 계약의 일반적인 종료사유로 종료함은 물론이다. 그리고 익명조합은 일정기간 계속적인 영업을 목적으로 하므로 존속기간을 정하는 것이 일반적인데, 이 기간의 만료로 역시 종료하게 된다. 그 밖에 상법은 다음과 같은 종료사유를 두고 있다.

(1) 계약의 해지

당사자는 상대방의 채무불이행이 있을 때 익명조합계약을 해지할 수 있음은 물론이나(민 543조), 채무불이행이 없더라도 다음과 같은 경우 해지할 수 있다.

1) 조합계약으로 익명조합의 존속기간을 정하지 아니하거나 존속기간을 어느 당사자의 종신까지로 약정한 때에는 각 당사자는 6월 전에 상대방에게 예고하고 영업연도 말에 계약을 해지할 수 있다(83조 1항). 인적 회사에서는 사원의 채권자가 사원을 강제퇴사시키고 그 지분환급청구권으로부터 채권을 실현할 수 있는 길을 열어 놓고 있으나(224조), 익명조합원의 채권자에게는 이 같은 수단이 주어져 있지 않다. 입법론으로서는 익명조합원의 출자반환청구권을 압류한 채권자에게는 조합계약을 해지할 수 있는 길을 열어주어야 할 것이다.

2) 부득이한 사유가 있을 때에는 존속기간의 약정에 불구하고 각 당사자는 언제든지 계약을 해지할 수 있다(83조 2항). 「부득이한 사유」란 영업자의 재산상태가 악화되어 영업자에 대한 신뢰의 기초에 이상이 생기거나 익명조합원의 재산상태가 악화되어 출자를 기대하기 어려운 경우 또는 급박한 자금의 필요(익명조합원의 경우), 질병 등으로 인한 영업의 지속불능(영업자의 경우)과 같이 동업관계를 지속하기 어려운 경우를 말한다.

법문상으로는 존속기간을 지키지 못할 부득이한 사정만을 규정한 듯이 보이나, 제83조 제 1 항의 예외, 즉 부득이한 사정이 있으면 6월 전의 예고를 생략하고 바로 해지할 수 있다는 뜻도 담고 있는 것으로 해석해야 한다.

(2) 당연종료사유

다음과 같은 법정사실이 발생하면 조합계약은 당연히 소멸한다.

1) 영업의 폐지 또는 양도(84조 1호) 이 경우에는 더 이상 익명조합의 목적을 달성할 수 없으므로 조합계약이 종료한다.

2) 영업자의 사망 또는 성년후견개시(84조 2호) 익명조합에서는 영업자의 신용이 매우 중요하므로 그 지위는 상속의 대상이 될 수 없으며, 또 영업자에게 성년후견이 개시되면 영업의 수행이 불가능하므로 종료사유로 한 것이다. 그러나 특약으로 영업자가 사망한 경우에는 그 상속인, 성년후견이 개시된 경우에는 그 법정대리인이 영업을 하게 할 수 있다(통설). 영업자가 회사인 경우에는 해산을 사망으로 보고 이 또한 종료사유로 인정해야 한다. 회사가 해산한 경우에도 청산의 목적범위 내에서 존속하며, 회사가 계속되는 수도 있으므로 종료사유가 되지 않는다는 견해가 있으나(정찬형 283), 회사의 계속(229조)은 통상 기대할 수 있는 것이 아니고, 청산의 목적범위 내에서 회사가 존속하더라도 익명조합의 본질적 목적인 영업의 계속이 불가능하므로 종료사유로 보는 것이 옳다(김홍기 157; 정준우 192). 익명조합원이 사망한 경우에 대해서는 명문의 규정이 없다. 그래서 익명조합원이 사망하더라도 조합계약은 종료하지 않고 상속인이 그 지위를 승계한다고 보는 견해가 있으나(강·임 234; 이(기)·최 146; 최·김 269), 익명조합원의 지위는 양도할 수 없다고 보는 한(강·임 230; 김성태 783; 이종훈 232; 정동윤190; 정준우 189; 정찬형 281; 최·김 263; 최준선 307) 상속의 대상도 될 수 없다고 보는 것이 논리적이다.

3) 영업자 또는 익명조합원의 파산(84조 3호) 영업자가 파산한 경우에는 영업

이 불가능하고, 익명조합원이 파산한 경우에는 출자를 회수해야 하므로 익명조합이 지속될 수 없다. 영업자가 파산한 경우 익명조합원은 일반채권자와 같은 지위를 갖는다.

2. 종료의 효과

조합계약이 종료하면 영업자는 익명조합원에게 출자의 가액을 반환하여야 한다(85조 본). 종료 당시 이익이 있으면 출자의 반환과 별도로 이익을 분배해야 한다. 반대로 출자가 손실로 인해 감소된 때에는 익명조합원이 손실을 부담하지 않기로 하는 특약이 없는 한 그 잔액을 반환하면 된다(85조 단).

반환하는 것은 출자의 「가액」이다. 출자한 재산은 영업자의 재산으로 귀속되기 때문이다(79조). 그러므로 현물출자를 한 때에는 금전으로 평가한 가액을 반환하여야 한다.

제6절 합자조합

Ⅰ. 의 의

1. 개 념

합자조합이란 조합의 채무에 대하여 무한책임을 지는 조합원과 출자가액을 한도로 하여 유한책임을 지는 조합원이 상호출자하여 공동사업을 경영할 것을 약정함으로써 성립하는 상법상의 조합을 말한다(86조 의2).

1) 합자조합은 2인 이상이 출자하여 공동사업을 할 것을 약정하는 계약이므로 기본적으로 민법상의 조합이다(민 703조). 다만 이에 더하여 합자조합은 영업조직으로서 몇 가지의 추가적인 속성을 갖추고 있으므로 그에 부합하는 특칙을 상법이 마련해 놓은 것이다. 그러므로 상법 제86조의8 제4항이 합자조합에 관하여

조합에 관한 규정을 「준용」한다고 규정함은 잘못이다. 기본적으로는 조합이므로 상법의 특칙에 의해 배제되지 않는 한 민법의 조합에 관한 규정이 직접 적용된다.

2) 합자조합은 조합채무에 관해 무한책임을 지는 사원과 유한책임을 지는 사원으로 구성된다. 이 점 조합원 전원이 무한책임을 지는 일반 조합과 다르다.

3) 합자조합의 업무집행은 원칙적으로 무한책임조합원이 담당한다.[1] 이 점 역시 일반 조합과 상이한 점이다. 이로 인해 합자조합은 영업을 자신의 권한으로 영위하면서 동시에 영업에 관한 무한한 위험을 부담하는 적극적인 기능자본가와 제한된 위험하에서 타인의 수익활동에 영리성을 의존하는 소극적 자본가의 결합이라고 표현할 수 있다.

4) 합자조합은 상법상의 영업조직으로서, 조합원들이 수행하는 공동사업이란 「영업」을 말한다. 따라서 조합이 수행하는 공동사업이 기본적 상행위일 때에는 물론 기본적 상행위가 아닐 때라도 조합원들은 상인이 된다(5조 1항). 합자조합의 모법이 된 미국의 합자조합(limited partnership)이 영리를 목적으로 하지 않아도 됨을 참고하여[2] 상법상의 합자조합도 영리목적을 가질 필요가 없다고 풀이하는 견해도 있지만,[3] 이같이 본다면 합자조합은 상법에 자리할 근거를 잃는다.[4]

2. 기　능

합자조합은 최근의 산업구조에서 지식기반경제가 발달함으로써 산업경쟁력의 원천이 물적 자산으로부터 인적 자산으로 이동함에 따라 새로이 생겨난 기업조직의 수요에 응하여 2011년 개정상법이 유한책임회사와 더불어 신설한 기업형태이다. 벤처기업과 같이 창의적인 인적 자산을 위주로 하는 사업의 창업자들이

1) 상법은 후술하는 바와 같이 유한책임사원도 업무집행이 가능한 것을 전제로 하는 규정을 두고 있다(86조의4 1항 1호). 이 규정에 입각한다면, 무한책임사원만이 업무를 집행한다는 것은 합자조합의 속성이라 할 수 없다.

2) "A limited partnership may be organized … for any lawful purpose"라고 규정하고 있다(Uniform Limited Partnership Act(2001)(ULPA) §104(b)).

3) 정대익, "상법개정안상 새로운 기업유형에 대한 검토," 「商事法硏究」 64호(2009. 11), 83면 이하; 이종훈, 237면.

4) 일본의 유한책임사업조합법에서는 동 조합원이 조합의 업무로서 하는 행위를 절대적 상행위로 다루고 있다(동법 10조).

희망하는 기업형태는, ⅰ) 창업자가 단독으로 자유롭게 경영할 수 있거나, 타인과 같이 하더라도 구성원간에 강한 유대를 갖는 인적 집단으로 운영할 수 있는 동시에, ⅱ) 창업자들이 기업실패로 인한 위험을 최대한 줄일 수 있는 기업조직이라고 할 수 있다. 이러한 기업조직을 법률적으로 수용한다면 조합과 같은 성격의 내부조직을 유지하면서 공동사업에 참가하는 기업가들의 일부 또는 전부가 유한책임을 지는 것이라 하겠다. 2011년 개정 상법은 이러한 수요를 충족시키는 방법으로서 사원 전원이 유한책임을 지며 법인격을 갖는 「유한책임회사」와 무한책임을 지는 구성원과 유한책임을 지는 구성원으로 혼성되는 비법인단체로서 「합자조합」이라는 2개의 새로운 기업형태를 도입하였다.

연혁 및 입법적 선택

합자조합과 유한책임회사는 미국과 일본의 유사제도를 본받은 것이다. 유한책임회사는 미국에서 널리 이용되고 있는 유한책임회사(limited liability company: LLC)와 이를 본받아 일본이 2005년 회사법에 신설한 합동회사(日會 576조 4항)를 모델로 하여 만들어진 것이다. 그리고 합자조합은 역시 미국과 일본의 책임제한을 수반하는 비법인조합체를 모델로 한 것이다. 이에 해당하는 미국의 조합체로서는 유한책임조합(limited liability partnership: LLP)과 합자조합(limited partnership: LP)으로 대별할 수 있는데, 전자는 조합원 전원이 유한책임을 지는 기업형태이고, 후자는 무한책임조합원과 유한책임조합원으로 구성되는 기업형태이다. 그리고 일본에서는 2005년에 미국의 유한책임조합을 본받아 유한책임사업조합이라는 기업형태를 신설하였다.[1)]

상법상의 합자조합은 이 3가지를 비교 검토한 끝에 만든 것이지만,[2)] 무한책임조합원과 유한책임조합원이 혼재한다는 점에서 미국의 합자조합과 유사하다. 2007년도에 제정된 자본시장법에서 집합투자기구의 한 종류로서 무한책임을 지는 업무집행조합원과 유한책임조합원으로 구성되는 「투자조합」이라는 이름의 기구를 신설하였는데(자금 218조), 이 역시 미국의 LP를 본딴 것이다. 이같이 LP가 이미 우리에게 익숙한 기업조직이라는 점도 합자조합을 선택하게 된 동기의 하나로 생각된다.

그러나 무한 및 유한책임조합원으로 구성된다는 점, 원칙적으로 무한책임조합원이 업무집행권과 대표권을 갖는다는 점을 합자조합의 조직적 특성으로 들 수 있는데, 합자회사의 대표적인 특성이 역시 그러하므로 합자조합은 단지 합자회사에서 법인격만

1) 이 조합을 위해 2005년 5월에 「有限責任事業組合契約に關する法律」이라는 법률을 제정하였다.
2) 이 3가지 조합형태의 비교는 金淳錫, "企業組織의 多樣化를 위한 LLP(有限責任組合) 制度의 導入方案," 「비교사법」 48호(2010), 287면 이하; 김재문, "미국의 LLP입법과 일본의 유한책임사업조합 입법의 비교," 「商事法硏究」 61호(2009), 87면 이하; 정대익, 전게논문 참조.

을 제거한 것이라고 특징지을 수 있다. 그래서 법인격이 없음으로 인한 불편이 돋보일 뿐, 기존의 합자회사에 비해 장점을 찾기 어렵다는 점을 감안하면 합자조합은 그리 슬기로운 입법적 선택은 아니다.[1] 비법인조합이라는 속성이 조직의 유연성이란 장점으로 발휘되도록 하자면 구성원 전원이 유한책임을 지는 유한책임조합(LLP)을 도입하는 것이 바람직하다는 주장이 유력하다.[2]

합자조합과 익명조합

합자회사와 익명조합이 기원을 같이 하는 데서도 알 수 있듯이, 양자는 흡사한 점이 아주 많다. 양자의 두드러진 차이점이라면, ⅰ) 유한책임을 지는 구성원이 합자회사에서는 사원으로 현명(顯名)하지만, 익명조합에서는 대외적으로 숨겨져 있으며, ⅱ) 합자회사는 법인이지만, 익명조합은 법인이 아니라는 점이다.

앞서 합자조합을 합자회사의 변형으로 이해하며 그 유용성을 의심하는 견해를 소개하였지만, 경우에 따라 합자조합은 익명조합과 거의 일치하는 외양을 보일 수도 있다. 유한책임조합원이 업무집행을 하지 않는 한, 그의 성명은 등기사항이 아니다(86조의4 1항 1호). 그러므로 무한책임조합원만이 업무집행조합원인 합자조합의 경우에는 조합계약에서만 유한책임조합원이 당사자일 뿐, 외부에서는 인식할 방법이 없다. 더욱이 뒤에 지적하는 바와 같이 합자조합의 명칭에는 「합자조합」이라는 문자를 사용하도록 강제하는 규정이 없으므로 합자조합임이 표시되지 않는 상호를 사용하는 합자조합의 경우에는 대외적으로는 무한책임조합원만의 영업으로 오인할 수도 있는 것이다. 이 경우 합자조합을 익명조합과 구분해서 존재하게 할 의의가 있느냐는 의문이 제기된다.

Ⅱ. 조합계약의 성립

합자조합은 구성원들 간의 계약에 의하여 성립한다. 「합자조합」이란 이 계약 자체를 뜻할 수도 있고, 동 계약에 의해 형성되는 단체를 뜻할 수도 있다.

1. 당 사 자

합자조합은 무한책임조합원과 유한책임조합원이 각각 최소 1인씩으로 구성되어야 한다.

---

1) 同旨: 김재문, 전게논문, 89면; 정대익, 전게논문, 109면 이하.
2) 前註 및 金淳錫, 전게논문, 292면.

회사 또는 비영리법인도 합자조합의 유한책임조합원이 될 수 있음은 물론이고, 합자조합의 조합원이 되는 데에는 상법 제173조(회사는 다른 회사의 무한책임사원이 되지 못한다)와 같은 제약이 없으므로 회사가 무한책임조합원이 될 수도 있다(반대: 김성탁 420; 김홍기 159).

미국의 합자조합제도에서는 무한책임조합원과 유한책임조합원의 자격겸병이 허용되지만(dual capacity),[1] 상법에는 이러한 규정이 없을 뿐만 아니라, 이러한 이중자격을 전제로 한 부수적인 제도가 마련되어 있지 않으므로, 양자의 지위를 겸한 조합원은 허용되지 않는다고 해석해야 한다.

2. 계약의 요식적 내용

합자조합의 책임관계 및 업무집행자에 관한 계약내용은 조합원들 사이에서만이 아니라 타인의 권리의무에도 영향을 미치므로 확실하고 명확해야 한다. 따라서 상법은 계약에서 다루어야 할 사항을 법정하고, 조합원들의 의사를 분명히 하기 위해 각자 기명날인 또는 서명하게 한다(86조의3 본). 구체적인 계약사항은 다음과 같다(86조의3 1호~13호).

1) 목 적 조합이 수행할 공동사업의 내용을 말한다. 조합은 권리능력이 없으니, 목적에 조합의 능력범위를 정하는 의미는 없고, 대내외적으로 업무집행자의 권한의 범위를 정하는 의미가 있다. 목적은 영업이 아니라도 무방하다는 설이 있으나, 타당하지 못함은 기술한 바와 같다(同旨: 서완석 265; 정찬형 287).

2) 명 칭 조합의 명칭을 기재해야 한다. 이는 조합원들이 영업에 사용하는 명칭이므로 상호로서의 보호대상이며, 동시에 상호에 관한 제약을 받는다(20조 이하).

합자조합의 명칭에 「합자조합」임을 표시하는 문자가 들어가야 하는가? 미국에서는 합자조합의 명칭에 “limited partnership” 또는 약어로서 “L.P.” “LP”를 포함하도록 하며(§108(b) ULPA), 일본에서도 유한책임사업조합의 명칭에는 「유한책임사업조합」이라는 명칭을 반드시 넣도록 한다(일 동법 9조 1항). 사원의 전부 또는 일부가 유한책

1) 1인이 동시에 무한책임조합원(general partnership)과 유한책임조합원(limited partnership)을 겸할 수 있으며, 무한책임조합원으로 행위할 때에는 무한책임조합원으로서의 모든 권리와 의무를 갖고, 유한책임조합원으로 행위할 때에는 유한책임조합원으로서의 모든 권리와 의무를 갖는다(§113 ULPA).

임을 진다는 것은 거래상대방에게 중대한 이해가 걸린 문제이므로 상호를 통해 공시하고자 함이다.

상법에는 이 점에 관해 명문의 규정을 두고 있지 않다(86조의3 2호). 중대한 입법의 불비이다. 명문의 규정이 없더라도 상호에 합자조합임을 표시해야 한다고 해석해야 하지만, 이에 위반한 경우 직접적인 불이익을 줄 수 없어 실효성을 결한 해석이 될 뿐이다.[1] 입법으로 해결할 문제이다.

3) 업무집행조합원의 성명 또는 상호, 주소 및 주민등록번호

4) 유한책임조합원의 성명 또는 상호, 주소 및 주민등록번호

5) 주된 영업소의 소재지 회사로 말하자면 본점소재지와 같은 의미를 갖는다고 말할 수 있지만, 합자조합은 법인격을 갖지 않으므로 영업소의 소재지가 실제 법적으로 중요한 의미를 갖는 것은 각 조합원에 대해 영업소가 된다는 것이다. 즉 합자조합의 조합원에 대한 영업상의 채무는 합자조합의 영업소에서 이행해야 하고(민 467조 2항 단), 조합원에 대해 소를 제기할 때에는 조합의 영업소 소재지를 관할하는 법원에 특별재판적이 있으며(민소 12조), 그리고 조합의 영업소는 조합원에 대한 송달장소가 된다(민소 183조 1항).

6) 조합원의 출자에 관한 사항

7) 조합원에 대한 손익분배에 관한 사항

8) 유한책임조합원의 지분의 양도에 관한 사항

9) 둘 이상의 업무집행조합원이 공동으로 합자조합의 업무를 집행하거나 대리할 것을 정한 경우에는 그 규정

10) 업무집행조합원 중 일부 업무집행조합원만 합자조합의 업무를 집행하거나 대리할 것을 정한 경우에는 그 규정

11) 조합의 해산시 잔여재산 분배에 관한 사항

12) 조합의 존속기간이나 그 밖의 해산사유에 관한 사항

13) 조합계약의 효력 발생일

이상 계약사항 중 1) 내지 6)은 합자조합계약이 유효하기 위한 최소한의 요

---

1) 그러나 명칭에 합자조합이라는 뜻이 들어 있지 않고 또 업무집행조합원이 합자조합의 대리행위임을 표시하지 않고 거래하여 상대방이 손해를 입었을 경우에는 상황에 따라 불법행위가 될 수도 있고, 상대방은 착오·기망 등을 주장하여 거래를 취소할 수도 있을 것이다.

건이라고 보아야 하지만, 7) 내지 12)는 조합계약에서 정하지 않더라도 민법규정을 보충적으로 적용하여 해결할 수 있으므로 임의적 기재사항으로 보아야 하며, 13) 역시 당사자의 의사해석의 문제로 다루어 효력발생일을 정할 수 있으므로 이를 결했다고 해서 무효로 볼 것은 아니다.

3. 등 기

(1) 등기사항

등기는 합자조합의 설립요건은 아니지만, 제3자의 이해에 영향을 미칠 수 있는 사항은 등기하여야 한다. 상법 제86조의3이 정하는 조합계약에서 다루어야 할 사항 중 제 6 호, 제 7 호, 제 8 호 및 제11호를 제외한 사항은 제 3 자 특히 채권자의 이해에 직결되는 문제이므로 등기사항으로 정하고 있다(86조의4 1항 1호). 제 7 호와 제 8 호는 제 3 자의 이해와 직접 관계가 없으므로 제외하였고, 제 6 호는 조합재산을 이루는 출자에 관한 사항이므로 조합의 신용도를 판단하기 위한 기초 정보이므로, 제86조의4 제 1 항 제 2 호에서 「조합원의 출자의 목적, 재산출자의 경우에는 그 가액과 이행한 부분」이라는 더욱 상세한 정보로서 등기할 것을 요구한다.

조합의 영업소를 이전하는 경우에는 구영업소 소재지에서 신영업소 소재지와 이전연월일을 등기하고 신소재지에서 위 등기사항을 등기하여야 한다(86조의8 1항 → 182조 1항).

(2) 유한책임조합원의 등기

상법 제86조의4 제 1 항 제 1 호는 「유한책임조합원의 성명 또는 상호 및 주소, 주민등록번호」를 등기사항으로 열거하되, 「유한책임조합원이 업무를 집행하는 경우에 한정한다」라는 조건을 붙이고 있다. 문언대로라면 유한책임조합원이 업무를 집행하지 않는 한 등기할 필요가 없다.

이 규정은 다음과 같이 두 가지 문제점을 안고 있다.

1) 이 규정은 합자조합의 유한책임조합원은 업무집행을 할 수도 있다는 뜻을 내포하므로 「업무집행조합원은 무한책임을 진다」라는 제86조의2의 대원칙과 충돌한다. 이 점 입법적 시정을 요하지만, 우선 해석론으로 풀어야 할 과제이다(후술).

2) 유한책임조합원이 업무집행을 하지 않을 경우에는 유한책임조합원의 명칭 등을 등기할 필요가 없으므로 유한책임조합원은 대외적으로 공시됨이 없이 유한책임의 이익을 누리는 문제점이 생긴다. 이 점 익명조합에서 익명조합원이 공시되지 않는 것과 같다고 평가하는 입장도 생각해 볼 수 있지만, 익명조합원은 영업자와 대내적인 법률관계만 가질 뿐 대외적인 법률관계를 갖지 아니함에 대해, 유한책임조합원은 조합원으로서 직접 대외적인 책임을 지므로(86조의 6 1항) 공시의 필요성의 면에서 익명조합원과 같이 다룰 수는 없다.

합자조합과 거래하는 제3자의 입장에서는 자신의 채권에 대해 누가 궁극적인 책임을 지느냐, 즉 누가 무한책임조합원이냐는 것이 가장 유념해야 할 사항이기도 하지만, 조합원이라는 것은 일반적으로는 무한책임을 지는 것이 원칙이고 보면, 자신과 거래하는 조합의 구성원 중 누가 이 책임을 벗어나느냐는 것도 유념해야 할 사항이다. 그러므로 유한책임조합원의 등기관련 규정은 입법론적으로 재고되어야 한다. 참고로 미국의 합자조합법에서는 무한책임조합원의 성명과 유한책임조합원의 성명은 합자조합이 상시 유지해야 할 첫번째 공시사항으로 열거하고 있다(§111 ULPA).

(3) 미등기 · 부실등기의 효과

등기할 사항 중 특히 중요한 것은 조합원의 책임의 유형이다. 일반적으로 조합원의 책임은 무한책임이므로(민 712조, 713조) 특정의 조합원이 유한책임조합원이라는 사실은 합자조합의 거래상대방으로서는 크게 유념해야 할 공시사항이다. 이러한 책임관계를 등기하지 않거나 부실등기 한 경우에는 선의의 제3자에게 대항하지 못한다. 예컨대 무한책임조합원이 탈퇴를 했음에도 등기를 게을리 한 경우에는 동 조합원은 선의의 채권자에 대해서는 탈퇴 이후의 조합채무에 대해서도 무한책임을 져야 할 것이며(37조 1항), 유한책임조합원이 무한책임조합원으로 잘못 등기되었을 경우 그 조합원은 유한책임조합원이라는 사실을 선의의 제3자에게 대항하지 못한다(39조).

Ⅲ. 내부관계

1. 업무집행

(1) 업무집행권

합자조합의 업무집행은 업무집행조합원이 행한다(86조의5 1항). 그리고 업무집행조합원은 무한책임사원이 맡는다. 합자조합이란 기술한 바와 같이 적극적인 기능자본가와 소극적 투자자의 결합이라는 점을 생각하면 무한책임사원이 업무집행권을 갖는 것은 당연하지만, 이에 추가하여 조합원이 아닌 자도 업무집행에 관여할 수 있느냐는 문제와 유한책임조합원도 업무집행에 관여할 수 있느냐는 의문이 제기된다.

1) 제3자의 업무집행 제3자는 업무를 집행할 수 없다는 명문의 규정은 없지만, 상법이 합자조합의 업무집행자를 가리키는 의미로 「업무집행조합원」이라는 용어를 쓰고 있는 데서 알 수 있듯이 조합을 경영한다는 의미에서의 업무집행은 조합원만이 할 수 있다고 보아야 한다. 물론 제3자도 지배인이나 기타 사용인의 지위에서 조합의 업무를 보조할 수 있지만, 이는 합자조합의 수임인(민 680조) 내지는 노무자(민 655조)의 지위에서 하는 사무처리 또는 노무의 제공이고 업무집행은 아니다.

2) 유한책임조합원의 업무집행가능성 상법 제86조의2의 법문상으로는 [업무집행조합원=무한책임조합원]이라는 등식이 성립하므로 무한책임조합원만이 업무집행권을 갖는다는 것이 자연스러운 해석이다. 그러나 제86조의4 제1항 제1호에서는 유한책임조합원도 업무집행조합원이 될 수 있음을 전제로 하고 있으므로, 두 조문 중의 하나는 입법착오임이 분명하나, 해석론으로서 제86조의2의 법문에 충실하게 업무집행권은 무한책임조합원에 전속한다고 풀이할 것이냐, 제86조의4 제1항 제1호의 법문을 존중하여 유한책임조합원도 조합계약으로 정하기에 따라서는 업무집행권을 가질 수 있다고 풀이할 것이냐가 문제이다.[1)]

---

1) 상법 제86조의8 제3항은 합자회사의 유한책임사원의 업무집행 및 대표를 금하는 제278조를 합자조합의 유한책임조합원에 준용하고 있으므로 일응 유한책임조합원은 업무집행권이 없다고 해석되지만, 제86조의8 제3항이 「조합계약에 다른 규정이 없으면…」이라는 유보조항을 두고 있어, 조

합자조합은 법인이 아니므로 유한책임조합원이 업무를 집행하더라도 그로 인해 야기되는 내부적인 문제는 조합원 상호간의 개인법적 이해에 그친다고 할 수 있다. 따라서 조합계약이나 조합의 성립 후 전원의 합의에 의해 유한책임조합원이 업무를 집행하게 하는 것을 강행적으로 금지할 필요는 없다고 본다. 그러나 제 3 자에 대한 이해는 단순하지 않다. 유한책임조합원이 합자조합의 업무를 집행한다면, 이는 무한책임조합원의 신분에서 한 것으로 보아야 하고 조합의 채권자 등 제 3 자에게 유한책임을 주장하지 못한다고 풀이해야 한다. 이같은 해석은 상법 제86조의2가 업무집행자는 즉 무한책임조합원임을 밝히고, 이하에서는 조합원을 지칭함에 있어 「업무집행조합원」과 「유한책임조합원」이라는 용어를 대칭시켜 사용하고 있는 것과도 균형을 이룬다고 생각된다. 이같이 풀이하지 않을 경우, 무한책임조합원으로서의 본질을 갖는 조합구성원이 임의로 자신의 책임을 제한하는 것을 허용하는 결과가 된다는 점도 이 해석의 타당성을 뒷받침해 준다.

참고로 미국의 모범합자조합법(ULPA)에서도 업무집행권은 무한책임조합원이 행사하고, 유한책임조합원은 업무집행권이 없다고 규정한다(§§302, 406 ULPA). 다만 기술한 바와 같이 유한책임조합원과 무한책임조합원의 자격겸병이 가능하므로 유한책임조합원이 무한책임조합원의 자격을 겸병할 경우 무한책임조합원으로서 업무집행을 할 수 있다고 해석되고 있다.[1)]

(2) 업무집행의 방법

1) 각자 집행의 원칙 업무집행조합원은 조합계약에 다른 규정이 없으면 각자가 합자조합의 업무를 집행하고 대리할 권리와 의무가 있다(86조의5 1항).

2) 다수결에 의한 집행 둘 이상의 업무집행조합원이 있는 경우, 그 각 업무집행조합원의 업무집행행위에 대하여 다른 업무집행조합원의 이의가 있는 경우에는 그 행위를 중지하고 업무집행조합원 과반수의 결의로 정하여야 한다(86조의5 3항). 이때의 과반수란 조합원의 인원수를 기준으로 하는 다수결을 의미한다.

합계약으로 정하기만 하면 유한책임조합원도 업무집행을 할 수 있다고 해석할 소지도 있다. 이 점이 본문에서 인용한 제86조의4 제 1 호 외에도 유한책임조합원의 업무집행가능성을 지지하는 근거가 될 수 있다.

1) Comment §302. 제302조는 "A limited partner does not have the right or the power *as a limited partner* to act for or bind the limited partnership"이라고 규정하는데, 그 중 *as a limited partner*(유한책임조합원으로서)의 부분을 본문에서와 같은 해석의 근거로 삼는다.

조합계약으로 다른 처리방법을 정할 수도 있다(동 조항).

3) 공동집행 조합계약으로 둘 이상의 업무집행조합원이 공동으로 합자조합의 업무를 집행하도록 할 수도 있다(86조의 3 9호). 공동의 업무집행은 후술하는 공동대리에서 보다 큰 의의를 갖는다.

4) 업무집행권의 제한적 귀속 상법 제86조의3 제10호는 조합계약에서 다룰 수 있는 사항의 하나로서 「업무집행조합원 중 일부 업무집행조합원만 합자조합의 업무를 집행하거나 대리할 것을 정한 경우에는 그 규정」을 열거하고 있다. 상법 제86조의2에서 보듯이 업무집행조합원과 무한책임조합원을 동의어로 사용하므로 이 규정은 무한책임조합원이 수인 있을 때에 그 중 일부에게만 업무집행권을 부여할 수 있다는 취지로 읽어야 한다. 조합계약에서 이같이 정한 업무집행자가 수인인 경우 그들간에는 위에 설명한 각자 집행의 원칙, 다수결에 의한 집행의 원리가 적용되고, 그 수인이 공동집행을 하도록 정할 수도 있다.

(3) 업무집행의 범위

상법 제86조의5 제 1 항에 따라 업무집행조합원 각자가 할 수 있는 업무란 합자조합의 통상적인 업무를 뜻한다(민 706조 3항). 통상적이 아닌 업무는 업무집행조합원의 과반수로서 결정해야 한다(민 706조 2항).

(4) 업무집행조합원의 주의의무

업무집행조합원은 선량한 관리자의 주의로써 합자조합의 업무를 집행하여야 한다(86조의 5 2항). 조합원이 조합의 사무를 처리하는 것은 타인의 사무처리를 위임받은 것과 본질을 같이 하므로 민법에서는 업무를 집행하는 조합원에 대해 수임인의 주의의무에 관한 민법 제681조를 준용한다(707조→ 681조). 그리고 합자조합의 업무집행조합원에 대해서는 민법 제707조가 준용되므로(86조의8 4항 본) 이들 조문만으로도 업무집행조합원은 선량한 관리자의 주의의무를 지게 되는데, 상법 제86조의5 제 2 항은 반복하여 주의의무를 규정해 놓았다.

업무집행은 업무집행조합원의 권리이자 신분으로 인한 의무이므로 업무집행조합원이 수행한 업무집행에 관해서는 별도의 보수를 청구할 수 없다(§406(f) ULPA). 조합계약으로 달리 정할 수는 있다.

(5) 직무집행정지

합자조합의 업무집행조합원의 업무집행을 정지하거나 직무대행자를 선임하는 가처분을 하거나 그 가처분을 변경·취소하는 경우에는 본점 및 지점이 있는 곳의 등기소에서 이를 등기하여야 한다(86조의8 2항→183조의2).

직무대행자는 가처분명령에 다른 정함이 있거나 법원의 허가를 얻은 경우 외에는 합자조합의 통상업무에 속하지 아니한 행위를 하지 못한다(86조의8 2항→200조의2 1항). 직무대행자가 이에 위반한 행위를 한 경우에도 합자조합원들은 선의의 제3자에 대하여 책임을 진다(86조의8 2항→200조의2 2항).

(6) 업무집행의 감시

유한책임조합원은 업무집행에서 소외되므로 업무집행조합원의 전횡으로부터 자신의 이익을 지킬 수단이 필요하다. 이를 위해 상법은 합자회사에서 유한책임사원이 갖는 감시권을 합자조합의 유한책임조합원에 준용하고 있다(86조의8 3항→277조). 구체적인 내용은 익명조합원이 영업자에 대해 갖는 감시권과 같다(434면 참조).

2. 출자와 손익분배

(1) 출 자

조합계약에서 조합원의 출자에 관한 사항을 정해야 한다(86조의3 6호). 합자회사의 유한책임사원은 신용 또는 노무를 출자의 목적으로 하지 못하는데(272조), 이 제한은 합자조합의 유한책임조합원에 준용된다(86조의8 3항). 하지만 조합계약으로 달리 정하는 것을 허용하므로 유한책임조합원도 조합계약으로 정할 경우 신용 또는 노무를 출자할 수 있다. 그리고 제86조의8 제3항 및 제272조의 반대해석으로 업무집행조합원은 당연히 신용 또는 노무를 출자할 수 있지만, 역시 조합계약으로 이를 금할 수도 있다.

(2) 손익분배

합자조합계약에서 조합원에 대한 손익분배에 관한 사항을 정하도록 할 뿐

(86조의3 7호), 상법에서 구체적인 방법은 정하지 않았으므로 민법의 조합에 관한 규정이 준용된다(86조의8 4항 본). 이에 따라 조합계약에서 이익과 손실의 비율을 각각 자유롭게 정할 수 있으며, 이익 또는 손실 중 어느 하나에 관해서만 분배의 비율을 정한 때에는 그 비율은 이익과 손실에 공통된 것으로 추정한다(민 711조 2항). 조합계약에서 손익분배비율을 전혀 정하지 않은 경우에는 조합원의 손익분배의 비율은 각 조합원의 출자가액에 비례하여 정한다(민 711조 1항).

3. 경업금지와 자기거래제한

(1) 경업금지

업무집행조합원은 다른 조합원의 동의가 없으면 자기 또는 제3자의 계산으로 합자조합의 영업부류에 속하는 거래를 하지 못하며, 동종영업을 목적으로 하는 다른 회사의 무한책임사원 또는 이사가 되지 못한다(86조의8 2항→198조 1항). 상법은 업무집행조합원의 경업에 대해 합명회사의 사원의 경업금지에 관한 규정를 준용하고 있어, 겸직금지의 대상이 동종영업을 목적으로 하는 다른 회사의 무한책임사원 또는 이사로 규정되어 있으나, 다른 합자조합의 업무집행조합원 또는 다른 상인의 사용인이 되는 것도 합자조합과의 이해충돌이 있으므로 입법론적으로는 금지대상에 포함시키는 것이 바람직하다.

업무집행조합원이 이에 위반하여 경업 또는 겸직을 한 경우 합자조합의 다른 조합원들이 개입권을 행사할 수 있고, 손해배상을 청구할 수 있는 것(86조의8 2항→198조 2항·3항)은 상업사용인의 경업금지에 관해 설명한 것과 같다(148면 이하 참조). 다만 개입권은 다른 조합원 과반수의 결의에 의하여 행사하여야 하며 다른 조합원 중 1인이 그 거래를 안 날로부터 2주간을 경과하거나 그 거래가 있은 날로부터 1년을 경과하면 소멸한다(86조의8 2항→198조 4항). 경업금지의 내용에 관하여는 조합계약으로 달리 정할 수 있다(86조의8 2항 단).

유한책임조합원에 대해서는 경업금지가 적용되지 않는다(86조의8 3항→275조). 업무집행에서 배제되므로 조합의 기회를 유용할 가능성이 적다고 본 것이다. 그러나 조합계약으로 유한책임조합원도 적용대상으로 삼을 수 있음은 물론이다.

(2) 자기거래의 제한

조합원은 다른 조합원의 과반수의 결의가 있는 때에 한하여 자기 또는 제3자의 계산으로 합자조합과 거래할 수 있다(86조의8 2항·3항→199조). 업무집행조합원만이 아니라 유한책임조합원도 적용대상이다.

자기거래의 제한에 관하여도 조합계약으로 달리 정할 수 있다(86조의8 2항 단·3항).

4. 조합원의 변동

상법은 조합원의 변동 사유 중 지분의 양도에 관해서만 언급하고 있는데, 그 밖에도 조합원의 변동사유로서 새로운 조합원의 가입, 기존 조합원의 탈퇴, 제명도 생각해 볼 수 있다. 조합원의 탈퇴와 제명은 민법의 조합에 관한 규정에 의해 해결될 수 있으나, 가입에 관해서는 규정이 없어 해석이 필요하다.

(1) 신조합원의 가입

합자조합의 성립 후에 추가로 새로운 조합원을 받아들이고자 하는 예도 흔할 것이다. 조합계약은 설립시 제한된 당사자간에 체결된 계약이므로 새로이 조합원이 되는 자가 있다면 업무집행조합원이 되든 유한책임조합원이 되든 조합계약의 당사자에 변동이 있음을 뜻한다. 따라서 전 조합원의 합의로 새로운 조합계약이 체결되어야 한다. 신 조합원이 조합재산에 관해 어떤 지분을 갖느냐는 것은 새로운 조합계약에 의해 정해질 사항이다. 대외적인 책임에 관해서는 후술한다.

(2) 지분의 양도

1) 양도가능성 민법상의 조합의 경우 조합원이 조합재산 및 조합의 법률관계에 대해 갖는 지분은 조합원 전원의 동의를 얻어 양도할 수 있다는 것이 통설·판례의 입장이다(대법원 1958. 2. 26. 선고 4290민상693 판결).[1] 기술한 바와 같이 합자조합도 본질적으로 민법상의 조합이므로 그 지분은 양도할 수 있다고 해석되지만, 상법은 특히 업무집행조합원의 지분의 양도와 유한책임조합원의 지분의 양도를 구별하여 규정하

1) 민법주해 XVI, 133면.

고 있다.

i) 업무집행조합원의 지분의 양도　상법 제86조의7 제 1 항은 업무집행조합원은 다른 조합원 전원의 동의를 받지 아니하면 그 지분의 전부 또는 일부를 타인에게 양도하지 못한다고 규정하고 있다. 민법상의 조합에서도 지분의 양도는 조합원 전원의 동의를 요한다고 해석하므로 이 규정은 민법의 원칙을 수용한 것이고 특칙으로서의 의미는 없다.

ii) 유한책임조합원의 지분의 양도　제86조의7 제 2 항은 유한책임조합원의 지분은 조합계약에서 정하는 바에 따라 양도할 수 있다고 규정하며, 제86조의3은 조합계약의 기재사항의 하나로서 유한책임조합원의 지분의 양도에 관한 사항을 열거하고 있다. 이 규정들이 갖는 의미는 업무집행조합원의 지분의 양도와는 달리 전 조합원의 동의 없이도 다른 방법으로 양도할 수 있다는 것이다. 예컨대 업무집행조합원의 동의만으로 양도할 수 있다고 정하는 것과 같다. 조합계약에서 유한책임조합원의 지분의 양도에 관해 정한 바 없으면, 민법상 조합에서의 조합원의 지분양도에 관한 해석론에 따라 조합원 전원의 동의를 받아 양도할 수 있다고 보아야 한다.

2) 지분양도의 효과　지분양도의 효과에 관해서도 상법은 업무집행조합원의 지분양도와 유한책임조합원의 지분양도를 달리 취급하고 있다. 설명의 편의상 유한책임조합원의 지분양도를 먼저 설명한다.

i) 유한책임조합원의 지분양도　유한책임조합원의 지분을 양수한 자는 양도인의 조합에 대한 권리·의무를 승계한다(86조의7 3항). 권리란 조합재산에 대한 합유지분과 합자조합의 구성원으로서 갖는 의결권 등 비재산적 권리를 포함한다. 이들 권리가 별다른 이전절차 없이 지분양도만으로 양도인으로부터 양수인에게 이전하는 것이다. 하지만 합자조합의 지분의 양도는 법인에서의 사원의 지분의 양도와는 달리 조합재산에 대해 포괄적으로 존재하는 지분적 권리를 이전시키는 효력이 있는 것은 아니고, 개개의 재산에 대해 존재하는 지분적 권리를 일괄하여 양도하는 것이다. 그러므로 합자조합의 재산 중에 등기·등록을 요하는 재산이 있을 경우 그에 대한 양도인의 합유지분은 재산별로 등기·등록을 거쳐야 한다. 따라서 이러한 재산에 관한 한, 양수인이 양도인의 권리를 승계한다고 함은 양도인에 대해 권리이전절차를 밟을 것을 청구할 수 있는 채권적 권리가 발생한

다는 의미로 새겨야 한다.

양도인이 조합원으로서 갖는 의무란 출자의무가 유일하므로 양수인에게 승계되는 「의무」 역시 출자의무를 의미한다. 따라서 이미 양도인의 출자가 완료되었다면 더 이상 승계할 의무는 없으며, 출자미필부분이 있을 경우 그 금액(86조의6 1항), 이익없이 배당을 받음으로 인해 소극적으로 부담하는 변제책임이 있다면 그 책임(86조의6 2항)을 승계한다.

지분의 전부를 양도한 유한책임조합원은 합자조합으로부터 탈퇴하지만, 양수인이 양도인의 권리의무를 승계하는 탓에 양도인과 다른 조합원간에 지분의 계산(지분의 환급)은 하지 않는다. 즉 민법 제719조는 적용되지 않는다.

조합채권자와의 관계에서도 지분양도인의 유한책임을 양수인이 승계할 뿐이므로 양도인이 출자를 완료하였다면 양수인은 더 이상 책임이 없고, 출자미필부분이 있다면 그 금액의 범위에서 양수인이 출자책임 내지는 채권자에 대한 직접 변제책임을 승계한다.

ii) 업무집행조합원의 지분양도 상법 제86조의7 제3항은 유한책임조합원의 지분양도에 관해서만 양수인이 양도인의 권리·의무를 승계한다는 뜻을 규정하고 있을 뿐, 업무집행조합원의 지분양도의 효과에 관해서는 침묵을 지키고 있다. 이는 업무집행조합원의 신분에는 간단히 양수인이 승계한다고 단정하기 어려운 여러 가지 권리와 의무가 복합되어 있기 때문이다.

업무집행조합원의 권리는 조합재산에 대한 지분과 업무집행권을 뜻하고, 의무는 조합의 채무에 대한 직접·무한책임을 뜻한다(86조의8 2항→212조). 조합재산에 대한 지분은 유한책임조합원의 지분양도와 마찬가지로 승계대상이고, 업무집행권은 업무집행조합원의 신분에 따르는 권리이므로(86조의5 1항) 지분양수를 통해 업무집행조합원이 된 자는 당연히 업무집행권을 갖게 된다. 문제는 채무이다.

업무집행조합원은 조합채무에 대해 지분적으로 의무를 부담하지만, 다른 업무집행조합원과 연대책임을 지므로 업무집행조합원이 지분을 양도할 시점에서의 의무는 당시에 존재하는 조합채무 전부에 대한 직접·연대책임이라고 할 수 있다. 이 채무를 누구에게 귀속시킬 것이냐는 것은 합명회사에서의 신입사원의 책임(213조) 또는 퇴사원의 책임(225조)과 같이 입법정책적으로 해결하지 않는 한, 당사자의 약정에 의해 정할 문제이다. 당사자의 합의로 양수인은 조합재산에 대한 지분과 업무집행권만을 승계할 수도 있고, 조합채무를 승계하는 것으로 정할 수도 있다. 조합채무를 승계하더라도 조합채무를 양도인의 지분에 국한하여 분할적으로 양수인이 승계한다거나, 조합채무 전부에 대한 직접·연대책임을 양수인이 승계한다고 정할 수도 있다. 업무집행조합원의 지분양도를 조합원 전원이 동의할 때에는 양도인과 양수인의 채무승계 또는 불승계의 합의에 동의하는 뜻을 포함한다고 보아야 한다.

채무승계를 합의하고 조합원 전원의 동의를 얻더라도 조합채권자의 승낙을 얻지 못하면 양도인의 면책을 주장하지 못한다. 즉 양수인이 조합채무를 승계하고 양도인이 면책하기 위해서는 조합원 전원의 동의라는 절차 외에 면책적 채무인수의 절차를 밟아야 하는 것이다(민 453조, 454조).

(3) 탈 퇴

합자조합의 조합원의 탈퇴에 관해서는 상법에 따로 정한 것이 없으므로 민법상의 조합에서의 탈퇴에 관한 규정이 적용된다.

1) 탈퇴사유 조합원은 임의로 그 신분을 벗어날 수 있고(임의탈퇴), 일정한 사유가 발생했을 때 자동으로 탈퇴한다(비임의탈퇴).

i) 임의탈퇴 조합계약으로 조합의 존속기간을 정하지 아니하거나 조합원의 종신까지 존속할 것을 정한 때에는 각 조합원은 언제든지 탈퇴할 수 있다. 단 부득이한 사유 없이는 조합의 불리한 시기에 탈퇴하지 못한다(민 716조 1항). 조합의 존속기간을 정한 때에도 조합원은 부득이한 사유가 있으면 탈퇴할 수 있다(민 716조 2항).

조합계약으로 임의탈퇴사유를 완화하거나, 사회질서에 반하지 않는 범위에서 강화하는 것은 가능하다고 본다.

ii) 비임의탈퇴 조합원은 사망, 파산, 금치산(성년후견의 개시), 제명으로 탈퇴한다(민 717조). 조합원 본인의 의사와는 무관하다. 다만 유한책임조합원은 사망하더라도 탈퇴하지 아니하고 그 상속인이 지분을 승계하며(86조의8 3항 →283조), 금치산선고(성년후견의 개시)를 받더라도 탈퇴하지 않는다(86조의8 3항 →284조). 탈퇴사유는 조합계약으로 추가할 수도 있다고 본다.

조합원의 제명은 정당한 사유가 있는 때에 한하여 다른 조합원의 일치로써 이를 결정하며, 제명의 결정은 제명된 조합원에게 통지하지 아니하면 그 조합원에게 대항하지 못한다(86조의8 4항→ 민 718조).

2) **탈퇴의 효과** 조합원이 탈퇴하면 그의 지분을 환급하기 위한 절차가 있어야 하고, 조합채무에 관한 책임은 어찌되느냐는 문제가 따른다.

i) 지분의 계산 탈퇴를 하면 탈퇴자와 잔존 조합원간에 조합재산을 분할하여야 한다. 조합은 존속하고 1인의 조합원이 이탈하는 것이므로 결국 조합재산에서 탈퇴하는 조합원의 몫을 환급하는 작업이 되겠는데, 이를 민법에서는 「지분의 계산」이라 부른다. 지분의 계산은 탈퇴 당시의 조합재산상태에 의하여야 하지만(민 719조 1항), 탈퇴 당시에 완결되지 아니한 사항(예컨대 불확정한 채무의 존재)이 있다면 이에 관해서는 완결 후에 계산할 수도 있다(민 719조 3항).

현물을 출자한 조합원의 경우 그 현물을 반환할 수도 있지만, 출자의 종류 여하에 불구하고 금전으로 반환할 수도 있다(민 719조 2항).

탈퇴자에게 환급하고 남은 조합재산은 여전히 조합의 공동사업을 위한 조합재산이고 잔존 조합원들의 합유에 속한다.

ii) 조합채무의 귀속 조합을 탈퇴하면 탈퇴조합원은 향후의 조합채무에 대해 책임지지 아니함은 당연하다. 그러나 탈퇴 당시의 조합채무에 관해서는 탈퇴조합원이 기본적으로는 책임을 져야 하는데, 탈퇴조합원이 유한책임조합원이냐 업무집행조합원이냐에 따라 구체적인 책임내용이 달라진다. 후술한다.

Ⅳ. 외부관계

1. 능 력

조합은 법인이 아니므로 그 자체는 권리능력이나 행위능력을 갖지 못한다. 따라서 앞서 「조합재산」이라는 표현을 썼지만, 조합이 소유하는 재산이라는 뜻이 아니라 조합원이 공동사업을 위해 출자한 재산이라는 뜻이고, 이는 조합원들의 합유에 속한다. 대외적인 행위도 조합의 행위란 있을 수 없고, 조합원 전원을 위한 대리가 있을 뿐이다.[1)]

1) 2008년 상법개정안에서는 합자조합이 소송당사자가 될 수 있다고 규정하였으나, 심의과정에서 폐기

2. 조합의 대리

(1) 대 리 권

대리권의 범위는 업무집행권의 범위와 일치한다. 업무집행조합원은 각자 합자조합의 업무를 집행하고 대리할 권리와 의무가 있다(86조의5). 무한책임조합원 중 일부만 업무집행조합원이 된 경우(86조의3 10호)에는 그 업무집행조합원인 무한책임조합원만 대리권을 갖는다.

1) **업무집행과 대리의 구분** 대내적인 업무집행과 대외적인 대리를 구분하여 다른 업무집행조합원에게 맡길 수 있는가? 무한책임조합원의 일부에 대해서만 업무집행권 또는 대리권을 줄 수 있는 것과 같은 이치로 업무집행권과 대리권을 구분하는 것도 가능하다고 본다.

2) **유한책임조합원의 대리 가능성** 앞서 유한책임조합원이 업무집행을 할 수 있느냐는 문제를 다루었지만, 대리에 관해서도 같은 문제가 제기된다. 상법 제86조의8 제 3 항에서 합자회사의 유한책임사원에 대해 업무집행과 대표를 금하는 상법 제278조를 유한책임조합원에 준용하므로 일응 유한책임조합원은 조합을 대리할 수 없다고 보는 것이 자연스러운 해석이다. 그러나 앞서 업무집행에 관해 언급한 바와 같이 제86조의8 제 3 항이 「조합계약에 다른 규정이 없으면 …」이라는 유보조항을 두고 있어, 조합계약으로 정하기만 하면 유한책임조합원도 업무집행과 대리를 할 수 있다고 해석할 소지도 있다. 다만 유한책임사원에게 업무집행을 허용할 유력한 근거가 된 제86조의4 제 1 항 제 1 호의 법문이 업무집행만 언급하고 대리를 언급하고 있지 않으므로 대리의 가능성은 업무집행의 가능성에 비해 근거가 약한 편이다.

그러나 조합이란 기본적으로 개인법적인 계약관계이므로 그 대리의 자격에 관한 문제에는 단체법리가 적용되어야 할 법인의 대표자격에 관한 문제와는 달리 강행법적 규율을 강요할 필요가 없다. 즉 합자조합에서 누구에게 대리권을 부여할 것이냐는 문제는 자연인의 대리인 선임과 같이 사적자치가 허용되는 문제로 보아야 하는 것이다.[1] 다만 유의해야 할 점은 상법이 [업무집행조합원=

되었다(동 개정안 86조의8).

1) 합자조합의 조합계약에서 유한책임조합원에게 대리권을 부여하고, 이에 근거하여 유한책임조합원

무한책임조합원]이라는 등식을 원칙으로 하므로(86조의2), 합자조합을 대리하는 유한책임조합원은 거래상대방에 대해 무한책임조합원으로서의 표현적 외관을 보인다는 점이다. 그러므로 조합계약의 수권에 의해 유한책임조합원이 한 대리행위는 유효하다고 보지만, 대리행위를 한 유한책임조합원은 대내적인 책임구분에 불구하고 업무집행조합원과 같이 무한책임을 진다고 보는 것이 합리적인 해석이다.

(2) 공동대리

업무집행조합원이 수인이더라도 각자 조합을 대리한다(86조의5 1항). 그러나 조합계약으로 둘 이상의 업무집행조합원이 공동으로 조합의 업무를 집행하거나 대리할 것을 정할 수 있다(86조의3 9호). 그 정함에도 불구하고 1인의 업무집행조합원이 단독으로 대리한 경우에는 무권대리로서 무효이다. 다만 이를 제3자에게 대항하기 위해서는 등기하여야 한다(86조의4 1항 1호, 37조 1항).

제3자가 합자조합원들에게 하는 의사표시(수동대리)는 1인의 업무집행조합원에게만 하면 된다(86조의8 2항 →208조 2항).

(3) 현명주의

합자조합 자체는 법인격이 없으므로 대리의 본인이 될 수 없고, 조합대리의 본인은 합자조합원 전원이다. 그러므로 업무집행조합원이 조합을 대리함에는 조합원 전원을 현명하는 것이 원칙이지만, 업무집행조합원이 본인의 표시로 조합의 명칭만 거명하고 의사표시를 한 경우에는 적법한 대리행위로 보아야 한다(334면 참조). 그리고 조합의 상행위에서는 현명주의가 크게 완화된다(48조).

(4) 대리권의 범위

업무집행조합원은 조합의 영업에 관하여 재판상·재판외의 모든 행위를 할 수 있으며, 그 권한의 제한은 선의의 제3자에게 대항하지 못한다(86조의8 2항 →209조).

합자조합은 법인이 아니므로 업무집행조합원이 조합의 업무집행으로 인한

이 대리행위를 했을 때에 이를 무권대리로 본다면 조합원들은 거래의 유·불리를 가늠하여 추인과 무효주장을 선택할 수 있어 유리한 반면, 상대방의 지위는 매우 불안정해진다(민 130조).

불법행위를 하더라도 다른 조합원이 피해자에게 손해배상책임을 지지는 않는다. 즉 상법 제210조 제1항과 같은 책임은 없는 것이다. 그러나 다른 조합원들에게 사용자배상책임(민 756조)이 성립하는 경우는 생각해 볼 수 있다.

3. 책 임

(1) 업무집행조합원의 책임

1) 책임의 내용 업무집행조합원에 대해서는 합명회사의 사원의 책임에 관한 상법 제212조가 준용된다. 즉 업무집행조합원은 조합재산으로 조합채무를 완제할 수 없거나 조합재산에 대한 강제집행이 주효하지 못한 때에는 변제할 책임이 있다(212조 1항·2항). 이는 직접·무한책임이며, 업무집행조합원이 수인 있는 때에는 연대하여 책임을 진다. 다만 업무집행조합원은 조합재산에 변제의 자력이 있으며 집행이 용이한 것을 증명하여 책임을 면할 수 있다(212조 3항).

2) 신입조합원의 책임 업무집행조합원이 새로이 가입한 경우에 신입조합원은 가입 이전의 채무에 대해 책임을 지느냐는 문제가 있다. 합명회사와 합자회사의 무한책임사원의 경우에는 신입사원은 입사 전의 회사채무에 대해서도 책임을 지지만(213조), 이는 정책적인 규정으로서 명문의 규정이 없는 한 인정하기 어려운 책임이다. 신입조합원은 가입 이후의 채무에 대해서만 책임을 진다고 해야 한다. 조합계약으로 달리 정할 수 있고, 신입조합원이 가입 전의 채무에 관해 책임을 지기로 정할 경우 이는 중첩적 채무인수에 해당한다.

3) 탈퇴조합원의 책임 업무집행조합원이 탈퇴한 경우, 탈퇴 후에 발생한 채무에 대해 책임이 없음은 물론이지만, 탈퇴 시점에 현존하는 채무에 대해서는 탈퇴하더라도 책임은 소멸하지 않는다. 우선 내부적으로 탈퇴조합원은 자신의 지분에 해당하는 금액에 관해 변제할 책임을 지고, 조합채권자와의 관계에서는 탈퇴시의 조합채무 전부에 관해 직접·연대·무한책임을 진다(86조의8 2항→212조 1항·2항). 다만, 탈퇴조합원은 조합에 변제자력이 있음을 항변할 수 있다(86조의8 2항→212조 3항).

지분의 계산을 할 때에 조합채무를 조합의 손실로 계산하여 조합재산에서 공제한 후의 잔액만을 탈퇴자에게 환급한 경우에는 나머지 조합원이 탈퇴조합원의 부담부분을 인수한 것으로 볼 수 있으므로 탈퇴조합원은 면책을 주장할 수 있다는 것이 일반적인 설명이다.[1] 지분의 환급이란 당연히 총자산에서 부채를 공제한 잔액(순자산)에서 탈퇴조합원의 몫을 계산하여 지급하는 것이다. 그러나 이는 조합원간의 내부적인 항변사유에 불과하고, 조합채권자에게는 대항할 수 없다. 조합채권자와의 관계에서 탈퇴조합원이 면책하기 위해서는 조합채권자의 승낙이 있어야 한다(민 454조 1항).

상법 제225조의 적용문제

합명회사와 합자회사의 무한책임사원이 퇴사한 경우 퇴사 전에 생긴 채무에 관해 2년간 다른 사원과 동일한 책임이 있다고 규정한 상법 제225조가 합자조합에는 준용되지 않는다는 점에 주의를 요한다. 합명회사와 합자회사는 법인격을 가지므로 그 단체로부터 이탈한 자(퇴사원)의 책임을 존속시키기 위해 그리고 그 책임관계를 단기에 소멸시키기 위해 이러한 조문이 필요하지만, 합자조합의 탈퇴 전 채무에 관한 업무집행조합원의 책임이란 이미 성립한 자신의 채무이므로 책임을 귀속시키기 위한 별도의 조문이 필요하지 않고 또 단기에 책임관계를 정리해야 할 필요성도 없기 때문이다. 그러므로 탈퇴조합원의 책임은 조합채무가 변제되거나 시효로 소멸할 때까지 존속한다.

(2) 유한책임조합원의 책임

유한책임조합원은 조합계약에서 정한 출자가액에서 이미 이행한 부분을 뺀 가액을 한도로 하여 조합채무를 변제할 책임이 있다(86조의6 1항). 합자조합에 이익이 없음에도 불구하고 유한책임조합원이 배당을 받은 경우에는 그 배당받은 금액을 변제책임의 한도액에 더하여 계산한다(86조의6 2항). 유한책임조합원의 책임은 분할책임이므로 다른 조합원이 무자력이 되더라도 연대책임을 지지 않는다(민 713조가 준용되지 않음을 주의. 86조의8 4항 단 참조).

이 책임은 유한책임조합원이 탈퇴하더라도 소멸하지 않는다고 해석해야 한다. 다만 탈퇴시 지분의 계산을 할 때에 위 책임질 금액을 차감하고 환급받는다면 출자를 이행하고 또 이익없이 배당받은 금액을 반환한 것과 같으므로 유한책임조합원의 책임은 소멸한다고 보아야 한다(이 점에서 탈퇴한 업무집행조합원의 책임과 다름을 유의할 것).

1) 민법주해 XVI, 146면.

Ⅴ. 조합의 해산

1. 의 의

조합도 다른 계속적인 계약관계와 마찬가지로 일정한 사유가 발생하면 그 법률관계가 종료하는데, 조합에는 다수의 이해관계가 교차하는 단체성이 있으므로 그 단체적 이해관계를 체계적이고 공평하게 종결짓기 위해 법인에서처럼 해산과 청산이라는 제도를 두고 있다(민 720조~724조). 구성원의 일부가 유한책임을 지는 합자조합에서는 법률관계의 단체적 종결이 더욱 필요하므로 민법상의 조합의 해산·청산에 관해서보다 좀 더 상세한 규정을 두고 있다.

2. 해산사유

1) **조합계약상의 해산사유** 합자조합계약에서 존속기간을 둘 수 있으며, 그 밖의 해산사유도 조합계약에 정해 둘 수 있다(86조의3 12호).

조합계약에서 정하지 않더라도, 조합원 전원의 합의로 언제든지 해산할 수 있다고 보아야 한다.

2) **목적의 달성 또는 불능** 조합계약의 목적을 이미 달성하였거나, 달성하지 못할 것이 명확해졌을 때에는 조합의 목적이 존재하지 않으므로 해산사유가 된다고 할 것이다.

3) **조합원의 단종화** 다른 종류의 조합원 전원이 탈퇴하여 한 가지 조합원만 남게 되었을 때, 즉 업무집행조합원만 남게 되거나 유한책임조합원만 남게 되었을 때에는 합자조합의 요건을 충족하지 못하므로 해산사유가 된다(86조의8 1항 →285조).

4) **해산청구** 부득이한 사유가 있는 때에는 각 조합원은 조합의 해산을 청구할 수 있다(86조의8 4항 →민 720조). 「부득이한 사유」의 유무는 조합이 상호신뢰를 바탕으로 하는 인적 집단임을 감안하여 인적 회사의 해산청구사유에 준하여 판단해야 한다. 예컨대 조합의 업무집행이나 대표행위에 있어 서로 신뢰할 수 없음에도 불구하고 조합의 자율적인 해체가 불가능할 경우에는 해산을 청구할 수 있을 것이다(회사법강의 144면 참조).

3. 조합의 계속

상법은 기업유지의 이념에서 해산한 조합이라 하더라도 조합의 계속을 허용한다. 「계속」이란 청산에 이르지 않고 해산 전의 조합으로 돌아가는 것을 말한다.

상법이 정한 계속사유는 한 가지 조합원만 남게 된 경우이다. 업무집행조합원 전원이 탈퇴하여 해산하거나 유한책임조합원 전원이 탈퇴하여 해산한 경우에는 잔존한 유한책임조합원 전원 또는 업무집행조합원 전원의 동의로 새로 업무집행조합원 또는 유한책임조합원을 가입시켜 조합을 계속할 수 있다(86조의8 1항 →285조 2항).

상법은 계속사유로서 한 가지만 규정하고 있으나, 존속기간이 만료된 경우와 같이 전원의 합의가 있으면 공동사업이 가능한 경우에는 계속을 허용해야 할 것이다(229조 1항의 유추적용).

Ⅵ. 청　산

합자조합의 청산절차는 청산인이 관장한다. 합자조합이 해산한 때에는 업무집행조합원의 과반수의 결의로 청산인을 선임해야 하고, 선임하지 않을 때에는 업무집행조합원이 청산인이 된다(86조의8 2항 →287조). 구체적인 청산절차는 민법상의 조합의 청산절차와 같다(민 722조~724조).

제 2 장 각 론

상법 제46조가 열거하는 기본적 상행위의 구체적인 거래관계(법률관계)는 이를 영위하는 상인과 그 거래상대방의 자유로운 약정에 의해 정해진다. 의제상인의 준상행위도 같다. 그러나 상법은 기본적 상행위 중 10가지 종류의 상행위를 골라 제 5 장 내지 제14장에서 상세한 법률관계를 규정하고 있다. 이들 상행위의 법률관계도 기본적으로는 당사자의 약정에 의해 정해지지만, 법률관계가 복잡하여 당사자의 약정만으로는 거래의 원만한 규율이 어렵다고 보아 명문으로 보충하고자 하는 취지이다. 그러므로 제 5 장 내지 제14장에서는 각 상행위별로 당사자 상호간에 권리와 의무를 공평하게 안배하는 것에 역점을 두고 있다.

제 1 절 대 리 상

I. 총 설

1. 기 능

대리상(代理商)은 특정상인의 영업거래를 계속적으로 대리하거나 또는 중개함으로써 그 상인의 영리활동을 보조하는 기능을 한다. 기업규모의 성장을 위해서는 영업활동의 지역적 확장을 요한다. 상인이 자신의 영업활동을 지역적으로 확장하는 방법으로는 대상지역에 자신의 상업사용인을 두는 것이 가장 완벽한 방법이긴 하나, 관리 · 유지에 상당한 고정비용이 소요되므로 영업의 규모나 성격에 따라서는 비경제적일 수 있으며, 시장개척에 따른 시행착오와 위험부담을 감수해야 한다. 이에 갈음하는 방법으로 현지에 있는 중개인이나 위탁매매인을 이용할 수도 있지만, 중개인이나 위탁매매인은 원래 불특정·다수의 상인을 고객으로 삼는 자이므로 상인이 그 조직을 지속적·배타적으로 이용할 수 없는 것이 단점이다. 그래서 특정지역에 지속적인 영업조직을 유지할 필요가 있는 경우에는 그 곳의 시장사정에 밝은 자를 대리상으로 함으로써 그의 조직기반을 계속적으로 이용하는 반면, 보수는 영업실적에 따른 대가만을 지급함으로써 시장개척비용을 절약할 수 있다.

2. 연　　혁

같은 보조상이지만 대리상은 중개업과 위탁매매업에 비해 훨씬 늦게 생겨났다.

대리상은 대량의 상품을 계속적으로 공급하기 위해 지역적으로 안정적인 시장확보가 필요한 기업에 걸맞는 보조상이다. 이러한 성격의 기업은 자본주의경제체제가 정착되면서 비로소 생겨났고, 따라서 대리상도 자본주의가 정착한 이후에 공업이 발달하고 무역이 증대하면서 생겨났다. 역사적으로는 19세기 후반에 지방판매를 위해 출장 갔던 상업중개인들이 현지에 정착, 독립하게 된 데서 비롯되었다고 한다. 법제도로서는 1897년 독일 신 상법(HGB 1897)이 처음 대리상제도를 도입하였고, 다시 1953년 개정법에서 대리상에 대해 독립적인 지위를 부여하는 동시에 그에 대한 보호를 강화하였다(84~92 HGB).[1] 우리 상법도 독일 상법을 본받아 대리상제도를 두고 있으나, 8개조의 단출한 규정만을 두고 있으며, 이 중 7개조는 순전히 대리상과 본인과의 관계를 규정하고 있고, 거래상대방과 관련된 것은 1개조(90조)에 불과하다.

Ⅱ. 대리상의 의의

대리상(Handelsvertreter)이란 일정한 상인을 위하여 상업사용인이 아니면서

---

1) *von Hoyningen-Huene*, in MünchKommHGB, §84 Rn. 1 ff.

상시 그 영업부류에 속하는 거래의 대리 또는 중개를 영업으로 하는 자이다(87조).

(1) 영업의 보조성

대리상은 자기를 위해 상거래를 하는 것이 아니라, 다른 상인을 위하여 그의 영업거래를 대리 또는 중개하는 방법으로 다른 상인의 영업을 보조하는 자이다. 그래서 대리상을 중개인 · 위탁매매인 · 운송주선인과 더불어 보조상이라 부른다.

대리상에는 본인의 거래를 「대리」하는 대리상과 본인의 거래를 「중개」하는 대리상이 있다. 전자를 「체약대리상」, 후자를 「중개대리상」이라 한다.

(2) 본인의 특정 · 계속

대리상은 「일정한 상인」을 위하여 「상시」 그 영업거래를 대리 또는 중개하는 자이므로 그의 본인인 상인은 특정되어야 하며, 그와 계속적 관계에서 대리 또는 중개를 하여야 한다. 따라서 불특정다수의 상인 또는 비상인을 위해 대리 또는 중개하는 자는 대리상이 아니다. 그렇다고 대리상이 단지 1인의 상인만을 위해 대리상이 될 수 있는 것은 아니다. 본인인 상인이 일정하고, 계속적 관계라는 요건이 지켜진다면 수인의 상인을 위해서 대리상이 될 수도 있다.

(3) 대리 · 중개하는 거래

대리상은 본인인 상인의 영업부류에 속하는 거래를 대리 또는 중개하는 자이다. 「영업부류」에 속한다고 함은 상인의 기본적인 영업활동을 말한다. 따라서 다른 상인의 보조적 상행위를 대리 또는 중개하는 자는 그 상인이 특정되어 있고, 그 관계가 계속적이라도 대리상이 아니다. 예컨대 무역업을 하는 A의 금융거래를 B가 일상적으로 대리해 주더라도 B는 대리상이 아니다.

(4) 상 인 성

법문에서 「상업사용인이 아니면서」라고 표현하듯이 대리상은 그 자체가 독립적인 상인이다. 대리상의 상인성은 대리상이 본인에게 종속되지 아니하고 자신의 독자적인 계획과 계산에 따라 영업을 한다는 점이다. 그리고 대리상의 영업은 거래의 대리 또는 중개를 하는 행위 그 자체가 아니라 그러한 대리 또는 중개의 인수, 즉 특정상인과 그를 위해 대리 또는 중개를 하기로 계약을 하는 것이다. 정작 대리 또는 중개행위는 그 계약의 이행에 지나지 않으며, 이는 대리상의 보조적 상행위(47조 1항)가 된다.

대리상과 상업사용인의 구분은 기본적으로 본인과의 약정이 대리 또는 중개의 인수냐, 고용 등과 같은 종속적 지위의 취득이냐를 가지고 판단하여야 할 것이나, 약정의 내용이 불명확하여 양자의 구분이 애매할 수가 있다. 이런 경우에는 자기가 독립적으로 운영하는 영업소의 유무, 보수의 성격(즉 수수료인가, 정액의 급여인가), 업무에 대한 본인의 관여 정도(즉 지휘·감독인가, 특정사무의 위탁인가) 등을 토대로 판단해야 한다(대법원 1962. 7. 5. 선고 62다244 판결).

(5) 상인자격취득의 종속성

대리상이라는 지위는 특정인이 일정한 상인과 대리 또는 중개의 인수(계약)를 함으로써 취득된다. 따라서 논리적으로는 본인인 상인이 이미 존재하고 그와의 계약에 의하여 비로소 대리상이 되는 것이다. 바꿔 말하면 대리상이란 것이 미리부터 있고 특정상인이 그에게 대리 또는 중개를 위임하는 것이 아니다.

Ⅲ. 여타 보조상과의 구별

상법이 제도화한 보조상으로는 대리상·중개인·위탁매매인·운송주선인이 있다. 이 중 운송주선인은 주선의 대상이 운송으로 특정되어 있다는 점이 특색일 뿐 기본적으로 주선업이라는 점에서 위탁매매인과 같다. 그러나 나머지 3자간에는 본질적인 차이가 있다.

1) 다른 상인을 보조하는 방법이 다르다. 대리상은 「대리 또는 중개」에 의해, 중개인은 「중개」에 의해, 위탁매매인은 「자기 명의로 매매」(주선)함으로써 각각 다른 상인의 영업활동을 보조하는 것이다.

2) 중개대리상과 중개인은 다같이 거래의 중개를 보조한다는 점에서 공통되지만, 중개대리상은 「일정한 상인」을 위해서 계속적으로 중개를 함에 반해, 중개인은 「불특정·다수인」을 위하여 중개를 한다.

3) 대리상의 경우 일정한 상인을 본인으로 하여 그와 대리 또는 중개의 인수를 함으로써 비로소 대리상의 자격을 취득하지만(지위취득의 종속성), 중개인과 위탁매매인은 불특정 · 다수인을 상대로 하므로 사전에 스스로 중개인 또는 위탁매매인의 자격을 가지고 상인이 되는 것이다(지위취득의 독자성).

또 대리상의 본인은 반드시 상인이어야 하지만 중개인의 본인들은 그중 일방만 상인이면 되고, 위탁매매인의 위탁자 또는 매매상대방은 상인이 아니더라도 무방하다.

4) 대리상은 일정한 상인과 계속적인 관계를 지니므로 그 상인과의 이익충돌을 방지하기 위해 경업금지의무를 부담한다. 그러나 중개인과 위탁매매인은 본인 또는 위탁자와 이 같은 계속적 관계가 없으므로 경업금지의무를 갖지 아니한다.

5) 3가지 보조상의 특성이 이상과 같이 상이하므로 관련법규도 입법의 초점을 달리한다. 대리상의 경우에는 본인과 대리상 간의 이해의 조정이 초점을 이루나, 중개인의 경우에는 쌍방의 거래당사자의 보호를 위해 중개된 거래의 원만한 이행을 확보하는 데 초점이 두어지고, 위탁매매인의 경우 실질적인 계산의 주체는 위탁자이지만, 위탁매매의 형식적 당사자는 위탁매매인이 되는 등 법률관계의 분열이 생기므로 거래(매매)의 안전과 아울러 위탁자의 이익을 보호하는 데 역점이 가해진다.

Ⅳ. 대리상계약과 대리

1. 대리상계약

대리상은 본인인 상인과 그의 영업부류에 속하는 거래를 계속적으로 대리 또는 중개하기로 하는 계약을 체결함으로써 성립된다(87조). 이 계약을 일반적으로 대리상계약이라 한다. 대리상계약을 체결한 것인지 여부를 판단함에 있어 계약의 명칭은 중요하지 않다. 본인인 상인의 영업부류에 속하는 거래를 계속적으로 대리 또는 중개한다고 하는 대리상의 실질을 갖추었느냐에 따라 판단하여야 한다

(판례 93).

대리상계약은 법률행위(체약대리상의 경우) 또는 사실행위(중개대리상의 경우)를 대리상에게 위탁하는 것을 내용으로 하므로 그 성질은 위임이다(민 680조). 따라서 대리상은 선량한 관리자의 주의로써 대리 또는 중개를 하여야 한다(민 681조). 그 밖에도 위임에 관한 민법규정이 일반적으로 적용될 것이지만, 후술하는 몇 가지 사항에 관해서는 상법에 특칙이 마련되어 있다.

판례 93 대법원 1999. 2. 5. 선고 97다26593 판결

「… 어떤 자가 제조회사와 대리점 총판 계약이라고 하는 명칭의 계약을 체결하였다고 하여 곧바로 상법 제87조의 대리상으로 되는 것은 아니고, 그 계약 내용을 실질적으로 살펴 대리상인지의 여부를 판단하여야 하는바, … 원고 회사는 피고 회사로부터 이 사건 스토어를 매입하여 원고 회사 스스로 10여 종의 주변기기를 부착하여 노래방기기 세트의 판매가격을 결정하여 위 노래방기기 세트를 소비자에게 판매하였다는 것이므로 원고 회사를 피고 회사의 상법상의 대리상으로 볼 수 없다 할 것이고, 또한 피고 회사가 국제 신문에 피고 회사 제품의 전문취급점 및 A/S센터 전국총판으로 원고 회사를 기재한 광고를 한 번 실었다고 하더라도, 전문취급점이나 전국총판의 실질적인 법률관계는 대리상인 경우도 있고 특약점인 경우도 있으며 위탁매매업인 경우도 있기 때문에, 위 광고를 곧 피고 회사가 제3자에 대하여 원고 회사에게 피고 회사 제품의 판매에 관한 대리권을 수여함을 표시한 것이라고 보기 어렵[다.]」

* 同旨: 대법원 2013. 2. 14. 선고 2011다28342 판결: A와 B는 명칭상으로는 「대리상계약」을 체결하였으나, 계약의 내용은 A가 B에게 제품을 공급하면 B는 A에게 대금을 지급하고 제품과 관련된 일체의 위험과 비용을 부담하며 자신의 거래처에 제품을 재판매하는 것이고, 이 재판매는 B의 판단으로 판매가격을 정하고 B의 명의와 계산으로 제품을 판매하는 것이었다. 법원은 이 계약은 상법상의 대리상계약에 해당하는 것으로 볼 수 없다고 판시하였다.

특 약 점

대리상에 관한 해석론의 일부로서, 상법전에는 없지만 특약점이라는 업종이 소개된다. 우리나라와 일본의 상법학에서는 「특약점」으로 표기하고, 독일에서는 Vertragshändler라는 개념을 사용하는데, 그 법적 지위에 대한 이해는 다음과 같이 대동소이하다.

특약점은 자기의 이름으로 물건을 판매하는 도매업자 혹은 소매업자에 지나지 않지만, 특정의 공급자(제조업자 혹은 도매업자)와의 특약에 의해 쌍방이 특수한 권리

의무를 가진다. 특약점은 공급자로부터 매수한 상품을 전매하며, 보통 특약점이 경업금지의무를 지고, 일정지역 내에서 독점적인 판매권을 가지며, 공급자의 상표·서비스표를 사용하고, 공급자는 특약점에 판매노하우를 전수하고 신용을 공여한다. 이러한 특약은 「특약점계약」, 「대리점계약」, 「판매점계약」 등 다양한 이름으로 불리며 양자간의 계속적인 공급, 판매를 규율하는 기본계약의 역할을 한다. 특약점은 법률적으로는 자기의 이름으로 물건을 판매하는 상인이지만, 경제적으로는 상품공급자에게 종속하고[1] 그 법적 지위는 대리상에 유사한 점이 많다.[2]

특약점은 대리상과 마찬가지로 제조업자의 판매조직에 편입되고 판매활동에 있어 제조업자의 구체적인 지시에 따른다는 점에서 대리상과의 동질성이 있으므로 대리상에 관한 법규정 중 상당수는 특약점에도 유추적용해야 한다는 것이 일반적인 설명이다.[3] 다만 어느 정도의 범위에서 유추적용할 것이냐가 문제이다. 독일에서는 적어도 지속적인 거래관리수단으로서의 대리상 계약의 구조에 관련되는 규정들은 유추적용해야 한다는 것이 일반적인 설명이다. 특히 후술하는 보상청구권과 같이 대리상을 보호하기 위한 법규를 유추적용할 수 있느냐라는 문제가 제기되는데, 이를 위해서는 고객의 이전과 같은 별도의 요건을 요구한다.[4]

2. 상사대리특칙의 적용

체약대리상에 대해서는 상사대리에 관한 제48조 내지 제50조의 특칙이 적용된다. 따라서 대리상의 대리행위에 대해서는 현명주의가 배제되고(48조), 대리상은 대리상계약의 본지에 반하지 아니하는 범위 내에서 위임받지 아니한 행위를 할 수 있으며(49조), 본인이 사망하더라도 대리상의 지위는 소멸하지 아니한다(50조).

---

1) 독일에서는 이 점을 특약점이 공급자의 영업조직에 편입되었다고 표현한다(Eilgliederung in Absatzorganisation) (*von Hoyningen-Huene*, in MünchKommHGB, §89b Rn. 20).

2) 정동윤, 221면; 江頭, 240면; Ulmer, Der Vertragshändler, 1969, S. 206.

3) 김성태, 507면; 정동윤, 221면; 김정호, "대리상의 보상청구권," 「상거래의 이론과 실제」(안동섭교수 화갑기념), 1995, 286면; 석광현, "국제거래에서의 대리상의 보호," 「법조」 592호(2006. 1), 32면.

4) *von Hoyningen-Huene*, in MünchKommHGB, §89b Rn. 19 ff.

V. 대리상의 의무

1. 대리상의 통지의무

대리상이 거래의 대리 또는 중개를 한 때에는 지체 없이 본인에게 그 통지를 발송하여야 한다(88조). 원래 민법의 위임계약에서는 수임인은 위임인의 청구가 있는 때 그리고 위임이 종료한 때에만 위임사무의 처리내용을 보고하면 된다(민 683조). 그러나 민법상의 위임은 대체로 1회적인 사무처리를 내용으로 하는 데 반해, 대리상의 위임관계는 장기간 지속되고 여러 건의 대리 또는 중개가 되풀이되므로 개개의 거래별로 본인이 처리상황을 파악할 수 있게 한 것이다. 또 중개대리상의 경우에는 본인이 직접 계약을 체결하여야 하므로 본인이 중개사실을 알지 않으면 안 된다.

통지에 관해서는 「발신주의」를 취함으로써 대리상을 보호하고 있음에 주의하여야 한다. 통지할 때에는 대리 또는 중개가 이루어진 사실뿐만 아니라 대리 또는 중개된 거래의 내용도 알려야 한다.

2. 대리상의 경업금지

대리상은 본인의 허락 없이 자기나 제3자의 계산으로 본인의 영업부류에 속한 거래를 하거나 동종영업을 목적으로 하는 회사의 무한책임사원 또는 이사가 되지 못한다(89조 1항). 대리상은 지속적으로 본인의 영업을 보조하는 지위에 있으므로 본인의 영업기회를 유용할 수 있는 기회를 갖는다. 이러한 기회이용을 막기 위하여 상업사용인의 예와 같이 경업금지의무를 과한 것이다. 그 내용은 상업사용인의 경업금지의무와 별 차이가 없으나, 대리상의 경우에는 다른 상인의 사용인이 되는 것을 금지하지 아니한다(17조 1항, 89조 1항 비교). 그러나 회사의 이사가 되는 것은 금지하면서 상업사용인이 되는 것을 허용할 이유는 없다. 이는 입법의 불비이다(반대: 손주찬 292).

대리상이 경업금지의무를 위반한 경우에는 상업사용인이 경업금지의무를 위반한 경우에 관한 규정(17조 2항~4항)이 그대로 준용된다(89조 2항). 이에 따라 본인은 대리상계약을 해지할 수 있고, 손해배상청구권을 가지며(17조 3항), 협의의 경업을 한 경우에는 본인이 개입권을 행사할 수 있다(17조 2항). 개입권의 제척기간도 상업사용인의 경우와 같이 본인이 그 거래를 안 때로부터 2주간, 거래가 있은 날로부터 1년이다(17조 4항).

대리상은 위와 같이 명문의 규정에 의해 경업금지의무를 지지만, 개별 상거래의 대리행위에 있어서는 민법의 대리인에 관한 규정이 적용되므로 자기계약 및 쌍방대리가 제한된다(민 124조).

3. 비밀준수의무

(1) 의 의

대리상은 계약의 종료 후에도 계약과 관련하여 알게 된 본인의 영업상의 비밀을 준수하여야 한다(92조 의3).

대리상의 비밀준수의무는 독일 상법이 규정하는 대리상의 비밀준수의무(Geheimhaltungspflicht; Verschiwiegenheitspflicht)제도를 본받은 것이다. 대리상은 일회적인 거래로 관계가 종결되는 중개인과 달리 본인과 지속적인 대리관계에 있는 까닭에 본인의 영업비밀에 쉽게 접근할 수 있는 입장에 있다. 그러므로 대리상은 본인과 고도의 신뢰관계(Vertrauensverhältnis)에 있으며, 아울러 본인의 이익을 보호할 특별한 신인의무(Treupflicht)를 진다. 대리상의 비밀준수의무는 바로 이러한 특별한 신인의무에 기초하여 주어지는 것이다.[1]

대리상이 대리상계약에 기해 지는 선량한 관리자로서의 주의의무에는 비밀준수의무도 포함된다고 해석되므로 계약의 존속중에는 특히 본조와 같은 규정이 불필요하지만, 상법은 비밀준수의무를 대리상계약이 종료한 후에까지 인정하기 위하여 위 조문을 두었다(서완석 289; 손주찬 297; 송옥렬 154; 오성근 340; 이(기)·최 427; 정준우 286; 최·김 285; 최준선 324). 대리상계약의 존속중의 비밀준수의무가 계약상의 의무인 것은 물론이지만 종료 후의 비밀준수의무도 계약상의 의무이다.[2]

1) Schlegelberger, §90 Rn. 1.
2) Ibid.

(2) 영업비밀의 개념

영업비밀(trade secret; Geschäfts- und Bertiebsgeheimnisse)이란 기업조직 또는 영업내용에 관한 공지되지 아니한 정보로서 당해 영업주가 배타적으로 관리할 수 있고, 그 영업주 또는 제3자가 경제적 가치를 가지고 이용할 수 있는 것이라고 정의할 수 있다. 이 속에는 특허권과 같이 법으로 보호되는 것뿐만 아니라, 생산·판매 등의 사업활동, 사업계획 및 기업의 내부조직에 관한 정보도 포함되며, 때로는 영업주의 신상에 관한 사실도 기업의 경쟁력과 관계될 때에는 영업비밀이 될 수 있다. 오늘날과 같은 정보화시대에 영업비밀은 기업의 경쟁력을 구성하는 가장 중요한 경제적 자원이라고 할 수 있다.[1)] 따라서 영업비밀은 영업주가 배타적으로 누리는 권리(exclusive right)의 하나로 보아야 한다.[2)]

부정경쟁방지법상의 영업비밀

「부정경쟁방지 및 영업비밀보호에 관한 법률」에서는 영업비밀을 "공공연히 알려져 있지 아니하고 독립된 경제적 가치를 가지는 것으로서, 비밀로 관리된 생산방법·판매방법 그 밖에 영업활동에 유용한 기술상 또는 경영상의 정보를 말한다"라고 정의하고 있는데(부경 2조 2호), 상법에서도 같은 내용으로 이해해도 좋을 것이다. 이 정의에서 알 수 있듯이 영업비밀이란 경제성·미공지성·관리가능성을 그 요건으로 한다는 것이 일반적인 해석 및 입법례이다(미 Uniform Trade Secret Act §1(4); 일 부정경쟁방지법 1조 3항 참조).

동법에서는 영업비밀의 부정한 사용, 부정한 취득, 부정한 공개 등을 영업비밀의 침해행위로서 처벌하며, 아울러 침해자에게 비밀보유자의 침해된 이익에 관한 손해배상책임을 과하고 있다(부경 2조 3호, 11조).

(3) 의무의 내용

상법에서는 단지 대리상은 계약과 관련하여 알게 된 본인의 「영업비밀을 준수하여야 한다」고 규정하지만, 대리상이 영업비밀과 관련하여 본인에게 줄 가능성이 있는 불이익의 유형을 예상해 볼 때, 대리상은 단지 영업비밀을 누설하지 않을 「수비의무(守秘義務)」만이 아니라 영업비밀을 사익을 위해 이용하지 않을 비

1) Russell B. Stevenson, Jr., Corporations & Information, The Johns Hopkins Univ. Press, 1980, p. 5 참조.

2) Williiam E. Knepper, Liability of Corporate Officers and Directors, 3rd ed., The Allen Smith Co., 1978, p. 56.

밀이용금지의무도 부담한다고 보아야 한다.[1)]

1) **수비의무** 대리상은 자신이 지득한 본인의 영업비밀을 공개하지 않아야 함은 물론 타인에 의해서도 공개되지 아니하도록 주의를 베풀어야 한다. 영업주가 비밀로 선언한 것은 그 내용이 명백하지만, 그 밖의 영업비밀이란 외관적인 표지를 가지고 존재하는 것이 아니므로 무엇이 공개되어서는 안 되는 영업비밀이냐는 것은 대리상이 선량한 관리자로서의 성실성을 가지고 합리적으로 판단하여야 한다.

㈎ **영업비밀의 범위** 이미 공개된 것이 영업비밀이 될 수 없는 것은 물론이고, 법상 공시의무가 따르는 사항들, 예컨대 회사의 정관과 주주총회의 의사록, 주주명부, 재무제표 같은 것은 영업비밀이 아니다(396조 1항, 448조 1항). 회계장부는 극히 제한된 경우 외에는 공개할 의무가 없으므로(466조 1항) 영업비밀에 속한다. 공시해야 하는 정보라도 법상 공시의무를 이행해야 하는 시점까지는 영업비밀이다. 예컨대 재무제표의 내용도 상법 제448조 제 1 항에 의해 공시하기 전까지는 영업비밀이며, 자본시장법 제161조에서는 상장법인이 투자자보호를 위해 공시해야 할 사항을 열거하고 있는데(예: 어음부도, 합병 · 증자 등), 이러한 사항도 공시하기 전까지는 영업비밀에 속하므로 대리상은 수비의무를 진다.

㈏ **수비대상** 대리상의 비밀누설금지가 본인의 영업에 손실을 줄 가능성이 있다는 점이 본조의 입법동기이지만, 법상 현실의 손해가 발생할 것을 요하지 않으므로 손해의 발생 유무 또는 그 가능성 유무를 불구하고 비밀을 누설하면 본조의 위반이다. 따라서 대리상이 본인과 경쟁관계에 있는 제 3 자에게 비밀을 누설하는 것은 물론이고, 영업과 무관한 제 3 자에게 알리거나, 본인의 사용인이라도 그 비밀을 갖지 않는 자에게 알린다면 역시 본조의 위반이다. 본인이 주식회사일 경우에는 그 주주에게 비밀을 누설하더라도 본조의 위반이다.

㈐ **적용범위** 수비의무는 본인에 관해 존재하는 적법한 권리 · 사실관계에 대해서만 발생한다. 범죄행위나 기타 위법한 행위(예: 탈세)에 대해서는 수비의무가 없으며, 대리상이 법상 자기의 영업과 관련하여 신고할 의무가 있는 경우에는 수비하는 것 자체가 위법이다. 수비의 기대가능성이 없는 경우, 예컨대 대리상이 자

1) Koller/Kindler/Roth/Morck, §90 Rn. 2; MünchKommHGB, §90 Rn. 17 ff.

신에 관한 형사사건에서 자기의 이익을 방어해야 할 경우, 소송에서 영업비밀에 관련된 사항을 증언해야 할 경우에는 수비의무를 지지 아니한다.[1)]

2) 비밀이용금지 영업비밀의 내용에 따라서는 대리상이 사익을 추구하는 데 이용할 만한 것도 있다. 상법에서 대리상의 경업(89조)을 제한하는 것은 대리상이 본인의 영업비밀을 이용할 가능성이 있음을 의식한 것이다. 경업이 아니라도 어떤 방법으로든 대리상은 영업비밀을 사익을 위해 이용할 수 없다. 설혹 본인에게 금전적인 손해를 가하지 않는다 하더라도 대외적인 신뢰를 손상시키거나 본인의 채권자 등의 손실을 야기할 수 있기 때문이다.[2)]

대리상이 경업을 하지 않으면서 영업비밀을 이용하여 사익을 추구할 수 있는 전형적인 예는 자본시장법상의 내부자거래이다. 상장법인과 일정한 관계에 있는 자는 공개되지 아니한 당해 상장법인의 기업정보를 이용하여 증권을 매매하거나 타인으로 하여금 증권의 매매에 이용하게 할 수 없으며, 이를 위반한 때에는 벌칙이 적용된다(자금 174조). 이를 내부자거래라 하는데, 대리상은 이러한 거래가 제한되는 자로서 법상 열거된 「당해 법인과 계약관계에 있는 자(자금 174조 1항 4호)인 동시에 당해 법인의 대리인(동 조항 5호)」에 해당된다. 따라서 대리상의 본인이 상장법인일 경우, 대리상은 본인의 영업비밀을 이용하여 본인이 발행한 주식 기타 증권에 관한 거래를 할 수 없다.

(4) 의무위반의 효과

대리상이 대리상계약의 존속중에 비밀준수의무를 위반한 경우에는 채무불이행이므로 본인이 대리상계약을 사전통고(92조 1항) 없이 해지할 수 있으며, 손해배상을 청구할 수 있다. 이 경우 대리상계약의 종료는 대리상의 책임 있는 사유에 기한 것이므로 후술하는 보상청구권(92조 의2)이 발생하지 않는다.

대리상계약이 종료한 후에 대리상이 비밀준수의무를 위반한 경우에도 채무불이행이므로 본인이 손해배상책임을 물을 수 있다. 이 경우 이미 발생한 보상청구권(92조 의2)에는 영향이 없다.

1) 平民賢三郎, "株式會社の取締役員の守秘義務について,"「現代商事法の重要問題」(田中誠二先生米壽紀念論文), 188면.

2) Knepper, op. cit., p. 56; Diamond v. Oreamuno, 24 N.Y. 2d 494, 301 N.Y. S. 2d 78, 248 N.E. 2d 910(1969).

계약이 존속중이든 종료 후이든 대리상이 비밀준수의무를 위반한 경우에는 일반적으로 불법행위가 성립할 것이므로 본인은 불법행위로 인한 손해배상책임을 선택적으로 행사할 수 있다.

Ⅵ. 대리상의 권리

1. 대리상의 보수청구권

1) 대리상의 보수는 대리상계약의 체결시에 또는 대리상계약의 존속중에 거래별로 정해지는 것이 보통이나, 보수에 관한 약정이 없더라도 상법 제61조에 의해 대리상은 당연히 보수청구권을 갖는다. 그 금액은 동종거래에 관한 관습과 사회통념에 의해 결정되어야 할 것이다.

2) 보수의 지급시기에 관한 합의가 없을 경우, 보수는 원칙적으로 대리 또는 중개에 의해 계약이 성립되고 그 이행이 종료한 때에 청구할 수 있다고 해석해야 한다.[1)]

계약은 성립되었으나 본인이 이행하지 않은 경우에는 보수청구에 영향이 없으나, 본인의 과실 없이 이행불능이거나 이행할 필요가 없는 경우에는 보수를 청구할 수 없다고 해석된다.[2)] 후술하는 바와 같이 중개인의 보수청구권은 중개한 계약이 성립되면 발생한다. 이와 달리 대리상의 보수청구권은 계약의 이행이 있어야 발생한다고 해석해야 하는 이유는 대리상은 거래의 효과를 본인에게 귀속시킬 의무를 가지고 있다고 보아야 하기 때문이다.

2. 대리상의 보상청구권

(1) 의 의

대리상은 대리상계약이 존속하는 중에 자신이 체약 또는 중개한 거래에 관해

1) §87a Abs. 2 HGB.
2) §87a Abs. 3 HGB.

본인으로부터 보수를 받으나, 상법은 대리상계약이 종료한 후에도 대리상의 활동으로 증가된 본인상인의 영업거래부분에 관해 대리상의 「보상청구권」을 인정한다(92조의2). 대리상의 영업활동이 성공적으로 수행될 경우에는 본인이 새로운 고객을 획득하여 영업상의 거래가 현저히 증가하고, 상거래의 반복성이라는 특성상 대리상의 시장개척효과는 대리상계약이 종료한 후에도 지속되는 것이 보통이다. 물론 대리상은 본인으로부터 보수(Provision)를 지급받지만, 이 보수는 대리상계약이 종료된 후의 시장개척효과를 반영하는 것은 아니다. 그래서 상법은 본인과 대리상간의 이익분배의 형평을 기하기 위하여 대리상으로 하여금 이러한 시장개척의 이연효과에 대한 보상(Ausgleich)을 청구할 수 있게 하였다.

이 제도는 1995년 상법개정시에 독일 상법 제89b조의 보상청구권(Ausgleichsanspruch) 제도를 본받아 신설한 것이다. 독일에서는 대규모 제조업체와 거래하면서 경제적인 힘이 열등하여 적정한 보상을 받지 못하는 영세대리상들의 호소를 받아들여 1953년에 위 규정을 신설하였다.[1)] EC(EU)도 1986년에 이 보상제도를 채택하여 지침을 내린 바 있다(동지침 제17조).[2)]

(2) 보상청구권의 성질

본조의 보상청구권은 대리상계약이 존속하는 중에 대리상이 갖는 보수청구권과 구별하기 위하여 「보상청구권」이라 이름붙였지만, 대리상계약의 종료에 따른 손해배상청구권이나 부당이득반환청구권이 아니고 대리상계약에 의한 당초의 보수에 부수하여 발생하는 계약상의 권리(vertraglicher Anspruch)이다.[3)] 즉 본조의 보상청구권은 대리상계약의 존속 중 대리상이 제공한 역무의 대가로 주어지는 것이다. 그러나 이는 대리상을 보호하기 위한 강행규정에 의해 주어지는 채권이므로 당사자간에 약정이 없더라도 법정요건을 충족하는 한 대리상계약의 종료로 당연히 발생한다.

---

1) Schlegelberger, §89b Rn. 1.
2) Council Directive 86/653/EEC of 18 December 1986 on the coodination of the laws of the Member States relating to self-employed commercial agents.
3) Schlegelberger, §89b Rn. 21.

(3) 보상청구권의 발생요건

1) 대리상계약의 종료 보상청구권은 대리상계약이 종료한 후에 발생한다(92조의2 1항 본). 그러나 대리상계약의 종료가 대리상의 책임 있는 사유로 종료한 때에는 보상청구권은 발생하지 않는다(92조의2 1항 단). 본조의 보상청구권은 대리상이 시장을 상실(즉 대리상계약의 종료)한 데 대한 보상이므로 자기의 책임 있는 사유로 시장을 상실한 경우에 이를 본인에게 보상하게 하는 것은 형평에 어긋나기 때문이다. 그러므로 대리상의 「책임 있는 사유」를 판단함에 있어 누가 대리상계약을 해지하였느냐는 것은 중요하지 않다.

독일 상법 제89b조 제 3 항에서는 보상청구권이 발생하지 않는 사유 즉 우리 상법 제92조의2 제 1 항 단서의 「대리상의 책임있는 사유」에 대응하는 사유를 3가지로 열거하고 있다. (i) 대리상이 계약을 해지한 경우(단 본인에게 책임있는 사유로 해지하거나, 대리상이 질병, 고령으로 사업활동을 할 수 없음을 이유로 해지한 경우에는 제외한다), (ii) 본인이 대리상의 책임있는 행동에 기한 중대한 사유로 해지한 경우, (iii) 본인과 대리상간의 합의에 의해 대리상의 지위를 제 3 자에게 이전하는 경우[1]에는 보상청구권이 발생하지 아니한다. 이 규정을 참고하여, 우리 상법상 보상청구권이 발생하는 경우와 발생하지 않는 경우를 분류하여 보면 다음과 같다.

(가) 발생하는 경우

(ㄱ) 쌍방이 책임질 수 없는 사유로 인해 대리상계약이 종료한 경우. 예컨대 대리상 계약기간이 종료한 경우는 보상청구권이 발생하는 전형적인 예이고, 그 밖에 일방의 사망에 의해 종료한 경우에도 보상청구권은 발생한다.[2]

(ㄴ) 대리상에게 책임을 물을 수 있는 사유가 없이 대리상계약이 종료하기 전에 본인이 대리상계약을 해지한 경우에는 보상청구권이 발생한다.

(ㄷ) 본인에게 책임 있는 사유로 대리상이 대리상계약을 해지한 경우. 예컨대 대리상에 대한 보수의 지급을 게을리하거나, 정당한 사유 없이 대리상이 본인을 위하여 체결한 계약을 이행하지 않거나 기타 본인의 신의칙에 반하는 행동으로 대리상계약의 목적을 달성할 수 없는 경우에는 대리상이 계약을 해지하더라도 보상청구권의 발생에 영향이 없다.

---

1) 이 경우에는 대리상이 제 3 자로부터 대가를 받을 수 있기 때문에 보상청구에서 제외하는 것이다.
2) Schmidt, S. 880.

(나) 발생하지 않는 경우

(ㄱ) 대리상이 계약의 종료 이전에 본인에게 책임지울 수 없는 사유로 대리상계약을 해지한 경우. 예컨대 대리상이 대리상영업을 폐업하거나 영업의 종류를 바꾸거나 기타 개인사정으로 대리상계약을 종료한 경우에는 보상청구권을 갖지 못한다.

(ㄴ) 대리상이 계약의 종료 이전에 본인에게 책임지울 수 없고, 자신에게도 책임 없는 사유, 즉 불가항력적인 사유로 계약을 해지한 경우에도 보상청구권을 갖지 못한다. 독일법에서는 노령자생존배려(Altersvorsorge) 등 사회정책적 이유로 인해 노령·질병으로 대리상이 계약을 해지한 경우에도 보상청구권을 인정하지만, 우리 법상 이같은 해석은 가능하지 않다. 이는 위험부담의 문제로 보아 보상청구권이 발생하지 않는다고 보아야 할 것이다.

(ㄷ) 본인이 대리상의 책임 있는 사유를 원인으로 하여 대리상계약을 해지한 경우. 예컨대 대리상이 경업금지의무(89조)에 위반하여 본인의 영업부류에 속하는 거래를 하는 경우이다. 그 밖에 대리상이 본인을 위한 계약을 체결함에 있어 거래상대방의 선택이나 거래내용 등의 결정에 주의를 게을리하여 본인에게 손해를 가한 경우도 이에 해당한다.

(ㄹ) 기술한 바와 같이 독일법에서는 본인과 대리상의 합의에 의해 대리상지위를 제 3 자에게 이전한 경우에는 보상청구권을 인정하지 않는데, 이러한 경우에는 우리 상법의 해석으로도 당연히 발생하지 않는다고 보아야 한다. 대리상은 그 지위를 양도하면서 대가를 얻을 수 있기 때문이다.

이상 설명한 바를 도표로 그리면 다음과 같다.

해지한 자 \ 귀책사유	본 인	대 리 상	누구도 무책
본 인	○	×	○
대 리 상	○	×	×
법정사유로 인한 종료	–	–	○

※ 보상청구권 발생 ○, 불발생 ×.

위 도표에서 보듯이 보상청구권 발생 여부의 중요한 기준은 누구에게 귀책사유가 있느냐이다.

2) 영업거래의 증가 대리상의 활동으로 본인의 영업거래가 증가하고, 그로 인한 이익이 대리상계약의 종료 후에도 현존해야 한다(92조의2 1항 本). 이는 보상청구권의 실질적인 근거가 되는 가장 중요한 요건이다.

대리상이 대리상계약의 존속중에 본인의 영업거래를 증가시킨 경우를 말하는데, 법문에서는 대리상이 「새로운 고객을 획득」하는 것을 들고 있으나 이는 예시에 불과하다. 대리상이 기존의 고객을 상대로 영업거래의 양을 늘리거나 종전과 다른 내용의 계약을 체결하는 것도 본조의 적용대상이다. 그리고 새로운 고객을 얻는다는 것은 본인과 고객과의 거래관계가 어느 정도 지속되는 것을 전제로 하므로 일시적인 고객(Laufkunden)이어서는 안 되고 상당기간 계속 거래하는 고객(단골; Stammkunden)이어야 한다.[1)]

3) 이익의 현존 대리상에 의해 증가된 영업거래로 인한 이익이 대리상계약의 종료 후에도 현존해야 한다. 따라서 본인이 대리상계약의 종료 후 영업을 폐지하거나 대리상이 체약한 상대방과의 거래를 중단한다면 보상청구권은 발생하지 않는다. 이 경우 거래중단의 책임이 누구에게 있느냐는 것은 무관하다고 본다.

하지만 본인이 영업을 양도하는 경우에는 대리상이 개척한 고객관계가 양수인에게 승계될 것이고, 양도인이 그 대가를 영업의 양도대금이라는 형태로 얻을 것이므로 이익이 현존하는 것으로 보아야 한다. 특히 영업양도의 대가에 영업권의 대가가 포함되어 있을 경우에는 본인이 이익을 누린 것으로 보아야 한다.[2)]

본인에게 현존하는 「이익」이란 회계학적 의미에서의 영업이익을 말하는 것이 아니라, 대리상이 개척한 고객과의 거래가 유지됨으로써 얻는 기업상의 경제적 가치를 말한다.[3)] 보상청구제도는 본인이 대리상에게 보수를 지급하지 아니하고 대리상이 확보한 고객관계를 유지하는 불공평을 시정하자는 것이므로 본인이 그 거래로 인해 영업이익을 얻었느냐는 것은 본조의 적용과 무관하다. 그러므로 예컨대 고객에게 공급하는 물품의 원료비가 상승함으로 인해 영업이익을 얻지 못했다 하더라도 본조에서 말하는 이익의 유무와는 무관하다.

---

1) Canaris, S. 273; Schmidt, S. 742; BGHZ 42, 244, 247; BGH NJW 1974, 1242, 1243; BGH NJW 1985, 860, 861.

2) Schlegelberger, 89b Rn. 6 f.

3) Heymann, §89b Rn. 555. 우리 상법 제92조의2 제1항에서 말하는 '이익'을 독일 상법 제89b조 제1항은 영업이익(Unternehmensgewinn)이라 하지 않고 Vorteil이라 표현하고 있다. Vorteil은 이익을 말하는 것이 아니고 일반적인 경제적 가치를 말한다.

요컨대 대리상계약이 종료한 후에도 대리상이 확보한 고객이 존속한다는 사실 자체로 이익이 현존한다고 풀이해야 한다.[1)]

4) 증명책임 보상청구권에 관한 이상의 요건은 대리상이 증명해야 한다.[2)] 그러나 대리상은 자신이 체약한 고객과의 거래관계가 지속되고 있다는 점만을 증명하면 족하고, 본인에게 구체적으로 어떠한 이익이 현존하는지에 대해 증명할 필요는 없다고 본다(同旨: 서완석 287; 오성근 347; 정준우 289. 반대: 이종훈 259; 최·김 291).

(4) 보상청구권의 내용

1) 청 구 액 위 요건을 구비한 경우 대리상은 본인에 대하여「상당한 보상」을 청구할 수 있다(92조의2 1항 본). 상당한 보상(angemessener Ausgleich)이란 대리상계약기간 중의 대리상의 기여도, 본인의 현존하는 이익 등 모든 관련사항을 고려하여 후술하는 한도 내에서 형평성(Billigkeit)에 부합하는 보상액을 뜻하는 것으로 이해된다.[3)]

구체적인 금액은 당사자 간의 협의에 의해 결정되지 않을 경우 결국 사안별로 법원의 판단에 의해 결정될 수밖에 없다.

보상액의 산정방법

후술하는 5년간의 평균연보수액이라는 것은 보상액의 한도액을 말하고, 구체적인 금액산정의 기준은 아니다. 그러므로 구체적인 사건에서 보상액을 산정하는 방법은 먼저 상당하다고 인정되는 보상액을 계산하고 이 금액이 후술하는 한도액의 범위 내일 경우에는 그 금액을 보상액으로 하고, 한도를 초과할 경우에는 한도액을 보상액으로 하는 것이다. 그러면 무엇이 상당한 금액인가? 상법 제92조의2 제 1 항이 규정하는「상당한」보상이란 독일 상법 제89b조 제 1 항 본문이 규정하는 angemessener Ausgleich를 번역한 말이다. 보상청구제도는 본인인 상인이 대리상계약의 종료로 인해 이익을 얻고, 이로 인해 대리상이 미래의 보수를 일실하였음을 배경으로 놓고 상당한(angemessen) 보상을 부여하려는 것이므로 여기서 상당하다는 것은 본인인 상인이 얻은 이익, 즉 대리상이 겪은 일실보수에 계량적으로「상응하는」금액을 가리키는 뜻으로 이해할 수 있다.[4)]

---

1) Heymann, §89b Rn. 28.
2) *Ibid.*, §89b Rn. 6b.
3) 독일 상법 제89b조 제 1 항 제 3 호.
4) *von Hoyningen-Huene*, in MünchKommHGB, §89b Rn. 128 ff.

독일에서의 재판례를 보면 대리상계약이 종료하는 해의 연간보수를 기준으로 삼아, 여기에 대리상이 활동한 효과가 존속한다고 보이는 햇수를 곱한다. 업종에 따라 다르지만, 보통 3년 내지 5년으로 하고 있다(관찰기간; Prognosezeitraum). 이 때 주의할 점은 대리상이 확보한 고객이 항구적으로 본인상인의 단골이 된다는 보장은 없고 어느 정도 자연감소하므로 과거의 실적을 감안하여 고객의 이탈률(Anwanderungsquote; churn rate)을 계산하고 이를 적용하여 보상액을 체감시켜 나간다.[1] 이러한 방법으로 계산한 관찰기간 동안의 보수 총액을 일실보수액으로 삼는 것이다.

그런데 우리 상법에서는 독일 상법에서 중요하게 다루는 어휘 하나를 빠뜨렸다. 즉 독일 상법 제89b조 제 1 항에서 제 3 호가 규정하는 "보상액은 제반사정에 비추어 형평(Billigkeit)에 부합해야 한다"라는 표현이다. 이 「형평성」의 고려는 먼저 상당성의 기준에 의해 상인의 이익과 대리상의 손실을 대칭시켜 산술적으로 공평한 보상금액을 산출한 후, 객관적으로 계량할 수 없는 각종의 사정을 감안하여 이 금액을 수정하기 위한 보충적 산정기준이라 할 수 있다. 그러므로 형평성은 순서로 보아, 먼저 보상액을 산술적으로 산정한 후에, 이 금액에 가감하기 위한 기준으로 기능하는 것이다(실제는 감액요인으로 많이 작용한다). 우리 법에서는 이 형평성을 언급하고 있지 않지만, 우리 상법의 해석상으로도 이러한 고려는 해야 하므로 상법 제92조의2 제 1 항이 규정하는 「상당성」은 이 「형평성」을 포함하는 개념으로 이해해야 한다.

2) 보상의 한도 보상금액은 계약의 종료 전 5년간의 평균연보수액을 초과할 수 없다(92조의2 2항 전). 법문에서 계약이라 함은 대리상계약을 의미한다. 따라서 이 규정은 대리상계약의 존속기간이 5년 이상일 경우를 예상한 것이다. 그리고 보수액이라 함은 대리상계약기간 중에 대리상이 본인을 위하여 체약한 계약에 관해 본인으로부터 수령한 보수를 말한다.

법문에서는 보상금액의 한도로서 단지 「5년간의 평균연보수액」이라고만 규정하고 있어 정확히 얼마를 한도로 정한 것인지 불명하다. 독일 상법에서는 「5년간의 평균액으로 계산한 1개년치의 보수액」을 한도로 한다고 규정하고 있다(§89b Abs. II HGB). 우리 상법의 규정이 독일법의 이 규정을 본받은 것은 의문의 여지가 없으며, 또 이같이 해석하는 것이 문언상 자연스러우므로 상법상으로도 「5년간의 평균액으로 계산한 1개년치의 평균연보수액」을 한도로 한다고 해석하기로 한다. 대리상계약기간이 5년 미만인 경우 상법은 「그 기간의 평균연보수액을 기준으로 한

1) 이탈률 계산을 위한 공인된 산식이 있지는 않고, 보통 대리상계약이 종료하기 전 수년간에 걸친 고객의 이동을 가지고 평균적인 이탈률을 계산하고 있다(*von Hoyningen-Huene*, in MünchKommHGB, §89b Rn. 136 ff.).

다」고 규정하는데(92조의2 2항 후), 이 역시 대리상계약기간중의 1개년치의 평균연보수액이 보상의 최고한도가 됨을 의미한다. 대리상계약이 1년 미만인 경우에는 문리적으로는 5년 미만이므로 계약기간중의 보수를 연보수로 환산하여 이를 한도로 해야 한다는 해석도 나올 수 있으나, 이같이 해석하면 계약기간 중에 실제 받은 보수보다 많은 보상청구가 가능해지는 문제점이 있다. 그러므로 계약기간이 1년 미만인 경우에는 계약기간 중에 받은 보수액을 한도로 한다고 해석해야 한다.

그러면 보상액은 왜 1개년치의 평균연보수액을 한도로 하는가? 이 점은 보상청구권이라는 것이 결국은 대리상계약기간중의 보수의 연장이라는 성격을 갖는다는 사실을 전제로 해야 이해할 수 있다. 보통 상인의 손익계산의 단위는 1년인데, 상거래에 있어서의 영업활동의 효과가 미치는 기간도 이 기간과 보통 일치한다고 의제하더라도 부자연스럽지는 않다. 그렇다면 본인이 대리상에 의해 확보된 고객과 1년 이상 거래관계를 지속한다면 1년을 초과하는 기간의 거래는 본인의 상재(영업수완)에 속한다고 보아야 할 것이므로 대리상에 대한 보상은 1년치이면 족하다는 계산이 나온다.

3) 보수의 의의 평균연보수액을 산출하는 근거가 되는 보수액이라 함은 대리상이 본인으로부터 받은 보수총액(Bruttoprovision)을 의미하며, 대리상이 영업활동을 위해 지출한 필요경비를 차감한 순보수(Nettoprovision)를 의미하는 것이 아니다.[1)]

물론 본조의 보상액이 대리상의 영업활동에 대한 보상이라고 생각할 때, 대리상은 그에 대한 비용지출이 없이 보상을 받는다는 점이 불공평하다고 생각할 수 있지만, 이 점은 보상액을 결정할 때에 참작할 요소이다.[2)]

(5) 행사기간

보상청구권은 대리상계약이 종료한 날로부터 6월 내에 행사하여야 한다(92조의2 3항). 이 기간은 제척기간이다(김성탁 275; 김정호 337; 서완석 287; 손진화 247; 오성근 348; 전우현 287; 정경영 195; 정동윤 221; 정준우 290; 정찬형 309; 최·김 294; 최준선 328).

1) BGHZ 61, 112, 114; Schmidt, S. 884.

2) MünchKommHGB, §89b Rn. 151; Oetker.Komm., §89b Rn. 28; Schmidt, S. 884 f.

(6) 보상청구권의 배제, 포기

대리상의 보상청구권은 대리상계약시에 혹은 대리상계약의 기간중에 당사자간의 합의로 배제할 수 있는가? 개정상법에는 명문의 규정이 없으나, 독일 상법에서는 보상청구권을 배제하는 사전의 합의를 할 수 없다고 규정하고 있다(HGB § 89b Abs. 4 Satz 1). 대리상의 보상청구제도가 경제력의 차등이 있는 본인과 대리상간에 이익배분의 형평을 기하고자 하는 제도임을 감안하면 역시 보상청구권을 배제하는 특약은 무효라고 해야 한다(同旨: 김성태 542; 김정호 338; 서헌제 294; 오성근 349; 정경영 196; 정준우 290; 정찬형 308. 반대: 손주찬 301; 송옥렬 156; 이종훈 260; 최·김 293; 최준선 327). 같은 이유에서 보상청구권의 범위를 제한하는 합의도 무효이다.[1)]

그러나 대리상계약의 종료 후에 대리상이 이미 발생한 보상청구권을 포기하는 것은 유효하다고 본다.[2)]

제92조의2의 국제적 강행성 유무

기술한 바와 같이 보상청구권은 강행규정으로 보아야 하지만, 섭외적 사건에서 준거법 여하에 불구하고 강행적으로 적용해야 하는가라는 문제가 있다. 국제사법 제 7 조는 「입법목적에 비추어 준거법에 관계없이 해당법률에 적용되어야 하는 대한민국의 강행규정은 국제사법에 의하여 외국법이 준거법으로 지정되는 경우에도 이를 적용한다」고 규정하고 있다. 이 규정과 관련하여 국내의 기업이 외국기업의 대리상이고 그 법률관계에 관한 준거법으로 외국법이 지정되는 경우, 그 준거법에 불구하고 국내기업은 상법 제92조의2에 의해 보상청구권을 행사할 수 있느냐는 의문이 제기된다. 최근 이 문제를 다룬 하급심판례가 있다.

우리나라의 A사가 캐나다의 B사의 대리상이었는데, B사가 대리상계약을 해지하여 A사가 B사에게 보상청구권을 행사한 사건이다. 법원은 준거법으로 캐나다 온타리오주법을 지정하였는데, A사는 상법 제92조의2가 국제사법 제 7 조에 해당하는 국제적 강행규정이라고 주장하였으나 법원은 「보상청구권은 대리상계약이 정한 당초의 보수에 부수하여 발생하는 계약상의 권리를 법에서 정한 것이므로 그 입법취지에 일부 강행법규의 성격이 포함되어 있다 하더라도 국제사법 제 7 조에 해당하는 강행규정이라 볼 수 없다」는 취지로 판시하였다(서울고법 2005. 1. 14. 선고 2004나14040 판결).[3)]

1) BGH NJW 1967, 248; BGH NJW 1983, 1727; Schmidt, S. 888.

2) Schlegelberger, §89b Rn. 38.

3) 동 판례의 평석과 입법론은 石光現, "國際去來에서의 代理商의 保護 — 商法 제92조의2의 적용범위와 관련하여 —," 「법조」 592호(2006. 1), 19면 이하 참조.

입법론

개정상법이 독일 상법을 본받아 보상청구권을 신설한 것 자체는 나무랄 이유가 없다. 그러나 대리상의 보상청구권은 대리상의 보수청구권을 토대로 이해될 수 있는 제도이므로 이에 앞서 보수청구권에 관한 법규정을 정비하였어야 옳았다. 독일 상법이 대리상의 보수에 관해 6개 조(87조, 87a조, 87b조, 87c조, 87d조, 88조)에 걸쳐 매우 상세한 규정을 두고 있는데 반해, 우리 상법에서는 단 한 개의 조문조차 두고 있지 않아 보수에 관한 일체의 법률관계를 해석에 의존하고 있는 형편임을 감안할 때 선후가 바뀐 입법이다.

(7) 적용범위(유추적용의 가능성)

자신의 이름으로 거래하므로 대리상계약은 아니지만, 특정한 공급자로부터 계속적으로 제품을 공급받아 제 3 자에게 판매하는 여러 가지 형태의 중간상이 있다. 앞서 소개한 특약점, 전속위탁매매업자, 가맹상 등이 그러하다. 이러한 중간상의 거래관계가 종결된 경우에도 일정한 조건하에서 대리상의 보상청구권을 유추적용해야 한다는 것이 일반적인 견해이다(김성태, 542; 김정호, 339; 오성근 349; 정동윤, 221; 최 · 김 281, 290).[1]

판례도 유추적용을 긍정하는 입장으로서, 유추적용의 요건을 다음과 같이 제시하고 있다. i) 중간상인이 계약을 통하여 사실상 제조자나 공급자의 판매조직에 편입됨으로써 대리상과 동일하거나 유사한 업무를 수행하였고, ii) 중간상인의 고객관계를 공급자에게 이전하여 공급자가 그 고객관계를 이용할 수 있게 할 계약상 의무를 부담하였으며, iii) 계약체결 경위, 영업을 위하여 투입한 자본과 그 회수 규모 및 영업 현황 등 제반 사정에 비추어 대리상과 마찬가지의 보호필요성이 인정될 것 등이다([판례 94]).[2]

---

1) 이에 대해, 자기의 이익을 방어할 능력이 균등한 상인간의 거래에서 국가가 일방을 보호하기 위해 개입하는 것은 상거래의 법리에 부합하지 않는다는 이유로 대리상의 보상청구권을 입법론적으로 반대하는 견해도 있고(최영홍, "대리상의 보상청구권의 유추적용여부," 「商事法研究」 32권 2호(2013), 229면 이하), 적용범위의 불확실성을 우려하여 유사한 업종에의 유추적용을 반대하는 견해도 있다(송옥렬 157).

2) 본문의 대법원 판례는 대체로 독일에서 통설, 판례가 제시하는 유추적용의 요건과 일치한다. 독일에서도 중간상이 공급자의 판매조직에 편입될 것(Eingliederung in die Absatzorganization), 고객정보를 이전할 것(Überlassung des Kundenstamms), 고객정보의 이전과 공급자의 이익간에 인과관계가 있을 것(Kausalität zwischen der Überlassung des Kundenstamms und den Vorteilen des Unternehmers)을 요구한다(*von Hoyningen-Huene*, in MünchKommHGB, §89b Rn. 20).

판례 94 대법원 2013. 2. 14. 선고 2011다28342 판결

「… 대리상의 보상청구권에 관한 … 입법 취지 및 목적 등을 고려할 때, 제조자나 공급자로부터 제품을 구매하여 그 제품을 자기의 이름과 계산으로 판매하는 영업을 하는 자에게도, ① 예를 들어 특정한 판매구역에서 제품에 관한 독점판매권을 가지면서 제품판매를 촉진할 의무와 더불어 제조자나 공급자의 판매활동에 관한 지침이나 지시에 따를 의무 등을 부담하는 경우처럼 계약을 통하여 사실상 제조자나 공급자의 판매조직에 편입됨으로써 대리상과 동일하거나 유사한 업무를 수행하였고, ② 자신이 획득하거나 거래를 현저히 증가시킨 고객에 관한 정보를 제조자나 공급자가 알 수 있도록 하는 등 고객관계를 이전하여 제조자나 공급자가 계약 종료 후에도 곧바로 그러한 고객관계를 이용할 수 있게 할 계약상 의무를 부담하였으며, ③ 아울러 계약체결 경위, 영업을 위하여 투입한 자본과 그 회수 규모 및 영업 현황 등 제반 사정에 비추어 대리상과 마찬가지의 보호필요성이 인정된다는 요건을 모두 충족하는 때에는, 상법상 대리상이 아니더라도 대리상의 보상청구권에 관한 상법 제92조의2를 유추적용할 수 있다고 보아야 한다.」

3. 대리상의 유치권

대리상은 거래의 대리 또는 중개로 인한 채권이 변제기에 있는 때에는 그 변제를 받을 때까지 본인을 위하여 점유하고 있는 물건 또는 유가증권을 유치할 수 있다(91조 본). 대리상이 본인에 대해 갖는 보수청구권(61조), 체당금반환청구권(55조 2항) 등의 이행을 확보하기 위한 것이다.

유치권의 목적물과 피담보채권의 견련성이 요구되지 않는 점에서 민법상의 유치권과 다르고(민 320조 1항) 일반적인 상사유치권과 같으나(58조), 목적물이 채무자(즉 본인)의 소유임을 요하지 않는 점에서 일반 상사유치권과 다르고 민법상의 유치권과 같다. 결국 대리상의 유치권은 민법상의 유치권이나 일반 상사유치권보다 강력하다고 할 수 있다.

대리상의 유치권에 관한 제91조는 일반적인 상사유치권에 관한 제58조의 특칙이라 할 수 있는데, 이 같은 특칙을 둔 이유는, 첫째, 대리상의 채권은 주로 보수청구권이고, 이는 대리상의 기업유지의 기초를 이루므로 그 이행을 확보해 줄 필요가 더욱 크고, 둘째, 대리상이 본인을 위하여 점유하는 물건은 대체로 대리상의 채권과 견련성이 있으므로 이를 입법적으로 추정하여 목적물의 소유에 구애받

지 않더라도 형평에 어긋나지 않기 때문이다.

대리상의 유치권은 대리상을 특히 보호하기 위한 것이므로 당사자 간의 특약으로 이를 배제하거나 위와 다른 내용으로 합의할 수 있다(91조 단).

Ⅶ. 대리상과 제 3 자의 관계

상법은 대리상과 제 3 자와의 관계에 관하여 대리상의 통지수령권만을 규정하고 있다. 즉 물건의 판매나 그 중개를 위탁받은 대리상은 매매목적물의 하자 또는 수량부족 기타 매매의 이행에 관한 통지를 받을 권한이 있다(90조). 이에 따라 거래상대방은 대리상에 대한 통지로써 본인에게 대항할 수 있다. 상법은 매매의 이행에 관한 통지에 국한하여 규정하므로 매매계약 자체의 무효·취소·해제 등에 따른 통지는 직접 본인에게 하여야 한다(서완석 289; 손주찬 295; 송옥렬 158; 오성근 351; 전우현 288; 정동윤 222; 정준우 292; 정찬형 310; 최준선 328).

체약대리상은 본조가 없더라도 대리의 일반원칙에 따라 통지의 수령권한이 있다고 해석되므로 본조는 중개대리상에게도 통지수령권을 부여하였다는 점에 의의가 있다.

Ⅷ. 대리상계약의 종료

1. 일반적인 종료사유

대리상계약은 위임의 일반적인 종료사유로 종료한다. 또한 대리상계약에 존속기간을 두었다면 존속기간의 만료로 종료하고, 존속기간이 만료되기 전이라도 본인 또는 대리상이 영업을 폐지하면 당연히 종료한다.[1)] 그리고 대리상이 사망하면 종료하지만(민 690조), 본인이 사망하는 경우에는 종료하지 아니한다(50조).

1) 영업이 양도되면 대리상계약이 종료한다고 보는 것이 다수설이지만(강·임 243; 이(기)·최 432; 이종훈 261; 정동윤 222; 최준선 329), 원칙적으로 종료되지 않는다거나(김성태 546; 서완석 290; 정찬형 310), 영업양도는 부득이한 사정에 해당하여 해지사유가 된다는 견해(손주찬 296)도 있다.

2. 계약의 해지

민법상으로는 위임인 또는 수임인은 언제든지 계약을 해지할 수 있다(민 689조 1항). 그러나 이 원칙을 대리상계약에 그대로 적용한다면 어느 쪽이든 영업이 중단되는 사태가 초래되어 기업유지를 어렵게 할 것이다. 그러므로 상법은 존속기간을 정하지 아니한 경우 각 당사자는 2월 전에 예고하고 계약을 해지할 수 있게 하였다(92조 1항)(특약으로 예고기간을 달리 정할 수 있음은 물론이다).

그러나 부득이한 사정이 있는 때에는 존속기간중이라도 언제든지 해지할 수 있으며, 또 「부득이한 사정」이 예고기간을 둘 수 없는 사정이라면 예고를 생략하고 해지할 수 있다(92조 2항).

제 2 절 중 개 업

I. 총 설

1. 기 능

중개업은 상품과 시장에 관해 일반인보다 상세한 정보를 가지고 공급자와 수요자를 발굴하여 이들에게 타협적인 거래조건을 제시하고 계약의 체결을 유도하는 등의 노력을 제공하며 보수를 받는 것을 전문으로 하는 영업이다.

상인은 중개인을 통해 거래함으로써 중개인이 갖고 있는 시장정보와 거래조직을 저렴한 비용으로 활용할 수 있으며, 한편 중개인의 전문적 수완과 제 3 자적 입장을 이용하여 보다 용이하게 거래를 형성할 수 있다. 그래서 시장이 상품별로 세분화되어 있는 오늘날에는 분야별로 중개인이 다수 생겨나고 그 이용도가 점차 높아지고 있다. 특히 유통과정이 복잡한 상품(예: 석유·곡물 등), 수요자와 공급자의 직접적인 접촉이 용이하지 않은 상품(예: 첨단시설재·무기 등), 가격구조나 거래구조가 매우 기술적인 상품(예: 증권, 외환) 등의 시장에서 중개업이 발달해 있다.

2. 연 혁

중개업은 고대로부터 자유업으로 발달해 왔는데, 원래는 내외국인간의 거래의 매개·통역 등을 위해 생겨났다. 그러나 본격적으로 발달한 것은 중세 도시국가에서였다. 그 전까지 중개업은 자유업이었으나, 중세의 중개인은 도시 또는 상인단체에 의해 임명되어 공직으로서의 지위를 갖고 독자적인 영업권을 누렸다. 또한 그 업무도 중개에 그치지 않고 통역·감정인의 직무도 행하고, 거래에 관한 서류의 작성·보조와 같은 공증 성격의 업무도 하였으며, 영업경찰업무도 담당하였다. 이 같은 공적 지위로 인해 중개인은 당사자 쌍방에 대해 공평해야 하며, 자기 또는 제 3 자를 위해 영업을 할 수 없다는 제한을 받았다.

그 후 근세에 이르러 영업자유의 원칙이 확립되면서부터 중개인의 공직적·독점적 지위는 퇴색하고 현재에 이르기까지 자유업으로 존속해 왔다.[1)]

우리 상법에서도 자유업으로 취급되고 있으나, 다만 증권·금융 등 특수한 거래분야의 중개업은 행정단속적 목적에서의 규제를 받고 있다(예: 자금 6조 1항 2호).

Ⅱ. 중개인의 의의

중개인(仲介人; Handelsmakler)이라 함은 타인간의 상행위의 중개를 영업으로 하는 자이다(93조). 이하 개념을 상설한다.

(1) 중 개

중개인은 「중개」를 업으로 한다. 「중개」라 함은 체결하고자 하는 계약의 당사자 쌍방과 교섭하여 그들 간에 계약이 체결되도록 조력하는 행위이다. 따라서 중개는 사실행위이다. 이 점에서 상인을 대리하여 계약을 하는 체약대리상, 타인의 위탁을 받아 제 3 자와 자기의 이름으로 계약을 하는 위탁매매인과 다르다. 중개를 하는 점에서는 중개대리상과 흡사하지만 중개인은 특정상인을 위해 상시 중개하는 것이 아니라는 점에서 중개대리상과 다르다.

1) 田中(商行爲), 169~170면.

중개는 계약이 체결되도록 당사자 쌍방과 교섭하는 활동을 뜻하므로 단지 당사자 일방에게 거래에 필요한 정보를 제공하거나, 거래의 기회를 제공하는 것, 또는 당사자간에 이루어진 합의를 문서화하는 단계에서 계약서의 작성만을 대행해 주는 행위는 중개라 할 수 없다.

거래당사자에게 단지 거래의 정보만을 제공하거나 거래의 기회만을 부여하는 자를 독일에서는 Nachweismakler(제보중개인)라 부르며, 상법상의 중개로 보지 아니하고, 민사중개의 일종으로 보고 있다.[1)] 일본에서도 이를 지시중개인(Nachweismakler의 번역어)이라 부르며, 통설은 상법상의 중개로 보지 아니한다.[2)]

(2) 「상행위」의 중개

중개인은 「상행위」의 중개를 업으로 하므로 결혼중매 · 직업소개 또는 비상인간의 토지 · 건물의 매매 · 임대차의 중개를 하는 자(예: 공인중개사)는 그 중개행위를 영업으로 한다면 상인이 되는 것이지만(46조 11호), 상법 제93조 이하에서 규정하는 중개인은 아니다. 이러한 자는 따로 민사중개인(Zivilmakler)이라 부른다. 그러나 민사중개인에 대해서도 보수에 관한 규정(100조) 등 성질이 허용하는 범위에서는 상사중개인에 관한 규정을 유추적용해야 한다.

중개인의 영업범위에 관해 견해가 갈린다. 상법의 중개인에 관한 제규정이 영업으로서 반복되는 상행위의 중개를 예상한 것이므로 기본적 상행위만이 중개의 대상이 되고 보조적 상행위는 그 대상이 되지 않는다는 견해가 있다(강 · 임 247; 김정호 341; 손주찬 302; 손진화 251; 정동윤 225; 정찬형 311; 최 · 김 297). 그러나 중개인은 불특정 다수인을 상대로 중개하는 자이므로 어차피 중개인과 계약당사자와의 관계는 1회적이다(실제는 특정인이 동일중개인을 단골로 이용할 수도 있겠지만, 상법의 규정은 1회적인 중개를 예상한 것이다). 그러므로 중개되는 행위가 상대방에게 상행위이면 족하고, 그에게 계속적으로 반복되는 행위이냐를 따지는 것은 무의미하다. 이 문제는 보조적 상행위를 중개한 경우 중개인에 관한 상법규정을 적용할 것이냐의 문제인바, 당사자가 상인인 바에는 상법규정을 적용하는 것이 타당하고 그 행위가 기본적 상행위이냐 보조적 상행위이냐에 따라 차별을 둘 것은 아니다(김성태 555; 김홍기 170; 서완석 294; 안강현 288; 이(기) · 최 435; 이종훈 263; 전우현 275; 정경영 199; 정준우 295; 최준선 331).

---

1) Canaris, S. 322.
2) 平出, 339면.

(3) 「타인」의 상행위의 중개

중개인은 타인간의 상행위를 중개하되, 불특정 · 다수인을 상대로 한다. 이 점에서 중개대리상과 다르다 함은 기술한 바와 같다. 그 타인은 쌍방이 모두 상인일 필요는 없으나, 그들간의 거래가 상행위이어야 하므로 그중 일방은 상인이어야 한다.

(4) 상 인 성

중개인은 독립된 상인(보조상)이다. 그 상인성의 근거는 중개행위를 한다는 사실에 있는 것이 아니고 중개의 인수(46조 11호)를 영업으로 한다는 데에 있다. 이 점은 대리상의 상인성에 관해 설명한 바와 같다.

Ⅲ. 중개계약의 성질

중개계약은 중개를 위탁하는 자와 중개인간의 계약이다. 그 청약은 누가 먼저 하더라도 무방하다. 보통 당사자 일방이, 예컨대 어느 상품의 매도인이 상품의 매도를 위한 중개를 중개인에게 위탁하고 중개인이 적당한 매수인을 찾아 거래를 성립시켜 주게 되는데, 이 때 중개계약은 처음 중개를 위탁한 자(위 예의 매도인)와의 사이에서 뿐만 아니라, 그 거래상대방(위 예의 매수인)과의 관계에서도 존재하는 것이다.

중개계약은 어떤 성질의 계약인가? 과거에는 중개계약을 계약의 내용에 따라 중개인이 적극적으로 중개할 의무가 있는 경우와 그러한 의무는 없고 다만 계약이 성립하면 보수를 청구할 수 있는 경우로 나누어, 전자를 쌍방적 중개계약, 후자를 일방적 중개계약이라고 부르며, 쌍방적 중개계약은 위임(민 680조)이고 일방적 중개계약은 도급(민 664조)이거나 도급에 준한다는 것이 다수설이었다(서헌제 301; 손주찬 303; 안강현 289; 정동윤 225). 그리고 특약이 없으면 쌍방적 중개계약으로 보았다. 쌍방적 중개계약으로 본다면 중개인이 적극적으로 중개하지 않은 경우 채무불이행이 되며 그로 인한 손해배상청구도 가능해진다.

그러나 거래의 실정을 볼 때 중개인이 적극적으로 중개할 의무를 지는 것은 극히 이례적이며, 현실문제로서 중개인이 적극적으로 중개를 하지 아니하였다는 사실을 증명하여 책임을 추궁하는 것도 극히 어려운 일이다. 또한 상법에 중개인의 적극적인 중개의무를 예상한 규정도 없다. 그러므로 중개인은 특약이 없는 한 적극적인 중개의무를 지지 않는다고 이해하는 것이 타당하다(同旨: 김성태 558; 김정호 344; 정준우 296; 최·김 296).[1)]

한편 일방적 중개계약의 성질을 도급이라고 하는 것도 의문이다. 도급에서는 수급인이 일을 완성할 의무를 지는데, 중개인은 이러한 의무 없이 단지 계약이 성립하면 보수를 받으므로 도급의 성질에 반하기 때문이다. 중개는 특정인이 특정인에게 일정한 사무의 처리를 위탁하는 것이므로 어느 경우이든 위임(민 680조)이라고 보는 것이 옳다(통설: 강·임 248; 김성태 559; 서완석 295; 손진화 251; 송옥렬 159; 오성근 357; 이(기)·최 438; 전우현 294; 정준우 297; 최준선 332).[2)]

Ⅳ. 중개인의 의무

1. 주의의무와 중립성의 원칙

중개인은 계약당사자에 대하여 수임인으로서 선량한 관리자의 주의의무를 진다(민 681조). 예컨대 중개를 위해 상대방을 선택함에 있어 그의 신용을 상당한 범위에서 조사한다든지, 후술하는 중립을 지키는 것 등은 중개인의 주의의무에 속한다. 기타 구체적으로 중개인이 어떠한 주의의무를 지느냐는 것은 중개거래의 성격에 따라 다르고 계약당사자가 중개인에게 위임한 중개행위의 내용에 따라 다르다. 일반적으로 중개인은 선량한 관리자의 주의로 중개대상물의 권리관계 등을 조사·확인하여 중개의뢰인에게 설명할 의무를 진다고 보아야 한다.[3)]

기술한 바와 같이 중개인이 적극적으로 중개를 해야 할 의무가 있는 것은 아니므로 중개를 하지 아니하거나 중개한 대로 계약이 이루어지지 않았다고 해서 주의의무를 게을리한 것은 아니다. 그러나 중개할 기회를 회피하는 것은 주의의무위반으로 보아야 할 것이다.

---

1) Hopt, §93 Rn. 23; Canaris, S. 323; Ensthaler, §93 Rn. 7; MünchKommHGB, §93 Rn. 55; Schmidt, S. 854 f.

2) 상법상의 특수한 계약이라는 설도 있다(김성탁 280~281; 김정호 343~344; 임중호 415).

3) 대법원 2015. 1. 29. 선고 2012다74342 판결: 민사중개인에 관한 판결이나 상사중개인에 대해서도 같은 의무가 요구된다고 보아야 한다.

중개되는 계약의 쌍방당사자는 서로 반대의 이해를 갖게 된다. 예컨대 매도인은 가능한 한 고가로 매도할 것을 원하고 매수인은 가능한 한 저가로 매수할 것을 원한다. 이 경우 중개인은 중개를 위탁한 자 또는 보다 많은 보수를 약속하는 자의 이익에 치중하기 쉽다. 그러나 중개인은 위탁자뿐 아니라 그의 상대방과의 사이에도 중개계약관계에 서는 것이며, 보수의 다소는 주의의무의 내용에 영향을 주는 것이 아니므로 어느 일방의 이익에 치중해서는 아니 되고 중립성 및 객관성(Neutralität; Objektivität)을 지켜야 한다.[1][2]

그래서 중개인의 행동수칙을 「중개인이 알게 된 당사자들의 계약동기를 누설함이 없이 쌍방당사자들로 하여금 계약의 목적물의 가치와 상대방의 이행능력을 충분히 알게 하는 것」이라고 표현하기도 한다.[3]

참고로 2013년도의 민법개정안에서는 중개인이 계약의 취지에 반하여 의뢰인의 상대방을 위해 행위를 한 경우에는 의뢰인에 대하여 보수 및 비용상환을 청구할 수 없도록 하는데(동안 692조의4), 이는 중립성의 원칙에 입각한 규정으로 볼 수 있다.

2. 견품보관의무

중개인이 그 중개한 행위에 관하여 견품을 받은 때에는 그 행위가 완료될 때까지 이를 보관하여야 한다(95조). 견품에 의한 매매의 경우 견품과 대등한 품질로 이행될 것을 담보하고 분쟁시에는 그에 대한 증거를 보전하려는 취지이다. 그러므로 보관의무의 존속기간을 뜻하는 「그 행위가 완료된 때」라 함은 중개행위가 완료되거나 계약이 이행된 때를 의미하는 것이 아니라, 매도인의 담보책임이 소멸하는 등 기타 분쟁의 소지가 없어진 때를 의미한다.

보관의무가 종료한 때에는 다른 약정이 없는 한 견품을 제공자에게 반환하여야 하며, 이 보관의무는 법률상의 의무이므로 다른 약정이 없는 한 보수(61조)를 청구하지 못한다.

---

1) Schlegelberger, §93 Rn. 13a.
2) 일방적 중개위탁의 경우 그 일방 당사자의 이익을 위하여 중개할 수 있다는 견해도 있다(정동윤 218).
3) 前註.

3. 결약서교부의무

1) 의의와 내용 당사자간에 계약이 성립된 때에는 중개인은 지체없이 각 당사자의 성명 또는 상호, 계약년월일과 그 요령을 기재한 서면을 작성하여 각 당사자에게 교부하여야 한다(96조 1항). 견품보관의무와 마찬가지로 당사자간의 분쟁에 대비하여 계약한 사실 및 그 내용에 대해 증거를 보전하기 위함이다. 그러므로 계약의 「요령」은 계약의 목적물 · 대가 · 이행시기 등 분쟁이 발생할 가능성이 있는 사실에 대해 증거가 될 수 있도록 구체적으로 기재하여야 한다.

결약서는 이미 계약이 이루어진 후에 증거방법으로서 작성하는 것이므로 창설적 효력이 있거나 계약의 실체적인 내용에 영향을 미치는 것이 아니다. 또 계약을 즉시 이행하는 경우에는 당사자가 사전에 기명날인(또는 서명)하는 것도 아니므로 거래의 실무상 작성하는 통칭 계약서와도 상이하다.

2) 당사자의 기명날인(또는 서명) 당사자가 즉시 이행을 하여야 하는 경우를 제외하고 중개인은 각 당사자로 하여금 결약서에 기명날인(또는 서명)하게 한 후 그 상대방에게 교부하여야 한다(96조 2항). 이행기가 후일로 정해짐으로 인해 결약시와 시간적인 간격이 생길 경우 각 당사자에게 금반언의 구속을 줄 필요가 있기 때문이다. 이 기명날인(또는 서명)에 의해 각 당사자는 다툼이 있을 경우 결약서의 진정성립이 추정되는 이익을 누릴 수 있다(민소 358조).

3) 당사자의 수령거부 또는 기명날인(또는 서명)거부 당사자의 일방이 결약서의 수령을 거부하거나 기명날인(또는 서명)을 거부하는 경우에는 중개인은 지체없이 상대방에게 그 통지를 발송해야 한다(발신주의)(96조 3항). 이 같은 사실의 발생은 장차 분쟁의 소지가 있음을 뜻하므로 상대방으로 하여금 이에 대비할 기회를 주기 위한 것이다.

4. 장부작성의무

중개인은 결약서에 기재할 사항을 장부에 기재하여야 한다(97조 1항). 이 장부를 중개인의 일기장이라 한다. 이 일기장은 타인간의 거래내용을 기재한 것이고 자기의 재산 및 손익상황을 기재한 것이 아니므로 상법 제29조에서 규정하는 상업장부의 일종인 일기장이 아니다. 그러나 중개인이 일기장에 수수료 등 자신의 재산거래에 관한 사항을 같이 기재한다면 상업장부인 일기장을 겸할 수도 있다.

당사자는 중개인에 대하여 언제든지 자기를 위해 중개한 행위에 관한 장부의 등본을 교부해 줄 것을 청구할 수 있다(97조 2항).

상법은 일기장의 보존에 관하여 규정한 바 없으나, 상업장부의 보존에 관한 규정(33조)을 유추적용하여 10년간 보존해야 한다고 해석한다.

5. 성명 · 상호 묵비의무와 개입의무

(1) 묵비의무

당사자 일방이 자신의 성명 또는 상호를 상대방에게 표시하지 아니할 것을 중개인에게 요구한 때에는 중개인은 그 상대방에 교부할 결약서 및 일기장의 등본에 이를 기재하지 못한다(98조). 당사자 일방이 경쟁관계에 있는 상대방 또는 제3자에 대해 거래사실을 은폐할 필요가 있거나, 경쟁관계에 있는 상대방에 자신이 노출됨으로 해서 거래가 성립되지 않을 것을 염려하여 자신을 은닉할 필요가 있을 수 있다(예컨대 선박을 처분하려는 A해운회사가 선박이 자기와 경쟁중인 B해운회사에 의해 인수된다는 사실을 알면 계약을 재고할 수도 있다). 상거래에서는 당사자의 개성이 특히 중요하지 않으므로 이 같은 경우 당사자의 은폐를 허용하더라도 무방하다는 취지에서 중개인의 묵비의무를 인정한 것이다.

그러나 당사자의 일방이 중개인을 자처하고 자신이 당사자로서의 성명 · 상호를 묵비한 채 계약한 경우, 또는 중개인이 자신이 직접 당사자가 되면서 당사자가 묵비를 요구한다고 하며 계약한 경우에는 달리 보아야 한다. 이 경우 상대방은 중개인이 앞서 말한 중립을 지킴으로 해서 얻는 이익을 일실하게 되고, 이는 중개인을 겸한 당사자 또는 당사자를 겸한 중개인의 기망으로 인한 것이므로 사기(민 110조 1항)를 이유로 계약을 취소할 수 있는 한편, 당사자 즉 중개인에 대하여 주의의무 위반을 이유로 손해배상을 청구할 수 있다.

(2) 중개인의 개입의무

중개인이 임의로 또는 당사자 일방의 요구에 의해 그 당사자의 성명 또는 상호를 상대방에게 표시하지 아니한 때에는 상대방은 중개인에 대하여 이행을 청구할 수 있다(99조). 이에 대응하는 중개인의 이행의무를 중개인의 개입의무(Eintrittslast)라 한다.

중개인이 일방당사자의 성명·상호를 묵비한 경우에는 상대방은 현실적으로 이행을 청구할 상대를 달리 찾을 수 없고, 또 이 경우에는 중개인의 신용 하에서 계약이 체결된다고 할 수 있으므로 중개인에게 이행책임을 지운 것이다. 그러므로 중개인이 계약이 성립된 후 묵비했던 당사자의 성명·상호를 개시하더라도 이미 중개인에 대해 두었던 상대방의 신뢰는 계속 보호되어야 하는 까닭에 중개인의 이행책임은 소멸되지 아니한다고 해석된다(강·임 252; 김성태 564; 서완석 299; 안강현 293; 오성근 362; 이(기)·최 443; 손주찬 306; 전우현 297; 정경영 202; 정동윤 229; 정준우 300; 정찬형 318; 최·김 301; 최준선 336).

중개인이 이행한 경우에는 묵비한 당사자에 대하여 구상권을 가지며, 반대당사자에 대하여는 변제할 정당한 이익이 있는 자이므로 당연히 묵비된 당사자를 대위한다(민 481조).

중개인의 직접거래의 제한

중개인은 당사자를 대리하는 자가 아니므로 자기계약·쌍방대리를 금지하는 민법 제124조와는 무관하다(일방당사자의 위임을 받아 계약체결을 대리한다면 이는 중개인으로서가 아니라 본인의 대리인으로서 하는 행위이므로 민법 제124조의 적용을 받음은 물론이다). 그러므로 중개인은 중개의뢰인의 직접 거래상대방이 되거나 쌍방을 위해 중개할 수 있다. 하지만 특별법에서 이를 금하는 예가 있다. 공인중개사법 제33조 제6호는 개업공인중개사가 중개의뢰인의 직접 상대방이 되어 거래하는 것을 「직접거래」라고 표현하며 이를 금지하고 쌍방을 대리(중개의 의미로 해석된다)하는 것을 금지한다. 공인중개사가 이에 위반하여 직접거래를 한 경우 그 효력은 어떠한가? 동 규정의 성격을 어떻게 보느냐에 달린 문제인데, 판례는 동 규정을 효력규정으로 보지 않고 단속규정으로 본다. 즉 직접거래도 유효하다(대법원 2017. 2. 3. 선고 2016다259677 판결).

V. 중개인의 권리

1. 보수청구권

중개인은 상인이므로 보수에 관한 약정의 유무에 관계없이 보수청구권을 갖는다(61조). 중개인의 보수를 특히 중개료(Maklerlohn; Maklerprovision)라고 한다.

중개료는 정액으로 정하거나 그 산정기준을 달리 정하지 않는 한 거래가액을 기준으로 산출한다(대법원 1964. 9. 8. 선고 64다272 판결).

중개료는 당사자 쌍방이 균분하여 부담한다(100조 2항). 그러나 중개인이 각 당사자와 중개료를 달리 정할 수 있음은 물론이며, 계약당사자간의 합의로 달리 정할 수도 있다.[1] 다만 후자의 경우에는 그 합의로 중개인에게 대항할 수 없다고 보아야 한다. 당사자 쌍방이 균분하거나 또는 중개인과의 합의로 정한 보수의 지급의무는 분할채무(민 408)이므로 어느 일방이 이행하지 않더라도 다른 당사자에게 청구할 수 없다(통설).

중개인의 보수청구권이 발생하기 위해서는 계약이 유효하게 성립되어야 한다. 다만 보수의 지급시기에 관해서는, 계약서의 작성 · 교부까지를 중개인의 사명으로 보고, 결약서를 작성 · 교부하기 전에는 보수를 청구할 수 없다고 규정하고 있다(100조 1항).[2]

계약이 유효하게 성립되어야 하므로 계약이 무효 · 취소되거나, 정지조건부계약에서 조건이 불성취된 경우에는 보수청구권이 생겨나지 않는다. 그러나 중개인의 중개계약상의 의무는 계약의 체결에 조력하는 데 그치므로 계약이 일단 유효하게 성립되면 그 이행 여부는 당사자들이 위험을 부담할 문제이고, 이행되지 않더라도 보수청구권에는 영향이 없다.[3] 같은 이유에서 채무불이행을 이유로 계약이 해제되더라도 보수청구권은 소멸하지 않는다. 그러나 많은 경우 계약의 이행을 조건으로 중개료를 지급하기로 하는 특약을 하거나 그러한 관습이 있는데, 이러한 특약 · 관습이 유효함은 물론이다(부동산거래의 민사중개에서는 이러한 관습이 있다). 중개료를 이행 후에 지급하기로 합의하였다면 이행을 조건으로 지급하기로 하는 묵시의 특약이 있은 것으로 보아야 할 것이다.

계약의 체결은 중개행위에 의해 이루어진 것이어야 한다. 즉 양자간에 상당

1) 중개인의 중립의무에 비추어 분담비율을 달리하는 것은 원칙상 인정되지 않는다는 견해가 있으나(김성태 569), 중립의무로부터 보수의 균분이 논리필연적으로 유도되는 것은 아니다.

2) 결약서의 작성교부를 중개인의 보수청구권이 발생하기 위한 요건으로 보는 견해가 있고(이(기) · 최 444), 보수청구권의 발생요건이 아니라 보수청구의 시기를 규정한 것으로 보는 견해가 있으나, 특별한 실익이 있는 논쟁은 아니다.

3) Hopt. §93 Rn. 43; Oetker.Komm, §93 Rn. 28 ff.

인과관계가 있어야 한다. 그러므로 중개를 하였더라도 계약체결에 이르지 못한 경우에는 보수청구권이 발생하지 않음이 원칙이나, 중개인이 계약의 성립에 결정적인 역할을 하였음에도 중개행위가 중개업자의 책임없는 사유로 중단되어 중개인이 최종적인 계약서 작성에 관여하지 못하게 되는 등 특별한 사정이 있는 때에는 신의성실의 원칙에 비추어 중개인은 중개의뢰인에 대하여 이미 이루어진 중개행위의 정도에 상응하는 중개수수료를 청구할 권한이 있다고 보아야 한다.[1] 중개인의 노력에 의해 상당한 정도 성사단계에 이른 거래에서 의뢰인이 중개료의 지급을 면하려고 중개인을 배제하고 상대방과 직접 계약을 체결한 경우에는 신의성실에 반하는 전형적인 예이고 중개인의 권리행사가 방해된 바이므로 중개인의 보수청구권을 인정해야 함은 당연하다.[2]

2. 비용청구권

중개인이 당사자를 위해 베푸는 노력은 중개료로 보상되므로 당사자를 위해 지출한 비용은 따로 청구할 수 없다(통설). 계약이 성립되지 않더라도 같다. 다만 당사자의 특별한 지시에 의해 통상의 중개행위에 소요되는 것 이상의 비용을 지출한 경우에는 제61조가 적용된다.

3. 급여수령대리권

중개인은 다른 약정이나 관습이 없는 한 자신이 중개한 행위에 관하여 당사자를 대리하여 지급 기타의 이행을 받지 못한다(94조). 따라서 당사자 일방이 중개인에게 지급 기타 이행을 하더라도 상대방에게 대항하지 못한다. 이 점은 중개인의 성격과 기능을 명백히 한 것으로 볼 수 있다. 다만 당사자의 일방이 그 성명·상호의 묵비를 요구한 때에는 그 당사자는 중개인에게 급여수령권을 부여하는 묵시

1) 부산지법 2007. 1. 25. 선고 2005나10743 판결: 중개인의 노력에 의해 거래가 성사되어 계약서를 작성하기에 이르렀으나, 최종단계에서 당사자간에 언쟁이 일어나 자리를 파했다가 다시 중개인이 없이 당사자들끼리 만나 전의 계약과 거의 같은 내용의 계약을 체결한 사안에서 중개인의 보수청구권을 인정하였다.

2) 이 경우에는 전주판례의 사안보다도 보수청구권을 인정할 더욱 강한 사유이다.

의 의사표시를 한 것으로 보아야 한다(통설).

제3절 위탁매매업

I. 총 설

1. 기 능

위탁매매인(委託賣買人)은 타인, 즉 위탁자로부터 물건이나 유가증권의 매매를 위탁받고 이를 자기의 이름으로 제3자와 매매하여 그 결과로 얻은 대금 또는 매수한 물건을 위탁자에게 귀속시키는 것을 업으로 한다. 위탁매매인의 활동의 실질적 효과는 본인이 아니라 제3자, 즉 위탁자에게 귀속하므로 대리상·중개인 등과 더불어 보조상의 일종인데, 그 특색은 위탁받은 매매를 「자기의 이름」으로 처리한다는 점이다. 그러므로 위탁매매인은 형식적으로 보면 상인의 직접거래라는 측면과 실질적으로는 대리상의 역할이라는 측면, 그리고 공급자와 수요자를 간접적으로 연결시켜 준다는 의미에서 중개인의 측면을 복합적으로 갖추고 있으며,[1] 아울러 이 3가지 제도가 갖지 못한 장점을 고루 갖추고 있다고도 할 수 있다. 즉 원격지에 있거나 전문성이 강한 시장에 대해 정보가 어두운 상인 등이 대리상과 같은 장기적인 영업조직을 갖출 형편이 못될 경우에 이용하기 편리하다. 같은 목적을 중개인을 통해 달성할 수도 있으나, 신용이 두텁지 못한 상인의 경우 중개인을 이용하는 것만으로는 신용을 강화하는 데에 도움이 되지 않는다. 이에 반해 위탁매매인에게 위탁할 경우에는 이를 극복할 수 있는 장점을 취할 수 있다. 이미 거래계에서 신용을 갖고 있는 위탁매매인이 자기의 이름으로 당사자가 되어 매매를 하고 따라서 이행책임도 지므로 상대방은 별도로 실질당사자인 위탁자의 신용을 조사할 필요 없이 위탁매매인만을 상대로 거래할 수 있는 것이

1) 위탁매매와 대리상, 중개의 법적 차별성에 관해서는 Ensthaler, §383 Rn. 3 ff. 참조.

다. 이 점은 위탁자의 입장에서는 자기가 기반을 갖지 않은 시장에 쉽게 진입할 수 있음을 뜻한다.

한편 시장과 상품의 특성을 감안하여 시장의 질서유지와 신뢰를 위해 일정한 자격을 가진 자만을 매매당사자로 제한하고, 일반인은 그 자격이 있는 자의 위탁매매를 통해 간접적으로 거래하도록 하는 경우가 있다. 「자본시장법」에 의해 개설되는 증권시장(자금 386조), 「농수산물 유통 및 가격안정에 관한 법률」에 의해 개설되는 농수산물도매시장(동법 17조)이 좋은 예이다.

2. 연 혁

고대에는 외국여행을 하는 자에게 그의 지인이 상품이나 자금을 맡기며 외국에서의 거래를 부탁할 때, 여행자가 그 지인의 이름을 사용하는 것은 무의미하므로 자신의 이름으로 부탁받은 거래를 하는 일이 많았는데, 이것이 위탁매매제도의 시초라고 한다. 그러나 위탁매매업이 본격적으로 발전하게 된 것은 중세 도시국가에서였다. 처음에는 상인이 자신의 보조자를 외국에 주재시키고 계속적으로 거래를 시켰는데, 그 보조자는 현지에 알려지지 않은 영업주의 이름 대신 자신의 이름으로 거래하는 것이 보통이었으며, 그러다 보니 쉽게 독립상인인 위탁매매인으로 발전하게 되었다. 한편 이같이 독립한 위탁매매인은 거꾸로 본국의 상인을 위탁매매인으로 하여 본국과도 거래하였다. 특히 중세 도시국가에서는 외국상인에게 관세를 중과하였으므로 외국상인이 토착 위탁매매인을 이용할 실익이 컸으며, 근세에도 외국무역에서 외국상인이 토착 위탁매매인의 신용과 지식을 이용할 필요가 컸으므로 위탁매매업은 널리 번성하였다. 그러나 19세기 이후에는 운송·통신의 발달로 상인의 자기영업이 지역적으로 확산되었으므로 위탁매매업은 크게 쇠퇴하여 유가증권거래·농산물의 집산거래 등 매매거래에 고도의 기술과 신용을 요하는 몇몇 특수한 분야에서만 볼 수 있게 되었다.

최초로 위탁매매를 대리상과 구별하여 법제화한 것은 1609년 안베르스市 조례였으며, 그 후 프랑스 상법, 독일의 상법이 이를 본받았다.

Ⅱ. 위탁매매인의 의의

위탁매매인(Kommissionär)이란 자기명의로써 타인의 계산으로 물건 또는 유가증권의 매매를 영업으로 하는 자이다(101조).

1. 명의와 계산의 분리(주선)

자기명의로써 타인의 계산으로 법률행위를 하는 것을 일반적으로 「주선」이라 한다. 따라서 위탁매매인은 주선업자이다.

「자기명의로」라는 것은 자신이 직접 법률행위의 당사자가 되고, 따라서 그 행위로부터 생기는 권리 · 의무의 주체가 됨을 뜻한다. 그리고 「타인의 계산으로」라는 것은 법률행위의 경제적 효과를 타인에게 귀속시킴을 뜻한다. 예컨대 A가 위탁매매인 B에게 자동차의 매도를 위탁하여 B가 C에게 자동차를 매도한다면, 그 매매는 「B의 명의」로 「A의 계산」으로 하게 된다. B의 명의로 한다는 것은 C와의 관계에서 법상의 매도인은 B가 되고, 따라서 B가 매도인으로서 모든 책임을 지고 대금지급청구권 등 매도인으로서의 모든 권리를 갖게 됨을 뜻한다. 그리고 A의 계산으로 한다는 것은 B가 C로부터 받은 대금은 내부적으로는 A의 것인 까닭에 A에게 전달해 주고 B는 다만 A로부터 매매를 해준 데 대해 보수만을 받게 된다는 뜻이다.

법률행위는 통상 「자기의 명의로, 자기의 계산」으로 하며, 이 경우 행위의 법적 효과는 물론 경제적 효과도 행위자 본인에게 귀속한다. 한편 제3자가 법률행위를 대리한다면 대리인은 타인(즉 본인)의 명의로 타인의 계산으로 행위를 하므로 이 때도 본인이 당사자가 되고 법적 효과와 경제적 효과는 모두 본인에게 귀속한다. 그러나 위탁매매에서는 위에서 본 바와 같이 명의와 계산이 분리되므로 법적 효과와 경제적 효과가 분리되는 현상을 보인다. 위탁매매의 법적 효과가 본인(위탁자)에게 간접으로 귀속되므로 위탁매매를 「간접대리」라고도 부른다(그림 및 [표 3] 참조).

이론적으로는 명확하지만, 실제 거래에서는 명의와 계산의 법적 귀속관계가 불분명한 경우가 많다. 그러므로 어떠한 계약이 일반매매계약인지 위탁매매계약인지는 계약의 명칭 내지 형식적인 문언을 떠나 그 실질을 중시하여 판단하여야 한다(대법원 2008. 5. 29. 선고 2005다6297 판결).

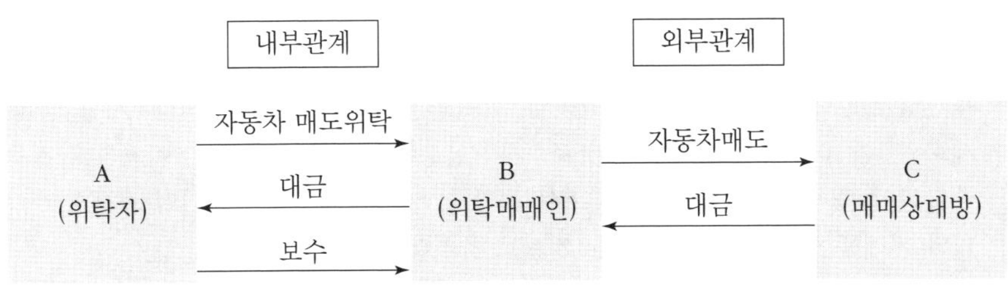

[표 3] 본인의 매매, 대리에 의한 매매, 위탁매매의 비교

	본인의 매매	대리에 의한 매매	위탁매매
매매계약의 당사자(명의)	행위자	본인	위탁매매인
매매의 법적 효과(권리 · 의무)의 귀속	행위자	본인	위탁매매인
매매의 경제적 효과의 귀속(계산)	행위자	본인	위탁자

주　선

일본 상법학에서는 「주선」을 넓게 매개행위로 풀이하고 주선은 중개를 포함하는 개념으로 이해하고 있다.[1] 우리나라에서도 일반 생활용어로서는 같은 뜻으로 쓰고 있다(남영신, 「국어사전」, 주선 → "① 일이 잘 되도록 두루 힘씀, ② 분쟁이 해결되도록 제 3 자가 화해를 도와 줌"). 2004년도의 민법개정안에서는 중개에 관한 규정을 신설하면서, 중개를 "당사자 일방이 상대방에 대하여 계약체결의 소개 또는 '주선'을 의뢰하고 상대방이 이를 승낙함으로써" 효력이 생기는 계약으로 정의하였는데, 이는 주선을 일본의 용례 혹은 생활용례에 따라 이해한 것으로 보인다.[2]

그러나 우리 상법에서는 주선을 단지 매개를 지칭하는 개념으로 이해해서는 안 된다. 상법 제46조 제12호에서 "위탁매매 기타의 주선에 관한 행위"를 상행위로 열거하고 있는데, "위탁매매 기타의 주선"이란 위탁매매를 주선의 한 예로 표현하는 뜻이다. 그리고 상법 제46조 제11호에서 "중개에 관한 행위"를 따로 열거하고 있으므로 주선이란 중개를 포함하지 않음이 명백하다. 그렇다면 주선이란 중개는 포함하지 않

1) 平出, 337면.
2) 2013년의 법무부 민법개정시안에서는 "당사자 일방이 상대방에 대하여 계약체결의 기회를 소개하거나 계약체결을 알선할 것을 의뢰하고 상대방이 이를 승낙함으로써" 효력이 생기는 계약으로 표현이 바뀌었다(동 시안 692조의2).

는 행위로서 위탁매매와 동질의 행위를 통해 위탁매매와 같은 효과를 가져오되, 매매에 국한하지 않고 법률행위 일반을 두루 대상으로 하는 것으로 해석해야 한다. 한편 상법 제114조에서는 운송주선업을 정의하고 있는데, "자기의 명의로 물건운송의 주선을 영업으로 하는 자를 운송주선인이라 한다"고 정의하고 있다. 이 규정 자체로서는 "주선"이 무엇인지를 알 수 없으나, 제123조에서 위탁매매인에 관한 규정을 운송주선업에 일반적으로 준용하고 있는데, 이에 의해 「자기 명의와 타인의 계산」임을 전제로 한 제102조, 제103조, 제105조 등이 운송주선업에 적용된다. 이러한 규정들을 종합하여 볼 때, 우리 상법에서 "주선"이라 함은 「자기 명의로 타인의 계산으로 매매 기타 거래를 하는 것」을 지칭하는 것으로 풀이해야 하는 것이다.

참고로 구 상법 제502조 제11호(현행 일본 상법의 같은 조문)에서는 기본적 상행위(구법의 표현은 "영업적 상행위")의 하나로 「仲立 또는 取次」에 관한 행위를 열거하였는데, 仲立이란 중개를 말하며, 取次란 주선을 말한다. 그리고 현행 일본 상법은 위탁매매업은 問屋이라 표기하고(日商 551조) 운송주선업은 운송취급영업이라 표기하였다(日商 559조). 운송취급업은 위탁매매인과 같이 자기 명의로 타인의 계산으로 운송계약을 체결하는 업으로 풀이되고 있다.[1)]

2. 영업의 범위

위탁매매인은 물건 또는 유가증권의 매매의 주선을 업으로 한다. 여기서 물건이라 함은 부동산은 포함하지 아니한다(통설).[2)] 유가증권 중 상장주식·상장채권·파생상품은 위탁매매의 중요한 대상이다. 이 유가증권들은 주로 한국거래소가 개설한 증권시장에서 매매되는데, 동 시장에서 매매할 수 있는 자는 한국거래소의 회원으로 한정되어 있다. 따라서 회원 아닌 자가 증권시장에서 상장주식·상장채권을 매매하려면 회원(투자중개업자: 증권회사)에 매매를 위탁해야 한다.

물건 또는 유가증권의 매매가 아닌 행위의 주선을 업으로 할 경우(예컨대 출판·광고의 주선 등)에는 이를 「준위탁매매업」이라 하여 위탁매매업에 관한 규정을 준용하는데(113조), 그 중에서도 운송의 주선을 업으로 하는 자(운송주선인)에 대해서는 상법에 별도의 규정을 두고 있다(후술).

부동산을 제외하는 이유

위탁매매의 대상에 부동산을 포함시킬 수 없는 이유는 다음과 같다.

1) 平出, 405면.
2) 日最高裁 1957. 5. 30, 民集 11권 5호 854면.

부동산을 위탁매매하자면 매도위탁이건 매수위탁이건 일단 위탁매매인 앞으로 등기를 이전하였다가 다시 매매상대방에게 또는 위탁자에게 이전해야 하는데, 이 경우 제103조의 적용상 어려움이 생긴다. 제103조에 의하면 위탁매매인이 위탁자로부터 받은 물건 또는 위탁매매로 취득한 물건은 위탁자, 위탁매매인, 그리고 위탁매매인의 채권자 사이에서는 위탁자에게 귀속하는 것으로 본다. 그렇다면 부동산의 소유권이 등기부상 위탁매매인에 머물러 있는 동안에는 제103조의 적용에 의해 등기내용과 다른 소유관계가 형성되는 것이다.

위탁매매인 앞으로 등기를 이전하지 않고 중간생략등기를 이용할 수도 있을 것이나, 이 경우에는 위탁자와 거래상대방의 보호에 문제가 생긴다. 매도위탁의 경우 위탁자가 등기이전에 불응하더라도 매수인은 강제집행할 수 없으며, 매수위탁의 경우 매도인이 등기이전에 불응하더라도 위탁자가 강제집행을 할 수 없다(위탁자와 위탁매매인의 상대방간에는 직접적인 법률관계가 생겨나지 않음을 주의: 102조).

3. 위탁매매인의 상인성

상법에서는 위탁매매인을 「… 물건 또는 유가증권의 매매를 영업으로 하는 자」라고 표현하고 있으나(101조), 위탁매매인이 영업으로 하는 것은 매매의 주선을 인수하는 것(즉 위탁자로부터 보수를 받고 위탁매매를 수탁하는 것)이고 매매 자체는 그 이행행위로서 보조적 상행위에 불과하다(대리상 · 중개인의 상인성에 관한 설명 참조).

위탁자는 상인일 수도 있고 아닐 수도 있으나, 상인일 경우에는 후술하는 특칙(110조)이 적용된다. 또 상인인 위탁자에게 있어서 매도 또는 매수의 위탁은 보조적 상행위가 된다.

Ⅲ. 위탁매매의 법률관계의 구조

기술한 바와 같이 위탁매매업에서는 거래의 명의와 계산이 분리되는 결과 그 법률관계도 내부관계 즉 위탁자와 위탁매매인의 관계, 그리고 외부관계 즉 위탁자 및 위탁매매인과 제 3 자의 관계로 분리된다. 한편 위탁물의 귀속관계에 관하여는 별도의 특칙을 두고 있다.

1. 내부관계(위탁자와 위탁매매인; 위탁계약)

위탁자와 위탁매매인간에는 위탁매매인이 위탁자를 위하여 물건이나 유가증권의 매매를 주선하기로 하는 계약, 이른바 위탁계약이 체결된다.[1] 그리고 위탁매매인의 매매는 이 위탁계약의 이행행위로써 행해진다는 것은 기술한 바와 같다. 위탁계약은 물건 또는 유가증권의 매매라는 사무처리를 위탁하는 위임이다(통설). 그래서 위탁자와 위탁매매인의 관계에 관해서는 상법에서 별도로 규정한 것을 제외하고는 일반적으로 위임에 관한 민법규정이 적용된다(112조).

위탁에는 위탁자가 처분을 원하는 물건 또는 유가증권의 매도를 의뢰하는 「매도의 위탁」과 위탁자가 구입을 원하는 물건 또는 유가증권의 매수를 의뢰하는 「매수의 위탁」이 있으며, 매도와 매수를 동시에 위탁할 수도 있는데, 어느 것이나 법적 성질에는 차이가 없다. 그 목적물은 특정물일 수도 있고 불특정물일 수도 있다.

위탁계약에서는 매도위탁인지 또는 매수위탁인지의 여부, 매매목적물·가격·매매시기 등에 관해 약정을 함이 보통이지만, 이러한 사항의 전부 또는 일부를 위탁매매인에게 일임하는 이른바 일임매매의 위탁도 가능하다. 그러나 유가증권의 매매의 위탁에서는 위탁자의 보호를 위해 일임매매의 위탁이 제한된다(자금 71조 6호).

매도의 위탁일 경우에는 위탁자가 그 목적물을 위탁매매인에게 인도해 주고 매수의 위탁일 경우에는 반대로 대금을 건네주어야 하나, 위탁계약은 낙성계약이므로 당사자간의 합의로 효력이 발생하고 물건·대금의 수수를 동시에 해야 하는 것은 아니다.

내부관계의 주요문제는 위탁자와 위탁매매인이 서로 어떤 권리의무를 갖느냐는 것인데, 이 점에 관해서는 후술한다.

---

1) 투자중개업자(증권회사)와 고객간에 흔히 일어나는 사고로서 고객이 주식이나 채권의 매매를 투자중개업자에 위탁하고 맡긴 위탁증거금을 계약을 담당한 임직원이 유용하거나 횡령하는 예가 있다. 이 경우 고객은 투자중개업자에 위탁계약을 근거로 위탁증거금의 반환 또는 손해배상을 청구하게 되는데, 이 때 위탁계약의 존부가 다투어지지만, 일응 위탁계약이 적법하게 체결된 이상 사후에 담당 임직원이 위탁증거금을 여하히 처리하였느냐는 것은 위탁계약의 성립에 영향이 없다(대법원 1997. 2. 14. 선고 95다19140 판결).

2. 외부관계

(1) 매매효과의 귀속

위탁매매인이 위탁계약의 이행으로서 제3자와 물건 또는 유가증권의 매매를 하는 경우, 이 매매는 위탁매매인의 명의로 하므로 위탁매매인이 상대방에 대하여 직접 권리를 취득하고 의무를 부담한다(102조). 즉 위탁매매인이 매매당사자가 되는 것이다. 상대방이 위탁매매라는 사실을 알든 모르든 영향이 없다. 그러므로 위탁매매의 성립 또는 효력에 영향을 미치는 사실(행위능력, 의사표시의 하자 등)의 유무는 위탁매매인을 기준으로 판단해야 한다.

위탁매매에 있어서는 위탁매매의 계산이 위탁자에게 귀속하지만, 위탁매매의 대상이 되는 재산이 법률적으로는 위탁매매인에게 이전된다는 점에서 신탁과 흡사하다. 그러나 위탁매매인은 지정가준수의무를 통해 거래상의 손실을 입거나 개입권을 통해 거래상의 이익을 얻을 수 있음에 대해 신탁의 수탁자는 거래의 손실을 부담하는 일이 없고, 신탁재산의 취득이 금지되는 등의 차이가 있다(신탁 34조 1항).[1]

(2) 위탁자의 지위

이같이 매매의 당사자는 위탁매매인인 까닭에 위탁자와 위탁매매인의 상대방 사이에는 아무런 법률관계도 존재하지 아니한다. 그러므로 위탁자는 상대방에 대하여 이행을 청구하거나 불이행을 이유로 손해배상을 청구할 수 없으며, 상대방이 위탁자에 대하여 갖는 지위도 같다. 또 위탁자에게 발생한 사유(제한능력, 착오 등)는 매매에 영향을 주지 아니하며, 상대방은 위탁자에 대해 가지고 있는 반대채권을 가지고 매매로 인한 채무와 상계하지 못한다. 당사자간의 특약으로 위탁자가 상대방에게 직접 이행하거나 상대방이 위탁자에게 직접 이행하게 할 수 있으나, 이는 이행방법에 관한 합의에 불과하고 이로 인해 위탁자와 상대방간에 직접적인 법률관계가 생기는 것은 아니다.

상대방이 채무를 이행하지 아니할 경우에는 결과적으로 위탁자가 손해를 입는다. 그러나 상대방의 채무불이행은 위탁매매인의 위탁자에 대한 채무불이행을 초래하고 위탁매매인이 위탁자에게 손해배상책임을 짐으로써 위탁자는 보호된

1) 新井 誠, 전게「信託法」, 114면.

다. 그리고 위탁매매인은 자신이 위탁자에게 배상해야 할 손해액을 다시 상대방에 대한 손해배상청구에 포함시킬 수 있을 것이다. 반대로 위탁자가 위탁물의 인도 또는 대금의 교부를 게을리하여 위탁매매인이 상대방에 대해 손해배상책임을 지게 될 경우에는 그로 인한 위탁매매인의 손해는 위탁자와의 내부관계에서 해결되므로 역시 위탁자와 상대방 사이에서는 아무런 문제도 생기지 아니한다.

3. 위탁물의 귀속

(1) 의 의

위탁매매인은 위탁자로부터 매매를 위탁받은 때로부터 매매를 하여 그 결과를 위탁자에게 이전시킬 때까지 위탁자를 위하여 물건 또는 유가증권을 점유하거나 매매상대방에 대해 채권을 취득하게 된다. 그리고 대외적인 관계에서는 위탁매매인이 매매당사자이므로 이러한 재산에 대한 권리는 위탁매매인에게 귀속한다. 그러나 이 원칙을 그대로 관철한다면 매우 불공평한 결과가 생길 수 있다. 예컨대 위탁매매인이 재산을 위탁자에게 이전하지 않은 상태에서 파산한다면 이 재산은 파산재단에 편입되어 위탁자는 파산채권자로서 불충분한 변제에 만족할 수밖에 없다. 또 위탁매매인의 채권자가 위탁물에 대해 강제집행을 하는 경우도 있을 수 있다. 그러므로 상법은 위탁매매의 경우 법률관계의 실질과 형식이 괴리됨으로 인해 생겨나는 불공평을 제거하기 위해 「위탁매매인이 위탁자로부터 받은 물건 또는 유가증권이나 위탁매매로 인하여 취득한 물건, 유가증권 또는 채권은 위탁자와 위탁매매인 또는 위탁매매인의 채권자간의 관계에서는 이를 위탁자의 소유 또는 채권으로 본다」라고 규정하고 있다(103조).

(2) 효 과

본 규정의 적용대상은 위탁매매인이 위탁자로부터 받은 물건·유가증권, 위탁매매로 인해 취득한 물건·유가증권 또는 채권이다. 즉 i) 위탁자가 위탁매매인에게 매도를 위탁하여 맡긴 물건 또는 유가증권, ii) 위탁매매인이 매수의 위탁을 받고 매수하여 인도받은 물건 또는 유가증권, iii) 위탁매매인이 매도의 위탁을 받고 위탁물을 처분하여 상대방에 대해 취득한 대금채권 또는 상대방의 불이행으로 인한 손해배상채권, ⅳ) 위탁매매인이 매수의 위탁을 받고 매수하여 얻은 목적물인도청구권 또는 상대방의 불이행으로 인한 손해배상채권 등이다.

위탁매매인이 위탁자로부터 물건 또는 유가증권을 받은 후 파산한 경우의 물건 또는 유가증권(위 ⅰ))에 대해서는 위탁자가 환취권(회파 407조)을 행사할 수 있으며, 위탁매매의 반대급부로 위탁매매인이 취득한 물건, 유가증권 또는 채권(위 ⅱ)~ⅳ))은 위탁자가 대체적 환취권(회파 410조)을 행사하여 그 이전을 구할 수 있다(대법원 2008. 5. 29. 선고 2005다6297 판결). 그리고 위탁매매인의 채권자가 위탁물에 대해 강제집행을 하더라도 위탁자는 자기 소유임을 이유로 제 3 자이의의 소(민집 48조)를 제기할 수 있다.[1)]

위탁매매인이 위 ⅰ)~ⅳ) 의 물건, 유가증권 또는 채권을 자신의 채권자에게 변제, 담보제공 등의 방법으로 처분한 경우 그 효력은 어떻게 되는가? 판례는 위탁매매인이 처분권한이 없이 처분한 것이므로 그 취득자는 선의취득의 요건을 구비하지 못하는 한 위탁자에게 대항하지 못한다고 한다([판례 95]).

판례 95 대법원 2011. 7. 14. 선고 2011다31645 판결

「…위탁매매인이 그가 제 3 자에 대하여 부담하는 채무를 담보하기 위하여 그 채권자에게 위탁매매로 취득한 채권을 양도한 경우에 위탁매매인은 위탁자에 대한 관계에서는 위탁자에 속하는 채권을 무권리자로서 양도하였다고 볼 것이고, 따라서 그 채권양도는 무권리자의 처분 일반에서와 마찬가지로 양수인이 그 채권을 선의취득하였다는 등의 특별한 사정이 없는 한 위탁자에 대하여 효력이 없다고 할 것이다. 이는 채권양수인이 양도의 목적이 된 채권의 귀속 등에 대하여 선의이었다거나 그 진정한 귀속을 알지 못하였다는 점에 관하여 과실이 없다는 것만으로 달라지지 아니한다.」

註) 위탁매매인이 위탁매매의 실행으로 인해 취득한 채권은 위탁매매인의 채권자와 위탁자의 관계에 있어서는 위탁자의 권리이므로 위탁매매인의 채권자의 취득을 부정한 판례이다. 판결문에서는 선의취득을 언급하였으나, 목적물이 채권이므로 선의취득은 논외이다. 그러면 위탁매매인이 위탁받은 물건을 채권자에게 담보로 제공했으면 어떻게 되는가? 채권자는 상법 제103조 자체에 의해 권리취득이 불가능한 자이므로 이 경우 역시 선의취득은 논외이다. 다만 채권자로부터 전득한 자는 선의취득이 가능하다.

1) 위탁물의 귀속에 관한 상법상의 법리는 형법의 해석론에도 반영되어, 위탁매매인이 위탁물을 사용·소비한 때에는 횡령죄가 성립한다는 것이 판례의 입장이다(대법원 1982. 2. 23. 선고 81도2619 판결).

(3) 적용범위

위탁자가 매수의 위탁을 하며 맡긴 금전이나 위탁매매인이 매도의 위탁을 받고 매도하여 받은 대금은 제103조의 적용대상이 아니다. 이 금전은 위탁매매인의 일반재산에 혼융되어 특정할 수 없기 때문이다.

상법 제103조가 규정하는 「위탁자와 위탁매매인 또는 위탁매매인의 채권자간의 관계」란 [위탁자 v. 위탁매매인]의 관계, 그리고 [위탁자 v. 위탁매매인의 채권자]의 관계를 말한다. 이 중 「위탁매매인의 채권자」에는 위탁매매인의 「매매상대방」은 포함되지 아니한다고 해석된다(통설). 예컨대 매수의 위탁을 받은 위탁매매인이 상대방으로부터 매수한 물건을 인도받고 대금을 지급하지 아니하는 경우에 상대방은 인도한 목적물에 대하여 강제집행을 하거나 계약을 해제하고 목적물의 반환을 청구할 것인바, 이 경우에까지 위탁자가 소유권을 주장할 수 있다면 그것이 오히려 불공평하기 때문이다.

「위탁자의 채권자」는 제103조가 열거하고 있지도 않지만, 해석상으로도 본조의 적용대상에 포함되지 않는다. 이를 포함시킨다면 위탁자의 채권자가 위탁자에 대한 채권을 가지고 위탁매매인이 점유하는 위탁물에 대해 강제집행을 할 수 있게 되는데, 이로 인해 위탁매매의 법률관계에 혼란을 줄 뿐이고, 이는 위탁매매에 있어 권리관계의 형식과 실질의 괴리로 인해 생기는 불공평을 제거하려는 본조의 입법취지와 무관한 결과를 초래하기 때문이다. 위탁자의 채권자는 위탁자가 위탁매매인에게 갖는 채권을 압류하면 되고, 그것으로써 그의 보호는 족하다.

Ⅳ. 위탁매매인의 의무

1. 기본적 의무

위탁매매인은 위탁받은 매매거래를 하고 그 이행을 받아서 위탁자에게 이전해야 할 의무를 부담한다. 위탁계약은 위임인 까닭에 위탁매매인은 수임인으로서의 선관주의의무를 진다(112조→민 681조). 그러므로 위탁매매인은 위탁계약의 본지에 따라 선량한 관리자의 주의로써 매매거래를 하고 자기가 점유하는 위탁물을 보관하여야 하며, 물건을 매도하고 취득한 채권의 보전, 매수한 물건에 대한 하자유무의 조사, 담보책임의 추궁 등 매매에 관련된 모든 권리의 행사 및 상대방에 대한 의무의 이행 등에 관해 선량한 관리자의 주의로 임해야 한다. 그 밖에 상법은 위탁자의 보호를 위해 다음과 같은 특별한 의무를 규정하고 있다.

2. 통지 및 계산서제출의무

위탁매매인이 위탁받은 매매를 한 때에는 지체 없이 위탁자에 대하여 그 계약의 요령과 상대방의 주소·성명에 대한 통지를 발송하여야 하며(발신주의), 계산서를 제출하여야 한다(104조). 민법에서는 원칙적으로 위탁사무가 종료한 때에 수임인에게 보고의무를 과하는 데 대해(민 683조), 상법은 상거래의 신속이라는 요청에서 위탁자가 속히 관련계획을 수립하고 기동성 있게 필요한 지시를 할 수 있도록 위탁매매인으로 하여금 매매거래가 있을 때마다, 그리고 매매를 이행하기 전에 이 같은 보고를 하게 한 것이다.

통지 및 계산서제출을 게을리한 경우에 위탁자는 위탁매매인에 대해 손해배상을 청구할 수 있으나, 위임받은 매매거래의 결과를 위탁자에게 귀속시키는 데에는 영향이 없다.

3. 지정가액준수의무

(1) 가액지정방법

위탁자가 매매를 위탁하면서 그 가액의 결정까지 위탁매매인에게 위임하는 경우도 있으나, 이보다는 가액을 지정하는 것이 통례이다. 가액을 지정한 경우에는 그 지정가에 의한 매매가 위임의 본지(민 681조)이므로 위탁매매인이 이를 준수하여야 함은 물론이다.

위탁자가 가액을 지정하는 방법으로는 절대가를 정하는 방법(예: "1백만원에 팔아달라")도 있으나, 매매의 상한가(예: "1백만원 이하로 사달라") 또는 하한가(예: "1백만원 이상으로 팔아달라")를 정하는 방법도 있고, 특정일의 시가라든지 기타 가액결정의 기준을 제시하는 방법도 있다. 어느 경우이든 이에 따라야 한다.

위탁자가 가액을 결정하지 않은 경우, 위탁매매인이 가격을 결정해야 할 것인데, 그 가격결정은 위임의 본지에 포함되므로 위탁매매인은 선량한 관리자의 주의로서 위탁자에게 최대한 유리한 가격으로 결정해야 한다(민 681조).

(2) 차손거래의 효과

위탁매매인이 지정가를 위반하여 매매한 경우, 즉 지정가보다 낮은 가액으로 매도하거나 높은 가액으로 매수한 경우, 그로 인한 차액의 손실은 위탁자가 부담할 이유가 없다. 그러므로 위탁자는 그 매매를 자기 계산으로 할 것을 부인할 수 있다(106조 1항의 반대해석). 그렇다고 위탁매매인과 제 3 자의 매매가 무효로 되는 것은 아니다. 다만 위탁매매인이 그 거래의 경제적 효과를 위탁자에게 귀속시킬 수 없고, 따라서 매매의 성사를 이유로 보수를 청구할 수 없다는 뜻이다. 이같이 부인될 경우 위탁매매인이 보수를 받지 못함은 물론이고 자기로서는 불필요한 거래의 경제적 효과를 떠맡아야 하는 부담이 있으므로 지정가와 실거래가의 차액을 자신의 손실로 하고 그 부담에서 벗어나게 해 줄 필요가 있다. 또 위탁자로서도 보통 자신이 예상한 경제적 효과를 얻는 것이 목적이고, 지정가대로 거래가 이루어지는 데에는 특별한 이해가 없으므로 위탁매매인의 차손부담을 거부할 이유가 없다. 그러므로 위탁자의 지정가보다 염가로 매도하거나 고가로 매수한 경우에도 위탁매매인이 그 차액을 부담한 때에는 그 매매는 위탁자에 대하여 효력이 있다(106조 1항).[1] 이 경우 위탁매매인이 보수를 청구할 수 있음은 물론이다.

매매의 효과는 이와 같이 위탁자에게 귀속시킬 수 있으나, 지정가의 불준수로 인한 위탁자의 다른 손실은 별도로 전보되어야 한다. 예컨대 지정가보다 염가로 매도함으로써 위탁자가 별도로 보유하는 동종의 자산의 가격이 하락한 경우에는 위탁매매인에게 손해배상을 청구할 수 있다.

---

1) 일부학설은 위탁매매인의 차액부담의 의사표시는 늦어도 매도 또는 매수의 통지와 동시에 위탁자에게 도달하여야 한다고 하며, 그 이유로서 그 의사표시는 위탁매매인의 일방적 행위에 의하여 위탁자의 거절권을 상실시키는 것이므로, 그 시기를 위탁매매인의 자유에 맡기는 것은 부당하기 때문이라고 한다(김성태 582; 손주찬 312; 이(기) · 최 454; 정동윤 233; 정찬형 327; 최 · 김 311; 최준선 343). 위탁자가 거절한 후에는 위탁자는 다른 위탁매매인에게 위탁을 하거나 다른 대체수단을 강구할 것이라고 보는 것이 자연스러우므로 위탁자의 거절이 있기 전에 차액부담의 의사표시가 위탁자에게 도달하여야 한다고 해석하여야 할 것이지만, 굳이 매매의 통지와 동시에 이루어져야 한다고 볼 이유는 없다(同旨: 정준우 306~307).

(3) 차익의 귀속

위 경우와는 반대로 지정가보다 고가로 매도하거나 저가로 매수한 경우에는 차익이 생긴다. 이 차익은 당사자간에 다른 약정이 없는 한 위탁자의 이익으로 한다(106조 2항). 거래는 위탁자의 계산으로 하는 것이므로 그 거래로 인해 생긴 이익 역시 위탁자에게 귀속되는 것이 당연하기 때문이다.

4. 이행담보책임

위탁매매인의 매매상대방이 채무를 이행하지 않는 경우에 그 불이행에 위탁매매인의 과실이 개입되어 있다면(예컨대 상대방의 선택에 과실이 있는 경우, 위탁자가 요구한 이행일자보다 뒤늦은 이행일자를 합의한 경우 등) 이는 위탁계약의 불이행이므로 위탁매매인이 책임질 일이나, 위탁매매인의 과실 없이 상대방이 이행하지 않는다면 일반원칙상 위탁매매인이 책임질 바 아니다(민 390조 단). 그러나 위탁자는 매매상대방에 대하여 직접 권리행사를 할 수 없는 입장이므로 이행에 관련해서는 위탁자를 두텁게 보호할 필요가 있다. 그러므로 상법은 위탁매매인에게 무과실책임으로서의 이행담보책임을 과하고 있다. 즉 위탁매매인은 위탁자를 위한 매매에 관해 상대방이 채무를 이행하지 아니하는 경우에는 위탁자에 대하여 이를 이행할 책임이 있다(105조 본). 다만 이와 다른 약정이나 관습이 있으면 그러하지 아니하다(105조 단). 위탁매매인이 이행담보책임을 이행함으로 인해 입는 손해는 매매 상대방에 대하여 손해배상으로 청구할 수 있는 경우가 대부분이므로, 위탁자와의 관계에서 위탁매매인에게 특히 불리한 제도라 할 수는 없다.[1)]

5. 위탁물에 관한 통지 · 처분의무

위탁매매인이 위탁매매의 목적물을 인도받은 후에 그 물건의 훼손 또는 하자를 발견하거나 그 물건이 부패할 염려가 있는 때 또는 가격저락의 상황을 안 때에

1) 경제적으로 약자인 위탁매매인에 대하여 과도한 이행담보책임을 부과함에는 이행능력도 문제되고, 반대로 수수료를 비싸게 하여 본 제도를 기피하게 하는 역효과를 가져 올 것이므로 독일법의 예(§ 387 HGB)에서와 같이 특약 또는 관습이 있는 경우에 한하여 이 책임을 인정함이 타당하다는 견해도 있다(김정호 360; 이(기) · 최 453; 정찬형 326~327).

는 지체 없이 위탁자에게 그 통지를 발송하여야 한다(발신주의)(108조 1항). 이 경우 위탁자의 지시를 받을 수 없거나 그 지시가 지연되는 때에는 위탁매매인은 위탁자의 이익을 위하여 적당한 처분을 할 수 있다(108조 2항). 위탁매매인이 매도위탁으로 위탁자로부터 받은 물건, 매수위탁을 이행하여 매매상대방으로부터 받은 물건 모두에 본조가 적용된다.

물건의 훼손 또는 하자가 발견되거나 부패할 염려가 있는 때에 통지 · 처분을 하여야 할 의무는 일반적인 수임인의 선관주의의무(민 681조)에서도 끌어낼 수 있는 의무라고 생각되나, 「가격저락의 상황을 알고 통지 · 처분하는 것」까지 일반적인 수임인의 주의의무로 볼 수는 없다. 이는 위탁자의 영리성을 존중하여 위탁매매인으로 하여금 위탁자의 손실을 최소화시킬 특별한 의무를 과한 것이라 볼 수 있다. 그러므로 상인이 아닌 위탁자에게 본 규정을 적용하는 것은 입법론적으로 불합리하다. 예컨대 증권회사가 위탁거래를 통해 보관하고 있는 고객의 주식을 가격저락 상황이 있다고 해서 고객의 승낙 없이 매각한다면 이를 합리적이라 할 수 없다. 그러므로 이 규정은 위탁자가 상인인 경우에 한하여 적용된다고 해석해야 한다.

「적당한 처분」이라 함은 상거래의 통념에 부합하는 범위에서의 보관방법의 강구, 하자담보책임의 추궁, 계약의 해제, 전매 등을 뜻한다고 해석된다.

V. 위탁매매인의 권리

위탁계약에는 위임에 관한 규정을 적용하므로 위탁매매인은 일반적인 수임인의 권리, 즉 비용선급청구권(민 687조) · 비용상환청구권(민 688조) 등을 갖는 외에 상법상 다음과 같은 권리를 갖는다.

1. 보수청구권

위탁매매인은 상인이므로 위탁계약에서 보수를 정한 바 없더라도 보수청구권을 갖는다(61조). 보수는 위탁계약의 실행이 있어야 청구할 수 있다. 위탁자는 매매상대방에 대하여 직접 이행청구권을 갖지 아니하므로 매매상대방의 이행이 완료되고 위탁매매인이 이를 위탁자에게 이전해야만 위탁계약이 실행되었다고 할 수 있고, 따라서 이때 보수를 청구할 수 있다고 본다(민 686조 2항 참조). 위탁매매인으로 하여금 위탁자에게 이행담보책임(105조)을 지게 하는 취지로부터도 같은 해석을 내릴 수 있다.

위탁자와 위탁매매인은 지속적인 거래관계에 있는 것이 아니고 위탁계약별로 거래관계가 형성되므로 보수는 위탁계약을 단위로 청구하는 것이 원칙이나, 하나의 위탁계약으로 수개의 매매를 위탁하고 그 중 일부의 매매만 실행되었다면 그 부분에 배분할 수 있는 일부의 보수를 청구할 수 있다.

2. 개 입 권

(1) 의 의

위탁자가 거래소의 시세 있는 물건 또는 유가증권의 매매를 위탁한 경우에는 위탁매매인 스스로가 매수인(매도위탁의 경우) 또는 매도인(매수위탁의 경우)이 될 수 있다(107조 1항). 이같이 위탁매매인이 직접 위탁된 매매거래의 상대방이 될 수 있는 권리를 위탁매매인의 개입권(Selbsteintrittsrecht)이라 한다.

위탁매매인이 매매상대방의 지위를 겸한다면 그가 가격 등 매매조건을 스스로 결정하므로 위탁자의 이익을 해할 염려가 있다. 그러므로 위탁매매인은 제 3 자 중에서 매매상대방을 찾아야 하는 것이 원칙이다(107조 1항의 반대해석). 이 점은 대리인의 자기계약이 금지되는 것(민 124조)과 같은 이치이다.

그러나 가격 등 매매조건의 공정성이 보장된다면 위탁매매인이 매매의 상대방이 되더라도 위탁자에게 불리할 것은 없다. 오히려 거래가 신속히 이루어지고 위탁자가 위탁매매인에게 직접 이행을 청구할 수 있는 이점도 있다. 한편 위탁매매인이 자기상을 겸하거나 같은 물건에 관해 제 3 자로부터 반대의 위탁을 받음으로 인해 위탁자가 원하는 물건을 자신이 보유하고 있거나 위탁자가 처분하고자 하는 물건을 자신이 필요로 할 경우에는, 자신이 직접 거래당사자가 됨으로써 제반의 비용을 줄이고 이윤을 증가시킬 수 있다. 그러므로 상법은 위탁자에게 불리하지 않은 상황에서 위탁매매인의 영리실현을 배가시켜 주기 위하여 개입권을 인정한 것이다.

개입권은 위탁매매인의 일방적 의사표시에 의해 효과가 발생하므로(107조 1항) 형성권이다(통설). 상업사용인·대리상·이사 등이 경업금지의무를 위반하였을 때에 영업주·본인·회사가 갖는 개입권(17조 2항, 89조 2항, 397조 2항)은 위탁매매인의 개입권과 그 명칭도 같고 마찬가지로 형성권이지만, 그 입법취지와 내용이 전혀 다름을 주의하여야 한다.

(2) 개입권행사의 요건

기술한 바와 같이 개입권행사는 위탁자의 이익을 해할 우려가 있으므로 다음과 같은 요건이 구비된 경우에만 허용된다.

1) 거래소의 시세 있는 물건 또는 유가증권일 것 거래소의 시세 있는 물건 또는 유가증권의 매매를 위탁한 경우에 한해 개입권을 행사할 수 있다. 「거래소」라 함은 공개·경쟁적인 방법으로 매매가 체결되는 시장을 말한다. 예컨대 농수산물 유통 및 가격안정에 관한 법률 제17조에 의해 개설되는 농수산물도매시장,[1)] 자본시장법 제386조에 의해 한국거래소가 개설한 증권시장 등이 그 예이다. 동종의 거래소가 위탁자가 소재하는 지역과 위탁매매인이 소재하는 지역에 각각 존재할 수도 있는데, 이 경우에는 위탁매매인이 소재하는 지역의 거래소를 의미한다(서완석 314; 오성근 380; 이(기)·최 458; 정준우 309; 정찬형 332; 최·김 317; 최준선 347). 「시세」라 함은 거래소에서의 매매를 통해 형성된 가격을 뜻한다. 따라서 거래소에서 거래되는 물건이라도 개입권을 행사할 시점에서 매매되고 가격이 형성되어 있어야 한다.

거래소의 시세는 그 지역의 거래계의 객관적인 평가로 볼 수 있고, 위탁매매인이 그 가격을 지급한다면 위탁자에게는 가장 공정한 매매라고 할 수 있으므로 개입권의 행사를 허용하는 것이다. 따라서 이는 개입권행사의 가장 중요한 요건이라고 할 수 있다.

2) 개입을 금하는 특약·법률이 없을 것 위탁자가 매매상대방을 지정하거나 기타 위탁매매인의 개입을 금하는 명시 또는 묵시의 의사표시가 있으면 개입권을 행사할 수 없다. 개입을 금하는 의사표시는 위탁과 동시에 할 필요는 없고 위탁매매인이 개입권을 행사하기 전에는 언제든지 할 수 있다.

위탁매매인의 개입을 법으로 금지하는 예가 있다. 자본시장법에서는 투자중

1) 이 시장은 소매상들에게 상품을 공급하는 도매상을 말하는 것이 아니고, 지정도매인 등이 참가하여 농수산물을 경매 또는 입찰의 방법으로 거래하는 시장이다.

개업자가 고객으로부터 증권의 매매를 위탁받은 경우 개입권의 행사를 명문으로 금하고 있다(자금 67조).

3) 위탁매매를 하지 않았을 것 위탁매매인이 위탁받은 매매를 실행하지 않은 상태에서만 개입권을 행사할 수 있다. 이미 제3자와 위탁받은 매매를 한 경우에는 그 제3자에 대해 채권이 발생하고, 이 채권은 위탁자와 위탁매매인의 사이에서는 위탁자에게 귀속하므로(103조) 위탁매매인이 개입권을 행사할 여지가 없기 때문이다. 매매실행 후의 개입권행사를 금하는 보다 실제적인 이유는 위탁매매인이 거래차단(Kursschnitt)의 방법으로 위탁자의 이익을 침해할 염려가 있기 때문이다.[1)]

「거래차단」이란 위탁매매인이 위탁받은 매매를 이미 실행하고 위탁자에게는 이를 숨긴 채 실행한 매매가보다 낮은 가격(매도위탁의 경우) 또는 높은 가격(매수위탁의 경우)으로 개입권을 행사하는 것을 말한다.

(3) 개입권의 행사절차

1) 방 식 명문의 규정은 없으나 상법 제107조 제1항 후단의 취지로 보아 개입권은 형성권으로서 위탁매매인의 일방적 의사표시에 의하여 행사한다고 함에 이론이 없다. 위탁매매인은 위탁자에게 개입권을 행사한다는 뜻을 명시적으로 통지하여야 하며(단지 매매가 체결되었음을 통지하거나, 매매대금 또는 물건을 송부하는 것만으로는 개입권행사로 볼 수 없다), 매매가격과 이행시기 등 구체적인 계약내용을 아울러 통지하여야 한다. 통지의 방법에 대해서는 아무런 제한이 없으므로 서면·구두 등 어떤 방법이든 무방하다.

제107조 제1항 후단에서 매매대가는 통지를 「발송할 때」의 거래소의 시세에 의한다고 규정하였으므로 개입권행사의 통지는 발신주의를 취한 것으로 오해할 소지가 있다. 그러나 이 규정은 가격결정의 기준시점을 정한 것에 불과하고 통지는 일반원칙에 따라 위탁자에게 도달한 때에 효력이 발생한다(도달주의)(민 111조 1항). 위탁매매인이 개입권의 행사로 이익을 얻으면서 불도달의 불이익을 위탁자에게 전가하는 것은 불공평하기 때문이다.

2) 가격결정 개입권을 행사하는 경우 그 매매가격은 위탁매매인이 매매의 통지를 발송할 때의 거래소의 시세에 따른다(107조 1항 후). 통지를 발송한 때의 시세로 한 이유는 그 후의 가격의 변동에 대해서는 쌍방이 공히 위험을 부담하므로

1) Schmidt, S. 1055 f.

가장 공평한 가격결정방법이라 할 수 있기 때문이다.

위탁매매인은 위탁받은 후 가격의 추세를 보아 자기에게 유리한 가격이 형성되었을 경우(매도의 위탁일 때에는 가격이 하락한 경우, 매수의 위탁일 때에는 가격이 상승한 경우)에는 개입권을 행사하고, 반대의 경우에는 개입권의 행사를 포기하고 제3자와 매매를 모색함으로써 위탁 이후의 가격변동에 따른 위험부담을 위탁자에게 전가할 수가 있다. 그러므로 위탁매매인은 위탁자에게 가장 유리한 시기 또는 적당한 시기를 골라 개입하여야 할 주의의무를 진다고 설명하기도 한다(서완석 316; 손주찬 315; 이(기)·최 458; 정경영 217;정동윤 236; 최·김 318; 최준선 348). 그렇지만 위탁자에게 가장 유리한 시기(가격)란 곧 위탁매매인에게 가장 불리한 시기(가격)를 뜻하는바, 위탁매매인이 이러한 시기를 골라 개입할 의무가 있다고 하는 것은 비현실적이다. 뿐만 아니라, 어느 시점이 가장 유리했냐는 것은 사후적으로 판단되는 것이므로 법률상의 의무로 과할 수 없는 행동수칙이다. 위탁매매인은 위탁받은 매매를 합리적인 시기 내에 위탁자에게 최대의 이익이 되도록 실행할 주의의무가 있으므로 이러한 시기를 지나쳐 위탁자에게 불리한 가격으로 개입권을 행사한다면 위탁계약의 위반으로 보아 손해배상의무를 진다고 풀이하는 것이 타당하다.

(4) 개입권행사의 효과

개입권을 행사하면 매매가 완결된다. 그렇다고 위탁자와 위탁매매인간의 위탁계약이 매매계약으로 변하는 것은 아니고 위탁계약과 매매계약이 병존하게 된다. 개입권의 행사는 위탁계약의 실행으로 볼 수 있으므로 위탁매매인은 위탁자에게 매매계약의 이행을 구하는 것과 별도로 위탁계약의 실행에 따른 보수를 청구할 수 있으며(107조 2항), 이러한 보수청구권을 가지고 유치권도 행사할 수 있다.

3. 매수물의 공탁·경매권

위탁매매인이 매수의 위탁을 받고 이를 이행하였으나, 위탁자가 매수물의 수령을 거부하거나 수령할 수 없는 경우에는, 상인간의 매매에서 매수인이 수령을 거부하거나 수령할 수 없는 경우에 매도인이 할 수 있는 것과 같이 매수물을 공탁·경매할 수 있다(109조 →67조). 그 절차 및 경매대금의 처리는 상사매매에 관해 설명한 바와 같다(387면 이하 참조). 주의할 점은 상사매매에서와는 달리 위탁매매인은 위탁자가 상인이 아닌 경우에도 공탁 · 경매권을 행사할 수 있다는 점이다.

이 제도는 위탁매매인이 위탁자에게 매수물을 이전하는 단계에서는 상사매매에서의 매도인과 유사한 경제적 상황에 처해지므로 위탁매매인으로 하여금 신속하게 책임을 벗어나고 영업자금을 회전할 수 있도록 배려한 것이다.

4. 유 치 권

위탁매매인은 대리상이 갖는 유치권과 같은 내용의 유치권을 갖는다. 즉 위탁매매인은 다른 약정이 없는 한 위탁자에 대한 채권이 변제기에 있는 때에는 그 변제를 받을 때까지 위탁자를 위하여 점유하는 물건 또는 유가증권을 유치할 수 있다(111조→91조). 유치권의 상세한 내용, 그리고 민법상의 유치권 및 일반적인 상사유치권(58조)과의 차이점은 대리상의 유치권에 관해 설명한 바와 같다(485면 이하 참조).

Ⅵ. 상인간의 매수위탁계약의 특칙

위탁자가 상인이며, 그의 영업거래에 관하여 물건의 매수를 위탁한 경우에는 위탁자와 위탁매매인 간에는 상사매매에 있어서의 확정기매매의 해제에 관한 제68조, 매수인의 목적물의 검사와 하자통지의무에 관한 제69조, 매수인의 목적물 보관 · 공탁의무에 관한 제70조 및 제71조의 규정을 준용한다(110조). 즉 위탁자를 매수인으로, 위탁매매인을 매도인으로 보고 이 규정들을 준용하는 것이다. 매수위탁의 경우 위탁자와 위탁매매인의 관계는 매수인과 매도인의 관계와 유사하고, 위탁자가 상인인 경우에는 상인간의 매매에서와 같이 위탁매매인을 매도인과 같은 방법으로 보호해 줄 필요가 있기 때문이다.

본 특칙의 적용에 관해 주의할 점은 위탁자가 상인이며 매수위탁을 한 경우에 한한다는 점 외에, 위탁자가 그 「영업에 관해」 매수의 위탁을 한 경우에 한한다는 점이다. 이는 물건의 매수가 위탁자의 기본적 상행위가 되는 경우를 뜻하며(매수의 위탁을 영업으로 한다는 뜻이 아니다. 매수 또는 매도의 위탁은 항상 보조적 상행위가 된다), 물건의 매매를 영업으로 하는 자가 영업상 취급하는 물건의 매수를 위탁한 경우에 위 규정들을 적용하는 것이다.

Ⅶ. 준위탁매매업

자기명의로써 타인의 계산으로 매매 아닌 행위를 영업으로 하는 자 중 운송주선인을 제외한 나머지를 준위탁매매인이라 한다(113조). 예컨대 출판 · 광고 · 보험 및 금융에 관한 위탁거래, 증권의 모집 · 매출의 인수(자금 9조 12항) 등을 하는 자가 이에 속한다. 앞서 위탁매매에 관해 말한 것과 마찬가지로 어떠한 계약이 준위탁매매인지는 계약의 명칭 또는 형식적인 문언을 떠나 그 실질을 중시하여 판단하여야 한다(대법원 2011. 7. 14. 선고 2011다31645 판결).[1]

준위탁매매인도 상인이므로(46조 12호) 상법의 적용을 받음은 물론이지만, 특히 영업의 내용이 위탁매매인에 유사하므로 위탁매매업에 관한 규정을 준용한다(113조). 그러나 위탁매매인의 개입권(107조), 위탁물에 대한 통지 · 처분의무(108조), 위탁매매인의 매수물의 공탁 · 경매권(109조), 매수위탁자가 상인인 경우의 상사매매규정의 준용(110조) 등에 관한 규정들은 물건 또는 유가증권의 위탁매매를 전제로 한 규정들이므로 준위탁매매에 준용되지 아니한다. 그러고 보면 준위탁매매에 준용될 수 있는 규정은 위탁매매인의 지위(102조), 위탁물의 귀속(103조), 통지 · 계산서제출의무(104조), 위탁매매인의 이행담보책임(105조), 지정가액준수의무(106조), 유치권(111조), 민법의 위임규정의 적용(112조) 등이다.

1) A(영화제작사)가 제작한 영화를 B(영화배급업자)가 국내극장에 배급하기로 하는 영화배급대행계약을 체결하고 B가 다수의 극장과 A의 영화에 관한 상영계약을 체결하였다. 그리고 B가 극장으로부터 상영대가를 수령할 채권을 B가 C에 부담하는 채무의 변제를 위해 양도하였던바, A가 상법 제103조를 근거로 C에게 채권의 반환을 청구하였다. 이 청구의 선결문제로 이 사건의 영화배급대행계약의 성질이 문제되었던바, 극장의 입장료수입의 일부를 B가 분배받아 수수료를 제하고 A에게 이전하는 식으로 영화 흥행의 성패로 인한 위험은 A가 지는 등의 거래내용으로 보아 계약의 실질이 준위탁매매계약이라고 판시하였다.

제4절 운송업

I. 총　설

1. 기　능

운송이란 물건, 사람 또는 서신을 장소적으로 이동시키는 행위를 말하며, 운송업이란 이러한 운송의 인수를 전문으로 하는 영업을 말한다.

인류문명은 재화와 사람의 교류에 의해 발달하기 시작했으며, 인간생활의 영역이 공간적으로 크게 확대된 오늘날 운송은 사람들이 일상적으로 공급받는 용역의 하나가 되었다. 이같이 운송이 우리 생활에서 차지하는 비중이 커지는 만큼 운송에 관련하여 생기는 법률문제 또한 복잡하고 다양하여 공·사법분야에 걸쳐 방대한 운송법의 체계가 형성되어 있다.

과거 운송업은 큰 위험이 수반되는 사업이었으며, 우수한 장비가 개발된 현대에서도 여전히 높은 위험이 상존한다. 그러므로 운송에 대한 사회의 수요를 원만히 충족시키기 위해서는 위험의 대종을 이루는 손해배상책임을 경감해 주어야 한다. 한편 운송업은 고객의 귀중한 생명과 재산을 다루므로 고객의 생명·재산의 보호가 강하게 요청되며, 현대생활이 구조적으로 정확하고 안전한 운송에 기초하고 있다고 할 수 있으므로 운송기술과 체계의 발전에 대한 고려 또한 소홀히 할 수 없다. 나아가 오늘날의 운송은 집단화·대량화되어 가는 추세에 있으므로 운송인 대 고객간의 법률관계를 정형적·획일적으로 처리할 수 있는 법기술이 요청된다.

운송업은 사회의 안녕질서에 관련되고 사회적 편익수단으로서의 공익성을 가지므로 운송의 유형별로 여러 개의 특별법이 제정되어 운송업을 허가사업으로 하는 등 각종의 공법적 규제를 가하고 있으며, 소비자보호의 측면에서 사적 자치를 크게 제한하고 있다. 이와 달리 상법은 거래법적 측면에서 운송인과 그 이용자의 사법적 이해관계를 조정하고 있는데, 다만 위에 말한 입법정책이 강하게 작용하고 있는 점이 다른 상거래규정에 비해 특색이라 할 수 있다.

2. 운송의 종류

(1) 객체에 의한 분류

무엇을 운송하느냐에 따라 물건운송 · 여객운송 · 통신운송으로 분류할 수 있다. 물건운송은 물건을 장소적으로 이동하는 작업이고, 여객운송은 사람을 장소적으로 이동하는 작업인데, 2가지는 모두 전문적인 설비를 갖추고 영리적으로 할 만한 것이므로 상법은 영업으로 하는 물건 또는 여객의 운송의 인수를 기본적 상행위로 하고 있다(46조 13호). 양자는 작업의 방법이나 설비 면에서 유사하지만 운송의 객체가 하나는 순수한 재화인 데 반해, 다른 하나는 사람이므로 운송시에 기울여야 할 주의의 내용이나 손해가 발생하였을 경우의 운송인의 배상책임이 같을 수 없다. 따라서 상법은 물건운송과 여객운송을 구분하여 규율하고 있다.

통신운송(서신의 운송)은 원칙적으로 국가가 독점하지만(우편법 2조 1항), 예외적으로 그에 관해 사인의 영업이 생겨 상업서류 및 상품견품의 전달을 전문으로 하는 민간통신영업(상업서류 송달업)을 허용한다(동법 2조 1항; 영 3조, 항공사업법 2조 28호). 현재 (주)디에이치엘코리아(미 DHL의 한국대리인) 등 많은 서류송달업자가 영업중이다.

(2) 수단에 따른 분류

운송은 그 수단에 따라 육상운송 · 해상운송 · 항공운송으로 구분되고, 운송업 역시 이에 대응하여 구분된다. 상법은 세 가지 운송을 편을 달리하여, 육상운송은 상행위편에서 규정하고(125조~150조), 해상운송은 제 5 편에서(791조~826조), 항공운송은 제 6 편에서(899조~929조)에서 각각 다루고 있다. 상법이 세 가지 운송을 구분해서 규율하는 이유는 각 운송이 운송설비 · 운송시간 · 운송규모 등에서 차이를 보이고, 특히 운송에 따르는 위험의 성격과 정도가 상이하므로 각기 다른 법리를 적용할 필요가 있기 때문이다. 연혁적으로는 해상운송 및 그 관련제도가 먼저 발달하고 후에 육상운송이 발달하면서 해상운송에 관한 제도를 수용했으나, 상법에서는 법전상의 위치 때문에 육상운송에 관해 완결적인 규정을 두고 그 중 일부를 해상운송에 관해 준용하는 형식을 취하고 있다. 그리고 항공운송은 세 가지 운송수단 중 가장 늦게 발달하여 관련 법제의 발달도 뒤늦다. 상법에서는 최근까지 항공운송에 관해서는 규정을 두지 아니하였다가, 2011년 개정에 의해 제 6 편(항공운송)을 신설하였다.

3. 운송인의 의의

상행위편 제9장(125조~150조)에서 「운송업」이라 하여 규정하는 운송업은 육상운송업만을 가리키며, 여기서 말하는 운송인(Frachtführer; carrier)도 육상운송인만을 가리킨다. 그러므로 상법상 운송인이라 함은 육상 또는 호천·항만에서 물건 또는 여객의 운송을 영업으로 하는 자를 말한다(125조).

1) **운송영역** 육상운송은 육상에서의 이동을 주로 한다. 철도·자동차 등에 의한 운송이 이에 속한다. 「육상」이란 지하(예: 지하철)도 포함하며, 일시 공중을 운행하더라도 육상에 연결된 수단을 이용할 때는 역시 육상운송이다(예: 삭도(케이블카)). 호천·항만은 육상이 아님에도 불구하고 그 범위에서 행해지는 운송을 육상운송에 포함시킨 이유는 이 부류의 운송에 따르는 위험이 육상운송과 같은 정도이기 때문이다. 호천·항만의 범위는 평수구역에 의하고(상령 4조; 선박안전법시행령 2조 1항 3호 가목), 평수구역은 해안선에 따라 개별적으로 정해진다(선박안전법시행규칙 別表 4).

2) **운송의 객체** 육상운송의 객체는 물건 또는 여객에 한하므로 서신 등의 통신은 육상운송의 대상이 아니다. 물건이란 장소의 이동이 가능한 모든 동산과 유가증권이며, 상품이 아니라도 무방하다. 여객이란 자연인을 뜻하며, 시신을 운반할 때는 물건운송이 된다. 여객은 운송계약의 당사자가 아니라도 무방하므로 유아나 영아의 운송도 여객운송이다.

3) **운 송** 운송은 물건이나 여객을 지역적으로 이동시키는 사실행위로서, 거리·운송방법·운송설비에 제한이 없다. 도구를 사용하지 않고 인편으로 운반하더라도 역시 운송이다. 그런데 상법상의 운송이라 하기 위해서는 물건 또는 여객이 운송인의 보관 또는 관리영역하에 놓여진 상태에서 이동되어야 하므로 단순한 물리적 작용만을 가하여 이동시키는 것은 운송이라 할 수 없고 고용이나 도급의 범주에 속한다(예: 물건을 들어서 인근에 옮겨 놓거나 사람을 업어서 옮겨 놓는 것).

4) **상 인 성** 운송 자체는 사실행위이므로 그로부터 운송인의 상인성이 도출되지는 않는다. 운송인은 타인을 위해 운송을 실행해 주기로 하는 계약, 즉 운송의 인수(계약)를 영업으로 하기 때문에 상인이 되는 것이다(46조 13호). 실제의 운송

행위는 타인에게 맡겨도 무방하다.

4. 운송계약의 성질

운송계약은 물건 또는 여객을 일정한 장소까지 이동시킬 것을 내용으로 하므로 일정한 일의 완성을 목적으로 하는 도급계약(민 664조)이다([판례 96]). 운송이 도급계약이라 하더라도 상법에 운송에 관한 규정이 상세히 마련되어 있으므로 민법의 도급에 관한 규정이 준용될 여지는 별로 없다.

운송계약은 불요식의 낙성계약이므로 운송장이나 화물상환증 기타 어떠한 서면의 작성도 요건으로 하지 않으며, 운송물의 인도도 그 요건이 아니다. 한편 운송계약은 유상계약이므로 성질이 허용하는 한 민법의 매매계약에 관한 법규(민 567조 참조)가 적용된다.

판례 96 대법원 1983. 4. 26. 선고 82누92 판결

「… 물품운송계약이란 당사자의 일방이 물품을 한 장소로부터 다른 장소로 이동할 것을 약속하고 상대방이 이에 대하여 일정한 보수를 지급할 것을 약속함으로써 성립하는 계약을 말하며(당원 1963. 4. 18. 선고 63다126 판결 참조), 이런 운송계약은 운송이라는 일의 완성을 목적하는 것이므로 도급계약(민법 664조 참조)에 속한다 …」

Ⅱ. 물건운송

1. 운송계약

(1) 운송계약의 당사자

운송계약에는 운송을 인수하는 운송인과 그에게 운송을 위탁하는 송하인, 그리고 운송물이 목적지에 도착하면 운송물을 인도받을 수하인이 관계한다. 운송계약은 송하인과 운송인간에 체결되며, 수하인은 운송계약의 당사자가 아니다.

송하인은 운송물의 소유자가 아니라도 상관 없으며, 또 점유할 권한이 있느냐의 여부도 운송계약의 성립에 관계 없다.

수하인은 송하인 자신일 경우도 있고 제 3 자일 경우도 있는데, 송하인 자신일 경우에는 운송계약의 당사자로서 당연히 권리를 갖고, 송하인이 아닌 경우라도 운송계약에 의한 일정한 권리를 취득한다. 이같이 계약 당사자가 아닌 수하인이 계약상의 권리를 취득하는 점에서 운송계약은 제 3 자를 위한 계약(민 539조)과 유사한 모습을 보인다.

(2) 운송계약의 요소

운송계약은 운송인이 보수를 받고 일정한 물건을 일정한 장소에서 다른 일정한 장소까지 운반하여 특정인에게 인도할 것을 내용으로 하는 도급계약이므로 운송물, 발송지와 도착지, 수하인, 운임이 운송계약의 요소라고 할 수 있다. 그리고 대부분의 경우 운송수단이 명시되므로 이 또한 운송계약의 요소가 되는 경우가 많다.

1) 운 송 물 운송계약은 낙성계약이므로 운송물이 운송인에게 인도되지 않은 상태에서도 운송계약은 성립하지만, 계약상에 운송물이 명시되어야 한다. 운송물은 특정물로 명시될 수도 있고(예: 「김홍도의 '씨름'」), 종류물로 표시될 수도 있다(예: 제네시스 승용차 10대). 운송계약시에는 종류물로 정했더라도 운송인에게 인도된 후에는 특정물채권으로 화한다.

2) 발송지 · 도착지 발송지와 도착지가 정해져야 그에 알맞은 운송수단을 선택하고 아울러 운임을 계산할 수 있으며, 무엇보다 운송의 행선지가 정해져야 하므로 운송계약시에 발송지와 도착지를 정해야 한다. 발송지와 도착지는 육상운송이 가능한 지역이어야 한다. 그러나 도착지는 운송도중에 송하인 등의 처분권(139조)의 행사로 무시될 수 있고, 운송인에게 새로운 부담을 주지 않는 한 변경될 수 있으며, 새로운 부담을 주더라도 당사자의 합의로 변경될 수 있다.

운송계약시에는 운송거리만 정하고 구체적인 발송지와 도착지는 운송개시시까지 확정하기로 하는 것도 유효하다. 다만 운송인에게 운송계약시에 예상하지 못했던 부담(예컨대 운송수단을 바꿔야 하는 등)을 주지 않는 범위 내에서 그러하다.

3) 수 하 인 운송인이 도착지에서 운송물을 인도해야 할 상대방이 있어야 할 것은 당연하므로 송하인이 운송계약에서 수하인을 정해야 한다. 수하인은 송하인 자신일 수도 있고 제 3 자일 수도 있음은 기술한 바와 같다.

수하인 역시 운송계약시에 정하지 아니하고 도착지에 도착하기 전까지 확정하기로 하는 것도 무방하며, 화물상환증을 발행하는 경우에는 화물상환증소지인이 운송물인도청구권을 배타적으로 가지므로 수하인을 정할 필요가 없다. 그 밖의 경우에 도착지에 이르기까지 수하인을 지정하지 아니하는 경우에는 송하인 자신이 운송물을 인도받는 것으로 해석한다(140조 참조).

4) 운송수단 같은 육상운송이라도 운송수단이 다양하므로(예: 인편, 각종의 자동차, 기차 등) 보통은 운송계약에서 이를 확정한다. 계약에서 정한 운송수단을 운송인이 임의로 바꾼다면 그 자체가 계약위반이다.

계약상 운송수단이 명시되지 않았다 해서 운송인이 어떤 수단을 택해도 무방하다고 볼 수는 없다. 운송인이 주로 취급하는 운송수단, 운송물의 성질, 운임 등을 참작하여 가장 적합한 운송수단을 택하여야 한다.

5) 운 임 운임은 운송인에게는 가장 중요한 계약의 요소이므로 역시 운송계약에서 정해진다. 보통은 일정금액으로 정해지지만, 확정할 수 있는 기준만 정해도 된다(예: 요금미터기에 의하는 것). 운임의 계산단위는 물품의 수나 중량, 운송시간, 거리 등 어떤 기준에 의하든 상관 없다([판례 97] 참조).

계약에 의해 운임을 정하지 않더라도 운송인은 상인의 일반적인 보수청구권(61조)에 의해 운임을 청구할 권리를 가지므로 운송계약이 유상계약임에는 변함이 없다. 운임을 정하지 않은 경우에는 거래관행·운송경비 등을 참작하여 금액을 정해야 할 것이다.

판례 97 대법원 1963. 4. 18. 선고 63다126 판결

「물품운송계약이란 당사자의 일방이 물품을 한 장소로부터 다른 장소로 이동할 것을 약속하고 상대방이 이에 대하여 일정한 보수를 지급할 것을 약속함으로써 성립하는 계약을 말하는 것이며, 일정한 시간 또는 일정한 장소 사이를 일정한 화주물품만을 운송하기 위하여 자동차가 제공되고 그에 대한 보수가 개개의 물품에 대하여 정하여지지 아니하고 일정한 시간 또는 일정한 장소 사이의 운행을 기준으로 하여 정하여지는 소위 대절계약인 경우에 있어서도 화주가 차량소유자에게 지급되는 금원이 운송에 대한 보수로서의 운임의 성질을 가진다.」

(3) 화물명세서의 교부

1) 의 의 운송계약은 불요식행위이므로 당사자간의 합의만으로 성립하지만, 흔히 화물명세서(Frachtbrief)를 작성한다. 화물명세서에는 운송물 등 운송에 관한 주요사항을 기재하는데, 운송인의 청구에 의하여 송하인이 작성 · 교부한다(126조 1항). 따라서 화물명세서는 송하인의 운송지시서와 같은 의미를 갖는다.

화물명세서는 송하인이 일방적으로 작성하는 서면으로 재산권을 표창하는 것이 아니므로 유가증권이 아니며, 운송계약의 체결 후에 작성하므로 흔히 계약과 동시에 작성하는 계약서도 아니고, 단지 운송계약의 성립과 내용을 증명하기 위한 증거서면에 불과하다.[1] 운송인은 화물명세서를 확보해 둠으로써 추후 자신이 이행한 것이 송하인의 지시와 상위 없음을 증명할 수 있는 것이다. 아울러 화물명세서의 사본을 수하인에게 송부하면 자신이 수령할 운송물과 운임 등에 관한 사항을 알고 대비하게 할 수 있다.

그러나 화물명세서가 운송계약에 관한 유일한 증거방법은 아니므로 다른 증거에 의해 운송계약이 화물명세서의 기재사항과 다름을 증명할 수 있다. 따라서 화물명세서에 수하인이 잘못 기재된 경우 진정한 수하인이 자신의 지위를 증명하여 운송물을 수령할 수 있음은 물론, 이에 따라서 운송인이 운송물을 인도하더라도 책임이 없다.

화물명세서의 교부를 요구하는 것은 운송인의 자유이다. 한편 송하인이 화물명세서의 교부를 게을리한다고 해서 운송인이 화물명세서의 교부를 소구(訴求)하거나 화물명세서의 불교부만을 이유로 손해배상을 청구할 수 있는 것은 아니다. 그러나 송하인이 이를 게을리하면 채권자지체가 되어 운송인이 운송을 지연하더라도 채무불이행이 되지 않는다.

2) 기재사항 화물명세서에는, (ⅰ) 운송물의 종류, 중량 또는 용적, 포장의 종별, 개수와 기호, (ⅱ) 도착지, (ⅲ) 수하인과 운송인의 성명 또는 상호, 영업소 또는 주소, (ⅳ) 운임과 그 선급 또는 착급의 구별, (ⅴ) 화물명세서의 작성지와 작성년월일을 기재하고 송하인이 기명날인(또는 서명)하여야 한다(126조 2항). 화물명세서에 송하인의 기명날인(또는 서명)을 받음으로써 운송인은 화물명세서의 진정성립이

1) Ensthaler, §408 Rn. 3.

추정되는 효과를 얻을 수 있다(민소 358조).

3) 부실기재의 효과　　송하인이 화물명세서에 허위 또는 부정확한 기재를 한 때에는 운송인에 대하여 이로 인한 손해를 배상할 책임이 있다(127조 1항). 송하인의 대리인 등 이행보조자가 부실하게 기재한 때에도 같은 책임이 생긴다고 보아야 한다. 주로 운송물에 관한 사항을 부실하게 기재했을 때 생길 수 있는 문제이다. 예컨대 운송물이 인화물질임을 은폐하여 운송인이 화재예방을 소홀히 한 결과 화재가 난 경우와 같다. 운송인이 악의인 경우에는 이를 보호할 필요가 없으므로 손해가 나더라도 송하인이 배상할 책임이 없다(127조 2항).

부실기재로 인한 송하인의 책임을 과실책임으로 이해하는 견해도 있으나(강·임 302), 송하인에게 과실이 없다고 해서 그의 부실기재로 인한 손해를 운송인으로 하여금 부담하게 하는 것은 불공평하다. 송하인의 책임은 무과실책임으로 보는 것이 옳다(통설).[1] 즉 송하인은 고의·과실 없이 화물명세서를 부실하게 작성하였더라도 운송인의 손해를 배상하여야 한다. 따라서 이는 손해배상책임이라기보다는 담보책임이라 해야 옳다. 그러나 실제문제에 있어 송하인이 과실없이 부실기재를 하는 경우란 상상하기 어렵다.

2. 운송인의 의무

(1) 기본적 의무

운송계약에 의해 운송인은 송하인으로부터 운송물을 인도받아 목적지까지 운반하여 정해진 날에 수하인 기타 운송물을 수령할 권한 있는 자에게 인도하여야 한다. 이같이 운송물을 인도받아 운송하고 다시 인도하는 일을 운송인은 운송계약의 내용에 따라 선량한 관리자의 주의로써 수행하여야 하며, 아울러 운송물을 점유하는 동안 역시 선량한 관리자로서의 주의를 다하여 보관하여야 한다(민 374조).

이상의 의무는 운송계약에 따르는 운송인의 기본적인 의무로서 이에 위반한 경우에는 손해배상책임(135조)을 진다. 상법은 이외에도 다음과 같은 몇 가지 특수한

1) Ensthaler, §408 Rn. 3.

의무를 과하고 있다.

(2) 화물상환증의 발행의무

운송인은 송하인의 청구가 있으면 화물상환증을 발행하여야 한다(128조). 이는 송하인으로 하여금 운송 중에 있는 물건의 교환가치를 활용할 수 있도록 해 주기 위하여 운송인의 부수적인 의무로서 규정한 것이다. 화물상환증의 발행은 송하인의 재산적 이익에 관계되므로 운송인이 이를 게을리한 때에는 손해배상책임을 져야 한다. 화물상환증에 관해 상세한 점은 후술한다.

(3) 운송물의 처분의무

1) 의 의 송하인 또는 화물상환증 소지인은 운송 도중에 또는 수하인이 권리행사를 하기 전에 운송인에 대하여 운송의 중지, 운송물의 반환 기타의 처분을 청구할 수 있다(139조 1항 전). 송하인 또는 화물상환증소지인의 이같은 권리를 운송물의 처분권(Verfügungsrecht) 또는 지시권(Weisungsrecht)이라고 하며, 이 청구에 응해야 하는 운송인의 의무를 처분의무라 한다.

원래 도급계약에서 도급인은 수급인이 일을 완성하기 전에 손해를 배상하고 계약을 해제할 수 있다(민 673조). 위 송하인 등의 처분권의 행사는 운송의 완료 전에 하는 것이므로 도급계약의 일반원칙에 비추어 본다면 운송계약의 해제로 이해할 수 있을 것이다. 그러나 처분권은 상법이 운송의 특수성을 고려하여 특칙으로 인정한 권리로서 이를 행사하더라도 운송계약이 해제되는 것은 아니고, 따라서 송하인 등의 손해배상책임도 발생하지 아니한다.

상법이 이 같은 특칙을 둔 것은 운송 도중에 또는 도착지에서 운송물이 수하인에게 인도되기 전에 송하인 등으로 하여금 거래의 상황변화에 대처할 수 있게 해 주기 위한 것이다. 즉 송하인이 수하인과 체결한 매매계약이 해제 또는 취소되어 운송이 필요 없게 되었다든지 또는 다른 장소에서 유리한 거래가 성립되었다는 등의 상황변화가 있을 경우에 송하인(또는 화물상환증소지인)이 신속히 대응하여 손해를 방지하거나 이익을 도모할 수 있도록 배려한 것이다.

2) **처분권자** 화물상환증이 발행되지 않은 경우에는 송하인이 처분을 청구할 수 있고, 화물상환증이 발행된 경우에는 화물상환증소지인만이 운송물에

관한 권리를 행사할 수 있으므로 동 소지인이 처분을 청구할 수 있다(139조 1항 전). 처분청구는 운송물이 도착지에 도착하기 전에 행사하는 것이므로 수하인이 처분청구한다는 일은 있을 수 없다.

3) 처분의 내용　처분권은 운송계약의 존속중에 또 그 범위에서 행사하는 것이므로 운송인에게 불이익을 주거나 새로운 부담을 주는 내용이어서는 안 된다. 따라서 「운송의 중지」란 운송물의 현재지에서 더 이상 운송을 진행하지 아니함을 말하고, 「운송물의 반환」이란 발송지로 되돌려 오는 것을 뜻하는 것이 아니라 현재지에서 인도하는 것을 뜻한다. 그리고 「기타의 처분」이란 것도 운송인에게 부담을 주지 않는 운송노선의 변경, 적하방법의 변경, 수하인의 변경 등을 의미하고 운송노선의 연장, 오지로의 변경, 추가운송, 포장의 개체 등은 포함되지 않는다. 물론 이러한 행위도 송하인 등과 운송인의 새로운 합의로 실행할 수 있음은 물론이다.

「처분」은 이상과 같은 사실행위를 의미하고 「법률상의 처분」을 의미하는 것이 아니다. 예컨대 운송물의 양도 · 입질 · 경매 같은 것은 운송인에게 청구할 수 없다.

송하인과 수하인의 관계에서 운송 도중의 처분이 송하인의 채무불이행이 되거나 불법행위가 될 수도 있다. 그러나 운송계약과 송 · 수하인간의 법률관계는 전혀 별개의 것이므로 운송인은 송 · 수하인간의 법률관계를 고려할 필요도 없고, 또 이를 이유로 처분을 거부할 수도 없다.

4) 운임의 계산　기술한 바와 같이 처분권의 행사는 운송계약의 해제가 아니고 상법의 특칙에 의한 권리행사이므로 송하인의 손해배상은 문제되지 아니한다. 대신 이로 인한 운송인의 손해를 방지하기 위하여 운임의 지급에 관해 특칙을 두고 있다. 이에 의하면 운송인은 이미 운송한 비율에 따른 운임, 체당금과 처분으로 인한 비용의 지급을 청구할 수 있다(139조 1항 후). 이 중에서 체당금과 처분으로 인한 비용은 처분에 수반된 실비변상의 성격을 가지므로 별로 논의할 문제가 없다. 그러나 운임은 운송인의 영리성의 기초가 되는 것인데, 운송비율에 따른 운임만 지급받는다면 자신의 의사와 무관한 운송중단으로 인해 기회비용을 보상받을 수 없는 모순이 있다. 한편 제134조 제2항에서 운송물의 전부 또는 일부가 송하인의 과실로 멸실한 때에도 운송인이 운임의 전액을 청구할 수 있게 한 것과도 균형이 맞지 아니한다. 따라서 이 점은 입법상 재검토되어야 할 문제이지만, 해석

으로 불공평을 최소화한다면, 「운송한 비율」을 계산함에 있어 단순히 거리만을 기준으로 삼을 것이 아니라 운송시간, 운송의 난이도, 운송비용 등을 종합적으로 고려하여 계산해야 한다고 본다.

(4) 운송물인도의무

운송인은 운송을 완료하면 도착지에서 수하인 등에게 운송물을 인도하여야 한다. 이는 운송인의 가장 중요한 의무라 할 수 있다. 이에 대응하여 수하인 등은 운송물인도청구권을 갖는다.

1) 인도의 의의 운송물의 인도는 민법에서의 인도와 동일한 개념이다. 즉 운송물을 수하인의 점유, 즉 사실상의 지배 하에 옮겨주는 것을 말한다(대법원 1996. 3. 12. 선고 94다55057 판결). 민법상으로는 목적물반환청구권의 양도에 의한 인도도 인도의 일종으로 보지만(민 190조), 운송계약상의 특약이 없는 한 목적물반환청구권의 양도에 의한 인도를 항상 적법한 인도라고 말할 수는 없다. 운송인이 자신이 편리한 장소에 임치하고 수하인에게 인도청구권을 이전해 준다면 수하인이 다시 인도받아 운송해야 하는 부담을 주기 때문이다.

그러므로 특약이 없는 한 일반적으로는 현실의 인도를 의미한다고 할 것이나, 인도방법에 관한 별도의 관습이 있는 경우에는 그에 의하고, 법령상의 절차 때문에 현실의 인도가 불가능하여 수하인이 인도를 청구할 수 있는 자(예컨대 수입화물의 경우 보세장치장 혹은 보세운송업자)에게 인도한다면 수하인에게 인도한 것으로 보아야 한다(전게 판례).

2) 인도의 상대방 운송물에 관하여 화물상환증을 발행한 경우와 발행하지 아니한 경우에 인도받을 상대방이 다르므로 두 경우를 나누어 설명한다.

㈎ **화물상환증이 발행되지 않은 경우** 운송물이 도착지에 도착한 때에는 수하인은 송하인과 동일한 권리를 취득하므로(140조), 수하인은 운송인에 대하여 운송물의 인도를 청구할 수 있으며, 이에 따라 운송인은 수하인에게 인도하여야 한다. 그렇다고 송하인의 인도청구권이 소멸하는 것은 아니고 수하인의 권리와 순위관계에 놓인다. 이 점은 수하인의 지위에 관한 문제로 다루어 후술한다.

㈏ **화물상환증이 발행된 경우** 화물상환증은 운송물인도청구권을 표창하는 유가증권이므로 화물상환증이 발행되면 소지인이 배타적으로 운송물인도청구권을 갖는다. 따라서 운송계약으로 따로 수하인을 정하더라도 이는 무의미하다.

화물상환증의 소지인이라 함은 유가증권의 일반원리에 의해 적법하게 발행받은 자 또는 그에 의해 권리자로 지시된 자를 말하며 단순한 점유자는 소지인이 아니다. 화물상환증에 관해 상세한 점은 후술한다.

3) 운송인의 주의의무 운송인은 위와 같은 구분에 따라 수하인이나 송하인 또는 화물상환증소지인에게 인도하여야 하며, 그 밖의 자에게 인도하면 이들에게 손해배상책임을 진다. 운송물의 소유자가 누구이냐는 것은 인도청구권과 무관하다. 예컨대 수하인과의 계약에 의해 운송물의 소유권을 취득한 자라 하더라도 수하인의 지시 없이 인도한다면 수하인에게 손해배상책임을 져야 한다([판례 98] 참조).

화물상환증의 소지인인지 여부는 유가증권 일반의 권리추정력(65조→민 513조)에 의해 해결될 문제이나, 진정한 수하인 또는 송하인인지 여부는 일반적인 증거법칙에 의해 해결할 일이다.

판례 98 대법원 1965. 10. 19. 선고 65다697 판결

「운송계약의 경우에 화물상환증을 작성하지 아니하였을 때에는 운송인은 수하인에게 물건을 인도하여야 함은 상법규정상 명백한 바이므로 운송인이 수하인 이외의 제 3 자에게 물건을 인도하여 수하인이 물건의 인도를 받을 수 없게 되었다면 제 3 자가 수하인과의 계약으로 물건의 소유권을 취득한 자라 하더라도 운송인이 수하인과의 관계에 있어서 물건의 인도에 관하여 주의를 해태하지 아니하였다고 할 수 없는 것이다」(이상 요지임).

(5) 물건운송인의 손해배상책임

1) 책임의 완화 운송인은 송하인으로부터 운송물을 인도받아 선량한 관리자의 주의의무를 다하여 운송물을 보관하고, 운송계약의 본지에 따라 도착지까지 운송하여 적시에 송하인이나 수하인 또는 화물상환증의 정당한 소지인에게 인도하여야 한다. 그러나 운송은 물건을 장소적으로 이동하는 행위이므로 그 과정에서 물건이 손상·멸실되거나 도착이 지연되는 등, 다른 종류의 채무의 이행에 비해 손해가 발생할 가능성이 월등히 높을 뿐 아니라, 보통 1회의 운송에서 다량의 화물을 취급하므로 그 손해도 대형화될 것이다. 따라서 채무불이행에 적용되는 손해배상책임의 일반원리를 그대로 적용한다면 운송업은 매우 큰 위험부담을

수반하는 사업이 될 것이므로 누구든 운송업을 영위하는 것을 주저할 것이고, 운송업을 하더라도 손해발생에 대비하여 평소에 운임을 고가로 책정할 것이다.

인류문명은 교통·통신의 발달에 의해 발전하였으며, 오늘날 사회가 발전함에 따라 더욱 싸고 편리한 교통·통신에 대한 수요가 가속화되고 있다. 그런데 운송업에 따르는 위험부담을 사업의 성질에서 오는 숙명적인 것으로 치부하고 위험에 따르는 비용을 운임으로 전가하게 한다면 일반인의 운송업의 이용을 억제하고 나아가 원격지간의 교역과 문화의 교류를 정체시킬 것이다. 그러므로 운송에 대한 사회적 수요를 충족시키기 위해서는 운송인의 위험부담을 덜어줌으로써 운송업을 보호·육성할 필요가 있는데, 이 점이 입법적으로 반영된 것이 운송인의 손해배상책임을 완화하는 제도이다.

상법은 운송인의 손해배상책임을 완화하는 방법으로 민법상의 채무불이행책임에 대한 특칙을 두어 운송인의 손해배상액을 제한하고 송하인이 명시하지 않은 고가의 운송물에 대해서는 손해배상책임을 경감하는 한편, 손해배상책임의 특별소멸사유와 아울러 단기의 소멸시효를 두고 있다.

한편 운송인의 손해배상책임의 발생요건을 규정한 상법 제135조는 한 때 위와 같은 취지와는 반대로 송하인의 보호를 위해 운송인의 책임을 가중하는 제도로 이해된 적이 있는데, 실상 그 내용을 보면 그렇게 이해하기는 어렵다. 우선 이 점을 설명하고, 운송인의 손해배상책임이 완화되는 내용을 살펴보기로 한다.

2) 책임발생의 요건 운송인의 과실로 인하여 수하인 등 운송물수령권자에게 손해가 발생한 경우에는 상법에 별다른 규정이 없더라도 채무불이행에 관한 민법의 일반원칙에 의하여 운송인의 손해배상책임이 발생할 것이나, 상법에서는 별도의 규정을 두고 있다. 즉 상법 제135조는 「운송인은 자기 또는 운송주선인이나 사용인, 그 밖에 운송을 위하여 사용한 자가 운송물의 수령, 인도, 보관 및 운송에 관하여 주의를 게을리하지 아니하였음을 증명하지 아니하면 운송물의 멸실, 훼손 또는 연착으로 인한 손해를 배상할 책임이 있다」고 규정한다.

이 규정이 담고 있는 뜻을 분석해 보면, (i) 운송인의 손해배상책임에 관해 과실책임주의를 취하며, (ii) 운송인 본인의 과실에 그치지 않고 이행보조자의 과실에 대해서도 책임을 묻고 있으며, (iii) 운송인 본인 및 이행보조자의 과실유무에 대한 증명책임을 운송인에게 부담시키며, (iv) 손해의 원인을 운송물의 수령, 인도, 보관, 운송에 관한 주의해태로 나열하고, 손해의 유형을 운송물의 멸실, 훼손, 연착으로 나열하고 있음을 알 수 있다. 이하 상설한다.

(가) **과실책임주의** 민법에서도 채무불이행책임은 과실책임으로 하고 있으므로(민 390조) 이 점 운송업에 대한 특칙이랄 것이 없다. 다만 로마법에서는 운송인 및 여관·역사의 주인은 그가 수취하여 보관하는 물건에 손해가 생겼을 경우 불가항력에 의한 것임을 증명하지 아니하면 과실이 없을 경우에도 손해배상책임을 면하지 못하는 이른바 레셉툼(receptum)원칙을 취하였었는데, 일부 근대 상법에서는 이를 과실책임주의로 바꿔 놓았다는 연혁적인 의미가 있을 뿐이다.

(나) **이행보조자의 과실** 운송인이 선임한 운송주선인이나 사용인과 기타 운송을 위하여 사용한 자는 민법에서 말하는 이행보조자의 일종이다. 「운송을 위하여 사용한 자」란 운송인과 고용관계 없이 운송에 관여한 자를 이른다. 그리하여 운송인은 이들 이행보조자의 선임·감독에 관하여 과실이 없더라도 이행보조자의 과실로 손해가 발생하면 손해배상책임을 져야 한다. 그러나 민법에서도 이행보조자의 고의·과실을 채무자 본인의 고의·과실로 보므로(민 391조) 이 점 역시 민법에 대한 특칙으로 볼 수는 없다.

(다) **증명책임** 과실의 유무에 대한 증명책임은 운송인이 진다. 즉 운송인이 손해배상책임을 면하려면 자기 자신과 이행보조자에게 과실이 없었음을 증명하여야 한다. 한편 민법에는 명문의 규정은 없으나, 채무자가 무과실을 증명하여야 한다는 데 이견이 없다. 그러므로 운송인의 손해배상책임은 이 점에서도 민법상의 일반원칙과 내용을 같이한다.

이상 본 바와 같이 상법 제135조는 채무불이행으로 인한 손해배상책임에 관해 민법상의 일반원칙과 다른 내용을 담고 있지 않다. 그래서 현재 통설은 상법 제135조가 민법상의 일반원칙을 운송인에 관해 구체화시켜 놓은 것에 지나지 않는다고 설명한다.[1] 그렇다면 상법 제135조에서 손해의 원인과 유형을 나열한 것에 대해서도 특별한 의미를 부여할 것은 아니다. 난을 바꾸어 설명한다.

(라) **손해의 원인과 유형** 상법 제135조에서는 손해의 원인으로서 운송물의 수령·인도·보관·운송을 나열하고, 손해의 유형으로서 멸실·훼손·연착을

1) 2010년 개정시에 상법 제135조의 법문이 수정되었으나, 표현의 수정에 불과할 뿐 내용에 변화는 없으므로 이 조문의 해석도 달라질 바 없다.

들고 있다. 그런데 제135조를 민법의 일반원칙을 그대로 수용한 것으로 이해한다면, 이와 같은 손해의 원인과 유형의 나열은 예시적인 것에 불과하게 된다.

왜냐하면 제135조가 정하는 사유 이외의 사유로 손해가 생긴 경우에는 제135조를 적용하지 않더라도, 민법상의 일반원칙에 따라 채무불이행책임을 질 것인데, 이 경우에는 제135조를 적용할 경우와 똑같이 과실책임주의가 적용되고, 이행보조자의 과실에 대해 운송인이 책임지며, 운송인이 무과실의 증명책임을 지게 되기 때문이다. 그러므로 통설은 상법 제135조가 운송업에서 전형적으로 발생하는 손해의 원인과 유형을 예시적으로 열거한 것으로 이해한다.[1)]

3) 배상액의 정형화 및 제한

㈎ **취 지** 운송인의 손해배상책임에 대해 민법상의 채무불이행책임을 적용한다면, 운송인은 채무불이행과 상당인과관계 있는 모든 손해에 대해 배상해야 하고(민 393조 1항), 운송인이 알 수 있었던 특별한 사정으로 인한 손해에 대해서까지 배상해야 할 것이다(민 393조 2항). 그러나 상법은 운송인의 손해배상액에 관해 특칙을 두어 원칙적으로 배상액을 물건의 가격으로 한정하고(137조 1항·2항), 예외적으로 운송인에게 고의·중과실이 있는 때에만 민법의 일반원칙을 적용하고 있다(137조 3항). 이는 운송인의 손해배상책임을 정형화하는 동시에 경감하는 뜻이 있는데, 이와 같이 운송인의 책임을 제한하는 것은 연혁적으로 볼 때 운송인이 레셉툼원칙에 따라 결과책임을 지는 데 대한 대상(代償)의 의미로 인정되었던 것이었다. 그러나 현재는 운송인도 일반적인 채무불이행책임과 같이 과실책임을 지므로 앞에서 설명한 바와 같이 운송업의 보호·육성이라는 정책적 이유에서 운송인의 책임을 경감한 것으로 받아들여야 할 것이다. 한편 운송인은 통상 다수의 송하인으로부터 다량의 물건을 인도받아 운송을 하는데, 손해배상의 일반원칙을 적용할 경우 배상액에 관해 송하인별로 구구한 분쟁이 생기고 각별로 손해를 증명해야 할 것인바, 이를 지양하고 획일적인 기준에 의해 배상액을 산정함으로써 다수인간의 법률관계를 안정적으로 해결한다는 취지도 있다.

㈏ **원 칙** 상법 제137조는 손해의 유형별로 배상액산정의 기준을

1) 일부학설은 통설과 같이 제135조는 주의적인 규정이라고 보면서도 운송인이 제135조의 책임을 지는 손해는 직·간접을 불문하고 「운송물의 멸실·훼손 또는 연착」에 의하여 운송물에 대해 발생한 것에 한하고, 기타의 손해는 민법의 일반원칙에 따라 책임진다고 보고 있다(김성태 633; 김정호 400; 정동윤 251). 규정 자체가 예시적인 데 지나지 않는 이상 실익이 없는 설명이다.

달리하고 있다.

(ㄱ) **전부멸실 · 연착의 경우** 운송물이 전부멸실되거나 연착한 경우 손해배상액은 인도할 날의 도착지가격에 의한다(137조 1항).[1)]

① 운송물의 「전부멸실」이란 운송물이 도난 · 일실 · 파괴 등의 사유로 물리적으로 존재하지 아니하여 인도할 수 없는 경우는 물론, 운송물이 수령권한이 없는 자에게 인도되고 그 반환을 기대할 수 없게 된 경우, 기타 운송물이 현존하지만 인도에 법률적 장애가 있거나 사회통념상 인도가 불가능한 경우를 두루 포함한다.

운송물이 전부멸실된 경우에는 손해배상액은 인도할 날의 도착지가격에 의한다. 「인도할 날」이란 운송계약에 의하여 인도하기로 예정된 날 또는 화물상환증이 발행된 경우에는 화물상환증에 이와 같이 기재된 날을 뜻한다. 「도착지의 가격」은 도착지에서 형성되는 시장가격을 말한다. 거래소의 시세 있는 물건이라면 거래소의 가격에 따른다. 운송물의 가격은 발송지와 도착지 및 인도시기를 조합하면 여러 가지 가격이 산출될 수 있을 것이나, 멸실되지 않고 운송되었다면 「인도할 날」의 도착지의 가격에 의해 송하인의 이익이 실현되었을 것이므로 이를 배상액으로 정한 것이다.

② 「연착」이란 채무불이행의 한 형태이므로 이를 단순히 도착지에 늦게 도착하였다는 뜻으로 이해해서는 안 되고, 인도할 날에 인도하지 못하고 그 이후의 날에 인도함을 뜻하는 것으로 풀이해야 한다. 그러므로 적기에 도착하였으나 운송인 측의 사정으로 인도할 날에 인도하지 못했다면 이것도 연착에 해당한다. 반대로 인도할 날 이후에 도착하였더라도 수령권자가 그 이후에 인도를 청구하여 바로 인도한다면 연착이라 볼 수 없다.

연착한 경우에도 「인도할 날」의 도착지가격에 의하는데, 이는 입법론적으로 문제가 있다. 실제 「인도한 날」의 가격이 「인도할 날」의 가격보다 하락하였을 경우에는 수령권자는 본조에 의해 그 차액을 배상받을 수 있다. 그러나 「인도한 날」의 가격이 「인도할 날」의 가격보다 높거나 가격의 변동이 없을 경우에는 운송인은 아무런 책임을 지지 않는다(가격이 상승한다고 해서 수령권자에게 꼭 득이 되는 것은 아니다. 예컨대 이미 체결된 계약에 따라 정해진 가격으로 매도하는 경우를 생각하라).

1) 2011년 개정 전 상법 제137조 제 1 항의 법문은 「인도한 날」의 도착지가격에 의한다고 규정되어 있었는데, 이는 명백한 오류이므로 「인도할 날」로 개정되었다.

장기간에 걸쳐 연착되지 않는 한 가격의 변동이 없거나 미미한 경우가 대부분이다. 따라서 연착의 경우에는 대부분 운송인은 아무런 책임도 지지 않게 될 것이다. 그러나 수일간의 연착으로도 수령권자는 제 3 자와의 매매계약을 해제당하는 등 커다란 불이익을 입을 수 있다. 그러므로 연착의 경우에는 채무불이행의 일반원칙을 적용하거나 연착으로 인한 배상액을 따로 정형화했어야 옳다. 이 점을 고려하지 않고 연착을 멸실과 동일하게 취급한 것은 입법의 착오이다.

연착에 관한 입법착오

연착에 관해 이같은 모순이 생긴 것은 신 상법 제정시에 조문정리를 잘못한 탓이다. 구 상법 제580조 제 1 항에서는 전부멸실만을 규정하고 제 2 항에서 일부멸실 또는 훼손에 관해 규정하되, 그 단서에서 연착된 경우에는 제 1 항 즉 전부멸실에 관한 규정을 준용한다고 규정하고 있었다. 연착에 대해 어차피 제 1 항을 준용한다면 그 위치가 제 2 항에 있을 이유가 없다고 생각할 수 있다. 그리하여 신 상법의 입법자는 조문을 단순화하기 위하여 아예 연착을 제 1 항으로 옮겨 전부멸실과 연착을 같이 취급한 것이다. 그러나 이는 구 상법 제508조 제 2 항 단서의 의미를 잘못 이해한 것이다. 구 상법의 동규정은 단순한 연착을 말하는 것이 아니라, 일부멸실 또는 훼손된 상태에서 연착된 경우를 의미하고 단순한 연착은 민법의 일반 손해배상의 원리에 따라야 한다는 것이 오래 전부터 확립된 해석론이었다.[1] 즉 연착을 굳이 우리 현행법과 같이 전부멸실에 병렬시키지 않고 제 2 항에 배치하였던 것은 일부멸실이나 훼손된 상태에서 연착한 경우에는 인도 '할' 날의 도착지 가격이 의미를 갖기 때문이다. 요컨대 제137조 제 1 항은 이같은 구법하에서의 해석론과 이유있는 조문배치를 간과하고 만든 조문이다.[2]

(ㄴ) **일부멸실 · 훼손의 경우** 운송물이 일부멸실 또는 훼손된 경우의 손해배상액은 인도한 날의 도착지의 가격에 의한다(137조 2항).

① 「멸실」의 뜻은 전부멸실에 관해 설명한 바와 같다. 일부멸실이란 잔존부분이 독립된 경제적 가치를 가질 때를 뜻하고, 중요한 부분의 멸실로 인해 사회통념상 전부가 쓸모 없어진 경우에는 전부멸실에 해당한다(예컨대 다량의 열쇠와 자물쇠를 운반하다 열쇠만을 잃어 버린 경우).

「훼손」이란 물건이 부패 · 변질되거나 불가분물의 일부가 파괴되어 경제적

1) 현재도 일본에서는 본문에서와 같이 해석하고 있다(平出, 463면).
2) 상세는 李哲松, "商法上의 立法錯誤의 是正을 위한 연구(1)," 「比較私法」 31호(2005. 12), 17면 이하 참조.

가치가 손상된 경우를 말한다. 이는 물리적 성상에 변화가 온 경우만을 뜻하고 가격변동으로 인한 가치 감소는 포함되지 아니한다.

② 일부멸실 또는 훼손된 경우의 손해배상액을 「인도한 날」의 도착지가격으로 한 이유는 전부멸실의 경우와는 달리 물건의 가치 중 일부는 실현되고 일부는 일실된 경우인데, 실현된 가치는 인도한 날의 가격에 의해 평가되므로 일실된 가격도 같은 기준에 의해 평가해야 균형이 이루어지기 때문이다.

그러나 이것은 잔존물이 인도할 날에 인도된 경우에 적용될 수 있는 것이고, 일부멸실 또는 훼손된 상태에서 연착된 경우에는 앞서의 연착의 경우와 같이 인도할 날의 가격에 의해 배상액을 산정해야 한다. 즉 인도할 날의 완전한 물건의 가격에서 인도한 날의 잔존물의 가격을 뺀 것이 배상액이 된다. 이 경우 역시 연착 자체로 인한 손해는 법상 고려되어 있지 않다.

㈐ 예외 및 기타의 훼손

㈀ 운송인의 고의 · 중과실 위의 원칙은 운송인에게 경과실이 있을 경우에만 적용되고, 운송물의 멸실 · 훼손 또는 연착이 운송인의 고의나 중대한 과실로 인한 때에는 운송인은 「모든 손해」를 배상해야 한다(137조 3항). 「모든 손해」를 배상해야 한다 함은 민법의 일반원칙에 따라 배상해야 함을 말한다. 즉 운송인은 상당인과관계 있는 모든 손해(민 393조 1항)를 배상해야 함은 물론 운송인이 알았거나 알 수 있었을 때에는 특별한 사정으로 인한 손해(민 393조 2항)도 배상해야 한다. 이와 달리 「모든 손해」를 항상 민법 제393조 제 2 항의 「특별한 사정으로 인한 손해」까지 포함하는 개념으로 보고 고의 · 중과실이 있는 운송인은 상당인과관계 있는 손해와 아울러(알지 못했고, 알 수도 없었던) 특별한 사정으로 인한 손해까지 모두 배상해야 한다는 뜻으로 읽는 학자도 있다. 이 같이 읽으면 민법상 고의 · 중과실 있는 채무자도 원칙적으로 상당인과관계 있는 손해만 배상하면 되는데, 운송인은 오히려 이보다 무거운 책임을 져야 한다는 모순이 생기므로 옳지 않다.

고의 · 중과실로 인한 가중책임을 물으려면 손해배상청구권자가 운송인의 고의 · 중과실을 증명하여야 한다(이설 없음).

㈁ 기타의 손해 상법 제137조 제 1 항 및 제 2 항의 책임제한은 운송물이 멸실 · 훼손 · 연착된 경우에만 적용되고 기타 유형의 손해에 대해서는 민법의 일반원칙이 적용된다. 예컨대 운송인이 화물상환증의 발행을 거부하거나 오기한

경우 또는 처분의무에 위반한 경우(139조 1항 본)에는 일반원칙에 따라 상당인과관계 있는 손해를 배상하고, 알았거나 알 수 있었던 특별한 사정으로 인한 손해도 배상하여야 한다.

㈑ **운임 등의 상계** 운송물의 멸실 또는 훼손으로 인하여 지급을 요하지 아니하는 운임 기타 비용은 손익상계를 위해 위의 요령에 따라 산정한 배상액에서 공제하여야 한다(137조 4항).

4) 고가물에 관한 특칙

운송물이 화폐, 유가증권 기타의 고가물인 경우에는 송하인이 운송을 위탁할 때에 그 종류와 가액을 명시한 경우에 한하여 운송인이 손해를 배상할 책임을 진다(136조).

㈎ **취 지** 고가물은 대체로 멸실·훼손될 위험이 크고 손해의 규모도 크므로 포장·운반·보관에 각별한 배려를 해야 하는 등 보다 깊은 주의를 기울여야 하고, 따라서 운송비용도 많이 소요된다. 그러므로 송하인은 사전에 이를 명시함으로써 운송인이 적절한 주의를 베풀게 하여야 하고, 그에 상응하는 운임을 책정해야 할 것이다. 그런데도 송하인이 이를 명시하지 아니하고 보통물에 대한 운임만 지급한 상태에서 운송인이 고가물에 알맞는 주의를 베풀지 못해 손해가 발생하였을 경우 운송인에게 책임을 지우는 것은 매우 불공평하고 신의칙에도 어긋난다고 할 수 있다. 예컨대 송하인이 고려청자의 운송을 의뢰하면서 운임을 줄이기 위해 신문지에 싸서 고추장단지라고 속인 까닭에 운송인이 별다른 포장 없이 그대로 운송하다가 깨어진 경우를 생각하자. 상법은 이 같은 경우에는 송하인의 불명시에 책임이 있다고 보고 운송인의 책임을 제한하는데, 이에는 고가물의 운송에서는 사전의 명시를 유도함으로써 손해를 미연에 방지하려는 뜻도 있다.

㈏ **고가물의 개념** 고가물이라 함은 부피·무게 등에 비추어 다른 물건보다 현저히 가격이 비싼 물건을 말한다. 그러므로 화폐·유가증권·귀금속·보석·미술품·골동품 같은 것이 고가물에 속함은 물론, 반도체칩·정밀부품·정밀기계 같은 것도 역시 고가물이다. 그 범위는 구체적으로 열거하기 어렵고, 그때그때의 시세와 사회통념에 의해 판단할 일이다([판례 99] 참조). 다만 그 물건이 갖는 객관적·경제적 가치를 가지고 판단해야 하고 송하인 등이 특별히 부여하는 주관적

가치(예: 부모의 사진, 연인의 편지에 대한 애착)는 고려할 바 아니다. 다만 당사자가 주관적 가치에 대한 배상을 별도로 합의할 수 있음은 물론이다.

또 그 물건이 현재 갖는 가치를 가지고 판단할 것이고, 취득한 가격이 얼마냐라는 것은 문제되지 아니한다. 따라서 결혼선물로 받은 귀금속은 무상으로 취득했지만 고가물이다(대법원 1977. 2. 8. 선고 75다1732 판결).

㈐ **불명시 고가물에 관한 책임** i) 송하인이 운송인의 책임을 묻기 위하여는 고가물의 종류와 가액을 명시하여야 한다. 그러나 운송인 또는 그 대리인에 대하여 명시하면 족하고, 그 운송인을 위해 운송행위를 하는 자 또는 그 운송인의 하도급을 받아 운송하는 자에게까지 명시할 필요는 없다(대법원 1991. 1. 11. 선고 90다8947 판결).

ii) 고가물임이 명시되지 않은 경우에는 그 고가물이 멸실·훼손되더라도 운송인은 손해배상책임을 지지 아니한다(136조). 그리고 운송인이 그 고가물을 보통물로 보고 보통물에 대한 주의를 기울였다면 보통물로서의 책임도 지지 아니한다.

iii) 문제는 운송인이 보통물에 대한 주의조차 기울이지 아니하여 그 고가물이 멸실·훼손된 경우 운송인은 보통물로서의 책임을 지느냐이다. 통설은 이 경우에는 고가물을 보통물로 치환하여 가액을 산정하기 어렵고, 송하인들로 하여금 고가물의 명시를 촉구하는 의미에서 보통물로서의 책임도 지지 아니한다고 해석한다. 그러나 운송인이 자기의 과실에 대하여도 책임을 지지 아니한다는 것은 불공평하기 그지없다. 보통물로 의제하여 가액을 산정하기 어렵다 하지만, 과실상계와 같은 경우 배상액의 산정에 있어 법원의 재량이 크게 개입되는 점(민 396조)을 생각하면 보통물로서의 배상액산정이 불가능하다고 할 수는 없다. 그러므로 운송인은 보통물로서의 책임을 져야 한다고 새긴다(同旨: 김성탁 328; 오성근 401; 이종훈 290). 이같이 해석함으로써 송하인 등의 손실은 고가물과 보통물의 차액에 그치는데, 고가물을 명시하지 않은 과실에 대한 불이익은 이것으로 충분하다.

판례 99 대법원 1963. 4. 18. 선고 63다126 판결

「… 견직물은 오늘날 사회, 경제 및 거래상태로 보아 상법 제136조 소정 고가물이라 볼 수 없으므로 그 종류와 가격을 명시하지 아니하였다 하여도 운송인인 피고는 손해배상책임을 면할 수 없다 할 것인만큼 본건 물품이 고가물이 아니라 하여 피고에게 손해배상책임이 있음을 인정한 판결은 정당하다 …」

ⅳ) 송하인이 고가물의 명시를 하지 않았으나 운송인이 고가물임을 알게 된 경우의 운송인의 책임에 대해서는 견해가 대립한다. ① 이러한 경우에는 운송인이 아무런 책임을 지지 아니한다는 견해, ② 운송인은 이를 알았더라도 고가물로 명시된 것도 아니고 그에 상당한 운임을 받은 것도 아니므로 보통물로서의 주의를 기울이면 되고 이를 게을리 한 경우에 한해 고가물로서의 책임을 진다는 견해(김성탁 329; 김정호 406; 손진화 273; 이(기)·최 511; 전우현 342; 정경영 245; 정동윤 254; 정찬형 367; 최·김 354; 최준선 382), ③ 운송인이 고가물임을 안 이상 고가물에 대한 주의를 베풀어야 하고 이를 게을리하면 고가물로서의 책임을 져야 한다는 견해(강·임 283; 김성태 643; 서완석 335; 서헌제 362; 손주찬 343; 오성근 402; 이종훈 290; 정준우 337)가 있다. 운송인이 고가물임을 알게 되었음에도 불구하고 보통물에 대한 주의만 베푼다는 것은 손해발생의 높은 가능성을 방치하는 것이다. 이를 송하인의 불명시, 낮은 운임의 지급에 대한 대가라고 합리화시키는 것은 응보논리에 지나지 아니한다. 상법 제62조는 무상으로 타인의 물건을 수치한 상인에게도 선량한 관리자의 주의를 요구하는데, 운송이 유상계약임을 감안하면 보통물에 관한 책임만 진다거나 아예 책임이 없다는 것은 제62조와 균형이 맞지 않는 해석이다. 누구든 손해방지를 위해 최선의 노력을 기울이는 것이 공동생활에서 요구되는 기본적인 윤리이자 신의칙상의 의무이며, 이는 타인의 재산을 자기 영역하에 보관함을 전문으로 하는 운송인의 선관의무에 당연히 포함된다고 보아야 한다. 그러므로 ③설이 타당하다. 그리고 운송인은 이로 인해 운임을 증액하여 청구할 수 있고, 추가되는 비용을 별도로 청구할 수 있다고 본다.

ⅴ) 고가물임을 명시하지 않았더라도 운송인의 고의·중과실로 운송물에 손해가 발생한 경우에는 상법 제136조는 적용될 수 없다고 보아야 한다.[1] 이 경우에는 채무불이행의 일반원리에 의해 해결되어야 한다.

㈑ **명시한 경우의 책임** 송하인이 고가물임을 명시한 경우 고가물로서의 책임을 짐은 물론이다. 이 경우 배상액은 송하인이 명시한 가액을 최고한도로 하고 상법 제137조를 적용하여 계산한다.

송하인의 명시는 송하인이 운송인에게 운송물을 인도할 때까지 하면 된다는 견해가 다수설이나(강·임 282; 김성탁 327; 김성태 361; 김정호 403; 손진화 273; 송옥렬 188; 정경영 245; 정동윤 254; 최·김 353; 최준선 380), 운송계약의 성립시

1) 日最高裁 2003. 2. 28,「判例時報」1829호 151면.

까지 하여야 한다고 본다(서완석 334; 손주찬 344; 이종훈 289; 임중호 460; 임홍근 432; 정준우 337). 그 명시에 따라 운송계약의 내용(운임 · 운송수단 등)이 달라질 수 있기 때문이다. 다만 언제 명시하든 기술한 바와 같이 운송인은 그 상태에서 고가물에 대한 주의를 베풀어야 하고 이로 인한 손해를 운임의 증액 또는 비용으로서 청구할 수 있다.

(마) **증명책임** 상법 제136조의 적용에 있어서, 운송인이 책임을 면하기 위하여는 운송물이 고가물이라는 점, 송하인의 명시가 없었다는 점을 증명하여야 한다. 따라서 손해배상을 청구하는 송하인 등은 자기의 손해액만 증명하면 되고 고가물임을 명시한 사실은 증명할 필요가 없다.

(바) **적용범위** 상법 제136조는 운송계약의 채무불이행책임에 관한 규정이므로 고가물의 멸실 · 훼손이 운송인 또는 그 사용인의 불법행위에 기인한 때에는 적용되지 아니한다(대법원 1977. 12. 13. 선고 75다107 판결; 동 1991. 8. 23. 선고 91다15409 판결). 이 경우에는 운송인은 고가물에 관한 손해액 전액을 배상하여야 한다(민 763조, 393조).

5) 손해배상책임의 소멸

운송인은 대량의 운송을 반복하므로 자신의 무과실을 증명하기 위한 증거를 장기간 보존하기가 곤란하다. 그러므로 법은 운송인의 책임관계를 신속히 종결지음으로써 운송인을 보호하기 위하여 손해배상책임의 특별한 소멸사유를 두고 아울러 손해배상책임의 소멸시효를 단기로 규정하고 있다.

(가) **특별소멸사유** 운송물수령권자가 운송인으로부터 유보 없이 운송물을 수령하고 운임 기타 비용을 지급한 때에는 원칙적으로 운송인의 손해배상책임은 소멸한다(146조 1항). 운임 기타 비용을 사전에 지급한 때에는 운송물의 유보 없는 수령만으로 같은 효과가 발생한다. 이 소멸사유는 운송물의 수령이 있어야 하므로 운송물이 전부멸실된 경우에는 적용될 수 없다.

운임 등의 지급과 운송물의 인도가 교환될 때에는 운송계약의 이행을 승인한 것으로 의제한 것이다. 「유보」란 이와 상반되는 뜻을 통지하는 것이다. 예컨대 운송물이 멸실 · 훼손된 사실을 통지하거나, 기타 운송계약이 불완전하게 이행되었음을 통지하거나, 추후 운송물을 검사할 뜻을 통지하는 것이다.

운송물에 즉시 발견할 수 없는 훼손 또는 일부멸실이 있을 경우에 운송물을 수령한 날로부터 2주간 내에 운송인에게 그 통지를 발송한 때에는 운송인의 책임이 소멸하지 아니한다(146조 1항 단). 또 운송인 또는 그 사용인이 악의인 경우에는 운송물수령권자의 유보 여부에 불구하고 운송인의 책임은 소멸하지 아니한다(146조 2항). 「악의」라 함은 운송물이 멸실 · 훼손된 사실을 알고 인도한 경우를 뜻한다. 이와 달리 이 규정에서의 악의를 고의로 멸실 · 훼손시킨 경우로 뜻한다고 보는 견해도 있다(손주찬 346; 임홍근 435; 최 · 김 356). 이 제도는 기술한 바와 같이 운송물이 운송인의 점유를 벗어난 후에는 운송물에 관한 책임문제가 제기될 경우 운송인이 자신의 무책임을 증명하기 어려움을 고려한 것이므로 운송인이 자신에게 책임 있음을 알고 있는 경우에는 특별소멸사유를 적용할 이유가 없을 것이다. 제146조 제 2 항은 이 취지를 반영한 규정이라고 보아야 하므로 「악의」란 멸실 · 훼손을 알고 있음을 뜻하는 말로 풀이해야 한다(同旨: 김성탁 331; 정준우 339).

(나) **단기소멸시효** 운송인의 손해배상책임은 전부멸실인 경우에는 운송물을 인도할 날로부터, 기타 손해의 경우에는 수령권자가 운송물을 수령한 날로부터, 각각 1년을 경과하면 소멸시효가 완성한다(147조→121조 1항 · 2항).[1] 이 1년이라는 기간은 당사자가 합의하여 연장 혹은 단축할 수 있다(대법원 2009. 8. 20. 선고 2008다58978 판결).

운송인 또는 그 사용인이 악의인 때에는 이 단기소멸시효를 적용하지 않고 일반상사시효(64조 본)에 따른다(147조→121조 3항). 여기서 「악의」라 함은 단지 멸실 · 훼손 · 연착 등의 사실을 알고 있음을 뜻하는 것이 아니라, 운송인이 고의로 운송물을 멸실 · 훼손 · 연착시키거나 이러한 사실을 은폐하고 인도한 경우를 뜻한다고 보아야 한다. 이와 달리 악의가 적극적으로 운송물의 멸실 · 훼손 · 연착을 초래하거나 은폐한 경우뿐만 아니라, 소극적으로 이를 알면서 수하인에게 알리지 않고 인도한 경우를 포함한다고 보는 견해도 있고 판례도 같은 취지이다(강 · 임 286; 이(기) · 최 514; 정동윤 256).[2] 그러나 단지 손해의 사실을 안다는 뜻으로 이해한다면, 전부멸실이나 연착의 사실은 운송인이 당연히 알 것이므로 이 경우에는 단기소멸시효를 적용할 일이 전무할 것이고, 따라서 전부멸실이나 연착에 관한 한 단기소멸시효에 관한 규정은 무의미해지므로 찬성하기 어렵다.

---

1) 상법 제814조는 해상운송인의 손해배상책임에 관해서도 운송인의 단기소멸시효에 관한 규정(147조→121조)과 같이 1년의 단기 소멸기간을 두고 있는데, 이 두 조문은 본질을 같이 하는 것임에도 불구하고, 판례는 해상운송인의 책임에 관한 제814조의 단기 소멸기간을 제척기간으로 보고 있어 의문이다(대법원 2022. 6. 9. 선고 2017다247848 판결; 동 2022. 12. 1. 선고 2020다280685 판결).

2) 대법원 1987. 6. 23. 선고 86다카2107 판결: 상법은 제812조에 의하여 준용되는 같은 법 제121조 제 3 항에 규정된 운송인이나 그 사용인이 악의인 경우라 함은 운송인이나 그 사용인이 운송물에 훼손 또는 일부멸실이 있다는 것을 알면서 이를 수하인에게 알리지 않고 인도한 경우를 가리킨다.

6) 불법행위책임과의 경합

상법 제135조 이하의 운송인의 손해배상책임은 채무불이행책임인데, 운송인의 행위가 동시에 불법행위(민 750조)를 구성할 수 있다. 이 경우 운송인은 불법행위책임도 지는가라는 점에 대해 다음과 같은 견해가 대립한다.

(가) **청구권경합설** 통설과 판례는 채무불이행책임과 불법행위책임은 그 요건과 효과를 달리하므로 양 책임은 청구권경합의 관계에 있다고 보고, 송하인은 2가지 중 택일하여 청구할 수 있다고 한다(김성태 648; 서헌제 367; 손주찬 339; 손진화 274; 안강현 308; 오성근 407; 이(기)·최 513; 전우현 345; 정경영 243; 정동윤 256; 정준우 340; 정찬형 370; 최·김 357; 최준선 383)(대법원 1977. 12. 13. 선고 75다107 판결 이후 다수). 송하인의 보호를 강조하는 견해이다.

(나) **법조경합설** 불법행위책임은 손해발생에 대한 일반법적인 배상책임이므로 계약책임과 경합할 경우에는 불법행위로서의 위법성이 조각되어 양 책임은 법조경합의 관계에 있다고 한다. 따라서 운송계약상의 손해배상책임이 성립하면 불법행위책임은 배제되고, 송하인은 운송계약상의 손해배상책임만을 청구할 수 있다고 한다. 이 설은 채무불이행책임이 불법행위책임보다 무거우므로 송하인의 보호를 위해 청구권의 경합을 인정할 실익이 없음을 지적한다.

(다) **사 견** 일반적으로 불법행위책임이 채무불이행책임보다 더 무겁다고 할 수 없으나, 상법상 운송인의 손해배상책임(운송계약상의 채무불이행책임)은 법에 의해 크게 경감되어 있음을 주의하여야 한다. (i) 배상액이 제한되어 있고(137조), (ii) 고가물에 관한 특칙에 의해 책임이 완화되고(136조), (iii) 책임의 특별소멸사유가 있고 시효가 단기이며(146조, 147조 →121조), (iv) 운송계약시에 면책약관에 의해 책임을 경감시키는 것이 통례이다. 법조경합설에 의하면 이와 같은 책임경감사유가 모두 적용되나, 청구권경합설을 취하면 송하인이 불법행위책임을 물음으로써 위의 경감사유를 모두 배제하여 실손해를 전보받고, 특별소멸사유나 단기시효에 관계없이 불법행위책임의 시효를 적용받고, 면책약관이 있더라도 손해배상을 청구할 수 있다. 따라서 송하인의 보호를 위해서는 청구권경합설을 취할 실익이 크며, 불법행위를 행한 운송인까지 책임을 경감시켜 주는 것은 형평에 어긋난다는 뜻에서 청구권경합설이 타당하다.

7) **면책특약** 운송인의 손해배상책임에 관한 규정은 임의규정으로서 당사자 간의 특약으로 배상책임을 경감 혹은 가중하는 것이 가능하다. 가중하는 예

는 드물지만 약관에 의해 책임의 일부를 면제하는 예는 많다. 예컨대 일정기간 내의 연착에 대해서는 책임지지 않는다는 등 책임추궁의 범위를 축소한다거나, 소멸시효를 단축한다거나, 아니면 법정 책임소멸사유 외의 책임소멸사유를 추가하는 것과 같다. 이를 흔히 면책약관이라 한다. 그러나 고의가 있더라도 면책하기로 하는 특약같은 것은 사회질서에 반하는 특약으로서 무효라고 보아야 한다.

운송인의 채무불이행책임과 불법행위책임이 경합하는 경우 면책약관은 채무불이행책임뿐 아니라 불법행위책임도 면제하는가? 불법행위책임에도 면책약관을 적용하는 것이 당사자의 의사에 합치한다는 견해도 있다(서헌제 367; 손진화 275; 전우현 345; 정동윤 258). 그러나 원래 면책약관은 운송계약상의 채무불이행책임에 관한 것이므로 당사자간의 명시적 또는 묵시적 합의가 없는 한 청구원인을 달리하는 불법행위책임에는 적용되지 않는다고 해석하는 것이 타당하다(강·임 290; 서완석 337; 이종훈 292; 정준우 340; 정찬형 370)(대법원 1977. 12. 13. 선고 75다107 판결). 그러므로 면책약관 때문에 운송인의 계약상의 책임을 묻지 못하는 경우에도 수하인이나 화물상환증소지인은 불법행위책임을 물을 수 있다.

그러나 판례는 면책약관이 화물상환증(실제사건에서는 선하증권)에 기재된 때에는 당사자간에 동 약관을 운송물의 소유권의 침해로 인한 불법행위책임에도 적용하기로 하는 숨은 합의가 포함되어 있다고 보고 불법행위책임을 면책한다고 한다([판례 100] 참조). 그 이유로서는 화물상환증의 소지인은 화물상환증의 취득시에 화물상환증의 물권적 효력(133조)에 의해 운송물의 소유권을 취득하게 되어 장차 운송물이 멸실·훼손되면 채무불이행책임뿐 아니라 소유권의 침해로 인한 불법행위책임도 아울러 물을 수 있는 만큼, 당초 화물상환증에 면책약관을 기재할 때에는 불법행위책임도 아울러 면책하려는 의도가 있었다고 보아야 한다는 것이 일반적이다.

그런데 판례는 화물상환증에 면책약관이 기재되었다 하더라도 운송인측에 고의·중과실이 있을 때에는 불법행위책임이 면책되지 아니한다고 하고 있음을 주의해야 한다.

뿐만 아니라 판례는 소유권의 침해로 인한 불법행위책임에 대해서만 위 이론을 적용하므로 운송인의 행위가 기타의 불법행위를 구성할 때에는 면책약관을 적용할 수 없을 것이다.

판례 100 대법원 1983. 3. 22. 선고 82다카1533 전원합의체 판결

「(2) 그러나 해상운송인이 발행한 선하증권에 기재된 면책약관은 위에서 본 일반 운송계약상의 면책특약과는 달리 운송계약상의 채무불이행책임 뿐만 아니라 그 운송물의 소유권침해로 인한 불법행위 책임에 대하여도 이를 적용하기로 하는 당사자간의 숨은 합의가 포함되어 있다고 보는 것이 타당하므로, 별도로 당사자 사이에 위 면책약관을 불법행위 책임에도 적용키로 한 합의를 인정할 증거가 없더라도 그 면책약관의 효력은 당연히 운송인의 불법행위책임에까지 미친다고 보아야 할 것이다. 그 이유는 아래와 같다.

선하증권은 해상운송인이 운송물을 수령한 것을 증명하고 지정된 양륙항에서 정당한 소지인에게 운송물을 인도할 채무를 부담하는 유가증권으로서, 운송인과 그 증권소지인간에는 증권 기재에 따라 운송계약상의 채권관계가 성립하는 채권적 효력이 발생하고(상 820조, 131조), 운송물을 처분하는 당사자간에는 운송물에 관한 처분을 증권으로서 하여야 하며, 운송물을 받을 수 있는 자에게 증권을 교부한 때에는 운송물 위에 행사하는 권리의 취득에 관하여 운송물을 인도한 것과 동일한 물권적 효력이 발생한다(상 820조, 132조, 133조).

그러므로 운송물의 권리를 양수한 하수인 또는 그 이후의 자는 선하증권을 교부받음으로써 그 채권적 효력으로 운송계약상의 권리를 취득함과 동시에 그 물권적 효력으로 양도목적물의 점유를 인도받은 것이 되어 그 운송물의 소유권을 취득하고, 이후 운송인에게 운송물의 멸실 또는 훼손에 대하여 운송계약상의 계약책임 뿐만 아니라 소유권 침해를 이유로 한 불법행위책임도 물을 수 있게 되는 것이다.

이와 같이 운송물의 권리를 양수하여 선하증권을 교부받아 그 소지인이 된 자는 운송인에 대하여 운송계약상의 채무불이행책임 뿐만 아니라 운송물의 소유권침해로 인한 불법행위책임도 아울러 추궁할 수 있게 된다는 점에 비추어 볼 때, 운송인이 선하증권에 기재한 면책약관은 특단의 사정이 없는 한 그 증권소지인이 주장하게 될 운송계약상의 채무불이행책임 뿐만 아니라 운송물 소유권침해를 이유로 한 불법행위책임에 대하여도 이를 적용할 의도로 기재하였다고 풀이하는 것이 당사자의 의사에 부합하는 것이며, 이와 달리 위 면책약관은 오로지 계약상 채무불이행책임만을 대상으로 한 것이고 불법행위책임의 추궁은 이를 감수할 의도였다고 보기는 어려운 것이다.

그렇다면, 위와 같은 면책약관이 기재된 선하증권을 교부받은 소지인과 운송인간에는 운송계약상의 채무불이행책임 뿐만 아니라 운송물의 소유권침해로 인한 불법행위책임에 대하여도 위 면책약관을 적용키로 한 숨은 합의가 이루어졌다고 보겠으므로, 그 면책약관을 불법행위책임에 적용키로 하는 별도의 명시적 또는 묵시적 합의가 없더라도 당연히 불법행위책임에도 그 효력이 미친다고 보아야 할 것이다.

당원은 1980. 11. 11. 선고 80다1812 판결 중에서 위 견해와 달리 선하증권에 기재

된 면책약관(배상액 제한 규정)은 운송계약상의 채무불이행책임에만 적용되고 별도로 운송계약 당사자 사이에 불법행위책임에도 적용키로 한 약관이 없는 한 당연히 불법행위책임에 적용되지 않는다는 견해를 표명한 바 있으나 이 부분은 폐기하기로 한다.

(3) 다만 위와 같이 선하증권에 기재된 면책약관이라고 할지라도 무제한적으로 불법행위책임에 적용되는 것이 아님을 유의할 필요가 있다.

첫째로, 고의 또는 중대한 과실로 인한 재산권 침해에 대한 불법행위책임을 사전에 가해자와 피해자 사이에서 면제하거나 제한하는 합의는 대체로 반사회질서 행위에 해당하여 무효라고 볼 경우가 많음에 비추어 볼 때, 선하증권의 면책약관도 특단의 사정이 없는 한 고의 또는 중대한 과실로 인한 불법행위책임에는 적용되지 않는다 …」

* 同旨: 대법원 1983. 10. 25. 선고 83다258 판결; 동 1991. 4. 26. 선고 90다카8098 판결; 동 1992. 1. 21. 선고 91다14994 판결.

3. 운송인의 권리

(1) 운송물인도청구권

앞서 수하인 등의 운송물인도청구권에 대해 설명하였는데, 이는 운송이 완료된 후 운송인에게 행사하는 권리이고, 반대로 운송인도 운송에 착수하기 위하여 송하인에게 운송할 물건의 인도를 청구할 권리가 있다. 송하인이 운송계약과 동시에 운송인에게 운송할 물건을 인도하는 수도 있지만, 운송계약은 낙성계약이므로 물건의 인도 없이 운송계약부터 체결할 수도 있다. 후자의 경우에는 운송인이 운송계약에 기해 운송할 물건의 인도를 청구할 수 있는 것이다. 이에 대해 송하인이 적시에 운송물을 인도하지 않는다면 채권자지체가 되므로 채권자지체에 관한 일반원칙이 적용된다(민 400조~403조).

앞서 수하인에 대한 운송물의 인도에 관해 말한 바와 같이 운송인에 대한 운송물의 인도도 특약이나 관습이 없는 한 현실의 인도를 뜻하고 목적물반환청구권의 양도에 의한 인도는 포함하지 않는다고 보아야 한다(대법원 1995. 6. 13. 선고 92다19293 판결). 운송계약의 성질상 운송인에 대한 운송물의 인도는 운송인이 추가적인 비용부담이 없이 운송을 개시할 수 있는 상태를 만들어 주는 것을 의미한다고 보아야 하기 때문이다.

(2) 화물명세서교부청구권

운송인은 송하인에 대하여 화물명세서를 작성·교부해 줄 것을 청구할 수 있는

데(126조 1항), 이에 대하여는 이미 앞에서 언급하였으므로 자세한 설명은 생략한다.

(3) 운임 기타 비용청구권

1) 운임의 의의 운임은 운송의 대가로서 운송인에게 주어지는 보수이다. 상인으로서의 운송인의 영리성이 이 운임에 의해 실현되므로 운임채권은 운송인의 가장 중요한 권리이다. 운임은 보통 금전으로 지급되지만 운송의 대가로 주어지는 한 어떤 형태의 급부로 주어지더라도 무방하다. 또 운임의 계산도 각 운송계약의 특수성에 따라 다양한 기준에 의해 행해질 수 있다. 운임은 운송시간, 운송거리, 또는 운송물의 종류·중량 등의 어느 하나 또는 수개의 기준을 복합하여 정하고 있다. 일정시간 또는 일정기간 독점적으로 운송수단을 사용하기로 하고(소위 "대절" 또는 "전세") 소정의 금액을 지급하는 방법도 이용되고 있다.

운임은 보통 운송계약에서 정해지지만, 운송계약에서 정하지 않더라도 운송인은 상인으로서 보수청구권을 가지므로(61조) 당연히 운임을 청구할 수 있다. 이 경우 운임은 거래관행, 운송비용과 합리적인 이윤 등을 고려하여 그 금액을 정해야 한다.

2) 운임채권의 행사 운송인은 운송을 완료하고 수하인 또는 화물상환증 소지인에게 운송물을 인도할 때 운임을 청구할 수 있다(141조). 즉 일반 도급에 있어서 수급인의 보수청구권(민 665조)과 같이 후급이 원칙이다. 물론 송하인과의 약정에 의해 운임의 전부 또는 일부를 선급받을 수도 있다.

운송을 완료하지 않은 상태에서도 송하인이나 화물상환증소지인이 처분권을 행사한 때(139조 1항), 그리고 운송물이 송하인의 과실로 멸실한 때(134조 2항)에는 운임을 청구할 수 있다.

3) 운임의 채무자 수하인이나 화물상환증소지인이 운송물을 수령한 때에는 운송인에 대하여 운임 기타 운송에 관한 비용과 체당금을 지급할 의무를 부담한다(141조, 131조). 여기서 운송인이 운송을 완료하고 수하인이나 화물상환증소지인에게 운임채권을 행사한다 하더라도 이는 운송물의 인도와 동시이행의 항변을 주장할 수 있다는 것 뿐이지(141조), 운송물의 인도와 상관 없이 이들을 상대로 운임채권을 행사할 수 있다는 것은 아니다. 따라서 수하인이나 화물상환증소지인에 대한 운임청구권은 대물적인 권리라고 할 수 있다. 그러므로 수하인이나 화물상환증소

지인이 운송물을 수령하지 아니하면 운송인이 운임을 받지 못하게 되는데, 송하인은 운송계약의 당사자로서 운임에 대한 본래의 채무자이므로 이 경우에는 송하인을 상대로 운임을 청구할 수 있다고 보아야 한다. 이는 운송물이 송하인의 과실로 멸실한 경우 송하인을 상대로 운임을 청구할 수 있다고 하는 제134조 제 2 항의 취지를 보더라도 명백하다.

그러나 운송인이 운임을 받지 아니하고 수하인이나 화물상환증소지인에게 운송물을 인도한 경우에는 송하인에게 운임을 청구할 수 없다고 보아야 한다.

4) 운송물의 멸실과 운임채권 운송물의 일부 또는 전부가 멸실된 경우 그것이 누구의 과실에 의한 것이냐에 따라 운임채권의 행사가 달라진다.

첫째, 운송인의 과실에 의한 경우에는 운임은 송하인의 손익상계를 위해 운송인의 손해배상액에서 공제한다(137조 4항).

둘째, 운송물의 멸실이 그 성질이나 하자 또는 송하인의 과실로 인한 때에는 운송인은 운임의 전액을 청구할 수 있다(134조 2항). 이 경우 운송물의 멸실로 인해 운송인에게 절감되는 비용(예컨대 운송 도중 전부멸실되어 도착지까지의 운반이 불필요하게 된 경우의 경비절감)은 손익상계를 해야 할 것이나, 운송인의 기회비용을 보상해 주기 위하여 운임 전액을 청구할 수 있게 한 것이다.

셋째, 운송물의 멸실이 불가항력에 의한 경우에는 운송인은 운임을 청구하지 못하며, 이미 운임의 전부 또는 일부를 선급받았다면 그 금액을 반환하여야 한다(134조 1항). 이는 채무자 위험부담주의의 일반원칙(민 537조)을 따른 것으로서 주의적인 규정에 불과하다. 그러나 본조는 임의규정이므로 불가항력으로 인해 운송물이 멸실한 경우에도 운임을 지급하기로 하는 특약을 할 수 있다(대법원 1972. 2. 22. 선고 71다2500 판결).

5) 기타 비용의 청구 운송인은 운임 외에 운송에 관한 비용과 체당금을 청구할 수 있다(141조). 여기서 「운송에 관한 비용」이라 함은 운송인이 운송물을 운반하기 위하여 소요된 비용, 즉 운송원가를 뜻하는 것이 아니다. 이는 운임으로 보상되기 때문이다. 그 밖에 운송계약상 운임으로 보상되지 아니하는 비용, 예컨대 통관비 · 보관료 및 수하인이 수령을 지연하여 생긴 보관료 등을 뜻한다. 「체당금」은 제55조 제 2 항의 체당금과 같은 뜻이므로 설명을 되풀이하지 않는다.

6) 운임 등 채권의 확보 운송인은 운임과 기타 비용을 변제받기 위해 운송물의 인도와 동시이행의 항변권을 갖는다 함은 기술한 바와 같다. 운송인은

이 채권을 가지고 운송물에 대해 유치권을 행사할 수 있으며(147조→ 120조), 운송물을 수령하지 않을 경우에는 운송물을 경매하여 그 대금을 가지고 운임에 충당할 수 있다(145조→ 67조 3항).

7) **시 효** 운송인의 송하인 또는 화물상환증소지인에 대한 운임 등 기타 채권은 1년간 행사하지 아니하면 소멸시효가 완성한다(147조→ 122조).

(4) 유 치 권

운송인은 앞서 말한 운임·비용·체당금 등의 채권을 가지고 운송물에 대해 유치권을 행사할 수 있다(147조→ 120조). 운송인의 유치권은 목적물이 운송물로 제한되어 있다는 점에서 민사유치권(민 320조) 또는 일반 상사유치권(58조)과 다르나 목적물이 채무자소유임을 요하지 않는다는 점에서 민사유치권과 같고, 피담보채권이 목적물과 제한된 의미에서의 견련성이 있는 채권에 국한된다는 점에서 민사유치권과 유사하다.

(5) 운송물의 공탁·경매권

수하인 등이 운송물을 수령하지 않을 경우 운송인은 운송물을 보관해야 하는 부담을 안게 되어 영업의 신속한 수행에 방해가 되고 나아가 운송인의 영리실현에 지장을 주게 된다. 그러므로 상법은 운송인이 운송물을 공탁 또는 경매하여 채무를 벗어나고 아울러 자신의 운임 등의 채권을 실현할 수 있는 길을 열어주고 있다.

1) **공 탁 권** 운송인은 수하인을 알 수 없는 때(142조 1항), 수하인이 운송물의 수령을 거부하거나 수령할 수 없는 때(143조 1항)에는 운송물을 공탁할 수 있다. 여기서 「수하인」이라 함은 송하인이 지정한 수하인만을 가리키는 것이 아니고 운송물을 수령할 권한이 있는 자를 가리키는 것으로 보아야 한다. 그러므로 화물상환증이 발행된 때에는 화물상환증의 소지인을 뜻한다. 「수하인을 알 수 없는 때」(142조 1항)라 함은 송하인이 수하인을 지정하였지만, 수하인을 특정할 수 없거나 소재가 불명한 때 또는 화물상환증을 발행하였으나 화물상환증소지인이 누구인지 알 수 없는 때 등을 뜻한다. 송하인이 수하인을 지정하지 아니한 때에는 송하인 자신을 수하인으로 보아야 하므로 이에 해당하지 아니한다.

「수령을 거부한 때」(143조 1항)라 함은 수하인 또는 화물상환증소지인 등이 정당한 사유 없이 운송물의 수령을 거절한 때를 말한다. 그러나 운송물이 일부 멸실·훼손되거나 연착되어 손해배상에 관한 다툼 때문에 수령을 거절하고 있다면 여기서 말하는 「수령을 거부한 때」가 아니다.

「수령할 수 없는 때」(143조 1항)란 수하인 또는 화물상환증소지인의 주관적 사정(질병·여행 등) 또는 객관적 사정(천재지변으로 인한 교통의 두절 등)으로 수령이 장기간 불가능한 때를 뜻한다. 이러한 사유가 있을 경우 운송인은 수하인 또는 화물상환증소지인의 비용부담 하에 공탁할 수 있으며, 공탁하였을 때에는 송하인에게 지체 없이 통지를 발송하여야 한다(142조 3항).

2) **경 매 권** 운송인은 공탁에 갈음하여 운송물을 경매할 수 있다. 경매는 운송물을 종국적으로 처분하는 것이므로 수하인 등을 보호하기 위하여 보다 엄격한 절차를 요한다.

(가) **요 건** 기술한 공탁의 사유가 있을 경우 운송인은 송하인에 대하여 상당한 기간을 정하여 운송물의 처분에 대한 지시를 최고하고, 그 기간 내에 지시를 받지 못한 때에는 운송물을 경매할 수 있다(142조 2항, 143조 1항).

그러나 수하인이나 화물상환증소지인이 수령을 거부하거나 수령할 수 없음을 이유로 하여 공탁하고자 할 경우(143조 1항의 사유)에는 경매를 하기 전에 상당한 기간을 정하여 운송물의 수령을 최고하여야 한다(143조 2항). 수하인이나 화물상환증소지인을 알 수 없어 경매하고자 하는 경우(142조 1항의 사유)에는 수하인에게 최고가 불가능하므로 위에 말한 송하인에 대한 최고 후에 경매할 수 있다.

그러나 운송물이 멸실 또는 훼손될 염려가 있을 경우에는 위와 같은 최고 없이 경매할 수 있다(145조→67조 2항).

(나) **통 지** 경매를 한 때에는 지체없이 송하인에게 그 통지를 발송하여야 한다(142조 3항).

(다) **공시최고와 경매** 송하인·화물상환증소지인·수하인 모두를 알 수 없을 경우에는 위와 같은 절차를 밟을 수 없으므로 공시최고를 하고 경매할 수 있다(144조).

공시최고기간은 6월 이상으로 정하고, 그 기간 내에 권리를 주장할 것을 관보나 일간신문에 2회 이상 공고하여야 한다. 이 기간 내에 권리를 주장하는 자가 없는 때에는 운송물을 경매할 수 있다.

㈑ **대금의 공탁 · 채권에의 충당** 경매한 후에는 대금 중 경매비용을 공제한 잔액을 공탁해야 하나, 그 전부 또는 일부를 운임 등 운송인의 채권의 변제에 충당할 수 있다(145조→67조 3항).

4. 수하인의 지위

(1) 총 설

운송에서는 발송지와 도착지가 원격해 있는 까닭에 도착지에서 운송물을 수령할 자가 필요하므로 운송관계에 수하인이 등장한다. 물론 송하인이 자신을 수하인으로 해서 직접 운송물을 수령할 수도 있다. 또 화물상환증을 발행하는 경우에는 화물상환증소지인만이 배타적으로 운송물에 관한 권리를 행사할 수 있으므로 수하인이 필요 없으며, 있더라도 법상 아무런 권리를 갖지 아니한다.

그러나 화물상환증이 발행되지 않은 상태에서 송하인이 제3자를 수하인으로 지정한 경우에는 그 수하인은 운송계약의 당사자가 아니면서도 운송계약상의 권리를 취득하고 의무를 부담한다.

(2) 수하인의 지위변화

운송의 진행에 따라 수하인의 법적 지위가 점차 발전해 나아가는 특수한 모습을 보인다. 단계별로 설명하면 다음과 같다.

1) **도 착 전** 운송물이 도착지에 도착하기 이전에는 수하인은 운송물에 대하여 아무런 권리를 갖지 못하고 송하인만이 권리를 갖는다. 또 운송 도중에 운송물이 전부멸실된 경우에는 송하인만이 손해배상청구권을 가지며, 송하인이 운송 도중에 또는 운송물이 도착지에 도착한 후 수하인이 인도를 청구하기 이전에 처분권(139조)을 행사하면 수하인은 권리를 행사할 기회조차 갖지 못한다.

2) **도착 후 인도청구권** 운송물이 도착지에 현실로 도착하면 수하인은 운송계약상 송하인이 갖는 권리와 동일한 권리를 취득한다(140조 1항). 따라서 수하인은 자신의 이름으로 운송물의 인도를 청구할 수 있고, 운송물의 일부멸실 · 훼손 · 연착에 의한 손해배상을 청구할 수 있다.

한편 수하인이 권리를 갖는다고 해서 송하인의 권리가 소멸하는 것은 아니고, 수하인이 인도청구를 할 때까지는 처분권을 갖는다(139조). 따라서 이 시기에는 송하인과 수하인 중 먼저 권리를 행사하는 자가 우선한다는 결과가 된다. 그러므로 운송물의 도착으로 송하인의 권리가 수하인에게 이전되는 것은 아니고, 수하인이 송하인과 동일한 권리를 병존적으로 취득할 뿐이다. 따라서 운송인은 송하인에 대해 갖는 모든 항변을 가지고 수하인에게 대항할 수 있다. 이 점 화물상환증소지인의 법적 지위와 크게 다르다.

3) 수하인의 인도청구 후　수하인이 운송물의 인도를 청구한 때에는 수하인의 권리가 송하인의 권리에 우선한다(140조 2항). 수하인의 청구로 인해 송하인의 권리가 종국적으로 소멸하는 것은 아니다. 수하인이 운송물의 수령을 거부하거나 수령할 수 없는 때에는 운송인이 송하인에게 처분지시를 최고하는 수도 있기 때문이다(143조 1항, 142조 2항).[1] 그러므로 본조의 정확한 의미는 수하인의 수령거부 등을 해제조건으로 하여 송하인의 권리가 소멸하는 것이라고 할 수 있다.

(3) 수하인의 지위의 성질

수하인은 운송계약의 당사자가 아니면서도 위와 같은 운송계약상의 권리를 갖는 독특한 지위를 갖는다. 그래서 그 지위를 법리적으로 설명하기 위하여, 수하인을 송하인의 대리인으로 보는 설, 수하인이 송하인을 위해 사무관리를 하는 것으로 보는 설, 수하인의 지정을 제 3 자를 위한 계약(민 539조)으로 보는 설(이(기)·최 519; 최·김 340) 등이 있으나 모두 어느 일면의 설명에 그치므로 다수설은 운송의 특수성을 감안하여 상법이 인정하는 특수한 지위라고 설명한다(강·임 298; 김성탁 313; 서완석 323; 서헌제 349; 손주찬 338; 손진화 279~280; 송옥렬 192; 오성근 414; 임홍근 448; 정경영 246; 정동윤 263; 정찬형 363; 최준선 393).

5. 화물상환증

(1) 총　설

1) 의　의　화물상환증(bill of lading; Ladeschein)이란 운송인에 대한

1) 1995년 개정 전 제139조가 송하인의 권리가 소멸한다고 규정한 것을 개정법은 제140조 규정의 위치를 달리하며 수하인의 권리가 송하인의 권리에 우선한다는 표현으로 고친 것이다.

운송물인도청구권을 표창하는 유가증권이다. 화물상환증이 발행됨으로써 운송물 인도청구권은 배타적으로 화물상환증소지인에게 귀속하므로(유가증권 일반의 속성) 화물상환증소지인은 증권의 문언에 따라 운송물인도청구권 등의 권리를 행사할 수 있으며(131조, 문언증권성), 또한 일단 화물상환증이 발행된 이상 운송물에 관한 처분은 화물상환증에 의해 하여야 한다(132조, 처분증권성). 그리고 동 소지인은 화물상환증의 양도에 의해 운송물에 관한 권리를 이전할 수 있다(130조, 지시증권성). 이와 같이 화물상환증은 운송물에 관한 권리 그 자체와 같은 가치를 가지고 유통될 수 있으므로 형식적 엄격성이 요구된다. 따라서 화물상환증은 법소정의 형식을 갖추어야 그 효력이 인정된다(128조 2항, 요식증권성). 아울러 운송물이 인도된 후 실체적 권리가 소멸한 상태에서 화물상환증이 유통되는 것을 방지하기 위하여 운송물은 화물상환증과 상환하여 인도하도록 한다(129조, 상환증권성). 상환증권성에 의해 운송인은 화물상환증의 제시가 없는 한 운송물의 인도를 거절할 수 있는데, 이는 운송인의 권리일 뿐 아니라 의무이기도 하다(대법원 1992. 1. 21. 선고 91다14994 판결).

이상과 같이 화물상환증은 유가증권으로서의 성격을 충실히 갖추고 있으나, 운송물에 관한 권리는 화물상환증의 작성에 의해 발생하는 것이 아니다. 화물상환증은 운송계약에 의해 이미 발생한 권리를 표창할 뿐이며(非설권증권성), 그 권리의 내용도 실체적인 권리관계에 의해 주어질 뿐이다(요인증권성).

2) 기 능 운송중에는 운송물의 가치가 동결되므로 자금과 상품의 부단한 순환을 통해 영리를 실현하는 상인의 입장에서는 매우 비경제적인 구속이라 할 수 있다. 이에 송하인은 화물상환증을 발행받아 이를 양도 · 입질 등의 방법으로 처분함으로써 운송물의 교환가치를 활용할 수 있는 것이다.

화물상환증은 원래 해상운송에서 발전한 선하증권이 육상운송에 응용된 것인데, 선하증권은 활용도가 높지만 육상운송은 운송기간이 짧기 때문에 그 이용도가 낮다. 특히 우리나라에서는 전국토가 1일 운송권이라서 화물상환증이 발행되는 예는 극히 드물다. 그러나 상법은 창고증권과 선하증권에 대해 화물상환증에 관한 규정을 준용하는 방식을 취하고 있으므로(157조, 861조), 화물상환증의 법리는 창고증권 또는 선하증권의 기초법리를 이루고 있다고 할 수 있어 그 중요성은 실제의 활용도와 달리 매우 크다.

(2) 화물상환증의 발행

1) 발 행 인　　화물상환증은 송하인의 청구에 의해 운송인이 발행한다(128조 1항). 발행을 청구하는 것은 송하인의 임의이나 송하인이 발행을 청구하면 운송인은 반드시 발행해야 한다.

발행시기에 대해서는 명문의 규정이 없으나 운송계약 이후에 발행할 수 있음은 명백하고, 화물상환증은 운송물의 수령도 증명하므로 운송인이 운송물을 수령한 후에 발행해야 한다고 보는 것이 일반적이다(강·임 303; 김성탁 335; 서완석 326; 손주찬 355; 오성근 417; 이(기)·최 521; 정동윤 265; 정준우 346; 정찬형 379; 최·김 372; 최준선 398). 송하인은 운송물을 인도한 후에야 화물상환증의 발행을 청구할 수 있음을 물론이지만, 운송인이 운송물의 수령 전이라도 자기의 위험부담하에 화물상환증을 발행하는 것은 무방하며 이를 무효로 볼 것은 아니다(후술).

2) 기재사항

(가) **법정기재사항**　　화물상환증에 기재해야 할 법정사항은, (ⅰ) 운송물의 종류, 중량 또는 용적, 포장의 종별, 개수와 기호, (ⅱ) 도착지, (ⅲ) 수하인과 운송인의 성명 또는 상호, 영업소 또는 주소, (ⅳ) 송하인의 성명 또는 상호, 영업소 또는 주소, (ⅴ) 운임 기타 운송물에 관한 비용과 그 선급 또는 착급의 구별, (ⅵ) 화물상환증의 작성지와 작성년월일이며, 이를 기재하고 운송인이 기명날인 또는 서명하여야 한다(128조 2항).

이 중 (ⅲ)의 수하인은 반드시 운송계약상의 수하인을 뜻하는 것은 아니고, 화물상환증에 의해 권리를 행사할 자, 즉 화물상환증의 수취인을 뜻한다. 이 의미의 수하인은 송하인에 의해 지정된다. 송하인이 지정한 화물상환증상의 수하인이 운송계약상의 수하인과 다르다고 하여 운송인이 그 기재를 거부할 수는 없다. 수하인을 기재하게 한 것으로 보아 화물상환증은 기명식으로만 발행되어야 하는 듯이 해석될 소지가 있으나, 상법 제65조에서 금전, 물건 또는 유가증권의 지급을 목적으로 하는 유가증권에 무기명채권에 관한 민법규정(민 523조 이하)도 준용하고 있는 취지로 볼 때, 화물상환증은 무기명식으로 발행되어도 무방하다.

이상의 기재사항은 법정기재사항이지만 화물상환증은 요인증권이므로 그 要式性을 어음·수표와 같은 무인증권처럼 엄격하게 볼 필요는 없다. 따라서 일부 기재사항이 결여되었더라도 운송물의 동일성이 인정될 수 있고, 도착지에서의 인도의무가 확정되어 있으면 유효하다(통설). 그러나 운송인의 기명날인(또는 서명)은 절대로 생략될 수 없는 사항이다.

(나) **임의적 기재사항** 위의 법정기재사항 외에도 운송인과 송하인의 합의에 따라 기타 사항을 기재할 수 있다. 예컨대 보증에 관한 사항, 배상액, 면책사항 등은 흔히 기재하는 사항이다.

(3) 화물상환증의 양도

화물상환증은 당연한 지시증권으로서 기명식으로 발행한 경우에도 배서에 의해 양도할 수 있다(130조 본). 화물상환증의 양도에 의해 송하인 또는 그 이후의 소지인은 운송물을 환가·처분할 수 있다. 그러나 화물상환증에 배서를 금지하는 뜻을 기재하면 배서에 의해 양도할 수 없고(130조 단), 일반 지명채권의 양도방법에 따라 양도할 수 있다(민 450조).

배서는 무조건으로 하여야 하며, 배서에 붙인 조건은 기재하지 아니한 것으로 본다(65조→어 12조 1항). 즉 조건 없는 배서로 본다. 그리고 일부의 배서는 무효로 본다(65조→어 12조 2항). 배서는 기명날인(또는 서명)을 요건으로 하며, 기타 배서의 방식은 일반 지시채권과 같다(65조→민 510조, 511조).

화물상환증의 배서에는 권리이전적 효력과 자격수여적 효력이 있지만(65조→민 508조, 513조), 담보적 효력은 없다. 이 점 어음·수표의 배서와 다름을 주의하여야 한다(어 15조 1항; 수 18조 1항). 상법 제65조에서 어음·수표 이외의 유가증권에 관하여 어음 배서의 담보적 효력에 관한 어음법 제15조를 준용하지 아니하므로 화물상환증뿐 아니라 다른 유가증권의 배서에도 담보적 효력은 없다.

배서에 담보적 효력을 인정한다는 것은 주채무자가 채무를 이행하지 않을 경우 배서인에게 이행을 상환청구할 수 있게 한다는 뜻인바, 화물상환증의 배서에 담보적 효력을 인정하지 않은 이유는 운송인의 채무불이행이 있더라도 권리(운송물인도청구권)의 성질상 배서인들에게 이행을 상환청구할 수가 없기 때문이다(소지인이 자기의 배서인에게 손해배상을 청구할 수 있을 뿐이다).

(4) 화물상환증의 효력

화물상환증은 운송물인도청구권을 표창하므로 채권적인 유가증권인 한편,

화물상환증은 운송물 자체를 대표하므로 화물상환증의 교부는 운송물 자체를 인도하는 것과 같은 물권적 성질을 가진다. 이 2가지가 화물상환증의 중심적 효력이다.

1) **채권적 효력** 화물상환증의 소지인은 운송인에 대하여 운송물의 인도를 청구할 수 있는 채권관계에 서게 된다. 이를 화물상환증의 채권적 효력이라고 한다.

화물상환증소지인은 운송인에 대하여 화물상환증의 기재사항에 따라 권리를 행사하고 운임지급 등 의무를 부담한다. 이를 화물상환증의 문언증권성이라 한다. 한편 화물상환증은 어음·수표와 같은 무인증권과는 달리 운송계약에 원인을 두고 발행되는 것이므로 화물상환증에 의한 권리관계는 그 원인인 운송계약의 내용에 의해 구속된다. 이를 화물상환증의 요인증권성이라 한다.

그런데 화물상환증의 기재사항과 운송계약의 내용이 상위할 경우 어느 쪽에 의해 운송인의 책임을 인정할 것이냐가 문제된다. 예컨대 화물상환증에는 운송물이 철광석 100t으로 기재되어 있는데 운송인이 실제로 송하인으로부터 인도받아 운송하는 물건은 석탄 100t인 경우 또는 아무 것도 인도받은 것이 없는 경우와 같다. 이 경우 요인증권성을 중시한다면 운송인은 석탄을 인도받았으면 석탄을 인도하면 되고, 인도받은 것이 없으면 운송물인도의무가 생기지 아니한다. 이에 반해 문언증권성을 중시한다면 철광석을 인도해야 할 것이나, 그 인도가 불가능하므로 운송물이 전부 멸실한 경우와 같은 기준에 따라 손해배상을 해야 할 것이다. 이 문제는 화물상환증의 소지인이 송하인이냐 송하인 이외의 제 3 취득자이냐에 따라 달리 해결해야 한다.

㈎ **소지인이 송하인인 경우** 소지인이 송하인인 경우에는 화물상환증의 기재사항이 어떠하든간에 운송인과의 실제 운송계약에 따라 해결해야 한다. 즉 앞의 예에서 운송인은 송하인에게 석탄 100t을 인도하면 된다. 그러나 실제문제로서 송하인이 운송인에게 석탄 100t을 인도하고도 철광석 100t을 인도했다고 주장할 수도 있고, 반대로 운송인은 철광석 100t을 인도받고서도 석탄 100t을 수령하였다고 주장할 수도 있다. 이같이 운송물의 동일성에 관해 운송인과 송하인간에 다툼이 있을 경우에는 증명책임의 배분문제로 귀착되는데, 화물상환증의 문언성에 의해 증명책임이 배분된다. 즉 운송인과 송하인 사이에는 화물상환증에

적힌 대로 운송계약이 체결되고 운송물을 수령한 것으로 추정한다(131조 1항). 위 예에서 화물상환증에 석탄 100t으로 기재되어 있다면, 철광석의 인도를 요구하는 송하인이 원래 운송인에게 인도한 물건이 철광석 100t이었음을 증명해야 하는 것이다.

(나) **소지인이 제 3 자인 경우** 화물상환증이 유통되어 송하인 이외의 자가 취득한 경우에도 화물상환증의 요인성에 의해 해결함이 원칙이다. 그러나 실제와 다른 기재를 신뢰하고 취득한 제 3 자가 있는 경우에는 화물상환증의 유통증권성을 우선시켜 그 제 3 자를 보호해야 한다. 그리하여 상법은 문언성에 따라 운송인은 화물상환증을 선의로 취득한 소지인에 대하여는 화물상환증에 적힌 대로 운송물을 수령한 것으로 보고 화물상환증에 적힌 바에 따라 책임을 지도록 규정하고 있다(131조 2항). 위 예에서 화물상환증에 철광석 100t이라고 기재되어 있다면, 실제 운송인이 수령한 물건은 석탄 100t이고 또 이를 증명하더라도 선의의 제 3 자에 대해서는 철광석 100t을 인도해야 하는 것이다. 물론 운송인은 수령하지 않은 물건을 인도할 수는 없으므로 결국 채무불이행이 되고 손해배상책임을 지게 된다.

구 제도하의 이론

2010년 개정전 상법 제131조는 「화물상환증을 작성한 경우에는 운송에 관한 사항은 운송인과 소지인간에 있어서는 화물상환증에 기재된 바에 의한다」라고 규정하였다. 그리하여 화물상환증에 기재되어 있는 운송물과 실제 인도하였다고 주장하는 물건이 상위한 경우에는 화물상환증에 기재된 물건을 인도해야 한다는 설(문언성설), 실제의 운송인이 인도받은 물건을 인도하면 된다는 설(요인성설)이 대립하였다. 선하증권에 관해서도 같은 문제가 생기는데, 판례는 요인성설을 취했다(대법원 2008. 2. 14. 선고 2006다47585 판결). 그러나 2007년 해상편이 개정되면서 제854조가 현행과 같이 신설되었고, 이어 2010년에 화물상환증에 관해서도 제131조가 제854조와 동일한 내용으로 개정되면서 문언성설을 해결기준으로 채택하였다.

2) 물권적 효력

(가) **의 의** 「화물상환증에 의하여 운송물을 받을 수 있는 자」에게 화물상환증을 교부한 때에는 운송물 위에 행사하는 권리의 취득에 관하여 운송물을 인도한 것과 동일한 효력이 있다(133조). 따라서 운송물의 양도 또는 입질을 위해 화물상환증을 교부한 때에는 그 수취인은 운송물 위에 소유권 또는 질권을 취득하

게 된다. 이를 화물상환증의 물권적 효력이라 한다.

(나) **요 건** 증권의 교부로 물권적 효력이 발생하기 위해서는 다음과 같은 요건을 구비해야 한다.

(ㄱ) **운송인이 운송물을 인도받아 점유할 것** 물권적 효력은 운송물이 실물로 존재하며, 운송인의 점유하에 있음을 전제로 하는 것이므로 화물상환증이 운송물의 인도 없이 발행되거나(즉 공권), 운송물이 멸실된 경우에는 물권적 효력이 생기지 아니한다. 운송인이 운송물을 직접 점유해야 하는 것은 아니고, 언제든지 인도받아 화물상환증소지인에게 반환할 수 있는 상태에 있으면 족하다.

(ㄴ) **화물상환증에 의하여 운송물을 받을 수 있는 자에게 증권이 교부될 것**

「화물상환증에 의하여 운송물을 받을 수 있는 자」란 화물상환증의 정당한 소지인, 즉 연속되는 배서에 의해 화물상환증을 취득하여 점유하는 자를 말한다. 이에 반해 증권의 단순한 점유자는 물권적 효력을 누릴 수 없다. 상속·합병에 의해 화물상환증을 취득한 자는 배서의 연속이 없이 물권적 효력을 누릴 수 있지만 그 소지인이 승계원인을 증명하여야 한다.

(ㄷ) **운송물 위에 행사하는 권리의 처분** 권리는 처분행위의 내용에 따라 소유권·질권·양도담보 등 다양하다.

(다) **물권적 효력의 내용** 운송물은 운송인이 직접점유하고, 최초의 화물상환증소지인은 운송인에 대해 갖는 운송물반환청구권을 통해 운송물을 간접점유한다고 볼 수 있다. 이같이 간접점유자가 목적물을 양도하고자 할 경우 원래 민법상으로는 그가 직접점유자에게 갖는 목적물반환청구권을 양수인에게 양도함으로써 목적물을 인도한 것으로 본다(민 190조). 그리고 목적물반환청구권은 채권적 청구권이므로 이를 양도하기 위하여는 운송인에게 통지하거나 그의 승낙을 받는 등 채권양도의 절차(민 450조)를 밟아야 할 것이다. 그러나 상법 제133조 법문에서는 화물상환증의 교부는 「운송물의 인도와 동일한 효력이 있다」고 규정하고, 이를 물권적 효력이라 하는데, 이 규정을 민법 제190조 및 제450조와 관련하여 어떻게 이해하여야 하느냐에 관해 다음과 같이 견해가 대립한다.

(ㄱ) **절 대 설** 이 설에 의하면 상법 제133조는 민법 제190조의 특칙으로서, 화물상환증의 교부는 민법상의 목적물 반환청구권의 양도에 의한 인도방법(민 190조)과는 관계 없이 상법이 운송물에 관해 특별히 인정한 인도방법이라고 한다.

그러므로 증권의 소지인은 별도로 목적물반환청구권의 양도를 위한 절차(민 450조의 통지 또는 승낙 등의 대항요건)를 밟음이 없이 증권의 교부만으로 운송물에 관한 간접점유를 이전할 수 있다고 한다. 그리고 운송인이 운송물을 직접점유하지 않더라도 증권의 교부에 의한 인도가 가능하다고 한다. 다만 운송물의 존재는 기본적인 전제이므로 화물상환증이 공권이거나 운송물이 멸실된 경우 또는 운송물이 제 3 자에 의해 선의취득된 경우에는 화물상환증이 교부되더라도 물권적 효력이 생기지 않는다고 한다.

절대설은 화물상환증소지인의 지위를 강화하고, 증권의 유통을 보호하는 데 역점을 둔 견해이다.

(ㄴ) **상 대 설** 화물상환증교부의 물권적 효력을 민법 제190조와 연결지어 이해하려는 견해로서 연결의 정도에 따라 다시 2가지 견해로 나뉜다.

엄정상대설은 증권의 교부를 인도의 특수한 방법으로 보지 않고 민법상의 목적물반환청구권의 양도에 의한 인도의 한 방법에 지나지 않는다고 본다. 따라서 화물상환증의 교부에 의해 운송물을 인도하는 효과를 실현하기 위해서는 운송인이 반드시 운송물을 직접 점유해야 하고, 증권의 교부 외에 목적물반환청구권의 양도절차(운송인에 대한 통지 또는 운송인의 승낙)를 갖추어야 한다. 결과적으로 이 설에 의할 때에는 화물상환증의 물권적 효력은 완전히 부인되는데, 국내에는 이 설을 취하는 학자가 없다.

대표설은 화물상환증이 운송물을 대표한다고 보고 증권의 교부만에 의해 운송물의 간접점유를 이전하는 효과가 생긴다고 한다. 따라서 운송인이 운송물을 직접점유하고 있어야 한다. 이 설은 화물상환증의 교부에 의해 이전되는 것은 운송물의 간접점유라고 보므로 기본적으로는 민법 제190조에 근거를 두고 있으며, 목적물반환청구권의 양도절차를 요구하지 아니한다.

대표설에 의하면 운송인이 운송물을 직접점유할 것을 요하므로 운송인이 일시점유를 상실하고 있는 동안 화물상환증이 양도되면 운송물의 점유이전이 불가능해지는 난점이 있다. 그래서 대표설은 운송인이 창고업자에게 운송물을 보관시킬 경우에도 운송인이 직접점유한 것으로 보며, 운송인이 일시 점유를 잃더라도 점유회수의 소권(민 204조 1항, 208조)을 갖는 한 운송인이 점유한 것으로 보는 등 운송인의 직접점유를 넓게 해석함으로써 그 난점을 보완하고 있다.

상법 제133조는 화물상환증에 표창된 운송물반환청구권을 유가증권법적으로 양도하는 특별한 방식을 규정한 것으로 화물상환증의 교부를 운송물의 인도 또는 인도의 대용물로 규정한 것이라는 설도 주장되고 있다(절충설: 김정호 379; 이(기)·최 488; 전우현 362; 정동윤 272). 이 설도 화물상환증의 교부에 의해 운송물의 간접점유가 이전되며, 운송인은 운송물을 직접점유하고 있어야 한다고 하므로 대표설과 기본적으로 차이가 없어 보인다. 다만 대표설에서 요구하는 운송인의 점유는 타주점유인데 반해, 절충설에서는 운송인이 자주점유를 하더라도 무방하다고 하므로, 예컨대 운송인이 운송물을 횡령할 의사로 점유할 경우 대표설에 의하면 화물상환증이 교부되더라도 운송물의 간접점유가 이전될 수 없으나, 절충설에 의하면 이 경우에도 이전된다는 점이 차이점이다.

그러나 대표설 하에서 화물상환증의 교부에 의해 운송물의 점유가 이전하는 것이 화물상환증이 운송물을 대표하기 때문이라고 본다면 운송인이 횡령한다 하여 그에 대한 반환청구권이 소멸하는 것은 아니므로 여전히 화물상환증의 교부에 의해 운송물의 점유는 이전한다고 해야 할 것이고, 이 점에서 절충설과의 차이점을 찾기 어렵다.

㈂ 절대설에 의하면 화물상환증의 유통이 크게 조장되는 듯하나, 공권이거나 운송물이 멸실된 경우 또는 제 3 자가 운송물을 선의취득한 경우에는 물권적 효력을 인정하지 아니하므로 사실상 대표설과 차이가 없다. 따라서 동산의 인도에 관한 법체계에 혼란을 주고 얻은 대가치고는 기대에 미치지 못한다. 대표설은 동산의 인도에 관한 법리를 해치지 아니하면서 절대설과 대등한 수준의 거래의 안전을 가져다주므로 현재 통설은 이를 지지하고 있다.

판례는 엄정상대설을 취하지 않음은 명백하나([판례 101] 참조), 절대설인지 대표설인지를 밝혀주는 판례는 아직 없다.

판례 101 대법원 1989. 12. 22. 선고 88다카8668 판결

「… 피고의 피용자나 대리인이 16파렛트의 운송물 전부를 인수하고 수령선하증권에 선적의 뜻을 기재하여 송하인에게 교부한 이상, 그 선하증권의 운송물 전부에 대한 수령선하증권으로서의 유효성은 부인할 수 없는 것이며(상 813조 참조), 수하인인 원고는 인도증권인 위 수령선하증권을 적법하게 취득함으로써 운송인측이 보관하고 있는 운송물 전부에 대하여 그 소유권을 취득하였다고 할 것이고(상 820조, 133조 참조), 운송물 가운데 일부가 신용장에 기재된 최종선적기일 이후에 선적되어 지연운송되었다는 사유만으로는 특약이 없는 한 하수인에게 당연히 그 수령을 거부하고 전보배상을 구할 권리가 있다고 볼 수 없는 것이다. 따라서 위의 점에 관한 특약이 있다는 주장·입증(증명)이

없는 이 사건의 경우 손해배상액을 산정함에 있어서는 마땅히 지연운송된 운송물의 소유권이 원고에게 귀속되었으므로 이로 인한 이득을 공제하여야 할 것이고 그 이득액은 원고가 운송인으로부터 지연운송된 운송물을 수령할 수 있었던 당시의 시가상당액이라 할 것이다.」

註) 위 판례는 선하증권에 관한 것이지만, 제820조가 준용하는 제133조의 해석론을 다룬 것이므로 화물상환증에 관해서도 같은 입장을 취한 것으로 볼 수 있다.

* 同旨: 대법원 1983. 3. 22. 선고 82다카1533 전원합의체 판결; 동 1997. 7. 25. 선고 97다19656 판결.

사실관계: 한국열관리 주식회사(원고)가 독일에서 적산열량계를 수입하는데 수출회사가 ㈜대한상선(피고)에 운송을 의뢰하였다. 그런데 선적항(함부르크)에서 피고를 위해 선적작업을 하던 회사가 착오로 열량계의 일부를 선적하지 않았으나, 피고는 그것을 모르고 열량계 전량에 대해 선하증권을 발행하였고, 이 증권은 원고에게 이전되었다. 결국 일부 열량계 도착이 늦어지고 원고는 연착된 물품의 수령을 거절하며 연착으로 인한 모든 손해의 배상을 청구하였고, 피고는 손해배상을 하되 연착된 물품의 수령을 요구하며 그 가액은 상계해야 한다고 항변하였다.

㈑ **효 과** 화물상환증에는 이상 설명한 바와 같은 물권적 효력이 있으므로 화물상환증이 발행된 경우에는 운송물에 관한 처분은 화물상환증을 가지고 하여야 하며(132조), 화물상환증에 의하지 않고는 운송물의 인도를 청구할 수 없다(129조). 또 화물상환증을 소지하지 않고는 운송인에 대한 처분권을 행사할 수 없다(139조).

그러나 운송물이 운송인의 점유를 이탈하거나 운송인의 횡령에 의해 이전되다가 제3자에 의해 선의취득될 수도 있다. 이 경우에는 화물상환증의 물권적 효력은 소멸하고, 동 소지인은 화물상환증의 채권적 효력에 의해 운송인에게 손해배상을 청구할 수 있다.

6. 순차운송

(1) 의 의

장거리 운송에서는 구간별로 지역 또는 운송수단에 따른 전문성이 요구될 수 있다. 이러한 경우 1인의 운송인이 전 운송구간을 도맡아 운송한다면 운송인이나 송하인 모두에게 비경제적이므로 각 구간별로 수인의 전문운송인을 관여시키는 수가 있다. 예컨대 서울의 영등포에서 청량음료를 싣고 가평군의 남이섬까지 운송한다고 할 때, 영등포에서 청량리역까지는 트럭을 소유하는 A운송인이 운송하고, 청량리역에서 가평읍까지는 B(철도공사)의 기차로 운송하고, 가평읍에서 남이섬까지는 C의 보트로 운송하는 것과 같다. 이같이 동일운송물의 운송에 수인의 운송인이 참여하는 것을 순차운송이라 한다.

순차운송에서는 여러 가지 법률문제가 발생할 것이나, 상법에서 관심을 가지고 규율하는 것은 운송 중에 발생한 운송물의 손해에 관한 순차운송인들 간의 책임분담과 채권의 대위행사에 관해서이다.

(2) 순차운송의 유형

수인의 운송인이 동일운송물의 운송에 순차로 참가하는 형태에는 다음과 같은 것이 있다.

1) 부분운송 동일운송물을 수인의 운송인이 각 구간별로 송하인과 독립된 운송계약을 체결하고 운송하는 것이다. 앞서의 예에서 송하인은 A와 영등포-청량리, B와 청량리-가평읍, C와 가평읍-남이섬의 구간에 대해 각각 운송계약을 체결하는 것이다. 이와 달리 송하인이 A하고만 계약을 체결하고 A에게 대리권을 주어 A가 B, C와 계약을 체결하게 할 수 있으나, 이것도 운송인별로 운송계약이 체결됨에는 다름 없고 따라서 부분운송이다.

부분운송에서는 운송인 각자가 자기 구간의 운송에 대해서만 책임을 진다.

2) 하수운송(下受運送) 1인의 운송인이 송하인과 전구간에 대한 운송계약을 체결하고, 그가 일부 구간에 대해 다른 운송인과 운송계약(이른바 하도급)을 체결하는 것이다. 위 예에서 송하인은 A에게 영등포-남이섬구간의 운송을 위탁하고, A가 임의로 B, C와 청량리-가평, 가평-남이섬 구간의 운송계약을 체결하는 것이다.

하수운송에서는 송하인과의 관계에서 그와 운송계약을 체결한 운송인(위 예의 A)이 운송에 관한 모든 책임을 지고, 나머지 하수운송인은 운송인의 이행보조자가 될 뿐 송하인과 직접적인 법률관계를 갖지 아니한다.

3) 동일운송 수인의 운송인이 송하인과 전구간에 대한 운송계약을 체결하고 내부적으로 구간별 운송을 분담하는 것이다. 위 예에서 A, B, C가 공동으

로 송하인과 영등포-남이섬의 운송계약을 체결하고, 그들 상호간에 A는 영등포-청량리, B는 청량리-가평읍, C는 가평읍-남이섬의 운송을 분담하는 것이다.

동일운송에서는 1개의 운송계약이 존재하고 수인의 운송인이 송하인에 대하여 전구간에 대한 연대책임을 진다.

4) 공동운송 수인의 운송인이 각 구간별로 운송을 인계 · 인수하는 연락관계를 가지고 있는 중에 송하인이 최초의 운송인과 운송계약을 체결함으로써 나머지 운송인의 운송조직도 이용하는 형태이다. 보통 1통의 통운송장(durchlaufender Frachtbrief)[1] 이 발행되고 이에 의해 순차운송인간에 운송이 인계된다. 이 경우 송하인과 최초의 운송인간의 운송계약에는 나머지 운송인의 운송조직을 이용한다는 합의가 들어 있어야 한다. 위 예에서 A, B, C는 영등포-남이섬 구간을 이동하는 운송물을 순차운송하기로 합의가 되어 있고, 송하인은 이러한 합의를 알고 또 이 운송조직을 이용하기 위해 A와 운송계약을 체결하는 것이다. 육상운송에서보다 항공운송에서 흔히 볼 수 있다(예컨대 서울에서 프랑스의 마르세이유까지 간다면, 대한항공과의 운송계약에 의해 서울-파리는 대한항공을, 파리-마르세이유는 프랑스 항공편을 이용할 수 있다).

5) 상법상의 순차운송 상법 제138조는 운송물의 손해에 대한 순차운송인의 연대책임과 순차운송인 간의 부담부분에 대해 규정하고 있다. 그러므로 부분운송과 하수운송의 경우에는 상법 제138조가 적용될 여지가 없고, 동일운송과 공동운송의 경우에만 동조가 적용될 수 있다. 따라서 상법상의 순차운송은 동일운송과 공동운송을 뜻한다. 통설은 동일운송의 운송인들은 상법 제138조 제 1 항이 아니더라도 제57조 제 1 항에 의해 연대책임을 지므로 특히 제138조 제 1 항을 적용할 실익이 없다는 이유에서 공동운송만을 상법상의 순차운송으로 파악한다. 그러나 제138조 제 2 항과 제 3 항에서 규정하는 순차운송인의 손해분담내용과 제147조에 의해 준용되는 제117조의 대위제도는 제57조 제 1 항에서 도출할 수 없다. 따라서 제138조 제 2 항 · 제 3 항과 제147조(→117조)를 적용하기 위해서는 동일운송을 순차운송에 포함시켜야 한다.

---

1) 독일 상법에서는 후순위운송인이 운송물과 더불어 통운송장을 인수함으로써 순차운송에 가입되는 것으로 한다(§342 Abs. 2 HGB).

(3) 순차운송인의 손해배상책임

1) 연대책임 수인이 순차로 운송할 경우에는 각 운송인은 운송물의 멸실 · 훼손 · 연착으로 인한 손해를 연대하여 배상할 책임이 있다(138조 1항). 이는 순차운송에 있어서 수하인 등이 누구의 구간에서 손해가 발생하였는지를 증명할 필요 없이 손해배상을 청구할 수 있게 하고, 손해를 발생케 한 일부 순차운송인의 자력이 열등할 경우에도 만족스러운 손해배상을 확보할 수 있게 하기 위함이다. 이 제도에 의해 송하인은 자신의 의사와 관계없이 짜여진 순차운송조직을 불안 없이 이용할 수 있는 것이다.

이 규정은 임의규정으로서, 송하인과 운송인 간의 특약에 의해 분할책임으로 할 수 있다. 그러나 운송인들 간에 내부적으로 존재하는 분할책임의 특약을 가지고 송하인에게 대항할 수는 없다.

2) 구상권 및 분담부분 손해발생과 무관한 운송인이 수하인 등에게 손해배상을 한 때에는 그 손해의 원인이 된 행위를 한 운송인에 대하여 구상권이 있다(138조 2항).

그러나 손해의 원인된 행위를 한 운송인을 알 수 없는 때에는 각 운송인이 운임액의 비율로 손해를 분담한다(138조 3항 본). 순차운송인 간에 이와 다른 약정을 하는 것은 무방하다.

한편 손해의 원인된 행위를 한 운송인은 알지 못하지만, 특정의 운송인이 손해발생과 무관함이 판명되는 경우가 있을 수 있다. 앞에 예에서 A에 의한 것인지 B에 의한 것인지는 알 수 없으나 C가 운송물을 인계받을 때에 이미 훼손되어 있는 경우와 같다. 이러한 경우 운송인은 손해가 자기의 운송구간 내에서 발생하지 아니하였음을 증명하여 손해배상의 책임을 면할 수 있다(138조 3항 단).

(4) 순차운송인의 대위의무와 대위권

1) 대위의무 순차운송에서는 운송물의 점유가 운송인들 간에 이전되므로 선순위의 운송인(앞의 예에서 A, B)은 운임 등의 채권을 가지고 유치권을 행사할 수 없다. 그래서 후자의 운송인(앞의 예에서 C)은 전자인 운송인의 권리를 행사할 의무를 부담한다(147조→117조 1항). 이를 대위의무라 한다. 이에 따라 후자는 전자로부

터의 수권 없이 전자를 대리하여 수하인 등에게 운임 기타 채권을 행사하고 운송물에 대하여 유치권을 행사할 수 있다. 이는 법상의 권리이므로 수하인은 후자의 권리행사에 대해 본인이 아님을 이유로 이행을 거절하지 못한다.

후자가 대위권의 행사를 게을리한 때에는 전자에 대해 손해배상책임을 진다. 후자의 대위로 전자의 권리가 소멸하는 것은 아니므로 전자도 스스로 자기의 채권을 행사할 수 있다.

후자가 대위할 전자의 범위에 관해, 위에 설명한 바와 달리 자신의 직접의 전자(앞의 예에서 C가 대위권을 행사할 경우 B)만을 의미한다고 하는 견해가 있다(강·임 302; 손주찬 354; 안강현 312; 전우현 324; 정찬형 391). 자기와 前前者의 사이에는 아무런 법률관계가 없기 때문이라고 한다. 어차피 자기의 직접의 전자와의 사이에도 계약상으로는 대위의무가 생겨나지 않는다. 기술한 바와 같이 이 대위의무는 운송물에 대한 원격성 때문에 권리행사가 용이하지 않은 선운송인들의 보호를 위한 법정의무이므로 모든 전자에 대해 이 의무를 부담한다고 보는 것이 옳다(김성탁 344; 서완석 361; 서헌제 343; 오성근 428; 정준우 352; 이종훈 306; 주석(총칙·상행위) 822).

2) 대 위 권 후자가 미리 전자에게 전자의 채권을 변제한 때에는 전자가 수하인에게 갖는 채권을 후자가 취득한다(147조→117조 2항). 그리하여 후자는 전자의 채권을 자기의 권리로서 행사하는 것이다. 즉 후자는 변제할 정당할 이익이 있는 자가 변제로 취득하는 법정대위권(민 481조)과 같은 권리를 갖게 되는 것이다. 순차운송에서는 지역적인 사정으로 전자의 운송인이 직접 채권을 행사하는 것이 용이하지 않으므로 후자가 전자에게 운임 등을 먼저 지급하고 후자가 전구간에 대한 권리를 일괄해서 행사하는 관행을 존중한 제도이다.

3) 적용범위 기술한 바와 같이 통설은 공동운송만을 순차운송으로 보면서, 그 중 다수설은 운송채권의 대위에 관한 본조만은 공동운송 외에도 모든 순차운송에 대해 적용해야 한다고 주장하는가 하면(강·임 301; 손주찬 354; 이(기)·최 537; 정동윤 280; 최·김 371;최준선 396), 소수설은 그 같이 볼 근거가 없음을 이유로 공동운송에만 적용된다고 한다(김성탁 342; 서헌제 386; 안강현 329; 이종훈 306; 임홍근 453; 정찬형 391).

그러나 다수설과 같이 동일개념을 법조문에 따라 달리 사용하는 것도 문제이지만, 부분운송의 경우에는 운송인별로 운송계약이 존재하므로 운송인들에게 대위의무 같은 것을 과할 법적 근거가 없고, 하수운송의 경우 순차운송은 운송인 간의 내부적인 관계에 불과하므로 수하인으로 하여금 운송인의 대위권 행사에 복종케 할 법적 근거가 없다. 제138조의 적용에서와 같이 본조도 동일운송과 공동운송에만 적용된다고 봄이 타당하다(同旨: 서완석 360; 오성근 427; 정준우 352).

Ⅲ. 여객운송

1. 의 의

넓은 의미에서 여객운송이라 할 때에는 운송수단의 여하에 불구하고 자연인을 장소적으로 이동시키는 것을 뜻하나, 상법 제148조 이하에서 규정하는 여객운송은 육상의 물건운송에 대응하는 의미의 여객운송, 즉 육상 또는 호천, 항만에서 여객을 장소적으로 이동시키는 행위를 뜻한다(125조).

여객운송에 관하여는 운송수단별로 철도사업법(2004. 12. 31 제정, 법률 제7303호), 궤도운송법(1961. 12. 30 제정, 법률 제915호), 여객자동차 운수사업법(1961. 12. 30 제정, 법률 제916호) 등과 같은 운송사업에 대한 특별법에서 행정단속을 주로 하면서 운송인과 여객의 관계에 관하여도 제법 상세한 규정을 두고 있는 반면, 상법에서는 운송인의 책임에 한해 불과 3개조(148조~150조)를 두고 있다. 그러므로 여객운송계약의 중요부분이 이 특별법들에 의해 체결되고 규율되는 형편이지만, 상법의 여객운송에 관한 규정은 운송인의 사법적 책임에 관한 일반규정이므로 운송인의 손해배상책임은 여전히 상법에 의해 해결되고 있다.

2. 여객운송계약

여객운송계약은 물건운송과 같이 도급계약으로서 일정한 구간에 걸친 여객의 이동을 목적으로 한다. 다만 운송대상이 자연인이라서 운송중 여객의 생명·신체가 안전하게 보호되어야 한다는 점에서 물건운송에서보다 고도의 주의가 요구된다 할 것이며, 운송중의 손해는 대부분 여객의 생명·신체에 대한 손상을 뜻하므로 손해배상액의 산정도 물건운송에서와는 다른 원리에 의해 결정된다는 점을 주의해야 한다. 또한 여객운송은 자연인을 상대로 하므로 물건운송에서와 같은 수령 · 보관 · 인도에 따르는 책임문제는 생기지 아니하나, 운송을 개시하여 종료할 때까지는 여객의 안전에 대해 높은 주의를 기울여야 한다.

여객운송계약은 보통 운송인과 여객 자신을 당사자로 하여 체결되지만, 여객 아닌 자가 운송계약을 체결할 수도 있다(예: 유아의 운송을 부탁하는 경우). 여객운송에는 보통 승차권이 이용되는데, 승차권은 주로 무기명식으로 발행되지만 기명식으로 발행될 수도 있다. 기명식은 과거 통학 · 통근용 할인정기승차권에 이용되었으나 오늘날에는 거의 볼 수 없다. 무기명식은 유가증권으로서 양도 가능하지만, 기명식은 특정인에 대해서만 운송책임을 지므로 증거증권에 불과하여 양도할 수 없다.[1)]

3. 여객운송인의 책임

여객운송인은 운송계약에 따라 여객을 목적지까지 운송하기 위하여 선량한 관리자로서의 주의를 기울여야 하며 이를 게을리한 경우 손해배상책임을 진다. 여객운송에서는 물건운송과 달리 여객의 생명 · 신체에 손상을 주는 경우(대인적 손해)와 수하물에 관해 손실을 주는 경우(대물적 손해)가 있으므로 법에서 이를 나누어 규정하고 있고, 생명 · 신체에 손상을 주는 경우에는 재산상의 손해 외에 정신적인 손해가 아울러 발생하므로 손해배상도 2가지로 나누어 생각해야 한다.

(1) 대인적 손해에 대한 책임

1) 손해의 유형 여객운송인은 자기 또는 사용인이 운송에 관한 주의를 해태하지 아니하였음을 증명하지 아니하면 여객이 운송으로 인하여 받은 손해를 배상할 책임을 면하지 못한다(148조 1항). 이는 물건운송인의 손해배상책임과 같이 여객운송인의 채무불이행책임이며, 운송인이 무과실의 증명책임을 지는 것도 양자

1) 무기명식 승차권은 유가증권이라고 보는 것이 통설인데, 보다 세부적인 설명으로는, 승차권이 개찰된 후에는 운송인은 특정인에 대해서만 운송채무를 부담하므로 그 승차권은 유가증권성을 상실한다는 견해가 있고(강 · 임 316; 김성탁 355; 손주찬 369; 최 · 김 385), 여전히 유가증권성을 잃지 않는다고 하는 견해도 있다(이(기) · 최 562; 정동윤 275; 정찬형 393; 최준선 407).

한편, 기명식승차권 · 회수승차권 · 정기승차권에 대하여는 유가증권성을 부정하는 견해(김성탁 355; 손주찬 369; 최 · 김 385)와 논리의 일관성에서 보면 이러한 승차권에 대하여도 유가증권성을 인정할 수 있다는 견해(강 · 임 316; 김정호 429; 이(기) · 최 562; 정동윤 275; 정찬형 393)가 있다.

가 같다.

여객운송인의 주의의무는 차량 등의 운행에만 그치는 것이 아니고 운송설비의 안전점검이나 운송인의 관리범위에 속하는 노선의 안전확보에도 미치며([판례 102] 참조), 운행 전에 사고발생의 가능성을 차단하기 위한 주의를 베풀어야 하는 등 매우 광범위하다고 할 수 있다([판례 103, 104] 참조).

판례 102 대법원 1979. 11. 27. 선고 79다628 판결

「…운행하던 열차의 약 20센티미터 가량 열려진 유리창문의 틈 사이로 유리조각이 날아 들어와서 열차 내에 승차하고 있던 원고 박정미의 우측 안구에 박혔다는 것이고 또한 일반적으로 열차의 운행으로 인하여 철로변에 떨어져 있던 작은 유리조각 분진 등이 열차 내로 날아 들어올 수 있는 것이며, 기록상으로도 본 건에 있어서 유리조각이 날아 들어온 것이 제 3 자의 투척 등의 행위에 기인된 것으로는 보이지 아니하고 위 유리조각이 날아 들어온 것은 열차진행에서 그에 수반해서 통상적으로 발생된 것으로 보이므로 그와 같은 사태에 대하여는 운송인인 피고나 그의 사용인이 적절한 조치를 취하여 그의 발생을 미연에 방지하고 여객운송의 안전을 도모하여 그로 인해서 여객에게 손해가 발생하지 아니하도록 하여야 할 것이 기대되는 것이라고 할 것이니 이 건 사고는 피고 또는 그 사용인의 운송에 관한 주의의무 범위에 속하는 사항에 연유하는 것이라고 봄이 상당하다…」

판례 103 대법원 1977. 9. 28. 선고 77다982 판결

「… 소외 망 이춘만은 논산에서 목포발 용산행 제188열차에 승객으로 승차하여 동 열차가 안양시 석수동 104 소재 관악역을 통과할 무렵 동 열차 승강구에 매달려 가다가 차외에 노출된 신체 일부로 동 역에 설치된 전철전용의 승강장인 고상홈에 충격되어 열차 밖으로 추락 현장에서 즉사하였고, … 위와 같이 일반열차의 승강단에 매달려 신체 일부를 차 밖으로 노출시킨 채 고상홈을 통과할 경우 그 신체 일부가 고상홈에 부딪칠 위험성이 크므로 위 열차 승무차장이던 소외 이상규로서는 완전 자동폐쇄식 문비를 갖추지 아니한 위 열차가 위 전철역을 통과하기에 앞서 승강단에 매달려 가는 승객의 유무를 살펴 객차 안으로 들여보내고 승강구의 문비를 폐쇄하는 등 사고 발생의 미연방지에 필요한 조처를 취할 업무상 주의의무가 있음에도 불구하고 이를 게을리한 잘못으로 위와 같은 사고가 발생한 사실을 인정하고 그렇다면 피고는 여객운송인 및 소외 이상규의 사용자로서 이로 인한 손해를 배상할 책임이 있다… 」

판례 104 대법원 1980. 1. 15. 선고 79다1966 판결

「철도에 의한 여객의 운송에 있어서 운송인은 승객이 열차에 들어간 후 출입문을 닫은 후에 열차를 출발케 하여 승객이 운송 도중 추락되는 등의 사고가 발생하지 않도록 조처할 주의의무가 있다 할 것으로서의 원심이 … 이 사건 문제의 사고가 피고 철도관계 공무원들의 위에 말한 바와 같은 필요한 의무를 다하지 아니한 채 열차를 운행함으로써 발생한 것이며 당시 원고는 승객으로서 열차승강구에 올라서서 아직 객실에 들어가지 아니한 사이에 차량의 동요로 추락 부상한 것이라는 사실을 확정한 다음 피고 나라는 그로 인하여 원고가 입은 손해를 배상할 의무가 있다고 판시하고 있는바 … 논지 이유 없다.」

그러나 운송 중에 사고가 났다고 하더라도 외부에서 차량에 투석하는 등 제3자의 행위가 개입된 경우 운송인이 책임지지 않음은 물론이다(대법원 1969. 7. 29. 선고 69다832 판결).

2) 손해배상 여객운송인은 여객이 생명·신체에 받은 손상으로 인한 재산상의 손해를 배상하여야 한다. 물건운송에서의 손해배상액이나 여객의 수하물에 대한 손해배상액은 정형화되어 있으나, 여객의 생명·신체의 손상으로 인한 손해배상은 치료비·장례비와 같은 적극적인 손해액과 더불어 장래의 일실이익을 배상하여야 한다. 일실이익의 계산은 사고 당시의 수익을 기준으로 함이 원칙이나, 확실하게 예측된다면 장래의 수익을 기준으로 할 수도 있다([판례 105] 참조).

특히 법원은 손해배상액을 산정함에 있어서 피해자와 그 가족의 정상을 참작하여야 한다(148조 2항). 이는 생명·신체에 대한 손해는 피해자와 가족의 장래의 생계문제로 이어진다는 점을 감안하여 통상의 손해의 배상을 원칙으로 하는 민법 제393조에 대한 예외를 인정한 것이다.

상법 제148조의 손해배상은 피해자의 정신적 손해에 대한 배상, 이른바 위자료도 포함한다. 이는 채무불이행책임이므로 피해자의 가족이 입은 정신적 손해에 대하여는 배상을 청구할 수 없다([판례 105] 참조). 그러나 운송인의 행위가 불법행위를 구성할 경우에는 가족이 입은 정신적 손해에 대해서도 위자료를 청구할 수 있다(민 752조).

대인적 손해에 대한 여객운송인의 책임은 후술하는 수하물에 대한 책임과는 달리 일반 상사시효(64조)가 적용된다.

판례 105 대법원 1982. 7. 13. 선고 82다카278 판결

「… 승객이 객차의 승강구에 추락 사망한 경우 승객 아닌 그 망인의 처, 자녀들은 그로 인하여 정신적 고통을 받았다 하더라도 상법 제148조 제 1 항에 의하여 여객운송자에게 손해배상책임이 있음을 이유로 그들의 위자료를 청구할 수는 없다 할 것인바(당원 1974. 11. 12. 선고 74다997 판결 참조), 기록에 의하면 원고는 제 1 심 제 7 차 변론기일에 진술한 1981. 6. 15자 청구취지 및 청구원인 정정신청서(기록 제160정)에 의하여 이 사건 청구원인으로 종전에 주장하던 공무원의 직무상 불법행위를 원인으로 한 국가배상청구를 상법상의 여객열차의 손해배상청구로 변경하였음이 명백함에도, 원심이 이를 간과하여 원고가 철회한 국가배상책임이 있음을 인정하고 원고들의 위 위자료청구를 인용한 것은 원고가 주장하지 아니한 사실관계를 근거로 한 청구의 인용으로서 변론주의에 위배하였거나 여객운송인의 손해배상책임에 있어 위자료의 법리를 오해한 위법이 있다 ….

여객운송인이 운송으로 인하여 사망한 여객이 입은 일실수익의 손해에 대한 배상을 함에 있어 그 액수의 산정은 사망 당시의 수익을 기준으로 함이 원칙이고 사망 당시 일정한 직업이 없었다면 보통사람이면 누구나 종사하여 얻을 수 있는 일반노동임금을 기준으로 할 수밖에 없으나, 사망 이전에 장차 일정한 직업에 종사하여 그에 상응한 수익을 얻게 될 것이 확실하게 예측할 수 있는 객관적 사정이 있을 때에는 장차 얻게 될 수익을 기준으로 그 손해액을 산정할 수 있다고 할 것인바, 사고 당시 한국산업은행 부산지점 차장직을 사임하여 일정한 직업이 없었다는 망 하만탁의 장래의 상실수익액을 산정함에 있어, 원심은 거시증거에 의하여 같은 해 7. 10 위 망인의 동서인 소외 김진경이 경영하는 전기공사업체인 불이전기사의 경리담당이사로 결정하여 위 김진경과 고용에 관한 합의를 하고 보수는 월 금 250,000원에 연 100%의 상여금을 지급하기로 하되, 같은 해 8. 1.부터 근무하기로 약정한 사실을 인정하고, 이 건 사고가 없었더라면 적어도 55세까지 위 경리담당이사로 근무하여 위 약정보수상당의 수입을 계속 가득할 것이라는 전제 아래 … 그 약정보수를 기준으로 장래의 일실이익을 산정한 원심조치에 소론과 같은 증거판단을 잘못하였거나 특별사정에 의한 손해에 관한 법리를 오해한 위법은 없다.」

3) 연착으로 인한 손해 제148조 제 1 항은 연착으로 인해 여객이 입은 손해에 대해서도 적용된다. 그러나 성질상 제148조 제 2 항(피해자와 가족의 정상참작)은 연착으로 인한 손해에 대해서는 적용되지 않는다.

(2) 대물적 손해에 대한 책임

여객운송인은 여객의 수하물에 관한 손해에 대해서도 책임을 지는데, 운송

인이 수하물을 인도받은 경우와 인도받지 아니한 경우에 각기 내용을 달리한다.

1) **인도받은 경우** 운송인은 여객으로부터 인도받은 수하물에 관해서는 운임을 받지 아니한 경우에도 물건운송인과 동일한 책임을 진다(149조 1항). 따라서 운송인은 물건운송인과 같이 무과실의 증명책임을 지며(135조), 제137조에 의해 정형화된 내용에 따라 손해배상책임을 진다. 고가물에 대해서도 제136조의 특칙이 적용된다.

여객이 수하물의 수령을 지체할 경우에 대해서는 특칙이 마련되어 있으므로 물건운송에 관한 규정은 적용이 배제된다. 즉 수하물이 도착지에 도착한 날로부터 10일 내에 여객이 인도를 청구하지 아니한 때에는 제67조가 준용되어 운송인이 수하물을 공탁·경매할 수 있다(149조 2항 본). 이 경우 여객에 대해 최고·통지할 것이 요구되나(67조 1항), 여객의 주소 또는 거소를 알지 못할 때에는 최고·통지를 요하지 않는다(149조 2항 단).

2) **인도받지 않은 경우** 운송인은 여객으로부터 인도받지 아니한 수하물의 멸실 또는 훼손에 대하여는 자기 또는 사용인의 과실이 없으면 손해를 배상할 책임이 없다(150조). 이에 따라 손해배상을 청구하는 여객이 운송인의 과실을 증명하여야 한다. 여객이 수하물을 휴대하는 경우에는 수하물이 운송인의 점유하에 있지 아니하므로 운송인의 책임을 경감한 것이다.

운송인의 과실이 증명되어 손해배상을 할 경우, 명문의 규정은 없으나 배상액은 인도받은 수하물의 경우와 같이 제137조에 따라 정한다(통설). 그렇지 않고 민법의 일반원칙에 의해 손해배상액을 정한다면 운송인이 인도받지 않은 수하물에 대해 인도받은 경우보다 무거운 책임을 지게 되는 까닭이다.

4. 여객운송인의 권리

여객운송인은 상인이므로 당연히 보수청구권을 갖는다(61조). 운송계약은 도급이므로 운송이 종료된 후에 운임을 청구할 수 있음이 원칙이나(민 665조), 실제는 약관 또는 상관습에 의하여 승차권의 발행을 통해 선급을 받는 경우가 많다.

상법은 여객운송인에 대해서는 탁송수하물의 유치권을 규정하고 있지 않다. 그러므로 여객운송인이 운임채권 등을 확보하기 위하여는 민법상의 유치권만 행사할 수 있다(同旨: 오성근 433; 이종훈 309; 임중호 492; 임홍근 474). 이같이 보면 여객운송인은 탁송수하물의 운임에 대해서만 유치권을 행사할 수 있을 뿐인데, 탁송수하물에 관한 운임은 따로 받지 않는 것이 통례이므로 결국 여객운송인의 유치권을 인정하지 않는 것과 같은 결과가 된다. 그리하여 상법에 명문규정은 없으나, 운송인의 운임채권을 보호하기 위해서는 물건운송인의 특별상사유치권에 관한 규정(147조→120조)을 유추적용하여 특별상사유치권을 부여해야 한다는 것이 다수설이다(강 · 임 323; 손주찬 373; 이(기) · 최 580; 전우현 370; 정동윤 278; 정찬형 400; 최 · 김 391; 최준선 411). 이는 입법론으로는 타당하나, 해석론으로서는 物權法定主義의 원칙(민 185조)에 어긋나므로 찬성할 수 없다(同旨: 서완석 368; 오성근 434; 이종훈 309; 임중호 492; 정준우 357).

제 5 절 운송주선업

Ⅰ. 총 설

운송주선업(forwarding agency; Speditionsgeschäft)이란 운송업과는 달리 운송 자체를 실행하는 영업이 아니고, 송하인의 위탁을 받아 자기의 이름으로 운송인과 운송계약을 체결함으로써 운송에 관한 송하인과 운송인의 수급을 연결해 주는 영업이다. 따라서 보통 운송주선인 자신은 운송수단을 구비하지 않고 운송업계 및 운송노선, 그리고 운송물의 공급시장에 관한 전문적인 정보를 가지고 이를 활용하여 주선을 행한다.

오늘날 운송수단도 다양화되고 화물도 복잡 · 대량화되었으므로 운송인에 대한 정확한 정보를 갖지 못한 송하인들은 어떤 물건을 특정장소에 송부하고자 할 때 적합한 운송수단과 운송인의 선택, 적절한 운임의 결정에 애로를 겪게 마련이다. 운송인도 별도의 조직을 운영하지 않는 한 화물의 공급시장에 대한 정보에 어두우므로 송하인과의 연결이 용이하지 않다. 여기서 운송주선인을 활용한다면 송하인은 보다 효율적인 수송을 행할 수 있고, 운송인은 운송물을 확보하기 위한 비용을 절감하고 운송에 전념할 수 있는 것이다.

운송주선업의 법적 원형은 위탁매매업이며, 연혁적으로도 위탁매매업에서 발달해 왔다. 그러나 운송주선업은 운송이라는 전문영역을 가지고 있으므로 대개의 입법례에서는 이를 위탁매매업에서 분리하여 독립된 영업으로 보거나 또는 운송업과 동일하게 취급하고 있다.

운송과 운송주선의 구별

운송주선인은 위탁자를 위하여 물건운송계약을 체결할 것의 위탁을 인수하는 것을 본래적인 영업의 목적으로 하지만, 운송주선인이 운송목적의 실현에 도움을 주는 상품의 통관절차, 운송물의 검수·보관·보험가입, 운송물의 수령·인도 등의 부수적 업무를 담당하고 있는 것이 상례에 속하고, 이같은 부수업무 외에도 운송수단까지 갖추어 거기에 알맞는 운송영업까지 겸하여 수행하는 것도 흔한 예이다(대법원 1987. 10. 13. 선고 85다카1080 판결). 이 경우 실무상 운송주선업자가 송하인으로부터 운송주선만을 의뢰받은 것인지, 운송까지 의뢰받은 것인지 당사자의 명확한 의사를 알기 어려울 수도 있다. 이러한 경우에는 선하증권의 발행자 명의, 운임의 지급형태 등 제반 사정을 종합적으로 고려하여 논리와 경험칙에 따라 운송주선업자가 송하인으로부터 운송을 인수하였다고 볼 수 있는지 여부를 확정하여야 한다(대법원 2012. 12. 27. 선고 2011다103564 판결; 대법원 2007. 4. 27. 선고 2007다4943 판결).

Ⅱ. 운송주선인의 의의

운송주선인이라 함은 자기의 명의로 물건운송의 주선을 영업으로 하는 자이다(114조).[1)]

(1) 주 선

운송주선인은 물건운송의 「주선」을 영업으로 한다. 「주선」이란 일반적으로 자기의 명의로 타인의 계산으로 거래하는 것을 말하므로 운송주선인은 송하인의 위탁을 받아 자기의 명의로 타인, 즉 위탁자(송하인)의 계산으로 운송계약을 체결한다(그러므로 상법 제114조에서 「자기의 명의로」라는 부분은 「주선」과 동어반복으로 불필요한 말이다). 이 점에서 위탁매매인(101조)과 같은 법구조

1) 판례 중에는 「운송주선인은 자기의 이름으로 주선행위를 하는 것이 원칙이지만, 실제로 주선행위를 하였다면 하주나 운송인의 대리인, 위탁자의 이름으로 운송계약을 체결하는 경우에도 운송주선인으로서의 지위를 상실하지 않는다」라는 방론을 제시한 예가 있고(대법원 2007. 4. 26. 선고 2005다5058 판결), 본문의 [판례 106]도 운송주선인이 편의상 위탁자(송하인)의 대리인으로서 운송계약을 체결한 경우에도 운송주선계약으로 볼 수 있다고 판시하였다.

를 갖게 된다. 그러므로 운송주선인에 관해 별도의 규정이 없는 사항에 대해서는 위탁매매인에 관한 규정을 준용한다(123조).

물건 또는 유가증권의 매매를 주선하는 자를 위탁매매인(101조)이라 하고 매매 아닌 여타의 행위를 주선하는 자를 준위탁매매인(113조)이라 하지만, 운송주선인은 별도로 규정하므로 준위탁매매인이 아니다. 송하인과 운송인 사이에 제 3 자가 개입하는 방법으로는 대리인 · 대리상 · 운송중개인이 개입하는 경우가 있으나, 운송주선인과 이들의 차이점은 앞서 위탁매매인과 대리인 · 대리상 · 중개인과의 차이점으로 설명한 바와 같다.

(2) 「물건의 운송」의 주선

상법상의 운송주선인은 물건의 운송을 주선하는 자이므로 여객운송의 주선을 영업으로 하는 자는 운송주선인이 아니고 준위탁매매인(113조)에 속한다.

물건의 운송을 주선하면 족하고, 운송수단에 제한이 없다. 따라서 상법상의 운송인이 육상운송인을 지칭함에 대하여, 운송주선인은 해상 또는 공중운송의 주선도 영업범위로 함을 주의해야 한다.

(3) 상 인 성

운송주선인은 독립된 상인이다. 송하인으로부터 위탁을 받고 운송인과 운송계약을 체결하는 것이 운송주선인의 일상적인 영업활동인데, 이 중 송하인과의 위탁계약이 운송주선인의 상행위이다. 운송계약의 체결은 위탁계약의 실행행위에 지나지 않는다.

Ⅲ. 운송주선의 법구조

운송주선에는 위탁매매에서와 같이 2개의 법률관계가 존재한다. [그림 2]에서 보는 바와 같이 위탁자(송하인)는 운송주선인에게 수하인을 특정해서 운송계약을 체결할 것을 위탁하고(주선계약), 운송주선인은 그 위탁계약의 이행으로써 자기의 명의로 운송계약을 체결한다. 그리하여 운송인과의 관계에서는 운송주선인

그림 2 운송주선관계의 기본구조

이 송하인이 되며 원송하인인 위탁자와 운송인 사이에는 직접적인 법률관계가 생겨나지 아니한다. 따라서 위탁자가 운송인에 대해 권리를 행사하기 위하여는 운송주선인으로부터 지명채권의 양도방식에 의하거나, 화물상환증 또는 선하증권의 양도에 의해 채권을 양도받아야 한다([판례 106] 참조). 운송주선인과 운송인과의 관계는 일반 운송계약에 관한 규정으로 규율하면 되므로 상법은 이에 관해 따로 규정하지 아니한다. 대신 송하인과 운송주선인간의 관계는 기본적으로 위탁자와 위탁매매인의 관계와 같지만 운송계약을 주선의 목적으로 한다는 특수성이 있으므로 상법에서는 이 특수성을 감안한 규정을 두고(114조~124조), 기타 문제는 위탁매매인에 관한 규정을 가지고 해결하고 있다(123조). 한편 주선계약은 위임이므로 위임에 관한 민법규정이 아울러 적용된다(123조→112조)([판례 106] 참조).

판례 106 대법원 1987. 10. 13. 선고 85다카1080 판결

「상법 제46조 제12호, 제114조에 의하여 자기의 명의로 물건운송의 주선을 영업으로 하는 상인을 운송주선인이라고 하는바, 여기서 주선이라 함은 자기의 이름으로 타인의 계산 아래 법률행위를 하는 것을 의미하는 것이므로 운송주선계약은 운송주선인이 그 상대방인 위탁자를 위하여 물건운송계약을 체결할 것 등의 위탁을 인수하는 계약으로 민법상의 위임의 일종이기 때문에 운송주선업에 관한 상법의 규정이 적용되는 외에 민법의 위임에 관한 규정이 보충 적용된다. 이와 같이 운송주선인은 자기

의 이름으로 주선행위를 하는 것을 영업으로 하는 것이지만, 하주나 운송인의 대리인이 되기도 하고 실제에 있어서도 위탁자의 이름으로 운송계약을 체결하는 일이 많은 것도 사실이며, 이와 같은 경우에도 운송주선인임에는 변함이 없다. … 그런데 운송주선인은 위탁자를 위하여 물건운송의 주선을 하는 것이기 때문에 운송인과의 사이에 물건운송계약을 체결했을 때에는 상법 제123조, 제104조에 의하여 그 구체적 내용에 관한 통지를 해야 하고, 이 경우에는 위탁자와의 내부관계에 있어서는 운송주선인이 체결한 운송계약상의 권리의무는 주선인에 의한 양도 등 특별한 이전절차 없이도 위탁자에 귀속되는 것이지만 위탁자가 그 권리를 운송인에게 주장할 수 있기 위하여는 민법 제450조 내지 제452조에 따른 채권양도의 통지가 필요하고, 다만 지시식이나 무기명식의 선하증권이 발행되어 있을 때에는 민법 제508조, 제523조에 의하여 운송주선인이 이를 위탁자에게 배서 또는 교부함으로써 그러한 절차를 이행하는 것이 된다 하겠다.

여기서 한 가지 덧붙여 둘 것은 다같이 운송주선인이라 불려지고 있어도 발송지운송주선인의 위탁을 받고 하는 도착지운송주선인이나 중간운송주선인의 행위 등은 특별한 사정이 없는 한 상법상의 운송주선행위가 아니라는 점이다」.

Ⅳ. 운송주선인의 의무

1. 주의의무

운송주선인은 위탁자의 수임인으로서 선량한 관리자의 주의를 다하여 주선계약을 이행해야 한다(민 681조). 계약의 이행이란 운송계약의 체결만을 뜻하는 것이 아니라 그에 부수하는 사무, 예컨대 운송물의 수령 · 보관 · 인도, 각종 서류의 작성 기타 주선계약에서 정해진 사항과 상관습상 운송주선인의 임무에 속하는 사항을 두루 포함한다. 이 의무를 게을리할 경우 다음과 같은 손해배상책임을 진다.

2. 손해배상책임

상법 제115조는 「운송주선인은 자기나 그 사용인이 운송물의 수령 · 인도 · 보관, 운송인이나 다른 운송주선인의 선택 기타 운송에 관하여 주의를 해태하지 아니하였음을 증명하지 아니하면 운송물의 멸실, 훼손 또는 연착으로 인한 손해를 배상할 책임을 면하지 못한다」고 규정하고 있다. 이 내용은 운송인의 손해배상책임을 규정한 상법 제135조와 대체로 같고, 그 해석의 기본방침도 다를 바 없다. 그러므로 이 규정을 민법상의 채무불이행에 대한 특칙으로 볼 것은 아니다. 여기에서는 운송주선인의 손해배상책임에 관한 주요 골자에 관해 주의를 환기시키는 데 그친다. 다만 운송인의 손해배상액을 정형화한 제137조와 같은 규정이 운송주선인에 관해 설치되어 있지 않다는 점은 중요한 차이점이다.

1) **손해배상의 원인** 손해배상의 원인으로서 운송물의 수령·인도·보관 기타 운송에 관한 주의해태를 들고 있음은 제135조와 같으나, 운송인이나 다른 운송주선인의 선택에 관한 주의해태를 추가해 열거하고 있음이 특징이다. 이는 운송주선인의 의무가 운송인이나 운송주선인을 선택하여 운송계약이나 주선계약을 체결하는 것이므로 당연한 것이다. 이를 포함하여 제115조에 열거된 손해의 원인은 예시적인 열거에 지나지 않고, 그 밖의 사항이라도 주선계약상의 의무를 위반하면 일반원칙에 따라 손해배상책임을 진다 함은 운송인의 손해배상책임에 관해 설명한 바와 같다.

2) **손해의 유형** 손해의 유형으로서 운송물의 멸실·훼손·연착을 들고 있는데, 이것도 예시적인 열거에 지나지 아니한다.

3) **이행보조자의 과실** 운송주선인 역시 운송인과 같이 채무불이행의 일반원칙에 따라 이행보조자의 과실에 대하여도 책임을 진다. 그러나 운송주선인이 선택한 운송인은 이행보조자가 아니므로 운송인의 과실에 대해서까지 운송주선인이 책임지지는 아니한다. 다만 운송인의 선택에 과실이 있으면 운송주선인이 책임져야 한다(115조). 운송인의 선택에 과실이 있다고 함은 운송인의 운송물, 운송수단, 운송노선별 전문성, 운송인의 경험, 업계에서의 평판 등을 고려하지 아니하고 당해운송에 부적당한 운송인을 선정하여 운송계약을 체결한 것을 말한다.

4) 증명책임도 채무불이행의 일반원칙에 따라 운송주선인이 진다.

5) 운송물의 멸실·훼손·연착에 따른 운송인의 손해배상액은 상법 제137조에 의해 유형별로 정형화되어 있으나, 운송주선인에 관해서는 이 같은 특칙이 없다. 따라서 운송주선인의 손해배상책임은 운송물의 멸실·훼손·연착의 경우에도 민법의 일반원칙에 따라 상당인과관계 있는 범위 내의 손해액 전부에 미친

다(민 393조 1항).

6) 운송주선인의 과실은 주선계약의 불이행과 동시에 불법행위를 구성할 수 있으며, 이 경우 송하인의 권리행사에 관해 청구권경합설과 법조경합설이 대립함은 운송인의 손해배상책임에 관해 본 바와 같다. 운송인에 관해 설명한 바와 같은 이유로 청구권경합설이 타당하다.

7) 고가물에 대한 운송인의 손해배상책임을 완화하는 제136조를 운송주선인에 대해서도 준용하고 있다(124조). 앞서 운송인에 관해 설명한 바 있으므로 되풀이 설명하지 않는다.

8) 상법에서는 운송주선인의 손해배상책임의 단기소멸시효를 규정하고(121조), 이를 운송인에 대해 준용하고 있다(147조). 상세한 내용은 이미 운송인 부분에서 설명하였다.

3. 지정가액준수의무

운송주선인은 위탁받은 운송계약을 체결함에 있어서 지정가액준수의무를 진다(123조→106조). 여기서 「지정가」라 함은 송하인이 정한 운임을 말한다. 그리하여 송하인이 지정한 운임보다 고가로 운송계약을 체결한 때에는 그 차액을 운송주선인이 부담하는 때에 한하여 송하인에게 운송계약의 효력을 주장할 수 있다(123조→106조 1항). 그리고 송하인의 지정가보다 저가로 운송계약을 체결한 때에는 그 차액은 다른 약정이 없으면 송하인의 이익으로 한다(123조→106조 2항).

4. 이행담보책임의 유무

상법 제123조는 위탁매매인에 관한 규정들을 일반적으로 운송주선인에 관해 준용하고 있지만, 위탁매매인의 이행담보책임에 관한 제105조의 규정은 성질상 운송주선인에게 적용되지 아니한다. 위탁매매에 있어 위탁매매인의 상대방이 지는 의무란 매매대금의 변제 아니면 매매목적물의 인도와 같이 대체성이 있는 급부이므로 위탁매매인이 담보책임을 져도 무방하지만, 운송인의 의무는 물건의 운송이라는 특정의 작위이므로 운송주선인이 대체성 있는 급부를 할 것이 못되기 때문이다.

그러나 운송주선인이 운송인의 선택에 과실이 있는 경우에는 손해배상책임을 지므로(115조) 송하인은 이에 의해 구제받을 수 있다.

5. 수하인에 대한 의무

상법 제124조는 운송인에 관한 규정 중 수하인의 지위에 관한 규정(140조)과 수하인의 의무에 관한 규정(141조)을 운송주선인에 준용하고 있다. 따라서 이 규정들이 정하는 수하인과 운송인의 관계는 수하인과 운송주선인의 관계로 바꾸어 읽을 수 있으며, 이 점은 앞 절에서 수하인의 지위로서 설명한 바와 같다.

Ⅴ. 운송주선인의 권리

1. 보수청구권

1) 운송주선인은 상인이므로 송하인과 보수에 관한 약정이 없더라도 주선계약을 이행한 때에는 상당한 보수를 청구할 수 있다(61조). 운송주선계약에 따라 운송계약을 체결하고 운송인에게 운송물을 인도하였을 때에는 주선계약의 이행을 완료하였다고 할 수 있으므로 즉시 보수를 청구할 수 있다(119조 1항). 그러나 운송주선인의 책임 없는 사유로 운송물을 인도할 수 없게 된 때에는 운송물의 인도 없이 보수를 청구할 수 있다(민 686조 3항). 또한 당사자의 약정에 의하여 보수의 지급시기를 달리 정할 수 있음은 물론이다.

2) 운송주선계약에서 운송에 대한 운임까지 정하는 수가 있는데, 이 경우 다른 약정이 없으면 운송주선인은 따로이 보수를 청구하지 못한다(119조 2항). 운송주선인이 송하인과 운송에 대한 운임을 약정한 때에는 자신이 운송인과의 계약에 의해 운임을 결정할 권한을 가지고 있으므로 그러한 계기를 통해 자신의 영리성을 실현할 수 있는 기회를 갖기 때문이다. 그러므로 본 규정에 따른 확정운임계약으로 보기 위해서는 당사자가 정한 운임이 순수한 운송부분에 대한 대가만이 아니

라, 운송물이 위탁자로부터 수하인에게 도달하기까지의 액수로 볼 수 있어야 한다([판례 107] 참조).

3) 이같이 운송주선인의 보수청구권이 제한되는 근거를 설명하는 방법으로서, (i) 확정운임을 지급하는 경우에는 운송주선인이 개입(116조)한 경우로 보아야 한다는 견해(개입설), (ii) 당사자간에 운송계약이 성립된 것으로 보아야 한다는 견해(운송계약설)(김성탁 352; 김정호 444; 서완석 376; 서헌제 332; 손주찬 325; 손진화 298; 송옥렬 175; 오성근 445; 이(기)·최 478; 장덕조 167; 전우현 319; 정경영 224; 정찬형 345; 최·김 327; 최준선 361)가 있다. 개입설을 취하면 이러한 운송관계에는 제116조가 적용되어 운송주선인이 운송인과 동일한 권리·의무를 가지며, 운송계약설을 취한다면 확정운임의 주선계약은 처음부터 운송계약으로 화하여 운송주선인에 관한 규정을 적용할 여지가 없다. 결과적으로 어느 설을 취하든 운송주선인은 운송인에게 운송물을 인도한 때(119조 1항)가 아니라 운송을 완료한 때에 보수청구권을 행사할 수 있으며(민 665조), 운송주선인이 선정한 운송인은 운송주선인의 이행보조자가 되므로 그의 고의·과실에 대하여도 운송주선인이 책임져야 한다(135조). 다만 개입설을 취할 때에는 운송주선인이 운송주선인과 운송인의 지위를 겸하므로 양자의 책임을 져야 하나, 직접 운송인으로서의 책임을 지는 한 별도로 운송주선인으로서의 책임을 지게 할 실익이 없다.

4) 운송주선인의 개입은 법률의 규정에 의한 주선인의 권리이고 계약상의 권리가 아니므로 개입설은 적절한 설명이 못된다. 한편 독일 상법과 같이 확정운임을 정하면 운송주선인이 운송인으로서의 권리·의무를 갖는다는 명시의 규정(§ 413 Abs. I. HGB)이 있는 것도 아닌데, 운송계약설과 같이 당사자의 의사에 불구하고 운송주선계약을 운송계약으로 의제하는 것도 무리한 해석이다. 당사자가 운송계약인지 운송주선계약인지를 분명히 밝히지 아니하고 운송에 관한 계약을 체결하며 확정운임을 약속했다면, 당사자의 의사해석의 방법으로 운송계약설을 취하는 것이 합리적이라 생각된다. 그러나 당사자가 명시된 의사로 운송주선계약을 체결하고 다만 확정운임을 약속한 때에는, 위탁자가 운송주선인의 보수와 운송인에 대한 운임을 포괄하여 정하고 다만 그 배분을 운송주선인에게 위임한 것으로 보아야 할 것이다(119조 참조)(김성탁 352; 이종훈 314).

판례 107 대법원 1987. 10. 13. 선고 85다카1080 판결

「… 상법 제119조 제 2 항은 "운송주선계약으로 운임의 액을 정한 경우에는 다른 약정이 없으면 따로 보수를 청구하지 못한다"고 규정하고 있다. 이것은 이미 본 바와 같이 본래 운송주선계약은 위임계약으로서 운송의 결과에 관계없이 다만 운송인과 운송계약을 체결하고 운송품을 운송인에게 인도하기만 하면 위임사무는 완료한 것이 되므로 그 때에 보수청구권이 생기고 지급시기가 도래하는 것이나(같은 조 1항) 운송주선인이 운송주선계약으로 운임의 액을 정한 경우, 즉 이른바 확정운임운송주선계약이 체결되었을 때에는 바로 그 때에 위탁자와 운송주선인과의 사이에 운송계약이 체결된 것으로 보아 운송의 결과에 따라 지급되는 운임에 의하여 운송주선인의 보수와 운송인으로서의 보수가 함께 약정된 것으로 해석되므로 특약이 없는 한 운송주선인으로서의 보수를 따로 구하지 못한다는 뜻인 것이다. 그런데 운송주선인이 해상운송인으로서의 기능을 수행하는 데는 그것이 가능한 재산적 바탕이 있어야 한다는 것은 이미 본 바와 같으므로 운송주선계약으로 운임의 액이 정해진 경우라도 그것을 확정운임운송주선계약으로 볼 수 있으려면 첫째로, 주선인에게 위와 같은 재산적 바탕이 있어야 하고, 둘째로, 그 정해진 "운임의 액"이 순수한 운송수단의 대가, 즉 운송부분의 대가만이 아니고 운송품이 위탁자로부터 수하인에게 도달되기까지의 액수가 정해진 경우라야만 한다 할 것이므로 구체적인 경우에 당사자의 의사표시를 해석함에 있어서는 위와 같은 요소가 갖추어져 있었느냐를 따져보아 확정운임운송계약인가의 여부를 확정해야 하는 것이다」([판례 106]과 동일판례).

운송주선인의 재산적 기초

[판례 107]은 운송주선인과 송하인 간에 운임의 액을 정했다 하더라도 상법 제119조 제 2 항을 적용하기 위해서는 운송주선인에게 운송인으로서의 기능 수행을 가능하게 하는 재산적 바탕이 있어야 한다는 취지로 판시하고 있다. 이 판지의 배경은 다음과 같다.

과거 운송주선업은 각 운송수단별로 만들어진 사업법(예: 항공법, 해운업법 등)에서 한동안은 면허사업으로, 이후 한동안은 등록사업으로 다루었고, 소정의 자본금과 일정한 시설을 면허요건 혹은 등록요건으로 하였다(예: 구 해운업법 35조: 자본금이 1억원 이상이고, 해무사를 고용하고 텔렉스를 구비할 것 등). 이는 물론 행정목적상의 단속규정이므로 운송주선거래에 있어서의 운송주선인의 자격요건이라 할 수도 없고, 따라서 이러한 요건을 갖추지 못한 자가 주선계약을 체결하더라도 주선계약의 효력에는 영향이 없다. 그러나 판례는 상법 제119조 제 2 항은 스스로 운송을 실행할 수 있는 능력이 있는 운송주선인에 대해 적용된다는 논리를 바탕으로 하고, 위 사업법의 취지에 비추어 상법 제119조 제 2 항의 주선인이 되기 위하여는 직접 운송을 할 수 있는 재산적 바탕(예: 선박과 같은 영업 시설이나 상업신용)을 갖추어야 한다고 판시하였다. 즉

이러한 재산적 바탕이 없는 자가 운송주선인으로서 운임을 정하더라도 제119조 제 2 항의 적용대상이 되지 않는다는 것이다.

하지만 현재는 운송주선인은 면허사업이나 등록사업이 아니라서 이같은 물적 설비를 요건으로 하지 않는다. 다만 현재도 물류정책기본법에서 국제물류주선업을 등록사업으로 하고 있으며(동법 43조), 일정한 시설을 등록요건으로 하므로 국제물류주선거래에서 상법 제119조 제 2 항과 같은 사안이 발생한 경우에는 위 판례가 유의미할 것이다.

2. 비용상환청구권

운송주선인이 운송인에게 운임 기타 운송을 위한 비용을 지급한 때에는 위탁자에게 그 상환을 청구할 수 있다(123조→112조 →민 688조). 운송주선인은 주선계약의 이행에 관해 별도의 보수청구권을 가지므로 이 비용에서 이익을 얻을 수는 없다.

3. 유 치 권

운송주선인은 운송물에 관하여 받을 보수, 운임 기타 위탁자(송하인)를 위한 체당금이나 선대금에 관하여서만 운송물을 유치할 수 있다(120조).

유치권의 목적물이 운송물로 한정되어 있다는 점에서 민사유치권(민 320조 1항) 및 일반 상사유치권(58조)과 다르다. 그러나 목적물의 소유관계를 묻지 않는 점, 피담보채권과 목적물의 견련성이 요구되는 점에서 일반 상사유치권과 다르고 민사유치권과 같다는 점 등은 이미 운송인의 유치권에 관해 설명한 대로이다.

운송주선인의 유치권의 특색으로 들 수 있는 것은 운송주선인이 운송인을 통해 운송물을 간접점유하는 동안에도 유치권을 행사할 수 있다는 것이다. 운송인과의 관계에서는 운송주선인이 송하인의 지위에 있으므로 운송 중에는 운송주선인이 운송물에 대한 간접점유를 갖고 이에 기한 처분청구권을 통해 유치권을 행사할 수 있는 것이다.

4. 개입권

(1) 의 의

운송주선인은 다른 약정이 없으면 자신이 운송인이 되어 직접 운송할 수 있다(116조 1항 전). 이같이 운송주선인이 직접 운송할 수 있는 권리를 운송주선인의 개입권이라 한다. 운송도 위탁매매와 같이 정형화된 행위로서 그 이행이 확실하다면 누가 하느냐는 것은 중요한 뜻을 갖지 아니한다. 그러므로 운송주선인이 운송을 담당하더라도 위탁자에게 특히 손해가 될 일이 아닌 반면, 운송주선인은 운송단계에서 생기는 부가가치를 자신이 차지함으로써 영리실현을 배가할 수 있으며, 나아가서는 보다 저렴한 운임으로 운송할 수 있으므로 위탁자에게 득이 되는 측면도 있다. 상법은 이 같은 고려 하에서 운송주선인의 개입권을 인정하고 있으며, 이는 위탁매매인의 개입권과 동일한 취지에 입각한 것이라 하겠으나, 운송주선인의 개입권은 위탁매매인의 개입권과 달리 거래소의 시세가 있을 것을 요하지 않는다. 운임은 물건이나 유가증권과 달리 거래소의 시세라는 것이 있을 수 없는 반면, 운임이 구간에 따라 정형화되어 있는 실정이므로 운송주선인이 개입권을 행사한다 하여 위탁자에게 이례적인 부담을 주지는 않기 때문이다.

그러나 위탁자가 특히 운송인의 전문성에 관심을 가질 수도 있으므로 반대의 약정으로 운송주선인의 개입권을 배척할 수 있게 하였다. 위탁자가 원하지 않는 개입권행사를 인정할 수는 없으므로 운송주선계약시에 반대의 약정이 없더라도 개입권을 행사할 때까지는 위탁자가 언제든지 개입권의 행사를 중단시킬 수 있다고 해석해야 한다(통설).

(2) 개입권의 행사 및 의제

개입권은 형성권이므로 운송주선인의 일방적인 의사표시로 행사한다. 이 점 위탁매매인의 개입권행사와 같으나, 상법은 일정한 경우 개입권행사를 의제하고 있다. 즉 운송주선인이 위탁자의 청구에 의하여 화물상환증을 작성한 때에는 직접 운송하는 것으로 본다(116조 2항). 원래 화물상환증은 운송인이 발행할 수 있는 것이므로 송하인이 운송주선인에게 화물상환증의 발행을 청구한 것은 개입을 권유한 것으로 볼 수 있고, 이에 대해 운송주선인이 화물상환증을 발행하는 것은 개입한다는 묵시의 의사표시가 있는 것으로 볼 수 있기 때문이다.[1] 다만 운송주선인이 자기의 명의로 화물상환증을 발행한 경우에 한하며, 타인의 대리인으로 화물상환증을 발행한 경우에는 개입이 의제되는 「화물상환증의 작성」으로 볼 수 없다([판례 108] 참조).

운송주선인이 일단 개입을 통지하면 위탁자는 개입을 금지하지 못한다. 개입권은 형성권이기 때문이다.

(3) 개입의 효과

운송주선인이 개입을 한 때에는 운송인과 동일한 권리·의무를 갖는다(116조 1항 후). 따라서 운송주선인은 운송주선인으로서의 지위와 운송인으로서의 지위를 아울러 갖게 되나, 기술한 바와 같이 전자의 지위는 큰 의미를 갖지 아니한다.

판례 108 대법원 1987. 10. 13. 선고 85다카1080 판결

「먼저 원심이 해상운송주선인인 우양이 상법 제116조의 개입권을 행사할 것으로 판단한 선하증권은 우양이 자기의 명의로 발행한 것이 아니라 M.T.A.의 대리인 자격으로 발행했다는 것이며, 그와 같이 한 이유는 양륙항인 사우디아라비아 항구에서의 통관 및 육상운송의 편의를 위하여 화주인 피고회사의 부탁을 받고 그렇게 한 것이라는 것이므로 우양과 M.T.A.간에 상호대리관계가 있다 하여도 그것만으로는 이 선하증권이 위에서 본 상법규정상의 개입권행사의 적법조건이 되는 "운송주선인이 작성한 증권"으로 볼 수 없다 할 것이다」([판례 107]과 동일판례).

* 同旨: 대법원 2007. 4. 26. 선고 2005다5058 판결.

5. 채권의 시효

운송주선인의 채권은 1년간 행사하지 아니하면 소멸한다(122조). 이 단기시효는 앞서 설명한 운송주선인의 보수청구권과 비용상환청구권에도 적용된다.

---

1) 운송주선인이 다수의 위탁자로부터 동일한 운송경로를 거치는 동종의 운송물을 일괄하여 자기의 계산으로 하나의 혼재운송계약을 체결하는 것을 혼재운송주선계약이라 하는데, 이를 개입권의 행사로 보는 견해도 있고(강·임 333; 이(기)·최 479; 정동윤 290), 확정운임계약과 같고 개입권행사의 경우와 다르다는 견해도 있다(서헌제 332; 정찬형 345; 최·김 328).

Ⅵ. 순차운송주선에 관한 특칙

1. 의　　의

이른바 순차운송이라 하여 동일운송물을 수인이 순차로 운송하는 경우가 있음을 보았는데, 순차운송이 수인의 운송주선인의 주선에 의해 이루어질 수도 있다. 동일운송물의 운송에 수인의 운송주선인이 관계하는 형태는 다음과 같이 여러 가지가 있는데 이를 통틀어 넓은 의미의 순차운송주선이라 한다.

1) **부분운송주선**　　송하인이 수인의 운송주선인에게 구간별로 운송주선을 위탁하는 형태로서, 이 경우에는 각 운송주선인별로 송하인과 직접적인 주선계약관계에 있으므로 별다른 법률문제가 생기지 아니한다.

2) **하수운송주선**　　최초의 운송주선인이 전구간에 걸쳐 운송주선을 인수하고, 그 전부 또는 일부를 다른 운송주선인으로 하여금 주선하게 하는 것이다. 이 형태에서는 위탁자와의 관계에서 최초의 운송주선인만이 주선계약의 당사자이고, 다른 운송주선인들은 최초의 운송주선인의 이행보조자일 뿐이므로 위탁자와 직접적인 법률관계를 갖지 아니한다.

3) **중계운송주선**　　발송지의 제 1 의 운송주선인이 송하인의 위탁에 따라 최초 구간의 운송주선을 인수하고, 다음 구간에 대해서는 자기의 이름으로 위탁자의 계산으로 제 2 의 운송주선인에게 운송주선을 위탁하는 것이다. 운송구간을 세분할 경우 제 3, 제 4 운송주선인에게 순차로 주선을 위탁할 수 있다. 이 경우 발송지의 운송주선인은 위탁자로부터 운송물을 수령하여 운송인에게 운송물을 인도할 때까지의 사무를 담당하고, 도착지의 운송주선인은 도착한 운송물을 수령하여 수하인에게 인도할 때까지의 사무를 맡고, 중계지의 운송주선인은 중간지점에서 운송인이 교체될 때의 운송중계를 맡는다. 여기서 제 2 이하의 운송주선인, 즉 중계지와 도착지의 운송주선인을 중간운송주선인이라 한다. 상법 제117조와 제118조에서 말하는 순차운송주선은 이 형태의 운송주선을 뜻한다.

2. 순차운송주선의 법률관계

1) 중간운송주선인의 의무 순차운송주선에서 후자는 전자의 권리를 행사할 의무를 부담한다(117조 1항). 즉 중간운송주선인은 자기의 위탁자인 운송주선인 및 그 이전 단계의 운송주선인이 갖는 보수·비용청구권 및 이를 위한 유치권 등의 권리를 행사할 의무를 갖는 것이다. 그 취지와 기타 상세한 점은 순차운송에 관해 설명한 바와 같으므로 설명을 줄인다.

2) 대위변제의 효과

(가) 순차운송주선에서 후자가 전자에게 변제한 때에는 전자의 권리를 취득한다(117조 2항). 여기서 전자라 함은 자기의 직접의 전자뿐 아니라 그 이전 단계의 운송주선인까지 포함된다. 운송주선인들의 권리가 명백하다면 후자의 변제는 전자에게 불리함이 없기 때문이다. 기타 상세한 점은 순차운송에 대해 설명한 바와 같으므로 재론을 피한다.

(나) 운송주선인이 운송인에게 변제한 때에는 운송인의 권리(운임·비용상환청구권)를 취득한다(118조). 여기서 말하는 운송주선인이란 운송인에게 운송을 위탁한 운송주선인을 뜻하는 것이 아니고 그 다음 단계의 운송주선인을 뜻한다. 예컨대 서울-대전 구간을 갑 운송주선인이 A 운송인에게 운송을 의뢰하고, 을 운송주선인이 이를 인계받아 대전-부산 구간을 B 운송인을 시켜 운송하게 한다면, 을이 A에게 변제함으로써 A의 권리를 취득한다는 뜻이다. 바로 운송인(A)과 운송계약을 체결한 운송주선인(갑)이 운송인(A)에게 변제하는 것은 당연하고, 그가 운송인(A)의 권리를 취득한다면 운송인(A)이 자기(갑)에게 갖는 권리를 취득하는 것이 되어 무의미하기 때문이다. 이 규정은 중간운송주선인(을)이 전단계의 운송인(A)으로부터 운송물을 수령할 때에 운송인(A)의 요구에 따라 운임·비용을 지급하는 것이 상례임을 감안한 것이다.

제 6 절 공중접객업

Ⅰ. 의 의

극장·여관·음식점, 그 밖의 공중이 이용하는 시설에 의한 거래를 영업으로 하는 자를 공중접객업자라고 하며, 이는 당연상인이다(151조, 46조 9호).

「공중이 이용하는 시설」[1]이라 함은 불특정다수인이 특정한 목적을 위해 이용할 수 있도록 제공된 인적·물적 설비 및 장소를 뜻한다. 그리고 「시설에 의한 거래」란 유상으로 그 시설을 이용하게 하거나 역무(서비스)를 제공하는 행위이다. 공중접객업에 속하는 업종은 위에 열거한 것 이외에도 목욕탕·독서실·이발소·찻집 등 무수히 많다.

공중접객업소의 거래내용은 매매·교환·노무제공 등 다양하지만, 공통적인 특징은 다수의 고객이 부단히 출입하므로 고객의 휴대품의 안전이 위협받는다는 것이다. 그러므로 상법은 고객의 휴대품의 분실·도난 등의 사고에 대한 업주의 책임을 명확히함으로써 고객을 보호하고 나아가 공중접객업소의 신뢰성을 높이고 있다.

오늘날 제 3 차 산업이 급속히 발달함에 따라 우리 생활에서 타인이 제공하는 시설을 이용할 기회가 점증하고 있으므로 공중접객업자의 책임제도 역시 그 중요도가 커지고 있다.

한편 공중접객업소는 사회의 치안유지와 공공복지의 차원에서도 관심의 대상이 되므로 공중위생관리법(1999. 2. 8, 법률 제5839호) 등 각종 행정법규에서 해당영업을 규제하고 있다.

---

1) 2010년 개정 전 제151조 법문에서는 「客의 集來를 위한 施設」이라는 표현을 썼으나, 의미전달이 어렵다 하여 현행과 같이 수정하였다. 의미상으로는 차이가 없다.

Ⅱ. 대물적 손해에 대한 책임

1. 수치한 물건에 대한 책임

(1) 총 설

공중접객업자는 자기 또는 그 사용인이 고객으로부터 임치(任置)받은 물건의 보관에 관하여 주의를 게을리하지 아니하였음을 증명하지 아니하면 그 물건의 멸실 또는 훼손으로 인한 손해를 배상할 책임이 있다(152조 1항).

공중접객업자는 휴대품의 수치에 대해 별도의 보수를 받지 않더라도 같은 책임을 지며, 자기의 종업원 등 이행보조자의 행위에 대해서도 책임을 진다.

다만 임치받은 물건에 대한 공중접객업자의 책임(152조 1항)이 발생하기 위하여는 고객과 공중접객업자와의 사이에 물건보관에 관한 명시 또는 묵시적 합의가 있어야 한다([판례 109] 참조).

판례 109 대법원 1992. 2. 11. 선고 91다21800 판결

「… 소외 최중성은 1990. 2. 5. 23 : 40부터 그 다음날 08 : 40경까지 피고가 경영하는 국화장여관에 투숙하면서 위 여관건물 정면 길(노폭 6미터)건너편에 있는 주차장에 그 소유의 소나타 승용차를 주차시켜 놓았다가 도난당하였는데 투숙할 때에 여관 종업원에게 주차사실을 고지하지 않았던 사실, 위 주차장은 피고가 위 여관의 부대시설의 하나로 설치한 것으로서 그 출입구가 위 여관의 계산대에서 마주볼 수 있는 위치에 있기는 하나 시정장치가 부착된 출입문을 설치하거나 도난방지를 위한 특별한 시설을 하지 아니한 채 그 입구를 국화장주차장이라는 간판을 세우고, 그 외곽은 천으로 된 망을 쳐 놓고, 차를 세울 부분에 비와 눈을 대비한 지붕을 설치하여 만든 것에 불과한 것이고, 또한 위 주차장에 주차된 차량을 경비하는 일을 하는 종업원이 따로 있지도 아니한 사실 ….

그러나 상법 제152조 제 1 항의 규정에 의한 임치가 성립하려면 우선 공중접객업자와 객 사이에 공중접객업자가 자기의 지배영역 내에서 목적물 보관의 채무를 부담하기로 하는 명시적 또는 묵시적 합의가 있음을 필요로 하는바, 여관 부설주차장에 시정장치가 된 출입문이 설치되어 있거나 출입을 통제하는 관리인이 배치되어 있거나 기타 여관측에서 그 주차장에의 출입과 주차사실을 통제하거나 확인할 수 있는 조치가 되어 있다면, 그러한 주차장에 여관 투숙객이 주차한 차량에 관하여는 명시적인 위탁의 의사표시가 없어도 여관업자와 투숙객 사이에 임치의 합의가 있는 것으로 볼

수 있으나, 위와 같은 주차장 출입과 주차사실을 통제하거나 확인하는 시설이나 조치가 되어 있지 않은 채 단지 주차의 장소만을 제공하는 데에 불과하여 그 주차장 출입과 주차사실을 여관측에서 통제하거나 확인하지 않고 있는 상황이라면, 부설주차장 관리자로서의 주의의무 위배 여부는 별론으로 하고 그러한 주차장에 주차한 것만으로 여관업자와 투숙객 사이에 임치의 합의가 있은 것으로 볼 수 없고, 투숙객이 여관측에 주차사실을 고지하거나 차량열쇠를 맡겨 차량의 보관을 위탁한 경우에만 임치의 성립을 인정할 수 있을 것이다.」[1)]

* 同旨: 대법원 1998. 12. 8. 선고 98다37507 판결.

(2) 책임의 성격

공중접객업자의 책임은 임치받은 물건에 대한 부주의에서 생기는 통상의 과실책임이다. 다만 공중접객업자의 점유하의 물건에 대한 책임이므로 공중접객업자가 무과실에 관한 증명책임을 진다(152조 1항).

구 제도하의 이론

2010년 개정전 상법 제151조 제1항은「공중접객업자는 客으로부터 임치를 받은 물건의 멸실 또는 훼손에 대하여 불가항력으로 인함을 증명하지 아니하면 그 손해를 배상할 책임을 면하지 못한다」라고 규정하였다. 이 법문은 로마법에서 역사(驛舍)의 주인은 그가 수령한 고객의 휴대품의 손실에 대해서는 수령(receptum)했다는 사실 자체만으로 책임을 물었던 이른바 레셉툼원칙을 계승한 것이다. 그리하여 법문 중 불가항력이 무엇을 뜻하느냐, 나아가서는 공중접객업자의 책임의 성격이 무엇이냐에 관해 연혁적인 배경을 중시하여 공중접객업자에게 거의 무한대의 책임을 요구하는 주관설로부터 통상의 과실책임과 다를 바 없다는 일반과실책임설 등 여러 학설이 대립하였다. 개정법의 법문으로 보아서는 통상의 과실책임을 묻는 취지로 볼 수 있다.

판례 110 대법원 1965. 2. 23. 선고 64다1724 판결

「… 본건 수정 원석의 도난사고는 도적이 외부로부터 피고 경영의 광복장호텔의 비상문을 부수고 침입하여 동 호텔의 유숙객의 일반휴대물을 평소에 보관하여 두고 있던 2층 숙직실 창고에 들어 있던 위의 물건을 절취하여 간 것이라 하므로 이러한 경우에 있어서는 피고로서는 일반사회의 평상인으로서 지켜야 할 주의의무를 태만히 하였다고는 볼 수 없다.」

1) 이 건 판례에 관한 평석으로, [정찬형, "공중접객업자의 책임," 「법률신문」, 2123호(1992. 5. 18), 10면(찬성)]과 [김성태, "주차장에서의 차량 도난에 대한 숙박업자의 책임," 「법률신문」, 2179호(1992. 12. 21), 14면(반대)]이 있다.

註) 이 판례는 상법 제152조 제 1 항에 의한 책임을 물은 것이 아니고, 불법행위책임(민 750조)을 물은 데 대한 판결이다.

(3) 고객의 범위

공중접객업자가 책임져야 할 상대방으로서의 「고객」이란 공중접객업자가 관리하는 시설의 이용자를 뜻하나, 반드시 이용계약이 성립되어야 하는 것은 아니고 공중접객업자의 시설을 이용할 의사를 가지고 시설 내에 소재한 자를 두루 포함하는 뜻으로 이해해야 한다.[1] 예컨대 음식점에서 빈 좌석을 기다리다가 그냥 나왔어도 「고객」이라 할 수 있으며, 그가 기다리는 동안 주인에게 맡긴 물건이 분실되었다면 공중접객업자의 책임이 발생한다.

2. 수치하지 않은 물건에 대한 책임

공중접객업자는 고객으로부터 임치받지 아니한 경우에도 그 시설 내에서 휴대한 물건이 자기 또는 사용인의 과실로 인하여 멸실 또는 훼손된 때에는 그 손해를 배상할 책임이 있다(152조 2항). 이는 계약책임이나 불법행위책임이 아니라 공중접객업자와 고객 사이의 시설이용관계를 근거로 하여 상법이 인정한 특별한 법정책임이다(통설).

고객이 점유하는 물건에 대해서까지 공중접객업자의 책임을 인정한 이유는 업소 내에서의 안전 및 질서유지는 공중접객업자의 책임에 속하기 때문이다. 다만 영업주 또는 사용인의 부주의에 대한 증명책임을 고객에게 부담시킴으로써 영업주의 책임을 경감하였다. 「고객」의 범위는 기술한 바와 같다.

3. 면책약관의 효력

간혹 공중접객업자가 영업장에 고객의 휴대품에 대하여 책임지지 아니한다는 뜻을 게시하거나 기타의 방법으로 고객에게 알리는 일이 있는데, 내용에 따라서는 당사자간의 면책약관으로 보아 유효하게 보아야 할 경우도 있다. 그러나 공중접객업자가 고객의 휴대품에 대해 전혀 책임지지 아니한다는 특약은 사회질서

1) 일본의 통설이다(平出, 603면; 森本(商行爲), 190면).

(민 103조)에 반하는 것으로 볼 수 있으므로 상법은 이러한 뜻을 알렸다 하더라도 이상의 2가지 책임을 면하지 못한다고 규정하고 있다(152조 3항).

이러한 성격의 면책약관을 게시하는 것도 고객의 과실을 판단하는 자료는 될 수 있으므로, 공중접객업자의 책임을 산정함에 있어서 과실상계의 대상이 될 수는 있을 것이라는 설이 다수설이다(김성태 723; 김정호 465; 김홍기 216; 서헌제 415; 손주찬 386; 손진화 304; 이(기) · 최 607; 이종훈 320; 전우현 373; 정찬형 403; 최 · 김 394). 그러나 법이 강행적으로 이러한 면책약관의 효력을 부정하고 있는데, 책임배분에 고려한다는 것은 타당하지 않은데다, 고객의 부주의가 가담하여 손해가 발생하거나 확장되었다면 이는 고객의 부주의 자체에 대해 과실상계를 인정해야 할 것이지 면책약관과는 무관하다(同旨: 김성탁 383; 서완석 388; 오성근 455; 정준우 364; 주석(총칙 · 상행위) 1027).

4. 고가물에 대한 특칙

화폐, 유가증권, 그 밖의 고가물에 대하여는 고객이 그 종류와 가액을 명시하여 임치하지 아니하면 공중접객업자는 그 물건의 멸실 또는 훼손으로 인한 손해를 배상할 책임이 없다(153조). 그 취지는 운송물이 고가물인 경우의 운송인의 책임을 규정한 제136조와 대체로 같다. 이 규정에 의해 고가물임을 명시하지 않고 영업주에게 임치하거나, 고가물임을 명시하더라도 영업주에게 임치하지 아니한 경우에는 영업주의 책임이 발생하지 아니한다. 그러나 영업주 또는 그 사용인의 고의 또는 중대한 과실로 동 고가물에 손해가 발생한 경우에는 이 규정을 적용할 수 없다고 보아야 한다.[1)] 예컨대 고가물임을 명시하지 않고 영업주에게 임치하였으나, 영업주가 고가물임을 알게 되었는데, 그럼에도 주의를 기울이지 않았다면 중과실이 있다고 볼 수 있다.

5. 단기시효

공중접객업자의 책임은 공중접객업자가 임치물을 반환하거나 고객이 휴대물을 가져간 후 6개월이 지나면 소멸시효가 완성한다(154조 1항). 이 기간은 물건이 전부 멸실된 경우에는 고객이 그 시설에서 퇴거한 날로부터 기산한다(154조 2항). 공중접객

---

1) 日最高裁 2003. 2. 28,「判例時報」1829호 151면.

업자의 책임에 대해 이같이 단기의 시효를 적용하는 까닭은 운송인의 책임의 시효에 대해 설명한 바와 같다. 그러나 공중접객업자나 그 사용인이 악의인 경우에는 특히 이를 보호할 필요가 없으므로 위 단기시효를 적용하지 아니한다(154조 3항).

Ⅲ. 대인적 손해에 대한 책임

1. 접객시설의 현대화와 법의 미비

상법은 공중접객업자의 책임을 규정함에 있어 고객이 휴대한 물건에 생긴 손해에 대해서만 규정을 두고 있을 뿐, 고객의 대인적 손해에 관해서는 여객운송인의 책임에서와 같은 특칙(148조)을 두고 있지 않다. 과거와 같이 공중접객업의 시설이라는 것이 숙박, 음식, 관람 정도의 간단한 서비스를 위한 것에 그치던 시대에는 공중접객시설을 이용하는 도중에 고객의 생명·신체에 손해가 발생하는 일이 드물었으므로 별도의 규정이 필요하지 않았을 것이다. 그러나 오늘날 공중접객업소의 시설이 대형화하고 기계화되어 있어 고객의 생명·신체가 상당한 위험에 노출되어 있으므로 이 점에 대한 입법적 고려가 절실하다. 예컨대 숙박시설이 고층화·대형화되어 있어 화재시에 고객이 사망할 가능성도 높아졌고, 수년 전 삼풍백화점의 참사나 스키장에서의 빈번한 사고를 보더라도 공중접객업소의 시설이용이 여객운송시설의 이용에 못지 않게 위험을 수반하는 것임을 알 수 있다.

2. 대인적 손해의 해결법리

현행과 같이 특칙이 없는 상황에서 공중접객업소의 시설을 이용하는 중에 발생한 고객의 생명·신체에 대한 손해를 보상해 주는 법리는 공중접객업자에게 불법행위책임을 묻는 것과 민법에 의한 일반 채무불이행책임(민 390조)을 묻는 것이다.

1) **불법행위책임** 고객의 생명·신체의 손해가 공중접객업자의 불법행위에 기한 경우에는 불법행위로 인한 손해배상책임을 물을 수 있다(민 750조). 그러나 불법행위책임을 물을 경우에는 고객이 손해를 증명해야 하고 아울러 공중접객업

자의 귀책사유를 증명하여야 하므로 책임추궁이 용이하지 않다. [판례 111]을 보면 이 점을 쉽게 알 수 있다. 이 판례의 사실관계는 여관에 고객이 투숙 중 화재가 나서 질식 사망하였으므로 그 가족이 여관주인을 상대로 주청구로서 불법행위로 인한 손해배상책임을 물은 것이다. 그러나 화재원인이 밝혀지지 않았고 따라서 원고측이 여관주인에게 화재에 대한 과실이 있다는 점을 증명하지 못하였으므로 법원이 주청구를 기각하였다.

2) 채무불이행책임 고객의 생명·신체의 손해가 공중접객업자의 채무불이행에 기인한 것이라면 공중접객업자에게 채무불이행책임을 물을 수 있다. 불법행위책임을 물을 때에는 피해자가 사망한 경우 그 가족의 위자료도 청구할 수 있으나(민 752조), 채무불이행책임을 물을 때에는 가족의 위자료는 청구하지 못한다(대법원 1974. 11. 12. 선고 74다997 판결; 대전고법 2000. 6. 14. 선고 99나2261·6409 판결).

채무불이행책임을 물을 경우에는 고객은 채무불이행사실만 증명하고 공중접객업자측에서 무과실을 증명하여야 하므로 책임추궁이 훨씬 용이해질 것이다. 그러나 실은 채무불이행사실을 증명하는 것도 그다지 용이한 일은 아니다. 공중접객업의 경우 어디까지가 접객업자의 채무에 속하는 사항이냐는 의문이 제기되기 때문이다. [판례 111]의 사안에서 원고는 불법행위를 주청구로 하고 예비적 청구로 채무불이행책임을 물었는데, 여기서 여관주인의 채무는 고객에게 객실을 제공하고 이를 이용하게 하는 데 그친다는 주장이 가능할 소지가 있고, 실제 피고(여관주인)는 그같이 항변하였던 것이다.

이에 대해 판례는 여관주인의 주된 의무는 객실의 제공이지만 투숙중인 고객이 안전하게 지낼 수 있도록 할 부수적인 의무를 진다는 판단과 함께, 이 같은 부수적 의무를 이행하지 않은 한 불완전이행에 해당하고, 이 같은 불완전이행의 경우 고객은 불완전이행의 사실을 증명하면 족하고, 여관주인이 그 불완전이행이 자신의 과실에 기인하지 않았음을 증명하여야 한다고 판단하며 원고의 청구를 인용하였다.

3) 채무불이행책임의 문제점 공중접객업자의 채무를 판례와 같이 이해한다면 공중접객업자의 과실을 증명하기 어려운 사고에 관해서도 쉽게 손해를 전보받을 수 있을 것이다. 그러나 접객업소마다 접객시설의 제공방식에 특색이 있어 모든 공중접객업소에 같은 논리를 적용할 수 있다고 단언하기는 어렵다. 그리

고 접객업소의 시설이 고도로 기계화·전자화되어 있어, 일응 공중접객업자의 무과실의 증명이 있으나 그에 대한 반증이 용이하지 않은 경우에는 책임추궁이 어려울 것이다. 또 여객운송의 경우에는 고객의 생명·신체에 대한 손해배상액을 산정함에 있어 피해자와 가족의 정상을 참작하도록 규정하고 있으나(148조 2항), 공중접객업자의 채무불이행책임을 물을 때에는 이 같은 부수사정의 참작은 불가능하다.

요컨대 현대 공중접객업의 특성을 감안한다면 공중접객업에 대해서도 제148조와 같은 특칙을 두어 명문으로 증명책임을 공중접객업자에게 전환하고, 피해자와 가족의 정상에 따른 배려를 하도록 하는 것이 바람직하다.

판례 111 대법원 1994. 1. 28. 선고 93다43590 판결

「… 원심은 거시증거에 의하여 소외 망 김기열이 피고경영의 여관 2층 205호실에 투숙하였다가 다음날 아침 위 여관 2층 복도에서 발생한 화재로 인한 연기를 발견하고 창문으로 탈출하기 위하여 창문 유리를 깨려 하였으나 여의치 못하여 이불을 뒤집어쓰고 방문을 열고 탈출하다가 복도에서 화염 및 가스 등으로 전신화상을 입고 질식사망한 사실, 피고는 위 여관 2층에서 연기가 나오는 것을 보고 처에게 화재신고를 하게 한 뒤 소화기를 들고 배전판의 스위치를 내린 다음 2층에 올라가려 했으나 연기가 이미 복도에 가득차서 계단 끝 마지막 두번째 계단쯤에 서서 "불이야"라고 몇 번 소리지르면서 소화기로 불을 끄다가 연기가 심하여 밖으로 나온 사실, 위 여관의 2층 복도 바닥에는 불연성인 모노륨이 깔려 있어 담배불에 의한 화재가능성은 희박하고 전기가 누전된 흔적도 없어서 누전에 의한 발화라고 볼 상황도 아니며 달리 화재원인이 될 만한 것이 밝혀지지 아니한 사실을 인정한 다음, 피고의 과실에 기한 불법행위를 원인으로 한 주청구를 화재원인이 밝혀지지 아니한 상태에서 피고에게 화재발생 또는 화재발생 후의 사후조치에 관하여 중과실을 인정할 수 없다는 이유로 기각하고 나서, 피고가 고객인 망인에 대한 계약상의 보호의무를 위반하여 채무불이행책임이 있다는 예비적 청구에 관하여 여관의 숙박계약이란 대가를 받고 여관 객실을 상대방에게 일시적으로 사용케 하는 일종의 임대차계약이라고 할 것인데 이러한 숙박계약에 있어서는 장기적인 사용을 전제로 한 통상의 주택임대차와는 달리 여관의 객실 및 관련시설·공간에 대한 모든 지배는 오로지 여관 경영자가 하는 것이고, 고객은 여관 경영자가 투숙중인 고객에 대한 안전을 위하여 필요한 조치를 할 것으로 신뢰하고 여관에 투숙하는 것이므로 여관 경영자에게는 고객에게 객실을 제공할 주된 의무가 있는 외에 나아가 고객이 여관에 투숙하고 있는 동안 안전하게 지낼 수 있도록 할 부수적인 보호의무가 있다고 할 것인바, 여관 경영자가 고객에 대한 위와 같은 부수적인 의무를 위반한 경우에는 비록 그가 고객에게 본래의 계약상 의무인 객실제공의무를

이행하였다 할지라도 그 이행은 결국 채무의 내용에 따른 것이 아닌 것으로서 소위 불완전이행에 해당하는 것이고 이로 인하여 고객에게 손해가 발생하였을 때에는 그 손해를 배상할 책임을 부담하며, 위와 같은 불완전이행으로 인한 손해배상에 있어서도 통상의 채무불이행과 같이 채권자는 채무자에게 채무불이행이 있다는 것만을 주장, 입증하면 족하고 이에 대하여 채무자가 그 채무불이행에 대하여 자기에게 과실이 없음을 주장, 입증하지 않는 한 그 책임을 면할 수 없다는 전제를 내세우고 나서, 피고에게 화재발생에 있어서 의무위반 내지 과실이 없었다는 주장입증이 없고 화재발생 후의 구조과정에서 투숙객의 보호를 위하여 비상벨로써 투숙객들에게 화재발생사실을 고지하지 아니하였고 투숙객들의 출입상황을 정확히 파악하지 아니함으로써 투숙객의 보호를 위한 구체적인 주의의무를 다하지 아니하였다는 점을 들어 피고는 망인 및 그 유족에게 망인이 위 화재로 인하여 입은 손해를 배상할 책임이 있다고 판단하였다 ….

공중접객업인 숙박업을 경영하는 자가 투숙객과 체결하는 숙박계약은 숙박업자가 고객에게 숙박을 할 수 있는 객실을 제공하여 고객으로 하여금 이를 사용할 수 있도록 하고 고객으로부터 그 대가를 받는 일종의 일시사용을 위한 임대차계약으로서, 원심이 적절히 판시하고 있는 바와 같이 여관의 객실 및 관련시설, 공간은 오로지 숙박업자의 지배 아래 놓여 있는 것이므로 숙박업자는 통상의 임대차와 같이 단순히 여관의 객실 및 관련시설을 제공하여 고객으로 하여금 이를 사용수익하게 할 의무를 부담하는 것에서 한 걸음 더 나아가 고객에게 위험이 없는 안전하고 편안한 객실 및 관련시설을 제공함으로써 고객의 안전을 배려하여야 할 보호의무를 부담하며 이러한 의무는 앞서 본 숙박계약의 특수성을 고려하여 신의칙상 인정되는 부수적인 의무로서 숙박업자가 이를 위반하여 고객의 생명·신체를 침해하여 동인에게 손해를 입힌 경우 불완전이행으로 인한 채무불이행책임을 부담한다 할 것이다. 따라서 숙박업자에게 고객에 대한 보호의무가 없다는 독자적인 견해에서 원심판결을 비난하는 논지는 이유 없어 받아들이지 아니한다.」

＊同旨: 대법원 1997. 10. 10. 선고 96다47302 판결; 대전고법 2000. 6. 14. 선고 99나2261·6409 판결(이 판결의 사안도 여관에서 화재가 발생하여 고객이 사망하였으므로 그 가족이 손해배상을 청구한 예이다).

제7절 창고업

Ⅰ. 총 설

창고업(Lagergeschäft)은 상품의 유통과정에서 생기는 시간적 정체에 개입하여 상품의 가치를 보존하는 기능을 한다. 원래는 상품을 거래하는 상인 스스로가 해결할 문제이나, 상품거래가 대량화되면서 상품의 보관도 전문성을 요하게 됨에 따라 창고업자가 별도의 전문상인으로 발전하게 되었다.

한편 창고업자가 임치물을 대표하는 창고증권을 발행함으로써 임치물의 교환가치가 휴면하지 아니하고 유통될 수 있게 되는데, 임치물이 대량의 상품인 경우에는 이 점도 창고업의 중요한 기능이라 할 수 있다.

상법은 제155조 이하에서 창고업자와 임치인의 법률관계를 규율하고 있는데, 한편 물류정책기본법(1991. 12. 14 제정, 법률 제4433호)에서 창고업을 포함한 물류시설운영업의 행정단속을 위한 규정을 두고 있다.

Ⅱ. 창고업자의 의의

타인을 위하여 창고에 물건을 보관함을 영업으로 하는 자를 창고업자라 한다(155조).

1) 창고업자는 타인의 물건을 보관한다. 물건은 보관에 적합한 동산에 한정되며, 화폐·유가증권 등도 그 표창하는 재산권의 가치를 떠나 동산으로서 임치의 대상이 될 수 있다(강·임 345; 서완석 394; 손진화 308; 오성근 460; 정경영 273; 정동윤 295; 정준우 367; 정찬형 407; 최·김 399; 최준선 419).

2) 창고업자는 임치물을 직접 점유하고, 임치인은 창고업자를 통해 임치물을 간접점유하고 그 반환청구권을 가진다. 수인의 임치인으로부터 같은 종류의 물건을 임치받아 혼장보관하고 동종·동량의 물건을 반환하기로 약정하는 이른바 혼장임치의 경우에도 창고업자는 소유권을 갖지 못하고 임치인들이 공유한다.

3) 대부분의 창고업자는 건물을 지어 이를 창고로 사용하지만, 반드시 건물

에 물건을 보관해야 하는 것은 아니다. 임치물의 종류에 따라서는 야적할 수도 있다(예: 목재, 석재 등).

또 창고업자가 반드시 자기 소유의 창고를 가져야 하는 것은 아니다. 타인의 창고를 임차하여 사용할 수도 있다.

4) 창고업자는 상인이다. 법문에서는 물건을 보관함을 영업으로 한다고 표현하고 있으나(155조), 물건의 보관은 사실행위이므로 임치의 인수를 하는 데에 상인성이 있다(46조 14호).

5) 임치인과 창고업자간의 물건임치계약은 민법상의 임치(민 693조)이다. 따라서 불요식 · 유상 · 낙성계약이며, 창고업자에 관한 상법규정 외에 민법상의 임치에 관한 규정(민 693조 이하)이 보충적으로 적용된다. 낙성계약이므로 물건의 인도는 계약의 요소가 아니다.

창고업과 창고의 임대차

창고업자는 타인을 위하여 창고에 물건을 보관함을 영업으로 하는 자인데, 여기서의 보관이란 수치인 또는 창고업자가 목적물의 점유를 취득하여 자기의 지배하에 두면서 멸실 · 훼손을 방지하고 원상을 유지하는 것을 말하는 것으로, 목적물의 점유 · 감시의무가 수치인에게 있다. 그런데 창고이용의 양상에 따라서는 그 목적물의 점유 · 감시가 전부 또는 부분적으로 그 창고의 이용자에게 있는 것으로 보아야 할 경우가 있다(예: 지하철역의 유료보관함). 이 경우의 창고이용은 창고의 임대차로 보아야 할 경우가 있고, 이 경우에는 창고업자에게 목적물의 보관 · 감시에 관한 책임을 물을 수 없다([판례 112] 참조).

판례 112 대법원 2002. 2. 26. 선고 2001다74728 판결

「원고가 1998. 12. 24.경 소외 신동춘을 통하여 피고와의 사이에 이 사건 저장고 중 에이동 제 2 호(약 25평, 이하 '제 2 호 저장고'라 한다)를 월 50만 원에 1년간 배타적으로 사용하기로 하는 계약을 체결하였는데, 당시 피고는 위 사용기간 중 위 저온저장고의 온도를 0℃로 유지해 주고 냉동시설의 문제로 인하여 물품이 변질될 경우에는 그 손해 전부를 피고가 배상하기로 약정하였으나 제 2 호 저장고에 입고할 물품의 종류나 수량을 특정하지 아니한 사실, 이 사건 저장고는 정문을 통과하면 그 중앙에 작업실이 위치해 있고 정문쪽의 벽을 제외한 나머지 3면에 접하여 제 2 호 저장고를 비롯한 여러 호실의 독립된 저장고가 설치된 구조로 되어 있는 사실, 원고를 비롯한 사용계약자들은 피고의 관리 사무실에 보관된 이 사건 저장고의 정문 열쇠와 개별 저

장고의 열쇠를 사용하여 필요에 따라 각 저장고에 출입하며 피고의 검수나 확인절차 없이 물품의 반입이나 출고를 해 왔으며, 개별적으로 경비용역회사와 입고된 물품의 도난방지를 위한 용역계약을 체결해 온 사실 … 이 사건 계약은 피고가 위 저온저장고의 온도를 0℃로 유지해 주는 것을 특약으로 정하여 원고에게 제 2 호 저장고를 임대한 임대차계약으로 볼 수 있을지언정, 피고가 원고를 위하여 건고추를 보관하기로 한 임치계약이라고 할 수는 없다.」

註) 이 사건에서 원고가 창고에 보관한 마른고추가 부패하였으므로 원고가 피고에게 창고업자로서의 손해배상책임(160조)을 물었으나, 법원은 창고이용의 방법이 위와 같은 점을 들어 피고에게 창고업자로서의 보관의무가 없다고 판시하였다.

Ⅲ. 창고업자의 의무

1. 보관의무

창고업자는 유상이든 무상이든 불문하고 선량한 관리자의 주의로써 임치물을 보관하여야 한다(62조). 창고업자는 물건의 보관을 전문으로 하는 자이므로 민법상의 수치인보다 높은 수준의 주의의무를 진다고 보아야 한다. 임치물의 종류·성격에 따라 적합한 방법을 택해 임치물의 멸실·훼손을 방지하여야 하며, 천재지변이나 도난 등 외부에서 예상되는 손해의 방어를 위한 조치도 강구해야 한다. 이러한 보관의무를 게을리할 경우 후술하는 손해배상책임을 진다.

2. 임치인의 검사 등의 수인의무

임치인이나 창고증권소지인은 창고업자의 영업시간 내에 언제든지 창고업자에 대하여 임치물의 검사·견품의 적취를 요구하거나 그 보존에 필요한 처분을 할 수 있으며, 창고업자는 이에 응하여야 한다(161조). 임치인이 임치물의 보전의 완전 여부를 확인할 수 있게 하고, 또 임치중인 물건을 목적으로 하는 거래를 편의롭게 해 주기 위한 것이다. 그러므로 이러한 행위는 임치인뿐만이 아니라 임치인이 동의하는 제 3 자(예: 매수인)가 할 수도 있다(同旨: 이(기)·최 553).

창고업자는 임치인의 위 행위를 단순히 인용하는 정도에 그칠 것이 아니라 필요한 협력을 할 의무를 부담하며, 이는 법상의 의무이므로 별도의 보수를 청구할 수 없다.

임치인이 할 수 있는 「보전에 필요한 처분」은 임치물의 현상을 유지하기 위한 행위에 그쳐야 하며, 특약이 없는 한 물건을 수리하거나 개작하는 등 창고업자에게 새로운 부담을 주는 행위는 할 수 없다.

3. 임치물에 대한 하자통지 · 처분의무

창고업자가 임치물을 받은 후 그 물건의 훼손 또는 하자를 발견하거나 부패할 염려가 있는 때에는 지체 없이 임치인에게 통지를 발송하여야 한다(168조→108조 1항). 이 경우 임치인의 지시를 받을 수 없거나 그 지시가 지연되는 때에는 창고업자는 임치인의 이익을 위하여 적당한 처분을 할 수 있다(168조→108조 2항). 「적당한 처분」이 뜻하는 바는 위탁매매인에 관한 해당규정(108조)의 해설에서 설명하였다.

제108조를 창고업자에 대해 준용하는 까닭에 임치물의 가격저락의 상황이 있을 때에도 창고업자가 임치인에게 통지해야 하고(108조 1항) 필요한 처분(108조 2항)을 할 수 있는 듯이 보이지만, 이는 위탁자를 위해 자기명의로 법률행위를 해야 하는 위탁매매인과는 달리 단지 물건의 보관이라는 사실행위를 임무로 하는 창고업자의 지위나 임치계약의 본지에 부합한다고 볼 수 없다(통설).

4. 손해배상책임

(1) 책임의 내용

창고업자는 자기 또는 사용인이 임치물의 보관에 관하여 주의를 해태하지 아니하였음을 증명하지 아니하면 임치물의 멸실 또는 훼손에 대하여 손해배상책임을 면하지 못한다(160조).

임치물의 「멸실」이라 함은 물리적으로 소멸된 경우뿐만이 아니고, 임치물을 반환받을 정당한 권리자가 아닌 자에게 인도함으로써 정당한 권리자가 반환받지 못하게 된 경우도 포함된다(대법원 1978. 9. 26. 선고 78다1376 판결; 동 1981. 12. 22. 선고 80다1609 판결). 기타 자세한 내용은 운송인의 손해배상책임에 관해 설명한 바와 대체로 같다.

창고업자에 대해서는 고가물에 관한 특칙(124조, 136조, 153조 참조)을 두고 있지 않으므로 고가물의 손해에 대한 책임은 임치계약 및 손해배상의 일반원칙에 의해 해결하여야 할 것이다(통설).[1)]

(2) 책임의 소멸

1) 특별소멸사유 운송인의 특별한 책임소멸사유(146조)는 창고업자에게 그대로 준용된다(168조). 그래서 임치인 또는 창고증권소지인이 유보없이 임치물을 수령하고 보관료를 지급한 때에는 창고업자의 책임이 소멸한다(168조→146조 1항 본). 그러나 임치물에 즉시 발견할 수 없는 훼손 또는 일부 멸실이 있고 임치인이 임치물을 수령한 날로부터 2주간 내에 창고업자에게 통지를 발송한 때에는 소멸하지 아니한다(168조→146조 1항 단). 그리고 창고업자 또는 그 사용인이 악의인 때에는 이상의 특별소멸사유를 적용하지 아니한다(168조→146조 2항).

2) 단기시효 특별소멸사유에 해당하지 않는 창고업자의 책임에 대해서는 1년간의 단기시효가 적용된다(166조). 이 점도 운송인의 책임의 시효와 같다. 임치물의 멸실 또는 훼손으로 인한 창고업자의 책임은 그 물건을 출고한 날로부터 1년이 경과하면 소멸시효가 완성한다(166조 1항). 이 기간은 임치물이 전부 멸실한 경우에는 임치인과 창고업자가 알고 있는 창고증권소지인에게 그 멸실의 통지를 발송한 날로부터 기산한다(166조 2항). 그러나 이 단기시효제도는 창고업자 또는 그 사용인이 악의인 때에는 적용하지 아니한다(166조 3항). 창고업자 또는 사용인의 악의는 원칙적으로 상대방이 증명해야 하지만, 전술한 바와 같이 정당한 권리가 없는 자에게 임치물을 반환한 경우에는 창고업자가 악의에 기한 것이 아님을 증명해야 한다(대법원 1978. 9. 26. 선고 78다1376 판결; 동 1981. 12. 22. 선고 80다1609 판결).

이 단기소멸시효는 창고업자의 계약상대방인 임치인이 손해배상을 청구하는 경우에만 적용되고, 임치물이 타인 소유의 물건이라서 소유권자가 청구하는 경우에는 적용되지 아니한다(대법원 2004. 2. 13. 선고 2001다75318 판결).

---

1) 창고업자에 대하여도 상법 제136조를 유추적용해야 한다는 견해: 김성태 705; 서헌제 402; 최·김 404.

5. 창고증권의 발행의무

(1) 의　의

창고증권(Lagerschein)이라 함은 창고업자에 대한 임치물반환청구권이 표창된 유가증권이다. 물건을 창고에 임치하면 상당기간 물건의 사용가치와 교환가치가 사장되는데, 창고증권을 발행하면 임치인은 이를 가지고 임치물의 양도·담보제공 등에 이용할 수 있으므로 임치물의 교환가치를 활용할 수 있다. 그러므로 창고증권발행청구권은 임치인의 중요한 권리로서, 창고업자는 그 발행을 거절하지 못한다.

창고증권의 가장 중요한 용도는 이에 의해 임치물을 양도하거나 질권설정 등의 담보제공에 이용하는 것이다. 아울러 창고증권도 양도용증권과 담보용증권으로 구분하여 2통을 발행하거나, 아니면 1통만 발행하고 이것으로 양도 혹은 담보제공에 겸용하도록 하는 방법이 있을 수 있다. 전자를 복권주의라 하며, 이에 의해 임치인은 먼저 담보용증권을 입질하여 금융을 얻고 양도용증권으로 적기에 처분할 기회를 모색할 수 있다. 프랑스·이탈리아·벨기에 등이 채택하고 있다. 후자는 단권주의라 하여 1통의 증권으로 입질 또는 양도를 할 수 있으므로 간편하기는 하나 일단 입질하면 양도가 어려워지는 문제점이 있다. 우리나라를 비롯해서 미국·독일·네덜란드·스페인 등이 채택하고 있다. 한편 일본은 임치인의 선택에 따라 복권 또는 단권을 발행하게 하는 병용주의를 택하고 있다.

(2) 창고증권의 성질

창고증권에 대해서는 화물상환증에 관한 제129조 내지 제133조의 규정이 준용된다(157조). 따라서 창고증권은 문언증권·상환증권·지시증권·처분증권이며, 창고증권의 교부에는 물권적 효력이 있다. 창고증권은 임치계약과 물건의 임치를 근거로 발행되므로 요인증권인 점도 화물상환증과 같다.

(3) 창고증권의 발행

창고업자는 임치물을 수령한 후 임치인의 청구에 의하여 창고증권을 발행·교부하여야 한다(156조 1항). 임치인이 청구하지 않는 한 발행할 필요가 없음은 물론이다.

창고증권에는 다음 사항을 기재하고 창고업자가 기명날인(또는 서명)하여야 한다(156조 2항). (i) 임치물의 종류·품질·수량·포장의 종별·개수와 기호, (ii) 임치인의 성명 또는 상호, 영업소 또는 주소, (iii) 보관장소, (iv) 보관료, (v) 보관기간을 정한 때에는 그 기간, (vi) 임치물을 보험에 붙인 때에는 보험금액, 보험기간과 보험자의 성명 또는 상호, 영업소 또는 주소, (vii) 창고증권의 작성지와 작성연월일 등이다. 창고증권은 요인증권이므로 그 요식성은 어음·수표와 같이 엄격하게 해석할 필요가 없다. 따라서 위 기재사항 중 비교적 중요하지 않은 것은 사실과 다르거나 기재하지 않더라도 창고증권의 효력에는 영향이 없다. 또 위의 법정기재사항 이외의 사항을 기재하는 것도 무방하다.

(4) 창고증권의 분할청구

임치한 물건이 가분물인 경우 임치인이 임치물을 수개의 덩어리로 분할하여 각 부분별로 별개의 창고증권을 발행받을 수 있음은 당연하다. 상법은 나아가서 이미 발행된 창고증권의 소지인도 창고업자에게 창고증권을 반환하고 창고증권이 표창하는 임치물을 분할하여 각 부분에 대한 창고증권의 교부를 청구할 수 있다고 규정한다(158조 1항). 이에 의해 창고증권소지인은 임치물을 세분하여 수인의 매수인에게 양도하거나 또는 일부는 양도하고 일부는 입질할 수 있다. 이 경우 분할한 물건이 종류 또는 품질을 달리하여 혼장임치할 수 없다면 창고업자는 분리하여 보관하여야 할 것인데, 이에 소용되는 비용이나 분할된 창고증권의 발행·교부에 소요되는 비용(인지세 등)은 창고증권소지인이 부담한다(158조 2항).

(5) 임치물의 일부반환

창고증권소지인이 증권에 의해 임치물을 입질하려면 창고증권을 질권자에게 교부하여야 한다(157조→133조). 그리고 창고증권은 상환증권인 까닭에 동 증권이 없으면 창고업자에게 임치물의 반환을 청구할 수 없으므로(157조→129조) 창고증권소지인은 채무를 변제하고 증권을 반환받지 아니하면 임치물도 반환받을 수 없음이 원칙이다.

그러나 질권자의 승낙이 있으면 임치인은 채권의 변제기 전이라도 임치물의 일부 반환을 청구할 수 있다(159조 전). 증권소지인이 채권액을 초과하는 임치물을 질권자의 승낙하에 그리고 창고증권의 반환 없이 활용할 수 있게 한 것이다. 하지만 이로 인해 창고업자가 2중의 반환책임을 부담하게 되어서는 안 될 것이므로 창고업자는 반환한 임치물의 종류, 품질과 수량을 창고증권에 기재하여야 한다(159조 후). 이 방법에 의해 창고증권을 분할하는 부담을 덜 수 있다. 반환한 물건을 창고증권에 기입해야 하는 만큼 증권소지인이 창고업자에게 일부 반환을 청구할 때에는 증권을 반환할 필요는 없더라도 증권의 제시는 하여야 한다.

질권이 설정된 임치물에 대해서 일부 반환을 청구할 수 있다면, 질권이 설정되지 않은 경우에도 당연히 증권소지인은 일부 반환을 청구할 수 있다고 해야 한다. 따라서 증권소지인은 창고업자로 하여금 창고증권에 같은 요령의 기재를 하게 하고 일부 반환을 청구할 수 있다고 본다.

Ⅳ. 창고업자의 권리

1. 보관료 · 비용상환청구권

창고업자는 상인이므로 무상임치의 특약을 하지 않은 한, 보수에 관한 약정이 없더라도 보관료를 청구할 수 있다(61조). 보관료나 기타 비용 또는 체당금은 다른 특약이나 관습이 없는 한 임치물을 출고할 때에 청구할 수 있다(162조 1항 본). 임치물을 일부 출고할 때에는 그 비율에 따른 보관료를 청구할 수 있다(162조 2항). 기타 비용이나 체당금도 마찬가지이지만, 비용 · 체당금이 출고한 물건에 관해 지출한 것인 때에는 전액을 청구할 수 있다(서완석 403; 오성근 468; 정동윤 300; 정준우 374; 정찬형 413; 주석(총칙 · 상행위) 1064). 창고업자는 출고시 보관료 등의 채권을 가지고 동시이행의 항변권을 행사할 수 있다.

보관기간이 경과한 후에는 출고하기 전이라도 보관료를 청구할 수 있다(162조 1항 단). 임치인 또는 창고증권소지인이 출고를 게을리함으로 인해 창고업자가 손해를 입지 않도록 하기 위한 것이다. 따라서 창고업자의 사정으로 보관기간의 경과 후 출고할 수 없는 경우에까지 보관료를 청구할 수 없음은 물론이다.

창고업자의 보관료 등의 채권에 관해서는 별도의 유치권이 인정되지 않으므로 창고업자는 일반 상사유치권(58조) 또는 민법상의 유치권(민 320조)을 행사할 수 있을 뿐이다.

창고업자의 채권은 출고한 날로부터 1년간 행사하지 아니하면 소멸시효가 완성한다(167조).

2. 공탁 · 경매권

임치인 또는 창고증권소지인이 임치물의 수령을 거부하거나 수령할 수 없는 때에는 상사매매에 있어서의 매도인의 공탁 · 경매권에 관한 규정이 준용된다(165조→67조 1항 · 2항).

Ⅴ. 임치계약의 소멸

원래 임치기간의 약정이 없는 때에는 당사자는 언제든지 계약을 해지할 수 있음이 원칙이나(민 699조), 창고업자가 불시에 해지한다면 임치인에게 예측하지 못한 손해를 줄 수 있다. 따라서 상법은 임치기간을 정하지 않은 경우라도 창고업자는 임치물을 받은 날로부터 6월이 경과한 후에야 임치계약을 해지하고 임치물을 반환할 수 있으며(163조 1항), 그것도 2주간 전에 예고하도록 하고 있다(163조 2항). 다만 부득이한 사유가 있으면 언제든지 임치물을 반환할 수 있다(164조).

한편 임치인이 임치계약을 해지하는 경우에 관해서는 상법에 별다른 규정이 없으므로 일응 민법규정에 따라 기간의 약정이 있든 없든 임치인은 언제든지 계약을 해지하고 임치물의 반환을 청구할 수 있다고 해도 무방할 듯하다(민 698조). 그러나 임치기간이 있는데도 불구하고 언제든지 출고할 수 있다고 한다면, 조기 출고로 인해 창고업자에게 기회비용이 발생한다. 그러므로 임치인이 임치기간 내에 출고할 경우에는 창고업자에게 손해배상을 해야 한다고 해석한다(同旨: 김성탁 375; 김성태 709; 서완석 396; 오성근 469; 이(기) · 최 596; 정준우 376; 주석(총칙 · 상행위) 1067).

제 8 절 금융리스업

Ⅰ. 기능과 연혁

리스업의 기원을 19C 중엽에까지 거슬러 올라가 찾기도 하지만, 오늘날의 리스거래는 1950년대에 비로소 미국에서 생겨난 비교적 새로운 금융기법이다. 우리나라에는 1970년대 초에 소개되어 역사가 일천하지만, 리스에는 설비자금의 조달효과가 있고, 리스자산이 주로 감가상각이 가능한 고정자산으로 구성되어 세제상의 이점을 누릴 수 있으므로 오늘날 기업이 사업용 고정자산을 취득하는 일상적인 수단으로 이용되고 있다.

리스의 높은 이용도에 비추어 볼 때에 관련 법제도는 매우 빈약하다. 리스 관련 실정법으로서는 1973년 12월 31일 시설대여산업육성법이 제정되었다가, 시설대여업법으로 개칭된 데 이어, 1997년 다른 특수 금융업종과 더불어 「여신전문금융업법」(1997. 8. 28 제정, 법률 제5374호)으로 통합되어 현재에 이르고 있으나, 동법은 리스업에 대한 행정규제적 목적에서 입법된 것이므로 리스의 사법적 측면에서 발생하는 문제에 대한 전반적인 해결수단이 되지는 못한다. 그래서 리스계약은 전부 리스업자가 일방적으로 정한 약관에 의해서 체결되고, 분쟁이 발생한 경우 그 약관의 해석이 쟁점이 되어 왔다. 그러던 중 1995년 말 상법개정시에 금융리스가 「물융」이라는 명칭으로 기본적 상행위의 하나로 추가되었다(46조 19호). 어차피 금융리스는 회사에 의해 영위되고 영업으로서의 요소도 갖추고 있으므로 이 규정이 없더라도 준상행위로서 상법의 규율을 받을 수밖에 없다(5조; 66조). 따라서 이 규정의 신설이 금융리스업에 관해 특별한 의의를 갖는 것은 아니고, 필요한 것은 금융리스의 거래를 실질적으로 규율할 사법적 규정이라고 할 것인데, 그러한 규정은 2010년 5월 개정에 의해 도입되었다. 동 개정상법에서 제 2 편(상행위)에 제12장을 추가하여 4개의 조문(168조의2~168조의5)을 신설한 것이다. 금융리스의 다양한 법률관계를 규율하기에는 빈약하지만, 금융리스업을 규율하는 상거래법적 규정들이 창설되기 시작했다는 점에 큰 의의를 둘 수 있다.

Ⅱ. 리스의 개념과 거래구조

1. 리스의 개념

리스(lease)는 크게 금융리스(finance lease)와 운용리스(operating lease)로 구분된다. 양자의 공통점은 「시설대여」라는 법형식을 이용한다는 점이다. 이 중 「금융리스」라 함은 리스이용자가 선정한 기계, 시설, 그 밖의 재산(금융리스물건)을 제 3 자(공급자)로부터 취득하거나 대여받아 금융리스이용자에게 이용하게 하는 행위를 가리키고 이를 영업으로 영위하는 자를 금융리스업자라 한다(168조의 2, 대법원 1997. 11. 28. 선고 97다26098 판결).

1) 법적으로 보면, 금융리스는 리스이용자가 선택한 물건을 금융리스업자가 취득하여 리스이용자로 하여금 이용하게 하는 거래이다. 그러나 실제 거래의 흐름을 보면 금융리스업자는 리스이용자가 필요로 하는 물건을 조달하기 위한 자금을 공급하는 기능을 수행한다. 따라서 금융리스는 대개 범용성이 없는 고가의 물건을 대상으로 한다. 이와 달리 운용리스는 리스업자가 사전에 취득하여 구비하고 있는 물건을 이용자가 선정하여 일정기간 정기적인 대가를 지급하고 이용하는 거래이다. 대체로 컴퓨터, 자동차, 복사기 등 범용성이 있는 물건을 대상으로 이루어진다. 금융리스가 아닌 것을 통틀어 운용리스로 분류한다.

2) 금융리스에서는 리스업자가 리스물건의 선정에 관여하는 바가 없고 리스물건을 점유하는 일도 없다. 그러므로 리스기간 중에 리스물건의 유지 · 관리는 리스이용자의 책임하에 있다(168조의 3 4항). 이에 대해 운용리스에서는 리스업자가 취득하여 점유하는 물건을 리스이용자에게 제공하는 것이므로 리스기간 중에 리스업자가 리스물건에 대한 유지 · 관리책임을 진다.

3) 운용리스는 전형적인 임대차와 본질적인 차이점을 찾기 어려우므로 임대차로 파악하는 데 별 이견이 없다. 그러나 금융리스는 리스업자가 목적물의 소유권을 취득하거나 사용 · 수익권을 취득하여 리스이용자로 하여금 사용 · 수익케 한다는 점에서 임대차의 성격을 지니기는 하지만(형식적 측면), 목적물의 취득에 필요한 원 공급자와의 거래는 리스이용자의 단계에서 이루어지고, 단지 취득대가를 리스업자가 지급하고 그 회수를 담보하기 위해 리스업자가 소유권 또는 원 사

용 · 수익권을 취득할 뿐이라는 점에서는 금융거래적 성격이 강하다(실질적 측면). 그리하여 판례는 금융리스의 본질적 기능은 리스이용자에게 리스물건의 취득 자금에 대한 금융 편의를 제공하는 데에 있다고 보고 있다(전게 판례). 그러므로 이러한 형식적 측면과 실질적 측면 중 어느 쪽을 중시하느냐에 따라 금융리스의 본질을 파악하는 시각이 달라진다.

운용리스는 임대차와 구별할 필요가 없으므로 특히 설명을 보탤 것이 없다. 상법에서도 금융리스에 관한 규정만을 두고 있으므로 이하에서는 금융리스의 법리를 중심으로 설명한다.

여신전문금융업법상의 리스 개념

여신전문금융업법 제 2 조 제10호는 리스를 「시설대여」라는 용어로 표기하고, ["시설대여"란 대통령령이 정하는 물건(이하 "특정물건"이라 한다)을 새로 취득하거나 대여받아 거래상대방에게 대통령령이 정하는 일정기간 이상 사용하게 하고, 그 사용기간 동안 일정한 대가를 정기적으로 나누어 지급받으며, 그 사용기간이 끝난 후의 물건의 처분에 관하여는 당사자간의 약정으로 정하는 방식의 금융을 말한다]고 정의하고 있다. 그리고 동법 시행령 제 2 조 제 1 항 각 호에서는 대상물건을, 「1) 시설 · 설비 · 기계 및 기구, 2) 건설기계 · 차량 · 선박 및 항공기, 3) 1) 및 2)의 물건에 직접 관련되는 부동산 및 재산권, 4) 중소기업에 시설대여하기 위한 부동산, 5) 그 밖에 국민의 금융편의 등을 위하여 총리령으로 정하는 물건」으로 한정하고, 리스기간은 법인세법이 정하는 물건의 내용연수의 100분의 20에 해당하는 기간으로 정하고 있다(동령 2조 4항).

이 정의는 금융리스와 운용리스를 포괄하여 정의한 것인데, 기술한 바와 같이 여신전문금융업법은 리스의 사법적 법리를 규율하기 위해 입법된 것이 아니라 리스의 금융감독적 목적에서 입법되어진 것이고, 이 정의 역시 그러하다. 따라서 이 정의는 리스의 사법적 성격에 입각한 정의로 볼 수는 없다. 그러므로 리스는 위에 열기한 물건 이외의 물건을 대상으로 할 수도 있으며, 위와 다른 기간을 정한다 해서 리스의 성격을 잃는 것도 아니다.

2. 금융리스거래의 구조

금융리스거래에 관해서는 과거로부터 금융리스의 법적 성질이 무엇이냐는 점이 중심적인 문제로 다투어졌는데, 이 문제에 대한 올바른 접근을 위해서는 먼

그림 3 리스거래의 구조

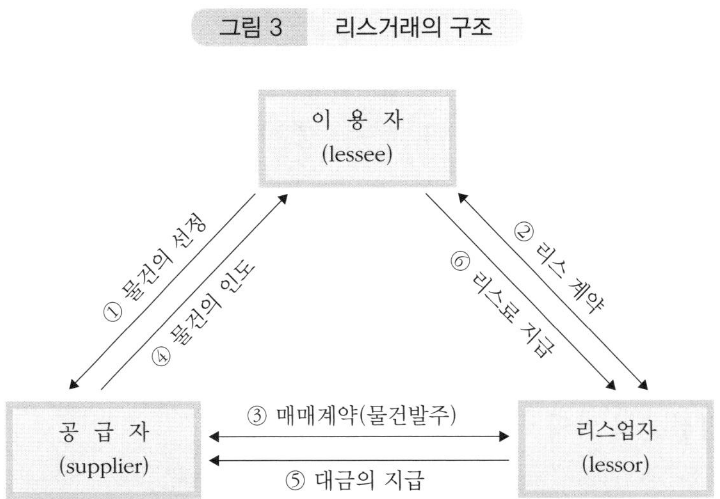

저 금융리스의 거래구조가 갖는 특성을 파악해야 한다. 금융리스계약의 체결과 이행은 다음과 같은 과정으로 이루어지고 있다([그림 3] 참조). 금융리스는 리스물건의 공급자, 이용자, 리스업자라는 3당사자간의 거래의 산물이라 할 수 있다.[1)]

㈎ 리스이용자는 자신이 필요로 하는 기계 · 설비 등 물건의 제조자 기타 공급자와 상담을 벌여, 목적물 · 가격 · 인도시기 등에 관해 실질적인 합의를 한다(①).

㈏ 리스이용자는 ㈎에서 합의한 내용을 토대로 금융리스업자와 금융리스계약을 체결한다. 여기서 리스기간, 리스료, 유지 · 관리책임 등이 모두 약관에 따라 결정된다(②).

㈐ ㈏의 리스계약의 이행으로서 금융리스업자는 ㈎의 공급자와 리스이용자가 합의한 내용대로 매매계약을 체결하는데, 예외 없이 공급자는 이용자에게 직접 이행하기로 합의한다(③).[2)]

㈑ ㈐에서 정한 바에 따라 공급자는 이용자에게 리스물건을 인도하고, 리스업자는 공급자에게 대금을 지급한다(④, ⑤). 이 과정에서 리스물건이 수입물품이

1) UCC §2A-108(1)(g) Official Comment.

2) 본문에서와 같은 거래의 속성 때문에 미국 통일상법전에서는 리스계약의 정의 중에 "리스업자는 리스물건을 선정하거나, 제조하거나, 공급하지 아니하고, … 리스업자가 리스물건의 소유권(또는 점유권이나 사용권)을 취득하기 위한 계약을 체결하고 이용자가 승인하는 것을 리스계약의 효력이 발생하기 위한 조건으로 한다(UCC §2A-103(1)(g)(i),(iii)(B))"라는 설명을 포함시키고 있다.

냐 국내에서 조달한 물건이냐에 따라 구체적인 절차에 차이가 있으나 리스계약의 본질과는 무관하다.

이상은 금융리스계약의 체결과 이행과정을 리스계약의 성질론상 유의의한 부분만 추려 본 것이다. 이하 난을 바꾸어 금융리스계약의 성질론을 다루기로 한다.

Ⅲ. 금융리스계약의 성질

1. 성질론의 의의

금융리스의 법적 성질은 단지 이론상의 문제에 그치는 것이 아니라, 리스계약의 효력에 영향을 주는 중요한 문제이다. 리스의 목적물에 구조상의 결함이 있거나, 이용자의 과실 없이 멸실·훼손된 경우 일반적인 임대차에서라면, 매도인의 하자담보책임에 관한 민법 제570조 이하의 규정이 유상계약에 준용되므로(민 567조) 임차인은 임대인의 하자담보책임을 묻거나 민법 제627조에 근거하여 대금감액청구 또는 계약해제를 할 수 있다. 그러나 금융리스계약은 예외 없이 리스업자가 작성한 금융리스약관에 의해 체결되고 있는데, 금융리스약관에는 한결같이 리스물건의 인도가 지연되거나 물건의 규격·사양·성능·기능 등에 있어서의 부적합, 불완전, 기타의 하자가 있을 때에도 리스업자는 리스이용자에 대하여 책임을 지지 아니한다는 면책조항을 두고 있다.[1)]

여기서 금융리스계약의 본질이 무엇이냐는 문제가 제기된다. 리스계약을 임대차로 본다면, 위와 같은 면책약관은 임차인에게 불리한 특약으로서 무효라고 볼 소지가 있다(민 652조). 그러나 금융리스계약을 임대차와는 별개의 비전형계약으로 보고 그 나름대로의 특성을 인정한다면 이 면책약관을 유효한 것으로 보고 금융리스업자의 담보책임을 부정할 수 있다.

금융리스약관에는 담보책임의 면책조항 외에도 종래의 임대차법리에서 크게 벗어남으로 인해 유효성이 문제되는 약정을 다수 담고 있다. 이 문제들도 궁극적

1) 예: KB캐피탈(주) 시설대여(리스) 약관 제13조.

으로는 리스의 성질론에 귀착된다.

2. 학 설

1) **임대차설 · 특수임대차설** 리스계약의 금융거래적 특수성을 부정하고 리스를 단순한 임대차로 파악하는 견해도 없지는 않으나, 대체로 어느 정도의 특수성은 인정한다. 즉 금융리스계약의 법적 형식을 중시하여 임대차로 파악되고, 다만 리스의 특성으로 인해 임대차의 법리적용이 부적합한 부분에만은 임대차관계의 강행규정에 반하지 아니하는 범위에서 약관의 유효성을 인정하는 입장이다(최 · 김 414). 이 설에 의하면 비록 금융리스의 특수성을 인정한다 하더라도 앞서 본 리스약관은 임대차관계의 강행규정과 충돌하므로 무효라고 할 수밖에 없다.

2) **비전형계약설** 금융리스의 경제적 실질인 금융적 측면을 중시하여 금융리스는 민법의 임대차와는 다른 특수한 무명계약(비전형계약)이라고 보는 설이다(강 · 임 363; 김성탁 390; 김성태 734; 김정호 475; 서완석 416; 서헌제 427; 손주찬 415: 손진화 318; 송옥렬 212; 오성근 474; 전우현 386; 정경영 287; 정동윤 315; 정준우 380; 정찬형 425). 비전형계약설이 제시하는 근거는 대체로 다음과 같다.

㈎ 금융리스는 「자산의 소유」보다는 「자본의 효율적 이용」에, 「사용가치의 회수」보다는 「교환가치의 회수」에 더 중점을 두고 이루어지는 거래이다.

㈏ 금융리스업자에 소유권을 남겨 두는 것은 물건 그 자체의 확보보다는 리스계약의 충실한 이행을 담보하고, 금융리스업자가 대여한 투하자본의 회수를 확보하기 위한 것이며, 리스료는 사용대가가 아니라, 물건대금으로 이루어지는 원금 및 이에 대한 이자의 분할상환금으로 보아야 한다.

㈐ 여신전문금융업법 제30조 그리고 제33조 내지 제35조에서는 물건의 소유권이 오로지 형식적으로만 리스업자에 있다는 전제 아래 소유자가 부담하여야 할 각종 의무와 책임을 이용자에게 전가하고 있다.

㈑ 동법 시행령 제2조 제4항은 최단 리스기간을 리스물건의 경제적 내용연수에 따라 규정하고 있으므로 리스기간이 경과하면 리스물건의 경제적 생명은 거의 소멸하게 된다.

이상과 같은 금융리스거래의 특성을 볼 때, 금융리스는 금융거래로서의 성격이 강하여 임대차와는 다른 비전형계약이라고 한다. 이 설에 의하면 리스계약에는 민법 第652조가 적용되지 않으므로 앞서의 면책약관은 유효하다.

3) **특수소비대차설** 리스를 임대차로 볼 수 없음을 전제로 하되, 비전형계약이라는 성격규정이 편의적이라는 비판을 하며, 리스는 이용자가 공급자로부터 물건을 공급받고 리스업자가 그 물건의 소유권을 담보로 하여 자금을 대여하는 거래라고 설명하는 학설이다(최준선 436).

3. 판 례

판례는 비전형계약설을 취하는데, 리스거래의 금융거래적 성격에 착안하여 이른바 「물적 금융」이라는 용어로 부르며, 임대차 관련규정의 적용을 배제한다. 아래 인용한 [판례 113] 이래 확립된 입장이다.

판례 113 대법원 1986. 8. 19. 선고 84다카503 · 504 판결

「…원심판결이유에 의하면 … 피고(반소원고, 이하 피고라고만 한다) 한국개발리스주식회사(이하 개발리스라고 줄여 쓴다)는 피고 주식회사 중외상사의 … 소개로 의료기구인 원판시 전자주사형 초음파단층기를 수입해서 원고에게 시설대여하기로 하여 … 이 사건 물건을 통관하여 원고에게 인도하고 … 원고로부터 계약보증금 전액을 지급받은 사실, 한편 … 원고가 이를 인도받아 1개월 가량 사용하였을 때부터 … 결함이 발생하여 1981년 1월 초순경부터 이를 사용하지 못하고, 원고는 그 사실을 피고들에게 수차에 걸쳐 통고하면서 고쳐 줄 것을 요구하여 피고 중외상사 소속의 기술자가 나와 수리하려고 하였으나 기술미숙으로 결함의 원인을 발견하지 못하여 다시 원고는 피고들에게 이 사건 물건 대신 작동에 이상이 없는 다른 제품으로 교체하여 줄 것을 요구하고, 피고들이 이에 응하지 아니하자 그 시경 위 시설대여계약을 해지하면서 보증금을 반환하고, 이 사건 물건을 인수하여 갈 것을 통고한 사실, … 원고의 위 계약해지 의사표시는 면책특약에 반하여 무효라는 피고 개발리스의 항변에 대하여는, 제 1 호증 시설대여계약서의 약관 제 8 조 제 1 항에 의하면, 시설대여 물건의 규격 · 사양 · 성능 · 기능 등에 부적합, 불완전 기타의 하자가 있더라도 피고 개발리스는 책임을 지지 아니한다라고 규정되어 있기는 하나, … 위 시설대여계약은 민법상의 임대차관계규정에 의하여 규율을 받아야 할 것이며, 민법 제652조, 제627조의 규정에 의하면 임대물의 일부가 임대인의 과실 없이 멸실 기타 사유로 인하여 사용 · 수익할 수 없는 경우 그 잔존부분만으로 임차의 목적을 달성할 수 없는 때에는 임차인은 계약을 해지할 수 있고 이에 위반하는 약정으로서 임차인에게 불리한 것은 효력이 없는 것이므로, 피고 개발리스 주장의 위 면책특약은 시설이용자인 원고에게 불리한 약정으로

서 강행규정에 위반하여 무효라 … 하였다.

그러나 시설대여(리스)는 시설대여회사가 대여시설이용자가 선정한 특정물건을 새로이 취득하거나 대여받아 그 물건에 대한 적법적인 유지·관리책임을 지지 아니하면서 대여시설이용자에게 일정기간 사용하게 하고 그 기간에 걸쳐 일정대가를 정기적으로 분할하여 지급받으며, 그 기간 종료 후의 물건의 처분에 관하여는 당사자간의 약정으로 정하는 계약으로서(시설대여산업육성법 2조 1호 참조) 형식에서는 임대차계약과 유사하나 그 실질은 물적 금융이고 임대차계약과는 여러 가지 다른 특질이 있기 때문에 시설대여(리스)계약은 비전형계약(무명계약)이고 따라서 이에 대하여는 민법의 임대차에 관한 규정이 바로 적용되지는 아니한다고 할 것이다.

결국, 원심이 위와 다른 견해에서 이 사건 시설대여계약의 본질을 임대차계약이라고 보고 민법 제652조, 제627조를 적용하여 이 사건 하자담보책임 면책특약의 효력을 부인하고 원고의 계약해지 주장을 받아들여서 그 원상회복으로서 피고 개발리스에 보증금의 반환을 명함과 아울러 계약의 존속을 전제로 하여 원고에게 미지급시설대여료의 지급을 구하는 피고 개발리스의 반소청구를 기각한 원심판결에는 시설대여계약의 법리를 오해하여 법률의 적용을 그르친 위법이 있다 …」

* 同旨: 대법원 1994. 11. 8. 선고 94다23388 판결; 동 1996. 8. 23. 선고 95다51915 판결 외 다수.

리스계약의 성질에 관한 임대차설과 무명계약설의 대립에 대칭하여, 도산절차에서의 리스채권의 취급에 있어서도 쌍방미이행 쌍무계약설과 정리담보권설의 대립이 있는데, 재판실무에서는 금융리스의 금융계약적 성격을 중시하여 정리담보권설을 취하고 있다고 한다(울산지법 2011. 6. 30. 선고 2009가합3025 판결).

4. 금융리스거래의 법적 특성과 성질

리스계약에 임하는 당사자의 의식을 포함하여 제반의 거래실정을 볼 때 리스는 금융거래적 특성이 강하므로 무명계약설에 따른 해결이 합리적이라고 생각되지만, 거래의「법적 측면」을 보더라도 임대차로 볼 수 없는 점이 많다.

1) 여신전문금융업법상의 리스의 성격 앞서 살펴본 바와 같이 여신전문금융업법 제 2 조 제10호에서는「시설대여」, 즉 리스를「… 물건을 새로이 취득하거나 대여받아 … 일정기간 이상 사용하게 하고, 그 기간에 걸쳐 일정대가를 정기적으로 분할하여 지급받으며, 그 기간 종료 후의 물건의 처분에 대하여는 당사

자간의 약정으로 정하는 방식의 금융을 말한다」고 정의하고 있다. 대법원 판례도 여신전문금융업법상의 위 정의규정에 기초하여 리스거래의 특수성을 이해하고 있지만, 위 정의대로 이루어지는 거래는 법형식적 측면에서 보더라도 임대차로 보기가 어렵다.

동법은 리스업에 대한 행정규제의 목적에서 만들어진 법이므로 위 정의규정을 사법적 성질론의 근거로 삼을 수는 없다는 주장도 있을 법하다. 그러나 동법은 우리나라에 리스산업이 도입되던 초기에 제정되어 사실상 리스업의 형태를 결정해 왔으며, 리스업을 등록을 요하는 사업으로 하고 위 정의를 충족하는 영업을 영위하는 자를 등록대상으로 하고 있다(동법 3조 2항 참조). 그러므로 현재 우리나라에서 행해지는 리스는 바로 위 정의규정을 충족하는 거래이다.

2) 거래구조의 실체　앞서 살펴본 리스거래의 과정에서 임대차적 요소를 찾을 수 있는 부분은 리스업자가 이용자에게 물건을 사용하게 하고 이용자는 그 대가를 지급한다는 점뿐이다. 그러나 이 같은 물건의 이용계약은 리스업자의 물건의 취득과 더불어 리스물건의 선정을 위한 이용자와 공급자의 실질적 합의를 전제로 하며, 리스계약의 이행으로써 이루어진다. 즉 리스계약은 다양한 사항에 관한 합의로 이루어지는데, 그 합의중 상당부분은 임대차와 무관한 사항들을 명시적으로 담고 있는 것이다. 그러므로 법적 측면을 중시한다 하더라도, 민법상의 임대차개념(민 618조)을 가지고는 리스계약의 본질을 설명할 수 없다. 요컨대 리스계약은 임대차와는 무관한 독자적 성격을 갖는 비전형계약이라고 보아야 하며, 리스약관의 효력도 임대차의 시각을 떠나서 약관의 일반론과 금융거래법 차원에서의 공정성을 바탕으로 검토해야 한다.

3) 이용자의 보호　임대차설은 리스이용자의 보호를 두텁게 한다는 점에 의의를 두고 있다고 할 수 있다. 하지만 리스계약에서는 통상 물건의 인도지연이나 물건의 하자에 관해 리스이용자가 직접 공급자의 책임을 물을 수 있도록 하며, 이를 위해 관련 채권을 리스업자가 리스이용자에게 양도하고 공급자에게 통지한다는 특약을 두고 있다.[1] 그러므로 비전형계약설을 취하더라도 리스이용자의 보호에 소홀함이 없고, 오히려 거래의 실정에 맞는 방법으로 보호한다고 평가할 수 있다.

1) 예: 자동차리스표준약관 제9조 제1항, 제2항.

리스세제

참고로 리스계약의 본질론에 크게 도움이 되는 것은 아니지만, 법인세법 기본통칙에서는 리스를 금융리스와 운용리스로 구별하고, 금융리스는 금융거래로 보고 운용리스는 임대차로 보고 있다. 즉 금융리스의 경우 리스회사측은 리스물건의 취득가액 상당액을 이용자에게 금전으로 대여한 것으로 보며, 이용자측은 취득가액 상당액을 리스회사로부터 차입하여 리스물건을 구입한 것으로 본다(법인세법 기본통칙 23-24 … 1). 그리하여 리스회사의 경우는 리스료수입 중 이자 상당액을 각 사업년도 소득금액계산상 익금에 산입하고, 이용자의 경우는 소유자산과 동일한 방법으로 감가상각한 리스자산의 감가상각비와 리스료 중 차입금에 대한 이자상당액을 각 사업년도 소득금액계산상 손금에 산입한다(위 통칙).

Ⅳ. 금융리스계약의 법률관계

1. 리스계약의 개시(리스물건의 공급과 리스료의 지급)

리스계약은 언제 개시하는가? 계약의 효력은 계약의 체결과 더불어 발생하지만, 리스계약에 정해진 쌍방의 의무는 언제부터 이행해야 하느냐는 문제이다. 상법 제168조의3 제 1 항은 「금융리스업자는 금융리스이용자가 금융리스계약에서 정한 시기에 금융리스계약에 적합한 금융리스물건을 수령할 수 있도록 하여야 한다」라고 규정하고, 이어 동조 제 2 항에서 「금융리스이용자는 제 1 항에 따라 금융리스물건을 수령함과 동시에 금융리스료를 지급하여야 한다」라고 규정하고 있다. 즉 리스계약은 리스물건의 수령으로 개시된다고 할 수 있다.

제168조의3 제 2 항은 금융리스물건을 「수령함과 동시에 금융리스료를 지급」하라고 규정하는데, 금융리스료는 리스기간에 걸쳐 분할지급하는 것이 통례이므로 물건의 수령과 동시에 지급해야 할 리스료는 당초 계약에서 정한 회차의 리스료를 의미하는 것이다. 「동시에」 지급하라 함은 리스료의 지급은 리스물건의 인도와 동시이행의 관계에 있음을 뜻한다. 즉 다른 약정이 없는 한 리스물건의 인도가 이루어질 때까지는 리스료의 지급을 지연하더라도 이용자의 채무불이행이 되지 않는다.

2. 리스물건 수령증의 성격

금융리스업자는 리스물건의 실제 공급자가 아니므로 리스의 실무에서는 공급자가 리스물건을 리스이용자에게 인도하면 리스이용자가 리스업자에게 수령증을 발급하고, 이에 근거하여 리스업자는 공급자에게 대금을 지급한다. 즉 리스이용자와 리스업자간에 있어 리스물건의 인도는 수령증의 발급에 의해 인식하는 것이다. 그래서 상법은 수령증이 발급된 경우에는 리스계약 당사자 사이에 적합한 금융리스 물건이 수령된 것으로 추정하고 있다(168조의 3 3항). 이 규정이 신설되기 전에도, 판례는 리스물건이 리스이용자에게 인도되기 전이라도 리스이용자가 수령증을 발급하면 리스기간이 개시되고 리스이용자에게 리스료 지급의무가 발생한다고 보았다(대법원 1995. 5. 12. 선고 94다2862 판결; 동 1995. 7. 14. 선고 94다10511 판결). 그렇다고 수령증이 리스계약상의 권리·의무의 발생요건이 되는 것은 아니다. 상법 제168조의3 제3항 법문의 표현처럼 리스물건의 공급에 관한 증명수단에 불과하다. 그러므로 예컨대 리스이용자가 수령증의 발급을 지연하더라도 실제 리스물건이 공급되었다면 리스업자는 공급자에게 대금을 지급하여야 한다([판례 114]).

한편 수령증이 발급되었더라도 리스물건이 공급된 바 없다면, 리스이용자는 리스물건에 관해 유지·관리의무(168조의 3 4항)를 지지 아니한다.[1)]

판례 114 대법원 1998. 4. 14. 선고 98다6565 판결

「시설대여(리스)의 경우, 이용자가 물건의 공급자와 직접 교섭하여 물건의 기종·규격·수량·가격·납기 등의 계약 조건을 결정하면 리스회사는 위와 같이 결정된 계약 조건에 따라 공급자와 사이에 매매계약 등 물건의 공급에 관한 계약을 체결하고, 그 계약에서 공급자는 물건을 직접 이용자에게 인도하기로 하며, 리스회사는 이용자로부터 물건수령증서를 발급받으면 물건대금을 지급하기로 하는 것이 일반적이라 할 것인바, 이처럼 리스회사가 이용자로부터 물건수령증을 발급받는 이유는 이용자와의 관계에서는 리스기간의 개시 시점을 명확히 하고자 하는 것이고 공급자와의 관계에서는 그 물건을 인도받기로 되어 있는 이용자로부터 물건의 공급에 관한 계약에 따른 물건의 공급이 제대로 이행되었음을 증명받고자 함에 있는 것이므로(대법원 1997. 11. 14. 선고 97다6193 판결 참조),

1) 수령증이 발급되면 물건의 공급에 관계없이 리스이용자의 유지·관리의무를 진다고 규정한 약관도 있고, 이를 지지하는 견해도 있으나(강정혜, "금융리스에 대한 개정상법안의 쟁점," 「상사법연구」 28권 2호(2009), 47면; 정찬형, 428면), 수령증의 성질에 부합하는 설명이 아니다.

리스회사는 비록 물건수령증의 교부가 없다 하여도 물건이 공급되었다는 것과 이용자가 정당한 사유 없이 물건수령증을 교부하지 않고 있다는 것을 알고 있다면, 공평의 관념과 신의칙에 비추어 물건수령증의 교부가 없음을 들어 공급된 물건대금의 지급을 거절할 수 없다.

피고는 1996. 9. 30. 원고로부터 이 사건 리스물건을 금 165,000,000원에 매수하고 주문 후 4개월 안에 납품받기로 하는 내용의 계약을 체결하고, 금 66,000,000원을 계약금으로 지급하였으며, 잔금은 리스물건이 리스이용자인 소외 삼미금속 주식회사(이하 소외 회사라 한다)의 납품 장소에 인도된 후 소외 회사가 그 물건을 검사하고 피고 소정 양식의 물건수령증을 피고에게 제출하는 때에 지급하기로 약정한 사실, 원고는 1997. 3. 6. 리스물건을 소외 회사의 창원공장에 인도하고, 같은 달 25. 소외 회사에게 리스물건에 대한 물건수령증을 피고에게 제출하여 피고로부터 잔금을 지급받을 수 있도록 협조하여 달라는 취지의 통고를 한 사실, 소외 회사는 1997. 4. 2. 최종부도 처리되어 증설하기로 하였던 생산라인을 증설할 수 없게 되자 원고에게 생산라인 증설에 필요한 물건이었던 리스물건을 다시 가져가라고 요구하면서 물건수령증의 발급을 거절하고 있는 사실, 한편 원고는 여러 차례 피고에게 리스물건을 납품하였으니 잔금을 지급하여 달라고 요청하였고, 피고는 리스물건이 납품된 사실은 인정하면서도 소외 회사가 여러 가지 사정으로 피고에게 잔금을 지급할 것을 요청하지 아니하고 있으므로 잔금을 지급할 수 없다고 거절한 사실을 알 수 있는바, 사정이 이러하다면 피고는 리스물건이 소외 회사에 납품되었음에도 소외 회사가 정당한 사유 없이 물건수령증의 발급을 거절하고 있는 사실을 알고 있었다고 봄이 상당하므로, 피고는 물건수령증을 교부받지 않았다는 이유로 그 대금지급을 거절할 수 없다.」

3. 리스료의 성격

리스실무에서는 리스기간을 소정구간으로 나누어 회차를 정하고 각 회차별로 리스료를 계산하고 있다. 리스물건의 취득가격을 총회차로 나누어 균등한 금액을 배분하고, 이를 원금의 상환으로 보고 이에 미상환가액에 대한 경과이자와 수수료 등 명목의 금액을 합산하여 회차별 리스료를 산정한다. 그러나 이는 리스거래의 당사자 사이에서 리스료 산정의 합리성을 설명하기 위해 편의상 취하는 계산방법에 불과하고 법적으로는 기간별 원금과 이자로 나누는 것이 별 의미를 갖지 못한다. 리스료는 리스업자가 리스이용자에게 제공하는 취득자금의 금융편의에 대한 원금 및 이자 · 비용 등을 변제하게 하는 기능을 갖는 것은 물론이지만,

그 외에도 리스업자가 리스이용자에게 제공하는 이용상의 편익을 포함하여 거래 관계 전체에 대한 대가로서의 의미를 지닌다(대법원 2004. 9. 13. 선고 2003다57208 판결).[1] 그러므로 원금과 이자 상당액에 별도의 시효가 적용되거나 시효의 기산점이 달라지는 것은 아니고, 리스료 전체가 일반 상사채권으로서 5년의 시효에 걸린다(대법원 2013. 7. 12. 선고 2013다20571 판결).[2] 시효의 중단도 리스료 전체에 걸쳐 이루어진다.

4. 리스업자의 책임

상법 제168조의3 제1항은 앞서 본 바와 같이 「금융리스업자는 금융리스이용자가 금융리스계약에서 정한 시기에 금융리스계약에 적합한 금융리스물건을 수령할 수 있도록 하여야 한다」고 규정하고 있다. 「적합한 금융리스물건」을 수령할 수 있도록 하라는 표현은 리스업자가 리스물건에 관한 담보책임을 진다는 뜻으로 이해할 소지가 있으나, 판례는 이 규정을 담보책임과는 무관한 취지로 읽는다. 리스업자는 이 규정에 의해 적합한 리스물건을 수령할 수 있도록 「협력할 의무」를 부담할 뿐이며, 다른 약정이 없는 한 독자적인 리스물건의 인도의무나 검사·확인의무를 부담하지 않는다고 한다([판례 115]). 「협력할 의무」란 구체적으로 리스업자에게 어떠한 의무가 있다는 뜻인지 모호한데, 실은 법문 자체도 구체적으로 어떤 의무를 과하는 뜻인지 분명치 않다. 이 규정은 원래 리스물건의 선정 자체가 리스이용자에 의해 이루어지고 리스업자는 공급자와 매매계약을 체결하여 소유권을 취득함으로써 이용자가 이용할 수 있도록 하는 리스실무를 고려하여 해석해야 할 것이다. 그렇다면 이 규정의 해석에서는 물건의 공급시기와 리스물건의 특정이 중요한 뜻을 가진다. 즉 리스업자는 리스계약에서 정한 시기에 이용자가 물건을 공급받을 수 있도록 적시에 리스계약에서 정한 리스물건의 매매계약을 체결하여 소유권을 취득하고 이용자에게 공급되도록 하라는 취지로 읽어야 할 것이다. 판례가 말하는 「협력의무」도 이러한 취지를 설명한 것으로 보인다.

이 규정에 따른 리스업자의 의무이행여부에 관한 다툼은 동조 제3항에서 해

---

1) 구 회사정리법하에서 정리절차가 개시된 회사에 대한 리스료를 원금부분과 이자부분을 구분하여 채권의 순위를 달리하는 것은 부당하다고 판시한 예.

2) 이와 달리 운용리스의 경우 리스료는 물건의 사용대가이므로 민법 제163조 제1호에서 규정하는 「1년 이내의 기간으로 정한 채권」으로서 3년의 단기소멸시효에 걸린다(본문의 판례).

결하고 있다. 즉 「금융리스물건수령증을 발급한 경우에는 제 1 항의 금융리스계약 당사자 사이에 적합한 금융리스물건이 수령된 것으로 추정한다」고 규정함으로써 리스이용자의 의무불이행에 관해서는 리스이용자에게 증명책임을 전환한 것이다.

판례 115 대법원 2019. 2. 14. 선고 2016다245418 · 245425 · 245432 판결

「금융리스계약의 법적 성격에 비추어 보면, 금융리스계약 당사자 사이에 금융리스업자가 직접 물건의 공급을 담보하기로 약정하는 등의 특별한 사정이 없는 한, 금융리스업자는 금융리스이용자가 공급자로부터 상법 제168조의3 제 1 항에 따라 적합한 금융리스물건을 수령할 수 있도록 협력할 의무를 부담할 뿐이고, 이와 별도로 독자적인 금융리스물건 인도의무 또는 검사 · 확인의무를 부담한다고 볼 수는 없다.」

담보책임에 관한 리스약관실무

리스거래에서는 약관을 통해 리스물건에 관한 담보책임을 다음과 같이 다루고 있다.

(가) 리스업자는 물건의 인도시 물건이 정상적인 성능을 갖추고 있는 것을 담보한다.

(나) 리스이용자가 물건 수령증을 발급하였을 때에는 물건의 상태 및 성능이 정상적임을 확인한 것으로 의제한다.

(다) 물건의 사용, 보관 및 유지 책임과 물건의 멸실 및 훼손책임은 모두 이용자가 부담한다.

기술한 바와 같이 리스를 임대차로 본다면 위 (다)와 같은 조항은 민법 제652조에 위반하는 것으로 볼 소지가 있으나, 판례와 같이 금융거래로 본다면 리스계약에는 민법 제652조가 적용되지 아니한다. 나아가 이러한 약관은 약관규제법 제 7 조 제 2 호 · 제 3 호(사업자의 면책조항)에도 위반하지 아니한다(대법원 1996. 8. 23. 선고 95다51915 판결).

한편 위 (가), (나)가 말하는 리스업자의 담보책임에 관해서 판례는 「리스업자의 담보책임은 리스물건이 공급자로부터 이용자에게 인도될 당시에서의 물건의 성능이 정상적임을 담보하되, 이용자가 별다른 이의 없이 물건 인도인수확인서[수령증]를 발급하면 리스업자의 하자담보의무가 충족된 것으로 보는 범위 내에서의 책임」이라고 판시하고 있다(전게 판례).

5. 공급자의 지위

상법 제168조의4 제 1 항은 「금융리스물건의 공급자는 공급계약에서 정한 시

기에 그 물건을 금융리스이용자에게 인도하여야 한다」라고 규정하고 있는데, 이 규정이 누구에 대한 공급자의 의무를 다룬 것인지 불명하다. 공급계약은 리스업자와 공급자간에 체결되는 계약이고 물건의 인도시기 등도 그 계약에서 정해진다. 그러므로 이 규정이 공급자가 금융리스업자에 대해 지는 의무를 다룬 것이라면 이는 공급자와 금융리스업자간의 계약의 이행을 촉구하는 당연한 규정으로서 별 의미를 갖지 못한다. 이와 달리 공급자가 리스이용자에 대해 지는 의무로 풀이하는 것도 타당한 해석은 아니다. 리스물건의 공급의무는 공급자와 리스업자의 매매계약 및 그에 관한 법규정에 의해 정해질 문제이고, 리스업자와 리스이용자의 법률관계를 다루는 법규정에서 언급할 문제는 아니기 때문이다.

동조 제 2 항은 「금융리스물건이 공급계약에서 정한 시기와 내용에 따라 공급되지 아니한 경우 금융리스이용자는 공급자에게 직접 손해배상을 청구하거나 공급계약의 내용에 적합한 금융리스물건의 인도를 청구할 수 있다」라고 규정하고 있는데, 이 역시 혼란스러운 규정이다. 이 규정에 의해 리스이용자가 공급계약의 당사자에 준하는 지위를 갖게 되는데, 그와 같은 법적 효과를 부여하는 근거가 무엇이냐는 의문이 제기된다.

상법 제168조의4 제 1 항과 제 2 항은 리스이용자의 지위가 실질적으로는 리스물건의 매수인임에도 불구하고 법기술적인 문제로 리스업자가 공급계약의 당사자가 되고 리스이용자는 그 결과에 의해 간접적인 수익을 얻는데 불과한 지위에 있는 점을 고려한 제도라고 생각된다. 즉 이러한 리스거래의 특성을 고려하여 리스이용자에게 공급자에 대한 직접적인 권리를 인정한 것이다. 그러나 공급자의 입장에서는 매우 당혹스러운 제도가 아닐 수 없다. 법률적으로 자신의 거래상대방이 아닌 자에게 법적 책임을 져야 하기 때문이다. 그러므로 상법 제168조의4 제 1 항과 제 2 항에 의해 리스이용자의 권리가 직접 발생하는 것은 공급자와 리스업자간의 공급계약에서 동 계약이 리스업자와 리스이용자간에 체결된 리스계약의 이행을 위한 계약(제 3 자를 위한 계약. 민 539조 1항)임을 명시한 경우에 한하는 것으로 보아야 한다. 그렇지 않고, 공급계약이 공급자와 리스업자간의 단순한 매매계약의 하나로 체결되었다면 여기에 리스이용자의 권리를 인정할 여지가 없다. 그 경우에는 리스이용자가 리스업자로부터 채권을 양도받아 권리를 행사하여야 할 것이다.[1)]

---

1) 이와 달리 제168조의4 제 1 항 및 제 2 항은 상법이 리스이용자를 위해 특별히 인정한 법정권리로

제 3 항이 리스업자가 리스이용자의 권리행사를 위해 필요한 협력을 하라고 함은 이러한 채권양도를 포함하는 뜻으로 새겨야 한다.

6. 리스물건의 관리책임

리스이용자는 리스물건을 수령한 이후 선량한 관리자의 주의로 리스물건을 유지 및 관리하여야 한다(168조의3 4항). 이 규정도 금융리스의 금융거래적 특성을 반영한 것이다. 통상의 임대차에서는 임대인이 「목적물을 임차인에게 인도하고 계약존속 중 그 사용, 수익에 필요한 상태를 유지하게 할 의무를 부담한다」(민623조). 그러나 금융리스에서는 임대차와 달리, 자신이 점유하는 물건을 리스이용자에게 공급하는 것이 아니라 리스이용자가 선정한 물건의 조달을 금융적으로 지원할 뿐이다. 그리하여 리스기간이 개시하여 종료할 때까지 리스물건은 리스이용자의 점유하에서 그 가치가 점차 마모하여 "0"에 이르는 것으로 의제하여 계약조건이 정해진다. 이같이 리스업자는 리스기간 중 내내 리스물건에 대해 원격적 지위를 갖는 탓에 계약의 존속 중 리스물건의 사용, 수익에 필요한 상태를 유지하게 한다는 것은 비현실적이므로 통상 리스약관에서는 리스이용자가 관리책임을 지는 것으로 다루어 왔고, 상법에서도 이러한 거래실정을 감안하여 제168조의3 제 4 항을 둔 것이다. 리스이용자가 이 의무를 위반한 경우에 리스업자는 리스이용자에게 손해배상청구권, 계약해지권을 행사할 수 있다.

Ⅴ. 리스의 종료

1. 리스기간의 만료

리스기간의 만료에 의해 리스는 종료한다. 리스기간이 만료하면 통상 리스물건의 내구기간은 소진하고 리스업자는 리스물건의 가액과 이자를 모두 회수한 상

서, 채권양도 등의 절차없이 리스이용자가 공급자에 대해 직접 행사할 수 있다고 풀이하는 견해가 있으나(강정혜, 전게논문, 52면; 이종훈, 333면; 임중호, 538면; 정찬형, 429면; 최준선, 443면), 공급자에 대해 이같이 예측불가능한 부담을 줄 근거는 없으므로 법정권리론은 무리한 해석이다.

태이다. 그래서 보통 리스계약에서는 리스가 종료한 경우 비망가액(예: 1,000원, 1달러 등)[1]으로 리스이용자가 소유권을 취득하는 약정을 한다.[2]

2. 해 지

리스계약은 해지에 의해 중도에 종료한다.

1) 리스이용자의 채무불이행 리스이용자에게 리스료 불지급, 리스물건의 관리부실 등의 책임 있는 사유가 있을 때에는 리스업자가 리스계약을 해지할 수 있다(168조의5 1항). 이 경우 리스업자는 잔존 금융리스료 상당액의 일시 지급 또는 금융리스물건의 반환을 청구할 수 있다(동조항). 리스이용자의 채무불이행으로 인한 리스의 해지는 민법의 일반원칙에 의해서도 가능하지만(민544조), 그 효과에 관해 특칙을 둔 것이다.

2) 이용자의 해지 리스이용자는 중대한 사정변경으로 인하여 리스물건을 계속 사용할 수 없는 경우에는 3개월 전에 예고하고 리스계약을 해지할 수 있다(168조의5 3항). 「중대한 사정변경」이란 리스이용자측에 리스를 계속 이용할 수 없는 사정이 생겼음을 의미한다(예컨대, 리스물건을 사용한 영업의 폐지). 리스이용자가 해지할 수 있다고 함은 이 「3개월 전 예고」에 의의가 있다. 즉 해지를 하더라도 향후 3개월분의 리스료를 지급해야 한다는 것과 함께 그 이상의 리스료 부담은 불필요함을 뜻한다. 그러나 리스이용자는 계약의 해지로 인하여 리스업자에게 발생한 손해를 배상하여야 한다(동조항).

상법 제168조의5 제 3 항에도 불구하고 약관에서 해지를 금할 수 있는가?[3] 동조항은 리스이용자를 보호하기 위해 둔 규정이므로 강행규정으로 보아야 하고, 따라서 리스이용자의 해지를 금하는 약관조항은 무효로 다루어야 한다(약규 9조 1호)(김성탁 394; 서완석 423; 오성근 481; 임중호 540; 이종훈 335; 정찬형 430; 최준선 444).[4]

---

1) 재산이 존재함을 잊지 않기 위해 붙여 둔 가격이라는 뜻이다.

2) 그러므로 리스기간이 종료하여 리스이용자가 취득한 재산은 리스이용자의 장부에 비망가액으로 기재된다. 예컨대 항공기는 매우 고가이므로 거의 예외없이 리스로 구입하는데, 리스기간의 종료후 항공사가 취득하여 운항하지만, 항공기의 장부가액은 1,000원에 불과한 예가 많다.

3) 과거 리스약관에서 리스이용자의 해지를 금하는 특약을 두는 예가 많았다(예: 한국개발금융주식회사 「리스계약서」 제 2 조 제 2 항).

4) 리스업자의 손해배상이 보장되므로 강행규정으로 해석하더라도 리스이용자에게 특히 불리한 점이

법에 명문으로 규정한 바는 없으나, 리스업자의 채무불이행을 이유로 리스이용자가 리스계약을 해지할 수 있음은 물론이다(민 544조). 예컨대 리스물건의 공급이 지연되는 경우와 같다. 이 경우에는 반대로 리스이용자가 손해배상청구권을 행사할 수 있다.

3. 청 산

통상 약관에서는 계약을 해지할 경우 리스업자가 리스물건을 회수한다는 규정을 두고 있으나, 회수 후의 청산에 관해서는 약관에 규정을 둔 예가 드물어 해지와 물건의 회수 후 리스이용자와 리스업자간의 이해조정이 문제된다. 판례는 리스물건을 반환하더라도 리스업자가 리스료 채권을 전부 상실하는 것은 아니므로 리스물건의 반환으로 인한 이익까지 전부 취하는 것은 리스기간이 정상대로 만료한 경우와 비교하여 형평에 어긋남을 지적하며 청산을 요구한다(대법원 1995. 9. 29. 선고 94다60219 판결). 청산의 대상이 되는 것은 리스물건의 반환시의 잔존가치와 리스기간 만료시에 예측되는 잔존가치의 차액이다. 즉 이 차액만큼 리스업자가 이익을 취한 것이므로 이 차액에서 미지급된 리스료를 공제한 잔액을 리스업자가 이용자에게 반환하여야 하는 것이다. 이 차액이 부수(−)가 된다면 차액을 이용자가 리스업자에게 지급하여야 한다.

제 9 절 가 맹 업

Ⅰ. 기능과 연혁

가맹업은 프랜차이즈(franchise)라는 용어로 더욱 익숙하게 알려져 있는데, 프랜차이즈란 영세한 상인이 다른 저명한 상인의 신용에 편승하여 영업을 활성화하는 방법이라 할 수 있다. 신용에 편승하는 방법으로서는 저명상인의 상호를 허락

없다.

받아 사용하며, 제품이나 사업방법 등에 있어 저명상인을 흉내냄으로써 일반인이 사업주체를 저명상인으로 오해하도록 하는 것이다. 한편 저명상인의 입장에서 보면, 자신의 원래의 사업 외에 이러한 명의대여가 또 하나의 수익창출원이 되므로 그 상호대여 행위 자체를 자신의 영업으로 삼을 수 있다.

예컨대 서울 강남에서 「준오헤어」라는 상호로 미용실을 경영하는 갑이 미용기술이 뛰어난데다, 점포의 디자인이 우아하고 종업원들도 친절하여 성업중이라 하자. 이 갑과 수원에서 미용실을 운영하고자 하는 을이 다음과 같은 계약을 맺었다. 갑은 을의 점포의 실내를 꾸며주고 을과 그 종업원에게 주기적으로 미용기술과 고객접대기술을 가르치는 등 경영지도를 하고, 주 1회씩 미용관련 약품을 공급해 주기로 한다. 그리고 을은 「준오헤어」라는 상호로 자기의 계산으로 미용실을 운영하되 매월 매출액의 1%를 갑에게 주기로 한다.

이 거래가 갑과 을간에 갖는 의미를 살펴보면, 갑에게는 저비용으로 사업을 확장하고, 을로서는 저비용으로 창업하고 기업위험을 줄일 수 있는 것이다. 구체적으로는 다음과 같다. 갑은 미용사업을 전국규모로 확대하고자 하나, 비용이 다대하고 점포간의 원격성으로 인해 관리가 어려운 난점이 있다. 그리하여 갑이 을을 가맹점사업자로 함으로써 지점을 설치 · 관리하는 비용과 위험을 줄이면서 수익을 확대할 수 있다. 한편 을은 갑이 축적해 놓은 신용과 기술을 활용함으로써 투자비용을 절감하고 미용실을 운영하는 초기단계에서의 시행착오를 줄일 수 있다.

우리나라에서는 과거 「피자헛」, 「맥도날드」, 「본죽」 등 음식물을 공급하는 사업체, 그리고 편의점에서 가맹사업이 시작되었으나, 최근에는 호텔, 이발소(예: 「블루클럽(이발소)」)와 같은 서비스분야를 포함하여 다양한 사업분야에서 가맹사업이 생겨나고 있다.[1)]

1995년 개정상법은 제46조에 제20호를 신설하여, 「상호 · 상표 등의 사용허락에 의한 영업에 관한 행위」를 기본적 상행위로 추가하였다. 이는 이 절에서 설명하는 가맹업 즉 프랜차이즈(franchise)를 지칭하는 것으로 알려졌으나, 그에 관한 구체적인 법률관계를 다루는 규정은 두지 않다가, 2010년 5월 개정에 의해 제 2 편(상행위)에 제13장을 추가하여 5개의 조문(168조의6~168조의10)에 걸쳐 가맹업에 관한

1) 2024년 말 현재 우리나라의 가맹업자 수는 8,802개, 가맹상의 수는 365,014개에 달한다(공정거래위원회, "공정위, 2024년도 가맹사업 현황 통계발표," 2025, 1면).

상행위법적 규정을 신설하였다. 가맹업에서 생기는 법률문제는 다양하므로 이 규정들만으로서 가맹업의 법률관계가 완전히 규율될 수는 없고, 아직 상당부분 가맹업자가 정하는 약관에 의존할 수밖에 없다. 한편 프랜차이즈의 소비자보호법적 규율을 위해 「가맹사업거래의 공정화에 관한 법률」(이하 "가맹사업법")이 제정되어 있는데, 이 법도 성격이 허용하는 범위에서는 가맹업의 상행위법적 규율을 위해 원용될 수 있다.

Ⅱ. 의 의

1. 가맹업의 개념

자신의 상호·상표 등("상호등")을 제공하는 것을 영업으로 하는 자를 가맹업자라 하고 가맹업자로부터 그의 상호등을 사용할 것을 허락받아 가맹업자가 지정하는 품질기준이나 영업방식에 따라 영업을 하는 자를 가맹상이라 한다(168조의6). 그리고 가맹업자의 이러한 영업 자체를 가맹업이라 한다. 영어로는 가맹업자를 franchisor, 가맹상을 franchisee라 표기한다.

1) 가맹상은 타인의 상호를 사용하여 영업을 하므로 당연히 상인이다. 가맹업자 역시 보통은 가맹상이 하고자 하는 사업을 이미 영위하고 있는 경우가 대부분이지만(예컨대 앞의 예에서 「준오헤어」를 영위하는 갑), 가맹업자로서의 상인성은 가맹업 자체에서 생긴다(즉 보수를 받고 상호등을 제공하는 것).

2) 상법 제168조의6이 상호등을 제공하는 것을 영업으로 하는 자를 가맹업자라 한다고 규정하므로 가맹업의 영업은 상호등을 제공하면 족한 것으로 오해할 수 있으나, 이같이 이해하면 단순한 상호·상표의 사용허락(소위 라이센싱)과 구별이 되지 않는다. 상법 제168조의6은 가맹업자가 지정하는 품질기준이나 영업방식을 따라 영업하는 것을 가맹상의 징표로 들고 있는데, 이는 동시에 가맹업의 징표이기도 하다. 품질기준이나 영업방식의 지정을 포함한 「경영지도」가 가맹업의 요소라고 보아야 하고, 많은 경우 원재료 공급도 수반된다.

3) 가맹업자의 상호등의 제공과 경영지도는 유상으로 이루어진다. 상법에서

는 이 점을 언급하고 있지 않으나, 가맹업자의 상인성은 유상의 상호등 제공과 경영지도에서 실현된다. 보통 가맹상이 상호등 제공의 대가로서 가맹업자에게 지급하는 대가를 「가맹금」이라고 부른다.

4) 가맹사업법이 사용하는 용어는 상법과 약간 다르다. 동법에서는 가맹업, 즉 프랜차이즈를 「가맹사업」이라 부르고, 가맹업자를 「가맹본부」, 가맹상을 「가맹점사업자」로 부른다. 그리고 「가맹사업」을 「가맹본부가 가맹점사업자로 하여금 자기의 상표·서비스표·상호·간판 그 밖의 영업표지를 사용하여 일정한 품질기준이나 영업방식에 따라 상품(원재료 및 부재료 포함) 또는 용역을 판매하도록 함과 아울러 이에 따른 경영 및 영업활동 등에 대한 지원·교육과 통제를 하며, 가맹점사업자는 영업표지의 사용과 경영 및 영업활동 등에 대한 지원·교육의 대가로 가맹본부에 가맹금을 지급하는 계속적인 거래관계」라고 정의하고 있다(가맹 2조 1호).

5) 두 당사자가 각각 가맹업자와 가맹상이 되는 계약을 체결하게 되는데, 이 계약을 「가맹계약」 또는 「가맹거래」라고 부르기로 한다. 이는 일정기간에 걸쳐 권리·의무를 발생시키는 계속적 계약관계이다.

2. 가맹거래의 법적 성격

가맹업자가 가맹상에 원재료를 공급하는 경우에는 가맹거래는 매매로 볼 수 있고, 가맹업자가 가맹상에 자신의 건물이나 각종 설비를 대여하는 경우에는 임대차로도 볼 수 있으며, 가맹업자가 가맹상에 경영지원을 하고 교육을 하는 등의 측면에서는 도급 혹은 위임의 성격을 띠고, 명의대여(24조)가 필히 따른다. 가맹거래는 이러한 다양한 계약의 전부 또는 일부 그리고 비전형계약적 요소가 혼합되어 이루어진 상법상의 특수계약이라고 할 수 있다.

한편 상법에서 가맹업을 규율하기 위해 둔 규정만으로는 가맹업에서 생기는 법률문제의 극히 일부만을 해결할 수 있을 뿐이다. 그러므로 가맹거래에서 생기는 대부분의 법률문제는 약관에 의해 해결될 수밖에 없다. 약관은 예외 없이 가맹업자가 일방적으로 작성하므로 공정을 잃는 예가 많다. 이 경우 약관규제법의 규율을 받게 된다. 한편 가맹사업법은 약관의 공정성에 국한하지 않고, 거래의 기술적 특성, 당사자의 실질적 지위의 격차 등으로 인해 가맹상에 대한 보호가 필요함을 감안하여 가맹상의 보호를 포함하여 가맹거래의 공정을 기하고 이해를 조정하는 규정을 두고 아울러 가맹업자에 대한 감독적 규정도 두고 있다. 상법의 법규정이 충분하지 않으므로 가맹사업법은 감독규정의 역할만이 아니라 거래법적 규율에도 중요한 법원으로서의 구실을 한다.

Ⅲ. 가맹계약의 요건

상법 제168조의6 이하의 적용을 받는 가맹업자와 가맹상의 관계가 성립하기 위해서는 당사자의 계약이 어떤 내용을 갖추어야 하는가? 상법 제168조의6이 정하는 가맹업자 및 가맹상의 정의에서 추론하자면, (ⅰ) 가맹업자는 가맹상으로 하여금 자신의 상호등을 사용하게 할 것, (ⅱ) 가맹상은 가맹업자가 지정하는 품질기준이나 영업방식에 따라 영업을 할 것을 가맹계약의 요건으로 설명할 수 있다. 그리고 가맹사업법에서는 품질기준이나 영업방식의 지정과 더불어, (ⅲ) 가맹업자가 가맹상의 경영 및 영업활동에 대한 지원·교육과 통제를 할 것, 그리고 (ⅳ) 가맹상은 상호등의 사용, 경영 및 영업활동에 대한 가맹업자의 지원·교육의 대가로 소정의 금원(가맹금)을 지급할 것도 가맹거래의 내용으로 규정하고 있다(가맹 2조 1호). 이하 상설한다.

ⅰ) 상호 등의 사용 가맹거래는 고객으로 하여금 가맹상의 영업을 가맹업자의 영업과 동일한 것으로 인식하도록 하는 것을 목적으로 하므로 가맹업자의 상호등을 가맹상이 사용하는 것은 가맹거래의 가장 중요한 요건이자 목적이라고 할 수 있다. 상법 제168조의6은 상호·상표를 예시하고 이를 「상호등」으로 줄여 표기하는데, 가맹사업법에서는 좀 더 구체적으로 「상표·서비스표·상호·간판 그 밖의 영업표지」라 예시하고 「영업표지」로 줄여 표기한다. 가맹사업법에 예시된 서비스표, 간판 등이 상법 제168조의6의 「상호등」에 해당함은 물론이고, 그 밖에 영업주체 또는 특정상인이 취급하는 상품 내지 영업거래의 동일성을 나타낸다고 볼 수 있는 표지를 포함하며, 넓게는 영업점포의 외양(예: 맥도날드의 황금 아치)도 이에 해당할 수 있다.

ii) 상품의 품질기준의 통제 가맹상은 가맹업자와의 동일성을 표방하며 상품·용역을 공급하므로 그 상품·용역의 품질이 열등할 경우에는 가맹업자의 영업가치가 희석화된다. 따라서 가맹업자는 통상 가맹상으로 하여금 자신이 공급하는 원재료를 사용하도록 강제하거나, 품질이나 규격을 정하여 이를 따르도록 하는 정책을 취한다. 이를 통해 가맹업자와 가맹상이 각기 공급하는 상품·용역의 균질성을 유지하는 것이다.

iii) 영업방식의 통제(경영지원 및 경영통제) 상법 제168조의6은 가맹업자의 통제대상으로 「품질기준」과 「영업방식」을 선택적으로 규정하는데, 프랜차이즈 실무나 가맹사업법에서 규정하는 바를 참고하면, 「영업방식의 지정」이란 가맹업자가 가맹상의 경영 및 영업활동을 지원하고 교육하는 것을 뜻하는 것으로 풀이할 수 있다. 가맹업자와 가맹상의 영업의 일체성을 유지하기 위해 영업방법, 고객관리방법, 상품판매정책 등에 관해 가맹업자가 가맹상 또는 그의 종업원을 교육하거나 영업정책의 기준을 제시하고 준수하도록 하는 것이다. 예컨대 종업원의 연령, 복장, 인사법, 상품의 가격, 상품의 포장·배달방법 등을 통제하는 것이다.[1)]

iv) 가 맹 금 상법에서는 가맹금에 관한 규정을 두고 있지 않으나, 가맹업은 기본적 상행위이므로 당연히 유상거래이다. 가맹업자의 영리성은 가맹상으로부터 자기의 상호등의 사용허락, 경영의 지원 등의 대가로 실현된다. 그 대가는 실무상 다양한 명칭으로 불리지만, 가맹사업법에서는 「가맹금」이라 부른다. 이하 같은 용어를 사용하기로 한다.

가맹금의 형태

가맹사업법에서는 가맹금을 다음과 같은 유형으로 분류하며, 명칭이나 지급형태는 묻지 않는다(가맹 2조 6호).

1) 가입비·입회비·가맹비·교육비 또는 계약금 등 가맹점사업자가 상호등의 사용허락 등 가맹점운영권이나 영업활동에 대한 지원·교육 등을 받기 위하여 가맹본부

1) 대법원 2005. 6. 9. 선고 2003두7484 판결: 닭고기 요리제품을 취급하는 가맹거래에서 가맹업자가 가맹상으로 하여금 닭고기를 판매할 때 양배추샐러드를 무료로 제공하도록 함과 아울러 양배추샐러드의 고유한 맛과 품질을 유지하기 위하여 가맹상으로 하여금 원고가 공급하는 양배추샐러드만을 사용하도록 한 예. 가맹업자가 불공정거래행위로 제소되었으나, 법원은 불공정거래행위에 해당하지 않는다고 판시하였다.

에 지급하는 대가

2) 가맹점사업자가 가맹본부로부터 공급받는 상품의 대금 등에 관한 채무액이나 손해배상액의 지급을 담보하기 위하여 가맹본부에 지급하는 대가

3) 가맹점사업자가 가맹점운영권을 부여받을 당시에 가맹사업을 착수하기 위하여 가맹본부로부터 공급받는 정착물 · 설비 · 상품의 가격 또는 부동산의 임차료 명목으로 가맹본부에 지급하는 대가

4) 가맹점사업자가 가맹본부와의 계약에 의하여 허락받은 영업표지의 사용과 영업활동 등에 관한 지원 · 교육, 그 밖의 사항에 대하여 가맹본부에 정기적으로 또는 비정기적으로 지급하는 대가로서 대통령령으로 정하는 것. 구체적으로는, (ⅰ) 가맹점사업자가 상표사용료, 리스료, 광고 분담금, 지도훈련비, 간판류 임차료 · 영업지역 보장금 등의 명목으로 정액 또는 매출액 · 영업이익 등의 일정 비율로 가맹본부에 정기적으로 또는 비정기적으로 지급하는 대가, (ⅱ) 가맹점사업자가 가맹본부로부터 공급받는 상품 · 원재료 · 부재료 · 정착물 · 설비 및 원자재의 가격 또는 부동산의 임차료에 대하여 가맹본부에 정기적으로 또는 비정기적으로 지급하는 대가 중 적정한 도매가격을 넘는 대가가 이에 속한다.

5) 그 밖에 가맹희망자나 가맹점사업자가 가맹점운영권을 취득하거나 유지하기 위하여 가맹본부에 지급하는 모든 대가

가맹금은 이상의 대가 중 어느 하나 또는 여러 가지가 혼합된 형태로 지급되는데, 1), 2), 3)은 일시금으로 지급되나, 4)는 계속적 거래의 대가이므로 정기적으로 지급된다. 4)가 전형적인 가맹금의 형태라 할 수 있는데, 확정된 금액일 수도 있고, 매출액이나 이익금의 소정비율로 약정할 수도 있다.

어떤 형태를 취하든 가맹사업자와 가맹상 간의 가맹계약 기타 명시된 합의에 의해 정해져야 하며, 가맹사업자의 일방적인 요구에 의해 가맹상에 부담시킬 수는 없다.[1)]

1) 대법원 2018. 6. 15. 선고 2017다248803 판결: "피자헛"이란 상품의 제조 · 판매에 관련된 가맹거래에서 가맹업자가 가맹상에 대해 제공하는 구매대행, 마케팅, CER 운영, 전산지원, 고객 상담실 운영 등의 서비스에 소요되는 제반 비용을 "어드민 피"(Afministration Fee)라는 이름으로 가맹상의 매출액에 대한 소정의 비율로 요구, 수령하였다. 당초의 가맹계약에는 규정되어 있지 않았으나, 가맹사업자가 공시한 정보공개서에는 언급되어 있었고, 이후 별도의 합의에 의해 근거를 두었다. 가맹상이 당초의 가맹계약에 근거가 없었음을 이유로 기수령한 어드민 피를 부당이득으로 반환청구한 사건에서, 법원은 정보공개서에 기재된 것은 동 비용의 수령근거가 될 수 없다고 보았고, 명문의 합의서를 작성하기 이전에 수령한 금원은 부당이득으로 반환하도록 판시하였다.

Ⅳ. 당사자의 권리 · 의무

1. 신 의 칙

가맹사업법 제 4 조는 「가맹사업당사자는 가맹사업을 영위함에 있어서 각자의 업무를 신의에 따라 성실하게 수행하여야 한다」라고 규정하고 있다. 상법의 가맹업 관련조항에는 이러한 규정이 없으나, 가맹계약은 가맹업자와 가맹상간의 상호협력을 기초로 해서 거래의 목적이 달성될 수 있는 계속적 거래관계이므로 당연히 쌍방의 신의성실이 요구된다고 할 것이다.

특히 가맹상은 가맹업자의 경영지원을 받아 영업을 하여 영업성과를 가맹업자에게 배분하고, 가맹업자는 다시 이를 기반으로 삼아 양질의 경영지원방법을 생산 · 공급하는 식으로 양자의 영업은 상승관계(相乘關係)를 이룬다. 이를 판례는 가맹상과 가맹업자의 「상호의존적 사업방식」이라고 표현한다. 나아가 가맹업자와 가맹상간의 계약관계의 공정성 여부는 이러한 상호의존성의 관점에서 판단해야 할 것이라는 뜻을 암시하고 있다([판례 116]).

판례 116 대법원 2005. 6. 9. 선고 2003두7484 판결

「… 가맹사업은 가맹본부가 가맹점사업자로 하여금 자기의 상표 · 서비스표 · 상호 · 간판 그 밖의 영업표지를 사용하여 일정한 품질기준에 따라 상품(원재료 및 부재료를 포함한다) 또는 용역을 판매하도록 함과 아울러 이에 따른 경영 및 영업활동 등에 대한 지원 · 교육과 통제를 하고, 가맹점사업자는 영업표지 등의 사용과 경영 및 영업활동 등에 대한 지원 · 교육의 대가로 가맹본부에 가맹금을 지급하는 계속적인 거래관계를 말하므로, 가맹사업은 가맹본부와 가맹점사업자 사이의 상호의존적 사업방식으로서 신뢰관계를 바탕으로 가맹점사업자의 개별적인 이익보호와 가맹점사업자를 포함한 전체적인 가맹조직의 유지발전이라는 공동의 이해관계를 가지고 있으며, 가맹사업에 있어서의 판매촉진행사는 비록 전국적인 것이라고 하더라도 1차적으로는 가맹점사업자의 매출증가를 통한 가맹점사업자의 이익향상에 목적이 있고, 그로 인하여 가맹점사업자에게 공급하는 원 · 부재료의 매출증가에 따른 가맹본부의 이익 역시 증가하게 되어 가맹본부와 가맹점사업자가 모두 이익을 얻게 되므로, 가맹점계약에서 가맹본부와 가맹점사업자 사이에 판매촉진행사에 소요된 비용을 합리적인 방법으로 분담하도록 약정하고 있다면, 비록 가맹본부가 판매촉진행사의 시행과 집행에 대하여 가맹점사업자와 미리 협의하도록 되어 있지 않더라도 그러한 내용의 조

항이 약관의 규제에 관한 법률 제6조 제2항 제1호 소정의 고객에 대하여 부당하게 불리한 조항에 해당한다고 할 수는 없다.

… 원심이 가맹점계약 제20조가 가맹본부인 원고가 가맹점사업자와 협의 없이 가맹점사업자의 영업지역에서 광고전단지의 배포를 결정할 수 있도록 되어 있다고 하더라도, 그 비용을 합리적인 기준에 따라 분담하도록 약정하고 있으므로 위 조항이 고객에 대하여 부당하게 불리한 조항이라고 볼 수 없다고 판단한 것은 정당한 것으로 수긍이 가고, 거기에 약관의규제에관한법률 제6조 제2항 제1호에 관한 법리를 오해한 위법이 있다고 할 수 없다.

… 가맹사업거래의 특성에 비추어 가맹본부가 가맹점사업자에 대하여 상품이나 용역의 공급 또는 영업의 지원 등을 중단 또는 거절하는 행위가 불공정거래행위로서의 거래거절에 해당하기 위해서는, 가맹점사업자의 계약위반 등 가맹점사업자의 귀책사유로 인하여 가맹사업의 거래관계를 지속하기 어려운 중대한 사정이 없음에도 불구하고 가맹점사업자의 계속적인 거래기회를 박탈하여 그 사업활동을 곤란하게 하거나 가맹점사업자에 대한 부당한 통제 등의 목적달성을 위하여 그 실효성을 확보하기 위한 수단 등으로 부당하게 행하여진 경우라야 할 것이다.

… 원고의 가맹점사업자인 별빛점 대표소외인이 원고로부터 수차례에 걸쳐 지도 및 경고를 받았음에도 불구하고 원고가 공급하는 양배추샐러드와 치킨박스(Box)를 사용하지 않고 다른 업체로부터 구입한 백깍두기와 치킨박스를 사용한 행위는 가맹점계약 제6조 제3항 제3호, 제1항에 의한 물류중단사유에 해당함과 아울러 가맹점계약 제9조 제1, 3, 4, 6항, 제6조 제1항에 의한 가맹점계약의 해지사유에 해당하고, 이는 가맹점계약상의 가맹점사업자로서의 의무를 위반한 것으로서 소외인의 귀책사유로 인하여 가맹사업의 거래관계를 지속하기 어려운 중대한 사정에 해당한다고 할 것이며, … 위와 같은 소외인의 행위를 이유로 한 원고의 물류중단조치나 가맹점계약의 해지행위가 … 불공정거래행위로서의 거래거절에 해당한다고 할 수 없다.」

[참 고] 1) 대법원 2000. 6. 9. 선고 98다45553 · 45560 · 45577 판결: 편의점에 대해 가맹본부가 공급한 물품의 판매대금을 일일 송금하도록 하고 이를 위반한 경우 지체배상금을 부과하는 외에 3일 이상 계속 송금하지 아니하는 경우 계약을 해지할 수 있도록 한 약정이 부당한 구속조건부 거래행위(독규 23조 1항 5호)에 해당하여 무효라고 할 수 없고, 고객에게 부당하게 불리한 조항 또는 계약의 목적을 달성할 수 없을 정도로 고객의 본질적인 권리를 침해하는 불공정 약관(약규 6조 1항 · 2항 1호 · 3호)에 해당하여 무효라고 볼 수도 없다고 한 예.

2) 대법원 2010. 7. 15. 선고 2010다30041 판결: 전국적으로 피자를 제조 · 판매하는 회사(한국도미노피자)를 가맹업자로 하여 체결된 가맹사업에서 가맹상으로 하여금 일부 원부자재를 시중가격 정도로 가맹업자로부터 공급받도록 한 것은 품질의 전

국적인 통일을 위한 것으로서 가맹사업의 목적달성을 위해 합리적 제한이고, 광고비는 모든 가맹상의 영업을 위해서도 이익이 되므로 그 분담이나 가맹상의 동의를 얻어 분담률을 변경한 것은 부당하지 않으며, 가맹상의 부담하에 전국적 할인행사에 의무적으로 참가하도록 했다고 하더라도 할인행사로 매출이 증가하고 이미지가 개선되어 가맹상에게 결국 이익이 되므로 가맹업자가 거래상의 지위를 이용하여 부당하게 가맹상에게 불이익을 준 것이 아니라고 판시하였다.

2. 가맹업자의 의무

(1) 지원의무

가맹업자는 가맹상의 영업을 위하여 필요한 지원을 하여야 한다(168조의7 1항).

i) 가장 중요한 것은 상호등의 사용허락이다. 상호등의 사용허락은 단지 소극적으로 가맹상이 사용하는 것을 수인하는 것에 그치는 것이 아니고 가맹상이 가맹업자와 마찬가지로 자신의 영업을 위해 만족스럽게 사용할 수 있도록 협력해야 한다. 예컨대 간판 등을 설치해 주거나 그 도안기술을 제공하는 것 등을 포함한다. 또 가맹거래에 의해 가맹상은 가맹업자의 상호 · 상표 등을 제한적이나마 배타적으로 사용할 권리를 취득하므로 가맹업자는 이 권리를 보호해 주어야 한다. 따라서 제 3 자가 가맹상이 허락받아 사용하는 상호등을 침해하는 행위를 할 경우 그 침해를 배제해야 한다.

ii) 상호등 외에 가맹업자가 가맹상을 지원해야 할 항목은 가맹계약에서 정해지므로 계약에서 지원사항 및 그에 부수하는 사항을 이행해야 한다. 계약내용에 따라 원재료의 공급, 교육, 경영지도 등 다양한 형태를 띨 수 있다.

iii) 가맹사업법은 신의칙에 터잡아 당사자가 준수하여야 할 사항으로서, 가맹업자에 대해서는 가맹사업의 성공을 위한 사업구상을 요구하는 외에 상품이나 용역의 품질관리와 판매기법의 개발을 위한 계속적인 노력을 기울이는 등 가맹점사업이 성공할 수 있는 제조건을 조성하기 위한 노력을 기울일 것을 요구하고 있다(가맹 5조). 상법 제168조의7 제 1 항이 규정하는 가맹업자의 지원의무란 넓게는 이러한 미래지향적인 협력의무를 포함한다고 보아야 한다.

(2) 가맹상의 영업권보장

대부분의 가맹계약에서의 가맹상의 목적은 일정한 영업지역, 거래단계, 소비자권역 등에 있어서의 독점을 확보하는 데에 있다. 그러므로 새로운 경쟁자가 진입할 경우 당초 가맹계약을 체결할 당시의 가맹상의 목적은 달성할 수 없게 된다. 상법은 가맹거래에는 이러한 거래의 특성이 내재되어 있다고 보고, 가맹업자가 경업을 하지 못하도록 규정하고 있다. 즉 가맹업자는 다른 약정이 없으면, 가맹상의 영업지역 내에서 동일 또는 유사한 업종의 영업을 하거나, 동일 또는 유사한 업종의 가맹계약을 체결할 수 없다(168조의 7 2항)(가맹사업법 제5조 제6호에서도 같은 취지의 규정을 두고 있다). 「다른 약정」이란 가맹업자가 경업을 할 수 있도록 특히 허용하는 약정을 말하는 것으로, 이런 약정이 없는 한, 당초의 영업권역 내에서의 독점은 가맹상의 권리이다. 보통 약관에서는 가맹업자가 일정지역 내에서는 다른 가맹상과 가맹계약을 체결하지 않는다는 뜻을 규정함으로써 가맹상의 독점적 권리를 보장하고 있다.

상법은 「가맹상의 영업지역 내」라고만 규정하고 있어 구체적인 사건에서 가맹상의 영업지역 내인지 여부에 관해 다툼의 소지가 크다. 영업지역이란 상시적인 소비자가 형성될 수 있는 지역을 뜻한다고 풀이되지만, 구체적인 다툼에서는 사업의 성격이나 규모를 참작하여 거래통념에 따라 정할 수밖에 없다. 실무상으로는 가맹거래약관에 의해 구체적인 지역을 표시해 놓는 것이 바람직하다. 상권이 지역이 아니라, 혹은 지역과 더불어, 소비자층이거나 거래단계 등을 중심으로 형성될 수도 있다. 이런 경우에는 특정한 소비계층이나 특정한 소비단계를 대상으로 하는 경업에도 상법 제168조의7 제 2 항을 유추적용해야 할 것이다.

거래의 공정성 확보

가맹사업법은 가맹거래의 부종계약성으로 인해 생길 수 있는 거래의 불공정을 예방하기 위한 제도적 보장으로서, (i) 정보의 비대칭을 해소하기 위해 가맹업자가 가맹상을 모집함에 있어서는 가맹상에 관한 정보 등을 수록한 정보공개서를 가맹상에게 제공하고 공정거래위원회(또는 시·도지사)에 등록하도록 하며(가맹 6조의2, 7조), (ii) 가맹사업에 관한 정보를 공개함에 있어서는 허위·과장 정보제공, 기만적 정보제공을 금지하며(가맹 9조 1항), (iii) 가맹업자가 위 (i), (ii) 등의 의무를 위반하는 경우에는 가맹업자로 하여금 가맹금을 반환하도록 하며(가맹 10조), (iv) 가맹계약의 체결에 임해서는 가맹업자로 하여금 가맹상의 영업활동의 조건에 관한 사항 등이 담긴 가맹계약서를 교부하도록 하며(가맹 11조), (v) 가맹업자가 우월한 입장을 남용하여 가맹상에 대해 상품의 부당한 공급거절 등 불공정한 행위를 하지 못하도록 규정하고 있다(가맹12조~12조의5). 나아가 가맹사업은 상당한 금액의 초기투자를 요하므로 계약의 종료가 가맹상에게 막대한 손해를 줄 수 있음을 고려하여 계약의 해지 등 거래의 종료에 있어서도 사전통지기간 등을 두어 가맹상을 보호하고 있다(가맹 13조, 14조).

정보제공에 관한 의무위반

위에 소개한 각종의 가맹상의 보호절차 중, 가맹사업법 제 9 조 제 1 항이 규정하는 정보제공에 관한 의무는 가맹업자와 가맹상간에 정보의 비대칭을 없애는 중요한 제도라 할 수 있으므로 규정의 내용을 구체적으로 설명한다. 가맹본부(가맹업자)는 가맹희망자나 가맹점사업자(가맹상)에게 정보를 제공함에 있어서, i) 사실과 다르게 정보를 제공하거나 사실을 부풀려 정보를 제공하는 행위(허위·과장의 정보제공행위), ii) 계약의 체결·유지에 중대한 영향을 미치는 사실을 은폐하거나 축소하는 방법으로 정보를 제공하는 행위(기만적인 정보제공행위)를 해서는 안된다.

시행령에서는 허위·과장의 정보제공행위로서, i) 객관적인 근거 없이 가맹희망자의 예상수익상황을 과장하여 제공하거나 사실과 다르게 가맹본부가 최저수익 등을 보장하는 것처럼 정보를 제공하는 행위,[1] ii) 가맹희망자의 점포 예정지 상권의 분석 등과 관련하여 사실 여부가 확인되지 아니한 정보를 제공하는 행위, iii) 가맹본부가 취득하지 아니한 지식재산권을 취득한 것처럼 정보를 제공하는 행위를 예시하고 있다(가맹령 8조 1항). 그리고 기만적인 정보제공행위로서는 i) 중요사항을 적지 아니한 정보공개서를 가맹희망자에게 제공하는 행위, ii) 가맹본부가 가맹점사업자에게 지원하는 금전, 상품 또는 용역 등이 일정 요건이 충족되는 경우에만 지원됨에도 불구하고 모든 경우에 지원되는 것처럼 정보를 제공하는 행위, iii) 제 1 호 또는 제 2 호에 따른 행위에 준하여 계약의 체결·유지에 중대한 영향을 미치는 사실을 은폐하거나 축소하는 방법으로 정보를 제공하는 행위로서 공정거래위원회가 정하여 고시하는 행위를 열거하고 있다.

한편 2007년 개정전 가맹사업법 제 9 조 제 1 항은 "가맹본부는 가맹희망자에게 정보를 제공함에 있어서 허위 또는 과장된 정보를 제공하거나 중요사항을 누락하여서

1) 가맹본부는 가맹계약을 체결할 때 가맹희망자에게 예상매출액의 범위와 그 산출근거를 서면(예상매출액 산정서)으로 제공해야 하는데, 예상매출액을 인근 가맹점 매출액 활용 방식으로 산정할 때에는 가장 인접한 가맹점 5개를 표준으로 선정하여 산정하여야 한다(가맹령 9조 4항). 그럼에도 불구하고 어느 액세서리 전문 가맹본부가 매출이 낮은 일부 인근가맹점을 제외하고 그보다 원거리의 가맹점의 매출액을 표준에 넣어 예상매출액을 산정하여 가맹희망자에게 제공한 사실이 있었다. 법원은 이를 시행령 제 9 조 제 1 항 제 1 호의 허위·과장의 정보제공행위로 보아 가맹본부의 손해배상책임을 인정하였다(대법원 2022. 5. 26. 선고 2021다300791 판결).

는 아니된다"라고 규정하였는데, 판례는 동조항의 "중요사항을 누락한 경우"라 함은 가맹계약의 체결과 유지 등 가맹희망자의 의사결정에 중대한 영향을 줄 수 있는 사실 또는 가맹희망자가 일정한 사정에 관하여 고지를 받았더라면 가맹계약을 체결하지 않았을 것임이 경험칙상 명백한 경우 그와 같은 사정 등을 가맹계약을 체결하기 위하여 상담하거나 협의하는 단계에서 이를 가맹희망자에게 고지하지 아니한 경우를 의미한다고 풀이하였다(대법원 2015. 4. 9. 선고 2014다84824 · 84831 판결).

3. 가맹상의 의무

(1) 가맹업자의 권리존중

상법 제168조의8은 「가맹상은 가맹업자의 영업에 관한 권리가 침해되지 아니하도록 하여야 한다」라고 규정하고 있다. 이 규정의 문언상으로는 가맹상으로 하여금 가맹업자에게 귀속되는 법적인 권리를 침해하지 않도록 요구하는 규정으로 읽을 수 있으나, 타인의 권리를 침해하지 말라는 것은 당연한 명제이고 굳이 법률로 정할 필요도 없다. 이 규정을 통해 가맹상의 의무로 인식해야 할 점은 가맹상이 가맹업자의 명성을 유지할 의무가 있다는 점이다.

가맹상의 영업은 가맹업자의 신용과 명성에 의존하여 행해지는 한편 가맹상의 영업이 축적되어 역으로 가맹업자의 신용과 명성의 근거를 이룬다. 따라서 가맹상의 영업이 가맹계약에서 기대되는 수준에 미치지 못할 경우에는 가맹상의 영업부진에만 그치지 않고 가맹업자의 신용의 훼손으로 이어지게 된다. 가맹사업법은 신의칙에 터잡아 가맹상에게 가맹사업의 통일성 및 가맹업자의 명성을 유지하기 위한 노력을 요구하는데(가맹 6조), 이는 기술한 상호협력성에 의한 신의칙을 구체화한 의무로서, 상법 제168조의8의 해석론으로도 도출할 수 있는 의무이다.

가맹업자는 계약내용에 따라 가맹상에게 원재료의 공급, 교육, 경영지도 등을 해야 하고 이것이 상법 제168조의7 제 1 항에서 「영업을 위해 필요한 지원」으로 표현되어 있음은 기술한 바와 같다. 상법에서는 이 지원을 가맹업자의 의무로만 규정하고 있으나, 위에 말한 가맹업의 특성을 감안하면 가맹상도 가맹업자의 이러한 지원을 수용함으로써 가맹상의 명성을 유지할 의무가 있다고 보아야 한다.[1)]

1) 최영홍, "프랜차이즈 관련 상법 개정안의 고찰," 「商事法硏究」 63호(2009), 69면 이하: 「가맹상은 가맹본부가 시행하는 교육, 훈련 기타 영업상 합리적인 지도와 통제를 따라야 한다」라는 규정을 명

(2) 비밀준수의무

가맹상은 가맹계약이 종료한 후에도 가맹계약과 관련하여 알게 된 가맹업자의 영업상의 비밀을 준수하여야 한다(168조의8 2항).

가맹계약은 가맹상이 가맹업자의 신용과 영업기술을 활용하고자 맺는 것이고, 가맹업자의 영업기술 중 상당부분은 영업비밀에 속한다. 예컨대 피자점포의 디자인이나 가격 등은 공개된 것이지만, 고객관리기법이나 조리기법 등은 비밀을 유지하는 경우가 대부분일 것이고, 공개된 비밀도 매뉴얼 같은 내부문서의 형태로 총체적으로 관리할 때에는 영업비밀이 될 것이다. 이러한 영업비밀은 가맹업자의 자산을 이루는 것이므로 명문의 규정이 없더라도 가맹상이 선관주의의무로 준수해야 할 사항이다. 그러므로 상법 제168조의8 제 2 항은 가맹계약의 존속중에 비밀준수를 위해서라면 불필요한 규정이라고 할 것이나, 가맹계약이 종료한 후에까지 비밀준수의무를 연장하기 위해 이 규정을 둔 것이다. 가맹계약이 종료하더라도 가맹상은 가맹계약의 존속중에 지득한 가맹업자의 영업비밀을 보유하고 있으므로 이를 자기나 제 3 자의 이익을 위해 활용하거나 누설하지 않도록 한 것이다. 대리상계약이 종료한 후에까지 대리상에게 영업비밀의 준수의무를 과하는 것과 같은 취지이다(92조의3 참조). 영업비밀의 범위는 대리상의 비밀준수의무에 관해 설명한 바와 같다(471면 이하 참조).

Ⅴ. 가맹상의 영업양도

1. 의　　의

상법 제168조의9 제 1 항은 가맹상은 가맹업자의 동의를 받아 그 영업을 양도할 수 있다고 규정한다. 이 규정에서 말하는 영업양도의 범위를 확정할 필요가 있다. 가맹상이 영위하는 영업에는 2가지 측면이 있다. 하나는 가맹계약과 관계없이 존재하는 가맹상의 영업이고, 다른 하나는 가맹계약하에서 가맹업자의 지원

문화할 것을 입법론으로 주장한다.

을 받으며 영위되는 영업이다. 예컨대 A라는 상인이 「피자헛」이라는 가맹업자와 가맹계약을 맺고 피자 점포를 운영할 때, 가맹계약이 없더라도 피자는 판매할 수 있으므로 단지 피자를 만들어 판매하는 의미의 영업이 있고, 여기에 「피자헛」이라는 가맹업자의 지원을 받아 피자를 판매하는 영업이 있는 것이다. 원래 피자를 만들어 팔던 상인이 피자헛과 가맹계약을 맺어 피자점포를 영위한다면 양자의 구분은 더욱 명백해질 것이나, 처음부터 가맹계약하에서 피자점포를 영위하더라도 관념적으로는 양자가 구분된다. 그리고 영업의 양도도 전자의 의미의 영업의 양도가 있을 수 있고, 후자의 의미의 영업의 양도가 있을 수 있다. 전자는 피자헛의 지원을 포기하고 단지 일정한 점포에서 피자를 만들어 파는 영업을 양도하는 것이고, 후자는 피자헛의 지원과 더불어 피자판매업을 양도하는 것이다.

상법 제168조의9 제 1 항은 후자의 영업양도를 의미한다. 전자의 양도라면 가맹계약의 중단을 가져오므로 가맹업자에 대한 채무불이행이 되는 것은 별론하고 가맹업자의 동의를 받을 일이 없을 것이다. 그러나 후자의 영업양도는 가맹업자 즉 피자헛의 가맹상이라는 지위를 함께 양도하는 것이므로 가맹업자 즉 피자헛의 이해가 걸리는 것이다. 이하 후자의 의미의 영업양도만을 설명한다.

2. 영업양도의 가능성

가맹상의 영업은 가맹계약상의 지위가 더해져 일체를 이루는 기능적인 영업재산이므로 그 영업의 양도는 가맹업자에 대한 권리의 이전 그리고 가맹업자에 대한 채무의 이전을 포함한다. 가맹업자에 대한 채무를 이전함에는 채권자인 가맹업자의 승인이 필요함은 물론이고(민 454조 1항), 가맹업자에 대한 채권도 일반 지명채권과 달리 성질상 양도를 허용하지 않는 채권으로 보아야 하므로 가맹상과 양수인의 합의만으로는 가맹상의 영업이 양도될 수 없다. 상법 제168조의9 제 1 항은 이러한 가맹상의 영업의 특성을 시인하고 영업양도는 가맹업자의 동의를 얻도록 한 것이다.

3. 동의의 의무성

상법 제168조의9 제 2 항은 「가맹업자는 특별한 사유가 없으면 제 1 항의 영업양도에 동의하여야 한다」라고 규정한다. 이 규정이 가맹업자에게 어떠한 구속을 의미하는가?

영업양도는 영업을 계속 영위할 수 없는 상인이 기업을 청산하지 아니하고 계속기업으로서의 가치를 유지하면서 투하자본을 회수하는 방법이다. 즉 타인으로 하여금 계속기업의 가치를 누리게 함으로써 기업을 해체하였을 때 회수할 수 있는 청산가치 외에 계속기업으로서 안고 있는 $+\alpha$라는 가치를 회수하는 것이다.

가맹상의 영업에 있어서는 「가맹상」으로서의 지위라는 것이 다른 기업에서 볼 수 없는 무형의 기업가치를 구성하고 또 이는 거액의 투자를 통해 얻은 바이므로 가맹상의 영업을 청산할 경우에는 가맹상의 손실은 보통의 영업의 청산에 비해 더 크다고 할 수 있다. 따라서 가맹상의 영업양도는 가맹계약에 대한 투자를 회수하기 위한 유일한 수단으로서 그 필요성이 절실하다고 하겠다. 상법 제168조의9 제 2 항은 이러한 가맹상의 특성을 고려하여 영업양도에 대한 가맹업자의 동의를 보장하기 위해 둔 규정이기는 하나, 가맹거래의 특성상 가맹업자에게 가맹상의 변경을 수인하도록 강제할 수만은 없다. 상법 제168조의9 제 2 항이 「가맹업자는 특별한 사유가 없으면」이라고 규정한 것은 이러한 충돌하는 이익을 타협한 것이라 할 수 있다. 그리하여 가맹업자의 동의는 신의칙상의 의무로서, 「특별한 사정의 유무」는 당해 가맹거래의 특성상 가맹상의 동일성의 중요성, 동의거절로 인해 가맹상이 입는 손실(가맹거래에의 투자액), 동의로 인해 가맹업자가 입을 것으로 예상되는 손실, 동종 업계에서의 거래관행 등을 고려하여 결정하여야 한다.

가맹업자가 특별한 사유 없이 동의를 거절한 경우에는 채무불이행이 되지만, 동의에 갈음하는 판결(민 389조 2항)을 구할 수는 없고,[1] 손해배상의 청구만 가능하다고 보아야 한다.

1) 가맹계약을 유지하기 위해서는 가맹업자가 가맹상에게 단지 자기의 상호를 계속 사용하는 것을 허락하는 데 그치지 않고, 원료를 공급하고 영업에 관한 지도를 하는 등 계속적으로 적극적인 협력관계를 유지해야 하는데, 이러한 협력이라는 것은 성질상 강제집행을 할 수도 없고, 제 3 자로 하여금 하게 할 수도 없다.

4. 가맹상의 경업금지의무

가맹상의 영업이 양도되면 가맹상은 가맹업자와의 관계에서 가맹계약상의 지위를 상실하고 후술하는 해지에서와 같은 구속을 받지만, 동종 영업을 하는 것 자체는 금지되지 아니한다. 그러나 가맹상은 영업의 양수인에 대해 상법 제41조가 규정하는 일반원칙에 따라 영업양도인으로서 경업금지의무를 진다. 나아가 영업을 양도한 가맹상은 가맹업자에게도 경업금지의무를 지는가? 가맹업자에게까지 경업금지의무를 확장할 실정법적 근거가 없으므로 가맹업자에 대한 경업금지의무를 인정하려면 상법 제41조를 유추적용해야 할 것이나, 가맹업자가 영업양수인과 같은 보호를 받아야 한다고 설명할 근거를 찾기 어려우므로 부정하는 것이 옳다.[1)]

Ⅵ. 제 3 자에 대한 책임

1) 가맹업자의 명의대여책임 가맹거래에서는 가맹업자가 가맹상에게 자기의 상호등을 사용하도록 허락하고 가맹상은 이 명의를 가지고 영업을 하므로 대부분의 경우 가맹상의 영업은 상법 제24조가 규정하는 명의대여의 요건을 충족한다. 따라서 가맹업자는 가맹상의 영업거래에 관해 가맹상과 연대하여 책임을 져야 한다.

2) 표현대리의 책임 상법 제24조의 명의대여는 대여자의 성명 또는 상호를 대여하는 것임에 대해 가맹업자가 대여하는 상호등은 상호·상표·서비스표·간판 그 밖의 영업표지 등을 두루 포함하므로 상법 제24조가 말하는 명의대여보다는 범위가 넓다고 할 수 있다. 그리하여 가맹업자에게 상법 제24조에 의해 책임을 지울 수 없는 경우도 있을 수 있다. 이 경우에도 민법상의 표현대리에는 해당할 수 있다(민 125조 본). 표현대리의 성립에는 명의대여와 같은 정형화된 요건이 필요하지 않으므로 가맹상이 가맹업자의 영업표지를 사용함으로 인해 거래 상대방

1) 대체 同旨: 최영홍, "경업금지특약의 유효요건 — 미국 가맹계약을 중심으로,"「商事法硏究」58호(2008), 147면.

이 가맹업자의 거래로 오인했다면 표현대리가 성립할 수 있기 때문이다.

3) 불법행위책임(사용자배상책임) 가맹상이 영업에 관해 제 3 자에게 불법행위를 한 경우 가맹업자가 불법행위에 가담하여 공동의 불법행위(민 760조 1항)를 구성하지 않는 한, 원칙적으로 가맹업자는 불법행위책임을 지지 않는다. 또 가맹상이 가맹업자의 피용자는 아니므로 가맹상의 불법행위에 관해 가맹업자가 사용자배상책임(민 756조 1항)을 지지도 않는다. 그러나 가맹업자는 가맹자의 영업에서의 품질기준이나 영업방식을 지정하고, 약관이 정하는 바에 따라 교육, 경영지원 등을 하는데, 그 강도에 따라서는 가맹업자를 민법 제756조 제 1 항의 사용자로 보고 가맹상의 불법행위에 관해 사용자배상책임을 묻는 경우도 있을 수 있다(217면 참조).

4) 제조물책임 가맹상의 영업이 제조물 책임법의 적용을 받는 제조물을 판매하는 것이고 그 제조물이 가맹업자에 의해 제조·가공되거나, 그 제조물에 성명·상호·상표 기타 식별가능한 기호등을 사용하여 가맹업자의 제조·가공물로 오인시킬 수 있는 표시가 있는 경우에는 가맹업자는 제조물의 결함으로 인한 생명, 신체, 재산상의 손해를 배상하여야 한다(동법 2조 3호, 3조 1항).

Ⅶ. 가맹계약의 종료

1. 종료사유

1) 존속기간의 만료 가맹계약은 계약에서 정한 존속기간의 만료로 종료한다. 존속기간의 만료 이전에 계약종료의 통보가 없거나 특정한 행위가 있으면 가맹계약이 자동으로 연장된다는 조항을 약관에 넣는 예가 많은데, 이로 인해 가맹상에게 부당한 불이익을 줄 우려가 있을 때에는 불공정한 약관으로서 무효이다(약규 6조 2항 1호, 9조 6호). 한편 가맹상은 영업을 개시하면서 거액의 초기투자를 하는 것이 보통이므로 존속기간이 만료했을 때 계약의 갱신이 이루어지지 않을 경우에는 손실을 입을 수가 있다. 그래서 가맹사업법은 가맹상이 존속기간만료 전 180일 내지 90일 내에 갱신을 요구할 경우 가맹업자는 정당한 사유 없이는 갱신을 거절하지 못한다고 규정하고 있다(가맹 13조 1항).

계약갱신요구권과 갱신거절의 자유

현행 가맹사업법에서는 후술하는 바와 같이 가맹상에게 가맹계약갱신요구권을 부여하고 있는데, 이 제도가 신설되기 전에 체결되고 종료기간이 만료된 가맹계약에서 가맹상에게 계약갱신요구권이 인정되느냐는 점이 다투어진 사건이 있다. 상법은 갱신에 관해 가맹상의 어떤 권리도 명문으로 인정하지 않으므로 이 사건에 관한 판결은 상법상 가맹상에게 갱신요구권이 있느냐는 의문에 대한 답이기도 하다. 동 사건에서 하급심은 일반론으로서 「가맹상의 가맹사업 존속에 대한 기대이익을 보호하기 위하여 상당한 기간은 가맹업자가 가맹계약의 갱신을 거절할 수 없다」고 판단하였으나, 상고심에서는 이런 일반론을 배척하고, 「가맹계약을 포함한 계속적 계약관계는 그 기간이 만료되면 종료하고, 법규정 또는 당해 가맹계약의 해석에 좇아 가맹상이 가맹업자에 대하여 갱신을 청구할 권리를 가지거나, 가맹업자의 갱신 거절이 당해 가맹계약의 체결경위·목적이나 내용, 그 계약관계의 전개양상, 당사자의 이익상황 및 가맹점계약 일반의 고유한 특성 등에 비추어 신의칙에 반하여 허용되지 아니하는 등의 특별한 사정이 없는 한, 가맹업자는 가맹상의 갱신 요구를 받아들여 갱신에 합의할 것인지 여부를 스스로 판단·결정할 자유를 가지며, 정당한 사유 또는 합리적 사유가 있는 경우에 한하여 갱신을 거절할 수 있는 것은 아니다」(要旨)라고 판시하였다(대법원 2010. 7. 15. 선고 2010다30041 판결, 한국도미노피자 사건).

그러나 2008년 2월 4일부터 시행된 개정 가맹사업법에서는 가맹상이 가맹계약기간 만료 전 180일부터 90일까지 사이에 가맹계약의 갱신을 요구하는 경우 가맹업자는 정당한 사유 없이 거절하지 못한다고 규정한다(가맹 13조 1항). 그리고 가맹업자가 갱신을 거절할 수 있는 정당한 사유로서, (i) 가맹상이 가맹금 등의 지급의무를 지키지 아니한 경우, (ii) 다른 가맹상에게 통상적으로 적용하는 계약조건이나 영업방침을 가맹상이 수락하지 않는 경우, (iii) 가맹사업의 유지를 위해 필요한 가맹업자의 중요한 영업방침을 가맹상이 지키지 않은 경우를 들고 있다(가맹 13조 1항 1호~3호). 이러한 가맹업자의 갱신승낙의무에 대응하여 가맹상이 갱신을 요구할 수 있는 권리를 「계약갱신요구권」이라 표현하며, 최초 가맹계약기간을 포함한 전체 가맹계약기간이 10년을 초과하지 아니하는 범위 내에서 이 권리를 인정한다.[1)]

상법상으로는 이러한 권리가 인정되지 않지만, 상법에 의해 체결된 가맹계약은 소액계약이 아닌 한(가맹 3조, 동령 5조) 기본적으로 가맹사업법의 적용을 받으므로 결국 가맹상은 이 법에 의해 갱신요구권을 갖는다.

---

1) 이 제도는 우리나라 가맹계약이 지나치게 단기간에 그치는 경향이 있어 만들어진 제도라 한다. 미국과 일본의 가맹계약의 평균 존속기간은 각각 10년과 5년임에 비해 우리나라의 가맹계약의 존속기간은 2.2년에 불과하다고 한다(염규석, "개정 가맹사업거래의 공정화에 관한 법률의 주요쟁점 및 문제점," 「財産法硏究」 24권 3호(2008), 204면). 2020년 말 현재도 2.2년이다(2021 프랜차이즈 산업통계현황).

2) 해 지 가맹상과 가맹업자의 어느 일방이 가맹계약을 위반하는 경우 상대방은 민법의 일반원칙에 의해 가맹계약을 해지할 수 있음은 물론이다(민 544조). 특히 가맹상의 채무불이행으로 가맹계약을 해지할 경우에는 가맹상은 초기투자를 일시에 상실하게 되는 문제가 있다. 그래서 가맹사업법은 가맹업자가 해지하고자 할 경우 2월 이상의 유예기간을 두고 3회 이상 계약해지의 사유를 기재한 문서로서 그 시정을 요구하도록 하고(가맹 14조 1항), 그와 같은 절차를 거치지 않은 가맹계약의 해지는 효력이 없다고 정하고 있다(동조 2항). 이 조항은 가맹점사업자로 하여금 유예기간 동안 계약해지사유에 대하여 해명·시정할 기회를 주고 가맹점사업자에게 가맹사업 종료에 대비할 수 있는 기간을 부여하기 위한 것으로 강행규정이다(대법원 2021. 8. 19. 선고 2021다225708 판결).

이 밖에 상법은 당사자에게 부득이한 사유가 있을 경우 해지권을 인정한다. 즉 가맹계약상 존속기간에 대한 약정의 유무와 관계없이 「부득이한 사정」이 있으면 각 당사자는 상당한 기간을 정하여 예고한 후 가맹계약을 해지할 수 있다(168조 의10). 부득이한 사정이란 해지하고자 하는 당사자의 입장에서 가맹계약을 유지할 수 없는 사정을 말한다. 예컨대 가맹상의 질병으로 영업이 불가능해진 경우, 가맹업자의 경영파탄 또는 외부적 요인으로 가맹상에게 필요한 물건을 공급할 수 없게 된 경우에 가맹상과 가맹업자가 각각 해지하는 것과 같다. 「부득이한 사정」을 상대당사자의 귀책사유로 계약의 목적을 달성할 수 없는 경우로 이해하는 견해도 있으나(임중호, 559; 정찬형, 439), 이는 일반채무불이행에 속하므로 민법의 일반원칙(민 544조)에 의해 당연히 해지할 수 있는 사유이다.

리스이용자가 사정변경으로 금융리스를 해지하는 경우에는 리스업자의 손해를 배상하라는 규정을 두고 있다(168조의 5 3항). 부득이한 사정으로 인한 가맹계약의 해지와 사정변경으로 인한 금융리스의 해지는 본질이 같은 것으로 판단되는데, 리스에 관해서만 손해배상규정을 둔 것은 균형이 맞지 않는다. 가맹계약을 해지한 경우에도 당연히 손해배상을 해야 한다고 해석한다. 당사자가 손해배상을 예정할 수도 있는데, 손해배상이 과도할 경우 약관규제법 제8조에 해당하여 무효일 수 있다(同旨: 서완석 436; 주석(총칙·상행위) 1173).

2. 종료의 효과

1) 가맹금의 반환 가맹계약이 종료함에 따라 가맹상이 가맹업자에 예치한 담보적 성격의 가맹금이 있을 경우 가맹업자는 이를 반환해야 한다. 기술한 바와 같이 가맹금은 가맹업자가 가맹상에게 제공하는 역무의 대가로 수취하는 것과 가맹상이 가맹업자에 대해 부담할 채무를 담보하기 위해 예치하는 것이 있는데, 반환의 대상이 되는 것은 후자의 가맹금이다.

2) 상호등의 폐기 가맹계약의 존속중 가맹상이 가맹업자의 상호등을 사용한 것은 가맹업자의 허락에 근거한 것이므로 계약이 종료되면 가맹상이 더 이상 가맹업자의 상호등을 사용할 근거가 없다. 그러므로 다른 약정이 없는 한, 가맹상은 자신이 사용하던 상호등을 폐지할 의무가 있다(전주지법 2008. 8. 20. 선고 2007가합6382 판결).

3) 경업금지여부 가맹계약이 종료한 후 가맹상은 종전과 같은 영업을 할 수 있느냐는 문제가 제기된다. 다시 말해 가맹계약이 종료되면 가맹상은 경업금지의무를 지느냐는 문제이다. 가맹계약이란 당초 가맹업자의 독점적 이익을 창출하기 위한 계약이 아니므로 동 계약이 종료되었다고 해서 가맹상의 경업을 금지할 이유는 없다. 상호등을 변경하는 등 가맹업자와의 별개성이 인식되도록 한다면 종전과 동일한 영업을 계속하는 것은 무방하다고 본다(예컨대 「본죽」이란 가맹계약이 종료되었더라도 죽을 판매하는 영업은 할 수 있는 것이다. 단 「본죽」이란 상호, 상표는 사용하지 못하고 영업의 외관도 원래의 「본죽」과 구별되게 변경해야 할 것이다).

제10절 채권매입업

I. 의 의

상법 제46조 제21호는 「영업상 채권의 매입 · 회수 등에 관한 행위」를 기본적 상행위의 하나로 열거하는데, 이는 소위 채권매입업 내지 「팩터링」(factoring)을 의미한다. 이 규정은 1995년 상법개정시에 신설된 것으로 단지 팩터링을 기본적 상행위의 하나로 편입시키는 뜻이 있었을 뿐이나, 2010년 상법개정시에는 제2편 제14장에 팩터링에 관한 2개의 조문(168조의11, 168조의12)이 추가되어 팩터링에 관한 규율이 약간 구체화되기에 이르렀다. 상법 제168조의11은 팩터링의 주체 즉 채권매입업자를 「타인이 물건·유가증권의 판매, 용역의 제공 등에 의하여 취득하였거나 취득할 영업상의 채권(영업채권)을 매입하여 회수하는 것을 영업으로 하는 자」라고 정의한다.

이 채권매입업자의 영업을 이루는 채권매입업 즉 팩터링이란 물건을 판매하는 상인의 외상판매채권을 전문적인 채권매입업자가 양수하여 관리·회수하는 것을 내용으로 하는 거래이다. 신용사회가 정착됨에 따라 차츰 외상거래가 많아지고, 외상채권이 고액화함에 따라 채권의 회수도 전문적인 기술을 요하게 되었다. 여기서 상인이 외상채권을 직접 회수해야 한다면 채권회수를 위한 별도의 조직을 운영해야 하고 이를 위한 관리비용도 지출해야 한다. 그러나 외상채권의 회수를 전문으로 하는 자에게 채권을 양도하여 회수시킨다면 판매상인은 저렴한 비용(수수료)으로 채권을 회수할 수 있으므로 자신의 본업인 판매에만 전념할 수 있다. 또 판매상인은 외상채권이 회수될 때까지 자금의 회전·운용에 어려움을 겪게 되는데, 채권의 양도와 결부시켜 금융을 얻을 수 있다면, 채권을 조기에 회수하는 효과를 누릴 수 있다.

팩터링은 중세 영국 또는 식민시대의 미국에서 그 기원을 찾기도 하나, 현재와 같은 양식의 팩터링은 20세기 초에 미국에서 형성·발달되었고, 위와 같은 유용성 때문에 오늘날은 세계 각국에서 가계소비거래에 매우 활발하게 이용되고 있다. 팩터링은 판매상인에게 소정의 수수료를 부담시키며 행해지므로 외상채권의 규모가 어느 정도 고액이어야 경제성이 있다. 우리나라에서는 과거 가계소비지출의 단위가 영세했을 뿐 아니라, 가계의 신용도가 낮았으므로 팩터링이 발달할 여지가 없었으나, 현재는 자동차·컴퓨터 등과 같은 고가의 상품거래가 늘고 신용도도 높아졌으므로 팩터링거래가 활발한 모습을 보인다. 팩터링업무는 1980년에 종합금융회사가 처음으로 취급하면서 선을 보였는데, 현재는 여신전문금융업법에 의해 금융위원회의 허가를 받은 신용카드회사와 소정의 등록을 한 기타 여신전문금융회사가 영위하고 있고(동법 46조 1항 2호), 은행이 겸영하고 있다.[1] 한편 「신용정보

1) 동법 제46조 제1항 제2호: "기업이 물품과 용역을 제공함으로써 취득한 매출채권(어음 포함)의

의 이용 및 보호에 관한 법률」에 의해 금융위원회의 허가를 받은 채권추심회사도 채권추심업무를 할 수 있는데,[1)] 이는 채권매입은 아니지만, 채권추심이라는 점에서 채권매입업과 유사한 기능을 한다.

Ⅱ. 채권매입거래의 구조

1. 기본구조

채권매입거래에는 세 사람의 당사자가 관계한다. 우선 물건판매상인이 그의 고객(소비자)에게 외상으로 물건을 판매한다([그림 4] ①). 다음에는 판매상인이 자신의 외상매출채권을 채권매입업자에게 양도한다([그림 4] ②). 그러면 채권매입업자는 만기에 가서 소비자로부터 채권을 변제받아([그림 4] ③④) 판매상인에게

그림 4 채권매입거래의 구조

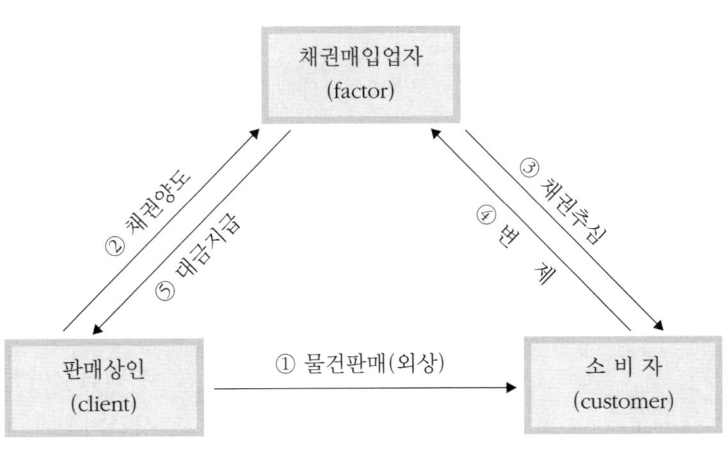

양수·관리·회수업무". 업체의 구체적인 현황은 2025년 6월말 현재 시중은행 20개, 신용카드회사 8개사, 할부금융회사 25개사, 신기술금융회사 130개사, 시설대여업자(리스회사) 27개사, 총계 210개사가 채권매입업을 영위하고 있다(http://fisis.fss.or.kr).

1) 동법 제 2 조 제10호: "채권추심업"이란 채권자의 위임을 받아, 변제하기로 약정한 날까지 채무를 변제하지 아니한 자에 대한 재산조사, 변제의 촉구 또는 채무자로부터의 변제금 수령을 통하여 채권자를 대신하여 추심채권을 행사하는 행위를 영업으로 하는 것을 말한다.

지급해 준다([그림 4] ⑤). 이 당사자들을 영어로 부를 때에는 채권매입업자를 중심으로 해서 이름을 붙인다. 즉 채권매입업자를 factor, 판매상인을 client, 소비자를 customer라 한다.

2. 팩터링금융

채권매입업자가 판매상인으로부터 채권을 매입하면 당연히 매입대금을 지급해야 한다. 이 대금은 채권의 매매거래에 따르는 대가이지만, 그 지급시기는 자유롭게 결정할 수 있다. 채권매입업자가 채권을 회수해서 그 자금으로 매입대금을 지급하기로 약정하는 것이 일반적이다. 그러나 판매상인은 바로 자금을 사용하기를 원하므로 채권의 회수대금을 담보로 하여 채권매입업자로부터 판매대금에 상응하는 금액을 차입한다(전도금융(前渡金融)). 이를 팩터링금융이라 하며 채권매입거래에서 매우 중요한 기능을 한다.

그림 5 팩터링금융의 구조

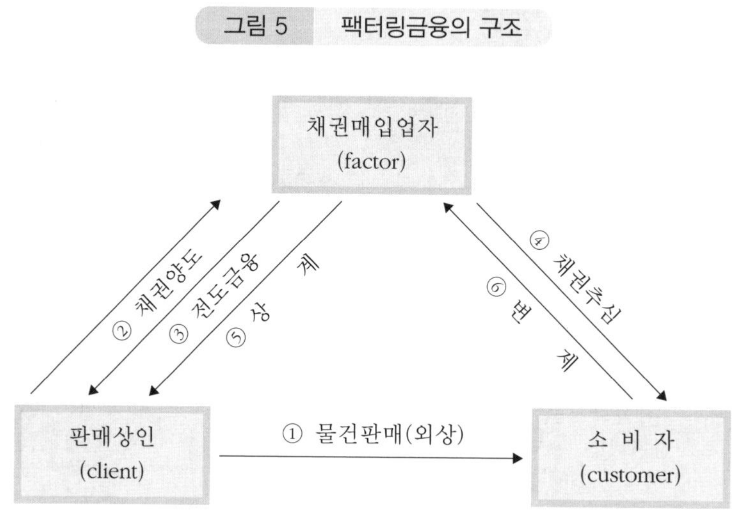

3. 위험인수

소비자의 무자력, 물건매매계약의 무효 · 취소 · 해제 등으로 인해 채권매입업자가 소비자로부터 채권을 변제받지 못하는 경우도 있다. 이같은 채권의 회수불능으로 인한 위험부담을 판매상인과 채권매입업자 중 누가 부담하느냐는 문제가 있다. 채권매입업자가 부담하는 팩터링을 「진정팩터링」(echte Factoring), 판매상인이 부담하는 팩터링을 「부진정팩터링」(unechte Factoring)이라고 한다. 누가 부담하느냐에 따라 팩터링금융의 법적 의미를 달리 보아야 한다. 이는 당사자의 약정으로 정할 문제이나 보통은 판매상인이 부담하고 있다.

상법 제168조의12는 「영업채권의 채무자가 그 채무를 이행하지 아니하는 경우 채권매입업자는 채권매입계약의 채무자에게 그 영업채권액의 상환을 청구할 수 있다」고 규정한다. 「채권매입계약의 채무자」라 함은 채권매입업자에게 영업채권을 양도한 판매상인을 가리키는 말이다. 이 규정은 상법상의 채권매입업은 부진정팩터링이 원칙임을 말해준다. 부진정팩터링의 경우에는 사실상 채권매입업자가 판매상인으로부터 채권회수를 위임받은 것으로 볼 수 있다. 물론 당사자는 채권매입업자가 불이행의 위험을 궁극적으로 부담하는 것으로 약정할 수도 있다(진정팩터링)(168조의 12 단).

Ⅲ. 채권매입업의 법적 특색

1. 기본계약

개개의 팩터링거래는 불특정다수의 상인과 채권매입업자간에 일회적으로 행해지는 것이 아니라, 특정의 판매상인과 특정의 채권매입업자간의 기본계약(팩터링계약)에 기초해서 행해진다. 판매상인과 채권매입업자는 사전에 일정기간 발생하는 외상채권을 매입할 것을 약속하는 계약을 체결하고, 이 계약에서 앞으로 행할 채권매입거래의 일반적인 사항(수수료 · 이율 · 위험부담 등)을 약정한다. 따라서 이 기본계약은 계속적 계약이며, 그 이행으로서 개별적인 채권매입거래가 행해진다. 기본계약은 예외 없이 채권매입업자가 작성한 약관에 의해 체결된다.

2. 개별 팩터링

기본계약에 기초하여 판매상인이 외상판매를 할 때마다 그 채권을 추심하기 위한 팩터링행위(채권매입행위)가 행해지는데, 팩터링행위에서 가장 두드러진 법효과는 외상채권의 양도이지만, 팩터링행위 자체가 바로 채권의 양도는 아니다. 팩터링행위는 채권매입업자에게 채권을 양도함과 동시에 동 채권의 포괄적인 관리를 위탁하며, 경우에 따라서는 전도금융의 수수도 내용으로 하는 채권계약이다. 따라서 이 계약은 소비대차·위임 등이 혼합된 무명계약이다.[1)]

외상채권의 양도를 위해서는 지명채권의 양도방식(민 450조)에 따라 채무자(소비자)에게 통지하거나 또는 그의 승낙을 받아야 하는데, 보통 외상판매계약(판매약관)에서 소비자의 승낙을 얻고 있다.

3. 개별 외상채권의 양도

팩터링의 핵심을 이루는 것은 외상채권의 양도인데, 이 채권양도의 법적 성질을 어떻게 볼 것이냐에 관해 견해가 대립한다. i) 당사자의 경제적 목적에 착안하여, 팩터링거래의 본질은 채권매입업자가 판매상인에게 금융을 제공하는 것이므로 외상채권의 양도는 소비대차거래의 성격을 갖는다고 보는 소비대차설,[2)] ii) 채권매입업자의 전도금지급과 판매업자의 외상채권양도는 쌍무적 대가관계이므로 외상채권의 양도는 채권의 매매라고 하는 채권매매설,[3)] iii) 진정팩터링에서의 채권양도는 외상채권을 채권매입업자에게 확정적으로 이전하므로 채권의 매매이지만, 부진정팩터링은 채무불이행시의 위험부담이 미결로 남아 있으므로 소비대차로 보아야 한다는 절충설[4)]이 있다. 판매업자가 채권매입업자에게 외상

1) 국내의 주류를 이루는 설이다(金亨培, 「債權各論」, 박영사, 2001, 833면; 김홍기, "채권매입업(factoring)의 법적 쟁점과 상법개정안의 검토," 「商事法硏究」 63호(2009), 113면; 정동윤, "새로운 유형의 상행위(2) — 팩토링(factoring)에 관하여 —," 「민사법과 환경법의 제문제」(안이준박사 회갑기념), 838면).

2) 李銀榮, 「債權各論」(제 5 판), 박영사, 2007, 387면.

3) 윤용석·임재호·최광준, "새로운 형태의 거래행위 — 프랜차이즈, 팩터링에 관한 연구," 「법학연구」 36권 1호, 146면(김홍기, 전게논문, 115면에서 재인용).

4) 김홍기, 전게논문, 117면; 박휘일, "팩터링의 법적 문제점," 「금융법연구」 9호, 13면.

채권을 이전하는 단계에서의 거래성격을 판단하는 가장 중요한 표지는 채무불이행으로 인한 위험부담의 귀속이라고 할 수 있다. 그 위험부담이 채권양도인 즉 판매업자에게 잔류하는 한, 채권의 주체가 확정적으로 교체되었다고 할 수는 없기 때문이다. 따라서 절충설에 따라 채권양도의 성격을 구별하는 것이 타당하다고 생각된다.

4. 채권매입업자의 상인성

상법 제46조 제21호는 채권매입업을 기본적 상행위로 열거하므로 채권매입업자는 당연상인(4조)이다.

상법 제46조 제21호는 영업상 채권의 「매입 · 회수 등에 관한 행위」를 상행위로 열거하며, 상법 제168조의11도 채권을 「매입하여 회수」하는 것을 채권매입업자의 영업으로 정의하고 있다. 하지만, 채권의 회수는 권리실현을 위한 사실행위 또는 준법률행위에 불과하고 거래가 아니므로 상행위가 되는 것은 채권의 「매입」이다. 구체적으로는 앞서 설명한 기본계약 및 개별팩터링행위가 채권매입업자의 영업행위이다.

채권매입업자는 채권의 매입으로부터 직접 또는 채권의 매입을 계기로 영리를 실현한다. 영리실현방법은 채권을 채권의 가액보다 저가로 매수함으로써 차익을 얻을 수도 있고 기술한 팩터링금융을 통해 이자수입을 얻기도 한다. 또 채권의 매입을 포함하여 채권회수를 위한 일체의 행위가 판매상인을 위한 것이라는 인식하에 수수료의 명목으로 회수한 채권의 일정비율을 대가로 받기도 한다.

제11절 전자상거래

Ⅰ. 전자상거래의 의의

전자상거래 등에서의 소비자보호에 관한 법률(이하 "전자상거래법")에서는 전자상거래를

「전자문서 및 전자거래 기본법(이하 "전자거래법") 제 2 조 제 5 호에 따른 전자거래의 방법으로 상행위를 하는 것」이라고 정의한다(전상 2조 1호). 전자거래법 제 2 조 제 5 호가 말하는 전자거래란 「재화나 용역을 거래할 때 그 전부 또는 일부가 전자문서 등 전자적 방식으로 처리되는 거래」를 말한다. 요컨대 전자상거래법상의 전자상거래란 「거래의 전부 또는 일부가 전자문서 등 전자적 방식으로 처리되는 상행위」를 가리킨다고 할 수 있다.

1) 상법학에서 상거래의 유형으로서 「전자상거래」라는 개념을 설정하고 이를 어떻게 이해할 것이냐는 것은 전자상거래법에서의 정의와는 무관하다. 상법에서 동 개념을 논의하는 목적이 무엇이냐에 따라 다양한 정의가 내려질 수 있다. 하지만 아직 상법학에서 특별히 「전자상거래」라는 거래유형에 관한 법리가 정착한 바는 없으므로 일단 전자상거래법상의 개념을 차용하여 관련 법리를 정리해 나가는 것이 효율적이다. 따라서 이 책에서는 전자상거래를 일응 전자상거래법상의 위 정의에 따라 이해하기로 한다.

2) 상법은 기본적 상행위를 상행위의 성질과 내용에 따라 분류하는데(46조) 전자상거래란 상법상의 상행위의 분류에 따른 거래의 영역을 지칭하는 용어가 아니다. 거래의 전부 또는 일부가 전자문서에 의해 처리된다고 하는 거래방식상의 특수성에 착안하여 붙여진 호칭이다. 따라서 상법이 정하는 어떤 상행위이든 전자문서가 사용된다면 전자상거래이다.

3) 전자상거래는 기술한 바와 같이 전자문서로 처리되는 상행위이므로 전자문서가 전자상거래의 핵심적인 개념요소를 이룬다. 전자거래법은 「전자문서란 정보처리시스템에 의하여 전자적 형태로 작성 · 변환되거나 송신 · 수신 또는 저장된 정보」라고 정의한다(전거 2조 1호). 그리고 전자문서를 생성하는 도구라 할 정보처리시스템은 「전자문서의 작성 · 변환, 송신 · 수신 또는 저장을 위하여 이용되는 정보처리능력을 가진 전자적 장치 또는 체계」라고 정의한다(전거 2조 2호).[1] 오늘날 이용이 보편화된 컴퓨터 및 이를 이용한 전산망이 정보처리시스템의 대표적인 예가 될 것이고, 컴퓨터에 의해 송수신되는 정보가 전자문서의 대표적인 예가 될 것이나, 이

1) 전자문서를 정의할 때에는 정보처리조직에 근거하여, 그리고 정보처리조직을 정의할 때에는 전자문서에 근거하여 설명하는 식으로 상호의존적으로 정의하고 있으므로 논리적으로는 부적당한 정의이다.

에 국한하지 않고, 과거부터 사용하던 팩스, 텔렉스 등과 같이 전자적 수단에 의해 생성되고 전달, 보관되는 정보는 모두 전자문서이다.[1)]

4) 상행위는 통상 계약의 성립과 이행으로 구성되고, 불이행에 따른 관리행위(이행최고, 손해배상청구 등)가 후속하기도 하는데, 어느 단계에서 전자문서가 사용될 경우 전자상거래로 볼 것인가라는 의문이 제기된다. 이는 전자상거래에 적용할 일반계약법에 대한 특칙으로서의 성격을 갖는 법리를 상정할 경우 그 법리를 적용할 범위를 획정하는 문제이다. 계약의 성립이나 이행의 어느 것이 전자문서에 의해 이루어질 경우에는 일반적으로 전자상거래라 해야 할 것이고, 채무불이행에 따른 후속의 행위가 전자문서로 이루어질 경우에도 적용할 전자상거래법리의 취지에 따라서는 전자상거래에 포함시켜야 할 경우도 있을 것이다.

5) 전자상거래법 제 2 조 제 1 호는 전자상거래를 전자거래의 방법으로 「상행위」를 하는 것이라고 정의하는데, 이 규정에서 말하는 상행위는 상법 제46조의 기본적 상행위를 지칭하느냐는 의문이 제기된다. 거래의 방식의 특수성에 착안하여 적용법리를 특화시키는 것이 전자상거래법리의 목적이고 보면, 그 대상을 기본적 상행위로 제한할 이유는 없다. 준상행위 및 보조적 상행위도 전자문서로 행해지는 한 전자상거래로 보아야 한다.

Ⅱ. 전자상거래의 특수성

전자상거래에 대해 일반 상거래와 다른 법적 배려를 해야 한다면 그 이유는 무엇인가? 이는 전자상거래가 다른 상거래에 대해 갖는 특수성이 무엇이냐는 의문을 의미한다.

1) 전자거래법은 주지하는 바와 같이 「유엔국제거래법위원회」(United Nations Commission on International Trade Law: UNCITRAL)가 작성한 「모범전자상거래법」(UNCITRAL Model Law on Electronic Commerce 1996)을 모범으로 하고 미국의 「통일 주법위원회」(National Conference of Commissiners on Uniform State Laws: NCCUSL)가 작성한 「통일전자거래법」(Uniform Electronic Transactions Act: EUTA) 1996년 초안을 참고하여 만들어진 것이다. 이 안에서는 우리의 전자문서에 해당하는 Data message를 전자정보교환(EDI), 전자우편, 전신, 텔렉스, 텔레카피 등과 같이(이에 한하지 않는다) 전자, 광학 기타 유사한 수단에 의하여 생성하고, 송신하고, 수신하거나 저장하는 정보를 말한다고 정의한다(동안 2조 (a)).

전자상거래의 당사자는 일반 거래당사자에 비해 다음과 같은 3가지 측면에서 추가적인 위험을 부담한다.

첫째, 거래의 비대면성으로 인한 위험이다. 거래가 비대면적으로 이루어지므로 거래 상대방의 선택에 따르는 위험이 크고, 거래의 체결과 이행에 대한 신뢰가 취약할 수밖에 없다.

둘째, 정보의 비대칭으로 인한 위험이다. 상인과 소비자에 관한 거래에서 소비자는 상인이 제공하는 정보에 일방적으로 의존하는데, 그 정보의 진실성을 확인할 수단을 갖고 있지 않다. 많은 상거래에서 이런 현상을 볼 수 있지만, 전자상거래에서는 비대면성으로 인해 이러한 현상이 현저하다.

셋째, 거래의 기술적 장애로 인한 위험이다. 거래를 위한 의사표시, 정보의 제공, 경우에 따라서는 이행이 전자문서로 행해지는데, 당사자가 인지하지 못하는 시스템상의 오류에 의해 계약체결이나, 기타 필요한 교신이 방해되거나, 이행이 지연되는 것이다.

이같은 전자상거래의 특성으로 인해 제기되는 가장 큰 문제는 소비자의 보호라 할 수 있다. 특히 두 번째의 정보의 비대칭으로 인해 소비자가 불공정한 거래에 심각하게 노출되어 있다고 할 수 있다. 전자상거래법은 주로 전자상거래에서 생기는 소비자의 불이익을 방지하거나 구제하기 위해 마련된 법이다. 전자상거래의 비대면성이나, 거래의 기술적 장애는 소비자의 불이익만이 아니라 반대로 상인에게 불이익을 주기도 하고, 누구의 과실을 탓할 수 없이 일방 혹은 쌍방에게 손해를 입히기도 한다. 이 점에서는 소비자보호라는 차원보다는 계약법적 관점에서 전자상거래의 특성을 감안하여 민·상법상의 계약법리를 수정하기 위한 입법 또는 해석이 필요할 것이다.

이 책에서는 계약법적 관점에서 제기되는 전자상거래의 법리적 문제를 주로 다루고, 소비자 보호문제는 전자상거래법상의 소비자 보호제도를 계약법리와 관련하여 간단히 인용하는 정도로 다룬다.

Ⅲ. 전자문서와 의사표시 이론

전자상거래에서 사용된 전자문서가 당사자의 의사표시나 통지행위를 담고 있는 경우에는 동 의사표시 등이 이루어진 시기나 장소 등에 관한 해석이 필요한데, 이 점에 관해 전자상거래법에서는 달리 정한 바가 없으므로, 전자문서에 관한 일반법, 즉 전자거래법의 관련규정을 근거로 파악해야 한다. 이하 전자거래법의 규정을 중심으로 전자상거래에서의 의사표시에 특수하게 일어나는 문제를 검토해 본다.

1. 송 · 수신에 관한 전자거래법 규정의 의의

전자거래법 제6조 내지 제9조에서는 전자문서의 송신과 수신이라는 용어를 사용하면서 송·수신시기, 장소, 수신확인 등의 문제를 다루고 있다. 전자문서가 거래당사자의 의사표시를 담은 것이라면 이 규정들에서 말하는 「송신」은 민·상법상의 의사표시의 발신을 가리키며, 「수신」은 의사표시의 도달을 가리키는 말로 이해해야 한다. 그리고 이 규정들에 나오는 「작성자」와 「수신자」는 의사표시의 표의자와 그 상대방을 각각 지칭하는 말로 이해하면 된다.

그러나 이 전자거래법의 규정들은 민·상법에서 규정하는 의사표시의 법리에 변경을 가져오기 위해 특칙으로 설정된 것은 아니다. 전자거래법은 단지 의사표시의 발신이라는 사실 및 도달이라는 사실을 인정하는 종래의 기준을 전자거래의 특성을 감안하여 구체적 타당성 있게 적용한 결과를 보여주는 것뿐이다.[1)]

2. 전자문서의 송신 및 수신시기

전자거래법은 전자상거래에서 전자문서로 교환되는 의사표시의 존부, 시기 등에 관한 다툼을 해결하기 위한 규정을 두고 있다.

1) 李哲松, "電子去來基本法의 改正方向," 「인터넷법률」 5호 (2001. 3), 17면.

(1) 송신시기

전자문서는 작성자 또는 그 대리인이 해당 전자문서를 송신할 수 있는 정보처리시스템(이하 "시스템")에 입력한 후 해당 전자문서를 수신할 수 있는 시스템으로 전송한 때 송신된 것으로 본다(전거 6조 1항). 이는 작성자의 시스템에서 작성된 전자문서가 수신자에게 최종적으로 중개하는 시스템에 입력된 시점을 뜻한다. 그러므로 EDI와 같이 작성자와 수신자의 컴퓨터가 직접 연결되어 있는 경우에는 송신시기는 수신시기와 일치한다. 그러나 중개자(server)를 통하여 전송되는 경우에는 양 시점이 상이할 수 있다.[1)]

입력이라 함은 시스템이 전자문서를 처리가능하게 된 상태를 말한다. 그러므로 작성자가 수신자에게 팩스, 문자 등을 보냈으나 통화중 등으로 접속이 이루어지지 않거나, e-mail을 보냈으나 서버의 시스템이 작동하지 않아 서버에 접수되지 않을 때에는 송신이 이루어진 것이 아니다.[2)]

(2) 수신시기

1) 「시스템의 지정」의 의미　　당사자들이 전자문서를 수신할 컴퓨터를 지정한 경우와 지정하지 않은 경우에 수신시기를 달리한다(전거 6조 2항). 정보처리시스템이란 UNCITRAL모델법상의 "information system"의 번역어로서 전자정보를 생산, 송신, 수신, 저장 등의 처리를 할 수 있는 기능적 수단을 가리키는 말이다(UNCITRAL 모델법 제2조(f)참조). 그러므로 시스템을 지정한다는 것은 e-mail주소나 팩스의 번호와 같이 전자문서가 도달될 수 있는 특정된 매체를 지정함을 뜻한다. 예컨대 전자거래에 있어 청약자가 승낙의 의사표시를 받을 수 있는 e-mail 주소, 팩스의 번호, 문자를 수신할 수 있는 휴대폰를 지정하면서 청약의 의사표시를 하는 것과 같다.[3)] 사이버몰에 표시된 주문을 위한 클릭 단추같은 것은 시스템이 지정된 예이다.

1) 예컨대 gmarket.co.kr 에 입점해 있는 갑상인이 konkuk.ac.kr(건국대학교전산센터)에 계정을 가지고 있는 을에게 전자문서를 보낼 경우, 갑이 gmarket.co.kr에 입력한 동 전자문서가 다시 konkuk.ac.kr로 옮겨져 입력됨으로써 을이 자기 계정을 열어 출력할 수 있는 상태에 이른 때에 송신된 것으로 본다.

2) UNCITRAL모델법 제15조 주석 para. 104.

3) UNCITRAL모델법 제15조 주석 para. 102에서 들고 있는 예이다. 이는 e-mail 번호 등을 특정하여 명시한 경우를 말하며, 단지 편지지의 상단 혹은 하단에 인쇄된 주소란에 e-mail주소나 팩스번호가 기재되어 있다고 해서 이를 시스템을 지정한 것으로 볼 수는 없다(同 주석).

2) 지정한 경우의 수신시기

㈎ 수신자가 전자문서를 수신할 시스템을 지정한 경우에는 동시스템에 입력된 때에 수신된 것으로 추정한다(전거 6조 2항 1호 본). 「지정된 시스템」에 입력될 것을 요하므로 수신자가 지정된 서버에 접속하여 정보를 검색할 수 있는 단계에서 입력되었다고 말할 수 있다. 그러므로 작성자가 보낸 정보가 서버에 도달하여 저장되었으나, 서버에 접속장애가 생겨 수신자가 검색할 수 없는 경우에는 수신된 것이 아니다. 이 때 부도달의 위험은 송신자가 진다. 지정된 시스템에 입력되는 것으로 족하므로 서버에 접속장애의 사정이 없이 그 시스템에 입력된 경우에는 수신자가 검색을 하지 않아 입력된 사실을 모르더라도 수신으로 본다. 따라서 요지(정보를 읽는 것)의 지연으로 인한 불이익은 수신자가 부담한다.

정보전달프로그램에 따라서는 특정프로그램이 있어야 해독할 수 있는 경우가 있다. 이러한 문서로 보냈는데, 수신자가 프로그램이 없어 읽지 못한다면 어떻게 보아야 하는가? 일반적으로 도달(수신)이라는 개념은 의사표시의 수령자가 요지할 수 있는 상태에 이른 것을 의미하므로 이러한 경우 요지불능의 책임을 누구에게 귀속시키느냐는 문제로 이해해야 한다. 그러므로 특수화일을 사용한 경우에는 그 특수화일이 전자거래계에서 통상적으로 사용되고 있느냐에 따라 도달여부를 판단하여야 할 것이다. 즉 널리 사용되고 있는 프로그램을 이용한 화일을 보냈다면 수신자가 프로그램이 없어 읽지 못하더라도 수신된 것으로 보아야 할 것이나, 아직 널리 이용되고 있지 않은 프로그램을 사용한 화일이라면 수신되지 않은 것으로 보아야 한다.[1)]

㈏ 수신자가 수신할 시스템을 지정하였음에도 불구하고, 작성자가 다른 시스템으로 송신한 경우에는 수신자가 그 전자문서를 검색 또는 출력한 때에 수신한 것으로 본다(전거 6조 2항 1호 단). 수신자가 출력하지 않는 한 수신되지 않은 것으로 보며, 작성자가 불도달의 위험을 진다. 정보가 입력된 시스템이 수신자의 소유이거나 수신자가 관리하는 것(동조항 2호의 시스템)이더라도 같다.

「출력」한 때라 함은 어떤 시기를 말하는가? 전산용어로서 출력이라 함은 일반적으로 컴퓨터에서 모니터에 나타내거나 종이문서로 인쇄하는 경우를 뜻한다. 그렇다

1) UNCITRAL모델법에서는 이 점을 명확히 하고 있지 않으나, UETA에서는 수신자가 처리할 수 있는 형태로(in a form capable of being processed by that system) 수신자의 정보체계에 들어 오는 것을 수신의 요건으로 규정하고 있는데, 이는 본문에서와 같이 수신자의 시스템이 출력하여 해독할 수 있는 상태일 것을 요구하는 뜻으로 이해된다.

면 수신자가 비지정시스템을 검색하다가 정보가 입력된 것을 알게 되었더라도 모니터에 띠우지 않으면 수신되지 않은 것으로 보아야 한다는 결과가 되나, 신의칙상 생각하기 어려운 해석이다. 제 6 조 제 2 항 제 1 호 단서의 모델이 된 UNCITRAL모델법 제15조(2)(a)(i)은 정보가 수신자에 의해 "retrived" 된 때에 수신된 것으로 본다고 규정하고 있다. retrieve란 전자정보를 검색하여 출력하거나 출력이전에 사용자의 의지에 의해 저장상태로 놓아 두는 것을 의미한다.[1) 「출력」이 "retrieved"의 번역어임이 명백한 이상, 위 제 6 조 제 2 항 제 1 호 단서가 규정하는 「출력」이란 수신자가 입력된 전자문서를 검색한 경우를 뜻하는 것으로 해석하여야 한다. 그러므로 2020년 개정 전에는 전자거래법 제 6 조 제 2 항 제 1 호 단서가 단지 "출력"한 때에 수신한 것으로 본다고 규정하였으나, 동 개정에 의해 "검색 또는 출력"이라는 표현으로 바꾸어 해석상의 의문을 제거하였다.

3) 지정하지 않은 경우의 수신시기 수신자가 전자문서를 수신할 시스템을 지정하지 아니한 경우에는 전자문서가 수신자가 관리하는 시스템에 입력된 때에 수신한 것으로 본다(전거 6조 2항 2호). 입력된 때에 수신한 것으로 보는 점에서 수신할 시스템을 지정한 경우와 같지만, 「수신자가 관리하는」 시스템에 한정됨을 주의해야 한다. 동 시스템에의 입력이 수신자에게 미치는 법적 구속을 감안할 때, 「수신자가 관리하는 시스템」은 상시 수신자가 접속하여 도달한 정보를 점검하는 시스템을 가리키는 말로 이해해야 한다.[2)]

3. 전자거래의 격지성

전자상거래를 대화자간의 거래로 보는 견해와 격지자간의 거래로 보는 견해가 대립한다. 어느 쪽으로 보느냐에 따라 청약의 구속력과 계약의 성립시기가 달라진다. 그러므로 전자거래가 격지자간의 거래이냐 대화자간의 거래이냐의 논의는 역으로 전자거래에 어느 법리를 적용하는 것이 타당하냐는 점에서 출발하여야 할 것이다. 전자거래의 송·수신이 동시에 이루어지더라도 송신한 자가 그 즉시

1) http://encyclopedia2.thefreedictionary.com/retrieved에서는 "To call up data that has been stored in a computer system. When a user queries a database, the data is retrieved into the computer first and then transmitted to the screen"라고 정의하고 있다.

2) UNCITRAL모델법 제15조 (2)(b)에서 규정하는 "an information system of the addressee"의 번역어이다. UETA에서는 "수신자가 전자문서 또는 전자정보를 수령하는 목적에서 사용하는 정보처리시스템"이라고 표현하고 있다(동 제15조(a)(1)).

상대방의 의사표시를 기대할 수 있는 것은 아니므로 대화자간의 법리(대화가 종료하면 청약의 구속력이 소멸한다는 원칙, 그리고 계약의 성립은 대화중에 이루어진다는 원칙)를 적용하는 것은 적절하지 않다. 따라서 전자거래는 일반적으로 격지자간의 거래로 보는 것이 옳다. 전자거래법에서 송신과 수신의 시기를 규정한 것은 이미 전자거래가 격지자간의 거래로 보아야 함을 전제로 한 것이라고 이해된다. 대화자간의 거래라면 송신시기나 수신시기를 논하는 것이 무의미하기 때문이다. 다만 채팅, 화상회의 등을 통한 의사교환은 의사를 표시하는 즉시 상대방의 반응을 기대할 수 있는 경우이므로 대화자간의 거래로 보는 것이 타당하다.

학설의 현황

전자거래는 표의자와 상대방의 통신수단이 물리적으로 분리되어 있는 점, 발신과 도달이 동시에 일어나지 않는 점을 들어 격지자간의 거래로 보아야 한다는 설,[1] 전자거래에서는 의사표시의 발신과 도달이 동시적으로 이루어지고 의사표시가 도달되지 않은 경우 이를 용이하게 알 수 있으므로 대화자간의 거래로 보아야 한다는 설,[2] 통신수단을 구분하여, 인터폰이나 화상회의, 채팅(chatting)에 의한 의사교환의 경우에는 대면거래와의 차이가 없으므로 대화자간의 거래로 보아야 하고, 팩스, 전자우편, 전자적의사표시에 의한 의사교환의 경우에는 격지자간의 거래로 보아야 한다는 설[3]이 있다.[4]

의사표시의 효력발생시기

기술한 바와 같이 전자거래법은 민·상법상의 의사표시의 일반원칙에 대한 특칙을 마련한 것이 아니므로 민·상법에서 다루고 있는 의사표시의 효력발생시기에 관한 도달주의와 발신주의의 안배는 전자문서에 의해 이루어지는 의사표시라 해서 달라질 것이 없다. 이와 달리 전자거래법 제 6 조 제 2 항의 법문이 의사표시에 관해 도달주의

---

1) 池元林, "假想空間에서의 거래의 계약법적 규율에 관한 연구," 「한국법제연구원」, 2001, 28면; 한삼인·정창보, "전자적의사표시에 대한 민법상 적용문제에 관한 연구," 「法學研究」 45집(2012), 214면.

2) 盧泰嶽, "電子去來에 있어 契約의 成立을 둘러싼 몇가지 問題," 「法曹」 517호(1999. 10), 121면; 최성준·김영갑, "정보사회에 대비한 상사법연구 서론," 「정보사회에 대비한 일반법 연구(Ⅰ)」(통신개발연구원, 1997), 155면.

3) 吳炳喆, 「電子去來法」, 법원사, 1999, 222면.

4) 이상과 달리 전자상거래에는 격지자간거래로서의 성격과 대화자간거래로서의 성격이 공존한다고 설명하는 견해도 있으나(李銀榮, 「債權各論(5판)」, 박영사, 92면), 전자상거래에 일반화하기는 어려운 설명이다.

를 취한 것이라고 설명하는 견해가 있다.1) 이 견해는 나아가 계약의 성립은 민법 제531조의 발신주의를 적용해서는 안 되고 승낙의 의사표시가 상대방에 도달한 때에 계약이 성립하는 것으로 보아야 한다고 주장한다.2)

우선 전자거래법 제6조 제2항의 법문이 위 견해의 근거가 될 수 있는지 의문이지만, 전자상거래란 전통적인 계약과 실체법적인 원리를 달리하는 거래가 아니고 다만 의사교환에 있어 전자적인 방법을 취하고 있다는 특색을 가질 뿐이므로 전자거래라 해서 의사표시의 효력발생시기를 일반 거래와 달리 이해해야 할 이유가 없다.

의사표시의 송신지와 수신지

전자거래법 제6조 제3항은 「전자문서는 작성자 또는 수신자의 영업소 소재지에서 각각 송신 또는 수신된 것으로 보며, 영업소가 둘 이상일 때에는 해당 전자문서를 주로 관리하는 영업소 소재지에서 송신·수신된 것으로 본다. 다만, 작성자 또는 수신자가 영업소를 가지고 있지 아니한 경우에는 그의 상거소(常居所)에서 송신·수신된 것으로 본다」라는 규정을 두고 있다. 이 규정은 UNCITRAL모델법 제15조 제4항을 번역한 것이다. 이같은 규정을 둔 이유는, 전자정보의 송·수신은 어느 장소에서나 가능하므로 송·수신이 영업거래상 송·수신자가 실재한다고 보아야 할 장소와 법역을 달리하는 장소에서 이루어질 수도 있는데, 이 경우에도 실재한다고 보아야 할 장소의 법을 적용하기 위함이다.3) 예컨대 서울에 영업소를 갖고 있으면서 kab@nihon.co.jp라는 e-mail주소를 가진 갑이 부산에 영업소를 갖고 있으면서 eul@america.com이라는 e-mail주소를 가진 을에게 전자문서를 보낼 경우, 갑이 일본에서 송신하고 을이 미국에서 수신한 것이 아니라 서울에서 송신하고 부산에서 수신한 것으로 본다는 것이다. 또 송·수신은 시스템이 있다면 어디에서나 가능하므로 갑이 일본을 여행하는 중 송신하더라도 서울에서 송신한 것으로 보고, 을이 미국을 여행중 수신하더라도 부산에서 수신한 것으로 본다는 것이다.

---

1) 鄭種休, "電子去來의 登場에 따른 契約理論의 變容," 「人權과 正義」 268호(1998. 12), 83면; 鄭震明, "인터넷을 통한 거래의 계약법적 문제 — 인터넷통신계약을 중심으로 —," 「比較私法」 10호(1999. 6), 300면.

2) 전자거래를 모두 대화자간의 거래로 보고, 본문의 견해와 같은 결론을 취하는 견해도 있다(盧泰嶽, 전게).

3) UNCITRAL모델법 제15조 주석 para. 105.

4. 송신의 추정

(1) 전자대리

전자거래법 제 7 조 제 1 항은, 「 i) 작성자의 대리인에 의하여 송신된 전자문서(동 1호), ii) 자동으로 전자문서를 송신·수신하도록 구성된 컴퓨터프로그램이나 그 밖의 전자적 수단에 의하여 송신된 전자문서에 포함된 의사표시는 작성자가 송신한 것으로 본다(동 2호)」고 규정하고 있다. 「작성자가 송신한 것으로 본다」라는 법효과를 i), ii)에 공통으로 부여하고 있으나, i)의 경우에는 법문대로 해석하기 어려운 점이 있다. 법문대로 읽으면 대리인이 송신한 전자문서(의사표시)는 본인이 직접 한 것으로 의제한다는 뜻이 되나, 있을 수 없는 의제이다. 이는 단지 대리행위의 효과가 본인에게 귀속된다는 일반원리 이외의 다른 의미로 풀이하기 어렵다.

ii)는 이른바 전자대리(electronic agency)[1]에 관한 규정이다. 상인이 정한 소정의 조건을 충족한 청약을 하면 자동으로 상인의 승낙의 의사표시가 생성되어 계약이 성립하는 방식의 상거래를 흔히 볼 수 있는데, 이 경우 자동으로 이루어지는 상인의 승낙은 매건 상인이 스스로 하는 것이 아니지만 상인의 의사표시로 보겠다는 것이 위 제 2 호의 취지이다. 이러한 의사표시를 생성하는 것은 컴퓨터프로그램이라 하더라도 이 프로그램의 설치는 상인의 의사에 기한 것이므로 자동으로 생성된 전자문서를 상인의 것으로 의제하는 것은 당연하다. 재래식의 자동판매기와 같은 원리라 할 수 있다. 이 규정이 전자대리된 상인의 의사표시에 대해 착오(민 109조) 등의 의사표시 법리를 배제하는 것은 아니다.[2]

(2) 위조된 전자문서 또는 무권대리로 작성된 전자문서의 효력

1) 원 칙 전자상거래는 비대면적으로 이루어지므로 타인의 명의를 모용하여 전자문서를 송신하거나(위조), 권한 없이 타인의 대리인의 자격으로 문

1) UNCITRAL모델법 13조 (2)(b); UETA 2조(6).

2) 예컨대 1,000원에 구매하겠다는 청약에 대해 승낙하도록 프로그램화하려 했는데, 실수로 100원에 구매하겠다는 청약에 승낙하도록 프로그램이 짜여지고 그에 따라 승낙이 이루어진 경우, 상인은 착오를 주장할 수 있을 것이다.

서를 송신하는 예(무권대리)가 흔할 것임을 쉽게 짐작할 수 있다. 전자거래법은 이 경우 피위조자 및 본인의 보호와 거래안전을 적절히 조화한 해결방안을 제시하고 있다. 즉 전자문서의 수신자는 i) 전자문서가 작성자의 것이었는지를 확인하기 위하여 수신자가 미리 작성자와 합의한 절차를 따른 경우(전거 7조 2항 1호), ii) 수신된 전자문서가 작성자 또는 그 대리인과의 관계에 의하여 수신자가 그것이 작성자 또는 그 대리인의 의사에 기한 것이라고 믿을 만한 정당한 이유가 있는 자에 의하여 송신된 경우(전거 7조 2항 2호)에는 전자문서에 포함된 의사표시를 작성자의 것으로 보아 행위할 수 있다(전거 7조 2항 본).

이는 작성자의 의사에 기하여 작성되고 송신된 것인지 알기 어려운 전자문서의 특성하에서 전자거래의 신속성과 안정성을 확보하기 위해 전자문서의 송신 과정에서 확인된 외관에 신뢰를 부여하는 제도라고 설명할 수 있다(판례 [117]). 즉 전자문서의 진정성을 확인하기 위해 합의한 절차에 부합하는 것(i)), 작성자의 문서임을 믿을 만한 정당한 이유가 있음(ii))을 각각 표현대리에서와 같은 외관으로 삼아 이를 신뢰한 수신자를 보호하는 것이다. ii)를 적용함에 있어서는 어떠한 경우에 작성자의 문서임을 믿을 만한 「정당한 이유」가 있었다고 볼 것이냐는 의문이 제기된다. 당해 전자문서에서의 본인확인을 위한 법령 또는 i)에서와 같은 합의가 없을 경우에 생기는 문제인데, 수신자가 당해 전자문서가 담고 있는 거래의 실체에 비추어 통념상 최선의 기술적 노력을 기울이는 것을 의미한다고 해석한다(판례 [117] 참조).

판례 117 대법원 2025. 8. 14. 선고 2024다236754 판결

「… 전자문서법 제7조 제2항 제2호의 문언과 입법 목적 등을 종합해 보면, 수신자가 작성자 또는 그 대리인의 의사에 기하여 전자문서가 송신되었다고 믿은 데 정당한 이유가 있는지 여부는 전자문서에 의한 거래에서 그 전자문서가 작성자 또는 그 대리인에 의하여 송신되었다고 믿을 수 있을 정도의 본인확인절차를 수신자가 적절하게 이행하였는지에 따라 결정된다. 그와 같은 정당한 이유가 있는지를 판단함에 있어서는, 수신자가 시행한 본인확인절차가 당시의 기술적 수준에 부합하는 적정한 것이었는지, 관련 법령에서 정하고 있는 방식에 따라 거래의 특성에 맞게 본인확인조치 또는 피해방지를 위한 노력을 다하였는지, 전자문서에 포함된 의사표시가 의도하는 법률행위의 내용과 성격이 어떠한지 등 여러 사정을 종합적으로 고려하여야 한다.」

2) 추정의 배제 전자거래법 제7조 제2항의 요건을 구비하더라도 다

음 2가지 경우에는 동조의 추정효가 적용되지 않는다.

㈎ 수신자가 작성자로부터 전자문서가 작성자의 것이 아님을 통지받고 그에 따라 필요한 조치를 할 상당한 시간이 있었던 경우(전거 7조 3항 1호)

「상당한 시간 내」에 통지하라고 함은 수신자가 수신받은 문서의 내용에 근거한 행위를 거둘 수 있는 시간 내에 통지하여야 함을 뜻한다. 예컨대 일정한 상품의 제작주문이라면 그 상품의 생산시설을 가동하기 전에 통지해야 하는 것이다. 상당한 시간을 경과하여 통지를 하면 어떻게 되는가? 기술한 바와 같이 작성명의자가 송신한 것으로 의제되는 것이 아니라 작성명의자가 송신한 것으로 추정될 뿐이고, 여전히 작성명의자는 자신이 송신하지 않았음을 증명하여 송신의 효과를 부인할 수 있다. 이미 수신자가 이행에 착수하여 그로 생긴 수신자의 손해는 표현대리의 의한 계약책임의 추궁 또는 사용자배상책임의 추궁에 의하여 해결하여야 한다.

제 1 호는 진정하게 송신한 작성자가 자신의 의사표시를 철회할 수 있음을 허용하는 규정이 아니다. 진정하게 송신한 자라면 수신과 동시 또는 상당한 시간내에 자신이 송신하지 않았다고 통지를 하더라도 송신의 효과는 부인할 수 없고,[1] 다만 의사표시를 철회한 것으로 보아야 할 것이며, 철회의 가능여부는 의사표시의 일반원칙에 따라서 해결해야 한다(예컨대 청약의 의사표시라면 상당한 기간 내에 통지하더라도 철회가 불가능하다. 민 제527조).

㈏ 제 7 조 제 2 항 제 2 호의 경우에 전자문서가 작성자의 것이 아님을 수신자가 알았던 경우 또는 상당한 주의를 하였거나 작성자와 합의된 절차를 따랐으면 알 수 있었을 경우(전거 7조 3항 2호)

「합의된 절차」를 따른다는 것은 수신자가 작성명의자와 사전에 합의한 방법으로 작성명의자가 진정으로 작성한 것인지 여부를 확인하는 것을 말한다.[2] 예컨대 사전에 위조를 막기 위하여 문서에 암호를 기재하기로 하였다거나, 혹은 문서를 일정한 프로그램으로 작성하기로 약속한 경우 암호의 기재여부 또는 약속한 프로그램의 사용여부를 확인하는 것을 말한다.

1) UNCITRAL모델법 제 13조 주석 para. 88.

2) UNCITRAL모델법 및 동주석에서는 전자거래기본법 제10조 2호의 확인절차에 해당하는 용어로는 "a procedure previously agreed" 및 "the agreed authentication procedure"라는 말을 쓰는 반면, 전자거래기본법 제12조의 수신확인에 해당하는 용어로는 "Acknowledgement of receipt"라는 말을 쓴다.

작성명의자가 송신한 문서가 아님을 수신자가 알고 있다면, 합의된 확인방법을 적용한 결과 작성명의자가 송신한 것으로 인식되더라도 작성명의자가 송신한 것으로 추정되지 않음은 물론이다.

5. 수신확인통지

(1) 의 의

시스템의 오작동으로 전자문서의 송·수신이 실패할 수 있고, 또 작성자가 수신자의 수신을 증명하지 못해 결과적으로 송신이 실패할 수도 있다. 이 경우 송신자는 수신 여부를 알지 못하는 매우 불안정한 지위에 있게 되므로 송신자가 조기에 자신의 법적 부담을 정리할 수 있는 방법으로서 수신확인통지제도를 두고 있다.

작성자는 수신자에 대하여 수신확인을 조건으로 전자문서를 송신하거나, 조건으로 명시하지 않고 수신확인통지를 요구할 수 있다(전거 9조). 「수신확인통지」란 수신자가 작성자에 의해 송신된 전자문서를 수신하였음을 알리는 통지이다.

(2) 통지방법

통지방법에는 제한이 없으므로 수신자는 작성자가 충분히 알 수 있는 방법으로 수신사실을 통지하여야 한다. 반드시 전자문서일 필요는 없으며, 서신이나 구두에 의한 통지도 무방하다. 작성자가 정한 기간 내에 혹은 상당한 기간 내에 수신자가 수신을 알리는 통지를 따로 하지는 않았지만, 수신을 전제로 한 행위를 하는 경우에는 수신확인통지가 있는 것으로 보아야 한다. 수신을 알릴 수 있는 행위를 하는 것만으로 이 제도의 목적은 달성되기 때문이다. 예컨대 수신한 문서가 다른 조건이 없는 주문서라면 상품을 송부하는 것도 수신확인통지에 해당한다.[1)]

작성자와 수신자가 통지방법을 합의할 수도 있고, 작성자가 통지방법을 지정할 수도 있으나, 제도의 성질상 작성자의 통지방법 지정은 수신자의 통지방법선

1) UNCITRAL모델법 제14조 주석 para. 94.

택에 영향을 주지 않는다고 보아야 한다.[1)]

(3) 통지해태의 효과

작성자가 전자문서를 송신하면서 명시적으로 수신 확인을 요구하였으나, 상당한 기간(작성자가 지정한 기간 또는 작성자와 수신자 간에 약정한 기간이 있는 경우에는 그 기간) 내에 수신 확인 통지를 받지 못하였을 때에는 작성자는 그 전자문서의 송신을 철회할 수 있다(전거 9조). 송신을 철회한다고 함은 송신한 의사표시를 철회한다는 뜻으로 읽어야 한다.

이 제도는 작성자가 자신이 보낸 문서를 수신자가 수신하였는지를 알지 못한 채 장기간 자신의 의사표시에 구속되는 것을 피하기 위하여 활용될 수 있다. 예컨대 어느 물건의 매도를 전자문서로 청약하는 자는 상대방에게 수신사실의 확인을 요구하고 일정기간 또는 상당기간 수신확인이 없을 경우 자신의 청약을 철회하고 새로운 거래처를 물색하거나 상대방에게 새로운 조건의 또는 동일한 조건의 청약을 다시 할 수 있는 것이다. 작성자가 송신을 철회할 경우, 명문의 규정은 없으나, 수신자에게 도달되어야 철회의 효과가 생긴다고 새겨야 한다.

이 규정의 적용에 있어서도 상당기간 내에 수신자가 수신을 전제로 한 행위를 한다면 수신확인을 한 것으로 보아야 한다.

(4) 수신확인통지의 효력

수신자가 작성자의 수신확인요구에 응하여 작성자가 정한 기간 또는 상당한 기간 내에 수신사실을 통지하였다고 해서 이것을 수신자의 의사표시(예: 작성자의 청약에 대한 승낙)로 보아서는 안 된다. 수신확인은 단지 수신자가 작성자의 문서를 수신하였다는 증거가 됨에 불과하다.[2)] 이같이 해석하는 결과, 민법 제527조 이하를 적용함에 있어 요구되는 청약, 승낙의 의사표시는 수신확인과 별도의 의사표시를 요한다. 수신확인을 통지하는 문서에 청약 또는 승낙의 의사표시를 같이 할 수 있음은 물론이다. 그리고 상법 제53조는 상인이 상시 거래관계에 있는 자로부터 그 영업부

---

1) UNCITRAL모델법에서는 통지방법을 작성자와 수신자가 합의해서 결정하는 것이 원칙임을 전제하고, 이같은 합의가 없을 경우 수신자가 자유로운 방법으로 통지할 수 있음을 규정하고 있다(UNCITRAL모델법 제14조 2항).

2) UNCITRAL모델법 제14조 7항: "本條는 전자문서의 송신과 수신에 관해 이상에 규정한 것 외에, 전자문서 또는 그 수신확인으로 생기는 법적 효과를 다루는 것을 목적으로 하지 아니한다."

류에 속한 계약의 청약을 받은 때에는 지체없이 낙부의 통지를 발송하여야 하며, 이를 게을리 한 때에는 승낙한 것으로 본다고 규정한다. 이 규정에 해당하는 상인이 전자문서로 청약을 받은 경우 수신확인을 통지하였다고 해서 낙부를 통지한 것으로 볼 수는 없고 청약을 거절할 의사라면 별도로 의사표시를 하여야 한다. 수신확인을 하면서 그 문서에 거절의 의사표시를 할 수 있음은 물론이다.

수신확인요구가 계약의 성립시기에 미치는 영향

격지자간의 계약은 승낙의 통지를 발송한 때에 성립한다(민 531조: 발신주의). 작성자가 보낸 전자문서가 승낙의 의사표시인 경우, 작성자의 수신확인요구는 이 발신주의에 영향을 주는가? 기술한 바와 같이 수신확인제도는 계약법의 실질에 영향을 미칠 의도에서 마련된 것이 아니며, 수신확인은 단지 문서의 수신사실을 증명하는 효력을 갖는데 지나지 않으므로 전자거래법 제9조는 민법이 정한 성립시기에 영향을 주는 바 없다고 보아야 한다. 즉 작성자가 한 승낙의 의사표시는, 수신확인통지가 작성자에게 도달한 때가 아니라, 제6조 제1항이 규정하는 바에 따라 작성자(및 대리인) 이외의 자가 관리하는 시스템에 입력된 때에 발송된 것으로 보아야 하며, 바로 이 때에 계약이 성립된 것으로 보아야 한다(민 531조).[1)]

Ⅳ. 소비자보호

2002년 이전에는 방문판매법에서 전자상거래와 통신판매를 다루었으나, 같은 해 전자상거래법을 제정하여 이 2가지 거래를 동법으로 옮겨 왔다. 전자상거래법은 기본적으로는 소비자를 보호하기 위한 행정단속법의 성격을 갖지만, 규정 중에는 계약법의 변경적 효력을 예상한 것도 있고, 법률관계의 성질로 보아 그같은 효력을 인정해야 할 경우도 있다. 이하 계약법적 해석을 내포하고 있는 몇 개의 규정을 소개하기로 한다.

1) 전자문서의 사용강제 사업자와 소비자간에 전자문서로 거래하기로

---

1) 작성자가 수신확인을 요구하는 것은 승낙의 효력발생시기를 수신확인통지의 도달시까지 연기하려는 뜻이라고 풀이하고, 따라서 승낙의 효력발생시기는 수신확인통지의 도달시가 되고 따라서 계약의 성립시기도 승낙의 수신확인통지가 도달한 때라고 풀이하는 견해가 있다(盧泰嶽, 전게, 123면; 吳炳哲, 전게, 229면; 崔埈璿, 전게, 76면).

약정하고 전자주소를 지정한 경우에는 사업자는 이 주소로 전자문서를 송신한 경우에 한해 동 문서상의 권리를 주장할 수 있다(전상 5조 1항). 즉 이 경우 전자문서의 사용이 사법적으로 강제되는 것이다.

2) 소비자에 대한 계약정보제공의 균형 전자상거래를 하는 사업자는 소비자의 회원 가입, 계약의 청약, 소비자 관련 정보의 제공 등을 전자문서를 통하여 할 수 있도록 하는 경우에는 회원탈퇴, 청약의 철회, 계약의 해지·해제·변경, 정보의 제공 및 이용에 관한 동의의 철회 등도 전자문서를 통하여 할 수 있도록 하여야 한다(전상 5조 4항). 이에 위반하여 회원탈퇴 등을 전자문서를 통하여 할 수 있음을 정하지 않았거나, 금지한 경우에는 어떻게 되는가? 소비자는 사업자와의 약정에 불구하고 전자문서를 이용하여 철회 등을 할 수 있다고 보아야 한다.

3) 청약철회의 허용 통신판매업자와 재화등의 구매에 관한 계약을 체결한 소비자는 소정의 기간 내에 청약철회 등을 할 수 있다(전상 17조 1항). 이는 청약을 철회할 수 없도록 한 민법 제527조에 대한 예외이고, 사업자에게 특별한 귀책사유가 없어도 인정된다는 점에서 소비자보호를 크게 강화한 제도이다. 다만 소비자에게 책임이 있는 사유로 재화 등이 멸실되거나 훼손된 경우 등 철회가 불가능한 사유가 법정되어 있는데(전상 17조 2항), 이 경우 사업자가 소비자의 귀책사유를 증명할 책임을 진다(전상 17조 5항).

4) 채무불이행의 정형화 전자상거래법 제15조는 사업자에게 재화의 공급 일시를 법정하고, 환급의 조치 등에 필요한 시한을 두고 있는데, 이는 전자상거래사업자에 대해 채무불이행의 사유를 법정하거나 제한하는 의미를 갖는다고 할 수 있다(전상 15조).

5) 손해배상액의 제한 소비자에게 책임이 있는 사유로 재화 등의 판매에 관한 계약이 해제된 경우 사업자가 소비자에게 청구하는 손해배상액은, i) 공급한 재화등이 반환된 경우에는, 반환된 재화등의 통상 사용료 또는 그 사용으로 통상 얻을 수 있는 이익에 해당하는 금액과 반환된 재화등의 판매가액에서 그 재화등이 반환된 당시의 가액을 뺀 금액 중 큰 금액, 그리고 ii) 공급한 재화등이 반환되지 아니한 경우에는 그 재화등의 판매가액에 해당하는 금액이 각각 배상해야 할 기본손해액이 되고, 이에 대금미납에 따른 지연배상금을 더한 금액을 초과할 수 없다(전상 19조). 이는 채무불이행과 상당인과관계 있는 범위에서 실손해의 전보

를 원칙으로 하는 민법 제393조에 대한 예외이다(민 551조).

6) **사이버몰 개설자의 책임** 어느 상인이 사이버몰을 개설하고 다수의 유통업자가 이에 입점하여 영업하는 예를 흔히 볼 수 있다. 이러한 사이버몰을 이용하는 도소매업자의 경우 사이버몰 자체의 신용을 빌리는 효과가 있고, 또 사이버몰 전체가 하나의 대규모 시장을 이루므로 시장규모에 편승하는 효과도 누릴 수 있다. 이러한 사이버몰의 경우 사이버몰의 개설자가 입점상인과 동일시되어 소비자를 혼란케 하는 예가 있으므로 전자상거래법은 사이버몰의 개설을 「통신판매중개」라고 이름하여 사이버몰의 입점자와 사이버몰의 개설자의 책임관계를 규정하고 있다. 통신판매중개자는 통신판매의 당사자가 아님을 소비자가 쉽게 알 수 있도록 고지해야 하고(전상 20조 1항), 이를 게을리할 경우 입점업자(통신판매중개의뢰인)의 고의 또는 과실로 인해 소비자에게 발생한 손해에 관해 입점업자와 연대하여 책임을 진다(전상 20조의2 1항).

판례색인

우리말 색인

[ㅇ]

외국어 색인

저자약력

서울大學校 法科大學 卒業(法學博士)
漢陽大學校 法學專門大學院 敎授
현　建國大學校 法學專門大學院 碩座敎授

저　서

會社法講義(博英社)
어음 · 수표법(博英社)
商法講義(博英社)
2011 改正商法 —축조해설— (박영사)

제17판
商法總則 · 商行爲

초판발행　1989년 4월 30일
제17판발행　2026년 2월 20일

지은이　이철송
펴낸이　안종만 · 안상준

편　집　김선민
기획/마케팅　조성호
표지디자인　권아린
제　작　고철민 · 김원표

펴낸곳　(주) 박영사
서울특별시 금천구 가산디지털2로 53, 210호(가산동, 한라시그마밸리)
등록　1959. 3. 11.　제300-1959-1호(倫)
전　화　02)733-6771
F A X　02)736-4818
e-mail　pys@pybook.co.kr
homepage　www.pybook.co.kr
ISBN　979-11-303-9958-4　93360

copyright©이철송, 2026, Printed in Korea

* 파본은 구입하신 곳에서 바꿔드립니다. 본서의 무단복제행위를 금합니다.

정 가　42,000원